TABLE GÉNÉRALE

ALPHABÉTIQUE ET ANALYTIQUE

POUR SERVIR

AUX RECHERCHES À FAIRE AU GREFFE DE LA COUR SUPRÊME DE L'ILE MAURICE, CONCERNANT LES LOIS ET AUTRES DISPOSITIONS RÉGLEMENTAIRES ET ADMINISTRATIVES DE CETTE COLONIE, QUI SONT ENREGISTRÉES OU DÉPOSÉES À CE GREFFE.

PAR T. BONNEFOY,

Ancien Archiviste près la Cour d'Appel de l'Ile Maurice.

----••◦●◈●◦••----

ILE MAURICE,
IMPRIMERIE DE L. CHANNELL, PLACE D'ARMES, PORT-LOUIS.
1853.

TABLE GÉNÉRALE

ALPHABÉTIQUE ET ANALYTIQUE

POUR SERVIR

AUX RECHERCHES A FAIRE AU GREFFE DE LA COUR SUPRÊME DE L'ILE MAURICE, CONCERNANT LES LOIS ET AUTRES DISPOSITIONS RÉGLEMENTAIRES ET ADMINISTRATIVES DE CETTE COLONIE, QUI SONT ENREGISTRÉES OU DÉPOSÉES A CE GREFFE.

Cette Table embrasse un espace de 128 ans, à partir du mois de Janvier 1722, date de la colonisation de l'Ile Maurice par les Français, jusqu'à l'année 1850 inclusivement.

PAR T. BONNEFOY,

Ancien Archiviste près la Cour d'Appel de l'Ile Maurice.

ILE MAURICE,
IMPRIMERIE DE L. CHANNELL, PLACE D'ARMES, PORT-LOUIS.
1853.

Avertissement.

L'ensemble de la Législation de l'Ile Maurice se compose de cinq périodes :

La première comprend un espace de 45 ans : c'est celle de l'administration de la Compagnie des Indes, qui commence en 1722 et finit en 1767.

La seconde se compose de 23 années : c'est celle de l'administration pour le Roi de France, qui commence en 1767 et finit en 1790.

La troisième contient 13 années : c'est la période de l'Assemblée Coloniale, elle commence en 1790 et finit en 1803.

La quatrième ne s'étend pas au-delà de 7 années : c'est la durée de l'administration du Général Decaen et du Préfet Colonial, qui commence en 1803 et finit en 1810.

La cinquième, enfin, compte 40 années depuis la conquête de l'Ile Maurice faite en 1810, par les forces de Sa Majesté britannique, jusqu'à la présente année 1850 (1).

En ce qui concerne la Législation des premiers temps de cette Colonie, il est à propos d'observer qu'on ne peut se flatter de donner une nomenclature complète des Lois et Arrêtés administratifs transcrits ou déposés au Greffe du Conseil provincial, première Cour de Justice établie à l'Ile de France ; une partie des Minutes de ce Greffe a été détruite dans un ouragan qui aurait occasionné

---

(1) Les premiers Actes du Gouvernement anglais, en cette Ile, datent du 5 Décembre 1810, mais on ne trouve aucun enregistrement de ces Actes, antérieur à la Proclamation du 28 Décembre 1810, qui porte qu'il ne sera fait aucun changement aux établissements judiciaires et ecclésiastiques de la Colonie.

de grands dégâts à un local couvert en feuilles où se trouvaient les Minutes de la Cour ; on voit la mention de cet événement dans un inventaire des papiers du Greffe du Conseil provincial fait en 1731 ; événement qui donna lieu à cet inventaire.

Il est encore à observer que plusieurs Lois et Réglements qui appartiennent à la première période de l'établissement de cette Colonie ont été enregistrés au Conseil supérieur de l'Ile Bourbon, regardé alors comme le chef-lieu, et que le Greffe du Conseil provincial de l'Ile de France n'en recevait que des copies collationnées expédiées de l'Ile Bourbon. Il n'existe, dans les Archives de la Cour, qu'une seule de ces copies, c'est celle de l'Edit de Décembre 1723, appelé communément dans ces Iles, Code Noir.

Avant l'Edit de création du Conseil provincial en cette Ile, le Gouverneur se faisait assister d'un Conseil d'administration composé des principaux militaires et employés de la Compagnie.

L'indication des Actes de ce Conseil, en tête desquels est celui de la prise de possession de l'Ile de France, se trouve également dans cette Table.

Les anciennes Cours de Justice de ces Iles présidées par les Gouverneurs et Intendants avaient en même temps les fonctions législatives et administratives. Ces dernières attributions ne résultaient d'aucune disposition expresse des Lois constitutives de ces Cours, ni de celles du pays ; elles appartenaient aux chefs de l'administration qui se trouvaient en même temps appelés à rendre la justice.

Les Greffiers, à cette époque reculée, prenaient en outre de ce titre, celui de Secrétaires, parce qu'ils assistaient les Cours de Justice en cette qualité lorsqu'elles se constituaient en Conseil d'administration.

On n'a pas jugé inutile de désigner également dans cette Table les Arrêtés administratifs et les procès-verbaux qui contiennent des faits et des renseignements intéressants sur l'enfance de cette Colonie et sur le cérémonial et les usages qui s'observaient anciennement dans les Tribunaux de cette Ile. Ces Arrêtés et ces procès-verbaux se trouvent d'ailleurs inscrits aux Registres des Lois dont cette Table est le dépouillement exact.

Anciennement les Tribunaux ne pouvaient procéder à l'enregistrement des Lois émanées du Souverain qu'autant qu'elles fussent accompagnées de lettres-patentes à cet effet. Or, on voit dans un Rapport, sous la date du 2 Mars 1789, fait au Conseil supérieur, par M. Barry de Richeville, Conseiller, qu'il arrivait quelquefois que des Lois étaient expédiées de France sans être revêtues de lettres-patentes pour leur enregistrement dans les Colonies. Cette circonstance doit servir à expliquer pourquoi plusieurs Ordonnances Royales, portées au Code Delaleu, ne se trouvent pas inscrites au Greffe de la Cour supérieure : ces Ordonnances n'ont pu, en conséquence, être indiquées dans cette Table (1).

On s'étonnera, sans doute, de ne point trouver au nombre des Arrêtés du Général Decaen, l'Arrêté supplémentaire au Code Civil; cette Loi n'a point été transcrite sur les Registres du Greffe; elle a été soumise à la forme particulière de promulgation adoptée par l'Arrêté du 25 Vendémiaire An 14, à l'égard du Code Civil avec lequel les dispositions additionnelles dont l'objet était de modifier ce Code, ne devaient faire qu'un seul et même Recueil.

Depuis l'Ordre en Conseil de Sa Majesté britannique, en date du 6 Novembre 1832, enregistré en cette Ile, le 21 Mars 1833, l'enregistrement, dans les Tribunaux, a cessé d'être une des conditions de la promulgation et de l'authenticité des Lois; cependant cette formalité a continué d'être observée, sauf quelques exceptions, pendant les années 1833, 1834 et 1835. Depuis cette époque, les Lois et Ordonnances qui font suite à la collection du Greffe de la Cour d'Appel, ne portent que la mention d'un dépôt à ce Greffe.

A compter du mois d'Octobre de l'année 1831, les Ordonnances du Conseil législatif de cette Colonie sont soumises à la sanction royale; elles ne se trouvent ordinairement revêtues ou privées de cette sanction que lorsqu'elles ont déjà reçu une exécution en cette Ile, en sorte qu'il a été jugé convenable de comprendre également dans cette Table les Lois approuvées et non approuvées.

---

(1) L'énoncé des Lois et des dispositions administratives qui n'ont point été enregistrées ou déposées au Greffe de la Cour supérieure, ne peut se trouver dans la présente Table, qui n'est, ainsi qu'on l'a déjà dit, qu'un dépouillement des Registres du Greffe.

Il existe, en outre, quelques-unes de ces Ordonnances qui n'ont reçu ni sanction, ni désapprobation de la part du Souverain ; les Ordonnances de cette dernière catégorie n'auront dans cette Table aucune indication de ce genre, par la raison que celles d'une date récente sont encore susceptibles de recevoir leur sanction ou leur désapprobation.

La sanction ou la désapprobation royale des Ordonnances est notifiée au Greffier de la Cour au moyen d'un certificat signé du Gouverneur, qui reste déposé au Greffe. On a encore indiqué dans cette Table, sous la forme de notes, la date et le numéro de ces certificats.

Quarante-huit Registres forment, jusqu'à l'année 1850, toute la collection des Lois existant au Greffe de la Cour supérieure. Un préalable indispensable a été de numéroter, en ce qui concerne chaque période ci-dessus mentionnée, toutes les Lois, tous les Arrêtés administratifs, les Procès-Verbaux ayant rapport aux matières publiques et les nominations officielles inscrits dans ces Registres : les cinq périodes réunies ont donné un total s'élevant à près de quatre mille numéros (1).

On a pensé qu'il convenait d'adopter, à l'égard de chaque titre ou matière, la distinction établie en tête de cet Avertissement, afin qu'on pût saisir, d'un seul coup-d'œil, sous chacun de ces

---

(1) Compagnie des Indes.. ... ... 206 Numéros.
Administration pour le Roi de France ... . 1038 ,,
Assemblée Coloniale ... ... 866 ,,
Administration du Général Decaen.. ... ... 325 ,,
Gouvernement de Sa Majesté Britannique. ... ... 1271 ,,
                                    Total... ... 3706

A partir du No. 718 de cette dernière série, les Nos. qui appartiennent aux nominations officielles, diplômes et brevets inscrits au Registre No. 32, sont la répétition des numéros des Ordonnances qui font suite à la collection des Lois ; il existe, en outre, au Greffe de la Cour Suprême, un Registre sous le No. 48 (bis) destiné à la transcription des diplômes, brevets d'invention et nominations officielles dont l'enregistrement est requis dans les Tribunaux ; 30 numéros de ce Registre se trouvent être encore les mêmes que ceux du Registre 48, contenant les Ordonnances, Proclamations et Réglements de la Cour ; ces 30 numéros sont compris entre les Nos. 1228 et 1257 inclusivement. On n'a pas jugé nécessaire de désigner ces doubles numéros dans le Répertoire Général, par le mot *bis*, parce qu'ils sont reproduits dans des Registres distincts de ceux qui contiennent les Lois ; c'est donc 103 de ces doubles numéros qu'il convient d'ajouter numériquement à ceux de la collection des Lois ; ce qui donne un total, pour la 5me. série, de 1374 numéros au lieu de 1271. Le total général est, en réalité, de 3,809 numéros.

titres, toute la suite et la variété des dispositions émanées des différentes Administrations auxquelles la marche du temps et l'esprit des Gouvernements ont dû imprimer des caractères divers.

Afin d'offrir autant de renseignements et de moyens de recherche qu'il a été possible d'en réunir dans cette Table, on a eu soin de recueillir, indépendamment de la date des Lois, celle de leur enregistrement, les numéros qui leur appartiennent dans les Registres où elles se trouvent transcrites et les numéros des Registres eux-mêmes; l'on a de plus conservé aux Lois locales publiées depuis quelques années sous le titre d'Ordonnances, les numéros qui indiquent l'ordre de leur confection et à l'aide desquels on les désigne habituellement.

La crainte de tomber dans quelques inexactitudes, quant à l'énoncé des dispositions des Lois, Ordonnances et Réglements, a décidé l'Auteur de cette Table à abréger, autant que possible, l'analyse de ces dispositions; il a même cru devoir se borner à la simple indication de certaines Lois et Réglements, lorsque leur objet a présenté un détail qu'il eût été impossible même de résumer sans donner à ce travail une trop grande étendue.

Enfin, on a placé en tête de cette Table un Aperçu succinct des changements survenus dans les Tribunaux de cette Colonie, à compter de la première Cour de Justice qui y fut établie, jusqu'à ce jour.

APERÇU

Des changements survenus dans les Tribunaux de cette Colonie, à compter de la première Cour de Justice qui y fut établie, jusqu'à ce jour.

L'Ile Bourbon, établie environ 50 ans avant l'Ile Maurice, fut d'abord regardée comme le chef-lieu de ces Colonies (1).

Un Edit du Roi, du 7 Mars 1711, créa un Conseil provincial à l'Ile Bourbon dont les appels devaient être portés au Conseil supérieur de Pondichéry ou en France, sauf les cas concernant les esclaves qui devaient se juger en dernier ressort au Conseil provincial de Bourbon.

En Septembre 1724, le Conseil provincial fut supprimé à l'Ile Bourbon et remplacé par un Conseil supérieur en vertu d'un Edit du mois de Novembre 1723, enregistré à Bourbon le 18 Septembre 1724 et transcrit sur les Registres de l'Ile de France, à la date du 31 Mars 1726.

Cet Edit créa en même temps un Conseil provincial à l'Ile de France, dont les appels devaient avoir lieu au Conseil supérieur de l'Ile Bourbon.

En 1735, le Conseil provincial fut supprimé à l'Ile de France et remplacé par un Conseil supérieur en vertu d'un Edit du mois de Novembre 1734, transcrit sur les Registres du Greffe, à la date du 5 Juin 1735.

---

(1) C'est vers l'année 1673 que vinrent s'établir, à l'Ile Bourbon, quelques Français échappés au massacre du Fort Dauphin (Madagascar). Quelques ouvriers de la Compagnie des Indes habitaient l'Ile Bourbon dès l'année 1665.

Par Edit du mois de Juin 1766, enregistré au Greffe du Conseil supérieur de l'Ile de France le 17 Juillet 1767, les Conseils supérieurs établis aux Iles de France et Bourbon furent supprimés et remplacés par de nouveaux Conseils supérieurs à l'occasion de la rétrocession de ces deux Iles, faite au Roi, par la Compagnie des Indes.

Une Ordonnance Royale, en date du 25 Septembre 1766, transcrite sur les Registres du Greffe du Conseil supérieur le 27 Juillet 1767, créa un Tribunal Terrier aux Iles de France et Bourbon.

Un Edit du mois d'Octobre 1771, enregistré à l'Ile de France le 12 Novembre 1772, établit une Juridiction Royale aux Iles de France et Bourbon.

Un autre Edit du mois de Novembre 1771, enregistré dans les Greffes le 2 Décembre 1772, établit d'autres Conseils supérieurs et supprime ceux créés par l'Edit de 1766, attendu que les Conseils supérieurs, ne devant plus être chargés que de juger les appels des sentences des premiers Juges, les anciennes Cours ne peuvent plus subsister sur le pied de leur première institution.

Le mode de Constitution provisoire de la Colonie, adopté par l'Assemblée Coloniale le 2 Avril 1791, sanctionné par le Gouverneur le 9 et enregistré le 15 du même mois, établit à l'Ile de France :

1o. Deux Tribunaux de Justice ;

2o. La procédure, par Jurés, en matière criminelle ;

3o. Des Juges de Paix et Prud'hommes Assesseurs tant à la ville que dans les campagnes ;

4o. Un Tribunal de Commerce ;

5o. Des Tribunaux de Paix et de conciliation ou de Jurisprudence charitable à la ville et dans les campagnes ;

6o. Un Tribunal de Famille ;

7o. La même Constitution consacre, en outre, l'usage des jugements par voie d'arbitres.

L'installation des Juges de Paix et des Prud'hommes Assesseurs dans les campagnes, date du 17 Avril 1791.

Un Arrêté de l'Assemblée Colonial du 25 Février 1793 (An 1 de la République Française), transcrit sur les Registres du Greffe le 4 Mars suivant, ôte au Conseil supérieur sa dénomination pour y substituer celle de Tribunal d'Appel. Le même arrêté supprime également la dénomination de Juridiction Royale donnée au premier Tribunal pour y substituer celle de Tribunal de 1re. Instance.

L'organisation du Tribunal d'Appel est du 28 Novembre 1793, enregistré le 20 Décembre suivant.

Le Tribunal d'Appel juge sur vû de pièces sans plaidoiries et en dernier ressort.

Il est composé de neuf Juges dont quatre peuvent être récusés sans énonciation de motifs : tous les membres en sont élus par le peuple.

Les Juges, le Commissaire National et son Substitut sont nommés pour trois ans et pourront être réélus.

Le Greffier seul, est nommé à vie.

Les Juges ne pourront, dans aucun cas, retarder de transcrire purement et simplement, sur un Registre particulier, les Lois qui leur seront envoyées revêtues des formes légales.

Ils ne pourront faire de Réglement et ils s'adresseront à l'Assemblée Coloniale, toutes les fois qu'ils croiront nécessaire de demander l'interprétation de quelque Loi.

Le Tribunal d'Appel ne pourra, à peine de forfaiture, troubler, de quelque manière que ce soit, les opérations des Corps administratifs et municipaux, ni citer les membres à sa barre pour raison de leurs fonctions.

Un Arrêté de l'Assemblée Coloniale du 18 Décembre 1793, enregistré le 19 du même mois, délègue un Commissaire qui exercera les fonctions de Juge du Tribunal de 1re. Instance.

L'établissement de la Justice arbitrale est du 30 Janvier 1794.

L'organisation du Tribunal de Commerce est du 7 Février 1794.

Celle de la Justice de Paix, au Port N. O., est du 14 Février 1794.

Un Arrêté de l'Assemblée Coloniale, en date du 23 Avril 1794, sanctionné le 24 et enregistré le 29 dudit mois, crée un Jury Criminel Révolutionnaire d'Instruction à l'effet de connaître de toutes entreprises contre-révolutionnaires ; de tout attentat contre la liberté, l'égalité, l'unité, l'indivisibilité de la République, la sûreté intérieure et extérieure de l'État; de tous les complots tendant à rétablir la Royauté ou à établir toute autre autorité attentatoire à la liberté, à l'égalité et à la souveraineté du peuple.

Un Arrêté de l'Assemblée Coloniale du 18 Prairial An 3, sanctionné le 13 Juin et enregistré le 14 du même mois, établit, en attendant la formation du Tribunal Criminel, une Commission conforme à celle décrétée par la Convention Nationale les 19 Mars, 10 Mai, 5 Juillet et 3 Septembre 1791.

Un Arrêté de l'Assemblée Coloniale du 19 Fructidor An 2, sanctionné le 6 Septembre 1794 et enregistré le même jour, rapporte la Loi du 23 Avril 1794 créant un Tribunal Criminel Révolutionnaire.

Un Arrêté de l'Assemblée Coloniale, en date du 16 Frimaire An 3, sanctionné le 22 et enregistré le 23 du même mois, établit des arbitres publics immédiatement élus par le peuple, conformément à la Constitution Française.

L'organisation définitive des Tribunaux Civil et d'Appel, de la Justice arbitrale privée ou publique, et des Bureaux de Paix ou de Jurisprudence charitable, est du 27 Messidor An 3, sanctionnée le 4 Thermidor suivant et enregistrée le 7 du même mois.

Néanmoins, l'Arrêté du 27 Messidor An 3, porte que les principes décrétés par la Convention Nationale, relativement aux arbitres privés et publics, seront adoptés par la Colonie, mais que l'exécution en demeure suspendue.

L'installation des Jurés et du Tribunal Criminel, est du 5 Thermidor An 3.

L'organisation du Tribunal de Famille est du 16 Novembre An 4.

Un Arrêté de l'Assemblée Coloniale du 8 Germinal An 8 (29 Avril 1800), sanctionné le 17 et enregistré le même jour, établit provisoirement un Tribunal de Révision pour juger si les formes prescrites dans les jugements criminels ont été bien observées et si ces mêmes jugements n'ont rien de contraire aux Lois.

Le 3 Germinal An 11, un Arrêté du Gouvernement consulaire de France, transcrit sur les Registres du Greffe le 5 Vendémiaire

An 12, rétablit les Tribunaux des Iles de France et de la Réunion (Bourbon) sur le même pied qu'en 1789.

Les dénominations de Tribunal d'Appel et de Tribunal de 1re. Instance données aux établissements judiciaires de la Colonie, sont maintenues.

Un Arrêté du Général Decaen, en date du 11 Frimaire An 12, enregistré le 14 du même mois, crée un Tribunal spécial pour l'instruction et le jugement des crimes et délits commis par les esclaves.

Le Sénatus-Consulte organique du 28 Floréal An 12 (1804) qui proclame Napoléon Bonaparte Empereur des Français, enregistré à l'Ile de France le 19 Brumaire An 13, change la dénomination de Tribunal d'Appel donnée aux Cours supérieures en celle de Cour d'Appel (Art. 136, Titre 14).

Une Proclamation du Gouverneur Farquhar, en date du 28 Décembre 1810, enregistrée le 3 Janvier suivant, porte que, les établissements judiciaires à l'Ile de France seront conservés et continués par le Gouvernement anglais, sur les mêmes bases et d'après les mêmes Réglements qui existaient lors de la reddition de cette Ile aux forces de Sa Majesté britannique, sauf ce qui concerne le protocole des jugements et les appels au Conseil privé de Sa Majesté.

Une Ordonnance Royale de Sa Majesté George III, en date du 27 Juillet 1814, enregistrée dans les Tribunaux le 6 Mai 1815, établit aux Iles Maurice et Bourbon une Cour de Vice-Amirauté.

Une autre Ordonnance Royale, sous la date du 1er. Février 1815, enregistrée le 19 Septembre de la même année, crée une Cour spéciale de Vice-Amirauté pour juger les crimes et délits commis en mer et dans la juridiction de l'Amirauté.

Dès ce moment la connaissance des affaires d'Amirauté est ôtée au Tribunal de 1re. Instance.

Une Ordonnance sous le No. 17, de Son Excellence le Gouverneur Sir G. Lowry Cole, en date du 8 Novembre 1826, enregistrée dans les Tribunaux le 1er. Décembre de la même année, supprime le Tribunal spécial établi par l'Arrêté du 11 Frimaire An 12.

Un Ordre en Conseil de Sa Majesté britannique du 13 Avril 1831, enregistré à l'Ile Maurice le 24 Août même année, supprime la Cour d'Appel pour y substituer une Cour sous le titre de " Cour Suprême" composée de trois Juges seulement.

Les attributions de cette Cour restent les mêmes, et ce dernier titre lui est conféré par une Ordonnance de S. E. le Gouverneur Sir Charles Colleville, en date du 19 Octobre 1831, enregistré le 3 Novembre suivant (Article 3).

Le Tribunal de 1re. Instance est maintenu tel qu'il est, sauf la suppression d'un des Juges suppléants.

Le même Ordre en Conseil institue des Tribunaux de Paix au Port Louis et dans les divers quartiers de l'Ile; mais, jusqu'à ce moment, le Port Louis seulement a joui d'une manière organique de cette institution.

Une Ordonnance du Gouvernement local, en date du 22 Octobre 1832, enregistrée le 30 du même mois, supprime à l'Ile Maurice le Tribunal Terrier. Cette Ordonnance porte que, toutes demandes et contestations qui étaient de la compétence du Tribunal Terrier ainsi que les matières purement administratives seront portées devant le Conseil Exécutif du Gouvernement qui pourra renvoyer devant les Tribunaux ordinaires toutes contestations de compétence qu'il ne lui conviendra pas de retenir.

Une Ordonnance en date du 14 Novembre 1836, confère aux Commissaires Civils des divers quartiers de l'Ile certaines attributions du Juge de Paix du Port Louis, dont ils sont nommés les Suppléants.

Une attestation officielle donnée par Sir William Nicolay, Gouverneur, portant la date du 24 Avril 1838 et déposée au Greffe de la Cour d'Appel, fait connaître que la Reine, en donnant son approbation à l'Ordonnance du 19 Octobre 1831, a supprimé l'Art. 3 de cette Ordonnance qui conférait à la Cour supérieure de cette Ile le titre de " Cour Suprême :" cette Cour a repris, dès ce moment, sa première dénomination de Cour d'Appel.

Une Ordonnance, sous le No. 2, du 20 Mars 1850, change de nouveau la dénomination de " Cour d'Appel" en celle de " Cour Suprême."

Cette Ordonnance abolit le premier degré de Juridiction établi en cette Ile par l'Edit du mois d'Octobre 1771 ; le Tribunal de 1re. Instance est supprimé.

La Cour Suprême, ainsi constituée, a toute l'autorité, la juridiction et les pouvoirs exercés par la Cour du Banc de la Reine en Angleterre; elle est en même temps une Cour d'équité fonctionnant dans tous les cas où la Loi écrite de Maurice n'offre pas de remède légal.

Un officier, sous le titre de "Master," est institué près la Cour Suprême; cet officier taxe les frais, fait les ventes judiciaires, tient les assemblées de famille et de créanciers, prononce les homologations de testaments, fait les enquêtes et agit dans toutes les matières de comptabilité.

La même Ordonnance, sous le No. 2, du 20 Mars 1852, crée des Cours de Districts tant au Port Louis que dans les quartiers de la Colonie; ces Cours ont une juridiction civile et criminelle.

Enfin, une Ordonnance, sous le No. 10, du 3 Juillet 1850, introduit dans la Colonie l'institution du Jury pour les affaires criminelles; la même Ordonnance établit, en outre, un Jury pour les affaires civiles portées devant la Cour Suprême et dans lesquelles la Cour aura jugé à propos d'admettre le jugement par Jury.

TABLE GÉNÉRALE

ALPHABÉTIQUE ET ANALYTIQUE

POUR SERVIR

AUX RECHERCHES A FAIRE AU GREFFE DE LA COUR SUPRÊME DE L'ILE MAURICE, CONCERNANT LES LOIS ET AUTRES DISPOSITIONS RÉGLEMENTAIRES ET ADMINISTRATIVES DE CETTE COLONIE, QUI SONT ENREGISTRÉES OU DÉPOSÉES A CE GREFFE.

ABA—ABO

ABATTAGE.— *Gouvernement de Sa Majesté Britannique.*— Celui des veaux et des génisses est défendu, à moins de nécessité reconnue. Ordonnance No. 10 (désapprouvée). 12 Octobre 1846. —*Voyez* No. 1075 du Reg. 44.

ABOLITION.— Promulgation à l'Ile Maurice et dépendances, de l'Acte du Parlement, passé dans la 51me. année du règne de S. M. George III (14 Mai 1811), à l'effet de rendre plus efficace l'Acte passé dans la 47me. année du règne de Sa Majesté (10 et 24 Juin 1806), intitulé: " Acte pour l'abolition de la traite des esclaves." Enregistrement dans les Tribunaux, le 14 Janvier 1813.— *Voyez* No. 78 du Reg. 28.

Id. De l'usage qui permet aux détachements de présenter les mains des noirs marrons comme preuve de leur mort. 25 Janvier 1813. Enreg. 28 du même mois. No. 79 du Reg. 28.

Id. Des distinctions, incapacités ou restrictions civiles et militaires auxquelles pourraient être soumises toutes personnes de naissance ou d'origine indienne et africaine. 22 Juin 1829. Enreg. 22 Décembre même année. No. 542 du Reg. 31.

Id. De l'usage des chaînes destinées à la punition des esclaves. 23 Février 1831. Enreg. 6 Août même année. No. 591 du Reg. 31.

---

(1) Voyez Certificat du Gouverneur, en date du 15 Juillet 1847, No. 106 de la liasse de ces pièces.

Proclamation de Sa Majesté portant abolition de l'esclavage des noirs à l'Ile Maurice et dépendances, à compter du 1er. Février 1835, moyennant une indemnité accordée aux maîtres, conformément à l'Acte de l'abolition de l'esclavage, en date du 28 Août 1833. Cette Proclamation est du 4 Septembre 1833. Enreg. 11 Janvier 1834 (V. No. 672 du Reg. 32).—*Voyez* ESCLAVAGE ET APPRENTISSAGE.

ABSENTS.—*Assemblée Coloniale.*—Manière de stipuler dans les inventaires, comptes, partages et liquidations, les intérêts de ceux qui ne sont pas représentés par des fondés de pouvoir. 15 Nivôse An 4. Enreg. 18 du même mois. No. 443 du Reg. 23.

ACCAPAREMENTS.—L'accaparement est déclaré crime capital.—Définition de ce crime.—Dispositions pénales y relatives. 8 Avril 1794. Enreg. 14 du même mois. No. 283 du Reg. 23.

Cette Loi n'aura d'exécution, pour les habitants des campagnes, que du jour où ils en auront reçu un exemplaire. 10 Avril 1794. Enreg. 14 du même mois. No. 287 du Reg. 23.

Autre Loi sur les accaparements. 17 Avril 1794. Enreg. 23 du même mois. No. 293 du Reg. 23.

Id. 17 Ventôse An 3. Enreg. 19 du même mois. No. 365 du Reg. 23.

Id. 8 Messidor An 3. Enreg. 11 du même mois. No. 378 du Reg. 23.—*Voyez* ACCAPAREURS.

ACCAPAREURS.—Commutation de la peine de mort contre eux portée. 17 Ventôse An 3. Enreg. 19 du même mois. No. 364 du Reg. 23.

Maintien des peines contre eux établies. 8 Messidor An 3. Enreg. 11 du même mois. No. 378 du Reg. 23.—*Voyez* ACCAPAREMENTS.

ACCOUCHEMENTS.—*Administration du Général Decaen.*—Réglements relatifs à ceux qui se livrent à cet art. 19 Fructidor An 13. Enreg. 25 du même mois. No. 152 du Reg. 27.

ACCUSATEUR PUBLIC.—*Assemblée Coloniale.*—Indication des fonctions de ce Magistrat. 5 Thermidor An 3. Enreg. 2 Fructidor même année. No. 404 du Reg. 23.

Manière de le remplacer en cas d'empêchement. 4 Frimaire An 4. Enreg. 6 du même mois. No. 428 du Reg. 23.

Sa nomination par élection. 29 Floréal An 9. Enreg. 5 Prairial même année. No. 776 du Reg. 23.

Il n'aura aucun salaire. Id.

Il remplacera les Juges au Tribunal d'Appel, en cas d'empêchement. 3 Fructidor An 9. Enreg. 6 du même mois. No. 789 du Reg. 25.

ACIER.—*Gouvernement de S. M. Britannique.*—V. COMMERCE.

ACTES.—*Administration pour le Roi de France.*—Edit portant

établissement, à Versailles, d'un dépôt des Actes publics formalisés dans les Colonies. Juin 1776. Enreg. 10 Avril 1777. No. 402 du Reg. 14.

Remontrances adressées au Roi, à cette occasion, par le Conseil supérieur. 10 Avril 1777. No. 403 du Reg. 14.

Id. 11 Avril 1777. No. 405 du même Reg.

Réglements concernant ceux des Notaires et des Huissiers. 14 Août 1778. No. 461 du Reg. 15.

Leur contrôle. Id.

Autres dispositions relatives à leur contrôle. 17 Août 1786. No. 828 du Reg. 17.

Réglements concernant ceux de baptême, de mariage et de sépulture. 18 Novembre 1778. No. 477 du Reg. 15.

Assemblée Coloniale.—Arrêté concernant le contrôle des Actes. 28 Février 1791. Enreg. 3 Mars suivant. No. 36 du Reg. 19.

Adoption du Décret de la Convention, relatif à leurs dates et à leur enregistrement. 10 Avril 1794. Enreg. 17 du même mois. No. 289 du Reg. 23.

Moyen de suppléer à ceux de naissance. 23 Messidor An 3. Enreg. 25 du même mois. No. 385 du Reg. 23.

Autres dispositions concernant leur enregistrement. 16 Brumaire An 5. Enreg. 28 du même mois. No. 519 du Reg. 24.

Id. 4 Frimaire An 5. Enreg. 5 du même mois. No. 522 du Reg. 24.

Id. 26 Frimaire An 5. Enreg. 28 du même mois. No. 526 du Reg. 24.

Ceux d'attermoiement, entre un débiteur et ses créanciers, ne sont assujettis qu'au droit simple. 16 Ventôse An 6. Enreg. 18 du même mois. No. 642 du Reg. 24.

Ceux émanant des Greffiers et des Huissiers, seront soumis aux droits de contrôle. 9 Germinal An 11. Enreg. 18 du même mois. No. 844 du Reg. 26.

Administration du Général Decaen.—Mode de transcription des jugements portant rectification des Actes de l'Etat Civil; délivrance des Actes rectifiés. 30 Décembre 1808. Enreg. 20 Janvier 1809. No. 274 du Reg. 27.

Promulgation de L'Avis du Conseil d'Etat du 23 Février 1808, concernant cette matière. Id.

Lettre du Commissaire de Justice, relative aux questions qui pourront s'élever à l'égard des Actes sujets à des débats judiciaires pendant que le signal d'alarme sera arboré. 29 Novembre 1810. Enreg. même jour. No. 325 du Reg. 27.

Gouvernement de Sa Majesté Britannique.—Il ne pourra être procédé à aucun Acte judiciaire ou extra-judiciaire, quelle que soit sa nature, même à ceux qui sont de rigueur, à partir du 26 Septembre jusqu'au 1er. Octobre 1816. 26 Septembre 1816. Enreg. même jour. No. 185 du Reg. 29.

ACT—ADM

Manière de formaliser ceux de l'Etat Civil, concernant les individus mis en état d'apprentissage. Ordonnance No. 4 (désapprouvée) (1). 26 Janvier 1835. Enreg. 4 Juin 1835. No. 724 du Rég. 33.

Prorogation du délai d'enregistrement de certains Actes. Ordonnance No. 29 (approuvée) (2). 4 Octobre 1847. No. 1117 du Reg. 45.

Id. Ordonnance No. 17 (approuvée) (3). 1er. Mai 1848. No. 1160 du Reg. 46.—*Voyez* ETAT CIVIL ET MINUTES.

ACTES ARBITRAIRES. — *Assemblée Coloniale.* — Mesures propres à les prévenir. 5 Thermidor An 3. Enreg. 2 Fructidor même année. No. 404 du Reg. 23.

ACTIONS.— *Compagnie des Indes.*— Cession faite par le Roi de France, à la Compagnie des Indes, de 11,835 actions de cette Compagnie. Août 1764. Enreg. 17 Mai 1765. No. 198 du Reg. 10.

ADAM (Joachim Henri).—*Gouvernement de S. M. Britannique.* —Sa naturalisation de sujet anglais. Ordonnance No. 23 (approuvée) (4). 21 Décembre 1840. No. 873 du Reg. 38.

ADJUDICATAIRES.—*Assemblée Coloniale.*—*Voyez* ADJUDICATIONS.

ADJUDICATIONS.—*Administration pour le Roi de France.*— Comment on doit en effectuer le paiement. 22 Février 1768. Enreg. même jour. No. 82 du Reg. 12.

Assemblée Coloniale. — Celles concernant les prises sont assujetties à un droit de 2 o|o au profit de la commune générale. 23 Fructidor An 3. Enreg. 26 du même mois. No. 410 du Reg. 23.

Droits que doit payer chaque portion de l'adjudication d'un bien commun. 7 Thermidor An 9. Enreg. 15 du même mois. No. 787 du Reg. 25.

Administration du Général Decaen.—Formalités à remplir pour l'adjudicataire de biens immeubles aux Iles Seychelles. 12 Mars 1810. Enreg. 24 du même mois. No. 309 du Reg. 27.

Il peut être procédé, sans le ministère des Avoués et sans bougie, à celles qui ont lieu à l'audience des Tribunaux des Iles de France et Bonaparte. 23 Mars 1810. Enreg. 24 du même mois. No. 310 du Reg. 27.

ADLER (Marie François Léonce).— *Gouvernement de S. M. Britannique.*—Sa nomination aux fonctions d'Avoué près les Tribunaux. 20 Décembre 1839. Nos. 738 et 739 du Reg. 32.

---

(1) Voyez Certificat du Gouverneur, en date du 28 Décembre 1835. No. 16 de la liasse de ces pièces.
(2) Id.   Id.   Id.   en date du 6 Avril 1849. No. 118. Id.
(3) Id.   Id.   Id.   en date du 13 Mars 1849 No. 115 Id.
(4) Id.   Id.   Id.   en date du 11 Mars 1842. No. 66 Id.

ADMINISTRATEUR EN CHEF DE LA POLICE.— *Assemblée Coloniale.*—Création de cette place pour le Port N.-O. 16 Fructidor An 4. Enreg. 25 du même mois. No. 509 du Reg. 24.

Le terme des fonctions de cet officier public est fixé à cinq ans. 3 Pluviôse An 5. Enreg. 6 Pluviôse même année. No. 536 du Reg. 24.

Il exercera, concurremment avec le Juge de Paix, les fonctions d'officier de police judiciaire. 24 Pluviôse An 5. Enreg. 5 Ventôse même année. No. 548 du Reg. 24.

ADMINISTRATEURS.— *Administration pour le Roi de France.*—Distinction de leurs prérogatives d'avec celles des Tribunaux. 19 Décembre 1786. Enreg. même jour. No. 838 du Reg. 17.

Arrêté du Conseil supérieur sur cette matière. 23 Décembre 1786. No. 839 du Reg. 17.

Ceux de la Colonie auront seuls le droit de faire les Réglements de police et de législation. 18 Décembre 1786. Enreg. 11 Janvier 1787. No. 842 du Reg. 17.

Extrait du Mémoire du Roi pour servir d'instruction aux sieurs Vicomte de Souillac et Chevreau, concernant les prérogatives des Administrateurs. 26 Février 1781. Enreg. 11 Janvier 1787. No. 843 du même Reg.

Assemblée Coloniale.—Création des Administrateurs de la Régie des araks. 9 Nivôse An 10. Enreg. 18 du même mois. No. 798 du Reg. 26.

Incompatibilité de leurs fonctions avec d'autres charges publiques. 5 Pluviôse An 10. Enreg. 15 du même mois. No. 802 du Reg. 26.

Faculté à eux accordée de vendre des araks, rums ou tafia aux habitants ou à ceux qui voudraient en exporter. 7 Ventôse An 10. Enreg.   No. 807 du Reg. 26.

Abrogation de la Loi du 9 Nivôse An 10, qui établit les Administrateurs de la Régie des araks. 3 Prairial An 10. Enreg. 18 Floréal même année. No. 814 du Reg. 26.—*Voyez* GUILDIVERIES ET INCOMPATIBILITÉ

ADMINISTRATEURS GÉNÉRAUX.— Sont chargés de se procurer les objets de première nécessité pour les salariés militaires. 28 Pluviôse An 6. Enreg. 5 Ventôse même année. No. 636 du Reg. 24.

ADMINISTRATION.—*Compagnie des Indes.*—Création d'un Conseil d'Administration pour les Iles Bourbon et de France, 29 Janvier 1727. Enreg. 12 Décembre même année. No. 36 du Reg. 1.

Réglements généraux y relatifs. Id.

L'Administration de Bourbon est autorisée à inviter quelques familles de cette Colonie à passer à l'Ile de France; elle usera, à cet effet, de toutes les voies de persuasion et de tous les ménagements convenables. Id.

Facilités et avantages accordés par la Compagnie à ces familles. Id.
Arrivée de M. Dumas, Gouverneur de l'Ile Bourbon pour rétablir l'ordre et l'harmonie parmi les membres de l'Administration de l'Ile de France. 24 Mars 1729. No. 60 du Reg. 1.
Réglements établis à cet effet par ce Gouverneur. Id.—*Voyez* CONSEIL D'ADMINISTRATION.

Administration pour le Roi de France.—Nomination d'un Commissaire chargé par le Roi de prendre connaissance de l'Administration des Iles de France et Bourbon. 28 Août 1784. Enreg. 15 Février 1785. No. 738 du Reg. 17.—*Voyez* GOUVERNEMENT.

Assemblée Coloniale.—Création d'un Comité pour l'Administration extérieure de la Colonie. 19 Prairial An 5. Enreg. 25 du même mois. No. 574 du Reg. 24.
Autres dispositions relatives à cette Administration. 22 Prairial An 5. Enreg. 25 du même mois. No 575 du Reg. 24.
Droits d'enregistrement auxquels ces Actes sont assujettis. 7 Germinal An 6. Enreg. 16 du même mois. No. 646 du Reg. 24.—*Voyez* CORPS ADMINISTRATIFS.

Administration du Général Decaen.—Organisation de l'Administration des Iles de France et Bourbon. 3 Vendémiaire An 12. Enreg. 5 du même mois. No. 1 du Reg. 26.
Défense aux officiers ministériels de prêter leur ministère à fin de poursuites contre l'Administration de l'Etat, et aux Tribunaux de connaître de ces poursuites. 20 Septembre 1810. Enreg. 21 du même mois. No. 315 du Reg. 27.

Gouvernement de S. M. Britannique.— Ordre en Conseil de Sa Majesté, qui reconnaît la validité des Actes de l'Administration intérimaire du Colonel Power. 25 Janvier 1841. Attestation du Gouverneur en date du 4 Juin même année, No. 893 du Reg. 39.

ADRESSES.—*Administration pour le Roi de France.*—*Voyez* CONSEIL SUPÉRIEUR.

ADRIAN (Jean Augustin).—*Administration du Général Decaen.*— Sa nomination aux fonctions d'Avoué. 22 Janvier 1807. Enreg. 30 du même mois. No. 203 du Reg. 27.

AFFAIRES.—*Administration pour le Roi de France.*—Toutes celles provenant d'obligations contractées depuis Janvier 1756 jusqu'à l'époque de la reprise de possession des Iles de France et Bourbon par le Roi, seront exclusivement du ressort du Conseil supérieur. 11 Janvier 1773. No. 305 du Reg. 14.
La connaissance des affaires considérées comme personnelles aux membres de cette Cour lui est réservée, sauf à se retirer par devers Sa Majesté pour obtenir d'elle les ordres et interprétations nécessaires à cet égard. 3 Février 1773. No. 310 du Reg. 14.

Rapports faits au Ministre à ce sujet. 4 Mars 1773. No. 317 (bis) du Reg. 14.

AFFAIRES CRIMINELLES.—*Assemblée Coloniale.*—Celles non jugées seront renvoyées devant le Directeur du Jury. 24 Vendémiaire An 4. Enreg. 28 du même mois. No. 419 du Reg. 23.

Administraton du Général Decaen.—Seront instruites et jugées suivant les formes prescrites par l'Ordonnance de 1670. 8 Vendémiaire An 12. Enreg. 11 du même mois. No. 8 du Reg. 26.

AFFICHES.— *Gouvernement de Sa Majesté Britannique.*— Réglements relatifs à ceux à insérer dans les journaux. Ordonnance No. 11 (approuvée) (1). 8 Novembre 1833. Enreg. 19 Décebre suivant. No. 668 du Reg. 32.

AFFILIATIONS.—*Assemblée Coloniale.*— Sont défendues comme contraires à l'unité du Gouvernement Républicain. 7 Thermidor An 3. Enreg. 12 du même mois. No. 396 du Reg. 23.

AFFRANCHISSEMENT.— *Administration pour le Roi de France.*— Ordonnance Royale relative à celui des nègres esclaves aux Iles de France et Bourbon. 20 Août 1766. Enreg. 29 Août 1767. No. 44 du Reg. 12.

Assemblée Coloniale.— Réglements concernant les affranchissements. 27 Janvier 1791. Enreg. 8 Février suivant. No. 28 du Reg. 19.

Il ne sera reçu aucune déclaration à ce sujet jusqu'à la confection des nouvelles Lois sur cette matière. 2 Messidor An 8. Enreg. 5 du même mois. No. 740 du Reg. 25.

Arrêté concernant l'affranchissement de deux esclaves ayant appartenu au Général Malartic. 4 Fructidor An 8. Enreg. 5 Brumaire An 9. No. 757 du Reg. 25.

Administration du Général Decaen.—Réglements sur les affranchissements. 19 Brumaire An 13. Enreg. 24 du même mois. No. 123 du Reg. 27.

Dispositions additionnelles y relatives. 1er. Messidor An 13. Enreg. 2 du même mois. No. 143 du Reg. 27.

Autres formalités pour parvenir aux affranchissements. 8 Thermidor An 13. Enreg. 13 du même mois. No. 147 du Reg. 27.

Modifications aux Lois sur cette matière. 27 Août 1806. Enreg. 29 du même mois. No. 186 du Reg. 27.

Gouvernement de S. M. Britannique.—Formalités et conditions

---

(1) Voyez Certificat du Gouverneur, en date du 10 Août 1835. No. 11 de la liasse de ces pièces.

auxquelles les affranchissements sont soumis. 9 Février 1811. Enreg. 11 Avril même année. No. 27 du Reg. 27.

Id. 16 Juillet 1811. Enreg. 19 du même mois. No. 40 du Reg. 27.

Id. 19 Novembre, 1811. Enreg. 23 du même mois. No. 44 du Reg. 27.

Id. 4 Février 1812. Enreg. 6 du même mois. No. 51 du Reg. 27.

Droits y relatifs. 8 Décembre 1812. Enreg. 26 du même mois. No. 72 du Reg. 28.

Nouveau mode d'affranchissement. 30 Décembre 1814. Enreg. 9 Janvier 1815. No. 121 du Reg. 28.

Modification aux Lois sur cette matière. Ordonnance No. 21. 27 Janvier 1827. Enreg. 2 Février suivant. No. 470 du Reg. 30.

Abrogation de ces Lois pour n'en faire qu'un seul et même Réglement. Ordonnance No. 34. 14 Mai 1828. Enreg. 22 du même mois. No. 496 du Reg. 31.— *Voyez* EMANCIPATION.

AGENTS.— *Administration du Général Decaen.*— Il en sera entretenu à Madagascar, sous le titre d'Agents commerciaux de l'Empire Français. 23 Mars 1807. Enreg. 26 du même mois. No. 208 du Reg. 27.

AGENTS DE CHANGE.— *Assemblée Coloniale.*— Police les concernant. 20 Février 1794. Enreg. 28 du même mois. No. 275 du Reg. 23.

Représentation de leurs livres au Directoire. 4 Thermidor An 2. Enreg. 24 Juillet 1794. No. 321 du Reg. 23.

Leur suppression. 8 Prairial An 3. Enreg. 11 du même mois. No. 372 du Reg. 23.

Leur nombre est fixé à douze et leurs fonctions déterminées. 13 Thermidor An 5. Enreg. 17 du même mois. No. 597 du Reg. 24.

Administration du Général Decaen.— Fixation du droit de patente à eux imposé. 8 Prairial An 12. Enreg. 19 du même mois. No. 89 du Reg. 26.

Leurs nominations, attributions, devoirs et discipline. 14 Thermidor An 12. Enreg. 21 du même mois. No. 102 du Reg. 27.

Gouvernement de Sa Majesté Britannique.— Autres Réglements les concernant ; leur nombre est illimité. Ordonnance No. 11 (approuvée) (1). 21 Septembre 1836. No. 752 du Reg. 34.

AGENT GÉNÉRAL DE POLICE.— *Administration du Général Decaen.*— Ses attributions et celles de ses subordonnés ; leur costume. 4 Brumaire An 12. Enreg. 11 du même mois. No. 35 du Reg. 26.

Nomination d'un Sous-Agent pour la police de la Grande-Rivière. Abrogation de l'Article 30 de l'Arrêté du 4 Brumaire An 12, relatif

---

(1) *Voyez* Certificat du Gouverneur, en date du 11 Août 1838, No. 44 de la liasse de ces pièces.

au costume des officiers de police. Nouveau costume substitué à l'ancien. 27 Messidor An 12. Enreg. 30 du même mois. No. 100 du Reg. 27.

Suppression du titre de Sous-Agent de police. 23 Octobre 1803. Enreg. 2 Novembre suivant. No. 303 du Reg. 27.—*Voyez* POLICE.

AGGRÉGATIONS.—*Assemblée Coloniale.*—*Voyez* AFFILIATIONS.

AHINE.—*Gouvernement de S. M. Britannique.*—Sa naturalisation de sujet anglais. Ordonnance No. 31 (approuvée) (1). 6 Décembre 1847. No. 1121 du Reg. 45.

AILHAUD (Jean Antoine)—*Administration pour le Roi de France.*—Sa nomination à l'office de Procureur Général du Roi au Conseil supérieur de l'Ile de France. 5 Janvier 1777. Enreg. 3 Juin 1778. No. 436 du Reg. 15.

Congé à lui accordé à l'effet de passer en France. 3 Juin 1781. Enreg. 9 du même mois. No. 545 du Reg. 16.

Assemblée Coloniale.—Refus de la Cour d'enregistrer son brevet de Procureur Général Honoraire. 9 Février 1792. No. 119 du Reg. 20.

AJOURNEMENTS.—Délais y relatifs. 8 Fructidor An 10. Enreg. 15 du même mois. No. 826 du Reg. 26.

ALAMBICS.—*Gouvernement de S. M. Britannique.*—Taxe sur ceux en service. 4 Février 1813. Enreg. 12 du même mois. No. 82 du Reg. 28.

Suppression de cette taxe. 9 Août 1815. Enreg. 22 du même mois. No. 144 du Reg. 29.

Autres dispositions concernant les alambics. Id.

Invention d'un nouvel alambic par le sieur Giquel. 11 Août 1821. Enreg. 1er. Septembre suivant. No. 827 du Reg. 29.—*V.* USINES.

ALCYON.—*Assemblée Coloniale.*—Vente des marchandises de la cargaison de ce navire. 10 Juillet 1793. Enreg. 22 Août suivant. No. 228 du Reg. 21.

ALDÉES.—*Compagnie des Indes.*—Réunion au domaine de la Compagnie des Indes de celles d'Archioüac et de Thédouvanatou, dont le Nabab d'Arcate a fait donation à M. Dumas, en reconnaissance de la protection que lui accorda ce Gouverneur contre l'armée des Mahrattes. 6 Juin 1750 et 30 Décembre 1751. Enreg. 3 Février 1753. No. 135 du Reg. 8.

---

(1) Voyez Certificat du Gouverneur, en date du 5 Septembre 1848. No. 113 de la liasse de ces pièces.

ALIENS.—*Gouvernement de S. M. Britannique.*—Les Aliens ne pourront posséder aucun bien-fond à l'Ile Maurice qu'ils n'aient été préalablement naturalisés sujets anglais.—*Voyez* Instructions données par Sa Majesté à Sir Charles Colville, en date du 20 Juillet 1831. No. 760 du Reg. 35.

Ordre en Conseil portant que les Lois de la Grande-Bretagne concernant la question de savoir si les Aliens peuvent posséder des bien-fonds, seront mises en vigueur à l'Ile Maurice. 15 Janvier 1842. Publié le 21 Juin même année. No. 930 du Reg. 40.

ALLAIN (François)—*Administration pour le Roi de France.*—Sa nomination à l'office de Notaire. 14 Juillet 1781. Enreg. 5 Septembre même année. No. 571 du Reg. 16.

Croisement des scellés sur ses papiers après son décès. 31 Mars 1784. No. 684 du Reg. 16.

ALLANIC DE St. ONGAL (Gabriel Hippolyte)—*Administration pour le Roi de France.*—Sa nomination à l'office d'Assesseur au Conseil supérieur de l'Ile de France. 29 Mars 1785. Enreg. 5 Avril même année. No. 752 du Reg. 17.

Renouvellement de sa commission. 12 Mars 1788. Enreg. 7 Avril même année. No. 896 du Reg. 18.

Sa nomination aux fonctions de Commissaire de la commune. 19 Août 1789. No. 958 du Reg. 18.

Assemblée Coloniale.—Ecrit déposé par lui sur le bureau de la Cour. 31 Mars 1791. No. 49 du Reg. 19.

Nouvelle commission d'Assesseur à lui accordée et sa prestation de serment. 16 Avril 1791. Enreg. même jour. No. 50 du Reg. 19.

Congé d'un mois à lui accordé. 14 Mai 1791. No. 58 du Reg. 19.

Invitation à lui faite par la Cour de reprendre ses fonctions. 20 Septembre 1791. No. 86 du Reg. 20.

Sa démission de la place d'Assesseur. 12 Novembre 1791. No. 106 du Reg. 20.

Administration du Général Decaen.—Sa nomination à l'effet de compléter le Tribunal Terrier. 4 Brumaire An 12. Enreg. 5 du même mois. No. 32 du Reg. 26.

Sa nomination à la place de Président de la Cour d'Appel de l'Ile de France. 3me. jour complémentaire de l'An 13. Enreg. 3 Vendémiaire An 14. No. 156 du Reg. 27.

ALLENDY (Pierre)—*Gouvernement de S. M. Britannique.*—Sa naturalisation de sujet anglais. Ordonnance No. 18 (approuvée) (1). 27 Décembre 1849. No. 1227 du Reg. 47.

ALLIANCES.—*Administration du Général Decaen.*—Promul-

---

(1) Voyez Certificat du Gouverneur, en date du 15 Février 1851. No. 129 de la liasse de ces pièces.

gation aux Iles de France et Bonaparte de l'Avis du Conseil d'Etat du 23 Avril 1807, interprétatif des Lois relatives aux alliances entre les membres de l'Ordre Judiciaire. 21 Avril 1808. Enreg. 5 Mai suivant. No. 240 du Reg. 27.

ALLIES.—*Assemblée Coloniale.*—Ceux au degré de cousin-germain ne peuvent être l'un Receveur d'une commune particulière ou de la commune générale, et l'autre membre du Directoire ou Agent National. 4 Thermidor An 3. Enreg. 12 du même mois. No. 395 du Reg. 23.

AMELIN (Jean Joseph)—*Gouvernement de S. M. Britannique.*—Enregistrement de son diplôme de Licencié en Droit, sous la date du 29 Mars 1820, à lui délivré par la Faculté de Droit de Paris, et son admission à l'exercice de sa profession d'Avocat près les Tribunaux de cette Colonie. 25 Septembre 1820. No. 311 du Reg. 29.

AMENDES.—*Compagnie des Indes.*—Le produit de celles prononcées au profit de la Compagnie, sera affecté aux hôpitaux. 29 Janvier 1727. Enreg. 12 Décembre même année. No. 36 du Reg. 1.

Administration pour le Roi de France.—Fixation de celles concernant les appels. 3 Décembre 1772. No. 288 du Reg. 14.

Réglements relatifs à celles consignées au Greffe. 19 Novembre 1779. No. 512 du Reg. 15.

Assemblée Coloniale.—Fixation de celles auxquelles seront condamnés les appelants dont les appels seront jugés mal fondés. 27 Messidor An 3. Enreg. 7 Thermidor même année. No. 392 du Reg. 23.

Abrogation de l'Article 13 du Titre 2 de la Loi du 27 Messidor An 3, en ce qu'il prononce des amendes contre les appelants et intimés des sentences du Tribunal de Commerce. 14 Vendémiaire An 4. Enreg. 18 du même mois. No. 415 du Reg. 23.

Maximum de celles en matière de Police Correctionnelle. 24 Pluviôse An 5. Enreg. 5 Ventôse suivant. No. 546 du Reg. 24.

Celle de 300 livres sera encourue par tout citoyen qui ne portera pas son véritable nom sur son recensement. 5 Messidor An 11. Enreg. 18 du même mois. No. 856 du Reg. 26.

Celle de 100 piastres sera prononcée contre les boulangers qui feront vendre du pain hors de chez eux. 28 Thermidor An 11. Enreg. 30 du même mois. No. 863 du Reg. 26.—*Voyez* CITOYENS ET PAINS.

Administration du Général Décaen.—Règles concernant leur perception et consignation. 22 Floréal An 12. Enreg. 27 du même mois. No. 82 du Reg. 26.

Gouvernement de S. M. Britannique.—Celle de 200 piastres sera prononcée contre tous capitaines ou armateurs qui, ayant obtenu la permission d'embarquer de la poudre de guerre, la rapporteront à l'Ile Maurice. 9 Novembre 1815. Enreg. 14 du même mois. No. 159 du Reg. 29.

Fixation de celles concernant les cantines et cabarets. 28 Mai 1823. Enreg. 9 Juin suivant. No. 361 du Reg. 30.

Celle de 100 piastres sera prononcée contre tous propriétaires et patrons des bâtiments ou bateaux faisant le cabotage ou la navigation sur les côtes de cette Ile, à bord desquels on aurait trouvé des matelots ou autres gens de mer appartenant à l'équipage de quelque navire étranger mouillé dans le Port de cette Ile. 13 Mai 1824. Enreg. 22 du même mois. No. 387 du Reg. 30.

Mesures pour faciliter le recouvrement des amendes. Ordonnance No. 67 (1). 3 Novembre 1830. Enreg. 9 du même mois. No. 570 du Reg. 31.

Abrogation de l'Ordonnance relative au recouvrement de celles prononcées par les Tribunaux. Ordonnance No. 5 (approuvée) (2). 12 Mai 1834. Enreg. 19 Juin suivant. No. 682 du Reg. 32.

Nouveau mode de recouvrement y relatif. Ordonnance No. 19 (approuvée) (3). 16 Novembre 1835. No. 739 du Reg. 33.—*Voyez* APPELS.

AMERICAINS.—*Assemblée Coloniale.—Voyez* VAISSEAUX, CONFISCATIONS ET SÉQUESTRES.

Gouvernement de S. M. Britannique.—Sont tenus de se présenter au bureau du Commissaire en Chef de la Police pour y déclarer leurs noms, profession, résidence actuelle ou passagère dans la Colonie. 22 Mars 1813. Enreg. 31 du même mois. No. 86 du Reg. 28.

AMIRAUTE.—*Administration pour le Roi de France.*—Fixation provisoire des droits d'Amirauté attribués aux officiers de la Juridiction Royale, agissant en matière d'Amirauté. 9 Décembre 1779. No. 516 du Reg. 15.

Cette disposition est adoptée à l'occasion des prises des navires anglais l'*Osterley* et l'*Emighed*.

Les fonctions d'Amirauté sont données au Siége de la Juridiction Royale, par une lettre du Ministre aux Administrateurs de la Colonie, en date du 21 Avril 1776.

Publication du Réglement précité du 9 Décembre 1779. 14 Avril 1780. No. 535 du Reg. 16.

Mise en vigueur : 1o. de l'Ordonnance de 1681; 2o. du Réglement de 1717; 3o. de l'Arrêté du Conseil du 23 Avril 1774, et

---

(1) N. B.—L'approbation ou l'improbation des Ordonnances locales, par Sa Majesté, ne remonte pas au-delà de l'Ordonnance No. 78 de 1831.
(2) Voyez Certificat du Gouverneur, en date du 10 Août 1835. No. 7 de la liasse de ces pièces.
(3) Id. Id. Id. en date du 20 Mars 1837. No. 28 Id.

d'autres Lois faites sur les matières d'Amirauté. 20 Août 1781. No. 567 du Reg. 16.—*Voyez* TARIFS.

Gouvernement de S. M. Britannique.—Etablissement d'une Cour de Vice-Amirauté à l'Ile Maurice et territoires en dépendants. 27 Juillet 1814. Enreg. 6 Mai 1815. No. 134 du Reg. 28.

Proclamation y relative. 27 Avril 1815. Enreg. 1er. Mai suivant. No. 132 du Reg. 28.

Lettre du Chef-Juge qui détermine les cas réservés à la Cour de Vice-Amirauté. 6 Mai 1815. Enreg. même jour. No. 136 du Reg. 29.

Création d'une Cour spéciale d'Amirauté pour juger les crimes et délits commis en mer, et dans la juridiction de l'Amirauté. 1er. Février 1815. Enreg. 19 Septembre même année. No. 151 du Reg. 29.

Nouvelle organisation de la Cour de Vice-Amirauté établie à l'Ile Maurice. 2 Mars 1818. Enreg. 9 du même mois. No. 248 du Reg. 29.

Suspension de toute Juridiction d'Amirauté dont le Tribunal de 1re. Instance est investi. Id.

Les Actes de la Cour de Vice-Amirauté seront soumis aux droits du timbre. 1er. Mars 1818. Enreg. 18 Mars suivant. No. 252 du Reg. 29.

Tarif de ces droits. Id.

Abrogation de ces dispositions. 19 Février 1825. Enreg. 18 Mars suivant. No. 409 du Reg. 30.

Commission, sous la date du 26 Mai 1838, adressée par Sa Majesté au Gouverneur de l'Ile Maurice et aux principaux officiers publics de cette Ile, à l'effet de juger les délits commis en mer. No. 827 du Reg. 37.

AMNISTIE.—*Assemblée Coloniale.*—Celle accordée à tous soldats et matelots déserteurs. 12 Juin 1793. Enreg. 22 Août suivant. No. 225 du Reg. 21.

Celle accordée aux marins déserteurs et fuyards des bâtiments de la République. 15 Messidor An 4. Enreg. 16 du même mois. No. 486 du Reg. 23.

ANCRAGE.—Droits y relatifs. 4 Messidor An 5. Enreg. 7 du même mois. No. 584 du Reg. 24.

Autres Réglements à ce sujet. 6 Messidor An 5. Enreg. 15 du même mois. No. 585 du Reg. 24.

Id. 5, 6 et 7 Pluviôse An 7. Enreg. 5 Ventôse suivant. No. 674 du Reg. 24.

ANDERSON (Charles) (1).—*Gouvernement de S. M. Britan-*

---

(1) M. Charles Anderson a occupé les places de Juge spécial, de Protecteur des Immigrants, de Juge de Paix et de Commissaire en Chef de la Police; mais ces

nique.—Sa nomination à l'effet de remplacer celui des Juges de la Cour d'Assises qui serait empêché de siéger. 22 Septembre 1841. No. 908 du Reg. 39.

ANDRE (Gustave).—Sa nomination aux fonctions d'Huissier. 11 Juillet 1834. Enreg. 7 Août suivant. No. 686 du Reg. 32.

ANNÉE REPUBLICAINE.—*Assemblée Coloniale.*—Le commencement de l'An 4 est fixé au 23 Septembre 1795 au lieu du 22. 13 Brumaire An 4. Enreg. 16 du même mois. No. 425 du Reg. 23.

ANNIBAL.—*Compagnie des Indes.*—Confiscation de ce noir, de sa femme et de ses enfants au profit de la Compagnie, pour cause de mauvais traitement de la part de son maître. 17 Août 1837. No. 105 du Reg. 5.

ANNONCES.—*Gouvernement de Sa Majesté Britannique.*—Voyez AFFICHES.

ANNOBLISSEMENT.—*Administration pour le Roi de France.*—Edit du Roi, relatif à ceux qui peuvent avoir lieu dans les Colonies. Août 1782. Enreg. 2 Septembre 1783. No. 659 du Reg. 16.

ANSES.—*Gouvernement de Sa Majesté Britannique.*—Défense d'y jeter de la chaux, des drogues, herbes, bois, racines, écorces et notamment de ce qui est appelé noix vomique et bois de Fangam. 27 Octobre 1824. Enreg. 10 Novembre suivant. No. 399 du Reg. 30.

ANTELME (Auguste Célicourt).—Enregistrement de son diplôme de Licencié en Droit, sous la date du 30 Août 1840, à lui délivré par l'Université de Paris. 9 Juillet 1840. No. 747 du Reg. 32.

ANTHOINE (Jean François).—*Compagnie des Indes.*—Sa nomination à l'office de Conseiller au Conseil supérieur de l'Ile de France. 5 Mars 1759. Enreg. 9 Juillet même année. No. 177 du Reg. 9.

Sa nomination à l'effet d'exercer les fonctions de Procureur Général. 13 Juillet 1759. No. 178 du Reg. 9.

Sa confirmation, par le Roi, à cette place. 25 Mars 1763. Enreg. 18 Octobre même année. No. 186 du Reg. 10.

Administration pour le Roi de France.—Sa nomination à l'office de Conseiller au Conseil supérieur de l'Ile de France. 8 Juin 1769. Enreg. 10 Mai 1770. No. 170 du Reg. 12.

Sa nomination à la place de Lieutenant de Juge en la Juridiction

---

nominations n'ayant pas été soumises à la formalité de l'enregistrement dans les Tribunaux, elles ne figurent point sur les Registres de la Cour.

Royale de l'Ile de France. 24 Novembre 1772. Enreg. 25 du même mois, No. 265 du Reg. 14.

APPARITEURS.—*Assemblée Coloniale.*—Fonctions de celui exerçant près le Tribunal Criminel. 4 Frimaire An 4. Enreg. 6 du même mois. No. 428 du Reg. 23.

Sont obligés, en cas de requisition de la part de l'Accusateur Public, de prêter leur ministère sur-le-champ et toutes affaires cessantes. 16 Nivôse An 4. Enreg. 27 du même mois. No. 445 du Reg. 23.

Gouvernement de Sa Majesté Britannique.—Il en sera nommé deux attachés au Bureau des Revenus Intérieurs. 7 Juin 1815. Enreg. 19 du même mois. No. 140 du Reg. 29.

APPELS.—*Administration pour le Roi de France.*—Fixation de l'amende du fol appel à la somme de 300 liv. 3 Décembre 1772. No. 288 du Reg. 14.

Arrêt du Conseil d'Etat qui casse cette disposition. 28 Octobre 1775. Enreg. 18 Mai 1776. Nos. 377 et 379 du Reg. 14.

Envoi au Ministre d'un mémoire du Conseil supérieur, relatif à cet objet. 2 Décembre 1776. No. 395 du Reg. 14.

Assemblée Coloniale.—Déchéance des appels interjetés avant la publication du Réglement sur la procédure. 21 Janvier 1794. Enreg. 23 du même mois. No. 259 du Reg. 23.

Réglements sur les appels. 16 Frimaire An 4. Enreg. 25 du même mois. No. 432 du Reg. 23.

Ceux des jugements du Tribunal Correctionnel et de Police Municipale appartiennent soit au condamné, soit à la partie plaignante, soit au Commissaire National. 28 Fructidor An 6. Enreg. 5 Vendémiaire An 7. No. 664 du Reg. 24.

Ceux des jugements des Tribunaux Correctionnels seront portés au Tribunal Criminel. 7 Vendémiaire An 7. Enreg. 15 du même mois. No. 665 du Reg. 24.

Autres dispositions relatives à cette matière. 2 Ventôse An 7. Enreg. 5 du même mois. No. 676 du Reg. 24.

Gouvernement de S. M. Britannique.—Cas où les appels devant Sa Majesté peuvent être formés. Règles à observer à cet égard. 19 Novembre 1811. Enreg. 30 du même mois. No. 46 du Reg. 27.

Autres dispositions sur ces appels. 4 Janvier 1812. Enreg. 16 du même mois. No. 49 du Reg. 27.

Abrogation de ces dispositions. 16 Mars 1815. Enreg. 20 du même mois. No. 126 du Reg. 28.

Nouveaux Réglements du Commissaire de Justice concernant les appels devant Sa Majesté. 11 Mai 1815. Enreg. 15 du même mois. No. 137 du Reg. 29.

Interprétation de ces Réglements. 13 Septembre 1815. Enreg. (1). No. 149 du Reg. 29.

Les appels devant Sa Majesté ne seront suspensifs de l'exécution des jugements qu'autant que, par l'appelant il sera fourni, dans les deux mois de l'appel, bonne et solvable caution. 9 Avril 1818. Enreg. 18 du même mois. No. 255 du Reg. 29.

Autres Réglements concernant les appels devant le Conseil Privé de Sa Majesté. 16 Mars 1819. Enreg. 20 du même mois. No. 278 du Reg. 29.

Abrogation des dispositions du Code d'Instruction Criminelle, relatives à l'appel devant le Gouverneur en Conseil, contre les Arrêts de la Cour d'Assises. Ordonnance No. 7 (approuvée) (2). 5 Septembre 1838. No. 801 du Reg. 36.

Réglements concernant l'appel des décisions des Magistrats Stipendiaires. Ordonnance No. 12 (sans approbation). 5 Août 1839. No. 836 du Reg. 37.

L'appel des sentences relatives à la perception des droits d'enregistrement, est autorisé. Ordonnance No. 8 (approuvée) (3). 10 Août 1840. No. 857 du Reg. 38.

Ordre du Comité Judiciaire du Conseil Privé de Sa Majesté, en date du 12 Février 1845, contenant des Réglements relatifs aux appels à la Reine en Conseil. Déposé au Greffe de la Cour, le 14 Août 1845. No. 1057 du Reg. 43.—*Voyez* CHARTE DE JUSTICE.

APPOINTEMENTS (Salaires).—*Assemblée Coloniale.*—Fixation de ceux des Juges et autres Officiers de l'Ordre Judiciaire. 9 Prairial An 7. Enreg. 15 du même mois. No. 695 du Reg. 25.

Administration du Général Decaen.—Fixation de ceux des Juges et des Commissaires du Gouvernement près les Tribunaux de l'Ile de France. 28 Vendémiaire An 12. Enreg. 29 du même mois. No. 34 du Reg. 26.

APPRENTIS.—*Gouvernement de S. M. Britannique.*—Leur classification au moyen de listes qui les distinguent en prœdiaux attachés au sol, prœdiaux non attachés, et non prœdiaux. Ordonnance No. 11 (désapprouvée) (4). 5 Novembre 1834. Enreg. 24 du même mois. No. 691 du Reg. 32.

Manière d'établir les listes de classification. Dispositions concernant les réclamations auxquelles ces classifications peuvent donner lieu de la part des propriétaires. Id.

Prorogation de délai pour la délivrance des listes. Ordonnance

---

(1) La mention de cet enregistrement n'existe pas au Greffe.
(2) Voyez Certificat du Gouverneur, en date du 13 Juin 1839. No. 47 de la liasse de ces pièces.
(3) Id.   Id.   Id.   en date du 28 Mai 1841. No. 61. Id.
(4) Id.   Id.   Id.   en date du 7 Juillet 1835. No. 2. Id.

No. 13 (approuvée) (1). 15 Décembre 1834. Enreg. 20 du même mois. No. 694 du Reg. 32.

Seconde et dernière prorogation de délai pour la remise des listes. Ordonnance No. 2 (approuvée) (2). 12 Janvier 1835. Enreg. 4 Juin même année. No. 719 du Reg. 33.

Ordre de Sa Majesté en Conseil, contenant les Réglements auxquels les apprentis doivent être assujettis, et les dispositions relatives à leur rachat, conformément aux Articles 4 et 16 de l'Acte de l'abolition de l'esclavage, en date du 28 Août 1833, 17 Septembre 1834. Enreg. 18 Avril 1835. No. 696 du Reg. 32.

La connaissance des contraventions commises par les apprentis, est attribuée aux Juges spéciaux. Ordonnance No. 14 (désapprouvée) (3). 12 Octobre 1835. Enreg. 22 Décembre 1835. No. 735 du Reg. 33.

Ordre en Conseil relatif à la valeur de leur rachat, principalement aux Iles Séchelles, et à l'application des sommes qui en proviennent. 30 Novembre 1836. No. 755 du Reg. 34.

Ordre en Conseil qui autorise les Magistrats de la Cour Suprême à décider les questions qui peuvent être élevées par les Juges spéciaux concernant la classification des apprentis. 18 Novembre 1837. No. 782 du Reg. 35.

Fixation des heures de travail pour les apprentis prœdiaux. Proclamation du Gouverneur du 7 Septembre 1838. No. 800 du Reg. 36.

Ordre en Conseil de Sa Majesté, en date du 7 Septembre 1838, qui détermine les obligations respectives des maîtres et des apprentis. Promulgué à l'Ile Maurice le 11 Mars 1839.—*Voyez* LE No. 818 DU REG. 37.—APPRENTISSAGE, RACHAT ET MARIAGES.

APPRENTISSAGE.—Proclamation de Sa Majesté qui établit l'apprentissage des noirs à l'Ile Maurice et dépendances, à compter du 1er. Février 1835, en conformité de l'Acte du Parlement, en date du 28 Août 1833, pour l'abolition de l'esclavage dans toutes les possessions britanniques. 4 Septembre 1833. Enreg. 11 Janvier 1834. No. 672 du Reg. 32.

Tout esclave âgé de six ans et au-dessus, deviendra apprenti au service des personnes ayant droit précédemment à son service comme esclave.

L'apprentissage des laboureurs désignés sous la dénomination de "Prœdiaux," finira le 1er. Février 1841, et celui des domestiques et autres, non prœdiaux, finira le 1er. Février 1839. Id.

Réglements généraux relatifs à l'apprentissage. Ordonnance

---

(1) Voyez Certificat du Gouverneur, en date du 7 Juillet 1835. No. 3 de la liasse de ces pièces.
(2) Id. Id. Id. en date du 23 Décembre 1835. No. 17. Id.
(3) Id. Id. Id. en date du 5 Octobre 1836. No. 26. Id.

ARNAUD (Léon)—Enregistrement de son diplôme de Barrister, sous la date du 6 Décembre 1848. Enreg. 12 Avril 1849. No. 1239 du Reg. 48.

ARNOT (James).— Sa nomination de membre du Conseil de Commune du Port Louis. 2 Octobre 1817. Enreg. 3 Novembre suivant. No. 228 du Reg. 29.

ARPENTAGES.— *Administration pour le Roi de France.*— Manière d'y procéder. 21 Novembre 1774. Enreg. 5 Décembre suivant. No. 344 du Reg. 14.

ARPENTEURS.—*Assemblée Coloniale.*—Sont astreints à rapporter en double minute leurs procès-verbaux. 14 Prairial An 3. Enreg. 17 du même mois. No. 374 du Reg. 23.

Administration du Général Decaen. — Création de six places d'Arpenteurs, outre celle de la Direction des ponts et chaussées, eaux et forêts. 25 Novembre 1808. Enreg. 8 Décembre suivant. No. 262 du Reg. 27.

Conditions pour être admis à ces places et autres Réglements relatifs aux Arpenteurs. Id.

Gouvernement de Sa Majesté Britannique.—Nomination d'un Arpenteur Général. 1er. Septembre 1811. Enreg. 5 du même mois. No. 42 du Reg. 27.

Réglement concernant les devoirs, droits et honoraires des Arpenteurs. 25 Janvier 1816. Enreg. 19 Février suivant. No. 170 du Reg. 29.

Remplacement de l'Arpenteur du Gouvernement chargé de l'estimation des maisons et emplacements soumis à l'impôt direct. Ordonnance No. 11 (approuvée) (1). 28 Septembre 1840. No. 861 du Reg. 38.

ARRERAGES.— *Assemblée Coloniale.*— Pourront être refusés par tous rentiers, tuteurs ou propriétaires de biens en locations ou reçus par ces derniers avec réserve du droit de répétition. 16 Messidor An 4. Enreg. 25 du même mois. No. 489 du Reg. 23.

Autres dispositions y relatives. 26 Fructidor An 4. Enreg. 5 Vendémiaire An 5. No. 513 du Reg. 24.

ARRÊTS.—*Administration pour le Roi de France.*— Manière de se pourvoir contre ceux rendus par défaut. 17 Septembre 1788. No. 909 du Reg. 28.

Administration du Général Decaen.—Promulgation aux Iles de France et Bonaparte de la Loi du 16 Septembre 1807, qui détermine

---

(1) Voyez Certificat du Gouverneur, en date du 6 Mai 1842. No. 68 de la liasse de ces pièces.

le cas où deux Arrêts de la Cour de Cassation peuvent donner lieu à l'intepré́tation de la Loi. 23 Avril 1808. Enreg. 5 Mai suivant. No. 243 du Reg. 27.

ARRESTATIONS.—*Assemblée Coloniale.*— Adoption du Décret de la Convention, en date du 19me. jour du 1er. mois de l'An 2, relatif à l'arrestation de tous les sujets du Roi d'Angleterre dans toute l'étendue de la République. 9 Avril 1794. Enreg. 12 du même mois. No. 280 du Reg. 23.

Ce Décret n'aura d'exécution pour les habitants des campagnes que du jour qu'ils en auront reçu un exemplaire. 10 Avril 1794. Enreg. 14 du même mois. No. 287 du Reg. 23.

ARRIGHI (François Marguerite).— *Gouvernement de S. M. Britannique.*—Sa nomination à la place de Commis-Greffier du Tribunal de 1re. Instance. 1er. Janvier 1811. Enreg. 3 du même mois. No. 3 du Reg. 27.

Sa prestation de serment en qualité de Greffier en Chef de la Cour d'Appel.—*Voyez* ARRÊT DU 16 MARS 1824 (1).

ARRIVÉES.—*Assemblée Coloniale.*— Réglements relatifs à l'arrivée des personnes dans la Colonie. 26 et 27 Février 1793. Enreg. 22 Août suivant. No. 218 du Reg. 21.

Autres dispositions à ce sujet. 17 Mai 1793. Enreg. 22 Août suivant. No. 221 du Reg. 21.

Administration du Général Decaen. — Réglements concernant l'arrivée des particuliers et des navires en cette Colonie. 27 Pluviôse An 12. Enreg. 1er. Ventôse suivant. No. 72 du Reg. 26.

Surveillance la plus exacte à observer à cet égard. Id.

Gouvernement de S. M. Britannique. — Réglements relatifs à l'arrivée des personnes dans la Colonie. Remise en vigueur des dispositions contenues aux Arrêtés des 4 Brumaire et 27 Pluviôse An 12. 18 Août 1815. Enreg. 22 du même mois. No. 146 du Reg. 29.

Nouvelles dispositions relatives à l'arrivée des navires et des particuliers en cette Ile. Ordonnance No 17 (désapprouvée (2). 14 Décembre 1840. No. 867 du Reg. 38.

Id. Ordonnance No. 38 (approuvée) (3). 26 Février 1844. No. 1006 du Reg. 42.—*Voyez* NAVIRES.

ARRONDISSEMENTS.—*Voyez* DIVISIONS.

ARTILLERIE.—*Assemblée Coloniale.*—Formation de ce corps. 30 Avril 1794. Enreg. 19 Juin suivant. No. 311 du Reg. 23.

---

(1) Cette nomination n'a point été transcrite sur les Registres du Greffe; elle résulte d'un Avis officiel du Gouverneur, en date du 10 Mars 1824.
(2) Voyez Certificat du Gouverneur, en date du 11 Mars 1842 No. 66 de la liasse de ces pièces.
(3) Id. Id. Id. en date du 16 Décembre 1844. No. 87. Id

Etablissement des Arbitres publics. 16 Frimaire An 3. Enreg. 23 du même mois. No. 347 du Reg. 23.

Nouvelles dispositions concernant leur organisation. 27 Messidor An 3. Enreg. 7 Thermidor suivant. No. 392 du Reg. 23.

Appels de leurs jugements de la part des tuteurs, curateurs et absents. 26 Pluviôse An 3. Enreg. 28 du même mois. No. 362 du Reg. 23.

Leurs jugements sont soumis aux requêtes civiles. 8 Ventôse An 10. Enreg. 15 du même mois. No. 805 du Reg. 26.—*Voyez* JUSTICE ARBITRALE.

ARBRES.—*Administration pour le Roi de France.*—Réglements concernant les plantations d'arbres dans les rues et les emplacements des maisons de la ville du Port Louis. 17 Juin 1769. Enreg. 20 du même mois. No. 147 du Reg. 12.

ARGENT.—*Assemblée Coloniale.*—Défense de vendre de cette matière à des étrangers. 18e. jour du 1er. mois de l'An 3. Enreg. 22 Vendémiaire même année. No. 339 du Reg. 23.

Administration du Général Decaen.—*Voyez* OUVRAGES ET MATIÈRES.

ARMATEURS.—*Assemblée Coloniale.*—Ceux qui expédieront des bâtiments pour l'Ile de la Réunion, Madagascar et l'archipel, seront astreints à fournir un cautionnement de 500 liv. par tonneau pour le retour de leurs navires avec leurs cargaisons. 15 Germinal An 3. Enreg. 17 du même mois. No. 338 du Reg. 23.

Abrogation de la Loi du 15 Germinal An 3, qui astreint les armateurs de certains navires à un cautionnement pour le retour de leurs navires. 14 Prairial An 8. Enreg. 28 du même mois. No. 737 du Reg. 25.

ARMÉE NAVALE.—Adoption du Décret de la Convention, en date du 13 Janvier 1793, qui fixe l'armée navale à 52 vaisseaux de ligne et 52 frégates. 21 Juin 1793. Enreg. 22 Août suivant. No. 226 du Reg. 21.

ARMEMENTS.—Dispositions relatives à ceux des vaisseaux et des frégates. 9 Avril 1794. Enreg. 14 du même mois. No. 286 du Reg. 23.

Objets y relatifs mis en requisition. Id.

Ceux pour la course contre la Grande-Bretagne et ses alliés, sont prohibés. 18 Vendémiaire An 10. Enreg. 9 Prairial suivant. No. 815 du Reg. 26.

Id. 5 Prairial An 10. Enreg. même jour. No. 816 du Reg. 26.

Administration du Général Decaen.—Promulgation d'un Réglement du Gouvernement Consulaire, en date du 2 Prairial An 11, relatif aux armements pour la course. 18 et 19 Vendémiaire An 12. Enreg. 20 du même mois. No. 13 du Reg. 26.

ARMES.—*Compagnie des Indes.*—*Voyez* PORT D'ARMES.

Assemblée Coloniale.—Défense d'en exporter de quelque nature qu'elles soient. 23 Frimaire An 3. Enreg. 25 du même mois. No. 348 du Reg. 23.

Peines contre ceux qui en porteraient dans l'enceinte de la ville, hors le cas de service. 23 Pluviôse An 3. Enreg. 26 du même mois. No. 361 du Reg. 23.

Soins et surveillance qu'on doit apporter à celles des citoyens composant la Garde Nationale. 7 Ventôse An 5. Enreg. 15 du même mois, No. 551 du Reg. 24.

Gouvernement de S. M. Britannique.—Défense à toute personne d'en acheter des soldats. 30 Avril 1811. Enreg. 9 Mai suivant. No. 31 du Reg. 27.

Celles destinées pour la traite de Madagascar doivent être déclarées au Major de Place. 26 Juillet 1811. Enreg. même jour. No. 41 du Reg. 27.

Ces armes seront déposées en un lieu indiqué par cet officier, et ne pourront être rendues au propriétaire que sur un permis du Secrétaire en Chef. Id.

Celles arrivant dans la Colonie seront déclarées au Secrétariat Général. 11 Septembre 1817. Enreg. 3 Novembre même année. No. 223 du Reg. 29.

ARNAL (Théodore).—Sa naturalisation de sujet anglais. Ordonnance No. 19 (approuvée) (1). 26 Juin 1848. No. 1162 du Reg. 46.

ARNAUD (Jean François).—*Assemblée Coloniale.*—Enregistrement de sa commission de Notaire au quartier de Flacq et sa prestation de serment. 30 Avril 1791. Enreg. 6 Mai 1792. No. 54 du Reg. 19.

Gouvernement de S. M. Britannique.— Sera seul chargé des ventes publiques à l'encan dans la ville du Port Louis. 15 Février 1811. Enreg. 21 du même mois. No. 17 du Reg. 27.

Abrogation de cette disposition. 19 Novembre 1811. Enreg. 23 du même mois. No. 45 du Reg. 27.

Sa nomination à la place de Juge de la Cour d'Appel. 16 Juin 1828. Enreg. 18 Août même année. No. 499 du Reg. 31.

ARNAUD (Nemours).—Sa nomination aux fonctions d'Avoué. 8 Août 1829. Enreg. 14 du même mois. No. 555 du Reg. 31.

---

(1) Voyez Certificat du Gouverneur, en date du 13 Mars 1849. No. 115 de la liasse de ces pièces.

No. 8 (approuvée sauf les Articles 13, 16, 19, 21, 22, 23 et 40) (1). Enreg. 18 Avril suivant. No. 728 du Reg. 33.

Dispositions ayant pour objet de simplifier les formalités relatives aux libérations d'apprentissage. Ordonnance No. 12 (approuvée) (2). 27 Décembre 1838. No. 809 du Reg. 36.

Id. Ordonnance No. 1 (déclarée nulle) (3). 11 Février 1839. No. 815 du Reg. 37.

Promulgation de l'Ordre en Conseil, en date du 5 Novembre 1838, contenant cesssation de l'apprentissage des prœdiaux, à compter du 31 Mars 1839. 11 Mars 1839. No. 817 du Reg. 37.

Cet Ordre porte qu'attendu que le terme de l'apprentissage des non prœdiaux est fixé au 1er. Février 1839, Sa Majesté a jugé convenable d'ordonner que l'apprentissage des prœdiaux cessât à la même époque.—*Voyez* APPRENTISSAGE ET RACHATS.

APPROVISIONNEMENTS.—*Assemblée Coloniale.*—Adoption avec modifications des Décrets de la Convention, en date des 6 et 12 Frimaire, et 18 Nivôse An 3, y relatifs. 23 Messidor An 3. Enreg. 29 du même mois. No. 389 du Reg. 23.

ARAK.—*Compagnie des Indes.*—Défense à toute personne d'en vendre au détail ou autrement. 31 Mars 1759. No. 173 du Reg. 9. —*Voyez* BOISSONS.

Administration pour le Roi de France.—Ordonnance concernant le débit de cette liqueur. 9 Janvier 1786. Enreg. 10 du même mois. No. 790 du Reg. 17.—*Voyez* LIQUEURS SPIRITUEUSES.

Assemblée Coloniale.—Etablissement de la Régie des araks. 9 Nivôse An 10. Enreg. 18 du même mois. No. 789 du Reg. 26.

Fixation de la quantité de cette liqueur que les guildiveries peuvent verser dans les magasins de la Direction. 7 Pluviôse An 10. Enreg. 15 du même mois. No. 801 du Reg. 26.

Réglements concernant la vente des araks. 7 Ventôse An 10. Enreg. (4). No. 807 du Reg. 26.

Abrogation de la Loi du 9 Nivôse An 10, portant établissement de la Régie des araks. 3 Prairial An 10. Enreg. 18 Floréal suivant. No. 814 du Reg. 26.—*V.* ADMINISTRATIONS ET GUILDIVERIES.

Administration du Général Decaen.—Droits établis sur les araks qui se vendent au détail au Port N. O. 1er. Vendémiaire An 13. Enreg. 6 du même mois. No. 118 du Reg. 27.

Gouvernement de S. M. Britannique.—Droits de consommation y relatifs. 5 Mai 1812. Enreg. 8 du même mois. No. 57 du Reg. 27.

---

(1) Voyez Certificat du Gouverneur, en date du Novembre 1836. No. 27 de la liasse de ces pièces.
(2) Id. Id. Id. en date du 3 Décembre 1839. No. 50. Id.
(3) Id. Id. Id. Id. Id.
(4) Cette date n'existe pas.

Id. 23 Mai 1812. Enreg. 26 du même mois. No. 60 du Reg. 28.

Droits d'exportation y relatifs. 14 Août 1812. Enreg. 20 du même mois. No. 66 du Reg. 28.

Id. 22 Septembre 1812. Enreg. 26 du même mois. No. 68 du Reg. 28.

Suppression de ces droits. 4 Février 1813. Enreg. 12 du même mois. No. 82 du Reg. 28.

Les araks qui seront le produit des Colonies qui ne se trouvent point sous l'administration du Gouvernement de l'Ile Maurice, paieront, lors de leur importation, un droit égal au prix de ces araks porté dans les factures. 1er. Mars 1813. Enreg. 11 du même mois. No. 85 du Reg. 28.

Ceux introduits dans la Colonie, seront soumis au droit d'une piastre par velte. 3 Septembre 1813. Enreg. 9 du même mois. No. 93 du Reg. 28.

Suppression de la prime allouée sur ceux exportés. 27 Septembre 1815. Enreg. 28 du même mois. No. 154 du Reg. 29.

Défense à toutes personnes qui n'y sont pas autorisées d'en vendre par verres, bouteilles, et au-dessous d'une velte. 30 Novembre 1815. Enreg. 14 Décembre suivant. No. 162 du Reg. 29.

Poursuites des contraventions relatives aux araks. 18 Décembre 1818. Enreg. 26 du même mois. No. 269 du Reg. 29.

Réglements concernant la vente de cette liqueur. 23 Mars 1819. Enreg. 31 du même mois. No. 279 du Reg. 29.

Abrogation des dispositions contenues aux Paragraphes 1, 4, 6, 7, 9 et 10 de la Proclamation du 23 Mars 1819. 8 Septembre 1819. Enreg. 3 Novembre suivant. No. 292 du Reg. 29.

Modifications des Proclamations des 23 Mars et 8 Septembre 1819, et des autres dipositions antérieures relatives au débit des araks. 24 Octobre 1822. Enreg. 4 Novembre même année. No. 343 du Reg. 29.

Id. 25 Août 1824. Enreg. 13 Septembre suivant. No. 394 du Reg. 30.

Modification de l'Article 2 de la Proclamation du 23 Mars 1819. 7 Janvier 1825. Enreg. 17 du même mois. No. 405 du Reg. 30.

Autres modifications aux Lois concernant la vente des araks. Ordonnance No. 22 (approuvée) (1). 30 Décembre 1843. No. 968 du Reg. 41.—*Voyez* GUILDIVES.

ARBITRAGES.—*Assemblée Coloniale.*—*Voyez* ARBITRES.

ARBITRES.—Leur création. 2 Avril 1791. Enreg. 15 du même mois. No. 46 du Reg. 19 (Titre 9 de la Constitution provisoire de la Colonie).

---

(1) Voyez Certificat du Gouverneur, en date du 20 Novembre 1844. No. 85 de la liasse de ces pièces.

Cette compagnie sera composée d'un nombre d'hommes plus considérable. 4 Fructidor An 7. Enreg. 6 Fructidor même année. No. 703 du Reg. 25.

Composition de celle de bataille. 13 Prairial An 8. Enreg. 28 du même mois. No. 735 du Reg. 25.

ARTS.—Les objets propres à faciliter leurs progrès et pris sur les bâtiments ennemis, seront adressés par les capteurs à la Convention Nationale. 15 Messidor An 3. Enreg. 21 du même mois. No. 380 du Reg. 23.

ASSEMBLÉE COLONIALE.—*Administration pour le Roi de France.*—Déclaration et vote des Députés des quartiers et de ceux du Conseil supérieur pour l'établissement d'une Assemblée Coloniale à l'Ile de France. 7 Décembre 1789. No. 980 du Reg. 18.

Assemblée Coloniale.— Création de celle de l'Ile de France, ses fonctions et attributions. 2 Avril 1791. Enreg. 15 du même mois. No. 46 du Reg. 19 (Titres 2 et 6 de la Constitution provisoire de la Colonie).

Confirmation de l'activité des Assemblées Coloniales résultant d'un Décret de l'Assemblée Nationale, en date des 13 et 15 Mai 1791. 8 Septembre 1791. Enreg. 4 Octobre suivant. No. 97 du Reg. 20.

Nombre des Députés qui doivent composer celle de l'Ile de France. 4 Ventôse An 8. Enreg. 8 du même mois. No 727 du Reg. 25.

Autres dispositions relatives à cette Assemblée. 2 Floréal An 9. Enreg. 5 du même mois. No. 772 du Reg. 25.

Elle pourra délibérer au nombre de dix-sept membres et arrêter des rédactions au nombre de onze membres. 4 Prairial An 9. Enreg. 5 du même mois. No. 778 du Reg. 25.

Elle pourra délibérer au nombre de onze membres. 18 Frimaire An 11. Enreg. 23 Nivôse suivant. No. 837 du Reg. 26.

Abrogation du Paragraphe de la Loi du 2 Floréal An 9, relatif au choix de ses membres. 29 Germinal An 11. Enreg. 1er. Floréal suivant. No. 846 du Reg. 26.

ASSEMBLÉE GÉNÉRALE.—*Administration pour le Roi de France.*—Adhésion du Conseil supérieur à ce que les membres de cette Cour participent aux délibérations de l'Assemblée Générale des Représentans de la Colonie. 30 Avril 1790. No. 986 du Reg. 18.

Délibération du Conseil supérieur, relative à certains arrêtés de l'Assemblée Générale des Représentants de la Colonie. 25 Mai 1790. No. 994 du Reg. 19.

Arrêté pris par la Cour à ce sujet. 27 Mai 1790. No. 998 du Reg. 19.

Déclaration de cette Assemblée qu'elle entend se saisir des pouvoirs municipaux. 28 Mai 1790. No. 999 du Reg. 19.

Interprétation d'une lettre du Gouverneur, relative à cette déclaration. 29 Mai 1790. No. 1000 du Reg. 19.

Id. 4 Juin 1790. No. 1005 du Reg. 19.

Transport au Greffe du Conseil supérieur de deux membres de l'Assemblée Générale, à l'effet de compulser les Registres de la Cour. 25 Juin 1790. No. 1025 du Reg. 19.

Arrêté pris à cette occasion par le Conseil supérieur, 26 du même mois. No. 1026 du Reg. 19.—*Voyez* ASSEMBLÉE.

ASSEMBLÉE GÉNÉRALE DE LA COLONIE.—*Assemblée Coloniale.*—Son organisation. 21 Juillet 1790. Enreg. 30 du même mois. No. 1 du Reg. 19.

ASSEMBLÉE NATIONALE.— *Administration pour le Roi de France.*—Question soumise par le Ministre aux Administrateurs à l'effet de savoir si cette institution peut être avantageuse aux Iles de France et Bourbon. 24 Septembre 1789 No. 963 du Reg. 18.

ASSEMBLÉES.— Formation de celles des quartiers, et nomination de leurs Députés à l'effet de délibérer sur la question présentée par le Ministre de savoir si l'institution d'Assemblées Nationales peut convenir et être utile aux Iles de France et Bourbon, 24 Septembre 1789. No. 963 du Reg. 18.

ASSEMBLÉES DE COMMUNE. — *Assemblée Coloniale.*— Adoption du Décret de l'Assemblée Nationale, en date du 14 Mars 1791, relatif aux contestations qui peuvent s'élever, quant à la régularité de la convocation et formation tant des Assemblées de Commune par communautés entières ou par sections, chargées d'élire des officiers municipaux, que des Assemblées par cantons, chargées de la nomination des Juges de Paix, et des Assemblées de négociants et marchands ayant le choix des Juges de Commerce. 23 Septembre 1791. Enreg. 4 Octobre suivant. No. 93 du Reg. 20.

Les assemblées de commune ne peuvent être ordonnées et provoquées que pour des objets d'administration, 23 Septembre 1791. Enreg. 4 Octobre suivant. No. 94 du Reg. 20.

ASSEMBLÉES ÉLECTORALES. — Adoption du Décret de l'Assemblée Nationale du 22 Septembre 1790 y relatif. 27 Décembre 1791. Enreg. 5 Mars 1772. No. 125 du Reg. 20.

ASSEMBLÉES PRIMAIRES.—Leur organisation. 21 Juillet 1790. Enreg. 30 du même mois, No. 1 du Reg. 19.

Leur convocation ; fonctions et éligibilité des citoyens qui doivent en faire partie. 2 Avril 1791. Enreg. 15 du même mois. No. 46 du Reg. 19 (Titre 3 de la Constitution provisoire de la Colonie).

Suspension de celle du canton du Port S.-E. 22 Floréal An 11, Enreg. 24 du même mois. No. 849 du Reg. 26.

D

ASSESSEURS. — *Administration pour le Roi de France.* — Création de quatre places d'Assesseurs dans chacun des Conseils supérieurs des Iles de France et Bourbon. Septembre 1766. Enreg. 20 Juillet 1767. No. 24 du Reg. 12.

Prestation de serment des Assesseurs nommés conformément aux dispositions ci-dessus. 29 Juillet 1767. No. 32 du Reg. 12.

Ils auront voix consultative dans toutes les affaires, sauf à ne compter leur vote que dans le cas de partage d'opinions. 28 Août 1770. No. 188 du Reg. 12.

Désignation de leurs fonctions et prérogatives. 4 Septembre 1771. No. 212 du Reg. 12.

Assemblée Coloniale. — Création et fonctions de ceux des Juges de Paix. 2 Avril 1791. Enreg. 15 du même mois. No. 46 du Reg. 19 (Article 5 de la Section 3 du Titre 9 de la Constitution provisoire de la Colonie).

Nomination de ceux du Juge de Paix du quartier du Grand Port. 16 Juin 1791. No. 69 du Reg. 20.

Id. Du quartier de la Rivière du Rempart et de la Poudre d'Or. 4 Juillet 1791. No. 73 du Reg. 20.

Id. Du quartier de la Rivière Noire. Id.

Id. Du quartier de Flacq. Id.

Id. Du quartier des Pamplemousses. 30 Septembre 1791. No. 89 du Reg. 20.

Gouvernement de S. M. Britannique. — Mode de nomination et tirage au scrutin de ceux de la Cour d'Assises. Ordonnance No. 2 (approuvée) (1). 13 Février 1837. No. 762 du Reg. 35.

Formation de la liste des personnes éligibles aux fonctions d'Assesseurs. 27 Janvier 1843. No. 845 du Reg. 41.

Dispositions ayant pour objet de remédier aux irrégularités qui peuvent exister dans la formation de la liste des Assesseurs. Ordonnance No. 16 (approuvée) (2). 20 Novembre 1843. No. 962 du Reg. 41.

Qualification des personnes habiles à exercer ces fonctions. Ordonnance No. 2 (sans approbation). 21 Janvier 1847. No. 1084 du Reg. 45.

Augmentation du nombre des personnes éligibles aux fonctions d'Assesseurs. Ordonnance No. 30 (sans approbation). 25 Octobre 1847. No. 1119 du Reg. 45. — *Voyez* NOTABLES ET JUGES SUPPLÉANTS.

ASSIGNATIONS. — *Assemblée Coloniale.* — Celles données par les personnes remplissant les fonctions d'Huissier, seront valables. 26 Germinal An 5. Enreg. 28 du même mois. No. 564 du Reg. 24.

---

(1) Voyez Certificat, en date du 1er. Décembre 1837. No. 40 de la liasse de ces pièces déposées au Greffe de la Cour d'Appel.
(2) Id. Id. Id. en date du 26 Juin 1844. No. 83. Id.

Administration du Général Decaen.—Promulgation aux Iles de France et de la Réunion de la Loi du 28 Germinal An 11, relative aux assignations données pour les Colonies. 6 Juin 1806. Enreg. 12 du même mois. No. 180 du Reg. 27.

ASSOCIATIONS.—*Gouvernement de S. M. Britannique.*—Licenciement de toutes celles qui auraient pour objet de tenir les habitants armés. 6 Novembre 1832. Enreg. 21 Mars 1833. No. 642 du Reg. 31.

ASSOMPTION.—*Administration pour le Roi de France.*—Convocation du Conseil supérieur à l'effet d'assister à cette cérémonie religieuse. 7 Juin 1773. No. 319 du Reg. 14.

ASSURANCE.—*Gouvernement de Sa Majesté Britannique.*—Etablissement d'une Société au Port Louis sous la raison de Chambre d'Assurance de l'Ile Maurice. 24 Septembre 1813. Enreg. 30 du même mois. No. 96 du Reg. 28.

ATTROUPEMENTS.—*Administration pour le Roi de France.*—Remise en vigueur des Lois et Ordonnances y relatives. 18 Juin 1790. No. 1011 du Reg. 19.

Assemblée Coloniale.—Voyez POLICE MUNICIPALE.

AUBERGES.—*Administration pour le Roi de France.*—Réglements y relatifs. 13 Juillet 1769. Enreg. 18 du même mois. No. 151 du Reg. 12.

Assemblée Coloniale.—Réglements concernant ceux qui les tiennent. 4 Ventôse An 4. Enreg. 15 du même mois. No. 458 du Reg. 23.
Autres Réglements y relatifs. 14 Ventôse An 6. Enreg. 25 du même mois. No. 644 du Reg. 24.
Taxes les concernant. 13 Brumaire An 11. Enreg. 15 du même mois. No. 833 du Reg. 26.
Fixation de leur nombre. 1er. Brumaire An 11. Enreg. 8 du même mois. No. 835 du Reg. 26.

AUBERGISTES.—*Administration pour le Roi de France.*—Réglements les concernant. 14 Janvier 1788. Enreg. 21 du même mois. No. 894 du Reg. 18.

Administration du Général Decaen.—Droits à eux imposés. 6 Vendémiaire An 13. Enreg. même jour. No. 119 du Reg. 27.

Gouvernement de S. M. Britannique.—Ils ne pourront vendre du rum au détail. 18 Septembre 1813. Enreg. 20 du même mois. No. 94 du Reg. 28.

AUDEBERT (Joseph)—*Administration pour le Roi de France.*—Sa nomination aux fonctions d'Huissier. 9 Juillet 1771. Enreg. 23 du même mois. No. 226 du Reg. 12.

AUEDBERT (Etienne)—*Assemblée Coloniale.*—Sa nomination d'Agent de change. 8 Avril 1793. Enreg. 25 du même mois. No. 191 du Reg. 21.

AUDIBERT (Joseph Maxence).—*Administration pour le Roi de France.*—Sa nomination aux fonctions de Notaire. 6 Juillet 1779. Enreg. 10 du même mois. No. 491 du Reg. 15.

Dépôt de ses minutes au Greffe de la Cour. 12 Juin 1784. No. 695 du Reg. 16.

Arrêt qui lui ordonne de justifier de la remise du produit des ventes faites par lui. 8 Janvier 1788. No. 891 du Reg. 18.

Reprise par lui de ses fonctions. 9 Janvier 1788. No. 892 du Reg. 18.

Permission à lui accordée d'exercer ses fonctions de Notaire à la résidence du Grand Port. 24 Janvier 1789. No. 923 du Reg. 18.

Permission à lui accordée de revenir à la résidence du Port Louis. 24 Septembre 1789. No. 962 du Reg. 18.

Assemblée Coloniale.— Sa démission de son office de Notaire. 9 Septembre 1791. No. 83 du Reg. 20.

AUDIENCES. — *Administration pour le Roi de France.*— Ouverture de celles du Conseil supérieur. 12 Novembre 1778. No. 468 du Reg. 15.

Cérémonial observé à cette occasion. 12 Novembre 1778. Nos. 469 et 470 du Reg. 15.

Procès-verbal y relatif. 12 Novembre 1783. No. 666 du Reg. 16.
Id. 12 Novembre 1788. No. 913 du Reg. 18.
Id.   Id.   1789. No. 969 du Reg. 18 (1).

Ouvertures des audiences de la Juridiction Royale par deux Conseillers du Conseil supérieur. 12 Novembre 1779. No. 507 du Reg. 15.

Celles de la Cour seront tenues dans le local destiné à suppléer à l'ancien Palais. 11 Mai 1782. No. 605 du Reg. 16.—*V.* CONSEIL SUPÉRIEUR ET JURIDICTION ROYALE.

Assemblée Coloniale.— Reprise des audiences et cérémonies observées à cette occasion. 12 Novembre 1790. No. 17 du Reg. 19.
Id. 12 Novembre 1791. No. 100 du Reg. 20.
Id.   Id.   1792. No. 150 du Reg. 21.

---

(1) On a jugé inutile d'indiquer ici toute la série des procès-verbaux dressés à l'occasion de la reprise des audiences du Conseil supérieur. Ces procès-verbaux n'ont d'autre intérêt que de faire connaître le cérémonial qui s'observait alors dans les Tribunaux. Il suffira de recourir à ceux de ces Actes dont on trouve ici la date et le numéro.

Peines contre ceux qui les troubleront. 23 Septembre 1791. Enreg. 4 Octobre suivant. No. 92 du Reg. 20.

Fixation des jours d'audience des Tribunaux. 8 Fructidor An 10. Enreg. 15 du même mois. No. 826 du Reg. 26.

Autres Réglements y relatifs. 23 Fructidor An 10. Enreg. 26 du même mois. No. 827 du Reg. 26.

Id. 26 Fructidor An 10. Enreg. même jour. No. 829 du Reg. 26.

Administration du Général Decaen.—Autorisation donnée par le Commissaire de Justice au Tribunal d'Appel à l'effet de tenir ses audiences, savoir : pour les causes sommaires, de huit heures du matin jusqu'à neuf et demie, et pour les causes ordinaires, de dix heures jusqu'à quatre de l'après-midi. 24 Vendémiaire An 12. Enreg. 25 du même mois. No. 21 du Reg. 26.

Celles du Tribunal de 1re. Instance, pour les affaires de police, se tiendront le lundi de chaque semaine à trois heures de l'après-midi. 20 Juin 1808. Enreg. 23 du même mois. No. 252 du Reg. 27.

Gouvernement de S. M. Britannique.—Réglement du Commissaire de Justice relatif aux audiences des Tribunaux. 15 Octobre 1825. Enreg. 3 Novembre suivant. No. 434 du Reg. 30.

AUDIT.—Acte du Parlement relatif à ce département. 11 Juillet 1821. Enreg. 25 Avril 1823. No. 358 du Reg. 30.

AUFER ( )—Religieux Augustin.—*Compagnie des Indes.*—Sa nomination aux fonctions d'Aumônier à l'effet de desservir la chapelle du Conseil. 23 Juin 1759. No. 166 du Reg. 9.

AUFFRAY (Jean Pierre).—*Administration pour le Roi de France.*—Sa nomination aux fonctions de Notaire du Roi. 20 Octobre 1773. Enreg. 11 Août 1779. No. 496 du Reg. 15.

Sa nomination provisoire à l'office de Greffier de la Juridiction Royale. 11 Novembre 1782. Enreg. 12 du même mois. No. 628 du Reg. 16.

Sa nomination de Commis-Greffier de ce Tribunal. 31 Décembre 1784. Enreg. 10 Mars 1785. No. 744 du Reg. 17.

Sa nomination de Greffier en Chef du même Tribunal. 1er. Août 1785. Enreg. 4 du même mois. No. 770 du Reg. 17.

Assemblée Coloniale.—Son admission à l'office de Greffier de la Juridiction Royale. 12 Mars 1791. Enreg. 31 du même mois. No. 48 du Reg. 19.

Sa nomination aux mêmes fonctions près le nouveau Tribunal d'Appel. 17 Décembre 1793. No. 244 du Reg. 23.

AUPOT (Sébastien)—*Administration pour le Roi de France.*—Sa nomination à la place de Concierge et Geôlier des Prisons du Palais. 1er. Décembre 1778. Enreg. 28 du même mois. No. 478 du Reg. 15.

AUSTERLITZ.—*Administration du Général Decaen.*—Célébration de l'anniversaire de la bataille de ce nom. 25 Juillet 1807. Enreg. 30 du même mois. No. 217 du Reg. 27.

AUTARD DE BRAGARD (Adolphe).— *Gouvernement de Sa Majesté Britannique.*— Son admission à l'exercice de sa profession d'Avocat près les Tribunaux de cette Ile. 13 Février 1833. Enreg. 21 Mars suivant. No. 638 du Reg. 31 (1).

AVANCES DE FONDS.— Le Gouvernement est autorisé à faire l'avance sur les fonds du Trésor et sous la garantie des deux Banques existant dans la Colonie, d'une somme de 60,000 livres sterling en espèces, somme destinée au paiement des gages des gens de travail et de métiers. Ordonnance No. 10 (sans approbation). 12 Août 1842. No. 934 du Reg. 40.

Les avances de fonds qui seront faites pour le travail de l'agriculture auront la même priorité de privilège sur le produit des coupes que celle dont jouissent les laboureurs pour leurs salaires. Ordonnance No. 6 (approuvée) (2). 17 Avril 1843. No. 951 du Reg. 41.

AVELINE ( )—*Administration du Général Decaen.*— Sa nomination comme Essayeur juré pour les ouvrages d'or et d'argent. 15 Frimaire An 14. Enreg. 5 Nivôse suivant. No. 167 du Reg. 27.

AVICE (Laurent)—*Compagnie des Indes.*—Sa nomination aux fonctions d'Huissier. 6 Mai 1737. No. 104 du Reg. 5.

AVICE ( )—*Assemblée Coloniale.*— Sa nomination à la place d'Assesseur du Juge de Paix du quartier des Pamplemousses. 30 Septembre 1791. No. 89 du Reg. 20.

AVICE (Béloni).— *Gouvernement de Sa Majesté Britannique.* — Sa nomination à la place de Suppléant Commissaire Civil du quartier du Grand Port. 8 Septembre 1828. Enreg. 13 du même mois. No. 506 du Reg. 31 (3).

AVIS DE PARENTS.—*Assemblée Coloniale.*— La confirmation de ceux concernant les aliénations des biens des mineurs est attribuée aux Juges du Tribunal d'Appel. 3 Prairial An 3. Enreg. 13 du même mois, No. 373 du Reg. 23.

AVOCATS.— *Administration pour le Roi de France.*— Régle-

---

(1) Le diplôme de Licencié en Droit de Me. Autard n'a point été transcrit au Greffe.
(2) Voyez Certificat du Gouverneur, en date du 8 Février 1844. No. 80 de la liasse de ces pièces.
(3) M. Avice a été nommé, plus tard, Commissaire Civil du quartier du Grand Port; mais sa nomination ne se trouve pas sur les Registres de la Cour.

ments concernant l'exercice de cette profession dans la Colonie. 12 Juin 1778. No. 444 du Reg. 15.

Il sera dressé un tableau de ceux qui exercent près les Tribunaux de l'Ile de France pour être placé dans la salle d'audience du Palais, et dans celle de la Juridiction Royale. 9 Janvier 1791. No. 536 du Reg. 16.

Sont tenus de renouveler chaque année leur serment devant la Cour, le jour de la St.-Martin. Id.

Il sera dressé un nouveau tableau des Avocats qui auront prêté serment devant la Cour. Ils composeront un corps particulier et distinct, et ils pourront faire pour leur discipline intérieure des Réglements qui devront être homologués par la Cour. 9 Mai 1787. No. 849 du Reg. 17.

Pourront faire tous Actes de procédure et tous écrits qui sont du ministère des Procureurs. Id.

Ne pourront être suppléés en la Cour que par ceux qui auront exercé et suivi les audiences du Juge pendant l'espace de deux ans. 10 Mai 1787. No. 851 du Reg. 17.

Ceux nouvellement arrivés dans la Colonie seront tenus de présenter des témoignages avantageux de leurs mœurs et conduite, et un certificat de fréquentation du Barreau, et ne pourront être admis à exercer près des Tribunaux de cette Ile qu'après un an de résidence dans la Colonie et un stage de pareille durée en la Cour. 7 Mars 1789. No. 932 du Reg. 18.

Droit à eux accordé de se présenter au Palais et même de plaider avec leur épée. 5 Juillet 1787. No. 864 du Reg. 18.

Suppléeront les Juges en cas de déport ou d'empêchement de ces derniers. 10 Juillet 1788. No. 902 du Reg. 18.

Peuvent, à leur tour, être suppléés par les postulants. Id.

Assemblée Coloniale.—Sont astreints à se trouver à la suite des audience à l'effet de compléter le Tribunal. 7 Septembre 1792. No. 145 du Reg. 21.

Id. 11 Septembre 1792. No. 146 du Reg. 21.

Gouvernement de S. M. Britannique.—Réglements les concernant. Leur nombre est illimité. Ordonnance No. 8 (sans approbation). 21 Octobre 1833. Enreg. 23 Novembre suivant. No. 658 du Reg. 32.

Conditions requises pour leur nomination à la place de Juge et abrogation de l'Article 27 de la Loi du 22 Ventôse An 12, adopté dans la Colonie par Arrêté du 3 Juillet 1806, et du 3me. Paragraphe de l'Article 3 du même Arrêté. Ordonnance No. 12 (approuvée) (1). 1er. Novembre 1837. No. 779 du Reg. 35.

---

(1) Voyez Certificat du Gouverneur, en date du 21 Juin 1838. No. 43 de la liasse de ces pièces.

Réglements de la Cour d'Appel contenant de nouvelles dispositions à leur égard. 12 Août 1837. No. 776 du Reg. 35.—*Voyez* RÉGLEMENTS.

AVORTEMENTS.—*Administration pour le Roi de France.*—Adoption dans la Colonie des Lois du Royame y relatives. 7 Juillet 1778. No. 449 du Reg. 15.

AVOUÉS.—*Assemblée Coloniale.*—Auront la faculté de défendre, plaider et poursuivre les affaires. 14 Germinal An 5. Enreg. 26 du même mois. No. 562 du Reg. 24.

Leur nombre est fixé à huit. Conditions pour être admis à ces fonctions. Id.

Incompatibilité entre leurs fonctions et celles de Notaires. 3 Floréal An 5. Enreg. 7 du même mois. No. 567 du Reg. 24.

Abrogation de l'Article 9 de la Loi du 14 Germinal An 5, relatif aux frais que les Avoués sont autorisés à percevoir. 5 Thermidor An 8. Enreg. 15 du même mois. No. 752 du Reg. 25.

Abrogation de la Loi du 3 Floréal An 5, sur l'incompatibilité des fonctions d'Avoué et de Notaire. 4 Messidor An 9. Enreg. du même mois. No. 783 du Reg. 25.

Administration du Général Decaen.—Organisation du corps des Avoués ; leur nombre est fixé à douze ; création d'une chambre de discipline. 14 Nivôse An 12. Enreg. 15 du même mois. No. 61 du Reg. 26.

Leur nomination près les Tribunaux de cette Ile. 14 Nivôse An 12. Enreg. 15 du même mois. No. 62 du Reg. 26.

Formes établies pour la constitution d'Avoué, requises par l'Ordonnance de 1667, et rétablie par l'Article 4 de l'Arrêté du 14 Nivôse An 12. 29 Nivôse An 12. Enreg. 12 Pluviôse suivant. No. 66 du Reg. 26.

Tarif de leurs droits et honoraires. 12 Brumaire An 14. Enreg. 1er. du même mois. No. 160 du Reg. 27.

Dispositions additionnelles à l'Arrêté du 14 Nivôse An 12. 25 Juin 1806. Enreg. 26 du même mois. No. 182 du Reg. 27.

Abrogation de l'Arrêté du 25 Juin 1806, et autres Réglements concernant les Avoués. 3 Juillet 1806. Enreg. 5 du même mois. No. 184 du Reg. 27.

Ils ne sont point exclus par l'Article 8 de l'Arrêté du 3 Juillet 1806, du droit de postuler et de conclure en appel, mais seulement de celui d'y plaider et d'écrire concurremment avec les Licenciés. 28 Novembre 1806. Enreg. No. 205 du Reg. 27.

Conduite qu'ils doivent tenir en cas d'alarme. 22 Juillet 1810. Enreg. 24 du même mois. No. 311 du Reg. 27.

Gouvernement de Sa Majesté Britannique.—Facultée donnée au Gouvernement d'accorder des dispenses d'âge pour être admis aux fonctions d'Avoué. 1er. Août 1825. Enreg. 10 du même mois. No. 425 du Reg. 30.

Abrogation de l'Arrêté du 14 Nivôse An 12, concernant les Avoués. Ordonnance No. 8 (sans approbation). 21 Octobre 1833. Enreg. 23 Novembre suivant. No. 638 du Reg. 32.

Dissolution de leur chambre. Id.

Leur nombre est fixé à dix-huit. Id.

Ils n'ont plus la faculté de défendre et de plaider. Id.

Conditions requises pour leur nomination à la place de Juge, et abrogation de l'Article 27 de la Loi du 22 Ventôse An 12, adopté dans la Colonie par Arrêté du 3 Juillet 1806, et du 3me. Paragraphe de l'Article 3 du même Arrêté. Ordonnance No. 12 (approuvée) (1). 1er. Novembre 1837. No. 779 du Reg. 35.

Sont assujettis à une patente de 30 livres sterling. Ordonnance No. 14 (approuvée) (2). 22 Novembre 1837. No. 783 du Reg. 35.

Les Avoués plaidants sont exempts de payer patente. Ordonnance No. 27 (approuvée) (3). 2 Décembre 1845. No. 1061 du Reg. 43.

Réglements de la Cour contenant de nouvelles dispositions à leur égard; leur nombre est illimité. 12 Août 1837. No. 776 du Reg. 35.—*Voyez* TARIFS ET COSTUMES.

AZÉMA (Jean Baptiste)—*Compagnie des Indes.*—Sa nomination à la place de Conseiller au Conseil supérieur de l'Ile de France. 8 Novembre 1734. Enreg. 5 Juin 1735. Nos. 96 et 97 du Reg. 4.

Sa nomination aux places de Directeur Général du commerce et de Commandant des troupes à l'Ile de France, en remplacement de M. de Saint-Martin, et pour, en cette qualité, prendre le gouvernement des Iles de France et Bourbon en l'absence de M. de Labourdonnais. 12 Février 1743. Enreg. 11 Mai 1744 No. 127 du Reg. 7.

AZÉMA.—*Administration du Général Decaen.*—Révocation de sa nomination de Vice-Président du Tribunal d'Appel de l'Ile de la Réunion. 25 Frimaire An 12. Enreg. 28 du même mois. No. 56 du Reg. 26 (4).

B

BACHELIER (François).—*Administration pour le Roi de*

---

(1) Voyez Certificat du Gouverneur, en date du 21 Juin 1838 No. 43 de la liasse de ces pièces.
(2) Id.   Id.   Id.   en date du 15 Mars 1839 No 46 Id.
(3) Id.   Id.   Id.   en date du 9 Août 1847. No. 104. Id.
(4) La nomination de M. Azéma ne se trouve pas transcrite sur les Registres du Greffe de la Cour.

France.— Sa nomination aux fonctions d'Huissier. 17 Septembre 1776. Enreg. 20 du même mois. No. 385 du Reg. 14.

BAGAGES.— *Gouvernement de S. M. Britannique.*— *Voyez* TROUPES.

BAGNES.— *Compagnie des Indes.*— Construction de celui du Port Louis, à l'effet d'y enfermer les noirs et négresses qui auront été arrêtés par les détachements ou autres, pour fait de marronnage. 19 Juillet 1766. No. 203 du Reg. 11.

BAIGNOUX.—*Administration du Général Decaen.*—Sa nomination à la place de Courtier d'assurance. 9 Brumaire An 12. Enreg. 30 du même mois. No. 48 du Reg. 26.

BALANCES.—*Compagnie des Indes.*—*Voyez* POIDS.

BALLARD (Chirurgien-Major). — Sa demande relative à ses appointements. 10 Novembre 1725. No. 10 du Reg. 1.

BALLET ST.-SIMON.—*Administration du Général Decaen.*— Sa nomination de Notaire à la résidence de Mahé, Iles Séchelles. 30 Thermidor An 12. Enreg. 13 Fructidor suivant. No. 109 du Reg. 27.

Sa nomination à la place d'Inspecteur de Police à l'Ile de France. 20 Nivôse An 14. Enreg. 3 Pluviôse suivant. No. 170 du Reg. 27.

BALTEAU (Guillaume François)—*Assemblée Coloniale.*—Sa nomination de Notaire dans le ressort de la Municipalité de la Rivière du Rempart. 2 Juin 1792. Enreg. 4 du même mois. No. 132 du Reg. 20.

BALU (Pierre Yves).—*Administration pour le Roi de France.* — Sa nomination à l'office de Notaire. 20 Mars 1782. Enreg. 13 Avril suivant. No. 602 du Reg. 16.

Sa réception aux fonctions de Postulant en la Cour. 21 Mai 1787. No. 856 du Reg. 18.

Reprise par lui de ses fonctions de Postulant en la Cour. 1er. Décembre 1788. No. 916 du Reg. 18.

BANNIÈRE FÉDÉRATIVE.— *Assemblée Coloniale.*— Convocation du Conseil supérieur pour la cérémonie ordonnée à l'occasion de l'envoi d'une bannière fédérative par la commune de Paris à cette Colonie. 2 Juin 1791. No. 61 du Reg. 19.

BANQUE.—*Gouvernement de S. M. Britannique* — Il en sera établi une en cette Ile sous la dénomination de : *Banque Coloniale de Maurice, Bourbon et dépendances.* 10 Septembre 1813. No. 95 du Reg. 28.

Création d'une Banque particulière sous titre de : *Banque de l'Ile Maurice.* 2 Décembre 1813. Enreg. 26 Mars 1814. No. 100 du Reg. 28.

Le capital en sera porté à 300,000 piastres, divisé en actions de 100 piastres. 11 Octobre 1816. Enreg. 16 du même mois. No. 192 du Reg. 29.

Prorogation de cet établissement. 12 Novembre 1817. Enreg. 4 Décembre suivant. No. 237 du Reg. 29.

Autorisation donnée à cet établissement d'émettre du papier jusqu'à concurrence de 600,000 piastres, convertibles en effets, en sept années. 26 Septembre 1820. Enreg. 6 Octobre même année. No. 316 du Reg. 29.

Celle créée dans la Colonie en vertu d'une Charte de Sa Majesté, 1831. Enreg. 19 Novembre même année. No. 604 du Reg. 31 (1).

BANQUEROUTE.—*Assemblée Coloniale.*—Procédure y relative. 5 Thermidor An 3. Enreg. 2 Fructidor suivant. No. 404 du Reg. 23.

Gouvernement de S. M. Britannique.—Dispositions concernant les banqueroutes. Ordonnance No. 10 (approuvée) (1). 10 Décembre 1838. No. 807 du Reg. 36.

Changement de l'Article 459 du Code de Commerce cité dans l'Ordonnance No. 10 de 1838, concernant les banqueroutes. Ordonnance No. 2 (approuvée) (3). 27 Février 1839. No. 816 du Reg. 37.

BANS.—*Assemblée Coloniale.*—Leurs publications sont fixées aux Quintidi et Décadi. 7 Pluviôse An 3. Enreg. 11 du même mois. No. 359 du Reg. 23.

BAPTÊMES.—*Compagnie des Indes.*—Voyez ENFANTS.

Administration pour le Roi de France.—Voyez REGISTRES ET ACTES.

BAQUET (Michel).— *Gouvernement de S. M. Britannique.*— Sa naturalisation de sujet anglais. Ordonnance No. 21 (approuvée) (4). 5 Février 1844. No. 989 du Reg. 42.

BARABE (Pierre Paul Fortunat).— *Gouvernement de S. M. Britannique.*—Son admission à l'exercice de sa profession d'Avocat près la Cour d'Appel de cette Ile. 1er. Février 1816. Enreg. même jour. No. 168 du Reg. 29 (5).

---

(1) La Banque Commerciale établie à l'Ile Maurice n'a donné lieu à aucune transcription de pièces au Greffe de la Cour.
(2) Voyez Certificat du Gouverneur, en date du 3 Décembre 1839. No. 53 de la liasse de ces pièces déposées au Greffe de la Cour.
(3) Id.   Id.   Id.   en date du 3 Décembre 1839. No. 52. Id.
(4) Id.   Id.   Id.   en date du 27 Novembre 1844. No. 86 Id.
(5) Le diplôme de Licencié en Droit de M. Barabé n'a point été enregistré au Greffe de la Cour.

Sa nomination à l'office d'Avoué pour les pauvres. 12 Juillet 1816. Enreg. 1er. Août suivant. No. 180 du Reg. 29.

BARBE (Julien Nicolas Bernardin Marie).— *Administration pour le Roi de France.*—Sa nomination à la place de Lieutenant de Juge à la Juridiction Royale. 15 Janvier 1789. Enreg. 21 du même mois. Nos. 921 et 922 du Reg. 18.

Sa nomination à la place de Juge Royal. 26 Août 1789. Enreg. 10 Septembre suivant. No. 961 du Reg. 18.

Assemblée Coloniale.— Sa démission de la place de Juge Royal. 23 Novembre 1791 No. 99 du Reg. 20.

Enregistrement de ses lettres d'Avocat, en date du 15 Avril 1782, à lui délivrées par le Parlement de Rennes. 23 Novembre 1791. No. 107 du Reg. 20.

BARBÉ MARBOIS (Claude François Nicolas) (1).—*Administration pour le Roi de France.*—Sa nomination à la place de Lieutenant de Juge en la Juridiction Royale. 28 Février 1777. Enreg. 6 Mars suivant. No. 400 du Reg. 14.

Administration du Général Decaen.—Sa nomination à la place de Juge de la Cour d'Appel de l'Ile de France. 19 Septembre 1810. Enreg. 22 du même mois. No. 316 du Reg. 27.

Gouvernement de S. M. Britannique.—Sa nomination à la place de Président de la Cour d'Appel. 1er. Janvier 1811. Enreg. 3 du même mois. No. 3 du Reg. 27.

Sa réintégration dans cette place. 1er. Janvier 1817. Enreg. 13 du même mois. No. 203 du Reg. 29.

Acceptation de sa retraite par le Gouvernement. 16 Juin 1828. Enreg. 18 Août même année. No. 499 du Reg. 31.

BARBÈS (Jean).— *Administration du Général Decaen.*— Sa nomination à la place de Juge Suppléant du Tribunal d'Appel. 5 Brumaire An 12. Enreg. 6 du même mois. No. 33 du Reg. 26.

Sa nomination à la place de Substitut près le même Tribunal. 15 Thermidor An 12. Enreg. 21 du même mois. No. 105 du Reg. 27.

Gouvernement de S. M. Britannique.—Sa nomination à la place de Juge Suppléant près le Tribunal de 1re. Instance. 1er. Janvier 1811. Enreg. 3 du même mois. No. 3 du Reg. 27.

Id. 28 Janvier 1811. Enreg. 29 du même mois. No. 11 du Reg. 27.

Sa nomination à la place de Substitut du Procureur Général près la Cour d'Appel. 27 Septembre 1815. Enreg. 28 du même mois. No. 153 du Reg. 29.

---

(1) Avocat au Parlement de Metz.

BARBIER.— Sa nomination aux fonctions d'Huissier. 15 Mai 1822. Enreg. 4 Juin même année. No. 336 du Reg. 29.

BARCLAY (Sir Robert).— Sa nomination à la place de Curateur aux biens vacants par intérim. 2 Avril 1818. Enreg. 10 du même mois No. 251 du Reg. 29 (2).

BARCLAY (William)—Capitaine-Armateur du navire anglais l'*Alcyon*.—*Assemblée Coloniale*.—Vente des marchandises à lui appartenant. 10 Juillet 1793. Enreg. 22 Août suivant. No. 228 du Reg. 21.

BARDET (Pierre René)—*Gouvernement de S. M. Britannique*. —Sa nomination à la place de Suppléant Commissaire Civil du quartier du Grand Port. 6 Août 1825. Enreg. 8 du même mois. No. 423 du Reg. 30.

BARDET (Eugène).— Sa nomination à la place d'Inspecteur des guildives au Port Louis. 9 Juillet 1834. Enreg. 11 du même mois. No. 678 du Reg. 32.

BARDET (Harmonide)—Sa nomination aux fonctions d'Huissier. 7 Septembre 1847. Enreg. 11 Mars 1848. No. 1224 du Reg. 48.

BARLOW (Henry)—Sa nomination à l'effet de remplacer celui des Juges de la Cour d'Assises qui serait empêché de siéger. 30 Août 1833. Enreg. 12 Septembre suivant. No. 651 du Reg 31.

BARRAUD (Antoine Robert)—*Administration pour le Roi de France.*— Sa nomination à la place d'Agent de change. 28 Août 1781. Enreg. 14 Septembre suivant. No. 574 du Reg. 16.

Administration du Général Decaen.—Sa nomination à la même place. 9 Brumaire An 12. Enreg. 30 du même mois. No. 48 du Reg. 26.

BARRISTERS.— *Gouvernement de Sa Majesté Britannique.*— Voyez Avocats.

BARRY DE RICHEVILLE (A. H.)—*Administration pour le Roi de France.*—Sa nomination à l'office de Conseiller au Conseil supérieur de l'Ile de France. 15 Février 1781. Enreg. 2 Juin 1783. No. 641 du Reg. 16.

Congé à lui accordé. 12 Août 1783. Enreg. 13 du même mois. No. 652 du Reg. 16.

---

(1) Sir Robert Barclay a occupé la place de Receveur des impositions et des droits d'enregistrement; mais sa nomination à cette place ne se trouve pas sur les Registres du Greffe.

Sa nomination de Membre du Tribunal Terrier. 5 Septembre 1787. No. 872 du Reg. 18.

Sa nouvelle nomination à l'office de Conseiller. 1er. Mars 1788. Enreg. 9 Février 1789. No. 925 du Reg. 18.

Sa nomination aux fonctions de Procureur du Roi au Tribunal Terrier. 19 Août 1788. No. 958 du Reg. 18.

Assemblée Coloniale.—Nomination d'un Commissaire à l'effet de croiser les scellés sur ses papiers, par suite de son décès. 27 Juillet 1792. No. 141 du Reg. 21.

BATAILLONS.—Formation de celui des chasseurs composé de gens de couleur. 7 Floréal An 6. Enreg. 15 du même mois. No. 651 du Reg. 24.

Il y aura dans ceux d'arrondissement un sergent sur vingt-quatre hommes, et un caporal par douze hommes. 17 Floréal An 6. Enreg. 25 du même mois. No. 652 du Reg. 24.

BATEAUX.—*Compagnie des Indes.*—Réglements y relatifs. 14 Septembre 1765. No. 201 du Reg. 10.

Assemblée Coloniale.—Ils ne pourront communiquer avec aucun bâtiment arrivant en ce port ou naviguant à la côte. 12 Juin 1793. Enreg. 11 Juillet suivant. No. 206 du Reg. 21.

Gouvernement de S. M. Britannique.—Ceux destinés à la pêche seront conduits dans des lieux de sûreté et les agrès de ces bateaux seront remis aux chefs des postes. 1er. Mai 1818. Enreg. 6 du même mois. No. 257 du Reg. 29.

Remise en vigueur de cette Loi. 16 Juillet 1819. Enreg. 2 Août suivant. No. 289 du Reg. 29 (1).—*Voyez* NAVIRES.

BATELAGE.—Réglements y relatifs. 16 Décembre 1823. Enreg. 5 Janvier 1824. No. 377 du Reg. 30.

BATHFIELD (Charles)—Sa nomination aux fonctions d'Huissier. 23 Juillet 1847. Enreg. 14 Septembre même année. No. 829 du Reg. 32.

BATIMENTS.—*Administration pour le Roi de France.*—*Voyez* EDIFICES.

BATISSES.—*Gouvernement de S. M. Britannique.*—*Voyez* CONSTRUCTIONS EN BOIS.

BATTERIES.—*Assemblée Coloniale.*—Les militaires qui font le service des batteries ne seront tenus d'assister qu'une fois par

---

(1) Une Proclamation, en date du 25 Février 1819, avait rapporté celle du 1er. Mai 1818. La Proclamation du 25 Février 1819 ne se trouve point transcrite sur les Registres du Greffe.

mois aux exercices des bataillons. 25 Ventôse An 4. Enreg. 28 du même mois. No. 467 du Reg. 23.

Dispositions relatives à la réparation des batteries. 1er. Fructidor An 5. Enreg. 5 du même mois. No. 601 du Reg. 24.

Id. 27 Floréal An 9. Enreg. 5 Prairial même année. No. 774 du Reg. 25.

BAUCE (Etienne Joseph).— *Administration pour le Roi de France.*—Sa nomination à la place de Conseiller au Conseil supérieur de l'Ile de France. 1er. Août 1769. No. 152 du Reg. 12.

Provisions à lui accordées par le Roi pour cet office. 1er. Février 1769. Enreg. 31 Juillet 1770. No. 185 du Reg. 12.

BAUDE (Jean)—*Gouvernement de Sa Majesté Britannique.*— Sa nomination aux fonctions d'Huissier. 15 Février 1831. Enreg. 25 Mars suivant. No. 585 du Reg. 31.

BAUDOT (Achilles).— Sa naturalisation de sujet anglais. Ordonnance No. 6 (approuvée) (1). 15 Mars 1847. No. 1089 du Reg. 45.

BAUDOT (Charles Mathieu).— Sa naturalisation de sujet anglais. Ordonnance No. 3 (approuvée) (2). 18 Janvier 1841. No. 880 du Reg. 39.

BAUDOT (Ernest)—Enregistrement de son diplôme d'Avocat en date du 9 Mars 1844. Enreg. 24 Octobre 1844. No. 798 du Reg. 32.

BAURY (Louis)—Sa nomination aux fonctions d'Huissier. 18 Décembre 1818. Enreg. 4 Janvier 1819. No. 271 du Reg. 29.

BAUX.—*Assemblée Coloniale.*—Voyez LOCATIONS.

BAUX JUDICIAIRES.— Ceux des biens immeubles des successions vacantes seront poursuivis devant les Tribunaux de Paix. 28 Nivôse An 3. Enreg. 1er. Pluviôse suivant. No. 357 du Reg. 23.

Règles concernant leurs publications. 8 Fructidor An 10. Enreg. 15 du même mois. No. 826 du Reg. 26.

BAYARD.—*Administration du Général Decaen.*—Sa nomination à la place de Juge du Tribunal d'Appel. 25 Frimaire An 12. Enreg. 30 du même mois. No, 58 du Reg. 26.

BAZAR.— *Administration pour le Roi de France.*— Etablissement d'un bazar au quartier du Rempart. 1er. Septembre 1784. Enreg. 7 du même mois. No. 713 du Reg. 17.

---

(1) Voyez Certificat du Gouverneur, en date du 7 Janvier 1842. No. 64 de la liasse de ces pièces.
(2) Id. Id. Id. en date du 19 Janvier 1848. No. 109. Id.

Etablissement d'un autre bazar au quartier de la Petite-Montagne. 1er. Septembre 1784. Enreg. 7 du même mois. No. 714 du Reg. 17.

Gouvernement de S. M. Britannique.—Réglements relatifs au bazar. Ordonnance No. 41. 31 Décembre 1828. Enreg. 19 Février 1829. No. 518 du Reg. 31.—*Voyez* MARCHÉ PUBLIC.

BEAUGENDRE (Auguste).—Sa nomination à la place de Commissaire Civil du quartier du Grand Port. 12 Août 1848, Enreg. 21 du même mois. No. 1236 du Reg. 48.

BEAUGENDRE (Denis).—Sa nomination à la place de Commissaire Civil du quartier de Moka. 13 Août 1825. Enreg. 16 du même mois. No. 426 du Reg. 30 (1).

BEAUMONT.—Sa nomination à la place de Président du Tribunal de 1re. Instance. 19 Décembre 1811. Enreg. 24 du même mois. No. 48 du Reg. 27.

BÉGUINOT (Hyacinthe).—Enregistrement de sa commission d'Avoué, sous la date du 9 Juillet 1840, à lui délivrée par les Magistrats de la Cour Suprême de l'Ile Maurice, 9 Juillet 1840. No. 750 du Reg. 32.

BELHOMME.—*Assemblée Coloniale.*—Sa nomination aux fonctions d'Huissier. 21 Septembre 1792. Enreg. 22 du même mois. No. 147 du Reg. 21.

BELHOMME (Jacques Etienne).—*Gouvernement de S. M. Britannique.*—Sa nomination aux fonctions d'Huissier. 16 Septembre 1819. Enreg. 3 Novembre suivant. No. 295 du Reg. 29.

BELIN (Jean).—*Administration pour le Roi de France.*—Sa nomination à l'office de Notaire. 1er. Juillet 1785. Enreg. 5 du même mois. No. 766 du Reg. 17.

BELL.—*Gouvernement de S. M. Britannique.*—Sa nomination à l'effet de remplacer celui des Juges de la Cour d'Assises qui serait empêché de siéger. 19 Mars 1838. No. 791 du Reg. 36.

BELLECOURT (de)—*Compagnie des Indes.*—Renvoi de cet officier en France, après avoir été cassé à la tête de son régiment, pour avoir frappé et maltraité le second Chirurgien de ce même régiment. 3 Juin 1726. No. 21 du Reg. 1.

BELLONE (la)—*Assemblée Coloniale.*—Prise anglaise.—Droits que doivent payer ceux qui achèteront des marchandises de cette

---

(1) M. D. Beaugendre a été nommé Commissaire Civil au quartier du Grand Port le 18 Janvier 1848. Cette nomination n'est pas transcrite sur les Registres du Greffe.

prise. 12 Thermidor An 9. Enreg. 15 du même mois. No. 788 du Reg. 25.

BENAU (Jean Baptiste)—*Administration du Général Decaen.*—Sa nomination à la place de Fourrier-Garde des fortifications de 4me. classe. 22 Juillet 1809. Enreg. 29 du même mois. No. 297 du Reg. 27.

BENOIT (Emile).—*Gouvernement de S. M. Britannique.*—Sa naturalisation de sujet anglais. Ordonnance No. 20 (approuvée) (1). 26 Juin 1848. No. 1163 du Reg. 46.

BERGICOURT (Louis).—*Gouvernement de Sa Majesté Britannique.*—Sa nomination aux fonctions d'Huissier. 4 Avril 1833, Enreg. 25 du même mois. No. 645 du Reg. 31.

BERNE (Jean Baptiste).— Sa naturalisation de sujet anglais, Ordonnance No. 15. 28 Avril 1845, No. 1047 du Reg. 43.
Id. No. 32 (approuvée) (2). 4 Septembre 1848. No. 1176 du Reg. 46.

BERRY.—Sa nomination de Membre du Conseil de Commune du Port Louis. 2 Octobre 1817. Enreg. 3 Novembre suivant. No. 228 du Reg. 29.

BERTHELMOT (Bernard).—*Administration pour le Roi de France.*—Renvoyé à obtenir l'aveu des Notaires pour être admis à cet office. 27 Mars 1784. No. 683 du Reg. 16.

BERTIGNON (Jean Baptiste Hyacinthe). — *Compagnie des Indes.*— Sa nomination à l'office d'Huissier et Priseur des biens meubles. 6 Février 1737. No. 103 du Reg. 5.

BERTIN (François Jacques). — Sa nomination à l'office de Notaire. 10 Mars 1747. No. 119 du Reg. 6.

BERTIN (Marie Auguste Henri).—*Gouvernement de S. M. Britannique.*—Enregistrement de son diplôme de Licencié en Droit, sous la date du 24 Juillet 1840, à lui délivré par l'Université de Paris. 25 Février 1841. No. 762 du Reg. 32.

BERTRAND.—*Administration du Général Decaen.*—Sa nomination à l'effet de compléter le Tribunal Terrier. 4 Brumaire An 12. Enreg. 5 du même mois. No. 32 du Reg. 26.

BERTRAND (Antoine)—*Gouvernement de S. M. Britannique.*—Sa naturalisation de sujet anglais. Ordonnance No. 6 (approuvée) (3). 5 Février 1844. No. 974 du Reg. 42.

---

(1) Voyez Certificat du Gouverneur, en date du 13 Mars 1849. No. 115 de la liasse de ces pièces.
(2) Id. Id. Id. en date du 10 Avril 1849 No. 117. Id.
(3) Id. Id. Id. en date du 27 Novembre 1844. No. 86 Id.

BESTEL (Antoine).—*Assemblée Coloniale.*— Son admission à l'office de Postulant en la Cour. 16 Septembre 1791. No. 85 du Reg. 20.

BESTEL (Gustave).—*Gouvernement de S. M. Britannique.*— Son admission à l'exercice de sa profession d'Avocat près les Cours et Tribunaux de cette Ile. 26 Juillet 1830. Enreg. 5 Août même année. No. 559 du Reg. 31.

Sa nomination à la place de 3me. Juge à la Cour d'Appel. 3 Septembre 1832. Enreg. 4 du même mois. No. 618 du Reg. 31.

Sa nomination à la place de Vice-Président de cette Cour. 20 Mars 1833. Enreg. 21 du même mois. No. 636 du Reg. 31.

Sa nomination par intérim à la Présidence du Tribunal de 1re. Instance. 31 Janvier 1848. No. 1140 du Reg. 46 (1).

BESTIAUX.— *Compagnie des Indes.*— Réglements y relatifs. 4 Juin 1726. No. 28 du Reg. 1.

Mesures à adopter pour assurer leur multiplication dans la Colonie. 29 Janvier 1727. Enreg. 12 Décembre suivant. No. 36 du Reg. 1.

Administration pour le Roi de France.—Défense d'en introduire dans les terrains ensemencés de graines de bois-noir. 9 Janvier 1782. Enreg. 11 Avril même année. No. 559 du Reg. 16.—*Voyez* BÊTES A CORNES.

BÊTES A CORNES.— *Gouvernement de S. M. Britannique.* — Précautions à prendre à l'égard de celles qui seront mortes par toute autre cause qu'un accident ou maladie connue. 27 Mars 1824. Enreg. 7 Avril suivant. No. 382 du Reg. 30.

Id. Ordonnance No. 28 (approuvée) (2). 2 Septembre 1847. No. 1115 du Reg. 45.

Id. Ordonnance No. 14 (approuvée) (3). 10 Avril 1848. No. 1157 du Reg. 46.— *Voyez* EPIZOOTIE.

Cessation des restriction établies par les Ordonnances Nos. 28 de 1847 et 14 de 1848 relatives aux bêtes à cornes atteintes de maladies contagieuses. 7 Septembre 1848. No. 1185 du Reg. 46.

BETTY (Marie Elisabeth Isabelle).— *Administration pour le Roi de France.*—Lettres de naturalisation à elles accordées par les Administrateurs de la Colonie. 19 Mai 1789. Enreg. 5 Juin même année. No. 527 du Reg. 16.

BIBLIOTHÈQUE PUBLIQUE. — *Gouvernemnt de S. M. Britannique.*—*Voyez* BOURSE.

---

(1) M. G Bestel a été nommé Substitut Additionnel du Procureur Général ; mais cette nomination n'a pas été transcrite sur les Registres du Greffe de la Cour.

(2) Voyez Certificat du Gouverneur, en date du 16 Mai 1848. No. 112 de la liasse de ces pièces.

(3) Id. Id. Id. en date du 13 Mars 1849. No. 115 Id.

BIDARD (Henri).—*Assemblée Coloniale.*— Son refus de faire partie de la Commission créée pour juger les noirs coupables de complots contre la sûreté de la Colonie. 6 Prairial An 7. Enreg. 7 du même mois. No. 692 du Reg. 25.

Administration du Général Decaen.—Sa nomination à la place de Substitut du Commissaire du Gouvernement près le Tribunal d'Appel. 25 Frimaire An 12. Enreg. 30 du même mois. No. 59 du Reg. 26.

Sa nomination à la place de Juge du même Tribunal. 15 Thermidor An 12. Enreg. 21 du même mois. No. 105 du Reg. 27.

BIENFAISANCE.—Création d'une administration de ce nom aux Iles de France et de la Réunion pour secourir les pauvres. 23 Août 1806. Enreg. 29 du même mois. No. 187 du Reg. 27.

Cette administration est autorisée à faire des placements de fonds. 6 Mars 1807. Enreg. même jour. No. 206 du Reg. 27.

Gouvernement de S. M. Britannique.— Dispositions relatives à l'établissement d'un Bureau de Bienfaisance dans chaque quartier de la Colonie. Ordonnance No. 20 (approuvée) (1). 23 Août 1841. No. 904 du Reg. 39.—*Voyez* CAISSE DE BIENFAISANCE.

BIENS ECCLÉSIASTIQUES.—*Assemblée Coloniale.*—Dispositions générales relatives à ces biens et aux réparations et entretiens qu'ils nécessitent. 5 et 7 Vendémiaire An 9, et 9 Brumaire An 9. Enreg. 5 Frimaire même année. No. 760 du Reg. 25.

BIENS RURAUX.—Mode de paiement de leur location. 26 Thermidor An 4. Enreg. 28 du même mois. No. 501 du Reg. 24.

Id. 26 Thermidor An 4. Enreg. 5 Vendémiaire An 5. No. 513 du Reg. 24.

BIENS VACANTS.—*Gouvernement de S. M. Britannique.*— *Voyez* CURATEUR AUX BIENS VACANTS.

BIGAIGNON.—Sa nomination temporaire aux fonctions d'Assistant Juge de Paix. 24 Novembre 1838. No. 805 du Reg. 36.

BILLARDS.— Réglements relatifs à ceux qui les tiennent. 4 Ventôse An 4. Enreg. 15 du même mois. No. 458 du Reg. 23.

BILLETS.—*Compagnie des Indes.*—Cession faite par le Roi de France à la Compagnie des Indes de 11,835 billets d'emprunt de cette Compagnie. Août 1764. Enreg. 17 Mai 1765. No. 198 du Reg. 10.

---

(1) Voyez Certificat, en date du 1er. Décembre 1843. No. 78 de la liasse de ces pièces déposées au Greffe de la Cour d'Appel.

Administration pour le Roi de France.—Prorogation de délai pour le visa des billets de caisse et autres effets de la Compagnie. 27 Juillet 1767. No. 25 du Reg. 12.

Lettres-patentes relatives aux billets de caisse de la Compagnie des Indes, circulant aux Iles de France et Bourbon. 25 Janvier 1767. Enreg. 27 Juillet même année. No. 27 du Reg. 12.

Assemblée Coloniale.—Conversion d'une somme de 500,000 liv. en billets de 50 sous. 6 Mars 1793. Enreg. 22 Août même année. No. 219 du Reg. 21.

Ceux de commerce, de 1,000 livres et au-dessus, doivent être enregistrés au Contrôle des Actes. 17, 18 et 19 Germinal An 4. Enreg. 25 du même mois. No. 472 du Reg. 23.

Émission de petits billets pour faciliter l'échange des gros billets. 15 Messidor An 5. Enreg. 25 du même mois. No. 588 du Reg. 24.

Ceux à ordre pourront être protestés avant leur enregistrement. 13 Prairial An 6. Enreg. 18 du même mois. No. 654 du Reg. 24.

Ils paieront un droit composé lors de leur enregistrement qui devra se faire en même temps que celui du protêt. Id.

Gouvernement de S. M. Britannique.—Ceux des commerçants seront reçus par le Directeur de la Douane au lieu d'argent comptant. 11 Août 1817. Enreg. 1er. Septembre suivant. No. 219 du Reg. 19.

Abrogation de cette disposition. 17 Avril 1818. Enreg. 4 Mai suivant. No. 256 du Reg. 29.

Ceux des ventes d'esclaves doivent être faits sur papier timbré et enregistrés. 18 Septembre 1818. Enreg. 24 du même mois. No. 263 du Reg. 29.

Il ne sera fait aucune poursuite ni aucune demande relative aux billets de commerce à compter du 1er. Décembre 1819 au 1er. Juin 1820. 8 Décembre 1819. Enreg. 13 du même mois. No. 296 du Reg. 29.

Dispositions ayant pour objet d'étendre celles contenues en l'Ordonnance No. 10 de 1843, réglant l'émission de billets payables au porteur dans la Colonie. Ordonnance No. 9 (approuvée) (1). 24 Août 1846. No. 1074 du Reg. 44.—*Voyez* PAPIER-MONNAIE ET EFFETS NÉGOCIABLES.

BILLETS DE COMMERCE. — *Administration du Général Decaen.*—*Voyez* BILLETS ET PROTÊTS.

BILLETS DE SPECTACLE.—*Gouvernement de Sa Majesté Britannique.*—*Voyez* DROITS.

BILLETS DU TRÉSOR COLONIAL.—Il en sera fabriqué

---

(1) Voyez Certificat du Gouverneur, en date du 28 Avril 1847, No. 105 de la liasse de ces pièces.

de la valeur d'une demi-piastre pour la somme de 20,000 piastres. 13 Octobre 1817. Enreg. 3 Novembre même année. No. 230 du Reg. 29.

Autres dispositions relatives à cette émission. 24 Octobre 1817. Enreg. 3 Novembre suivant. No. 231 du Reg. 29.

Nouvelle émission de billets du Trésor en remplacement des anciens. 10 Juin 1818. Enreg. 17 du même mois. No. 261 du Reg. 29.

Ces billets continueront à être reçus au Trésor Colonial durant sept années. 26 Septembre 1820. Enreg. 6 Octobre suivant. No. 315 du Reg. 29.

Seront retirés à un terme moyen qui sera fixé au 24 Décembre 1824. 25 Juin 1821. Enreg. 2 Juillet même année. No. 325 du Reg. 29.

Leur annulation. 20 Avril 1822. Enreg. 3 Mai suivant. No. 335 du Reg. 29.

BILLON.— *Administration pour le Roi de France.*— Création de deux millions de pièces de billon pour avoir cours aux Iles de France et Bourbon. Août 1779. Enreg. 19 Août 1780. No. 531 du Reg. 16.

Remontrances de la Cour à cette occasion. 19 Août 1780. No. 532 du Reg. 16.

Assemblée Coloniale.—Cette monnaie aura à l'avenir cours forcé à raison de 75 livres chaque pièce en papier-monnaie. 26 Fructidor An 5. Enreg. 28 du même mois. No. 606 du Reg. 24.

Abrogation de cette disposition. 27 Fructidor An 5. Enreg. 5 Vendémiaire An 6. No. 607 du Reg. 24.

Sera remis en circulation sur le pied de 66 pièces ⅔ de pièce de trois sous pour une piastre effective. 4 Germinal An 7. Enreg. 6 du même mois. No. 677 du Reg. 24.

On ne pourra être contraint d'en recevoir plus de ½ o[o dans les paiements. Id.

Les boulangers, bouchers et marchands détaillants seront tenus de recvoir le billon au taux fixé par la Loi. 1er. Floréal An 7. Enreg. 5 du même mois. No. 684 du Reg. 25.

Tout engagement stipulé en papier-monnaie pourra être acquitté en billon. Id.

Administration du Général Decaen.—Il ne sera admis dans les caisses du Gouvernement que 10 o[o de cette monnaie sur les ssmmes à recevoir. 8 Messidor An 12. Enreg. 11 du même mois. No. 98 du Reg. 27.

BISCUITS.—*Assemblée Coloniale.*—Défense de faire sortir de la ville, sans un permis, ceux destinés aux approvisionnements. 16 Pluviôse An 6. Enreg. 18 du même mois. No. 632 du Reg. 24.

BLACKBURN (Edward Berens).— *Gouvernement de S. M. Britannique.*— Enregistrement de sa nomination de Chef Juge et de Commissaire de Justice. 10 Janvier 1824. Enreg. 26 Mai même année. No. 388 du Reg. 30.

Il présidera la Cour, attendu la retraite de M. Barbé Marbois, 16 Juin 1828. Enreg. 18 Août même année. No. 499 du Reg. 31.

Sa nomination de 1er. Président de la Cour d'Appel. 30 Août 1831. Enreg. 8 Octobre même année. No. 598 du Reg. 31.

Minute dans laquelle Sir William Nicolay, Gouverneur, rend hommage au caractère et aux talents du Chef Juge Blackburn. 18 Septembre 1835. No. 702 du Reg. 32.

BLAKENEY (Edward).— Sa nomination à la place de Chef Constable. 25 Octobre 1830. Enreg. 12 Février 1831. No. 579 du Reg. 31.

BLANCHARD (Thomas).— Colonel, C. B.— Prise de possession, par ce Colonel, du Gouvernement de l'Ile Maurice par suite du départ de Sir William Maynard Gomm. 5 Mai 1849. No. 1203 du Reg. 47.

BLANCHETÊTE (Guillaume).— *Administration pour le Roi de France.*— Sa nomination en qualité de Geôlier des prisons du Conseil. 3 Février 1773. No. 308 du Reg. 14.

Il lui sera payé, sur les deniers de la commune, 600 livres d'appointements qui lui sont dûs. 9 Février 1773. No. 312 du Reg. 14.

BLANE (Archibald William).— Sa nomination à la place de Commissaire Général de la Police. 5 Mars 1822. Enreg. 7 du même mois. No. 329 du Reg. 29 (1).

BLES.— *Assemblée Coloniale.*— Ceux qui possèdent de cette denrée dans la Colonie, ne peuvent en vendre qu'à un prix déterminé par des experts. 6 Floréal An 8. Enreg. 15 du même mois. No. 713 du Reg. 25.

Prix auquel les habitants pourront le vendre au Gouvernement. 18 Fructidor An 9. Enreg. 27 du même mois. No. 791 du Reg. 25.

Emploi de ceux existant dans les magasins de la commune générale. 10 Germinal An 11. Enreg. 12 du même mois. No. 843 du Reg. 26.

Gouvernement de Sa Majesté Britannique.— Approvisionnement de cet objet. Ordonnance No. 5. 15 Décembre 1825. Enreg. 12 Janvier 1826. No. 439 du Reg. 30.

---

(1) M. Blane a occupé en cette Colonie la place de Secrétaire en Chef du Gouvernement et plusieurs autres places dont les nominations n'ont pas subi la formalité de l'enregistrement dans les Tribunaux.

BLUE BOOK.—Mesures adoptées afin d'assurer la remise des Etats de service destinés à former ce Registre. Ordonnance No. 30 (approuvée) (1). 23 Décembre 1841. No. 920 du Reg. 39.

BŒUF.—Fixation du prix de cette viande. Ordonnance No. 41. 31 Décembre 1828. Enreg. 19 Février 1829. No. 518 du Reg. 31.

BOIS.—*Administration pour le Roi de France.*—Réglements relatifs à leur conservation. 15 Novembre 1769. Enreg. 16 du même mois. No. 159 du Reg. 12.
Mesures pour prévenir les incendies qui les ruinent. 21 Septembre 1772. Enreg. 22 du même mois. No. 251 du Reg. 14.
Surséance à l'enregistrement de l'Ordonnance pour la conservation des bois de l'ancien établissement des forges de Mon-Désir. 11 Avril 1782. No. 600 du Reg. 16.
Envoi au Ministre du procès-verbal contenant les motifs de cette surséance. 7 Août 1782. No. 617 du Reg. 16.

BOIS DE CHARPENTE.—*Compagnie des Indes.*—Défense d'en exporter de la Colonie. 26 Mai 1764. Enreg. 31 Décembre même année. No. 197 du Reg. 10.

BOIS-NOIRS.—*Administration pour le Roi de France.*—Réglements relatifs à la conservation des plantations de ce genre dans les terrains appartenant au Roi. 9 Janvier 1782. Enreg. 11 Avril même année. No. 599 du Reg. 16.

BOIS ET BROUSSAILLES.—*Assemblée Coloniale.*—Ceux qui bordent les chemins seront coupés à une distance de cinquante pieds de chaque côté. 21 Fructidor An 10. Enreg. 26 du même mois. No. 828 du Reg. 26.
Ceux servant de haies ou de limites aux propriétés seront coupés à la hauteur de quatre pieds et entretenus à cette hauteur. Id.

BOISSERON (Jean).—*Gouvernement de S. M. Britannique.*—Sa naturalisation de sujet anglais. Ordonnance No. 33 (approuvée) (2). 6 Décembre 1847. No. 1123 du Reg. 45.

BOISSONS.—*Compagnie des Indes.*—Remise en vigueur des Réglements qui défendent le débit des boissons. 6 Décembre 1764. No. 196 du Reg. 10.

Administration pour le Roi de France.—Voyez LIQUEURS SPIRITUEUSES.

---

(1) Voyez Certificat du Gouverneur, en date 20 Octobre 1842. No. 69 de la liasse de ces pièces.
(2) Id.   Id.   Id.   en date du 5 Septembre 1848. No. 113. Id.

Gouvernement de S. M. Britannique.— Réglements généraux concernant leur fabrication et leur débit. Ordonnance No. 13 (approuvée) (1). 20 Novembre 1837. No. 783 du Reg. 35.

Fixation du taux des patentes pour la vente des boissons pendant l'année 1844. Ordonnance No. 21 (sans approbation). 30 Décembre 1843. No. 967 du Reg. 41.—*Voyez* GUILDIVES, RUM, ARAK ET LIQUEURS SPIRITUEUSES.

BOMBARD (Jean Baptiste).—*Assemblée Coloniale.*— Sa nomination à l'Office de Notaire au quartier des Pamplemousses. 3 Mars 1793. Enreg. 21 du même mois. No. 183 du Reg. 21.

BONAPARTE.—*Administration du Général Decaen.*—*Voyez* NAPOLÉON.

BONNE (Jean Pierre)—*Administration pour le Roi de France.*—Sa nomination aux fonctions d'Huissier. 1er. Avril 1781. Enreg. 9 Mai suivant. No. 540 du Reg. 16.

Sa démission. 2 Septembre 1782. No. 620 du Reg. 16.

BONNEAU (Jacques Antoine).—*Compagnie des Indes.*— Sa nomination à l'office de Conseiller au Conseil supérieur de l'Ile de France. 10 Février 1743. Enreg. 31 Août même année. No. 106 du Reg. 4, et 108 du Reg. 5.

BONNEMAISON.— *Administration du Général Decaen.*— Sa nomination à la place de Courtier de marchandises. 9 Brumaire An 12. Enreg. 30 du même mois. No. 48 du Reg. 26.

BONNIN (Louis)—*Gouvernement de S. M. Britannique.*— Sa naturalisation de sujet anglais. Ordonnance No. 22 (approuvée) (2). 5 Février 1844. No. 990 du Reg. 42.

BONS.—*Assemblée Coloniale.*— Ceux au porteur, de 1,000 liv. et au-dessus, doivent être enregistrés au Contrôles des Actes. 17, 18 et 19 Germinal An 4. Enreg. 25 du même mois. No. 472 du Reg. 23.

Droits à payer pour l'enregistrement de ceux faits pour marchandises ou denrées dont le prix n'aurait pas été fixé. 17 Floréal An 4. Enreg. 27 du même mois. No. 479 du Reg. 23.

Autres dispositions y relatives. 5 Brumaire An 3. Enreg. 8 du même mois. No. 517 du Reg. 24.

Gouvernement de S. M. Britannique.—*Voyez* BILLETS.

BONS DE CAISSE.— *Compagnie des Indes.*— Mesures rela-

---

(1) Voyez Certificat du Gouverneur, en date du 15 Mars 1839. No. 46 de la liasse de ces pièces.

(2) Id.   Id.   Id.   en date du 27 Novembre 1844. No. 86. Id.

tives à l'acquittement de ceux ayant cours dans cette Colonie. 28 Octobre 1763. No. 189 du Reg. 10.

Prorogation de delai pour leur enregistrement. 7 Février 1764. No. 192 du Reg. 10.

BONS AU PORTEUR.—*Gouvernement de Sa Majesté Britannique.*—Dispositions ayant pour objet d'arrêter l'émission de bons au porteur souscrits par des Sociétés non-autorisées, et de déclarer que de telles Sociétés ne peuvent exister sans l'autorisation préalable de Sa Majesté. Ordonnance No. 10. (Approuvée.*) 24 Août 1843. No. 956 du Registre 41.

BORTHON (Curé du Port Bourbon.)——*Compagnie des Indes.*—Plainte portée par cet Ecclésiastique contre un employé de l'administration qui aurait fait infliger arbitrairement à la femme d'un habitant la punition du cheval de bois. 9 Décembre 1728. No 56 du Reg 1.

BOUCAUTS.—*Gouvernement de Sa Majesté Britannique*—*Voyez* EMBALLAGES.

BOUCHAUD.—Autorisation et privilège à lui accordé d'établir une verrerie en cette Ile. 15 Novembre (1817.) Enreg 4 Décembre suivant. No. 236 du Reg. 29.

BOUCHER (Desforges.)—*Compagnie des Indes.*—*Voyez* DESFORGES.

BOUCHERIES.—*Assemblée Coloniale.*—Réglemens y relatifs. 25 Avril 1793. Enreg. 10 Mai suivant. No. 196 du Reg. 21.

Le droit de boucherie sera mis à l'adjudication au rabais. 8 Fructidor An 4. Enreg. 15 du même mois. No. 505 du Reg. 24.

Autres Réglemens concernant le droit de boucherie. 24 Pluviôse An 5. Enreg. 5 Ventôse suivant. No. 547 du Reg. 24. *Voyez* VIANDE DE BOUCHERIE.

Administration du Général Decen.—Il ne sera établi qu'une seule boucherie. 20 Prairial An 12. Enreg. 26 du même mois. No. 95 du Reg. 27.

Réglemens y relatifs. *Ibid.*

Autres Réglemens concernant la boucherie. 8 Septembre 1808 Enreg. 16 du même mois. No. 260 du Reg. 27.

Il est permis à tout particulier de tuer des bœufs et d'en débiter la viande au Bazar. *Ibid.*

BOUCHERS.—*Assemblée Coloniale.*—Sont tenus de recevoir

---

* *Voyez* certificat du Gouverneur en date du 26 Juin 1844, No. 83. de la liasse de ces pièces.

le billon au taux fixé par la loi du 4 Germinal An 7. 1er. Floréal An 7. Enreg. 5 du même mois. No, 684 du Reg. 25.

BOUCHERVILLE (Eugène de).---*Gouvernement de Sa Majesté Britannique.*—Sa nomination à la place d'assistant Commissaire-Civil du quartier de la Rivière-Noire. 3 Décembre 1824. Enreg. 9 du même mois. No. 401 du Reg. 30.
Sa nomination à la place de Commissaire-Civil de ce quartier. 17 Septembre 1830. Enreg. le même jour. No. 565 du Reg. 31.

BOUCHET (Adolphe.)---Sa nomination aux fonctions d'avoué près les Tribunaux. 21 Octobre 1841. Enreg. le même jour. No. 772 du Reg. 32.

BOUCHET (Edouard)---Sa nomination à l'office d'avoué près les Tribunaux. 9 Mars 1836. Enreg. 7 Avril suivant. No. 707 du Reg. 32.

BOUCHET (Emile.)---Lettre de Sir Wiliam Nicolay, Gouverneur, relative à l'admission de M. Bouchet à l'exercice de sa profession d'avocat près les Tribunaux de cette Ile. 25 Octobre 1837. No. 715 du Reg. 32.
Enregistrement de son diplôme de licencié en droit en date du 30 Août 1836 à lui délivré par l'université de Paris. 2 Novembre 1837. No. 716 du Reg. 32.

BOUCHET (Jules.)---Enregistrement de son diplôme d'avocat en date du 23 Décembre 1843. Enreg. le 25 Mars 1845. No. 802 du Reg. 32.

BOUCHOR (Adolphe.)---Sa naturalisation de sujet anglais. Ordonnance No. 16 16 Octobre 1850. No. 1251 du Reg. 48.

BOUDARD.---*Compagnie des Indes.*---Sa réception en qualité d'arpenteur. 27 Janvier 1752. No. 131 du Reg. 8.

BOUDEVILLE.---*Assemblée Coloniale.*---Son admission aux fonctions de Postulant près les Tribunaux, 20 Juillet 1793. No. 215 du Reg. 21.

BOUDRET (Cadet.)---Sa nomination d'Assesseur du Juge de Paix au quartier des Pamplemousses. 30 Septembre 1791. No. 89 du Reg. 20.

BOUDRET.—*Gouvernement de Sa Majesté Britannique.*—Sa nomination de membre du Conseil de Commune. 2 Octobre 1817. Enreg. 3 Novembre suivant. No. 227 du Reg. 29.

BOUISSON (François Claire Antoine.)—Sa naturalisation de

sujet anglais. Ordonnance No. 17 du 8 Février 1844, (approuvée†) No. 985 du Reg. 42.

BOUISSON (François Marie Antoine.)—*Gouvernement de Sa Majesté Britannique.*—Sa naturalisation de sujet anglais. Ordonnance No. 16. (Approuvée.*) 5 Février 1844. No. 984 du Reg. 42.

BOULANGERIES.—*Assemblée Coloniale.*—Faculté d'en établir de particulières. 7 Frimaire An 6. Eng. 15 du même mois. No. 622 du Reg. 24.

Marché contracté par l'administration avec l'entrepreneur de la boulangerie. 18 Fructidor An 9. Enreg. 27 du même mois. No 791 du Reg. 25.

BOULANGERS.—*Compagnie des Indes.*—Réglemens les concernant. 3 Août 1754. No. 143 du Reg. 8.

Assemblée Coloniale.—Sont tenus de prendre dans les magasins de la commune générale du blé à raison de 4 piastres le cent. 10 Germinal An 11. Enreg. 12 du même mois. No. 843 du Reg. 26.

Vendront du pain chez eux sans pouvoir en faire débiter au Bazar, dans les rues, ni chez aucun particulier. 28 Thermidor An 11. Enreg. 30 du même mois. No. 863. du Reg. 26.

Sont tenus de recevoir le billon au taux fixé par la loi du 4 Germinal An 7. 1er. Floréal An 7. Enreg. 5 du même mois. No. 684 du Reg. 25.—*Voyez* BLÉS.

BOULLE.—*Administration du Général Decaen.*—Sa nomination à la place de Commissaire Civil du quartier de Flacq. 4 Brumaire An 14. Enreg. 11 du même mois. No. 159 du Reg. 27.

BOUQUILLARD (Mathurin Paulin.)—*Gouvernement de Sa Majesté Britannique.*—Sa naturalisation de sujet anglais. Ordonnance No. 9. (Approuvée.‡) 5 Décembre 1849. No. 1207 du Reg. 47.

BOURBON (Ile de.)—*Compagnie des Indes.*—Création d'un Conseil Supérieur en cette Ile. Edit de Novembre 1723. Enreg à l'Ile Bourbon, 18 Septembre 1724, et à l'Ile de France 31 Mai 1726. No. 11 du Reg. 1.

Administration du Général Decaen.—*Voyez* ILE.

Gouvernement de Sa Majesté Britannique.—Rétablissement des

---

* Voyez certificat en date du 27 Novembre 1844. No. 86 de la liasse de ces pièces.
† *Voyez* idem idem idem.
‡ *Voyez* certificat en date du 8 Août 1850. No. 125 de la liasse de ces pièces.

communications de l'Ile Bourbon avec l'Ile Maurice. 2 Novembre 1815. Enreg. 6 du même mois. No 157 du Reg. 29.

BOURCERET (Jean-Baptiste.)—*Compagnie des Indes.*—Sa nomination à l'office de Conseiller au Conseil Supérieur de l'Ile de France. 8 Décembre 1754. Enreg. 23 Août 1755. No. 147 du Reg. 8.

BOURDA (Jean.)—*Gouvernement de Sa Majesté Britannique.*—Sa naturalisation de sujet anglais. Ord. No. 32. (Approuvée.*) 6 Décembre 1847 du Reg 42.

BOURDIER (Joseph François.)—*Administration pour le Roi de France.*—Sa nomination aux fonctions de premier médecin à l'Ile de France. 1er. Juillet 1766. Enreg. 1er. Février 1773. No. 306 du Reg. 14.

BOURGEOIS (Claude François.)—Sa nomination aux fonctions de Précon et d'huissier chargé de la publication des arrêts à son de trompe. 1er. Avril 1768. Enreg. 11 Mai suivant. Nos. 100, 101 et 102 du Reg. 12.
Sa retraite 1er. Mai 1783. Enreg. 7 du même mois No. 640. du Reg. 16.

BOURLIER (Mathurin Louis.)—*Compagnie des Indes.*—Sa nomination aux fonctions de notaire. 19 Août 1751. No. 126 du Reg. 6.
Sa nomination de Conseiller au Conseil Supérieur de l'Ile de France. 18 Octobre 1763. No. 188 du Reg. 10.

BOURSE DE COMMERCE.—*Administration du Général Decaen.*—Création de cet établissement. 14 Thermidor An 12. Enreg. 21 du même mois. No. 102 du Reg. 27.

Gouvernement de Sa Majesté Britannique.—Concession d'un emplacement en faveur de la Commune générale pour cet établissement, et autres dispositions y relatives. 1er. Juin 1817. Enreg. 1er. Août même année. No. 212 du Reg. 29.
Autres dispositions relatives à la construction d'une Bourse avec une Bibliothèque publique. Ordonnance No. 20. (Sans approbation.) 21 Décembre 1840. No. 879 du Reg. 38.

BOUSSARD DE LA CHAPELLE (Théodore.)—*Compagnie des Indes.*—Sa nomination à l'effet de remplir les fonctions de Greffier en Chef et de Notaire du Conseil Supérieur, en cas de maladie, ou autres empêchemens légitimes du sieur Desribes, titulaire de ces places. 6 Février 1761. No. 182 du Reg. 9.

---

* *Voyez* Certificat du 5 Septembre 1848. No. 113 de la liasse de ces pièces.

Sa nomination aux fonctions ci-dessus comme titulaire. 18 Octobre 1763. No. 187 du Reg. 10.

BOUTIN (Jean-Baptiste.)—*Gouvernement de Sa Majesté Britannique.*—Sa naturalisation de sujet anglais. Ord. No. 10 (Approuvée.*) 5 Décembre 1849. No. 1218 du Reg. 47.

BOUTIQUES.—*Assemblée Coloniale.*—Mode de payement de leurs loyers. 26 Thermidor An 4. Enreg. 28 du même mois, No. 501 du Reg. 24.

Gouvernement de Sa Majesté Britannique.—Fixation des heures d'ouverture et de fermeture des boutiques les jours de la semaine et le dimanche. Ord. No. 19. (Approuvée.†) 14 Décembre 1840. No 879 du Reg. 38.

BOUVET.—*Compagnie des Indes.*—Voyez LOZIER.

BOUVIERS (Jean-Marie.)—*Gouvernement de Sa Majesté Britannique.*—Sa naturalisation de sujet anglais. Ord. No. 44. 8 Juillet 1844. (Approuvée.‡) No. 1012 du Reg. 42.

BOYELLEAU.—*Administration pour le Roi de France.*—Violence exercée à l'égard de cet habitant par M. Dumas, Gouverneur. 1er. Décembre 1767. No. 59 du Reg. 12.
Arrêt du Conseil d'Etat du Roi qui casse deux arrêts du Conseil Supérieur de cette Ile, concernant le sieur Boyelleau. 1er. Août 1768. Enreg. 14 Juin 1769. No. 137 du Reg. 12.

BRAI.—Tout propriétaire de cet objet est contraint d'en faire la déclaration. 25 Frimaire An 3. Enreg. 7 Nivôse même année. No. 353 du Reg. 23.

BRET (Jean-Baptiste Simon.)—*Gouvernement de Sa Majesté Britannique.*—Sa naturalisation de sujet anglais. Ord. No. 18, 28 Avril 1845. No. 1050 du Reg. 43.
Do. No. 33. (Approuvée.*) 4 Septembre 1848. No. 1176 du Reg. 46.

BREVETS D'INVENTION.—Il en sera accordé pour un tems qui n'excédera pas 14 années. Ord. No. 11. (Approuvée.†) 13 Juin 1835. Enreg. 3 Septembre suivant. No. 731 du Reg. 33.

---

* *Voyez* Certificat du 8 Août 1850. No. 125 de la liasse de ces pièces.

† *Voyez* Certificat du Gouverneur en date du 11 Mars 1842. No 66 de la liasse de ces pièces.

‡ *Voyez* Certificat du 13 Mars 1845. No. 89.

* *Voyez* Certificat du 10 Avril 1849. No. 117 de la liasse de ces pièces.

† *Voyez* Certificat du 17 Février 1836. No. 20 de la liasse de ces pièces.

Brévêt d'invention accordé à MM. Terrasson et Lieber pour la purification du vesou dans la manipulation du sucre. 24 Août 1840. Enreg. 24 Juin 1841. No. 765 du Reg. 32.

Idem accordé au sieur Thévenin pour l'installation des chaudières destinées à la manipulation du sucre. 2 Mai 1842. Enreg 2 Juin suivant. No. 776 du Reg. 32.

Idem accordé à M. E. Thomé pour une nouvelle méthode de faire des bardeaux. 29 Juin 1844. Enreg. le 13 Juillet suivant. No. 794 du Reg. 32.

Idem accordé à M. H. Carrère pour une nouvelle charrue. 15 Décembre 1843. Enreg. le 13 Juillet 1844. No. 795 du Reg. 32.

Idem accordé à M. Carié de la Charie pour un nouveau moulin à vent. 17 Décembre 1844. Enreg. 6 Février 1845. No. 799 du Reg. 32.

Idem accordé à M. H. A. Hugnin pour la purification du sucre. 15 Février 1845. Enreg. le 21 du même mois. No. 801 du Reg. 32.

Idem accordé à M. Carié de la Charie pour un moulin à vent avec des ailes placées horizontalement. 6 Mars 1846. Enreg. le 9 Juin, même année. No. 812 du Reg. 32.

Idem accordé à M. Carié de la Charie pour une nouvelle pompe. 9 Juin 1846. Enreg. le 16 Juillet suivant. No. 814 du Reg. 32.

Idem accordé à M. Pierre Bernard pour une nouvelle méthode de purifier le sucre. 4 Septembre 1847. Enreg. le 9 du même mois. No. 828 du Reg. 32.

Idem accordé à M. Carié de la Charie pour la confection de Pistons métalliques appropriés aux machines à vapeur. 2 Août 1849. Enreg. le 13 du même mois. No. 1231 du Reg. 48 *(bis.)*

Idem accordé à M. W. Bojer pour la préparation d'un fumier concentré. 22 Novembre 1849. Enreg. le 4 Décembre suivant. No. 1236 du Reg. 48 (*bis.*)

Idem accordé à M. Pierre Lafontan pour la préparation d'un engrais. 22 Novembre 1849. Enreg. le 10 Décembre suivant. No. 1237 du Reg. 48 (*bis.*)

BRIGANTIN ANGLAIS.—*Compagnie des Indes.*—Distribution aux soldats malades et à ceux qui sont de garde, du produit des objets saisis à bord de ce navire. 16 Décembre 1727. No. 43 du Reg. 1.

BRIS DE SCELLÉS.—*Assemblée Coloniale*—*Voyez* SCELLÉS.

BROQUET (Alphonse.)—*Gouvernement de Sa Majesté Britan-*

nique.—Sa naturalisation de sujet anglais. Ord. No. 43. (Approuvée.*) 8 Juillet 1844. No. 1011 du Reg. 42.

BROUSSAILLES.—*Assemblée Coloniale.*—*Voyez* Bois.

BROUSSE (de).—*Compagnie des Indes.*—Sa nomination aux places de premier Conseiller et de Président du Conseil Provincial en l'absence de M. Dioré, commandant. 31 mai 1726. No. 15 du Reg. 1.

BRUE DU GAROUTIER.—*Administration pour le Roi de France.*—Sa nomination de Notable, à l'effet d'assister le Juge Royal dans l'instruction des procès criminels. 8 Juillet 1782. No. 616 du Reg. 16.

BRULE GUEULE (la).—*Assemblée Coloniale.*—Navire de ce nom. Les personnes déportées de la Colonie et embarquées à bord de ce navire payeront la somme de 100 piastres pour leur portion contributive. 8 Vendémiaire An 8. Enreg. 15 du même mois. No. 715 du Reg. 25.

Les Procureurs de ces personnes sont tenus de faire la déclaration de leurs biens en cette Colonie. 8 Vendémiaire An 8. Enreg. 15 du même mois. No. 716 du Reg. 25.

BRUN (Jean-François Edmond.)—*Administration pour le Roi de France.*—Enrégistrement de ses lettres de Licence. 5 Décembre 1788. No. 919 du Reg. 18.

Sa nomination aux fonctions de notaire du quartier de Flacq. 15 Mai 1789. Enreg. 16 du même mois. No. 933 du Reg. 18.

Assemblée Coloniale.—Sa nomination à l'office de notaire pour tout le ressort du Conseil Supérieur. 14 Octobre 1791. Enreg. 12 Novembre suivant. No. 104 du Reg. 28.

BRUN (Nicolas.)—*Administration du Général Decaen.*—Sa nomination à la place de Sous-Agent de la Police à l'Ile de France. 12 Brumaire An 12. Enreg. 13 du même mois. No. 38 du Reg. 26.

Sa nomination à la place d'Agent Général de Police. 22 Messidor An 13. Enreg. 23 du même mois. No. 144 du Reg. 27.

Continuera d'exercer ses fonctions pour tout ce qui n'est pas changé par les arrêtés des 28 et 29 Avril 1808. 28 Mai 1808. Enreg. 23 Juin suivant. No. 250 du Reg. 27.

Gouvernement de Sa Majesté Britannique.—Sa nomination à la place de Commissaire Civil, de Police et du Marronnage. Ier. Mai 1811. Enreg. 9 du même mois. No. 30 du Reg. 27.

---

* *Voyez* Certificat du 13 Mars 1845. No. 89 de la liasse de ces pièces.

BRUNEAU (Henry.)---Sa nomination aux fonctions d'avoué. 8 Août 1829. Enreg. 14 du même mois. No. 554 du Reg. 31.

Sa nomination à la place de Juge d'Instruction. 10 Novembre 1837. Enreg. le 13 du même mois. No. 780 du Reg. 35.

BRUNEL (Ignace.)---*Administration pour le Roi de France.*---Sa nomination à la place d'Inspecteur de Police. 1er. Septembre 1767. Enreg. 28 Mai 1768. Nos. 93, 94 et 95 du Reg. 12.

Sa nomination à la place de Substitut du Procureur-Général du Roi, 16 Août 1769. Enreg. 24 du même mois. No. 155 du Reg. 12.

Sa nomination à la place de Procureur du Roi à la jurisdiction royale. 2 Décembre 1772. Enreg. le même jour. Nos. 282 et 283 du Reg. 14.

Sa nomination à la place de Substitut du Procureur-Général du Roi au Conseil Supérieur. 27 Novembre 1771. Enreg. 9 Février 1774. No. 325 du Reg. 14.

Sa nomination à la place de Lieutenant du Juge Royal par intérim. 25 Mars 1774. Enreg. 29 du même mois. No. 332 du Reg. 14.

Son option pour cette dernière place. 5 Mai 1774. Enreg. 7 du même mois. Nos. 336 et 367 du Reg. 14.

Sa nomination à l'office de Lieutenant de Juge en la jurisdiction royale. 26 Février 1775. Enreg. 7 Août même année. No. 354 du Reg. 14.

Sa démission de cette place. 4 Mars 1777. No. 399 du Reg. 14.

Sa nomination à la place de Juge de la jurisdiction royale. 30 Août 1778. Enreg. 14 Septembre 1779. No. 502 du Reg. 15.

Son interrogatoire et admonition par la Cour, pour avoir réclamé auprès des chefs contre les arrêts du Conseil, et n'avoir pas suivi les voies ordinaires. 5 Janvier 1780. No. 522 du Reg. 16.

Autre injonction à lui faite par la Cour. 2 Avril 1784. No. 686 du Reg. 16.

Congé à lui accordé à l'effet de passer en France. 27 Septembre 1787. Enreg. 28 Octobre suivant. No. 878 du Reg. 18.

BRUNET.---*Administration du Général Decaen.*---Sa nomination à la place de Courtier de marchandises. 9 Brumaire An 12. Enreg. 30 du même mois. No. 48 du Reg. 26.

BRUNOT (Charles Marie Joseph.)---*Assemblée Coloniale.*---Est renvoyé à l'exécution du réglement du 9 Mars 1789, relatif au stage avant d'être admis à exercer ses fonctions d'avocat. 6 Mars 1793. No. 178 du Reg. 21.

BRUZAUD (Raymond Ostende.)---*Gouvernement de Sa Majesté Britannique.*---Sa nomination aux fonctions d'avoué, à la charge de défendre les indigens. 21 Mars 1826. Enreg. 31 du même mois. No. 447. du Reg. 30.

Enregistrement de son diplôme de licencié en droit, sous la date du 15 Février 1833, à lui délivré par l'université de Paris. 7 Juin 1838. No. 724 du Reg. 32.

BUCHANAN.—*Administration du Général Decaen.*—Ne peut-être admis en sa qualité d'Agent Commercial Américain, à réclamer la saisine et l'administration de la succession vacante du sieur Salauches François, naturalisé Américain. 23 Mai 1809. Enreg. 25 du même mois. No. 281. du Reg. 27.

BUILLARD (.)—*Administration pour le Roi de France.*—Sa nomination à la place de Geôlier des Prisons du Palais. 3 Août 1785. Enreg. 4 du même mois. No. 768 du Reg. 17.

BUNEL (.)—*Assemblée Coloniale.*— Renvoyé à suivre le stage prescrit par les Réglements. 10 Mai 1793. No. 197 du Reg. 21.

Renvoyé de nouveau à l'exécution des Réglements relatifs au stage. 11 Juillet 1793. No. 210 du Reg. 21.

BURDET (Eustache.)—*Gouvernement de S. M. Britannique.*— Sa nomination à l'effet de remplacer celui des Juges de la Cour d'Assises qui serait empêché de siéger. 30 Août 1833. Enreg, 12 Septembre suivant. No. 51 du Reg. 631.

BUREAU DU DOMAINE.—*Voyez* DÉCLARATIONS.

BUREAUX.—*Assemblée Coloniale.*—Création de ceux de Paix et de Jurisprudence charitable. 2 Avril 1791. Enreg. 15 du même mois. Section 10 du Titre 9, de la Constitution provisoire de la Colonie.

Leur organisation. 27 Messidor An 3. Enreg. 7 Thermidor suivant. No. 392 du Reg. 23.

BURET (François-Désiré.)—*Gouvernement de Sa Majesté Britannique.*—Son admission à l'exercice de sa profession d'Avocat, près les Tribunaux de cette Ile. 26 Janvier 1816. Enreg. 1er. Février suivant. No. 167 du Reg. 29.

BURNEL (Etienne.)—*Assemblée Coloniale.*—Son admission au nombre des Postulants, près les Tribunaux de l'Ile de France. 8 Mars 1792. No. 126 du Reg. 20.

I

BURTHE (Dominique.)—Son admission au nombre des Postulants, en la Cour. 23 Novembre 1791. No. 108 du Reg. 20.

BURY (Henri Collet.)—*Gouvernement de S. M. Britannique.*—Sa nomination à la place de Greffier en Chef de la Cour d'Appel. 24 Décembre 1832. Enreg. 5 Janvier 1833. No. 635 du Reg. 31.

BUSSY (le Marquis de.)—*Administration pour le Roi de France.*—Députation, à lui envoyée, par le Conseil supérieur, pour le complimenter sur son arrivée en cette Colonie. 1er. Juin 1782. No. 607 du Reg. 16.

Son entrée au Conseil et enregistrement de son brevet de Commandant Général des forces de terre et de mer au-delà du Cap de Bonne-Espérance, en date du 11 Novembre 1781, à lui accordé par le Roi. 1er. Juin 1782. Nos. 608 et 609 du Reg. 16.

Discours par lui prononcé à cette occasion. 1er. Juin 1782. No. 610 du Reg. 16.

BYAM (C. S.)—*Gouvernement de Sa Majesté Britannique.*—Sa nomination à la place de Commissaire Général de la Police. 10 Juillet 1820. Enreg. 14 du même mois. No. 304 du Reg. 29.

C.

CABARETIERS.—*Administration pour le Roi de France.*—Réglements les concernant. 14 Janvier 1788. Enreg. 21 du même mois. No. 894 du Reg. 18.

CABARETS.—Réglements y relatifs. 24 Décembre 1779. Enre 14 Janvier 1780. No. 520 du Reg. 15.

CABOTAGE.—*Administration du Général Decaen.*—Règles pour l'admission au commandement des bâtiments du grand et du petit cabotage. 22 Nivôse An 13. Enreg. le même jour. No. 128 du Reg. 27.—*Voyez* HYDROGRAPHIE.

CABRIS.—*Compagnie des Indes.*—Ordre aux habitants de les tenir enfermés dans des parcs et permission de les tuer s'ils sont trouvés errants sur le terrain d'autrui. 7 Février 1764. No. 191 du Reg. 10.

CADASTRE.—*Assemblée Coloniale.*—Confection de celui du Camp des Malabars. 5 Messidor An 11. Enreg. 18 du même mois. No. 854 du Reg. 26.

CAFÉ.—*Administration pour le Roi de France.*—Etablissement du droit d'un sou par livre sur cette denrée. Mars 1761. Enreg. 4 Septembre même année. No. 210 du Reg. 12.

Remontrances du Conseil supérieur au Roi, relatives à ce droit. 4 Septembre 1771. No. 211 du Reg. 12.

Droit de deux sous par livre sur cette denrée. Novembre 1771. Enreg. 14 Novembre 1775. No. 362 du Reg. 14.

Remontrances au Roi, relatives à ce droit. 14 Novembre 1775. No. 363 du Reg. 14.

Suppression de ce droit. Mars 1781. Enreg. 14 Juillet même anné. No. 558 du Reg. 16.

Assemblée Coloniale.— Droits sur les cafés venant de l'Ile de la Réunion. 6 Messidor An 9. Enreg. 15 du même mois. No. 785 du Reg. 25.

CAFETIERS.—*Administration pour le Roi de France.*—Réglements les concernant. 14 Janvier 1788. Enreg. 21 du même mois. No. 894 du Reg. 18.

Abrogation de l'Article 2 de ces Réglements. 2 Brumaire An 8. Enreg. 8 du même mois. No. 717 du Reg. 25.

Droits à eux imposés. 6 Vendémiaire An 13. Enreg. le même jour. No. 119 du Reg. 27.

Réglements à eux relatifs. 30 Juin 1808. Enreg. 1er. Juillet suivant. No. 254 du Reg. 27.

CAFES (lieux de rassemblement.)—*Assemblée Coloniale.*— Réglements relatifs à ceux qui les tiennent. 4 Ventôse An 4. Enreg. 15 du même mois. No. 458 du Reg. 23.

Id. 14 Ventôse An 6. Enreg. 25 du même mois. No. 644 du Reg. 24.

Fixation de leur nombre à 6, et autres dispositions concernant les établissements désignés sous le nom de cafés. 1er. Brumaire An 11. Enreg. 8 du même mois. No. 835 du Reg. 26.

Gouvernement de S. M. Britannique.—Ceux qui les tiennent ne peuvent vendre du rum au détail. 18 Septembre 1813. Enreg. 23 du même mois. No. 94 du Reg. 28.

Leur nombre est fixé à 10.—Police y relative. 30 Novembre 1815. Enreg. 12 Décembre suivant. No. 161 du Reg. 29.

CAIEZ (Jean Baptiste.)—*Assemblée Coloniale.*—Sa nomination aux fonctions de Notaire au quartier de Moka. 12 Ventôse An 10. Enreg. 15 du même mois. No. 808 du Reg. 26.

Enregistrement des lettres de licence, en date du 1er. Septembre 1777, à lui délivrées par la Faculté de Droit de Paris. 15 Ventôse An 10. No. 808 du Reg. 26.

Aura le droit d'exercer ses fonctions de Notaire dans l'étendue de la Colonie. 16 Floréal An 10. Enreg. 21 du même mois. No. 813 du Reg. 26.

CAILLEAU (Jean François.)—*Administration pour le Roi de France.*—Garde-Magasin. Apposition des scellés après son décès.

5 Décembre 1770. Enreg. No. 194 du Reg. 12.

Contestation relative à cette opération. 6 Décembre 1770. No. 195 du Reg 12.

Mémoire adressé au Ministre, par le Conseil, à cette occasion. 18 Décembre 1770. Enreg. le même jour. No. 197 du Reg. 12.

CAILLOU (.)—*Gouvernement de Sa Majesté Britannique.*—Sa nomination à la place de Juge à la Cour d'Appel. 1er. Janvier 1811. Enreg. 3 du même mois. No. 3 du Reg. 27.

CAISSE DE BIENFAISANCE.—*Administration du Général Decaen.*—*Voyez* BIENFAISANCE.

Gouvernement de Sa Majesté Britannique.—Toutes personnes recevant des secours de cette Caisse, sont exemptes de payer l'impôt direct. 10 Novembre 1817. Enreg. 4 Décembre suivant. No. 235 du Reg. 29.

Taxe annuelle imposée à tous les habitants en faveur de cet Etablissement. 1er. Août 1818. Enreg. 18 du même mois. No. 254 du Reg. 29.

Dispositions relatives au paiement de cette taxe. 2 Avril 1823. Enreg. 14 du même mois. No. 355 du Reg. 30.

Autres dispositions à ce sujet. 3 Mai 1823. Enreg. 23 du même mois. No. 359 du Reg. 30.

Id. Ordonnance No. 29. 27 Février 1828. Enreg. 3 Mars suivant. No. 489 du Reg. 30.

Id. Ordonnance No. 64. 9 Juillet 1830. Enreg. 16 du même mois. No. 561 du Reg. 31.—*Voyez* TAXES ET IMPÔTS.

CAISSE D'ÉPARGNES.—Sa création. Ordonnance No. 13, (approuvée) (1). 12 Décembre 1836. No. 756 du Reg. 34.

Modification de la Loi qui établit une Caisse d'Epargnes à Maurice. Ordonnance No. 43 (approuvée) (2). 16 Octobre 1848. No. 1187 du Reg. 46.

CAISSE DE SECOURS.—Création et but de cette institution. 8 Décembre 1812. Enreg. 26 du même mois. No. 72 du Reg. 28.

CALENDRIER.—*Assemblée Coloniale*—Formation de celui de la République Française. 10 Avril 1794. Enreg. 14 du même mois. No. 288 du Reg. 23.

Adoption des articles 56 et 57 des lois organiques sur les Cultes, qui ordonnent de se servir du Calendrier d'Equinoxe établi par les

---

(1) Voyez Certificat du Gouverneur, en date du 15 Mars 1839. No. 46 de la liasse de ces pièces.

(2) Voyez Certificat, en date du 13 Mars 1849. No. 113 do. do. do.

lois de la République. 3 Fructidor An 10. Enreg. 5 du même mois. No. 825 du Reg. 26.

Les jours seront désignés par les noms qu'ils avaient dans le Calendrier des Solstices.

CALENDRIER GREGORIEN.—*Administration du Général Decaen.*—Rétablissement de ce Calendrier dans tout l'Empire Français, à dater du 11 Nivôse An 14 (1er. Janvier 1806.) 12 Ventôse An 14. Enreg. 15 du même mois. No. 173 du Reg. 27.

Promulgation aux Iles de France et de la Réunion, du Sénatus-Consulte, en date du 22 Fructidor An 13, et du Décret impérial du 24 du même mois, y relatif. Id.

CALLOT (François Joseph Claude.)—*Gouvernement de S. M. Britannique.*—Sa nomination aux fonctions de Notaire du quartier des Pamplemousses. 24 Février 1814. Enreg. 10 Mars suivant. No. 98 du Reg. 28.*

CAMBON (Joseph.)—*Assemblée Coloniale.*—Son admission aux fonctions d'Huisser au canton de la Rivière Noire. 2 Octobre 1791. Enreg. 13 Janvier 1792. No. 114 du Reg. 20.

CAMPBELL (Charles Molloy.)—*Gouvernement de Sa Majesté Britannique.*—Enregistrement de son diplôme d'Avocat, en date du 7 Janvier 1845. 17 Juin même année. No. 803 du Reg. 32.

CANAUX.—*Compagnie des Indes.*—Arrêt qui déclare la Compagnie des Indes propriétaire incommutable et Seigneur du Canal qui réunit les eaux du Ruisseau des Calebasses à celui des Pamplemousses. 12 Octobre 1758. No. 169 du Reg. 9.

Administration pour le Roi de France.—Voyez CONCESSIONS.

Assemblée Coloniale.—Mesures adoptées pour assurer aux habitants la salubrité des eaux du Canal de la Grande Rivière. 9 Messidor An 8. Enreg. 15 du même mois. No. 743 du Reg. 25.

Réglements entre les riverains du Canal de la Terre Rouge aux Plaines Wilhems. 14 Nivôse An 11. Enreg. 23 du même mois. No. 836 du Reg. 26.

Les contestations relatives à ce Canal seront portées devant le Juge de Paix. 5 Pluviôse An 10. Enreg. 7 du même mois. No. 839 du Reg. 26.

(*) M. Callot a occupé la place de Conservateur des Hypothèques; mais cette nomination n'ayant pas été soumise à la formalité de l'enregistrement, ne se trouve pas transcrite sur les registres du Greffe.

Administration du Général Decaen.—Réglements relatifs à l'entretien des canaux et à leur jouissance. 22 Nivôse An 13. Enreg. le même jour. No. 129 du Reg. 27.

Surveillance et entretien de ceux de la Ville Bague, du Bois Rouge et de la Rivière des Callebasses. 10 Vendémiaire An 14. Enreg. 13 du même mois. No. 159 du Reg. 27.

Le Canal de la Rivière des Plaines Wilhems, est mis sous la surveillance particulière du Directeur des Ponts et Chaussées. 5 Mars 1808. Enreg. 10 du même mois. No, 231 du Reg. 27.

Gouvernement de Sa Majesté Britannique.—Réglements relatifs à celui qui conduit l'eau de la Grande Rivière au Port Louis. 13 Mai 1812. Enreg. 14 du même mois. No. 59 du Reg. 28.

Autres réglements relatifs à celui qui conduit l'eau de la Rivière du Tombeau à la ville du Port Louis. 31 Juillet 1823. Enreg. 11 Août suivant. No. 368. du Reg. 30.

Id. Ordonnance No. 69. 15 Décembre 1830. Enreg. 5 Janvier 1831. No. 576 du Reg. 31.

Réglements relatifs à l'entretien du Canal Bathurst. Ordonnance No. 4 (approuvée) (1). 28 Avril 1838. No. 795 du Reg. 36.

Ceux de la Ville Bague et du Bois Rouge sont mis sous la surveillance et l'administration de leurs riverains. Ordonnance No. 23, (approuvée) (2). 23 Décembre 1839. No. 846 du Reg. 37.

CANDIDATS.—*Administration du Général Decaen.*— Lettre du Ministre de la Marine, relative à ceux qui pourraient être proposés par les Administrateurs de la Colonie pour les places de judicature. 26 Septembre 1808. Enreg. 8 Février 1809. No. 276 du Reg. 27.

CANDOS (Nicolas François Boulard de.)— *Compagnie des Indes.*—Sa nomination de Conseiller au Conseil supérieur de l'Ile de France. 10 Février 1756. No. 152 du Reg. 8.

Confirmation par le Roi de cette nomination. 8 Décembre 1757. Enreg. 11 Septembre 1758. No. 168 du Reg. 9.

Sa nomination de Procureur Général intérimaire. 12 Février 1759. No. 171 du Reg. 9.

Administration pour le Roi de France.—Sa nomination à la place de second Conseiller au Conseil supérieur de l'Ile de France. 1er. Juillet 1766. Enreg. 27 Juillet 1767. No. 8 du Reg. 12.

Enregistrement de son brevet de Conseiller honoraire, en date du

---

(1) Voyez Certificat du Gouverneur, en date du 13 Avril 1840. No. 55 de la liasse de ces pièces.
(2) Id.   Id.   Id.   en date du 9 Novembre 1840. No. 57 Id. Id.   Id.

9 Décembre 1773, à lui accordé par le Roi. 3 Août 1775. No. 353 du Reg. 14.

Croisement de scellés à son domicile après son décès. 6 Septembre 1784. No. 709 du Reg. 16.

Service solennel célébré à l'occasion de son décès. 30 Septembre 1784, No. 720 du Reg. 17.

CANET (Léopold Evariste.) — *Gouvernement de S. M. Britannique.* — Sa Nomination intérimaire à la place de Greffier en Chef de la Cour d'Appel. 1er. Août 1831. Enreg. 4 du même mois. No. 589 du Reg. 31 (1).

Sa nomination à la place de Commissaire Civil Assistant Juge de Paix et officier de l'Etat Civil du quartier Sud-Est Pamplemousses. 16 Octobre 1850. Enreg. 17 du même mois. No. 124 du Reg. 48 *(bis)*.

CANONGE. — *Administration du Général Decaen.* — Sa nomination à la place d'Interprète pour la langue portugaise. 20 Brumaire An 12. Enreg. 25 du même mois. No. 45 du Reg. 26.

CANOTS (Embarcations.) — *Assemblée Coloniale.* — Il leur est défendu de communiquer avec aucun bâtiment arrivant en ce Port ou naviguant à la Côte. 12 Juin 1793. Enreg. 11 Juillet suivant. No. 206 du Reg. 21.

CANTINES. — *Compagnie des Indes.* — Leur établissement en cette Ile. 8 Juillet 1765. No. 200 du Reg. 10.

Police y relative. Id.

Administration pour le Roi de France. — Fixation de leur nombre à 7 et Réglements y relatifs. 27 Septembre 1767. Enreg. 30 du même mois. No. 47 du Reg. 12.

Autres Réglements à ce sujet. 13 Juillet 1769. Enreg. 18 du même mois. No. 151 du Reg. 12.

Etablissement d'une cantine exclusive. 18 Juin 1770. Enreg. 19 du même mois. No. 173 du Reg. 12.

Autres Réglements concernant les Cantines. 24 Décembre 1779. Enreg. 14 Janvier 1780. No. 520 du Reg. 15.

Assemblée Coloniale. — Réglemens relatifs à ceux qui les tiennent. 4 Ventôse An 4. Enreg. 15 du même mois. No. 458 du Reg. 23.

Id. 3 Germinal An 4. Enreg. 5 du même mois. No. 468 du Reg. 23.

---

(1) Avant cette nomination, M. E. Cannet exerçait les fonctions de Commis-Greffier juré à dater du 6 Décembre 1827.

Id. 14 Ventôse An 6. Enreg. 25 du même mois. No. 644 du Reg. 24.

Id. 28 Ventôse An 9. Enreg. 25 Germinal même année. No. 771 du Reg. 25.

Taxes relatives aux Cantines. 13 Brumaire An 11. Enreg. 15 du même mois. No. 833 du Reg. 26.

Fixation de leur nombre à 38 dans la ville, et autres dispositions y relatives. 1er. Brumaire An 11. Enreg. 8 du même mois. No. 835 du Reg. 26.

Administration du Général Decaen.—Réglements concernant les Cantines. 20 Juin 1808. Enreg. 23 du même mois. No. 253 du Reg. 27.

Gouvernement de Sa Majesté Britannique.— Elles seront affermées. 5 Mai 1812. Enreg. 8 du même mois. No. 57 du Reg. 27.

Fixation de leur nombre à 14 dans la ville, les faubourgs et banlieues, et à 16 pour les campagnes. Id.

Tout propriétaire guildivier aura le droit d'avoir une Cantine. Id.

Régime de la Ferme des Cantines. 23 Mai 1812. Enreg. 26 du même mois. No. 60 du Reg. 28.

Autres dispositions relatives à cette Ferme. 14 Août 1812. Enreg. 20 du même mois. No. 66 du Reg. 28.

Id. 22 Septembre 1812. Enreg. 26 du même mois. No. 68 du Reg. 28.

Il est interdit à toutes personnes de tenir Cantines, à l'exception des habitants sucriers et guildiviers et de ceux qui auront obtenu une autorisation à cet effet. 30 Novembre 1815. Enreg. 14 Décembre suivant. No. 162 du Reg. 29.

Défense de les ouvrir le Dimanche. 5 Avril 1832. Enreg. 12 du même mois. No. 613 du Reg. 31.

Elles seront fermées au coucher du soleil les autres jours de la semaine. Id.—*Voyez* guildives, rum, arack et liqueurs spiritueuses.

CANTINIERS. — *Administration pour le Roi de France.*— Réglements les concernant. 14 Janvier 1788. Enreg. 21 du même mois. No. 894 du Reg. 18.

Assemblée Coloniale.—Défense à eux faite de distribuer aucune boisson depuis le coucher du soleil jusqu'au lendemain, 8 heures du matin. 18 Fructidor An 2. Enreg. 8 Septembre 1794. No. 330 du Reg. 23.

Cautionnement pour le renouvellement de leurs patentes. 16 Ventôse An 4. Enreg. 25 du même mois. No. 464 du Reg. 23.— *Voyez* CANTINES.

CANTON.—*Voyez* PORT.

CAPITAINE GÉNÉRAL.—*Administration du Général Decaen.*—Pouvoirs et attributions de l'Officier de ce grade qui sera appelé au Gouvernement des Iles de France et de la Réunion. Loi organique du 13 Pluviôse An 11. Enreg. 7 Vendémiaire même année. No. 2 du Reg. 26.

Ne pourra entreprendre directement ni indirectement sur les fonctions du Préfet Colonial, du Commissaire de Justice et des Tribunaux. Id.

CAPITAINES DE NAVIRES.—*Administration pour le Roi de France.*—Voyez NAVIRES.

Assemblée Coloniale.—Conduite que les Capitaines doivent tenir en se rendant de cette Ile aux Seychelles. 4 Fructidor An 3. Enreg. 9 du même mois. No. 405 du Reg. 23.

Ceux commandant des vaisseaux de l'Etat ou armés en course, n'inquiéteront point certains navires danois et américains qui leur seront désignés. 19 Fructidor An 7. Enreg. 5 Nivôse même année. No. 669 du Reg. 24.

Sont astreints à faire la déclaration des mulâtres ou autres gens de couleur qu'ils auront à leur bord. 22 Prairial An 11. Enreg. 4 Messidor même année. No. 853 du Reg. 26.

Ceux venant de l'Ile de la Réunion, Madagascar, Seychelles, &c., sont tenus de se présenter à la Municipalité du P. N. O., immédiatement après leur arrivée. 13 Frimaire An 6. Enreg. 15 du même mois. No. 623 du Reg. 24.

Ceux qui auront des noirs cachés à bord de leur navire seront condamnés à une amende de 500 piastres. 12 Germinal An 7. Enreg. 15 du même mois, No. 680 du Reg. 24.

Gouvernement de Sa Majesté Britannique.—Seront tenus de rembourser au Gouvernement tous les frais de nourriture, d'habillement, d'hôpital, &a., encourus par les matelots ou marins appartenant à leur bord. 25 Mai 1819. Enreg. 2 Juin suivant. No. 284 du Reg. 29.

Seront tenus avant leur départ de fournir caution pour le remboursement des sommes qui seraient dues au Gouvernement en raison des dépenses occasionnées par les hommes de leur navire. 21 Juillet 1825. Enreg. 2 Août suivant. No. 421 du Reg. 30.

Abrogation des Proclamations des 25 Mai 1819 et 13 Juin 1825. *Ibid.* (1)

Ceux qui communiqueront avec la terre avant la visite et l'accomplissement des formalités prescrites seront immédiatement ar-

---

(1) La Proclamation du 13 Juin 1825 n'a point été transcrite sur les Registres du Greffe.

rêtés et mis en détention à la Police. 10 Août 1825. Enreg. 17 du même mois. No. 428 du Reg. 30. *Voyez* NAVIRES ET QUARANTAINE.

CAPITAUX.—*Assemblée Coloniale.*—Adoption de la loi du 3 Nivôse, An 4, interprétative de celle du 12 Frimaire, relative au refus de remboursement des capitaux dûs en vertu d'obligations antérieures au 1er. Vendémiaire An 4. 24 Frimaire An 5. Enreg. 6 Nivôse même année. No. 528 du Reg. 24.

CAPTEURS.—Récompenses et indemnités dues aux capteurs des noirs marrons. 16 Frimaire, An 5. Enreg. 27 du même mois No. 525 du Reg. 24.

CAPTURES.—*Administration pour le Roi de France.*—Celles dues aux habitans pour des noirs marrons, seront payées sur les fonds de la Commune. 9 Février 1773. No. 311 du Reg. 14.

CAPUCINS.—*Compagnie des Indes.*—Requête des habitans de la Savanne et de Flacq, à l'effet d'obtenir que deux pères Capucins passant en cette Ile pour se rendre dans l'Inde, soient engagés à faire leur résidence à l'Ile de France pour être l'un envoyé au quartier de Flacq et l'autre à celui de la Savaune. 1er. Septembre 1829. Pièce No. 4 de la liasse, et boîte première des Minutes du Conseil Provincial.

CARCAN.—*Gouvernement de S. M. Britannique.*—Suspension de cette peine jusqu'à ce que le bon plaisir de Sa Majesté soit connu. 18 Mars 1823. Enreg. 26 du même mois. No. 354 du Reg. 30.

CARIE (Clément.)— Sa nomination aux fonctions d'Avoué. 6 Août 1833. Enreg. 4 Septembre suivant. No. 647 du Reg. 31.

CAROSIN (Augustin Pierre.)—Enregistrement de son diplôme de Licencié en Droit, sous la date du 14 Septembre 1838, à lui délivré par l'Université de Paris. No. 735 du Reg. 32.

CAROSIN (Désiré.)—Sa nomination à la place d'Officier de Police au Grand Port. 14 Juin 1834. Enreg. 17 du même mois. No. 679 du Reg. 32.

CARTES.—Etablissement d'un Dépôt de celles de Marine. 26 Décembre 1815. Enreg. 16 Janvier 1816. No. 165 du Reg. 29.

CASES.—*Comqagnie des Indes.*—Celles bâties en bois équarris, seront réputées immeubles. 26 Août 1732. Enreg. 26 Septembre 1732. No. 89 du Reg. 3.

CASH.—*Admiaistration du Général Decaen.*—Mise en circulation dans la Colonie de la monnaie de cuivre appelée de ce nom. 27 Octobre 1810. Enreg. 29 du même mois. No. 322 du Reg. 27.

CASTAIGNET (Théodore.)—*Gouvernement de S. M. Britannique.*—Voyez BREVETS D'INVENTION.

CASTERES (Bernard Sylve.)—Sa naturalisation de sujet anglais. Ordonnance No. 46, approuvée (1). 8 Juillet 1844. No. 1014 du Reg. 12.

CASTELLAN (Charles.)—Enregistrement de son diplôme de Licencié en Droit, sous la date du 25 Août 1837, à lui délivré par l'Université de France. 20 Février 1838. Nos. 721 et 722 du Reg. 32.

CASTELLAN (Emilien.)—Sa nomination aux fonctions d'Avoué près les Tribunaux. 31 Mars 1842. Enreg. 1er. Avril suivant. No. 775 du Reg. 32.

CASTELLAN (Honoré Amédée.)—Enregistrement de son diplôme de Licencié en Droit, sous la date du 7 Janvier 1840, à lui délivré par l'Université de Paris. 19 Juin 1840. No. 745 du Reg. 32.

CASTILLON (Léonard.)—Sa naturalisation de sujet anglais. Ordonnance No. 17 du 16 Octobre 1850. No. 1252 du Reg. 48.

CATHOLIQUES.—Promulgation en cette Ile de l'Acte du Parlement concernant leur émancipation. Ordonnance No. 55. 18 Novembre 1829. Enreg. 28 du même mois. No. 539 du Reg. 31.

CATO (.)—*Administration du Général Decaen.*—Sa nomination à la place d'interprète pour les langues danoise et suédoise. 23 Brumaire An 12. Enreg. 26 du même mois. No. 44 du Reg. 26.

CAUNTER (George Henri.)—*Gouvernement de Sa Majesté Britannique.*—Sa nomination à la place de Juge de la Cour de Vice-Amirauté. 2 Mars 1818. Enreg. 9 du même mois. No. 248 du Reg. 29.

CAUNTER (Louis Henri.)—Enregistrement de son diplôme de

---

(1) Voyez Certificat du 13 Mars 1845. No. 89 de la liasse de ces pièces déposées au Greffe de la Cour.

Licencié en Droit, sous la date du 31 Mars 1840, à lui délivré par l'Université de France. 22 Décembre 1840. No. 761 du Reg. 32.

CAUSES (à plaider.)—*Administration pour le Roi de France.*—Réglements concernant leur mise au Rôle. 23 Mai 1787. No. 858 du Reg. 18.

CAUTIONNEMENTS.— *Assemblée Coloniale.*— Fixation de ceux auxquels les armateurs de certains navires sont assujétis pour le retour de leurs navires avec leurs cargaisons. 15 Germinal An 3. Enreg. 17 du même mois. No. 368 du Reg. 23.

Fixation de la somme du cautionnement exigé par l'Article 4 de la Loi du 9 Août 1793, pour le renouvellement des patentes des Cantines. 16 Ventôse An 4. Enreg. 25 du même mois. No. 464 du Reg. 23.

Dispositions relatives au cautionnement à fournir par les personnes qui partent de la Colonie. 16 Frimaire An 5. Enreg. 15 Pluviôse même année. No. 539 du Reg. 24.

Abrogation de la Loi du 23 Octobre 1793 et de l'Article 17 de la Section 4 du Titre 1er. de la Loi sur la Police municipale du 1er. Août 1793, ayant rapport aux cautionnements. Id. (1).

Administration du Général Decaen.— *Voyez* COMPTABLES PUBLICS ET INSCRIPTIONS.

Gouvernement de Sa Majesté Britannique.—Réglements relatifs aux cautionnements, en matière de pourvois. 11 Mai 1815. Enreg. 15 du même mois. No. 137 du Reg. 29.

Toute question élevée relativement à la nature, à la validité et à la suffisance des cautionnements offerts pour les pourvois en cassation, sera portée devant la Cour à laquelle appartient l'exécution de l'arrêt contre lequel le pourvoi est formé. Id.

Autres Réglements relatifs au cautionnement en matière de pourvois. 9 Avril 1818. Enreg. 18 du même mois. No. 255 du Reg. 29.

Fixation à une année de durée, de ceux à fournir au Bureau de la Police pour la bonne conduite de tout étranger pendant son séjour en cette Ile. 2 Décembre 1823. Enreg. 9 du même mois. No. 376 du Reg. 30.

Celui que doivent fournir les capitaines avant leur départ pour le remboursement des sommes qui sont dues au Gouvernement, à raison des dépenses occasionnées par les hommes de leur équipage. 21 Juillet 1825. Enreg. 2 Août suivant. No. 421 du Reg. 30.

---

(1) La loi du 23 Octobre 1793 n'a point été transcrite sur les Registres du Greffe de la Cour.

Celui que doivent fournir ceux qui troubleront l'ordre public. Ordonnance No. 10. 22 Mars. 1826. Enreg. 31 du même mois. No. 445. du Reg. 30.— *Voyez* Police municipale, Cautions, Appels et Tranquilité publique.

Formalités à remplir par les Officiers publics pour se faire relever du cautionnement fourni pour raison de leurs fonctions. Ordonnance No. 1 (approuvée) (1). 14 Avril 1834. Enreg. 29 du même mois. No. 676 du Reg. 32.

CAUTIONS.— *Assemblée Coloniale.*— Les demandes à faire contre celles données pour cause de départ, seront formées dans le mois de la publication ou de la sortie de la Gazette qui annoncera le cautionnement pour la seconde fois. 23 Ventôse An 5. Enreg. 27 du même mois. No. 555 du Reg. 24.

Abrogation de l'Article 3 de la Loi du 16 Frimaire An 5, y relatif. Id.

Loi additionnelle portant que ces demandes devront être faites dans l'année de la sortie des annonces de départ. 7 Germinal An 6. Enreg. 28 du même mois. No. 649 du Reg. 24.

Gouvernement de Sa Majesté Britannique.— Celles des navires sont tenues de rembourser au Gouvernement tous les frais de nourriture, d'habillement, d'hôpital, &c., encourus par les matelots ou marins appartenant aux navires pour lesquels elles auront répondu. 25 Mai 1819. Enreg. 2 Juin suivant. No. 284 du Reg. 29.

Voyez Cautionnements, Personnes et Départs.

CAVALERIE.— *Assemblée Coloniale.*— Suppression de la Compagnie de cavalerie créée en cette Colonie. 29 Prairial An 5. Enreg. 5 Messidor même année. No. 579 du Reg. 24.

CAVALLAN (Mathieu.)— *Administration pour le Roi de France.*— Sa nomination aux fonctions de premier huissier du Conseil Supérieur de l'Ile de France. 18 Juillet 1767. Enreg. 20 du même mois. No. 15 et 18 du Reg. 12.

CAVES.— *Gouvernement de Sa Majesté Britannique.*— Remblai de celles de la partie de la ville incendiée. Ordonnance No. 37. 6 Août 1828. Enreg. 18 du même mois. No. 502 du Reg. 31.

CAYOL (Charles.)— Sa naturalisation de sujet anglais. Ordonnance No. 5. (approuvée) (2). 5 Février 1844. No. 973 du Reg. 42.

---

(1) Voyez Certificat du 10 Août 1835. No. 10 de la liasse de ces pièces.
(2) Voyez Certificat du 27 Novembre 1844. No. 86 de la liasse de ces pièces déposées au Greffe de la Cour.

CAZEAU (Paul.)—*Administration pour le Roi de France.*—Sa prestation de serment comme médecin ayant le traitement des noirs de la commune. 14 Février 1784. No. 678 du Reg. 16.

Assemblée Coloniale.—Sa nomination à la place de Juge de Paix du quartier des Plaines Wilhems. 4 Juin 1792. No. 134 du Reg. 20.

CAZAUBON (Etienne.)—*Gouvernement de Sa Majesté Britannique.*—Sa naturalisation de sujet anglais. Ordonnance No. 13 (approuvée) (1). 5 Février 1844. No. 981 du Reg. 42.

CEREMONIES.—*Administration du Général Decaen.*—Promulgation aux Iles de France et de la Réunion des Décrets Impériaux en date du 24 Messidor An 12, et 6 Frimaire An 13 relatifs aux cérémonies publiques. 3 Frimaire An 14. Enreg. 7 du même mois. No. 164 du Reg. 27.

CERTIFICATS.—*Assemblée Coloniale.*—Ceux de vie seront délivrés par les Maires. 1er Février 1791. Enreg. 8 du même mois. No. 29 du Reg. 19.

Manière de dresser ceux constatant la résidence des personnes en France depuis le 1er Mai 1792. Adoption de la loi de la Convention en date du 6 Thermidor An 2 y relative. 15 Messidor An 3. Enreg. 21 du même mois. No. 380 du Reg. 23.

Ceux de civisme ne pourront être refusés sans motif connu. 16 Messidor An 3. Enreg. 24 du même mois. No. 384 du Reg. 23.

Adoption de la loi de la Convention en date du 18 Frimaire An 3, contenant cette disposition. *Ibid.*

Adoption de la loi de la Convention en date du 26 Messidor An 2 relative aux certificats à fournir par les pensionnaires de la République pour la conservation ou le rétablissement de leurs pensions. 16 Messidor An 3. Enreg. 24 du même mois. No. 384 du Reg. 23.

Les individus venant de l'Ile de Bourbon doivent en avoir un constatant leurs bonnes mœurs. 5 Pluviôse An 7. Enreg. 6 du même mois. No. 672 du Reg. 24.

Autres dispositions à ce sujet. 5 Fructidor An 7. Enreg. 7 du même mois. No. 704 du Reg. 25.

CESAR.—Il sera sursis à l'exécution de la peine de mort prononcée contre ce noir convaincu de complicité dans le complot de rébellion formé par le nommé Farla. 4 Prairial An 7. Enreg. 6 du même mois. No. 690 du Reg. 25.

---

(1) Voyez Certificat du 27 Novembre 1844. No. 86 de la liasse de ces pièces déposées au Greffe de la Cour.

Il est grâcié de la peine de mort. 7 Prairial An 7. Enreg. 8 du même mois. No. 693 du Reg. 25.

CHAINES.—*Administration pour le Roi de France.*—*Voyez* ESCLAVES.

Gouvernement de Sa Majesté Britannique.—Fixation du poids de celles que les habitans sont autorisés à mettre à leurs esclaves. Ordonnance No. 20. 13 Décembre 1826. Enreg. 21 du même mois. No. 466 du Reg. 30.
Abrogation de l'Ordonnance No. 20, et remise en vigueur des dispositions qu'elle contient avec additions et modifications. Ordonnance No. 51. 26 Septembre 1829. Enreg. 10 Octobre suivant. No. 535 du Reg. 31.
Abolition de l'usage des chaînes pour les esclaves. 23 Février 1831. Enreg. 6 Août même année. No. 591 du Reg. 31.

CHAIX.—Privilège exclusif à lui accordé d'établir et d'entretenir en cette Ile une manufacture de poterie et de tuilerie. 27 Décembre 1815. Enreg. 3 Janvier 1816. No. 164 du Reg. 29.

CHALINE (Joseph.)—Sa naturalisation de sujet anglais. Ordonnance No. 14. (Approuvée) (1). 5 Février 1844. No. 982 du Reg. 42.

CHALOUPES.—*Voyez* DROITS.

CHAMBOVET (André.)—*Administration pour le Roi de France.*—Enregistrement des pouvoirs de Préfet Apostolique aux Iles de France et de Bourbon sous la date du 17 Juillet 1779 à lui accordés par la Cour de Rome. 29 Octobre 1781. Nos. 577, 578, 579 du Reg. 16.
Rescrit de la Cour de Rome qui lui confère le droit d'accorder des dispenses au second degré de parenté dans les mariages. 14 Février 1784. Enreg. 7 Septembre même année. No. 711 du Reg. 16.

CHAMBRES.—*Administration du Général Decaen.*—Règles concernant la police de la chambre des délibérations du Tribunal d'Appel. 13 Brumaire An 12. Enreg. 18 du même mois. No. 40 du Reg. 26.

Gouvernement de Sa Majesté Britannique.—Etablissement de celle de Commerce. Ordonnance No. 25. 12 Septembre 1827. Enreg. 14 du même mois. No. 479 du Reg. 30.

---

(1) Voyez Certificat du 27 Novembre 1844. No. 86 de la liasse de ces pièces déposées au Greffe de la Cour.

Suppression de cette Chambre et création d'une nouvelle Chambre de Commerce. Ordonnance No. 36. 30 Juillet 1828. Enreg. 18 Août suivant. No. 501 du Reg. 31.

CHAMBRES SYNDICALES.—*Administration pour le Roi de France.*—Leur création en vertu d'un arrêt de réglement du Conseil Supérieur. 11 Août 1762. No. 185 du Reg. 9.

Arrêt du Conseil d'Etat qui casse deux arrêts du Conseil Supérieur de cette Ile, des 23 Décembre 1767 et 11 Janvier 1768 concernant les Chambres Syndicales des quartiers de la Colonie, 1er. Août 1768. Enreg. 14 Juin 1769. No. 140 du Reg. 12.

Ordonnance du Roi portant suppression des Chambres Syndicales de la colonie créées par arrêt du 11 Août 1762 et confirmé par arrêts des 19 Juillet 1766 et 23 Décembre 1767. 1er. Août 1768. Enreg. 14 Juin 1769. No. 141 du Reg. 12.— *Voyez* SYNDICS.

CHANGEUR (Jean Baptiste Hippolyte.)—*Gouvernement de Sa Majesté Britannique.*—Sa naturalisation de sujet anglais. Ordonnance No. 47, approuvée (1). 8 Juillet 1844. No. 1015 du Reg. 42.

CHANTOISEAU ( )—*Administration du Général Decaen,*—Sa nomination à la place de Suppléant Commissaire Civil du quartier de la Savanne. 12 Prairial An 12. Enreg. 25 du même mois. No. 93 du Reg. 27

CHANVALLON (Jean Baptiste Thibault de.)—*Administration pour le Roi de France.*—Lettre du Ministre qui lui ordonne de repasser à l'Ile de Bourbon pour y prendre les fonctions d'Ordonnateur. 19 Janvier 1785. Enreg. 11 Octobre même année. No. 776 du Reg. 17.

Gouvernement de Sa Majesté Britannique.—Sa nomination à la place d'Administrateur Général. 15 Décembre 1810. Enreg. 14 Février 1811. No. 14 du Reg. 27.

Sa nomination à la place d'Admistrateur Général à l'Ile Maurice et en cette qualité d'Inspecteur des Revenus publics et de la Police générale. 14 Juillet 1811. Enreg. 17. du même mois. No. 37 du Reg. 27.

CHAPELLES.—*Administration pour le Roi de France.*— Procès-verbal de la présence du Conseil supérieur à la bénédiction de la Chapelle destinée à cette Cour et dédiée à Saint Martin. 12 Novembre 1788. No. 913 du Reg. 18.

Te Deum chanté à cette occasion. Id.

---

(1) Voyez Certificat du 13 Mars 1845. No. 89 de la liasse de ces pièces déposées au Greffe de la Cour.

Grâce accordée à un prisonnier, à la demande du Préfet Apostolique, en faveur de cette solennité. Id.

Gouvernement de Sa Majesté Britannique.—Avance à faire par le Gouvernement pour l'acquisition d'une maison et emplacement destinés à établir une Chapelle au quartier du Grand Port. 14 Septembre 1824. Enreg. 5 Octobre suivant. No. 396 du Reg. 30.

Dispositions relatives à la construction de nouvelles Chapelles dans la Colonie. Ordonnance No. 22 (désapprouvée) (1). 23 Décembre 1839. No.   du Reg. 37.

Id. Ordonnance No. 11 (sans approbation). 31 Mai 1841. No. 889 du Reg. 39.

Dispositions relatives aux Chapelles qui doivent être construites au quartier de la Rivière du Rempart. Ordonnance No. 39 (approuvée) (2). 26 Février 1844. No. 1007 du Reg. 42.

Loi qui favorise la construction des Chapelles. Ordonnance No. 54 (approuvée) (3). 22 Juillet 1844. No. 1022 du Reg. 42.

Dispositions qui autorisent le Trésor colonial à faire des avances de fonds pour la construction d'une Chapelle aux Plaines Wilhems. Ordonnance No. 4 (approuvée) (4). 11 Août 1849. No. 1209 du Reg. 47.

CHAPELON (.)—Sa nomination à la place d'Inspecteur des guildives. 18 Décembre 1818. Enreg. 26 du même mois. No. 269 du Reg. 29.

CHAPILLAIS (Thomas.)— Sa nomination aux fonctions d'Huissier. 23 Octobre 1830. Enreg. 13 Novembre suivant. No. 569 du Reg. 31.

CHARBONNIER (Jean Louis)—Sa nomination aux fonctions d'Huissier. 16 Octobre 1828. Enreg. 12 Décembre même année. No. 515 du Reg. 31.

CHARDOILLET (Joseph Xavier Léger.) — *Administration pour le Roi de France.*—Enregistrement de son diplôme de Licencié en Droit, en date du 3 Septembre 1781, à lui délivré par l'Université de Strasbourg. 13 Décembre 1785. No. 787 du Reg. 17.

CHARGEMENT.—*Gouvernement de Sa Majesté Britannique.*—Celui des navires se fera sous la surveillance du Collecteur de la

---

(1) Voyez Certificat du Gouverneur, en date du 9 Novembre 1840. No. 57 de la liasse de ces pièces.
(2)   Id.   Id.   Id.   en date du 27 Novembre 1844 No. 76 Id.
(3)   Id.   Id.   Id.   en date du 13 Mars 1844. No. 89 Id.
(4)   Id.   Id.   Id.   en date du 7 Mars 1850. No. 123 Id.

Douane et du Capitaine de Port. 16 Décembre 1823. Enreg. 5 Janvier 1824. No. 377 du Reg. 30.

CHARON (Pierre Nelzir.)—Sa nomination aux fonctions d'Avoué. 6 Septembre 1849. Enreg. même jour. No. 1233 du Reg. 48 (*bis*).

CHARTIER.—*Assemblée Coloniale.*—Soldat condamné à mort. Les personnes qui lui donneront retraite, seront mises hors la loi. 25 Prairial An 3. Enreg. 26 du même mois. No 375 du Reg. 23.

CHARRETTES.—*Gouvernement de Sa Majesté Britannique.*
—Elles seront enregistrées au Bureau de la Police, numérotées et marquées du nom du propriétaire. 6 Décembre 1817. Enreg. 9 Janvier 1818. No. 243 du Reg. 29.

Autres dispositions à ce sujet. 30 Mars 1824. Enreg. 7 Avril suivant. No. 384 du Reg. 30.

Peines contre la négligence de ceux qui les conduisent. Ordonnance No. 7. 6 Février 1826. Enreg. 11 du même mois. No. 441 du Reg. 30.

Nouvelles dispositions relatives aux charrettes. Ordonnance No. 47. 22 Avril 1829. Enreg. 30 du même mois. No. 522 du Reg. 31.

Récompense promise à celui qui fera connaître l'auteur de l'enlèvement de celles appartenant au sieur Tronche. 12 Avril 1833. Enreg. 25 du même mois. No. 644 du Reg. 31.

Fixation de la largeur des bandes des roues de charrettes et de voitures. Ordonnance No. 14 (approuvée) (1). 4 Septembre 1839. No. 837 du Reg. 37.

Prorogation du délai fixé pour l'exécution de ce Réglement. Ordonnance No. 25 (approuvée) (2). 29 Décembre 1840. No. 875 du Reg. 38.

Réglements qui déterminent la largeur des roues et les dimensions des petites charrettes employées sur les routes publiques. Ordonnance No. 4 (approuvée) (3). 7 Mars 1842. No. 924 du Reg. 40.—*Voyez* DÉCLARATIONS ET ROUTES PUBLIQUES.

CHARROUX (Guillaume.)—Enregistrement de sa commission d'Avoué, sous la date du 28 Février 1839, à lui délivrée par les Magistrats de la Cour Suprême de l'Ile Maurice. 28 Février 1839. Nos. 740 et 741 du Reg. 32.

CHARTE DE JUSTICE.—Promulgation de l'Ordre en Con-

---

(1) Voyez Certificat du Gouverneur, en date du 9 Novembre 1840. No. 57 de la liasse de ces pièces.
(2) Id. Id. Id. en date du 11 Mars 1842. No. 66 Id.
(3) Id. Id. Id. en date du 27 Février 1843. No. 70 Id.

seil, en date du 13 Avril 1831, contenant une Charte de Justice pour l'Ile Maurice. 16 Août 1831. Enreg. 24 du même mois. No. 592 du Reg. 31.

Cet Ordre en Conseil établit les formalités qui doivent être observées pour les appels au Conseil privé.— *V.* TRIBUNAUX ET JUSTICE·

CHASLES (Joachim.)—*Administration pour le Roi de France.*—Sa nomination aux fonctions d'Huissier. 15 Juin 1785. Enreg. 5 Juillet suivant. No. 767 du Reg. 17.

Assemblée Coloniale.—Sa nomination aux fonctions d'Huissier près les Tribunaux. 20 Décembre 1793. No. 249 du Reg. 23.

CHASSAGNE ( )—*Gouvernement de Sa Majesté Britannique.*—Sa nomination aux fonctions d'Huissier. 21 Décembre 1823. Enreg. 8 Janvier 1824. No. 378 du Reg. 30.

CHASSE.—*Compagnie des Indes.*—Procès-verbal relatif à la chasse ordonnée pour la subsistance des troupes. 10 Mai 1722. No. 4 du Reg. 1.

Homme tué accidentellement dans une de ces chasses. Id.

Réglements relatifs à la chasse. 1er. Juin 1726. No. 17 du Reg. 1.

Défense aux habitants et à toutes personnes quelconques de chasser. 26 Novembre 1746. No. 118 du Reg. 6.

Administration pour le Roi de France.—Réglements sur la chasse. 24 Octobre 1767. Enreg. 31 du même mois. No. 53 du Reg. 12.

Assemblée Coloniale.—Id. 29 Novembre 1790. Enreg. 17 Décembre suivant. No. 23 du Reg. 19.

Administration du Général Decaen.—Police y relative. 14 Vendémiaire An 13. Enreg. 19 du même mois. No. 121 du Reg. 27.

Gouvernement de Sa Majesté Britannique.—Autres Réglements concernant la chasse. Ordonnance No. 4 (approuvée) (1). 9 Mai 1836. No. 745 du Reg. 34.

Modification de l'Ordonnance No 4 de 1836, en ce qui touche l'époque fixée pour la prohibition de la chasse. Ordonnance No. 17 (approuvée) (2). 5 Décembre 1842. No. 941 du Reg. 40.

---

(1) Voyez Certificat du Gouverneur, en date du 28 Juin 1837. No. 87 de la liasse de ces pièces.
(2) Id. Id. Id. en date du 22 Janvier 1844. No. 79. Id.

CHASSEURS A CHEVAL.— *Assemblée Coloniale.*— *Voyez* COMPAGNIE.

CHASTANG (Claude.)—*Administration pour le Roi de France.*—Sa nomination aux fonctions d'Huissier. 23 Décembre 1776. Enreg. 10 Janvier 1777. No. 397 du Reg. 14.
Congé à lui accordé à l'effet de passer en France. 3 Septembre 1781. No. 569 du Reg. 16.
Reprise par lui de ses fonctions. 10 Mai 1784. No. 687 du Reg. 16.
Sa nomination à l'office d'Huissier-Audiencier du Conseil supérieur. 11 Juin 1784. Enreg. 9 Juillet suivant. No. 696 du Reg. 16.
Sa démission de son office. 1er. Mai 1796. No 796 du Reg. 16.

CHASTANG (Louis.)—Sa nomination aux fonctions d'Huissier. 24 Décembre 1782. Enreg. 4 Février 1783. No. 635 du Reg. 16.

CHASTEAU ( )—*Administration du Général Decaen.*—Sa nomination aux fonctions d'Avoué. 20 Nivôse An 12. Enreg. 21 du même mois. No. 64 du Reg. 26.

CHASTEAU (Denis.)—*Gouvernement de Sa Majesté Britannique.*—Sa nomination aux fonctions d'Huissier. 30 Décembre 1824. Enreg. 11 Janvier 1825. No. 404 du Reg. 30.

CHASTEAU (Edouard.)—Sa nomination aux fonctions d'Avoué près les Tribunaux. 21 Septembre 1820. Enreg. 25 du même mois. No. 313 du Reg. 29.

CHASTEAU DE BALYON (Alexandre Louis Auguste.)—*Administration pour le Roi de France.*—Enregistrement de ses Lettres de Licence, en date du 3 Juillet 1786, à lui délivrées par l'Université de Reims. 6 Décembre 1787. No 889 du Reg. 18.

CHASTEAU DE BALYON (Antoine.)—*Admininistration du Général Decaen.*—Sa nomination à la place de Greffier du Tribunal d'Appel, chargé de la conservation des hypothèques. 26 Ventôse An 12. Enreg. 1er. Germinal suivant. No. 79 du Rég. 26.

Assemblée Coloniale.—Sa nomination aux fonctions de Notaire. 30 Juin 1791. Enreg. 4 Juillet suivant. No. 71 du Reg. 20.

Administration pour le Roi de France.—Sa nomination à l'office de Notaire. 20 Mars 1782. Enreg. 13 Avril même année. No. 601 du Reg. 16.
Refus à lui fait des Minutes de Me. Leroux de Cinq-Noyers. 27 Mars 1784. No. 682 du Reg. 16.

Reprise par lui de ses fonctions. 12 Novembre 1785. No. 778 du Reg. 17.

Assemblée Coloniale.—Scellés mis sur l'étude de ce Notaire, par suite de son décès, et croisés par ceux de la Cour. 10 Juin 1791. No. 67 du Reg. 20.

Rapport de Me. Foisy, assesseur délégué par la Cour, à cet effet. 11 Juin 1791. No. 68 du Reg. 20.

Il n'y a lieu au transport au Greffe des espèces trouvées dans une armoire de Me. Chasteau de Balyon. 25 Juillet 1791. No. 78 du Reg. 20.

CHAUBARD (.)—Sa nomination d'Agent de change. 5 Avril 1793. Enreg. 20 du même mois. No. 188 du Reg. 21.

Administration du Général Decaen.—Sa nominaton à la place d'Agent de Change. 9 Brumaire An 12. Enreg. 30 du même mois. No. 48 du Reg. 26.

CHAUSSÉES.—*Gouvernement de Sa Majesté Britannique.*— Dispositions relatives à leur conservation. Ordonnance No. 47. 22 Avril 1829. Enreg. 30 du même mois. No. 522 du Reg. 31.

CHAUVEAU (Fils.)—Sa nomination à la place de Suppléant Commissaire Civil du quartier des Pamplemousses. 27 Octobre 1819. Enreg. 3 Novembre suivant. No. 294 du Reg. 29.

CHAUVET (Joseph.)—Sa naturalisation de sujet anglais. Ordonnance No. 1 (approuvée) (1). 5 Février 1844. No. 969 du Reg. 42.

CHAUVIN (Alexis.)—Sa nomination aux fonctions d'Huissier. 14 Juin 1811. Enreg. 29 du même mois. No. 34 du Reg. 27.

CHAUVIN (Alexis Didier.) —Sa nomination aux fonctions d'Huissier. Janvier 1823. Enreg. 9 du même mois. No. 351 du Reg. 30.

CHAUVIN (Emilien.)—Sa nomination aux fonctions d'Huissier. 16 Août 1834. Enreg. 11 Septembre suivant. No. 690 du Reg. 32.

CHAUVIN (Louis.)—Sa nomination aux fonctions d'Huissier. 4 Mai 1822. Enreg. 4 Juin suivant. No. 337 du Reg. 29.

---

(1) Voyez Certificat du 27 Novembre 1844. No. 86 de la liasse de ces pièces déposées au Greffe de la Cour.

CHAZAL (François de.)—*Compagnie des Indes.*—Sa nomination de Conseiller au Conseil supérieur de l'Ile de France. 18 Octobre 1763. No. 188 du Reg. 10.

Administration pour le Roi de France.—Sa nomination à la place de Conseiller au Conseil supérieur de l'Ile de France. 1er. Juillet 1766. Enreg. 17 Juillet 1767. No. 10 du Reg. 12.

Sa nomination à l'office de Second Conseiller au nouveau Conseil supérieur établi à l'Ile de France. 27 Novembre 1771. Enreg. 2 Décembre 1772. No. 277 du Reg. 14.

Enregistrement de son brevet de Conseiller honoraire, en date du 2 Avril 1789, à lui accordé par le Roi. 17 Août 1789. No. 943 du Reg. 18.

CHAZAL (Pierre Eugène Furcy de.)—*Gouvernement de Sa Majesté Britannique.*—Enregistrement de sa commission d'Avoué, en date du 20 Décembre 1839, à lui accordée par les Magistrats de la Cour Suprême de l'Ile Maurice. 20 Décembre 1839. No. 736 du Reg. 32.

CHEF JUGE.—Dépêches du Ministre, en date du 4 Août 1838 et 3 Novembre 1839, portant que le Chef Juge ne sera plus membre du Conseil Législatif. No. 855 du Reg. 38.

CHEMILLÉ (Comte de.) — *Administration pour le Roi de France.*—Dénonciation par le Procureur Général au Conseil supérieur d'une déclaration faite par ce militaire, relative à une plainte des Directeurs de la Compagnie des Indes, commençant par ces mots : "L'Auguste protection." 30 Novembre 1667. No. 58 du Reg. 12.

Arrêté pris par la Cour à cette occasion. 7 Décembre 1767. No. 60 du Reg. 12.—*Voyez* DUMAS.

CHEMINS.—*Compagnie des Indes.*—Réparations de celui qui conduit de Flacq à la Savanne. 6 Mai 1756. No. 156. du Reg. 8.

Assemblée Coloniale.—Réparations à faire à celui allant du Port N.-O. au canton de la Fraternité (Port S.-E.) 26 Thermidor An 4. Enreg. 28 du même mois. No. 500 du Reg. 24.

Mesures relatives aux réparations des chemins. 1er. Fructidor An 5. Enreg. 5 du même mois. No. 601 du Reg. 24.

Les bois, forêts et broussailles qui les bordent, seront détruits à une distance de 50 pieds de chaque côté. 21 Fructidor An 10. Enreg. 26 du même mois. No. 828 du Reg. 26.

Administration du Général Decaen.— *Voyez* ROUTES.

Gouvernement de Sa Majesté Britannique.—Nomination d'un

Directeur-Général, de deux Sous-Directeurs et d'un Arpenteur pour cette partie du service public. 1er. Septembre 1811. Enreg. 5 du même mois. No. 42 du Reg. 27.

Dispositions relatives à la conservation des chemins. Ordonnance No. 47. 22 Avril 1829. Enreg. 12 du même mois. No. 522 du Reg. 31.

CHÉNARD (Henri.)—Sa nomination à la place d'Officier de Police. 11 Février 1831. Eng. 12 du même mois. No. 580 du Reg. 31.

Sa nomination à la place d'Inspecteur des guildives à la Savanne. 9 Juin 1834. Enreg. 11 du même mois. No. 678 du Reg. 32.

CHERMONT (Père).—*Administration du général Decaen.*— Sa nomination à la place de Suppléant Commissaire Civil du quartier des Pamplemousses. 15 Pluviôse An 13. Enreg. 2 Germinal même année. No. 134 du Reg. 27.

CHEVAL DE BOIS.—*Compagnie des Indes.*—Punition de ce genre infligée à la femme d'un habitant. 9 Décembre 1728. No. 56 du Reg. 1.

CHEVALIER (Jean Baptiste).—*Gouvernement de Sa Majesté Britannique.*—Sa naturalisation de sujet anglais. Ordonnance No. 18. 16 Octobre 1850. No 1253 du Reg. 48.

CHEVAUX.—Précautions à prendre à l'égard de ceux qui seront morts par toute autre cause qu'un accident ou maladie connue. 27 Mars 1824. Enreg. 7 Avril suivant. No. 382 du Reg. 30.— *Voyez* DÉCLARATIONS.

CHEVREAU (Etienne Claude.)—*Administration pour le Roi de France.*—Sa nomination à la place d'Intendant des Iles de France et Bourbon. 22 Janvier 1781. Enreg. 4 Juillet même année. Nos. 548 et 549 du Reg. 16.

Regrets à lui témoignés par la Cour, à l'occasion de son départ de la Colonie. 12 Novembre 1785. No. 781 du Reg. 17.

CHEVREAU (Alfred)—*Gouvernement de Sa Majesté Britannique.*—Sa nomination aux fonctions d'Avoué. 18 Novembre 1828. Enreg. 27 du même mois. No. 514 du Reg. 31.

CHEVRILLON (.)—*Administration pour le Roi de France.*—Enregistrement de son brevet de Chirurgien-Major de l'Hôpital du Petit Port à l'Ile de France. 18 Décembre 1770. No. 196 du Reg. 12.

CHIENS.—*Assemblée Coloniale.*—Les chiens galeux, trouvés vagabonds dans les rues, seront tués et jetés à la mer. 15 Frimaire An 5. Enreg. 25 du même mois. No. 524 du Reg. 24.

Dispositions qui prohibent l'introduction des chiens dans la Colonie. Ordonnance No. 58 (approuvée) (1). 21 Octobre 1844. No. 1026 du Reg. 42.

Révision et modifications de l'Ordonnance No. 14 de 1843 sur les chiens. Ordonnance No. 26 (approuvée) (2). 11 Octobre 1845. No. 1060 du Reg. 43.

Id. Ordonnance No. 46 (approuvée) (3). 18 Décembre 1848. No. 1190 du Reg. 46.

Gouvernement de Sa Majesté Britannique.—Voyez HYDROPHOBIE.

CHIROUTTES.—Défense d'en fumer sur le Quai, toutes les fois que l'on débarquera ou embarquera des balles de coton. 17 Juillet 1817. Enreg. 1er. Août suivant. No. 215 du Reg. 29.

CHIRURGIENS.—*Administration pour le Roi de France.*—Réglements les concernant. 7 Septembre 1772. Enreg. 16 du même mois. No. 249 du Reg. 12.

Assemblée Coloniale.—Réglements concernant ceux exerçant actuellement et ceux qui voudraient être admis à exercer cette profession. 3 Mars 1791. Enreg. 14 du même mois. No. 39 du Reg. 19.

Gouvernement de Sa Majesté Britannique.—Réglement les concernant. 10 Mai 1817. Enreg. 2 Juin suivant. No. 209 du Reg. 29.

Ceux des quartiers pourront fournir des médicaments simples ou composés, aux personnes près desquelles ils seront appelés, mais sans avoir le droit de tenir une officine ouverte. 26 Août 1824. Enreg. 4 Septembre suivant. No. 391 du Reg. 30.

CHRESTIEN FILS (François.)—*Assemblée Coloniale.*—Sa nomination d'Agent de change. 29 Juin 1793. Enreg. 6 Juillet suivant. No. 205 du Reg. 21.

Administration du Général Decaen.—Sa nomination à la place de Commissaire Civil du quartier du Port Sud-Est. 25 Vendémiaire An 12. Enreg. 29 du même mois. No. 25 du Reg. 26.

---

(1) Voyez Certificat du 17 Juin 1844. No. 90 de la liasse de ces pièces déposées au Greffe de la Cour.
(2) Id. Id. du 11 Juin 1840. No. 101 Id.
(2) Id. Id du 5 Octobre 1849. No. 120 Id.

CHRESTIEN DESNOYERS (Jean Nicolas.)—*Administration pour le Roi de France.*— Sa nomination à l'office de Greffier de la Juridiction Royale. 30 Août 1778. Enreg, 8 Décembre 1779, No. 515 du Reg. 15.

Ordre du Ministre pour qu'il se rende en France. 12 Novembre 1782. No. 627 du Reg. 16.

Assemblée Coloniale.—Sa nomination à la place de Greffier Conservateur des Hypothèques. 18 Décembre 1793. No. 246 du Reg. 23.

CHRISTIE (John Harvey.)— *Gouvernement de Sa Majesté Britannique.*—Sa nomination à la place de Juge à la Cour d'Appel, 5 Janvier 1813. Enreg. 14 du même mois. No. 77 du Reg. 28.

Sa nomination à la place de Second Juge Suppléant du Tribunal de 1re. Instance. 10 Août 1826. Enreg. 11 du même mois. No. 453 du Reg. 30.

CIMETIÈRE.— Dispositions relatives à la construction d'un mur destiné à clore le Cimetière du Grand Port. Ordonnance No. 8. 6 Février 1825. Enreg. 11 du même mois. No. 442 du Reg. 30.

Il en sera établi un au quartier de la Poudre d'Or. Ordonnance No. 45 (approuvée) (1). 27 Décembre 1847. No. 1135 du Reg. 45.

CITOYENS.—*Assemblée Coloniale.*—Ceux classés comme actifs, sont autorisés à se réunir en assemblées particulières pour rédiger des adresses ou pétitions. 14 Février 1791. Enreg. 3 Mars suivant. No. 34 du Reg. 19.

Règles relatives à leur tenue aux audiences des Tribunaux et des autres assemblées de la Nation. 23 Septembre 1791. Enreg. 4 Octobre suivant. No. 92 du Reg. 20.

Formalités à observer par ceux qui demanderont le rassemblement de la Commune ou de leur Section. 30 Septembre 1791. Enreg. 4 Octobre suivant. No. 95 du Reg. 20.

Manière dont s'assembleront ceux composant les Corps du Génie, de l'Artillerie et des Invalides. 30 Avril 1794. Enreg. 19 Juin même année. No. 311 du Reg. 23.

Manière de remplacer ceux élus aux places de Juges du Tribunal d'Appel et qui refuseront d'accepter ces places ou donneront leurs démissions. 14 Mars 1794. Enreg. 19 du même mois. No. 272 du Reg. 23.

Cessation des fonctions de celui chargé du Ministère Public près

---

(1) Voyez Certificat sous la date du 5 Septembre 1848. No. 113 de la liasse de ces pièces déposées au Greffe de la Cour.

le Tribunal de 1re. Instance. 11 Avril 1794. Enreg. 12 du même mois. No. 282 du Reg. 23.

Mise en liberté de ceux détenus comme suspects. 16 Messidor An 3. Enreg. 21 du même mois. No. 381 du Reg. 23.

Adoption du principe décrété par la Convention le 18 Thermidor An 2, concernant les citoyens détenus comme suspects. Id.

Défense à eux faite de porter d'autres noms ou prénoms que ceux exprimés dans les Actes de naissance. 17 Messidor An 3. Enreg. 21 du même mois. No. 383 du Reg. 23.

Abrogation de cette disposition. 23 Messidor An 3. Enreg. 25 du même mois. No. 385 du Reg. 23.

Ceux dont l'industrie tendra à vivifier le commerce, mériteront bien de la Patrie. 16 Messidor An 3. Enreg. 24 du même mois. No. 384 du Reg. 23.

Garantie contre leur détention illégale. 5 Thermidor An 3. Enreg. 2 Fructidor suivant. No. 404 du Reg. 23.

Ceux condamnés à la peine de la prison, pour la seconde fois, ne pourront être admis au cautionnement s'ils n'ont exécuté la première condamnation. 5 Brumaire An 4. Enreg. 15 du même mois. No. 422 du Reg. 23.

Réglements concernant ceux tenant cantines, cafés, auberges, billards, &c. 4 Ventôse An 4. Enreg. 15 du même mois. No. 458 du Reg. 23.

Ceux qui, ayant un domicile à la ville, recenseront dans un autre canton, paieront pour les noirs domestiques les mêmes impositions que si les noirs étaient recensés à la ville. 13 Floréal An 5. Enreg. 25 du même mois. No. 570 du Reg. 24.

Ceux nommés aux places de Juges, prêteront serment entre les mains des Juges déjà en exercice. 15 Nivôse An 4. Enreg. 18 du même mois. No. 444 du Reg. 23.

Peines contre ceux qui s'embarqueront sans permission. 15 Nivôse An 4. Enreg. 25 du même mois. No. 463 du Reg. 23.

Peines contre ceux qui achèteront de la viande de boucherie ailleurs qu'au Bazar et de personnes autres que celles préposées à l'entreprise. 17 Fructidor An 4. Enreg. 25 du même mois. No. 510 du Reg. 24.

Mesures propres à contraindre les citoyens au paiement du trentuple. 5 Nivôse An 6. Enreg. 7 du même mois. No. 626 du Reg. 24.

Nouvelles dispositions concernant le départ des citoyens qui auront obtenu la permission de quitter la Colonie. 11 Brumaire An 6. Enreg. 15 du même mois. No. 614. du Reg. 24.

Ceux qui voudront quitter la Colonie, seront tenus de payer d'avance, une année d'impositions, indépendamment de celles qu'ils pourraient devoir au jour de leur départ. 26 Brumaire An 6. Enreg. 5 Février suivant. No. 619 du Reg. 24.

Sont tenus de faire parvenir leurs recensements à leurs Municipalités. 1er. Pluviôse An 6. Enreg. 5 du même mois. No. 630 du Reg. 24.

Ceux qui n'obéiront pas dans les 24 heures, aux mandats des Autorités constituées, seront dénoncés à la diligence de l'Agent national, &c. 8 Pluviôse An 6. Enreg. 15 du même mois. No. 631 du Reg. 24.

Changement de l'Article 1er. de cette loi. 6 Ventôse An 6. Enreg. 15 du même mois. No. 641 du Reg. 24.

Il leur est défendu de faire sortir de la ville aucune espèce de grains nourriciers, sans un permis. 16 Pluviôse An 6. Enreg. 18 du même mois. No. 632 du Reg. 24.

Ceux arrivant de l'Ile de la Réunion, sont tenus d'être munis d'un certificat de bonnes mœurs. 5 Pluviôse An 7. Enreg. 6 du même mois. No. 672 du Reg. 24.

Autres dispositions à ce sujet. 5 Fructidor An 7. Enreg. 7 du même mois. No. 704 du Reg. 25.

Ceux âgés de 50 ans, sont dispensés des exercices de la Garde Nationale. 5 Fructidor An 7. Enreg. 7 du même mois. No. 705 du Reg. 25.

Ceux qui feront battre la générale, sans un ordre par écrit, seront punis de mort. 6me. jour complémentaire An 7. Enreg. 5 Vendémiaire An 8. No. 710 du Reg. 25.

Ceux déportés de la Colonie, sur le navire la *Brûle-Gueule*, paieront la somme de 100 piastres pour leur portion contributive. 8 Vendémiaire An 8. Enreg. 15 du même mois. No. 715 du Reg. 25.

Leurs procureurs sont tenus de déclarer quels sont leurs biens en cette Colonie. 8 Vendémiaire An 8. Enreg. 15 du même mois. No. 716 du Reg. 25.

Peines contre ceux qui manqueront aux exercices de la Garde Nationale, 1er. Thermidor An 8. Enreg. 5 du même mois. No. 748 du Reg. 25.

Peines contre ceux qui auront des intelligences avec les vaisseaux en croisière. 2 Floréal An 9. Enreg. 18 du même mois. No. 773 du Reg. 25.

Ceux qui ne porteront pas sur leurs recensements leurs véritables noms, seront passibles d'une amende de 300 livres. 5 Messidor An 11. Enreg. 18 du même mois. No. 856 du Reg. 26.—*Voyez* INDIVIDUS, PERSONNES ET POLICE MUNICIPALE.

CITOYENS DE COULEUR.—Sont capables de recevoir toute donation entre-vifs, à cause de mort ou autrement. 24 Pluviôse An 5. Enreg. 5 Ventôse suivant. No. 544 du Reg. 24.

Abrogation de la 2me. partie de l'Article 51 de l'Edit de 1723, les concernant. Id.

Ecole créée pour l'instruction de leurs enfants. 1er. Nivôse An 9. Enreg. 5 du même mois. No. 762 du Reg. 25.

Ils sont tenus de fournir leurs déclarations à leurs Syndics respectifs. 10 Thermidor An 11. Enreg. 16 du même mois. No. 859 du Reg. 26.—*Voyez* GENS DE COULEUR.

CLARK (George.)—*Gouvernement de Sa Majesté Britannique.*—Sa nomination aux fonctions d'Huissier. 23 Juillet 1847. Enreg. 31 du même mois. No. 826 du Reg. 32.

CLARK (Marie François.)—Sa naturalisation de sujet anglais. Ordonnance No. 3 (approuvée) (1). 5 Février 1844. No. 971 du Reg. 42.

CLASSES DE LA MARINE.—*Administration pour le Roi de France.*—*Voyez* REMONTRANCES.

CLASSIFICATION.— *Gouvernement de Sa Majesté Britannique.*—Formalités propres à établir celle des Apprentis, ordonnée par les Articles 4 et 16 de l'Acte d'abolition de l'esclavage. Ordonnance No. 11 (désapprouvée) (2). 5 Novembre 1834. Enreg. 24 du même mois. No. 691 du Reg. 32.—*Voyez* APPRENTIS.

CLÉMENT (Charles.)—Sa naturalisation de sujet anglais. Ordonnance No. 5 (approuvée) (3). 15 mars 1847. No. 1088 du Reg. 45.

CLOUET (Julius Antoine.)—*Compagnie des Indes.*—Sa nomination à l'office de Conseiller au Conseil supérieur de l'Ile de France. 23 Janvier 1757. Enreg. 19 Décembre même année. No. 165 du Reg. 9.

CLUBS.—*Assemblée Coloniale.*— *Voyez* SOCIÉTÉS POPULAIRES ET POLICE MUNICIPALE.

COCARDE TRICOLORE. — Obligation imposée à tout individu des deux sexes de la porter. 9 Avril 1794. Enreg. 19 du même mois. No. 292 du Reg. 23.

COCHONS (Porcs.)—*Compagnie des Indes.*—Ordre aux habitants de les tenir enfermés dans des parcs, et permission de les tuer, s'ils sont trouvés errants sur le terrain d'autrui. 7 Février 1764. No. 191 du Reg. 10.

COCHON (   )—*Assemblée Coloniale.*—Toute demande

---

(1) Voyez Certificat du Gouverneur, en date du 7 Juillet 1835. No. 2 de la liasse de ces pièces.
(2) Voyez Certificat du 27 Novembre 1844. No. 86 de la liasse de ces pièces déposées au Greffe de la Cour.
(3) Voyez Certificat en date du 19 Janvier 1848. No. 109 de la liasse de ces pièces déposées au Greffe de la Cour.

relative au procès de ce citoyen avec le capitaine Ollivier, sera suspendu jusqu'au rapport qui doit être fait de ce procès à l'Assemblée coloniale. 24 Nivôse An 6. Enreg. 25 du même mois. No. 628 du Reg. 24.

Abrogation de cette disposition. 25 Nivôse An 6. Enreg. 27 du même mois. No. 629 du Reg. 24.

CODES.—*Compagnie des Indes.*—Promulgation aux Iles de Bourbon et de France des lettres-patentes du mois de Décembre 1723, appelées CODE NOIR, relatives aux esclaves de ces deux colonies. 18 Septembre 1724 (1).

Assemblée Coloniale.—Adoption, par l'Assemblée coloniale, du Code Pénal du 6 Octobre 1791. 7 Août 1793. Enreg. 5 Novembre même année. No. 235 du Reg 22.

Les dispositions de ce Code ne concernent que les citoyens ; les lois anciennes sont maintenues à l'égard des gens non libres.

Maintien des dispositions du Titre 1er. de la 2me. Section du Code Pénal du 7 Août 1793, 6me. jour complémentaire An 7. Enreg. 5 Vendémiaire An 8. No. 710 du Reg. 25.

Administration du Général Decaen.—Promulgation provisoire du Code Civil aux Iles de France, de la Réunion et Dépendances. 25 Vendémiaire An 14. Enreg. 12 Nivôse même année. No. 168 du Reg. 27 (2).

Adoption aux Iles de France et de la Réunion des Titres 6, 7 et 8 du Livre 2 de la 1re. Partie du Code de Procédure Civile. 1er. Mai 1807. Enreg. 9 du même mois. No. 212 du Reg. 27.

Rectification de l'Article 3 du Titre 3 de la 3me. Partie du Code Pénal du 6 Octobre 1791, adoptée par l'Assemblée coloniale, le 7 Août 1793. 22 Janvier 1808. Enreg. 10 Mars même année. No. 230 du Reg. 27.

Promulgation, aux Iles de France et Bonaparte, de la loi du 3 Septembre 1807, concernant une nouvelle rédaction du Code Civil, sous le titre de CODE NAPOLÉON. 21 Avril 1808. Enreg. 5 Mai suivant. No. 239 du Reg. 27.

Discours de présentation y relatif. Id.

Promulgation, aux Iles de France et Bonaparte, du Code de

---

(1) Ces lettres-patentes, enregistrées au Conseil supérieur de l'Ile Bourbon, le 18 Septembre 1724, n'ont point été transcrites au Greffe du Conseil provincial de l'Ile de France ; il ne se trouve au Greffe de la Cour d'Appel qu'une copie collationnée de cette loi, expédiée de l'Ile Bourbon, à l'époque de son enregistrement.

(2) L'application du Code Civil aux Iles de France et de la Réunion, a donné lieu à un Arrêté supplémentaire du Général Decaen. Cet Arrêté, soumis à la forme particulière de promulgation adoptée à l'égard du Code Civil, n'a pas été transcrit sur les Registres de la Cour.

Procédure Civile, sauf les additions, exceptions et modifications portées au présent Arrêté. 20 Juillet 1808. Enreg. 28 du même mois. No. 256 du Reg. 27.

Gouvernement de Sa Majesté Britannique.—Les dispositions du Code Pénal du 7 Août 1793, sont applicables à toutes les populations, sans distinction quelconque. 6 Novembre 1816. Enreg. 7 du même mois. No. 196 du Reg. 29.

Abrogation du 3me. Paragraphe de l'Article 255 du Code d'Instruction Criminelle. Ordonnance No. 11 (sans approbation). 1er. Octobre 1832. Enreg. 11 du même mois. No. 626 du Reg. 31 (1).

Modification des Articles 166 et 171 de ce Code. Ordonnance No. 3 (sans approbation). 29 Juillet 1833. Enreg. 6 Septembre même année. No. 648 du Reg. 31.

Extrait d'une Dépêche du Ministre des Colonies, portant désapprobation du Code Pénal de 1832. 15 Mars 1833. Enreg. 12 Novembre même année. No. 650 du Reg. 31 (2).

Modifications de certaines dispositions du Code Pénal de 1793. Abrogation des Articles 6, 8 et 31 du Titre 1er. de la 1re. Partie de ce Code. Ordonnance No. 6 (approuvée) (3). 12 Mai 1834. Enreg. 19 Juin suivant. No. 683 du Reg. 32.

Dépêche du Ministre des Colonies, relative à l'improbation, par Sa Majesté, du Code Pénal de 1832, et à la manière dont cette improbation a été motivée par Lord Goderich, Secrétaire d'Etat. 18 Mars 1834. Enreg. 7 Août même année. No. 687 du Reg. 32.

Modifications des lois criminelles en ce qu'elles concernent le Code de 1793.—Nouvelles dispositions substituées aux précédentes. Ordonnance No. 6 (approuvée), à l'exception des Articles 5, 6, 7, 9 et le dernier Paragraphe de l'Article 3 (4). 9 Mars 1835. Enreg. 4 Juin même année. No. 726 du Reg. 33.

Modifications apportées au Code d'Instruction Criminelle, principalement en ce qui concerne le mode de nomination et le tirage des Assesseurs. Ordonnance No. 2 (approuvée) (5). 13 Février 1837. No. 762 du Reg. 35.

Rectification de l'Article 3 du Titre 3 de la 2me. Partie du Code Pénal du 7 Août 1793. Ordonnance No. 3 (approuvée) (6). 13 Mars 1837. No. 765 du Reg. 35.

Promulgation du nouveau Code Pénal de l'Ile Maurice et Dé-

---

(1) Le Code d'Instruction Criminelle, publié le 16 Novembre 1831, en vertu d'une Ordonnance du Conseil Législatif, sous le No. 79, n'a point été transcrit au au Greffe de la Cour.

(2) Le Code Pénal, publié le 15 Février 1832, en vertu d'une Ordonnance du Conseil Législatif, sous le No. 1, n'a point été transcrit au Greffe de la Cour.

(3) Voyez Certificat du Gouverneur, en date du 10 Août 1835. No. 6 de la liasse de ces pièces.

(4)   Id.   Id.   Id.   en date du 22 Avril 1836. No. 23 Id.
(5)   Id.   Id.   Id.   en date du 1er. Décembre 1837. No. 40 Id.
(6)   Id.   Id.   Id.   en date du 1er. Décembre 1837. No. 40 Id.

pendances. Ordonnance No. 6. 14 Août 1838. Publié le 29 Décembre même année et déposé le 2 Mars 1839, au Greffe de la Cour d'Appel. No. 798 du Reg. 36.

Abrogation des dispositions du Code d'Instruction Criminelle, relatives au recours en annulation devant le Gouverneur en Conseil, contre les Arrêts de la Cour d'Assises. Ordonnance No. 7 (approuvée) (1). 5 Septembre 1838. No. 801 du Reg. 36.

Prorogation, pendant 6 mois, du Code Pénal de 1838, à compter du jour où la présente Ordonnance aura passé en Conseil. Ordonnance No. 12 (approuvée) (2). 14 Septembre 1843. No. 958 du Reg. 41.

Prorogation du Code Pénal de 1838, pendant 6 mois, à partir du jour de l'adoption, en Conseil, de la présente loi. Ordonnance No. 37 (approuvée) (3). 26 Février 1844. No. 1005 du Reg. 42.

Id. Au-delà du terme ci-dessus fixé. Ordonnance No. 55 (approuvée) (4). 12 Août 1844. No. 1023 du Reg. 42.

Voyez CRIMES, DÉLITS, PEINES, INSTRUCTIONS CRIMINELLES, PROCÉDURES CRIMINELLES ET PROCÈS CRIMINELS.

CODÈRE (Antoine.)—*Administration pour le Roi de France.*—Sa nomination à la place de Conseiller au Conseil supérieur de l'Ile de France. 1er. Juillet 1766. Enreg. 17 Juillet 1767. No. 11 du Reg. 12.

Sa nomination aux fonctions de Commissaire de Police. 15 Décembre 1767. No. 61 du Reg. 12.

Sa nomination de Commissaire au Tribunal Terrier. 10 Mai 1769. No. 130 du Reg. 12.

CODICILES.—*Assemblée Coloniale.*—Règles concernant leur homologation. 23 Pluviôse An 5. Enreg. 5 Ventôse suivant. No. 543 du Reg. 24.

COLAS (Etienne.)—*Compagnie des Indes.*—Sa nomination à l'office de Notaire. 7 Avril 1757. No. 160 du Reg. 9.

COLBERT (Etienne.)—Sa nomination à l'office de Notaire du Conseil supérieur. 7 Avril 1757. No. 160 du Reg. 9.

COLIN (Barthélemy.)—*Gouvernement de Sa Majesté Britannique.*—Sa nomination à la place de Juge Suppléant du Tribunal de 1re. Instance. 10 Février 1825. Enreg. 12 du même mois. No. 407. du Reg. 30.

---

(1) Voyez Certificat du Gouverneur, en date du 13 Juin 1839. No. 47 de la liasse de ces pièces.
(2) Id. Id. Id. en date du 26 Avril 1844. No. 82 Id.
(3) Voyez Certificat du 27 Novembre 1844. No. 90 de la liasse de ces pièces déposées au Greffe de la Cour.
(4) Id. Id. du 13 Mars 1845. No. 89 Id.

Sa nomination à la place de Président de ce Tribunal. 29 Juillet 1830. Enreg. 6 Août suivant. No. 560 du Reg. 31.

Sa nomination à la même place. 30 Août 1831. Enreg. 8 Octobre même année. No. 598 du Reg. 31.

Lettres-patentes confirmatives de cette nomination, délivrées par le Gouverneur, au nom de Sa Majesté, en vertu d'une Dépêche du Secrétaire d'Etat, en date du 6 Juin 1835. 6 Janvier 1836. Enreg. le même jour. No. 706 du Reg. 32 (1).

COLIN (Epidariste.) — Sa nomination aux fonctions d'Avoué. 6 Janvier 1811. Enreg. 24 du même mois. No. 9 du Reg. 27.

Congé à lui accordé à l'effet de passer en France. 26 Août 1820. Enreg. 29 du même mois. No. 309 du Reg. 29.

COLIN (Gustave.) — Enregistrement de son diplôme d'Avocat. en date du 18 Novembre 1843. Enreg. 24 Octobre 1844. No. 797 du Reg. 32.

COLLECTEUR (des Revenus Intérieurs.) — *Gouvernement de Sa Majesté Britannique.* — Instructions additionnelles sous la date du 21 Novembre 1839, adressées au Gouverneur Sir William Nicolay, en vertu desquelles le Collecteur des Revenus Intérieurs est nommé membre du Conseil Législatif. No. 854 du Reg. 38.

COLLÉGE COLONIAL. — Sa création. 24 Floréal An 8. Enreg. 8 Prairial même année. No. 732 du Reg. 25.

Réglements y relatifs. 24 Floréal An 8. Enreg. 8 Prairial suivant No. 732 du Reg. 25.

Abrogation de l'Article 10, des Titres 2 et 4 de la loi précitée du 24 Floréal An 8. 21 Prairial An 8. Enreg. 28 du même mois. No. 738 du Reg. 25.

Autres dispositions relatives au Collége colonial. Id.

Id. 16 Messidor An 8. Enreg. 25 du même mois. No. 746 du Reg. 25.

Abrogation de l'Article 10 du Titre 2 de la loi du 24 Floréal An 8, relatif au Collége.

Dispositions additionnelles concernant l'administration et la comptabilité de cet établissement. 16 Messidor An 11. Enreg. 20 du même mois. No. 858 du Reg. 26.

Mesures pour obtenir des parents le paiement de la pension de leurs enfants. 10 Thermidor An 11. Enreg. 18 du même mois. No. 861 du Reg. 26. — *Voyez* ECOLE, COMMISSION ET INSTRUCTION PUBLIQUE.

---

(1) La nomination de l'Honorable Barthélemy Colin à la place de Juge à la Cour d'Appel, n'ayant point été enregistrée dans les Tribunaux, on n'a pu en faire mention et en rapporter la date.

COLLÈGE ROYAL.— *Gouvernement de Sa Majesté Britannique.*— Réglements relatifs à ce Collége. Ordonnance No. 6 (approuvée.) (1). 10 Juin 1839. No. 828 du Reg. 37.

Les salaires des Professeurs de ce Collége, seront avancés mensuellement par le Trésor colonial. Ordonnance No. 9 (approuvée) (2). 14 Avril 1841. No. 887 du Reg. 39.

Le Collecteur des Revenus Intérieurs est chargé du recouvrement des sommes dues au Collége.— *Voyez* ECOLES.

COLLIN (Charles Alexandre Honoré.)—*Administration pour le Roi de France.*—Enregistrement de ses Lettres de Licence, en date du 9 mai 1781, à lui délivrées par l'Université d'Aix. 16 Janvier 1788. No. 893 du Reg. 18.

COLLIN (François Nicolas.)—Enregistrement de sa matricule d'Avocat, en date du 26 Avril 1787, à lui délivrée par le Parlement de Paris. 9 Juillet 1790. No. 1028 du Reg. 19.

COLLIQUE.— *Assemblée Coloniale.* — Renvoyé à se pourvoir vers qui de droit à l'effet d'obtenir une commission d'Agent de change. 22 Février 1793. No. 173 du Reg. 21.

Question de savoir si, en l'Etat, la Cour peut procéder à l'enregistrement de la commission d'Agent de change du sieur Collique. 9 Mars 1793. No. 180 du Reg. 21.

Enregistrement de cette commission. 22 Mars 1793. No. 184 du Reg. 21.

COLONIES.—*Administration du Général Decaen.*—Proclamation qui annonce que l'organisation des Iles de France et de Bourbon a été retardée par les grands intérêts politiques qui ont occupé la sollicitude du Gouvernement français. 3 Vendémiaire An 12. Enreg. 5 du même mois. No. 1 du Reg. 26.

COLPORTAGE. — Réglements y relatifs. 11 Novembre 1806. Enreg. 13 du même mois. No. 196 du Reg. 27.

Ne pourra être fait que par des personnes libres. Id.

Gouvernement de Sa Majesté Britannique.—Renouvellement de cette dernière disposition. 19 Janvier 1825. Enreg. 4 Février suivant. No. 406 du Reg. 30.

COLVILLE (Sir Charles.)—*Voyez* INSTRUCTIONS.

---

(1) Voyez Certificat du Gouverneur, en date du 6 Juin 1840. No. 56 de la liasse de ces pièces.
(2) Id. Id. Id. en date du 14 Juillet 1843. No. 73 Id.

COMBLES.—*Administration pour le Roi de France.*—Ceux des maisons de la ville du Port Louis, peuvent être construits en bois sur des rez-de-chaussées en pierres. 1er. Mai 1787. Enreg. 8 du même mois. No. 848 du Reg. 17.

COMITES.—*Assemblée Coloniale.*—Refus de la part de la Cour d'enregistrer le Décret de l'Assemblée Nationale, en date du 17 Juillet 1790, relatif aux fonctions du Comité de liquidation. 10 Décembre 1792. No. 155 du Reg. 21.

Enregistrement de ce Décret, sous la responsabilité du Gouverneur. 13 Décembre 1792. No. 157 du Reg. 21.

Les instructions formalisées par le Comité de sûreté publique, serviront devant les Tribunaux de Police correctionnelle. 2 Fructidor An 2. Enreg. 23 Août 1794. No. 326 du Reg. 23.

Composition du Comité de défense extérieure. 24 Messidor An 3. Enreg. 29 du même mois. No. 388 du Reg. 23.

Création du Comité d'administration extérieure. 19 Prairial An 5. Enreg. 25 du même mois. No. 574 du Reg. 24.

Autres dispositions concernant ce Comité. 22 Prairial An 5. Enreg. 25 du même mois. No. 575 du Reg. 24.

Gouvernement de Sa Majesté Britannique.—Création du Comité chargé de vérifier le montant des pertes causées par l'incendie du 25 Septembre 1816. 23 Octobre 1816. Enreg. 26 du même mois. No. 194 du Reg. 29.

Toute personne, ayant éprouvé des pertes, est tenue de s'y présenter pour faire sa déclaration. Id.

Création d'un Comité de propriétaires d'immeubles, à l'effet de prendre telles mesures qu'un intérêt local pourrait rendre nécessaires. Ordonnance No. 16 (approuvée) (1). 23 Novembre 1840. No. 866 du Reg. 38.—*Voyez* Corps administratifs et Commissions.

COMMANDANTS.—*Administration pour le Roi de France.*—*Voyez* Gouverneurs.

Assemblée Coloniale —Adoption du Décret de l'Assemblée Nationale, en date du 8 Novembre 1792, portant qu'il y a lieu à accusation contre divers Commandants des colonies de l'Amérique. 21 Juin 1793. Enreg. 22 Août suivant. No. 226 du Reg. 21.

Droit accordé au Gouverneur de nommer le Commandant Général de la Garde Nationale. 8 Fructidor An 4. Enreg. 15 du même mois. No. 504 du Reg. 24.

COMMANDANTS DE QUARTIERS.— *Compagnie des In-*

---

(1) *Voyez* Certificat du Gouverneur, en date du 27 Novembre 1844. No. 86 de la liasse de ces pièces.

des.—Leur création et indication de leurs fonctions. 11 Août 1762. No. 185 du Reg. 10.—*Voyez* CONSEILLERS.

Administration du Général Decaen.— Distinctions entre leurs attributions et celles des Commissaires civils. 21 Pluviôse An 12. Enreg. 26 du même mois. No. 71 du Reg. 26.

Les attributions relatives au marronnage et à la destruction des oiseaux, leur appartiennent. 15 Nivôse An 13. Enreg. 20 du même mois. No. 125 du Reg. 27.

Gouvernement de Sa Majesté Britannique.—Nomination de ceux des quartiers de l'Ile. 20 Août 1816. Enreg. 2 Septembre suivant. No. 184 du Reg. 29.

Suppression des Commandants de quartiers. 6 Mars 1818. Enreg. 9 du même mois. No. 249 du Reg. 29.

Leur rétablissement. 22 Décembre 1818. Enreg. 26 du même mois. No. 270 du Reg. 29.

COMMANDANT DES TROUPES.— *Compagnie des Indes.*—Celui des Iles de Bourbon et de France est tenu de séjourner six mois, chaque année, dans les deux Colonies. 29 Janvier 1727. Enreg. 12 Décembre même année. No. 36 du Reg. 1.

Défense lui est faite de s'immiscer dans les matières qui concernent le Gouvernement civil. Id.

L'extinction des noirs marrons lui est spécialement recommandée. Id.

COMMERCE.—*Administration pour le Roi de France.*—Permission accordée par le Roi aux habitants des Iles de France et de Bourbon de faire le commerce d'Inde en Inde. 29 Novembre 1766. Enreg. 20 Juillet 1767. No. 23 du Reg. 12.

Suspension de celui de l'Ile de Madagascar, exclusivement réservé pour le service du Roi. 11 Avril 1782. No. 596 du Reg. 16.

Mémoire du Roi, relatif à cette mesure. 26 Février 1781. Enreg. 11 Avril 1782. No. 597 du Reg. 16.

Ordonnance des Administrateurs de l'Ile de France à ce sujet. 16 Décembre 1781. Enreg. 11 Avril 1782. No. 598 du Reg. 16.

Assemblée Coloniale.—Adoption, avec modifications, des Décrets de la Convention, en date des 19 Brumaire, 6 et 12 Frimaire et 13 Nivôse An 3, concernant le commerce. 23 Messidor An 3. Enreg. 29 du même mois. No. 389 du Reg. 23.

Franchise du commerce de Madagascar. 3 Germinal An 4. Enreg. 7 du même mois. No. 469 du Reg. 23.

Les citoyens, dont l'industrie tend à vivifier le commerce, mériteront bien de la Patrie. 16 Messidor An 3. Enreg. 24 du même mois. No. 384 du Reg. 23.

Administration du Général Decaen. — Publication aux Iles de France et Bonaparte de l'Arrêté du Gouvernement Consulaire du 12 Vendémiaire An 11, relatif aux formes à observer pour l'instruction et le jugement des contraventions aux lois sur le commerce étranger dans les colonies. 3 Juillet 1807. Enreg. 4 du même mois. No. 215 du Reg. 27.

Gouvernement de Sa Majesté Britannique. — Proclamation qui règle le commerce qui pourra être fait entre l'Ile de France et les pays au-dedans des limites de la Charte de la Compagnie des Indes. 31 Octobre 1814. Enreg. 5 Novembre suivant. No. 114 du Reg. 28.

Modifications des dispositions contenues dans la Proclamation du 31 Octobre 1814. 18 Mai 1816. Enreg. 27 du même mois. No. 175 du Reg. 29.

Suspension temporaire des restrictions imposées au commerce de cette Ile, par la Proclamation du 18 Mai 1816. 1er. Octobre 1816. Enreg. 4 du même mois. No. 188 du Reg. 29.

Publication du Traité de commerce entre les Iles Maurice et Bourbon. 24 Juillet 1818. Enreg. 1er. Août suivant. No. 262 du Reg. 29.

Tous articles relatifs au commerce, expédiés de l'Ile Bourbon sur des navires anglais et français, seront admis à l'Ile Maurice. Ibid.

Ordre en Conseil, de Sa Majesté, qui révoque celui du 28 Mai 1819 réglant le commerce de l'Ile Maurice avec les Etats qui sont en paix avec Sa Majesté. 12 Juillet 1820. Enreg. 4 Juin 1821. No. 322 du Reg. 29 (1).

Tous articles composés de coton, fer, acier ou laine de manufacture étrangère, sont prohibés. Id.

Dispositions relatives à la publication de l'Ordre en Conseil du 12 Juillet 1820. 19 Mai 1821. Enreg. 4 Juin suivant. No. 323 du Reg. 29.

Avis du Gouvernement portant publication à l'Ile Maurice des Actes du Parlement, ci-après désignés, relatifs au commerce. 24 Janvier 1827. Enreg. 10 Mai même année. No. 473 du Reg. 30.

1o. Acte passé dans la 6me. année du règne de George IV, chapitre 109, intitulé : Acte pour encourager les armements et la navigation britannique. 5 Juillet 1828. Enreg. 10 Mai 1827. No. 474 du Reg. 30.

2o. Acte passé dans la 6me. année du règne de George IV, chapitre 110, intitulé : Acte concernant les Registres des navires anglais. 5 Juillet 1825. Enreg. 10 Mai 1827. No. 475 du Reg. 30.

3o. Acte passé dans la 6me. année du règne de George IV, cha-

---

(1) L'Ordre en Conseil du 28 Mai 1819, n'a point été transcrit sur les Registres du Greffe.

pitre 114, intitulé : Acte pour régler le commerce des possessions britanniques au dehors. 5 Juillet 1825. Enreg. 10 Mai 1827. No. 476 du Reg. 30.

Dispositions ayant pour objet de placer certains articles de produits étrangers sur le même pied que ceux importés directement d'Angleterre. Ordonnance No. 11 (approuvée) (1). 14 Février 1848. No. 1150 du Reg. 46.

Cette Ordonnance aura son effet à compter du 1er. Juin 1849. Proclamation du 28 Mai 1849. No. 1206 du Reg. 47.—*Voyez* ENTREPÔT, PORT, CHAMBRE ET SEYCHELLES.

COMMISSAIRE DE JUSTICE.—*Administration du Général Decaen.*—Attributions de ce Magistrat. Loi organique du 13 Pluviôse An 11. Enreg. 7 Vendémiaire An 12. No. 2 du Reg. 26.

A seul le droit de faire des réglements provisoires sur les matières de procédure, sans s'écarter des lois, et avec le consentement du Gouverneur. Id.

Est spécialement chargé de la Police envers les gens sans aveu, les vagabonds et les perturbateurs de la tranquillité publique. Id.

Costume de ce Magistrat. 3 Brumaire An 12. Enreg. 4 du même mois. No. 28 du Reg. 26.

Pourra autoriser une partie à faire plaider sa cause par autre que par Avoué ou Jurisconsulte. 8 Germinal An 12. Enreg. le même jour. No. 80 du Reg. 26.

Lettre du Ministre qui porte que le Commissaire de Justice aura droit aux honneurs civils attribués aux premiers Présidents des Cours d'Appel. 5 Nivôse An 13. Enreg. 7 Frimaire An 14. No. 163 du Reg. 27.

Est investi de la faculté de permettre dans les cas urgents et à la charge d'en rendre compte au Ministre, les mariages de ses subordonnés. 4 Février 1809. Enreg. 9 Mars suivant. No. 278 du Reg. 27.

Gouvernement de Sa Majesté Britannique.— Pourra juger indéfiniment et sans appel toute cause soumise à sa décision particulière. 14 Décembre 1814. Enreg. 17 du même mois. No. 118 du Reg. 28.

Présidera la Cour d'Appel jusqu'à nouvelle détermination. 27 Septembre 1815. Enreg. 28 du même mois. No. 153 du Reg. 29.— *Voyez* CHEF JUGE ET COUR D'APPEL.

COMMISSAIRE DELEGUE (Au Tribunal de 1re. Instance.) —*Administration du Général Decaen.*—*Voyez* JUGE.

---

(1) Voyez Proclamation, en date du 28 Mai 1849. No. 1206 de la Collection des Lois de l'année 1849.

COMMISSAIRE NATIONAL.—*Assemblée Coloniale.*— Indication de ses fonctions. 28 Novembre 1793. Enreg. 20 Décembre suivant. No. 251 du Reg. 23.

Ne pourra faire, dans les affaires criminelles, aucune nomination de Jurés. 24 Messidor An 3, Enreg. 29 du même mois. No. 387 du Reg. 23.

Règles concernant son élection. 27 Messidor An 3. Enreg. 7 Thermidor suivant. No. 392 du Reg. 23.

Est autorisé à faire expédier, par le Greffier du Tribunal d'Appel, toutes les lois qui lui sont adressées par le Gouverneur et à les transmettre au Tribunal civil. 23 Vendémiaire An 4. Enreg. 25 du même mois. No. 418 du Reg. 23.

Ses marques distinctives. 13 Frimaire An 4. Enreg. 25 du même mois. No. 431 du Reg. 23.

Il sera présent à l'instruction des affaires criminelles pour y remplir les fonctions de Ministère Public. 6 Thermidor An 4. Enreg. 15 du même mois. No. 497 *(bis)* du Reg. 23.

Autres dispositions concernant ce Magistrat et abrogation de l'Arrêté du 13 Frimaire An 4, le concernant. 7 Nivôse An 5. Enreg. 15 du même mois. No. 529 du Reg. 24.

Il est tenu de remettre au Greffe du Tribunal d'Appel les Arrêtés sanctionnés dans le jour. 3 Ventôse An 5. Enreg. 6 du même mois. No. 550 du Reg. 24.

Manière de pourvoir à son remplacement. 15 Brumaire An 6. Enreg. 18 du même mois. No. 615 du Reg. 24.

Id. 13 Messidor An 6. Enreg. 17 du même mois. No. 660 du Reg. 24.

Id. 2 Thermidor An 8. Enreg. 4 du même mois. No. 747 du Reg. 25.

Id. 3 Fructidor An 9. Enreg. 6 du même mois. No. 789 du Reg. 25.—*Voyez* SUBSTITUTS.

COMMISSAIRE EN CHEF (de la Police.)— *Gouvernement de Sa Majesté Britannique.*— L'Article 6 de l'Ordonnance du 7 Février 1829, No. 43, ne contrarie en rien l'autorité et les pouvoirs qui lui sont accordés par la loi. Ordonnance No. 46. 18 Mars 1829. Enreg. 2 Avril suivant. No. 521 du Reg. 31 (1).

Droit à lui accordé de juger, en certains cas, les contraventions aux Réglements de Police. Ordonnance No. 72 (sans approbation) 16 Mars 1831. Enreg. 25 du même mois. No. 584 du Reg. 31.

COMMISSAIRES.—*Administration pour le Roi de France.*— Ceux nommés pour l'instruction des procès criminels, en seront

---

(1) L'Ordonnance No. 43 de 1829, est celle qui établit en cette Colonie un Protecteur et Gardien des Esclaves.—Voyez le No. 517 du Reg. 31.

rapporteurs, lors des jugements définitifs. 6 Août 1779. No. 493 du Reg. 15.—*Voyez* RAPPORTEURS.

Assemblée Coloniale.—Adoption de la loi de l'Assemblée Nationale, concernant les Commissaires envoyés dans les Colonies. 22 Janvier 1793. Enreg. 8 Février suivant. No. 168 du Reg. 21.

Nomination de ceux chargés de veiller à la sûreté intérieure de la Colonie, et de faire agir la force armée au besoin. 29 Floréal An 9. Enreg. 5 Prairial suivant. No. 777 du Reg. 25.

COMMISSAIRES CIVILS.—*Administration du Général Decaen.*— Leur institution aux Iles de France et de la Réunion. 9 Vendémiaire An 12. Enreg. 14 du même mois No. 11 du Reg. 26.

Nomination de ceux des quartiers. 12 Vendémiaire An 12. Enreg. 18 du même mois. No. 12 du Reg. 26.

Sont chargés en outre de leurs fonctions spéciales, de toutes les mesures provisoires et conservatoires de Justice et de Police. 14 Vendémiaire An 12. Enreg. 21 du même mois No. 14 du Reg. 26.

Tarif des droits qu'ils doivent percevoir pour les Actes de leurs attributions spéciales. 3 Brumaire An 12· Enreg. 4 du même mois. No. 29 du Reg. 26.

Celui du quartier du Port Sud-Est est autorisé à mettre M. Ducray en possession d'un bien sis à la Savanne, dont il s'est rendu adjudicataire. 4 Brumaire An 12. Enreg. 5 du même mois. No. 31 du Reg. 26.

Nomination de leurs Suppléants dans les différents quartiers des Iles de France et de la Réunion. 29 Brumaire An 12. Enreg. 9 Frimaire même année. No. 51 du Reg. 26.

Distinctions entre leurs attributions et celles des Commandants de quartiers. 21 Pluviôse An 12. Enreg. 26 du même mois. No. 71 du Reg. 26.

Pourront être commis, par les Tribunaux, pour la réception du serment, tant en fait d'expertise qu'en toute autre matière. 5 Fructidor An 12. Enreg. 6 du même mois. No. 108 du Reg. 27.

Nouveau costume à eux prescrit. 15 Nivôse An 12. Enreg. 20 du même mois. No. 125 du Reg. 27.

Nouvelles attributions à eux conférées. 29 Novembre 1806. Enreg. 4 Décembre suivant. No. 197 du Reg. 27.

Gouvernement de Sa Majesté Britannique.—Celui de Flacq et son Suppléant sont autorisés à exercer au quartier du Grand Port, attendu la maladie du Commissaire Civil de ce quartier et celle de son Suppléant. 3 Juillet 1829. Enreg. 4 du même mois. No. 527 du Reg. 31.

Sont établis dans leurs quartiers respectifs, Suppléants du Juge de Paix de la ville du Port Louis. Ordonnance No. 12 (approuvée) (1). 14 Novembre 1836. No. 753 du Reg. 34.

COMMISSAIRES D'ENQUÊTE. — Enregistrement de leur commission, en date du 17 Novembre 1725, à eux délivrée sous le grand sceau du Royaume. 11 Octobre 1826. No. 456 du Reg. 30.

COMMISSAIRES DE QUARTIERS. — Création de ceux des quartiers de la ville du Port Louis. 15 Avril 1813. Enreg. 15 Mai suivant. No. 89 du Reg. 28.

Les principaux devoirs de ces Commissaires, sont de tenir un Registre des personnes qui se trouvent dans leurs arrondissements. Ibid.

Nomination de ceux chargés, aux termes de l'Ordre en Conseil du 24 Septembre 1814, de procéder à une nouvelle vérification des noirs esclaves recensés par les tuteurs, curateurs, &c. Ordonnance No. 58. 9 Janvier 1830. Enreg. 11 Février suivant. No. 545 du Reg. 31.

COMMISSAIRES DU GOUVERNEMENT. — *Administration du Général Decaen.* — Fixation de leurs traitements. 28 Vendémiaire An 12. Enreg. 29 du même mois. No. 34 du Reg. 26.

Manière de les remplacer en cas d'empêchement. 2 Brumaire An 12. Enreg. 11 du même mois. No. 36. du Reg. 26.

Ceux près les Tribunaux d'Appel, sont autorisés à se substituer pour une partie de leurs travaux, les deux derniers Suppléants de ces Tribunaux. 2 Brumaire An 12. Enreg. 11 du même mois. No. 37 du Reg. 26.

COMMISSAIRES GÉNÉRAUX (de la Police.) — *Gouvernement de Sa Majesté Britannique.* — Ils décideront, sans appel, sur toutes contraventions aux lois et réglements de Police de tous genres qui n'emporteront pas plus de 3 jours de prison et 50 francs d'amende. 3 Décembre 1817. Enreg. 8 du même mois. No. 240 du Reg. 29.

COMMISSAIRES PRISEURS. — Leur création. Ordonnance No. 7 (approuvée) (2). 9 Mars 1835. Enreg. 4 Juin même année. No. 727 du Reg. 33.

Auront le pouvoir exclusif de faire des ventes mobilières publiques de toutes marchandises ou effets mobiliers. Ordonnance No. 13 (approuvée) (3). 31 Mai 1841. No. 891 du Reg. 39.

---

(1) Voyez Certificat du Gouverneur, en date du 14 Novembre 1837. No. 39 de la liasse de ces pièces.
(2) Voyez Certificat du Gouverneur, en date du 22 Avril 1836. No. 24 de la liasse de ces pièces déposées au Greffe de la Cour.
(3) Id. Id. Id. en date du 13 Novembre 1841. No. 77 Id.

COMMISSIONS. — *Compagnie des Indes.* — Création, par la Compagnie des Indes, d'une Commission secrète pour gérer et administrer les affaires de cette Compagnie. 18 Mai 1765. No. 199 du Reg. 10.

Administration pour le Roi de France. — Création, par le Conseil supérieur, d'une Commission chargée de prendre, auprès des Chefs, les renseignements qui peuvent intéresser la sûreté publique, et de porter les délits à la connaissance du Ministère public. 17 Juin 1790. No. 1012 du Reg. 19.

Abrogation de cette Commission. 23 Juin 1790. No. 1020 du Reg. 19.

Assemblée Coloniale. — Il en sera créée une en cette Colonie, semblable à celle décrétée par la Convention Nationale, sous les dates des 19 Mars, 10 Mai, 5 Juillet et 3 Septembre 1791, dont les dispositions sont adoptées, en attendant la formation du Tribunal Criminel. 18 Prairial An 2. Enreg. 14 Juin 1794. No. 305 du Reg. 23.

La compétence de cette Commission est étendue aux noirs marrons, chefs de bandes, ou attaquant à main armée. 4 Thermidor An 2. Enreg. 24 Juillet 1794. No. 320 du Reg. 23.

Elle pourra appliquer les peines prononcées par les Articles 12, 27 et 28 des Lettres-Patentes de 1723. 13 Thermidor An 2. Enreg. 2 Août 1794. No. 323 du Reg. 23.

Abrogation de la Commission dite "des Trois" et création de celle chagée d'appliquer les peines prononcées contre les noirs, chefs d'ateliers, ou autres qui formeraient des complots contre la sûreté publique; ou qui exciteraient les noirs à la désertion ou à quitter leurs travaux. 16 Floréal An 7. Enreg. 25 du même mois. No. 687 du Reg. 25.

Autres dispositions concernant cette Commission, adoptées à l'occasion du refus des citoyens désignés pour la composer. 6 Prairial An 7. Enreg. 7 du même mois. No. 692 du Reg. 25.

Peines que cette Commission est autorisée à prononcer contre les esclaves, attendu la multiplicité des crimes d'assassinat et d'empoisonnement commis par ces derniers. 29 Ventôse An 9. Enreg. 5 Germinal même année. No. 769 du Reg. 25.

Nouvelle organisation de cette Commission. 13 Brumaire An 11. Enreg. 20 du même mois. No. 834 du Reg. 26.

Organisation de la Commission intermédiaire et suppression de celle dite des Quatre. 8 Pluviôse An 10. Enreg. 15 du même mois. No. 803 du Reg. 26.

Cette Commission pourra délibérer au nombre de 3 membres. 5 Floréal An 10. Enreg. 16 du même mois. No. 817 du Reg. 26.

Cas où la Commission spéciale peut modérer les peines. 1er. Germinal An 11. Enreg.   No. 841 du Reg. 26.

Création de la Commission d'Instruction publique. 24 Floréal An 8. Enreg. 8 Prairial même année. No 732 du Reg. 25.

Réglements concernant cette Commission. 14 Pluviôse An 9. Enreg. 18 du même mois. No. 766 du Reg. 25.

Gouvernement de Sa Majesté Britannique. — Création d'une Commission chargée de procéder à toute espèce de constatations et d'instructions relatives aux prises conduites en ce Port. 22 Mars 1811. Enreg. 26 du même mois. No. 22 du Reg. 27.—*Voyez* COLLÉGE ET ECOLE.

COMMISSIONS (Diplômes.)—L'enregistrement dans les Tribunaux, de celles accordées par le Gouvernement, pour l'exercice des charges de l'Administration, n'est pas une condition de leur authenticité. 6 Novembre 1832. Enreg. 21 Mars 1833. No. 643 du Reg. 31.

Elles auront pleine force du jour qu'elles seront annoncées par la voie d'une Proclamation ou autre avis public. Id.—*Voyez* NICOLAY ET AMIRAUTÉ.

COMMUNES.—*Compagnie des Indes.*—Etablissement de celle des habitants. 9 Avril 1753. No. 140 du Reg. 8.

Autres dispositions y relatives. 2 Avril 1756. No. 154 du Reg. 8.

Réglements généraux sur cette matière. 19 Juillet 1766. No. 203 du Reg. 11 (1).

Administration pour le Roi de France.—Réglements relatifs à la commune. 7 Mai 1772. No. 219 du Reg. 12.

Id. 9 Septembre 1772. No. 247 du Reg. 12.
Id. 16 Septembre 1772. No. 250 du Reg. 12.
Id. 3 Mai 1773. No. 316 du Reg. 14.
Id. 12 Juillet 1784. No. 697 du Reg. 16.
Id. 23 Novembre 1784. No. 726 du Reg. 17.
Id. 12 Décembre 1786. Enreg. 23 du même mois. No. 840 du Reg. 17.
Id. 1er. Mai 1787. Enreg. 8 du même mois. No. 847 du Reg. 17.

Reddition des comptes de cette branche du Service public. 13 Septembre 1775. No. 358 du Reg. 14.
Id. 3 Décembre 1777. No. 427 du Reg. 14.
Id. 10 Août 1779. No. 495 du Reg. 15.

---

(1) D'autres dispositions, relatives à la commune des habitants, se trouvent consignées dans les Arrêtés concernant les Esclaves et les Syndics des quartiers. Il faut voir ces deux Titres sous l'administration de la Compagnie.

Manière de procéder à l'examen de ces comptes. 16 Juillet 1784. Enreg. le même jour. No. 702 du Reg. 16.

Appointements alloués au Commis attaché au bureau de la Commune. 17 Mai 1781. No. 543 du Reg. 16.

Assemblée Coloniale.—Formalités à remplir par les personnes qui demanderont le rassemblement des Communes. 30 Septembre 1791. Enreg. 4 Octobre suivant. No. 95 du Reg. 20.

Gouvernement de Sa Majesté Britannique.—*Voyez* RECEVEURS, PROTESTATIONS ET CONSEILS DE COMMUNES.

COMMUNICATION.—*Voyez* BOURBON.

COMMUTATION.—*Administration pour le Roi de France.*—Elle pourra avoir lieu à l'égard de la peine de mort ou des galères, soit à temps soit à perpétuité, prononcée contre les esclaves coupables de marronnage au 3me. cas. 4 Mai 1774. Enreg. 12 Juin 1775. No. 352 du Reg. 44.

Lettre du Ministre, approbative de cette disposition. 21 Janvier 1776. Enreg. 2 Septembre même année. No. 384 du Reg. 14.

Gouvernement de Sa Majesté Britannique. — Commutation en un mois de prison et aux travaux forcés, de la peine de mort prononcée par la Cour Royale de Bourbon, contre les nommés Pierre Noël, Pierre Louis, Jean Marie, Avril, Benjamin, Bazile et Jean Pierre, pour crime de rebellion. 16 Mars 1813. Enreg.   Octobre même année. No. 97 du Reg. 28.

Id. En la déportation à vie, à la Nouvelle-Galle, de la peine de mort prononcée contre la nommée Sophie. 30 Septembre 1824. Enreg. 14 Mars 1825. No. 408 du Reg. 30.

Id. En 16 années de chaîne, de la peine de mort prononcée contre le nommé Remy. Ordonnance No. 1. 8 Septembre 1825. Enreg. 3 Novembre même année. No. 433 du Reg. 30.

Id. En 20 années de fers, de la peine de mort prononcée contre les nommés Jean Baptiste et Victor. 22 Août 1828. Enreg. 23 du même mois. No. 508 du Reg. 31.

Id. En un embarquement, pour faire le service d'homme de mer, de la peine de 2 années de réclusion prononcée contre le nommé Etienne Eugène. 7 Septembre 1829. Enreg.   Septembre. No. 533 du Reg. 31.

Id. En la déportation à vie, de la peine de mort prononcée contre la nommée Thérésia. 9 Décembre 1830. Enreg. 5 Janvier 1831. No. 574 du Reg. 31.

Dispositions ayant pour objet de commuer les jugements de déportation qui n'auront pas reçu d'exécution. Ordonnance No. 28 (approuvée) (1). 10 Juillet 1848. No. 1171 du Reg. 46.

COMPAGNIE. — *Assemblée Coloniale.* — Formation de celle d'une Garde Nationale soldée. 17 Prairial An 6. Enreg. 25 du même mois. No. 655 du Reg. 24.

Abrogation des Arrêtés relatifs à la formation de celle des Elèves. 7 Messidor An 6. Enreg. 15 du même mois. No. 658 du Reg. 24.

Formation de celle des Chasseurs à cheval. 23 Fructidor An 8. Enreg. 7 Vendémiaire An 9. No. 756 du Reg. 25.

COMPAGNIE DES INDES. — *Compagnie des Indes.* — Confirmation de l'établissement de cette Compagnie, sous le titre de Compagnie Commerçante. Août 1764. Enreg. 17 Mai 1765. No. 198 du Reg. 10.

Elle est propriétaire incommutable et Seigneur du canal qui réunit les eaux du Ruisseau des Calebasses à celui des Pamplemousses. 12 Octobre 1758. No. 169 du Reg. 9.

Administration pour le Roi de France. — Refus de la part du Conseil supérieur, attendu le défaut de mandement, d'enregistrer l'Arrêt du Conseil d'Etat, en date du 14 Avril 1785, portant Etablissement d'une Nouvelle Compagnie des Indes. 6 Juin 1787. No. 861 du Reg. 18.

Enregistrement de cet Arrêt. 19 Août 1789. No. 952 du Reg. 18.

Autre Arrêt du Conseil d'Etat qui permet à la Compagnie des Indes de porter son capital à 40 millions, et qui proroge à 15 années la durée de son privilège. 21 Septembre 1786. Enreg. 19 Août 1789. No. 953 du Reg. 18.

Mandement du Roi aux fins d'enregistrement des deux Arrêts précités. 25 Janvier 1789. Enreg. 19 Août même année. No. 954 du Reg. 18. — *Voyez* LIQUIDATION.

COMPÉTENCE. — *Assemblée Coloniale.* — Celle des Tribunaux, sur le fait des prises. 25 Décembre 1793. Enreg. 27 du même mois. No. 253 du Reg. 23.

Celle du Tribunal de Commerce. 20 Février 1794. Enreg. 28 du même mois. No. 275 du Reg. 23.

Celle de la Commission nommée par l'Arrêt du 18 Prairial 1794, est étendue aux cas des noirs marrons, chefs de bandes, noirs marrons pris les armes à la main, en attroupement ou autres noirs

---

(1) Voyez Certificat du 13 Mars 1849. No. 115 de la liasse de ces pièces déposées au Greffe de la Cour.

attaquant à main armée. 4 Thermidor An 2. Enreg. 24 Juillet 1794. No. 320 du Reg. 23.

La compétence de cette Commission est encore étendue à l'application de la peine portée aux Articles 12, 27 et 28 des Lettres-Patentes de 1723. 13 Thermidor An 2. Enreg. 2 Août 1794. No. 323 du Reg. 23.

Celle du Tribunal Criminel composé provisoirement du Juge délégué et de deux Jurés, est étendue aux personnes mises hors la loi. 28 Germinal An 3. Enreg. le même jour. No. 369 du Reg. 23.

Celle du Tribunal de Commerce en matière de prises. 7 Prairial An 4. Enreg. 15 du même mois. No. 481 du Reg. 23.

La compétence de ce Tribunal comprend les contestations relatives aux Billets à Ordre. 4 Thermidor An 3. Enreg. 19 du même mois. No. 397 du Reg. 23.

Administration du Général Decaen. — Celle des Autorités qui doivent connaître des distributions d'eaux et de la manière de jouir des eaux légalement distribuées. 23 Messidor An 13. Enreg. le même jour. No. 145 du Reg. 27.

Promulgation de la loi du 22 Messidor An 4, sur la compétence en matière de délits ordinaires commis par des militaires en congé, hors de leurs corps. 22 Octobre 1807. Enreg. 23 du même mois. No. 219 du Reg. 27.

COMPTABILITE. — *Administration pour le Roi de France.* — *Voyez* COMMUNES.

Gouvernement de Sa Majesté Britannique. — Acte du Parlement relatif à celle du Royaume. 22 Juillet 1806. Enreg. 25 Avril 1823. No. 356 du Reg. 30.

Autre Acte du Parlement, concernant la comptabilité des Colonies. 30 Juillet 1814. Enreg. 25 Avril 1823. No. 357 du Reg. 30.

Id. 11 Juillet 1821. Enreg. 25 Avril 1823. No. 358 du Reg. 30.

COMPTABLES PUBLICS — *Administration du Général Decaen.* — Dispositions additionnelles concernant les inscriptions prises pour raison des cautionnements par eux fournis. 6 Juin 1806. Enreg. 12 du même mois. No. 181 du Reg. 27.

Droit du Trésor public sur leurs biens. 23 Mars 1808. Enreg. 31 du même mois. No. 234 du Reg. 27.

Promulgation de la loi du 5 Septembre 1807, relative à cette matière. Id.

Durée des inscriptions hypothécaires prises sur leurs biens. 30 Décembre 1808. Enreg. 20 Janvier 1809. No. 269 du Reg. 27. — *Voyez* INSCRIPTIONS.

COMPTES.— *Administration pour le Roi de France.*— *Voyez* COMMUNES ET RECEVEURS.

Assemblée Coloniale.— Réglements relatifs à ceux que la Commune Générale est tenue d'adresser au Directoire. 3me. jour complémentaire de 1An 3. Enreg. 4 Vendémiaire An 4. No. 412. du Reg. 23.

COMPULSOIRE.— *Administration pour le Roi de France.*— Arrêté qui nomme deux Commissaires pour assister au compulsoire des Registres du Greffe du Conseil supérieur par deux membres de l'Assemblée Générale de la Colonie. 25 Juin 1790. No. 1025 du Reg. 19.

Procès-verbal rapporté à cette occasion. 26 Juin 1790. No. 1026 du Reg. 19.

CONAN (Thomas Yves.)—*Administration du Général Decaen.*—Sa nomination aux fonctions d'Huissier. 10 Floréal An 13. Enreg. 20 du même mois. No. 141 du Reg. 27.

CONCESSIONNAIRES.— *Gouvernement de S. M. Britannique.*—Dispositions relatives aux concessionnaires des nouveaux emplacements de la partie incendiée de la ville. 28 Avril 1825. Enreg. 13 Mai suivant. No. 413 du Reg. 30.

CONCESSIONS.—*Compagnie des Indes.*— *Voyez* ILE SAINTE-MARIE.

Administration pour le Roi de France.—Réglements concernant celles faites sur les bords de la mer et celles par lesquelles passe le canal de la Grande-Rivière. 26 Septembre 1772. Enreg. 29 du même mois. No. 253 du Reg. 14.

Assemblée Coloniale.—Dispositions relatives à celles faites par les anciens Administrateurs de la Colonie. 19 Avril 1791. Enreg. 6 Juin même année. No. 63. du Reg. 19.— *Voyez* CORPS ADMINISTRATIFS.

Gouvernement de Sa Majesté Britannique.— Formalités auxquelles les demandes de cette nature doivent être soumises. 25 Janvier 1816. Enreg. 19 Février suivant. No. 170 du Reg. 29.

Celle accordée à la Commune Générale pour l'établissement d'une Nouvelle Bourse. 1er. Juin 1817. Enreg. 1er. Août même année. No. 212 du Reg. 29.

Celle faite à la paroisse du Grand Port, pour le Cimetière de cette paroisse. Ordonnance No. 8. 6 Février 1826. Enreg. 11 du même mois. No. 442 du Reg. 30.

CONCUSSION.—*Assemblée Coloniale.*— Procédure y relative.

5 Thermidor An 3. Enreg. 2 Fructidor suivant. No. 404 du Reg. 23.

CONDAMNATIONS.—*Gouvernement de Sa Majesté Britannique.*— Il ne pourra en être prononcé aucune à compter du 1er. Octobre jusqu'au 31 Décembre 1816, pour le paiement d'aucun billet, effet négociable ou de tout autre engagement. 28 Septembre 1816. Enreg. 30 du même mois. No. 186 du Reg. 29.

Exception à cette loi. 25 Octobre 1816. Enreg. 29 du même mois. No. 195 du Reg. 29.

CONDAMNÉS.—Suppression de l'emploi des fers à leur égard autrement que comme moyen de discipline. Ordonnance No. 15 (approuvée) (1). 4 Septembre 1839. No. 838 du Reg. 39.

Lettres-Patentes de la Reine qui confèrent au Gouverneur le pouvoir de grâcier les personnes condamnées tant par les Tribunaux de Maurice que par ceux de l'Inde : les condamnés de l'Inde sont désignés sous la dénomination de convicts. 25 Juin 1846. Déposées au Greffe le 22 Juillet 1847. No. 1112 du Reg. 45.

CONFISCATIONS.—*Assemblée Coloniale.*—Celle des navires et cargaisons, sera prononcée par le Tribunal de Police correctionnelle. 3 Pluviôse An 7. Enreg. 5 du même mois. No. 670 du Reg. 24.

Abrogation de cette loi. 1er. Ventôse An 7. Enreg. 5 du même mois. No. 675 du Reg. 24.

Les Tribunaux pourront prononcer celle de tous les vaisseaux américains. 5 Messidor An 7. Enreg. 8 du même mois. No. 699 du Reg. 25.

CONGÉS.— Adoption du Décret de la Convention, en date du 22 Janvier 1793, relatif aux congés des bâtiments de commerce français. 11 Prairial An 2. Enreg. 5 Juin 1794. No. 304 du Reg. 23.

Réglements relatifs aux congés prononcés dans les Tribunaux. 16 Frimaire An 4. Enreg. 25 du même mois. No. 432 du Reg. 23.

CONSEIL COLONIAL.—*Administration du Genéral Decaen.*— Création de ce Conseil à l'Ile de France. 29 Septembre 1810. Enreg. 1er. Octobre suivant. No. 318. du Reg. 27.

Nomination des membres des Chambres électorales, à l'effet de le composer. 30 Septembre 1810. Enreg. 1er. Octobre suivant. No. 319 du Reg. 27.

Nomination des membres du Conseil Colonial. 12 Octobre 1810. Enreg. 15 du même mois. No. 320 du Reg. 27.

CONSEIL D'ADMINISTRATION.— *Compagnie des Indes.*

---

(1) Voyez Certificat du Gouverneur, en date du 6 Juin 1840. No. 56 de la liasse de ces pièces.

—S'assemblera une fois par mois au Port Louis. 25 Mai 1780. No. 70 du Reg. 1.

CONSEILS DE COMMUNE.—*Gouvernement de Sa Majesté Britannique.*— Leur création. 8 Septembre 1817. Enreg. 13 du même mois. No. 222 du Reg. 29.

Nomination des membres qui doivent composer celui du Port Louis. 22 Septembre 1817. Enreg. 3 Novembre suivant. No. 224 du Reg. 29.

Fixation du nombre de ces membres à 15. 28 Septembre 1817. Enreg. 3 Novembre même année. No. 226 du Reg. 29.

Nomination des membres de ceux des campagnes. 10 Octobre 1817. Enreg. 3 Novembre suivant. No. 229 du Reg. 29.

Convocation des notables à l'effet de procéder à la confection des listes devant servir au choix des membres des Conseils de Commune. 19 Juin 1819. Enreg. 1er. Juillet suivant. No. 286 du Reg. 29.

Suppression de ces Conseils. 29 Janvier 1821. Enreg. 12 Février suivant. No. 321 du Reg. 29.

CONSEIL DU GOUVERNEMENT.—Création de ce Conseil à l'effet d'assister le Gouverneur dans l'administration de cette Colonie. 12 Août 1825. Enreg. 17 du même mois. No. 427 du Reg. 30.

Ce Conseil est créé en vertu des instructions de Sa Majesté, en date du 9 Février 1825, adressées à Sir G. Lowry Cole Gouverneur.

Il est composé de cinq membres qui sont :

Le Gouverneur, Président,

Le Chef Juge Commissaire de Justice,

Le Secrétaire en Chef du Gouvernement,

L'Officier Commandant les Troupes,

Le Collecteur des Douanes.

Nouvelle installation de ce Conseil, en vertu des instructions de Sa Majesté, adressées à Sir Charles Colville, sous la date du 20 Juillet 1831.—*Voyez* LE No. 760 DU REG. 35.

Quatorze membres composent ce nouveau Conseil, dont sept sont pris par parmi les personnes exerçant des offices publics auprès du Gouvernement et les sept autres membres sont choisis parmi les propriétaires de terres ou négociants.

Il est présidé par le Gouverneur ou l'Officier commandant en son absence.

Ses Actes sont soumis à la sanction royale ; les Ordonnances qui, après trois ans, à partir de leur date, n'auront reçu aucune sanction, seront considérées comme désapprouvées.

Le Conseil du Gouvernement ne pourra délibérer, ni traiter d'aucune affaire qu'il ne soit composé de huit membres au moins, sans compter le Président.

Réglements relatifs à la police des séances du Conseil du Gouvernement. Ordonnance No. 24 (approuvée) (1). 29 Novembre 1841. No. 912 du Reg. 39.—*Voyez* CHEF JUGE ET COLLECTEUR.

CONSEIL PROVINCIAL.—*Compagnie des Indes.*—Suppression de ce Conseil à l'Ile Bourbon et sa création à l'Ile de France. Edit du mois de Novembre 1723. Enreg. à l'Ile Bourbon, le 18 Septembre 1724 et à l'Ile de France, le 31 Mai 1726. No. 11 du Reg. 1.

Nomination des membres de ce Conseil et son installation par M. Lenoir, Commandant des Forts et Etablissements français aux Indes. 31 Mai 1726. No. 15 du Reg. 1.

Refus de MM. Saint-Martin et Flock de se rendre au Conseil. 28 Octobre 1728. No. 50 du Reg. 1.

Correspondance relative à ce refus, même date. Nos. 49, 51 et 52 du Reg. 1.

Réinstallation du Conseil Provincial par M. Dumas, Gouverneur. 24 Mars 1729. No. 60 du Reg. 1.

Suppression de ce Conseil à l'Ile de France. 4 Novembre 1734. Enreg. 5 Juin 1735. No. 90 du Reg. 4.

CONSEIL SUPÉRIEUR.— Sa création à l'Ile Bourbon. Edit de Novembre 1723. Enreg. à l'Ile Bourbon, 18 Septembre 1724 et à l'Ile de France, le 31 Mai 1726. No. 11 du Reg. 1.

Création de ce Conseil à l'Ile de France. 4 Novembre 1734. Enreg. 5 Juin 1735. No. 90 du Reg. 4.

Administration pour le Roi de France.—Edit portant suppression de ceux établis aux Iles de France et Bourbon, et établissement de nouveaux Conseils supérieurs dans chacune de ces Iles. Juin 1766. Enreg. 17 Juillet 1767. No. 1 du Reg. 12.

Les Conseils supérieurs ne pourront s'immiscer ni directement ni indirectement dans les affaires qui regardent le Gouvernement. Art. 31 de l'Ordonnance sur le Gouvernement civil des Iles de France et Bourbon. 25 Septembre 1767. No. 29 du Reg. 12.

Pourront adresser au Roi des représentations relativement à l'enregistrement des lois et provisions, sans que sous ce prétexte, l'exécution de ces lois et provisions puisse être sursise ou retardée. Art. 9 de l'Ordonnance sur les enregistrements. 30 Septembre 1766. Enreg. 27 Juillet 1767. No. 30 du Reg. 12.

Auront la faculté de surseoir, dans certains cas, à l'enregistrement des lois et d'adresser leurs motifs et leurs représentations au Roi. Art. 10 de l'Ordonnance sur les enregistrements. 30 Septembre 1766. Enreg. 27 Juillet 1767. No. 30 du Reg. 12.

---

(1) Voyez Certificat du Gouverneur, en date du 20 Octobre 1842. No. 69 de la liasse de ces pièces.

Ordonnance du Roi concernant la discipline des Conseils supérieurs. 1er. Octobre 1766. Enreg. 20 Juillet 1767. No. 250 (*bis*) du Reg. 13 (1).

Fixation du nombre de leurs séances, des jours et heures de ces séances et de la nature des affaires qui doivent y être portées. 25 Septembre 1766. Enreg. 29 Juillet 1767. No. 38 du Reg. 12.

Autres Réglements à ce sujet. 14 Novembre 1769. No. 156 du Reg. 12.

Exemption en faveur des Officiers des Conseils supérieurs de la chasse des sauterelles. 25 Janvier 1769. No. 124 du Reg. 12.

Arrêté qui nomme un Commissaire à l'effet de rédiger un Mémoire devant être adrssé au Ministre pour obtenir une augmentation de Conseillers titulaires et les objets nécessaires à l'appareil extérieur de la Justice en cette Ile. 13 Juillet 1769. No. 150 du Reg. 12.

Mémoire adressé au Ministre, par le Conseil supérieur de l'Ile de France, concernant les objets qu'exige l'appareil extérieur de la Justice en cette Colonie. 25 Juillet 1769. Enreg. 19 Juillet 1770. No. 181 du Reg. 12.

Acte de la lecture faite au Conseil de l'Ordonnance du Roi, relative à la discipline des Conseils supérieurs. 24 Avril 1770. No. 164 du Reg. 12.

Les membres, composant les Conseils supérieurs, ne peuvent se charger, par procuration, de la poursuite d'aucune affaire. 8 Mai 1770. No. 169 du Reg. 12.

Celui de l'Ile de France siégera sous le bon plaisir de MM. les Présidents, tous les jours de chaque semaine. 30 Août 1770. No. 189 du Reg. 12.

Réponse de l'Intendant, relative à cette disposition. 3 Septembre 1770. No. 190 du Reg. 12.

Suppression de ceux existant aux Iles de France et Bourbon et création de nouveaux Conseils supérieurs dans ces Iles, à l'occasion de l'établissement d'une Juridiction Royale. Novembre 1771. Enreg. 2 Décembre 1772. No. 268 du Reg. 14.

Installation du nouveau Conseil supérieur à l'Ile de France. 2 Décembre 1772. No. 269 du Reg. 14.

Fixation des séances de cette Cour. 8 Décembre 1772. No. 293 du Reg. 14.

Demande, adressée au Roi, à l'effet d'obtenir que les membres des Conseils supérieurs jouissent des droits, prérogatives, honneurs et privilèges attribués aux autres Cours souveraines du Royaume. 19 Novembre 1779. No. 509 du Reg. 15.

Lettre, aux Administrateurs de la Colonie, ayant le même objet. 12 Janvier 1780. No. 518 du Reg. 15.

---

(1) Cette Ordonnance est transcrite en tête du Registre des Mercuriales prononcées par le Conseil supérieur. Elle ne se trouve point sur les Registres des Lois et Ordonnances.

Le Conseil supérieur de l'Ile de France tiendra ses séances dans le local destiné à l'ancien Palais, en attendant les réparations du nouveau Palais. 11 Mai 1782. No. 605 du Reg. 16.

Inconvénients qui résultent de ce nouveau local. 13 Novembre 1783. No. 671 du Reg. 16.

Fixation des vacations des membres du Conseil supérieur de cette Ile, en cas de déplacement. 14 Juillet 1784. No. 699 du Reg. 16.

Reprise des audiences de cette Cour dans le Palais de Justice. 12 Novembre 1785. No. 777 du Reg. 17.

Distinction des prérogatives des Conseils supérieurs d'avec celles des Administrateurs. 19 Décembre 1786. No. 838 du Reg. 17.

Arrêté du Conseil supérieur à ce sujet. 23 Décembre 1786. No. 839 du Reg. 17.

Les Conseils supérieurs ne pourront, à l'avenir, faire d'autres Réglements que ceux qui pourront concerner le régime intérieur des corps de la Magistrature. 18 Décembre 1786. Enreg. 17 Janvier 1787. No. 842 du Reg. 17.

Extrait d'un Mémoire du Roi, relatif à cette matière. 26 Février 1781. Enreg. 11 Janvier 1787. No. 843 du Reg. 17.

Jugeront à l'audience toutes les causes et procès qui en seront susceptibles, suivant l'usage des Cours souveraines. 9 Mai 1787. No. 849 du Reg. 17.

Adhésion du Conseil supérieur de cette Ile, à ce que ses membres prennent part aux délibérations de l'Assemblée générale des Représentants de la Colonie. 30 Avril 1790. No. 986 du Reg. 18.

Adresse de cette Cour, à l'Assemblée Nationale, à l'effet de la prier de régler incessamment l'état de la Colonie, en faisant connaître à ses habitants les lois qui composent la nouvelle Constitution française. 28 Mai 1790. No. 999 du Reg. 19.

Sa protestation contre les Arrêtés de l'Assemblé générale de la Colonie, par lesquels cette Assemblée déclare se saisir des pouvoirs municipaux. Id.

Persistance de la Cour dans ses protestations. 1er. Juin 1790. No. 1001 du Reg. 19.

Id. 2 Juin 1790. No. 1002 du Reg. 19.

Sa délibération à l'effet de décider s'il n'est pas convenable que ceux de Messieurs qui font partie de l'Assemblée des Electeurs, soient priés, au nom de la Cour, de se retirer de cette Assemblée. 4 Juin 1790, No. 1006 du Reg. 19.

Id. 7 Juin 1790. No. 1007 du Reg. 19.

Ordre du Conseil supérieur à l'Inspecteur en Chef de la Police et à tous autres Inspecteurs de faire au Substitut du Procureur Général du siége, sur-le-champ et directement, tous rapports et de lui remettre, sans délai et en original, les déclarations et plaintes qu'ils recevront. 9 Juin 1790. No. 1008 du Reg. 19.

Députation du Conseil supérieur auprès de l'Intendant, à l'effet de prendre tous les renseignements relatifs à des mouvements très alarmants qui se manifestent dans la ville. 17 Juin 1790. No. 1010 du Reg. 19.

Rapport de cette députation. 17 Juin 1790. No. 1011 du Reg. 19.

Commission créée par le Conseil supérieur, à l'effet de prendre auprès des Chefs des renseignements relatifs à tout ce qui peut intéresser la sûreté publique, et de porter les délits à la connaissance du Ministère public. 17 Juin 1780. No. 1012 du Reg. 19.

Rapport de cette Commission. 17 Juin 1790. No. 1013 du Reg. 19.

Suppression de cette Commission. 23 Juin 1790. No. 1020 du Reg. 19.

Détermination du Conseil supérieur, relative à un poteau érigé en signe d'insurrection, dans la rue de l'Eglise. 18 Juin 1790. No. 1014 du Reg. 19.

Rapport de la députation envoyée à l'Intendant à cet effet. 18 Juin 1790. No. 1015 du Reg. 19.

Remercîments, votés par le Conseil supérieur, aux jeunes citoyens composant la Garde Nationale pour le courage avec lequel ils ont secondé le zèle des Officiers municipaux dans les émeutes des 17 et 18 Juin 1790. 23 Juin 1790. No. 1019 du Reg. 19.

Assemblée Coloniale.— Le Conseil supérieur s'assemblera en la Salle des Audiences du Siége, attendu que le Palais du Conseil est occupé par les Assemblées primaires de cette ville. 5 Mai 1791. No. 52 du Reg. 19.

Les Avocats et Postulants seront invités à compléter le Conseil supérieur. 7 Septembre 1792. No. 145 du Reg. 21.

Autres dispositions à ce sujet. 11 Septembre 1792. No. 146 du Reg. 21.

Le Conseil supérieur reçoit la dénomination de Tribunal d'Appel. 25 Février 1793. Enreg. 4 Mars suivant. No. 174 du Reg. 21.— *Voyez* TRIBUNAUX, COUR D'APPEL, INCOMPATIBILITÉ, PROTESTATIONS, AUDIENCES ET AFFAIRES.

CONSEILLERS.—*Compagnie des Indes.*—Nomination de ceux du Conseil supérieur à l'Ile de France, aux places de Commandants des divers quartiers de cette Ile. 11 Août 1762. No. 185 du Reg. 10.

Administration pour le Roi de France.—*Voyez* HONNEURS.

CONSEILS.— *Assemblée Coloniale.*— Ceux de discipline de la Garde Nationale, sont supprimés. 17 Pluviôse An 4. Enreg. 25 du même mois. No. 455 du Reg. 23.

Création de ceux chargés de la répartition des prises. 4 Pluviôse An 9. Enreg. 7 du même mois. No. 765 du Reg. 25.

Adoption des Décrets de la Convention, en date du 2me, jour

complémentaire de l'An 3, et 4 Brumaire An 4, relatifs aux Conseils militaires qui doivent remplacer les Tribunaux militaires. 23 Messidor An 4. Enreg. 26 du même mois. No. 494 du Reg. 23.

CONSEILS (Défenseurs.) — *Administration pour le Roi de France.*—Choix et nomination de ceux des noirs esclaves, dans les procès criminels. 13 Juillet 1790. No. 1032 du Reg. 19.

CONSEIL PRIVÉ.— *Gouvernement de Sa Majesté Britannique.* —Acte du Parlement, sous la date du 6 Août 1844, ayant pour objet de modifier un autre Acte passé dans la 4me. année du règne du feu Roi, intitulé : Un Acte pour une meilleure administration de la Justice au Conseil privé de Sa Majesté et aussi pour étendre la juridiction et le pouvoir de cette Cour. Déposé au Greffe de la Cour d'Appel, le 6 Février 1845. No. 1032 du Reg. 43.

Ordre du Conseil privé qui astreint les Magistrats qui auront prononcé un jugement dont il sera fait appel, à transmettre par écrit, au Conseil privé de Sa Majesté, les motifs de leur jugement. 12 Février 1845. Enreg. 14 Août même année. No. 804 du Reg. 32.

Ordre du Conseil privé qui astreint les Magistrats qui auront prononcé un jugement dont il sera fait appel, à transmettre par écrit, au Conseil privé de Sa Majesté, les motifs de leur jugement. 12 Février 1845. Enreg. 14 Août même année. No. 804 du Reg. 32.

Ordre du Conseil privé de Sa Majesté, qui autorise le Gouverneur, assisté du Conseil législatif de la Colonie, à faire les lois, règlements et changements qui peuvent concerner les tribunaux et les matières qui s'y rattachent. 26 Avril 1845. Enreg. 29 Août même année. No. 805 du Reg. 32.

CONSEIL MUNICIPAL.— *Voyez* Réglements et Tarifs.

CONSERVATEUR.—Nomination de celui des Eaux et Forêts 5 Septembre 1811. Enreg. 7 du même mois. No. 43 du Reg. 27.

CONSIGNATAIRES.— *Assemblée Coloniale.* — Ceux des navires venant de l'Ile de la Réunion, de Madagascar, des Seychelles, &c., sont tenus de se présenter à la Municipalité du Port N. O., immédiatement après leur arrivée. 13 Frimaire An 6. Enreg. 15 du même mois. No. 623 du Reg. 24.

Gouvernement de Sa Majesté Britannique.—Ceux qui voudront vendre au détail des objets ou marchandises, sont tenus de prendre une patente. 11 Avril 1815. Enreg. 12 du même mois. No. 129 du Reg. 28.

Sont tenus de rembourser au Gouvernement tous les frais de

nourriture, d'habillement, d'hôpital, pour tout marin ou matelot appartenant aux navires à leur consignation. 25 Mai 1819. Enreg. 2 Juin suivant. 284 du Reg. 29.

Sont tenus de fournir caution avant le départ des navires pour le remboursement des sommes qui seraient dues au Gouvernement, à raison des dépenses occasionnées par les hommes des navires qui leur sont consignés. 21 Juillet 1825. Enreg. 2 Août suivant. No. 421 du Reg. 30.

CONSTITUTION.—*Assemblée Coloniale.*—Mode provisoire de la Constitution de la Colonie, arrêté par l'Assemblée Coloniale. 2 Avril 1791. Enreg. 15 du même mois. Nos. 45 et 46 du Reg. 19.

Arrêté qui ordonne la mise à exécution du mode provisoire de Constitution avec des modifications. 2 Avril 1791. Enreg. 15 du même mois. No. 47 du Reg. 19.

Envoi de cette Constitution à l'Assemblée Nationale, pour obtenir la sanction de ce corps. Id.

Abrogation de l'Art. 26 du Titre 9 de la Section 2 de cette Constitution. 21 Octobre 1791. Enreg. 12 Novembre suivant. No. 102 du Reg. 20.

Adoption du Décret de la Convention, en date du 21 Septembre 1792, qui porte qu'il ne peut exister de Constitution qu'elle ne soit acceptée par le peuple. 17 mai 1793. Enreg. 22 Août même année. No. 222 du Reg. 21.

Adresse du Conseil supérieur à l'Assemblée Coloniale Nationale à l'effet d'obtenir une Constitution coloniale. 20 Septembre 1790. No. 12 du Reg. 19.

La Constitution française aura son entière exécution en ce qui concerne les forces de la République, tant que la Colonie ne sera point déclarée en état de siége et que les troupes seront considérées comme en garnison. 6 Nivôse An 3. Enreg. 14 du même mois. No. 355 du Reg. 23.— *Voyez* ORGANISATION, ET ASSEMBLÉE COLONIALE.

CONSTRUCTIONS EN BOIS.—*Gouvernement de Sa Majesté Britannique.*— Défense d'en faire dans la ville du Port Louis. Ordonnance No. 4 (approuvée) (1). 25 Mars 1839. No. 823 du Reg. 37.

Autorisation donnée au Gouverneur de permettre les constructions en bois, sur les demandes qui lui auraient été adressées jusqu'au 1er. Septembre 1839. Ordonnance No. 16 (approuvée) (2). 9 Septembre 1839. No. 839 du Reg. du Reg. 37.

---

(1) Voyez Certificat du Gouverneur, en date du 3 Décembre 1889. No. 53 de la liasse de ces pièces.
(2) Id.   Id.   Id.   en date du 9 Novembre 1840. Id.

CONSULS.—*Administration pour le Roi de France.*—Règlements à eux relatifs. 14 Septembre 1781. No. 572 du Reg. 16.

Assemblée Coloniale.— Défense à ceux des puissances ennemies, qui se trouveront dans cette Ile, d'exercer leurs pouvoirs. 17 Octobre 1792. Enreg. 22 Août 1793. No. 217 du Reg. 21.

Arrêté qui ordonne l'enregistrement des Lettres-Patentes du Consul des Etats-Unis, résidant en cette Colonie. 3 Ventôse An 6. Enreg. 6 du même mois. No. 637 du Reg. 24.

Id. De celui de l'Empereur d'Allemagne. 1er. Brumaire An 10. Enreg. 5 du même mois. No. 794 *(bis)* du Reg. 26.

CONTENOT (François.)—*Administration pour le Roi de France.*—Bulle et Bref du Pape Clément XIV, qui donne à ce Préfet apostolique le pouvoir de conférer le Sacrement de Confirmation dans l'étendue des Iles de France et Bourbon, et le pouvoir de dispenser, pendant dix années, les habitants de ces Iles, au second degré de consanguinité et d'affinité dans les mariages contractés ou à contracter ; et, en outre, de dispenser même au premier degré d'affinité en ligne directe aux cas exprimés au dit Bref. 18 Juillet 1770 et 4 Avril même année. Enreg. 9 Juillet 1771. Nos. 205 et 206 du Reg. 12.

CONTESTATIONS.—*Assemblée Coloniale.*—Arrêt qui détermine la nature de celles qui sont de la compétence des Tribunaux de Famille. 26 Messidor An 3. Enreg. 29 du même mois. No. 390 du Reg. 23.

Adoption de la loi de la Convention, en date du 29 Messidor An 2, relative à la manière de procéder dans les contestations qui devront être suivies de ventes ou licitations de fonds indivis avec des absents ou interdits. Id.

Celles qui auront lieu à l'égard de tous billets à ordre, sont de la compétence du Tribunal de Commerce. 14 Thermidor An 3. Enreg. 19 du même mois. No. 397 du Reg. 23.

CONTRAINTES.—*Gouvernement de Sa Majesté Britannique.*—*Voyez* IMPÔTS.

CONTRAINTE PAR CORPS.—*Administration pour le Roi de France.*—Elle pourra être prononcée par le Juge Royal en matière de commerce. 14 Septembre 1781. No. 572 du Reg. 16.

Assemblée Coloniale.—N'est point abrogée. 16 Vendémiaire An 7. Enreg. 25 du même mois. No. 666 du Reg. 24.

Administration du Général Decaen.—Promulgation aux Iles de France et Bonaparte de la loi du 10 Septembre 1807, relative à la contrainte par corps contre les étrangers non domiciliés en France. 23 Mars 1808. Enreg. 31 du même mois. No. 238 du Reg. 27.

Gouvernement de Sa Majesté Britannique.—Dispositions qui amendent la loi sur la contrainte par corps en matière civile et commerciale et qui règlent les conditions et la durée de l'emprisonnement en ces matières Ordonnance No. 61 (approuvée) (1). 18 Novembre 1844. No. 1029 du Reg. 42.

CONTRATS.—*Assemblée Coloniale.*—Les Contrats authentiques de ventes ne supporteront qu'un droit simple d'enregistrement, s'il est justifié que le droit composé ait été payé sur un Acte privé qui aurait précédé. 27 Floréal An 5. Enreg. 5 Prairial même année. No. 571 du Reg. 24.

Ceux d'union, pour cause de dettes, ne paieront qu'un droit simple. 16 Ventôse An 6. Enreg. 18 du même mois. No. 642 du Reg. 24.

CONTRATS DE SERVICE.—*Gouvernement de Sa Majesté Britannique.*—Promulgation de l'Ordre en Conseil, sous la date du 30 Juillet 1838, y relatif. 1er. Janvier 1839. No. 813 du Reg. 37.

Ordre en Conseil qui porte que la 1re. Section du 2me. Chapitre de l'Ordre en Conseil du 7 Septembre 1838, ne s'étend à aucun contrat de service fait dans les limites du Royaume-Uni. 23 Juin 1841, publié à l'Ile Maurice, le 4 Décembre même année. No. 913 du Reg. 39.—*Voyez* IMMIGRANTS.

CONTRAVENTIONS.—*Assemblée Coloniale.*—La connaissance de celles commises contre la loi concernant l'introduction des noirs, est attribuée au Tribunal de Police Correctionnelle du canton où les délits auront été commis. 17 Messidor An 3. Enreg. 21 du même mois. No. 382 du Reg. 23.

Gouvernement de Sa Majesté Britannique.—La connaissance de celles commises par les apprentis, est attribuée aux Juges spéciaux. Ordonnance No 14 (sans approbation). 12 Octobre 1835. Enreg. 22 Décembre suivant. No. 735 du Reg. 33.—*Voyez* COMMISSAIRE EN CHEF DE POLICE.

CONTRIBUTIONS.—*Compagnie des Indes.*—Réglements relatifs à celle à laquelle la commune des habitants doit être assujétie pour le paiement des noirs justiciés ou tués par les détachements. 9 Avril 1753. No. 140 du Reg. 8.

---

(1) Voyez Certificat du 17 Juin 1844. No. 90 de la liasse de ces pièces déposées au Greffe de la Cour.

Id. 12 Avril 1756. No. 154 du Reg. 8.

Fixation de cette contribution. 26 Mai 1757. No. 162 du Reg. 9.

Réglements concernant la perception de la contribution imposée aux habitants. 13 Juillet 1758. No. 167 (*bis*) du Reg. 9.

Id. 10 Août 1758. No. 167 (*ter*) du Reg. 9.

Etablissement d'une contibution de 25 sous par tête d'esclave, pour subvenir aux dépenses de la commune. 19 Juillet 1766. No. 203 du Reg. 11.

Autres réglements relatifs à la perception des contributions. 24 Mars 1767. No. 206 du Reg. 11.

Assemblée Coloniale.— Tableau dressé pour la perception des contributions personnelles et industrielles. 3, 4 et 5 Floréal An 4. Enreg. 15 du même mois. No. 478 du Reg. 23.

Création d'une contribution extraordinaire. 26 Germinal An 5. Enreg. 28 du même mois. No. 563 du Reg. 24.

Autres dispositions relatives à cette contribution. 29 Germinal An 5. Enreg. 5 Floréal suivant. No. 565 du Reg. 24.

Id. 14 Prairial An 5. Enreg. 16 du même mois. No. 572 du Reg. 24.

Prorogation pour le paiement des quotes-contributives du trentuple. 23 Messidor An 5. Enreg. 25 du même mois. No. 589 du Reg. 24.

Création d'une contribution à titre de prêt. 14 Pluviôse An 6. Enreg. 25 du même mois. No. 633 du Reg. 24.

Il est enjoint aux Notaires et Huissiers d'exiger des citoyens qui requerront leur ministère, la quittance de leurs contributions.

Aucun Tribunal ne pourra non plus prononcer de jugement qu'au préalable le demandeur n'ait présenté la quittance de ses contributions.

Administration du Général Decaen.—Nouveau mode relatif aux contributions. 25 Fructidor An 12. Enreg. 30 du même mois. No. 113 du Reg. 27.

Gouvernement de Sa Majesté Britannique.—*Voyez* COMMUNE, IMPÔTS, TRENTUPLE ET TAXES.

CONTROLE.—*Administration pour le Roi de France.*—Etablissement de celui des Actes. 14 Août 1778. No. 461 du Reg. 15.

Interprétation de cette loi. 16 Septembre 1778. No. 464 du Reg. 15.

Autres réglements relatifs au Contrôle. 17 Août 1786. No. 828 du Reg. 17.

Assemblée Coloniale.—Réglements concernant celui des Actes. 28 Février 1791. Enreg. 3 Mars suivant. No. 36 du Reg. 19

Autres dispositions concernant le contrôle des Actes et Exploits et droits y relatifs. 21 Février 1794. Enreg. 1er, Mars suivant. No. 269 du Reg. 23.

Abrogation de l'Article 21 de la loi précitée du 21 Février 1794, relative au contrôle des Actes et Exploits, et fixation des délais dans lesquels les Actes des Notaires et des Huissiers doivent être présentés au Contrôte. 14 Pluviôse An 4. Enreg. 15 du même mois. No. 454 du Reg. 23.

Additions à la loi du 17 Germinal An 4, sur le contrôle. 5 Brumaire An 4. Enreg. 8 du même mois. No. 517 du Reg. 24.

Autres réglements relatifs au Contrôle. 24 Pluviôse An 5. Enreg. 27 du même mois. No. 542 du Reg. 24.

Fixation du droit de contrôle de tous Actes émanant des Greffiers et Huissiers. 9 Germinal An 11. Enreg. 18 du même mois. No. 844 du Reg. 26.—*Voyez* ACTES.

CONTROLEURS.—*Administration pour le Roi de France.*—*Voyez* TOURAILLE.

Assemblée Coloniale.—Mesures prises à l'occasion du décès du Contrôleur des Actes. 6 Germinal An 7. Enreg. 15 du même mois. No. 681 du Reg. 34.

Ne pourront prêter leur ministère qu'autant que les citoyens qui le requerront, présenteront leur quittance d'impositions. 8 Germinal An 7. Enreg. 15 du même mois. No. 679 du Reg. 24.

Autres réglemens les concernant. 8 Germinal An 7. Enreg. 15 du même mois. No. 682 du Reg. 24.

CONVICTS.—*Gouvernement de Sa Majesté Britannique.*—Seront affectées aux travaux des routes. 25 Mars 1818. Enreg. 18 Avril suivant. No. 253 du Reg. 19.—*V.* FORÇATS ET CONDAMNÉS.

CONWAY (Thomas Comte de.)—*Administration pour le Roi de France.*—Députation à lui envoyée, par le Conseil supérieur, pour le complimenter sur son arrivée en cette Colonie. 12 Novem- 1789. No. 972 du Reg. 18.

Son entrée à ce Conseil et enregistrement de son brevet de Gouverneur Général des Iles de France et Bourbon, en date du 14 Avril 1789, à lui accordé par le Roi. 14 Novembre 1789. Nos. 973 et 974 du Reg. 13.

COOKNEY (John.)—*Gouvernement de Sa Majesté Britannique.*—Sa nomination à la place d'Interprète pour la langue anglaise. 2 Janvier 1823. Enreg. 7 du même mois. No. 346 du Reg. 29.

COOPER (John Justin.)—Sa nomination à la Place de Procureur Général du Roi près la Cour de Vice-Amirauté de cette Ile.

20 Juillet 1824. Enreg. 3 Août suivant. No. 390 du Reg. 30.

Sa nomination d'Avocat Général, en vertu d'autorisation de Sa Majesté, donnée à Sir Charles Colville, sous la date du 22 Mars 1831. 15 Août 1831. Enreg, 24 du même mois. Nos. 594 et 595 du Reg. 31.

Lettres-Patentes de Sa Majesté, qui le nomment aux fonctions d'Avocat Général et de Conseil légal. 22 Mars 1831. Enreg 10 Novembre même année. No. 602 du Reg. 31.

Sa nomination de Membre du Conseil législatif, conformément aux commissions précitées. 10 Octobre 1831. Enreg. 10 Novembre même année. No. 603 du Reg. 31.

Sa nomination à la place de Troisième Juge à la Cour d'Appel. 8 Juin 1832. Enreg. 8 Juillet suivant. No. 614 du Reg. 31.

CORDAGES.—*Assemblée Coloniale.*—Tout possesseur de cet objet, est contraint d'en faire la déclaration. 25 Frimaire An 3. Enreg. 7 Nivôse suivant. No. 353 du Reg. 23.

CORDIAUX.—*Gouvernement de Sa Majesté Britannique.*— *Voyez* SPIRITUEUX.

CORDOUAN (Joseph.)—Sa naturalisation de sujet anglais. Ordonnance No. 23 (approuvée) (1). 5 Février 1844. No. 991 du Reg. 42.

CORMANE (Jean François Achille.)—Sa naturalisation de sujet anglais. Ordonnance No. 2 (approuvée) (2) 5 Février 1844. No. 970 du Reg. 42.

CORPS CONSTITUES.—*Assemblée Coloniale.*—Création de celui des Electeurs de la Colonie. 2 Avril 1781. Enreg. 15 du même mois. No. 46 du Reg. 19 (Titre 4 de la Constitution provisoire de la Colonie).

Manière dont ceux du Génie, de l'Artillerie et des Invalides s'assembleront. 30 Avril 1794. Enreg. 19 Juin même année. No. 311 du Reg. 23.

Gouvernement de S. M. Britannique.—*V.* RASSEMBLEMENTS.

CORPS ADMINISTRATIFS.—*Assemblée Coloniale.*—Leur organisation. 21 Juillet 1790. Enreg. 30 du même mois. No. 1 du Reg. 19.

Leurs élection, fonctions et attributions. 2 Avril 1791. Enreg. 15 du même mois. No. 46 du Reg. 19 (Titre 7 de la Constitution provisoire de la Colonie).

---

(1) Voyez Certificat du 27 Novembre 1844. No. 86 de la liasse de ces pièces déposées au Greffe de la Cour.
(2) Voyez   Id.   Id.   Id.   Id.   Id.

Adoption du Décret de l'Assemblée Nationale, en date du 7 Février 1791, relatif aux Corps administratifs. 23 Septembre 1791. Enreg. 4 Octobre suivant. No. 91 du Reg. 20.

CORPS LÉGISLATIFS.—*Administration du Général Decaen.*—Promulgation, aux Iles de France et Bonaparte, du Sénatus-Consulte, en date du 19 Août 1807, concernant l'organisation de ce Corps. 24 Avril 1808. Enreg. 5 Mai suivant No. 241 du Reg. 27.

CORPS MUNICIPAUX.—*Assemblée Coloniale.*—Ceux existant dans la Colonie, subsisteront dans leur composition, leurs élection et fonctions. 2 Avril 1791. Enreg. 15 du même mois. No. 46 du Reg. 19 (Titre 8 de la Constitution provisoire de la Colonie.)

Seront chargés des fonctions des Conseils de discipline de la Garde Nationale, lesquels sont supprimés provisoirement. 17 Pluviôse An 14. Enreg. 25 du même mois. No. 455 du Reg. 23.

CORRECTIONS.—*Gouvernement de Sa Majesté Britannique.*—Celle d'une erreur de copiste, commise dans l'Ordonnance No. 27 de 1847. Ordonnance No. 29 (approuvée) (1). 28 Août 1848. No. 1172 du Reg. 46.

Id. Commise dans l'Ordonnance No. 6 de 1848, relative aux droits que paient les navires. Ordonnance No. 44 (approuvée) (2). 27 Novembre 1848. No 1118 du Reg. 46.

Id. Commise dans l'Ordonnance No. 7 de 1849 (approuvée) (3). Ordonnance No. 6 du 24 Avril 1850. No. 1235 du Reg. 48.

CORRESPONDANCES.—*Assemblée Coloniale.*—Celles en nom collectif, entre Société, sont défendues comme contraire à l'unité de la République. 7 Thermidor An 3. Enreg. 20 Septembre 1794. No. 333 du Reg. 23.

CORSAIRES.—Dispositions pour des armements de cette nature, au nombre de quatre. 2me. jour complémentaire An 2. Enreg. 20 Septembre 1794. No. 333 du Reg. 23.

CORVEES.—*Compagnie des Indes.*—Les habitants sont astreints à en fournir pour les travaux publics. 29 Janvier 1727. Enreg. 12 Décembre même année. No. 36 du Reg. 1.

---

(1) Voyez Certificat du 6 Avril 1849. No. 116 de la liasse de ces pièces déposées au Greffe de la Cour.
(2) Id. Id. du 26 Juin 1849. No. 119 Id.
(3) Voyez Certificat du Gouverneur, en date du 27 Mars 1850. No. 124 de la liasse de ces pièces.

Assemblée Coloniale.—Requisition de celles destinées pour la réparation des chemins, batteries et autres travaux publics. 1er. Fructidor An 5. Enreg. 5 du même mois. No. 601 du Reg. 24.

Id. De celles pour le service des batteries, en cas d'alarme. 25 Prairial An 6. Enreg. 7 Messidor suivant. No. 657 du Reg. 24.

Administration du Général Decaen.—*Voyez* TRAVAUX PUBLICS.

Gouvernement de Sa Majesté Britannique.—Suppression des corvées destinées aux routes. 25 Mars 1818. Enreg. 18 Avril suivant. No. 253 du Reg. 29.—*Voyez* TRAVAUX PUBLICS, ROUTES ET RUES.

CORVETTO (François.)—*Gouvernement de Sa Majesté Britannique.*—Sa naturalisation de sujet anglais Ordonnance No. 34 (approouvée) (1). 6 Décembre 1847. No. 1134 du Reg. 45.

COSSIGNY (de.)—*Compagnie des Indes.*—Lettres des Syndics et Directeurs de la Compagnie des Indes, relative à la demande que fait cet Ingénieur de passer en France, attendu l'expiration de son engagement avec la Compagnie. 10 Décembre 1758. Enreg. 15 Juin 1759. No. 175 du Reg. 9.

COSSIGNY (Charpentier de)—*Assemblée Coloniale.*—Te Deum chanté à l'occasion de sa réception comme Gouverneur de l'Ile de France. 26 Août 1790. No 8 du Reg. 19.

Députation de deux membres de la Cour, à l'effet de le complimenter sur sa nouvelle dignité. 27 Août 1790. No. 9 du Reg. 9.

Enregistrement de l'Ordre de M. de Conway, Gouverneur, en vertu duquel M. de Cosigny est appelé à prendre le gouvernement de l'Ile de France ; prestation de serment de ce dernier devant le Conseil. 27 Août 1790. No. 10 du Reg. 19.

Rapport des deux membres du Conseil, chargés de complimenter M. de Cossigny. 27 Août 1790. No. 11 du Reg. 19.

COSTUMES.—*Administration du Général Decaen.*—Celui du Commissaire de Justice et des membres des Tribunaux. 3 Brumaire An 12. Enreg. 4 du même mois. No. 28 du Reg. 26.

Nouveau costume des Commissaires civils. 15 Nivôse An 12. Enreg. 20 du même mois. No. 125 du Reg. 27.

Gouvernement de Sa Majesté Britannique.—Réglements concer-

---

(1) Voyez Certificat sous la date du 5 Septembre 1848, No. 113 de la liasse de ces pièces déposées au Greffe de la Cour.

nant ceux des Magistrats, Avocats, Avoués et Huissiers. 18 Juillet 1828. No. 498 (*bis*) (1).

COTON.—*Assemblée Coloniale.*—Droits sur ceux introduits en cette Ile. 6 Messidor An 9. Enreg. 15 du même mois. No. 785 du Reg. 25.

Gouvernement de Sa Majesté Britannique.— Défense à toutes personnes de fumer avec la pipe ou la chiroutte, sur le Quai, lorsqu'on débarquera ou embarquera des balles de cette marchandise. 17 Juillet 1817. Enreg. 1er. Août suivant. No. 215 du Reg. 29.— *Voyez* PARÈRE ET COMMERCE.

COUR D'APPEL.—*Administration du Général Decaen.*—Si, par maladie ou absence d'un ou plusieurs Juges composant cette Cour, elle se trouvait d'ailleurs au complet, la délibération à laquelle ils auraient assisté n'en devra pas moins être continué et le jugement prononcé. 24 Brumaire An 14. Enreg. 25 du même mois No. 161 du Reg. 27.

Gouvernement de Sa Majesté Britannique.—Ne rendra aucun Arrêt sans avoir remis préalablement au Commissaire de Justice les pièces de la procédure, accompagnées du projet d'Arrêt. 14 Décembre 1814. Enreg. 17 du même mois. No. 118 du Reg. 28.
Abrogation de cette disposition. 6 Mars 1815. Enreg. 13 du même mois. No. 124 du Reg. 28.
Réglement du Commissaire de Justice, relatif aux roles et aux audiences de la Cour d'Appel. 6 Juin 1815. Enreg. 19 du même mois. No. 139 du Reg. 29.
Sera présidée par le Grand Juge et Commissaire de Justice, jusqu'à détermination ultérieure. 27 Septembre 1815. Enreg. 28 du même mois. No. 153 du Reg. 29.
Organisation de cette Cour, conformément à l'Ordre en Conseil du 13 Avril 1831. 30 Août 1831. Enreg. 8 Octobre même année. No. 598 du Reg. 31.
Ses attributions, en cas de recours contre les décisions des Magistrats stipendiaires. Ordonnance No. 13 (sans approbation). 5 Août 1839. No. 836 du Reg. 37.—*Voyez* RÉGLEMENT ET TRIBUNAUX

COUR D'ASSISES.—Composition de cette Cour et manière de remplacer, en cas d'empêchement, le Chef Juge, le Vice-Président et le Troisième Juge. Ordonnance No. 3. (sans approba-

---

(1) Ces Réglements n'ont point été enregistrés ; le simple dépôt en a été fait au Greffe de la Cour d'Appel.—Voyez la liasse des pièces déposées à ce Greffe pour l'année 1828.

tion). 29 Juillet 1833. Enreg. 6 Septembre même année. No. 648 du Reg. 31.

Autorisation donnée à cette Cour de tempérer, à sa discrétion, certaines peines. Ordonnance No. 10 (sans approbation). 15 Septembre 1836. No. 751. du Reg. 34.

Prorogation de cette disposition. Ordonnance No. 3 (approuvée) (1). 13 Mars 1837. No. 765 du Reg. 35.

Pouvoir donné à cette Cour de substituer, dans certains cas, une peine à celle de la déportation. Ordonnance No. 27 (approuvée) (2). 10 Mai 1848. No. 1170 du Reg. 46.

COUR DE CASSATION.—*Administration du Général Decaen.*—Promulgation aux Iles de France et Bonaparte, de la loi du 16 Septembre 1807, qui détermine le cas où deux Arrêts de cette Cour peuvent donner lieu à l'interprétation de la loi. 28 Avril 1808. Enreg. 5 Mai suivant. No. 243 du Reg. 27.

COUR DE VICE-AMIRAUTÉ.—*Gouvernement de Sa Majesté Britannique.*—Voyez AMIRAUTÉ.

COUR DES PRISES A PARTIE.—Création de celle destinée à juger certaines prises à partie et récusations dirigées contre la Cour d'Appel de cette Ile. Ordonnance No. 60. 17 Février 1830. Enreg. 1er. Avril même année. No. 548 du Reg. 31.

COUR MARTIALE MARITIME.—*Administration du Général Decaen.*—Création de cette Cour aux Iles de France et Bonaparte. 26 Mars 1807. Enreg. 27 du même mois. No. 210 du Reg. 27.

Il pourra être désigné pour la formation de cette Cour, outre les Officiers de la Marine, des Officiers de tout grade et de toute arme, en garnison dans l'une ou l'autre de ces Iles. 1er. Septembre 1807. Enreg. 3 du même mois. No. 218 du Reg. 27.

COURS,—*Gouvernement de Sa Majesté Britannique.*—Voyez TRIBUNAUX.

COURCY (Jean Charles Pothiers de)—*Administration pour le Roi de France.*—Sa nomination à la charge de Premier Conseiller au Conseil supérieur de l'Ile de France, 4 Avril 1771. Enreg. 27 Août même année. No. 208 du Reg. 12.

Ordre du Roi qui le commet pour suppléer l'Intendant des Iles

---

(1.) Voyez Certificat du Gouverneur, en date du 1er. Octobre 1837. No. 40 de la liasse de ces pièces.
(2.)   Id.   Id.   Id.   en date du 13 Mars 1849. No. 115 Id.

de France et Bourbon, en cas de mort ou d'absence, tant en l'administration générale qu'en la présidence aux Conseils supérieurs des Iles de France et Bourbon. 4 Avril 1771. Enreg. 27 Août même année. No. 209 du Reg. 12.

Sa nomination à l'office de Premier Conseiller au nouveau Conseil supérieur établi à l'Ile de France. 27 Novembre 1771. Enreg. 2 Décembre 1772. Nos. 272 et 273 du Reg. 14.

COURONNEMENT.—*Administration du Général Decaen.*— L'anniversaire de celui de LL. MM. II., est fixé au 11 Frimaire An 14. Arrêté du 27 Brumaire An 14 Enreg. 1er. Frimaire même année. No. 162 du Reg. 27.

COURSE MARITIME.—*Administration pour le Roi de France.* —Surséance à l'enregistrement de la déclaration du Roi, en date du 1er. Mars 1781, concernant la course sur les ennemis de l'Etat. 7 Mai 1779. No. 488 du Reg. 15.

Remontrances faites au Roi, par le Conseil supérieur, à cette occasion. 19 Novembre 1779. No. 509 (*bis*) du Reg. 15.

Motifs de cette surséance. 15 Juin 1779. Enreg. 19 Novembre 1779. No. 510 du Reg. 15.

Adresse au Roi à ce sujet. 15 Juin 1779. Enreg. **19 Novembre** même année. No. 511 du Reg. 15.

Enregistrement de la déclaration précitée, concernant la course. 30 Octobre 1781. No. 580 du Reg. 16.

Acte de la publication de cette Ordonnance. 6 Décembre 1781. No. 586 du Reg. 16.

Lettre du Ministre portant approbation des remontrances du Conseil faites à cette occasion. 25 Avril 1782. Enreg. 12 Novembre même année. No. 629 du Reg. 16.

Assemblée Coloniale—Abrogation de l'Article 1er. de la loi du 29 Nivôse An 6, relative à la course maritime. 23 Frimaire An 8. Enreg. 15 Prairial suivant. No. 733 du Reg. 25 (1).

Administration du Général Decaen.—Voyez ARMEMENTS.

COURTEAUX (Nicolas)—*Gouvernement de Sa Majesté Britannique.*—Sa naturalisation de sujet anglais. Ordonnance No. 11. No. 1043 du Reg. 43.

Id. Ordonnance No. 34 (approuvée) (2), 4 Septembre 1848. No. 1177 du Reg. 46.

---

(1) La loi du 29 Nivôse An 6, sur la course maritime, n'a point été transcrite sur les Registres du Greffe de la Cour d'Appel.

(1) Voyez Certificat du 10 Avril 1849, No. 117 de la liasse de ces pièces déposées au Greffe de la Cour.

Id. Ordonnance No. 34 (approuvée) (1). 4 Septembre 1848. No. 1177 du Reg. 46.

COURTIERS.—*Assemblée Coloniale.*—Représentation de leurs livres au Directoire. 4 Thermidor An 2. Enreg. 24 Juillet 1794.

Leur suppression. 8 Prairial An 3. Enreg. 11 du même mois. No. 372 du Reg. 23.—*Voyez* AGENTS DE CHANGE.

Administration du Général Decaen.—Fixation du droit de patente à eux imposé. 8 Prairial An 12. Enreg. 19 du même mois. No. 89 du Reg. 26.

Leur nomination, leurs attributions, devoirs et discipline. 14 Thermidor An 12. Enreg. 21 du même mois. No. 102 du Reg. 27.

Gouvernement de Sa Majesté Britannique.—Réglements les concernant. Leur nombre est illimité. Ordonnance No. 11 (approuvée) (2). 21 Septembre 1836. No. 752 du Reg. 34.

COUTET (Charles Henri.)— Sa nomination à la place d'Inspecteur des cantines. 28 Juillet 1826. Enreg. 3 Août suivant. No. 452 du Reg. 30.

COWIE (William Peterson.)— Sa nomination aux fonctions d'Avoué. 6 Novembre 1846. Enreg. le même jour. No. 818 du Reg. 32.

CRÉANCES —*Administration pour le Roi de France.*—Mémoire y relatif, adressé au Ministère des Colonies, par le Conseil supérieur. 14 Juillet 1768. Enreg. 4 Août suivant. No. 113 du Reg. 12.

Lettres-Patentes contenant Réglements relatifs aux créances contractées dans les Colonies. 21 Septembre 1768. Enreg. 24 Août 1769. No. 154 du Reg. 12.

Arrêté du Conseil supérieur au sujet de l'Arrêt du Conseil d'Etat du Roi, relatif aux créances de la Compagnie. 30 Septembre 1772. No. 258 du Reg. 14.

Déclaration du Roi qui révoque les Lettres-Patentes, en date du 21 Septembre 1768, concernant les créances contractées dans les Colonies. 15 Mars 1776. Enreg. 16 Avril 1777. No. 407 du Reg. 14.

Assemblée Coloniale.—Les Tribunaux de la Colonie s'abstien-

---

(2) Voyez Certificat du 10 Avril 1849. No. 117 de la liasse de ces pièces déposées au Greffe de la Cour.
(2) Voyez Certificat du Gouverneur, en date du 11 Août 1838. No. 44 de la liasse de ces pièces.

dront, jusqu'à nouvelle détermination, de juger les affaires relatives au Décret de l'Assemblée Nationale, en date du 17 Juillet 1790, concernant les créances arriérées. 23 Août 1792. No. 143 du Reg. 31.

Refus de la Cour de procéder en lEtat à l'enregistrement de ce Décret. 10 Décembre 1792. No. 155 au Reg. 21.

Enregistrement de ce Décret, sous la respousabilité du Gouverneur. 13 Décembre 1793. No. 157 du Reg. 21.

Proclamation du Roi, relative à ce Décret. 8 Août 1790. Enreg. 13 Décembre 1792. No. 158 du Reg. 21.

Autre Proclamation du Gouverneur Général, relative au même Décret. 12 Décembre 1792. Enreg. 13 du même mois. No. 159 du Reg. 21.

Suspension du paiement des créances. 13 Pluviôse An 4. Enreg. 25 du même mois. No. 453 du Reg. 23.

Adoption du Décret de la Convention, relatif à la suspension du paiement des créances. Id.

Administration du Général Decaen.—Promulgation, aux Iles de France et Bonaparte, de la loi du 4 Septembre 1807, qui détermine le sens et les effets de l'Article 2148 du Code Napoléon, relatif à l'inscription des créances hypothécaires. 7 Décembre 1808. Enreg. 15 du même mois. No. 266 du Reg. 27.

CRÉANCIERS.— *Administration pour le Roi de France.*— *Voyez* les mots : DÉBITEURS ET FINANCES.

Assemblée Coloniale.—Ceux qui se croiront lésés par le remboursement qui leur serait offert de capitaux à eux dûs par obligations autres que les effets de commerce, seront libres de les refuser. 14 Messidor An 4. Enreg. 16 du même mois. No. 487 du Reg. 23.

Adoption de la loi du Corps législatif, en date du 3 Nivôse An 4, interprétative de celle du 12 Frimaire qui autorise le refus du remboursement des capitaux dûs pour obligations antérieures au 1er. Vendémiaire. 24 Frimaire An 5. Enreg. 6 Nivôse suivant. No. 528 du Reg. 24.

CRÉDIT PUBLIC.— Adoption avec modifications du Décret de la Convention, en date des 6 et 12 Frimaire et 13 Nivôse An 3, relatif au crédit public. 23 Messidor An 3. Enreg. 29 du même mois. No. 389 du Reg. 23.

CREMONT (Honoré.)—*Administration pour le Roi de France.*—Sa nomination à la place de Premier Conseiller aux Conseils supérieurs des Iles de France et Bourbon. 1er. Juillet 1766. Enreg. 17 Juillet 1767. No. 7 du Reg. 12.

CRESPIN (Louis René.)—*Assemblée Coloniale.*— Rejet de sa demande tendant à être admis au nombre des Postulants près la Cour. 15 Février 1793. No. 170 du Reg. 21.

Renvoyé à subir un nouvel examen sur la connaissance des lois. 13 Avril 1793. No. 186 du Reg. 21.

Son admission au nombre des Postulants en la Cour. 20 Avril 1793. No. 189 du Reg. 21.

Administration du Général Decaen.—Sa nomination à la place de Commissaire de Justice, par intérim, des Iles de France, de la Réunion et dépendances. 5 Vendémiaire An 12. Enreg. 8 du même mois. No. 6 du Reg. 26.

CRESPY (Antoine.)— *Compagnie des Indes.*— Sa nomination aux fonctions d'Huissier. 22 Janvier 1756. No. 151 du Reg. 8.

CRIÉES.—*Assemblée Coloniale.*—Réglements concernant leurs publications, lieux et délais. 3me. jour complémentaire An 2. Enrg. 20 Septembre 1794. No. 334 du Reg. 23.

Id. 8 Fructidor An 10. Enreg. 15 du même mois. No. 826 du Reg. 26.

CRIMES.—*Gouvernement de Sa Majesté Britannique.*—Règles concernant leur poursuite et l'instruction en ces matières. 6 Janvier 1815. Enreg. 9 du même mois. No. 123 du Reg. 28.— *Voyez* CODES, INSTRUCTIONS CRIMINELLES ET PEINES.

CRIMINEL.—*Administration pour le Roi de France.*—*Voyez* PROCÉDURES CRIMINELLES ET PROCÈS CRIMINELS.

Administration du Général Decaen.— *Voyez* AFFAIRES CRIMINELLES.

CROISIÈRES.—*Assemblée Coloniale.*—Peines contre les blancs et les noirs qui auraient des intelligences avec les vaisseaux en croisière. 2 Floréal An 9. Enreg. 18 du même mois. No. 773 du Reg. 25.

CROIX DE ST. LOUIS.—Seront déposées à la Municipalité, par ceux qui en sont porteurs, pour être ensuite brisées et vendues au profit de la République. 10 Avril 1794. Enreg. 12 du même mois. No. 281 du Reg. 23.

CULPABILITE.—Loi qui en fixe les degrés à l'égard des noirs qui se trouvent dans les cas déterminés par l'Arrêté du 16 Floréal An 7, relatif à la rebellion des esclaves. 4 Prairial An 7. Enreg. 5 du même mois. No. 689 du Reg. 25.—*Voyez* ESCLAVES.

CURATELLE. — *Administration du Général Decaen* — Etablissement de la tutelle générale des biens vacants aux Iles de France et de la Réunion. 19 Brumaire An 12. Enreg. 21 du même mois. No. 42 du Reg. 26.

Dispositions additionnelles y relatives. 10 Messidor An 12. Enreg. 16 du même mois. No. 96 du Reg. 27.

Autres dispositions additionnelles. 22 Nivôse An 13. Enreg. le même jour. No. 127 du Reg. 27.

Modifications des précédents Arrêtés. 6 Septembre 1809. Enreg. 8 du même mois. No. 399 du Reg. 27.

Gouvernement de Sa Majesté Britannique. — Nomination d'un Comptable général qui sera tenu de verser tous les six mois, au Trésor, les fonds provenant des successions vacantes. 4 Janvier 1811. Enreg. 24 du même mois. No. 8 du Reg. 27.

Modification du 3me. Paragraphe de l'Article 2 du Chapitre 4 de la Loi du 13 Brumaire An 12, relatif aux vacations et autres frais du Curateur. 26 Juin 1816. Enreg. 10 Juillet suivant. No. 179 du Reg. 29.

Réglements généraux relatifs à la curatelle. Ordonnance No. 8 (sans approbation). 10 Juillet 1837. No. 773 du Reg. 35.

Nouveaux Réglements sur la même matière. Ordonnance No. 12 (sans approbation). 16 Décembre 1733. Enreg. 7 Avril 1834. No. 675 du Reg. 32.

Id. Ordonnance No. 9 (approuvée) (1). 10 Décembre 1838. No. 806 du Reg. 36.

CURATEURS (Aux Biens Vacants.) — *Administration pour le Roi de France.* — Réglement provisoire relatif aux droits qui leur sont attribués. 1er. Septembre 1768. Enreg. 20 Juin 1769. No. 148 du Reg. 12.

Lettre du Ministre, relative à ce Curateur. 26 Décembre 1783. Enreg. 14 Juillet 1784. No. 698 du Reg. 16.

Assemblée Coloniale. — Suppression de l'Office de Curateur aux biens vacants de la Colonie. 14 Frimaire An 3. Enreg. 17 du même mois. No 346 du Reg. 23.

Institution d'un Curateur aux biens vacants, dans chaque canton de la Colonie. Id.

Leurs fonctions et obligations. Id.

Ils peuvent faire vendre, par-devant les Juges de Paix, les immeubles des successions dont ils sont chargés. 16 Floréal An 3. Enreg. 18 du même mois. No. 370 du Reg. 23.

---

(3) Voyez Certificat du Gouverneur, en date du 13 Avril 1840. No. 55 de la liasse de ces pièces.

CUR

Faculté à eux accordée de poursuivre à leur requête la vente des immeubles. 11 Prairial An 7. Enreg. 15 du même mois. No 696 du Reg. 24.

Abrogation de l'Article 7 de la Loi du 14 Frimaire An 3. Id.

La commission de celui résidant au Port Louis, est fixée à 5 o[o. 7 Vendémiaire An 11. Enreg. 20 Brumaire suivant. No. 832 du Reg. 26.

Ceux des cantons auront la même commission. 14 Nivôse An 11. Enreg. 23 du même mois. No. 838 du Reg. 26.

Administration du Général Decaen.— Fonctions et obligations du Curateur des successions vacantes. 19 Brumaire An 12. Enreg. 21 du même mois. No. 42 du Reg. 26.

Question de savoir, si dans les actions intentées contre ce préposé, les héritiers absents doivent être mis en cause. 18 Juillet 1809. Enreg. 21 du même mois. No. 295 du Reg. 27.

Conduite qu'il doit tenir en cas d'alarme. 22 Juillet 1810. Enreg. 24 du même mois. No. 311 du Reg. 27.— *Voyez* CURATELLE.

Gouvernement de Sa Majesté Britannique.—Est admis à réclamer des frais de voyage, de séjour, de message et des vacations. 26 Juin 1816. Enreg. 10 Juillet suivant. No. 179 du Reg. 29.— *Voyez* CURATELLE ET BIENS VACANTS.

CURATEURS.— *Assemblée Coloniale.*— Ne peuvent intenter, ni soutenir aucun procès, acquiescer aux jugements, ni en appeler sans être autorisés par avis de parents. 27 Messidor An 3. Enreg. 7 Thermidor suivant. No. 392 du Reg. 23.

Abrogation du dernier Paragraphe de l'Article 7 du Titre 2 de la Loi précitée du 27 Messidor An 3, concernant les autorisations des Curateurs. 23 Ventôse An 5. Enreg. 27 du même mois. No. 557 du Reg. 24.

CURE (Pierre.)—*Gouvernement de Sa Majesté Britannique.*— Sa nomination aux fonctions d'Huissier. 15 Février 1831. Enreg. 10 Mars suivant. No. 582 du Reg. 31.

CURÉ.——*Administration pour le Roi de France.*— *Voyez* PAROISSES.

CURÉS.—*Compagnie des Indes.*—Ordre du Lieutenant du Roi, concernant la protection qui leur est due. 9 Décembre 1728. No. 56 du Reg. 1.

CURTAT (Antoine.)—*Administration pour le Roi de France.* —Sa réception de Postulant en la Cour. 22 Mai 1787. No. 855 du Reg. 18.

Gouvernement de Sa Majesté Britannique. — Enregistrement d'un certificat attestant qu'il a été admis le 1er. Août 1793, à l'honorable Société de Middle Temple en Angleterre. 15 Mai 1815. No. 147 du Reg. 29.

D.

DAGAN (Barthélemy) — *Compagnie des Indes.* — Sa nomination de Procureur Général au Conseil supérieur de l'Ile de France. 23 Août 1750. Enreg. 12 Mars 1753. No. 139 du Reg. 8.

DALENÇON (Jean Armand Antoine.) — *Administration pour le Roi de France.* — Sa nomination à l'Office de Conseiller au Conseil supérieur de l'Ile de France. 1er. Juillet 1766. Enreg. 15 Mars 1770. No. 162 du Reg. 12.

DALRYMPLE (John) Colonel. — *Gouvernement de S. M. Britannique.* — Prend temporairement le gouvernement de l'Ile Maurice. 10 Décembre 1818. Enreg. 12 du même mois. No. 267 du Reg. 29.

DAMERUM (George) — Sa nomination aux fonctions de Député Commissaire de Police. 1er. Septembre 1846. Enreg. 3 du même mois. No. 815 du Reg. 32.

DANFORD (William.) — Sa nomination de Juge Suppléant de la Cour d'Assises. 20 Mars 1840. No. 849 du Reg. 38.

DARLING (Ralph) Major Général. — Sa prise de possession, par intérim, du gouvernement de l'Ile Maurice et dépendances. 6 Février 1819. Enreg. 9 du même mois. No, 276 du Reg. 29.
Sa nomination définitive au Gouvernement de l'Ile Maurice et dépendances, en vertu d'ordre de Sa Majesté, en date du 31 Juillet 1822, transmis à Sir Robert Farquhar, par le Ministre des Colonies. 20 Mai 1823. Enreg. 11 Juin suivant. No. 363 du Reg. 30.

DARNE. — *Administration du Général Decaen.* — Sa nomination à la place d'Inspecteur de Police. 3 Novembre 1809. Enreg. 9 du même mois. No. 304 du Reg. 27.

DARODES (Michel Alphonse.) — *Gouvernement de Sa Majesté Britannique.* — Sa naturalisation de sujet anglais. Ordonnance No. 8 (approuvée) (1). 15 Mars 1847. No. 1091 du Reg. 45.

---

(1) Voyez Certificat du 19 Janvier 1848. No. 109 de la liasse de ces pièces déposées au Greffe de la Cour.

DARTHÉ (Charles Joseph.)—*Administration pour le Roi de France.*— Pouvoirs, de Préfet Apostolique aux Iles de France, Bourbon et Madagascar, à lui accordés par la Cour de Rome. 13 Juin 1786. Enreg. 6 Août 1788. No. 905 du Reg. 18.

Bref du Pape qui lui donne la faculté d'administrer le Sacrement de Confirmation. 12 Décembre 1787. Enreg. 4 Mai 1790. No. 990 du Reg. 18.

Pouvoirs à lui accordés par la Cour de Rome de dispenser d'un empêchement de mariage du 1er. au 2me. degré de consanguinité. 21 Mars 1789. Enreg. 19 Mai 1790. No. 993 du Reg. 19.

DARAGON (Dlle.)—*Assemblée Coloniale.*—Autorisation donnée au Préfet Apostolique de passer outre à la célébration du mariage de cette Demoiselle avec M. Michel. 12 Novembre 1792. No. 152 du Reg. 21.

DAUBAN (Joseph François.)—*Gouvernement de Sa Majesté Britannique.*—Sa naturalisation de sujet anglais. Ordonnance No. 21 (approuvée) (1). 15 Mars 1847. No. 1104 du Reg. 45.

DAUBIGNY (Martial) *Administration du Général Decaen.*— Sa nomination à la place de Suppléant du Commissaire Civil du quartier des Pamplemousses. 23 Nivôse An 12. Enreg. 10 Pluviôse suivant. No. 70 du Reg. 26.

DAUPHIN.— *Administration pour le Roi de France.*—Voyez Te Deum.

DAURAT (Jean Baptiste.)— *Gouvernement de Sa Majesté Britannique.*—Sa nomination aux fonctions d'Huissier. 1er. Mai 1822. Enreg. 3 du même mois No. 334 du Reg. 29.

DAVID (Pierre Félix Barthélemy.)—*Compagnie des Indes.*— Sa nomination au gouvernement général des Iles de France et Bourbon et de Président des Conseils supérieurs y établis. 10 Mars 1746. Enreg. 8 Octobre même année. No. 114 du Reg. 6.

Mandement de Henri François Daguesseau, Chancelier de France, au premier ou plus ancien Officier du Siége à l'Ile de France, à l'effet de recevoir le serment de M. David, ce dernier n'ayant pu prêter ce serment à Paris, entre les mains du Chancelier. 10 Mars 1746. Enreg. 8 Octobre même année. No. 115 du Reg. 6.

DAVIES.— Enregistrement de sa commission de Barrister, en

---

(1) Voyez Certificat, en date du 19 Janvier 1848. No. 109 de la liasse de ces pièces déposées au Greffe de la Cour.

date du 22 Novembre 1824, à lui délivrée par la Société de Lincolns Inn. 5 Octobre 1833. No. 653 du Reg. 31.

Sa nomination aux fonctions d'Avoué près les Tribunaux de l'Ile Maurice. 9 Décembre 1833. Enreg. 8 Avril 1834. No. 674 du Reg. 32.

DAVRAY (Frédéric Laign.)—*Gouvernement de Sa Majesté Britannique.*—Sa nomination aux fonctions d'Avoué. 6 Novembre 1846. Enreg. le même jour. No. 819 du Reg. 32.

DAYOT (Henri Thomas.)—Enregistrement de son diplôme de Licencié en Droit, en date du 29 Décembre 1840, à lui délivré par l'Université de France. 7 Octobre 1841. No. 771 du Reg. 32.

DEBESSE (Jean Marie)—Enregistrement de son diplôme de Licencié en Droit, en date du 29 Janvier 1822, à lui délivré par l'Université de Paris 8 Janvier 1823. No. 350 du Reg. 30.

Sa nomination à la place de Juge Suppléant du Tribunal de 1re. Instance. 5 Septembre 1828. Enreg. 4 Octobre suivant. No. 509 du Reg. 31.

Sa nomination à la place de Second Juge Suppléant du Tribunal de 1re. Instance. 29 Juillet 1830 Enreg. 6 Août suivant. No. 560 du Reg. 31.

DEBITEURS.—*Administration pour le Roi de France.*—Arrêté du Conseil supérieur concernant les arrangements à prendre entre les débiteurs et les créanciers, attendu les circonstances difficiles où se trouve la Colonie. 8 Août 1767. No. 40 du Reg. 12.

Autre Arrêté du Conseil pris à l'occasion d'une lettre du Ministre, sur cette matière, en date du 21 Décembre 1767. 20 Juillet 1768. No. 111 du Reg. 12.

Lettres-Patentes, portant Réglements relatifs aux débiteurs dans les Colonies. 21 Septembre 1768. Enreg. 24 Août 1769 No. 154 du Reg. 12.

Déclaration du Roi qui révoque les Lettres-Patentes précitées. 15 Mars 1776. Enreg. 16 Avril 1777. No. 407 du Reg. 14.

Assemblée Coloniale.— Précautions à prendre à l'égard de ceux qui voudraient quitter la Colonie. 17 Prairial An 5. Enreg. 25 du même mois. No. 573 du Reg. 24.

Ceux soumis à la loi de suspension du 4 Messidor An 4, paieront par trimestre à leurs créanciers les intérêts des capitaux qu'ils peuvent devoir. 8 Germinal An 7. Enreg. 27 Floréal suivant. No. 688 du Reg. 24.

Administration du Général Decaen. — Surveillance à observer à l'égard de leur départ de cette Colonie. 27 Pluviôse An 12. Enreg. 1er. Ventôse suivant. No. 72 du Reg. 26.—*Voyez* DÉPARTS.

DECAEN (Général.)—*Assemblée Coloniale.* — Sa nomination au gouvernement des Iles de France et Bourbon. 20 Ventôse An 11. Enreg. 5 Védémiaire An 12. No. 866 du Reg. 26.—*Voyez* ce nom à la période de l'administration de ce Gouverneur.

DECES.—Manière de les constater. 19 et 20 Mars 1793. Enreg. 18 Avril suivant. No. 187 du Reg. 21.

Gouvernement de Sa Majesté Britannique.—*Voyez* ETAT CIVIL.

DÉCHARGEMENT.—Réglements relatifs à celui des navires. 16 Décembre 1823. Enreg. 5 Janvier 1824. No. 377 du Reg. 30. —*Voyez* NAVIRES.

DÉCLARATIONS.—*Administration pour le Roi de France.*— Réglement qui astreint tous armateurs, capitaines de navires, subrécargues ou autres personnes faisant le commerce extérieur d'Inde en Inde, à faire, au Bureau du Domaine du Roi, dans les vingt-quatre heures de leur arrivée, la déclaration exacte de la cargaison des navires ainsi que des marchandises qui auraient été chargées à fret ou autrement. 15 Décembre 1772. Enreg. 16 du même mois. No. 302 du Reg. 14.

Arrêt du Conseil d'Etat qui casse celui du Conseil supérieur, en date du 3 Mai 1774, concernant les déclarations des personnes condamnées à mort. 30 Juin 1775. Enreg. 7 Mai 1776. No. 374 du Reg. 14.

Lettre du Ministre, relative à cette disposition. 30 Juillet 1775. Enreg. 7 Mai 1776. No. 373 du Reg. 14.—*Voyez* TESTAMENT.

Assemblée Coloniale.—Déclaration du Conseil supérieur, contenant la manifestation des principes qui dirigent cette Cour. 15 Septembre 1791. No. 84 du Reg. 20.

Celles que doit faire chaque citoyen de son Etat civil ainsi que de ses propriétés. 26 Avril 1793. Enreg. 22 Août même année. No. 220 du Reg. 21.

Gouvernement de Sa Majesté Britannique.— Dispositions relatives à celles des naissances et décès des esclaves. 4 Février 1812. Enreg. 6 du même mois. No. 52 du Reg. 27.

Remise, au Bureau de l'Enregistrement, des Actes de celles que les Notaires sont astreints à faire relativement aux objets qui doivent être mis en vente par eux. 16 Février 1812. Enreg. 1er. Mai même année. No. 58 du Reg. 28.

Autres dispositions concernant la déclaration des naissances et décès. 1er. Août 1825. Enreg. 10 du même mois. No. 424 du Reg. 30.

Formes à observer à l'égard de celles de l'Etat civil, concernant les individus mis en état d'apprentissage. Ordonnance No. 4 (désapprouvée) (1). 26 Janvier 1835. Enreg. 4 Juin suivant. No. 724 du Reg. 33.

Prorogation de délai pour celles qui doivent être faites conformément aux Articles 1 et 4 de l'Ordonnance No. 16 et les Articles 1 et 2 de l'Ordonnance No. 17 de 1835, relatives aux laboureurs, ouvriers, domestiques ou gens de service et de journée. Ordonnance No. 21 (désapprouvée) (2). 14 Décembre 1835. No. 741 du Reg. 33.

Formes établies pour celles qui doivent être faites annuellement, concernant les voitures, charrettes et chevaux. Ordonnance No. 3 (approuvée) (3). 20 Mars 1839. No. 822 du Reg. 37.—*Voyez* RECENSEMENTS, DOMESTIQUES, LABOUREURS ET ÉTAT CIVIL.

DEFAUTS EN JUSTICE.—*Assemblée Coloniale.*—*Voyez* JUGEMENTS.

DEFENSEURS.—*Administration pour le Roi de France.*—*Voyez* CONSEILS.

DEFRESNE (Chevalier.)—Est appelé à prendre le gouvernement des Iles de France et Bourbon, en l'absence de M. le Vte. de Souillac. 30 Mars 1785. Enreg. 5 Avril suivant. No. 751 du Reg. 17.

Députation du Conseil supérieur pour le complimenter sur sa nouvelle dignité. 5 Avril 1785. No. 748 du Reg. 17.

Son entrée au Conseil supérieur et enregistrement de ses pouvoirs de Commandant Général des Iles de France et Bourbon. 5 Avril 1785. No. 749 du Reg. 17.

Enregistrement de son brevet de Colonel du Régiment de l'Ile Bourbon, en date du 21 Avril 1784, à lui accordé par le Roi. 5 Avril 1785. No. 750 du Reg. 17.

DEFRICHEMENTS.—Réglements économiques y relatifs. 15 Novembre 1769. Enreg. 16 du même mois. No. 159 du Reg. 12.

DEGAYE (Augustin.)—*Gouvernement de Sa Majesté Britannique.*—Sa naturalisation de sujet anglais. Ordonnance No. 46 (approuvée) (4). 27 Décembre 1847. No. 1136 du Reg. 45.

DELAIS.—*Compagnie des Indes.*—Prorogation de celui accordé pour l'enregistrement des Bons de Caisse, Ordonnances, Prescriptions et autres effets de Caisse. 7 Février 1764. No. 192 du Reg. 10.

---

(1) Voyez Certificat du Gouverneur, en date du 23 Décembre 1835. No. 16 de la de la liasse de ces pièces déposées au Greffe de la Cour.
(2) Id. Id. Id. en date du 20 Mars 1837. No. 31. Id.
(3) Id. Id. Id. en date du 3 Décembre 1839. No. 53. Id.
(4) Id. Id. Id. en date du 5 Septembre 1848. No. 113. Id.

Administration pour le Roi de France.— Voyez BILLETS DE CAISSE ET PAPIER-MONNAIE.

Gouvernement de Sa Majesté Britannique.— Celui accordé pour la remise du Recensement général des habitants. Ordonnance No. 21 (désapprouvée) (1). 14 Décembre 1835 No. 741 du Reg. 33.— *Voyez* LISTES DE RECENSEMENT.

DELALEU (Jean Baptiste Etienne.)—*Administration pour le Roi de France.*—Sa nomination à la place d'Assesseur au Conseil supérieur de l'Ile de France. 12 Juin 1769. Enreg. 14 du même mois. Nos. 135 (*bis*) et 136 du Reg. 12.

Sa prestation de serment en cette qualité. 15 Juin 1769. No. 142 du Reg. 12.

Nouvelle commission d'Assesseur à lui accordée par les Administrateurs de la Colonie. 1er. Novembre 1772. Enreg. 12 du même mois. Nos. 259 et 260 du Reg. 14.

Sa nomination à la place de Conseiller au nouveau Conseil supérieur établi à l'Ile de France. 27 Novembre 1771. Enreg. 2 Décembre 1772. Nos. 272 et 281 du Reg. 14.

Est appelé à compléter le Tribunal Terrier. 2 Décembre 1772. No. 284 du Reg. 14.

Présentation à la Cour, du premier volume de son Code de Législation. 14 Août 1777. No. 413 du Reg. 14.

Présentation du second volume de cet ouvrage. 18 Novembre 1777. No. 425 du Reg. 14.

Arrêt qui autorise le Greffier à lui remettre les Registres d'Administration, pour la continuation de son Recueil de Lois. 4 Mars 1782. No. 592 du Reg. 16.

Présentation à la Cour des premiers Suppléments de son Code de Législation des Iles de France et Bourbon. 14 Novembre 1782. No. 630 du Reg. 16.

Pension de 1,000 l., à lui accordée par le Roi, en récompense de son travail sur la Législation coloniale. 19 Août 1786. No. 829 du Reg. 17.

Hommage, par lui fait à la Cour, du septième Supplément de son Code de Législation. 7 Janvier 1788. No. 890 du Reg. 18.

Sa nomination à l'Office de Second Conseiller. 2 Avril 1789. Enreg. 17 Août même année. No. 944 du Reg. 18.

Sa démission des places de Procureur du Roi au Tribunal Terrier, et de Commissaire de la Commune, des successions vacantes et des Prisons. 19 Août 1788. No. 958 du Reg. 18 (2).

---

(1) Voyez Certificat du 20 Mars 1837. No. 31 de la liasse de ces pièces déposées au Greffe de la Cour.

(2) M. Delaleu a occupé, sous le Gouvernement de Sa Majesté Britannique, la place de Receveur de l'enregistrement des Actes, mais sa nomination à cette place ne se trouve pas inscrite sur les Registres de la Cour.

DELANGE (Auguste.)—*Gouvernement de Sa Majesté Britannique.*—Sa naturalisation de sujet anglais. Ordonnance No. 35 (approuvée) (1). 6 Décembre 1847. No. 425 du Reg. 45.

DELAROQUE (Jean Baptiste Daniel Placide.)—*Administration pour le Roi de France.*—Sa nomination aux fonctions d'Agent de change. 12 Avril 1782. Enreg. 11 Mai suivant. No. 603 du Reg. 16.

DELARUE (Gilbert.)— Son admission au serment, en qualité de Chirurgien juré. 17 Septembre 1788. No. 910 du Reg. 18.

DÉLÉGATAIRES.—*Assemblée Coloniale.*— Suspension de la loi du 6 Thermidor An 7, relative aux délégataires et aux procédures qui sont ordonnées par cette loi. 8 Brumaire An 8. Enreg. 11 du même mois. No. 718 du Reg. 25.

DÉLESTAGE.—*Gouvernement de Sa Majesté Britannique.*— Réglements relatifs à celui des navires. 16 Décembre 1823. Enreg. 5 Janvier 1824. No. 377 du Reg. 30.—*Voyez* NAVIRES.

DÉLIBÉRATIONS.—*Administration pour le Roi de France.*— Celles des habitants des divers quartiers de la Colonie, à l'effet d'élever un monument à la gloire et à la bienfaisance du Roi Louis XV. 14 Novembre 1775. No. 364 du Reg. 14.—*Voyez* CONSEIL SUPÉRIEUR.

Assemblée Coloniale.—Règles relatives à la police des délibérations du Tribunal d'Appel. 15 Mars 1791. No. 40 du Reg. 19.

Administration du Général Decaen.—*Voyez* JUGES, TRIBUNAL D'APPEL ET COUR D'APPEL.

DÉLIBÉRATIONS DE CRÉANCIERS. — *Assemblée Coloniale.*—Leur homologation doit être prononcée par le Président du Tribunal d'Appel. 5 Thermidor An 2. Enreg. 25 Juillet 1794. No. 322 du Reg. 23.

DELISLE BEAUREGARD (Françoi.)—*Administration pour le Roi de France.*—Sa réception aux fonctions de Postulant. 10 Juillet 1787. Nos. 868 et 869 du Reg. 18.

Sa nomination aux fonctions de Notaire aux quartiers de Moka, des Plaines Wilhems et de la Rivière Noire. 29 Septembre 1789. Enreg. 30 du même mois. No. 965 du Reg. 18.

---

(1) Voyez Certificat sous la date du 5 Septembre 1848. No 113 de la liasse de ces pièces déposées au Greffe de la Cour.

Sa nomination de Notaire, pouvant acter dans tout le ressort du Conseil supérieur. 14 Octobre 1791. Enreg. 12 Novembre suivant. No. 105 du Reg. 20.

DELISSE (Jacques.)— *Gouvernement de Sa Majesté Britannique.*—Sa nomination de Juge Suppléant de la Cour d'Assises. 20 Mars 1840. No. 849 du Reg. 38.

DELITS.—*Assemblée Coloniale*—Manière de juger ceux commis par les militaires, tant sur terre que sur mer. 16 Prairial An 2. Enreg. 19 Juin 1794. No. 306 du Reg. 23.

Ceux commis dans la Garde Nationale, en service, ne sont point de la compétence des Officiers de Police de sûreté. 28 Thermidor An 2. Enreg. 1er. Septembre 1794. No. 327 du Reg. 23.

Administration du Général Decaen.—Loi relative à leur poursuite, en matière criminelle et correctionnelle. 25 Messidor An 12. Enreg. 30 du même mois. No. 99 du Reg. 27.

Ceux préjudiciables aux Domaines militaires de l'Etat, seront portés devant les Tribunaux de Police Correctionnelle. 1er. Novembre 1807. Enreg. 5 du même mois. No. 221 du Reg. 27.

Gouvernement de Sa Majesté Britannique.—Dispositions relatives à leur poursuite et à l'instruction en ces matières. 6 Janvier 1815. Enreg. 9 du même mois. No. 123 du Reg. 28.

Abrogation des Proclamations des 6 Janvier 1815 et 1er. Juillet 1820, relatives aux délits de simple Police et de Police Correctionnelle. Ordonnance No. 12. 15 Avril 1826. Enreg. 1er. Mai suivant. No. 448 du Reg. 30 (1).

Remise en vigueur des Lois, Arrêtés et Réglements sur cette matière, antérieurs aux Proclamations précitées. Id.

Répression des délits commis par la voie de la Presse. Ordonnance No. 2 (sans approbation). 29 Février 1832. Enreg. 5 Avril même année. No. 609 du Reg. 31.—*Voyez* CODE, PEINES ET AMIRAUTÉ.

DÉLITS MILITAIRES.—*Administration du Général Decaen.*—Promulgation aux Iles de France et Bonaparte : 1o. de l'Article 3 du Décret du 3 Pluviôse An 2, sur l'organisation de la Justice militaire ;

2o. Des Articles 1er., 14 et 15 de la Loi du 2me. jour complémentaire An 3, concernant les délits militaires ;

3o. De la Loi du 22 Messidor An 4, sur la compétence des Conseils militaires ;

---

(1) La Proclamation du 1er. Juillet 1820, n'a point été transcrite sur les Registres de Greffe.

4o. Des Articles 1er. et 2 de la Loi du 13 Bumaire An 5 ;

5o. De l'avis du Conseil d'Etat du 7 Fructidor An 12, relatif à la compétence en matière de délits ordinaires commis par des militaires en congé hors de leur corps. 22 Octobre 1807. Enreg. 23 du même mois. No. 219 du Reg. 27.

DELOSME DES DODINS (Jean Pierre.)— *Administration pour le Roi de France.*—Sa nomination de Conseiller au Conseil supérieur de l'Ile de France. 15 Février 1781. Enreg. 9 Juillet même année- No. 555 du Reg. 16.

Sa nomination de Membre du Tribunal Terrier. 7 Août 1782. No. 618 du Reg. 16.

Exercera les fonctions de Procureur Général, en l'absence de M. Virieux. 2 Décembre 1782. No. 633 du Reg. 16.

Délibération de la Cour ayant pour objet de prier les Administrateurs de s'employer auprès du Ministre pour obtenir que S. M. veuille bien rendre ses bonnes grâces à M. Delosme. 2 Septembre 1783. No. 662 du Reg. 16,

DELOURME (Hyacinthe Jean.)— Sa nomination de Notable, à l'effet d'assister le Juge Royal dans l'instruction des procès criminels. 14 Février 1785. No. 734 du Reg. 17.

Congé à lui accordé à l'effet de passer en France. 9 Août 1786. No. 820 du Reg. 17.

DELSUC (Jean Baptiste.)—*Gouvernement de Sa Majesté Britannique.*—Sa nomination à la place de Commissaire civil de Police et du Marronnage au Port Louis. 1er. Janvier 1811. Enreg. 29 du même mois. No. 12 du Reg. 27.

Sa nomination à la place de Commissaire Civil et de Police au Port Louis. 14 Juillet 1811. Enreg. 17 du même mois. No. 38 du Reg. 27.

Sa nomination de Membre du Conseil de Commune du quartier des Pamplemousses. 31 Janvier 1820. Enreg. 1er. Avril même année. No. 298 du Reg. 29.

DELSUC (Louis.)—Sa nomination à la place de Juge à la Cour d'Appel de cette Ile. 1er. Janvier 1811. Enreg. 3 du même mois. No. 3 du Reg. 27.

Diplôme à lui accordé pour cette place. 1er. Janvier 1811. Enreg. 15 Février suivant. No. 19 du Reg. 27.

Congé à lui accordé à l'effet de passer à l'Ile Bourbon. 31 Mars 1811. Enreg. 2 Avril suivant. No. 24 du Reg. 27.

DEMANDES.— *Assemblée Coloniale.*—Réglements relatifs à celles incidemment portées devant les Tribunaux. 16 Frimaire An 4. Enreg. 25 du même mois. No. 432 du Reg. 23.

Celles à former contre les cautions pour le départ des particuliers, devront être faites dans l'année de la sortie de l'annonce des départs. 7 Germinal An 6. Enreg. 28 du même mois. No. 649 du Reg. 24.

Gouvernement de Sa Majesté Britannique.—Il ne pourra en être fait aucune à compter du 1er. Octobre jusqu'au 31 Décembre 1816, pour le paiement d'aucun billet, effet négociable ou de tout autre engagement. 28 Septembre 1816. Enreg. 30 du même mois. No. 186 du Reg. 29.

Exception à cette Loi. 25 Octobre 1816. Enreg. 29 du même mois. No. 195 du Reg. 29.—*Voyez* BILLETS ET EFFETS NÉGOCIABLES.

DEMIANNÉE (Jean François.)—*Assemblée Coloniale.*—Sa nomination à la place d'Inspecteur de Police. 3 Pluviôse An 13. Enreg. 6 du même mois. No. 130 du Reg. 27.

DEMIANNÉE (.)—*Gouvernement de Sa Majesté Britannique.*—Sa nomination à la place d'Officier de Police et d'Inspecteur des guildives. 17 Janvier 1838. No. 720 du Reg. 32.

DÉMISSIONS.—Doivent être pures et simples et ne peuvent être données en faveur de qui que ce soit. 27 Fructidor An 3. Enreg. 4 Vendémiaire An 4. No. 411 du Reg. 23.

Celle du Directeur de la Douanne devra être envoyée au Directoire, et celles des autres employés de ce bureau, au Directeur de la Douanne. 3 Fructidor An 9. Enreg. 6 du même mois. No. 790 du Reg. 35.

DEMMEREZ DE LACHATEGNERAYE (Louis.)—*Administration pour le Roi de France.*—Sa nomination aux fonctions d'Agent de change. 6 Février 1782. Enreg. 9 Mars suivant. No. 594 du Reg. 16.

Sa démission. 11 Janvier 1785. No. 731 du Reg. 17.

D'EMMEREZ DE CHARMOY (Paul François Oscar.)—Enregistrement de son diplôme de Barrister, en date du 23 Juillet 1849. 7 Février 1850. No. 1241 du Reg. 48 (*bis*).

DENIERS.—*Voyez* DÉPÔTS.

DENIERS PUBLICS.—*Assemblée Coloniale.*—Mode pour leur réception. 5 Vendémiaire An 6. Enreg. 8 du même mois. No. 609 du Reg. 24.

DENIS DE LA COUDRAYE (Louis.)—*Administration pour le Roi de France.*—Sa nomination à la place de Conseiller au Conseil supérieur de l'Ile de France. 1er. Juillet 1766. Enreg. 17 Juillet 1767. No. 13 du Reg. 12.

DENREES.— Fixation du prix de celles que la Compagnie des Indes doit fournir aux habitants des Iles de France et Bourbon, et de celles que la Compagnie doit prendre des habitants de ces Iles. 20 Septembre 1766. Enreg. 20 Juillet 1767. No. 22 du Reg. 12.

Arrêt de Réglement qui ordonne que toutes denrées du crû de l'Ile seront taxées. 31 Octobre 1767. No. 54 du Reg. 12.

Réglements relatifs au prix de celles d'Europe, vendues au détail. 19 Mars 1768. Enreg. 22 du même mois. No. 88 du Reg. 12.— *Voyez* PRODUCTIONS.

Assemblée Coloniale.—Taxation de celles de première nécessité, dites *comestibles.* 5 Juin 1793. Enreg. 7 du même mois. No. 202 du Reg. 21.

Peines contre les individus qui prendront de force, dans les rues ou marchés publics, même en payant, les denrées destinées à l'approvisionnement de la ville. 11 Prairial An 2. Enreg. 5 Juin 1794. No. 303 du Reg. 23.

Adoption des Décrets de la Convention, en date des 6, 12 Frimaire et 13 Nivôse An 3, relatifs aux requisitions de denrées. 23 Messidor An 3. Enreg. 29 du même mois. No. 389 du Reg. 23.

Peines contre ceux qui seront convaincus d'avoir acheté en gros celles de première nécessité. 23 Fructidor An 3. Enreg. 25 du même mois. No. 409 du Reg. 23.

Droits d'entrée, relatifs aux denrées importées dans la Colonie. 9 Messidor An 5. Enreg. 15 du même mois. No. 587 du Reg. 24.

Id. 6 Messidor An 9. Enreg. 15 du même mois. No. 785 du Reg. 25.

Administration du Général Decaen.—Celles du produit des Iles françaises orientales chargées sur des bâtiments neutres ou alliés, seront sujettes aux droits déterminés par la Loi de la République du 8 Floréal An 11. 25 Vendémiaire An 12. Enreg. 29 du même mois. No. 26 du Reg. 26.

Chaque habitant est tenu de déclarer au Commissariat Civil de son quartier, la quantité et l'espèce de denrées nourricières qu'il possède, tant pour les besoins de sa famille que pour ses esclaves. 26 Ventôse An 14. Enreg. 1er. Germinal même année. No. 175 du Reg. 27.

Gouvernement de Sa Majesté Britannique.—Celles du produit des pays compris dans les limites de la Charte de la Compagnie des Indes, pourront être embarquées à l'Ile Maurice, pour être transportées, conformément aux dispositions de l'Acte du Parlement, passé dans la 53me. année du règne de Sa Majesté George III,

Chapitre 155. 31 Octobre 1814. Enreg. 5 Novembre suivant. No. 114 du Reg. 28.

Celles des crûs d'Europe, ne peuvent être introduites dans cette Colonie, à l'exception de celles qui seront expédiées de quelque port de la Grande-Bretagne ou d'Irlande sur des bâtiments de construction anglaise. 18 Mai 1816. Enreg. 20 du même mois. No. 174 du Reg. 29.

Celles chargées à l'Ile Bourbon, sur des navires anglais et français et expédiées directement de cette Ile, pourront être importées à l'Ile Maurice. 24 Juillet 1818. Enreg. 1er. Août suivant. No. 262 du Reg. 29.

D'ENTRECASTEAUX (Antoine Raymond de Bruni, Chevalier.)—*Administration pour le Roi de France.*—Sa nomination au gouvernement des Iles de France et Bourbon. 16 Février 1787. Enreg. 5 Novembre même année. Nos. 879, 880 et 881 du Reg. 18.

Son départ de la Colonie. 14 Novembre 1789. No. 979 du Reg. 18.

DÉPARTS.—*Assemblée Coloniale.*—Dispositions propres à prévenir les départs furtifs. 24 Thermidor An 3. Enreg. 27 du même mois. No. 400 du Reg. 23.

Formalités relatives au départ des particuliers de la Colonie. 13 Nivôse An 4. Enreg. 16 du même mois. No. 441 du Reg. 23.

Addition à la Loi du 13 Nivôse An 4, relative au départ des particuliers. 15 Ventôse An 4. Enreg. 25 du même mois. No. 463 du Reg. 23.—*Voyez* POLICE MUNICIPALE.

Les personnes qui ne pourront attendre l'expiration du délai des annonces de départs, auront la faculté de se faire cautionner. 16 Frimaire An 5. Enreg. 15 Pluviôse même année. No. 539 du Reg. 24.

Abrogation de la Loi du 23 Octobrs 1793 et de l'Article 17 de la Section 4 du Titre 1er. de la Loi du 1er. Août sur la Police municipale, relatifs aux formalités pour les départs. Id. (1).

Autres dispositions relatives aux départs des citoyens, des étrangers et des navires. 17 Prairial An 5. Enreg. 25 du même mois. No. 573 du Reg. 24.

Id. 11 Brumaire An 6. Enreg. 15 du même mois. No. 614 du Reg. 24.

Addition à la Loi du 16 Frimaire An 5, en ce qui concerne les demandes à faire contre les cautions pour départs. 7 Germinal An 6. Enreg. 28 du même mois. No. 649 du Reg. 24.—*Voyez* PERSONNES.

Gouvernement de Sa Majesté Britannique.—Nouvelles dipositions

---

(1) La Loi du 23 Octobre 1793, ne se trouve pas sur les Registres de la Cour.

relatives au départ des navires et des particuliers. Ordonnance No. 17 (désapprouvée) (1). 14 Décembre 1840. No. 867 du Reg. 38.

Id. Ordonnance No. 38 (approuvée) (2). 26 Février 1844. No. 1006 du Reg. 42.

Modification de l'Ordonnance No. 38, en ce qu'elle concerne le départ des navires et des particuliers. Ordonnance No. 24 (   ). 16 Octobre 1850. No. 1259 du Reg. 48.

DÉPARTS FURTIFS.—*Voyez* DÉPARTS.

DEPEAUD (François.)—*Administration pour le Roi de France.*— Sa réception en qualité de Chirurgien juré. 10 Décembre 1771. No. 215 du Reg. 12.

DÉPÊCHES.— *Gouvernement de Sa Majesté Britannique.*— Celle du Ministre des Colonies, manifestant son opinion concernant l'affaire de deux habitants qui auraient blessé un Cipaye d'un coup de fusil. 29 Octobre 1813. Enreg.   Mai 1814. No. 105 du Reg. 28.

DÉPENS.— *Voyez* JUSTICE DE PAIX ET TARIF.

DÉPENSES.—Fixation des dépenses extraordinaires de la Colonie pour l'année 1834. Ordonnance No. 3 (approuvée) (3). 14 Avril 1834. Enreg. 19 Juin même année. No. 680 du Reg. 32.

Id. De l'année 1835. Ordonnance No. 10 (approuvée) (4). 13 Juin 1835. Enreg. 3 Septembre même année. No. 730 du Reg. 33.

Id. De l'année 1836. Ordonnance No. 6 (sans approbation). 9 Mai 1836. No. 747 du Reg. 34.

Id. De l'année 1837. Ordonnance No. 15 (sans approbation). 23 Décembre 1836. No. 759 du Reg. 34.

Id. De l'année 1838. Ordonnance No. 19 (sans approbation). No. 787 du Reg. 35.

Id. De l'année 1839. Ordonnance No. 15 (approuvée) (5). 31 Décembre 1838. No. 812 du Reg. 36.

Id. De l'année 1840. Ordonnance No. 20 (approuvée) (6). 16 Décembre 1839. No. 844 du Reg. 37.

Id. De l'année 1841. Ordonnance No. 26 (approuvée) (7). 29 Décembre 1840. No. 876 du Reg. 38.

---

(1) Voyez Certificat du Gouverneur, en date du 11 Mars 1842. No. 66 de la liasse de ces pièces.
(2) Voyez Certificat du 16 Décembre 1844. No. 87 de la liasse de ces pièces déposées au Greffe de la Cour.
(3)   Id.   Id.   Id.   en date du 1er. Décembre 1837. No. 40. Id.
(4)   Id.   Id.   Id.   en date du 17 Février 1836. No. 18. Id.
(5)   Id.   Id.   Id.   en date du 6 Juin 1840. No. 56. Id.
(6)   Id.   Id.   Id.   en date du 9 Novembre 1840. No 57. Id.
(7)   Id.   Id.   Id.   en date du 11 Mars 1842. No. 66. Id.

Id. De l'année 1842. Ordonnance No. 28 (approuvée) (1). 23 Décembre 1841. No. 918 du Reg. 39.

Id. De l'année 1844. Ordonnance No. 20 (approuvée) (2). 30 Décembre 1843. No. 966 du Reg. 41.

Fixation de celles de l'année 1845. Ordonnance No. 60 (approuvée) (3). 11 Novembre 1844. No. 1028 du Reg. 42.

Id. De 1846. Ordonnance No. 30 (approuvée) (4). 22 Décembre 1845. No. 1064 du Reg. 43.

Id. De 1847. Ordonnance No. 3 (approuvée) (5). 25 Janvier 1847. No. 1085 du Reg. 45.

Id. De 1848. Ordonnance No. 1 (sans approbation). 10 Janvier 1848. No. 1138 du Reg. 46.

Id. De 1849. Ordonnance No. 47 (sans approbation). 23 Décembre 1848. No. 1191 du Reg. 46.

Abrogation de l'Ordonnance No. 47 de 1848 et fixation des dépenses de l'année 1849 qui ne sont pas déjà approuvées par le Gouvernement de Sa Majesté. Ordonnance No. 2 (sans approbation et sans date), déposée au Greffe de la Cour, le 14 Mai 1849. —*Voyez* No. 1204 DU REG. 47.

Fixation des dépenses de l'année 1850. Ordonnance No. 17 (approuvée) (6). 27 Décembre 1849. No. 1225 du Reg. 47.

Id. De l'année 1851. Ordonnance No. 13 (approuvée) (7). 15 Juillet 1850. No. 1245 du Reg. 48.

Dépenses supplémentaires de l'année 1850. Ordonnance No. 31 (approuvée) (8). 21 Décembre 1850. No. 1266 du Reg. 48.

D'EPINAY (Antoine Jean.)—*Administration pour le Roi de France.*—Sa demande, à l'effet d'être admis aux fonctions de Postulant au Siége en la Cour. 6 Juin 1787. No. 859 du Reg. 18.

Seconde demande aux mêmes fins. 2 Décembre 1788. No. 918 du Reg. 18.

Sa réception. 5 Décembre 1788. No. 920 du Reg. 18.

D'EPINAY (Prosper.)—*Administration du Général Decaen.*—Sa nomination aux fonctions d'Avoué. 23 Nivôse An 12. Enreg. 26 du même mois. No. 65 du Reg. 26 (9).

---

(1) Voyez Certificat du Gouverneur, en date du 27 Février 1843. No. 70 de la liasse de ces pièces.
(2) Id. Id. Id. en date du 16 Décembre 1844. No. 87. Id.
(3) Id. Id. Id. en date du 13 Décembre 1845. No. 94. Id.
(4) Id. Id. Id. en date du 5 Novembre 1846. No. 100. Id.
(5) Id. Id. Id. en date du 18 Novembre 1848. No. 108. Id.
(6) Id. Id. Id. en date du 15 Février 1851. No. 129. Id.
(7) Id. Id. Id. Id. Id.
(8) Id. Id. Id. en date du 3 Novembre 1851. No. 163. Id.
(9) Le diplôme d'Avocat de l'Honorable P. d'Epinay, ne se trouve pas transcrit sur les Registres de la Cour d'Appel.

Gouvernement de Sa Majesté Britannique.— Sa nomination à la place de Procureur Général du Roi. 30 Août 1831. Enreg. 8 Octobre même année. No. 598 du Reg. 31.

Sa nomination aux places de Procureur et Avocat Général. 19 Janvier 1835. Enreg. 5 Février suivant. No. 720 du Reg. 33.

Sa prestation de serment entre les mains de S. E. le Gouverneur. 19 Janvier 1835. No. 721 du Reg. 33.

D'EPINAY (Antoine Zacharie Adrien.)—Sa nomination aux fonctions d'Avoué près les Tribunaux de cette Ile. 28 Décembre 1816. Enreg. 7 Janvier 1817. No. 201 du Reg. 29.

Son admission à l'exercice de ses fonctions près la Cour. 9 Février 1819. Enreg. le même jour. No. 277 du Reg. 29.

Sa suspension de ses fonctions. 26 Décembre 1822. Enreg. 8 Janvier 1823. No. 349 du Reg. 29.

Sa réintégration dans ses fonctions. 14 Novembre 1823. Enreg. 19 du même mois. No. 374 du Reg. 30.

Enregistrement de son diplôme de Licencié en Droit, en date du 30 Août 1833, à lui délivré par la Faculté de Droit de Paris. 5 Février 1835. No. 695 du Reg. 32.

DEPORTATION.—*Voyez* COMMUTATION.

DÉPORTÉS.—*Assemblée Coloniale.*— Ceux embarqués à bord de la corvette la *Brûle-Gueule*, paieront la somme de cent piastres pour leur portion contributive. 8 Vendémiaire An 8. Enreg. 15 du même mois. No. 715 du Reg. 25.

Leurs procureurs ou les détenteurs de leurs biens, sont tenus de faire la déclaration de ce qu'ils possèdent. 8 Vendémiaire An 8. Enreg. 15 du même mois. No. 716 du Reg. 25.

Leurs femmes sont libres de former leur demande en divorce sur la simple cause déterminée de la déportation de leurs maris. 4 Vendémiaire An 9. Enreg. 7 du même mois. No. 755 du Reg. 25.

Mesures relatives à ceux qui se seraient introduits clandestinement dans la Colonie. 2 Messidor An 9. Enreg. 7 du même mois. No. 780 du Reg. 25.

Déclaration énergique de l'Assemblée Coloniale, relative à la mesure adoptée par le Gouvernement d'envoyer aux Iles Seychelles les personnes déportées de France. Toute communication est interdite avec les Iles Seychelles jusqu'à nouvelle détermination. 4 Vendémiaire An 10. Enreg. 7 du même mois. No. 794 du Reg. 26.

DÉPORTS.— Jugement de ceux des Avocats dans les affaires criminelles. 8 Février 1793. No. 169 du Reg. 21.

En cas de déport du Juge du Tribunal de 1re. Instance, le Tribunal d'Appel déléguera un de ses membres. 10 Janvier 1794. Enreg. 11 du même mois. No. 258 du Reg. 23.

DÉPOTS PUBLICS.— *Administration pour le Roi de France.*—Délibération du Conseil supérieur, concernant les dépôts de deniers effectués dans les Greffes. 14 Septembre 1782. No. 621 du Reg. 16.

Arrêtés y relatifs. 28 Septembre 1782. Nos. 623 et 624 du Reg. 16.

Conversion de ceux du papier-monnaie en récépissés. 19 Décembre 1785. No. 789 du Reg. 17.

Assemblée Coloniale.—Adoption avec modifications du Décret de la Convention, en date du 24 Septembre 1793, relatif aux dépôts faits chez les Notaires, chez d'autres Officiers publics et chez les particuliers. 11 Mai 1794. Enreg. 19 du même mois. No. 302 du Reg. 23.

Administration du Général Decaen.—Remise sera faite au Greffier du Tribunal de 1re. Instance de ceux appartenant aux Greffes des ci-devant Tribunaux de Paix et de Commerce et de ceux étant au Secrétariat de la ci-devant Municipalité du P. N. O., en ce qui concerne le contentieux dont le Tribunal de 1re. Instance doit connaître. 17 Vendémiaire An 12. Enreg. 20 du même mois. No. 16 du Reg. 26.

Les obligations déguisées sous ce titre, entre toutes sortes de personnes, sont assujetties au droit proportionnel du timbre. 30 Décembre 1808. Enreg. 20 Janvier 1809. No. 272 du Reg. 27.

Promulgation de l'Avis du Conseil d'Etat, en date du 20 Mars 1808, relatif à cette matière. Id.

Gouvernement de Sa Majesté Britannique.— Etablissement de celui des cartes et journaux de Marine. 26 Décembre 1815. Enreg. 16 Janvier 1816. No. 165 du Reg. 29.

Les dépôts d'argent existant actuellement au Greffe ou dans la caisse du Bureau de l'Eregistrement et qui pourront s'y trouver, par la suite, seront versés au Trésor colonial. Ordonnance No. 15 (sans approbation). 30 Juin 1841. V. No. 896 du Reg. 39.

Modifications de cette Loi. Ordonnance No. 18 (approuvée) (1). 28 Décembre 1842. No. 942 du Reg. 40.—*Voyez* LOUSTAU.

DÉPUTATION.—*Administration pour le Roi de France.*—Celle de deux membres du Conseil supérieur, chargés de complimenter M. Desroches, Gouverneur, sur son arrivée en cette Ile. 6 Juin 1769. No. 182 du Reg. 12.

Id. Ayant pour objet de complimenter M. de La Brillane, sur son arrivée et sa prise de possession du gouvernement des Iles de France et Bourbon. 2 Décembre 1776. No. 394 du Reg. 14.

---

(1) Voyez Certificat du Gouverneur, en date du 22 Janvier 1844, No. 79 de la liasse de ces pièces.

Id. Chargée de complimenter M. Foucaud, Intendant, sur sa nouvelle dignité 17 Novembre 1777. Nos. 423 et 424 du Reg. 14.

Id. Envoyée au Vicomte de Souillac, Gouverneur, à l'occasion de son prochain départ pour l'Inde. 10 Mars 1785. No. 746 du Reg. 17.

Id. Chargée de témoigner à M. d'Entrecasteaux les regrets qu'éprouve le Conseil, de son départ de l'Ile de France. 14 Novembre 1789. No. 979 du Reg. 18.

Id. De l'Assemblée Générale de la Colonie au Conseil supérieur, à l'effet de lui faire remise d'Arrêtés pris par elle. 17 Mai 1790. No. 998 du Reg. 19.

Id. Du Conseil supérieur, auprès de l'Intendant, à l'effet de s'informer de mouvements très alarmants qui se manifestent dans la ville du Port Louis. 17 Juin 1790. No. 1010 du Reg. 19.

Autre députation du Conseil supérieur, ayant pour objet de s'entendre avec la Municipalité pour faire abattre un poteau érigé dans la rue de l'Eglise, en signe d'insurrection. 18 Juin 1790. No. 1015 du Reg. 19.

Id. Aux jeunes gens composant la Garde Nationale pour les remercier du courage avec lequel ils ont secondé le zèle des Officiers municipaux dans les émeutes des 17 et 18 Juin 1790. 23 Juin 1790. No. 1019 du Reg. 19.

Id. De la Garde Nationale, au Conseil supérieur, en remercîment des éloges à elle votés. 25 Juin 1790. No. 1024 du Reg. 19.

Id. Du Conseil supérieur, à l'Assemblée générale, à l'effet de lui donner connaissance de l'Ordonnance de MM. les Administrateurs, concernant l'enregistrement des Décrets de l'Assemblée Nationale sur la Procédure criminelle. 24 Juin 1790. No. 1023 du Reg. 19.

Assemblée Coloniale.—Id. De l'Assemblée Coloniale, au Conseil supérieur, ayant pour objet de remercier la Cour de la visite faite par les membres du Conseil au Président de l'Assemblée. 14 Janvier 1791. No. 25 du Reg. 19.

Id. Du Conseil supérieur, à la nouvelle Assemblée Coloniale, pour la complimenter. 12 Juillet 1791. No. 75 du Reg. 20.

Id. Du Tribunal d'Appel, à l'Assemblée Coloniale, pour la prier d'enjoindre au Directoire de se renfermer strictement dans les fonctions qui lui ont été déléguées par la Constitution. 17 Décembre 1793. No. 244 du Reg. 23.

DÉPUTÉS.—*Administration pour le Roi de France.*—Délibération concernant la nomination des Députés de la Colonie, devant résider en France et avoir séance au Bureau des Députés du Commerce. 24 Septembre 1789. No. 963 du Reg. 18.

Nomination de ceux du Conseil supérieur, à l'effet d'assister à l'Assemblée générale des habitants, dans le but de délibérer sur la question présentée par le Ministre, de savoir si l'institution d'Assemblées Nationales peut convenir aux Iles de France et Bourbon. 25 Septembre 1789. No. 964 du Reg. 18.

Rapport de ces Députés. 7 Décembre 1789. No. 980 du Reg. 18.

Assemblée Coloniale.—Incompatibilité des fonctions de Député à l'Assemblée Coloniale avec celles de membres du Jury d'accusation et de jugement. 26 Vendémiaire An 4. Enreg. 28 du même mois. No. 420 du Reg. 23.

Nomination des Députés à l'Assemblée Coloniale. 29 Germinal An 11. Enreg. 1er. Floréal suivant. No. 846 du Reg. 26.—*Voyez* DÉPUTATIONS.

DERENNES (Louis Pierre Alexandre.)—*Gouvernement de Sa Majesté Britannique.*— Sa nomination aux fonctions d'Huissier. 18 Décembre 1818. Enreg. 4 Janvier 1819. No. 272 du Reg. 29.

DERIBES (Jean André.)—*Compagnie des Indes.*—Sa prestation de serment, en qualité de Greffier en Chef du Conseil supérieur. 3 Octobre 1754. No. 145 du Reg. 8.

Sa nomination de Notaire. 31 Décembre 1754. No. 146 du Reg. 8.

Sa nomination de Conseiller au Conseil supérieur de l'Ile de France. 23 Mars 1763. No. 188 *(bis)* du Reg. 10.

Sa prestation de serment en cette qualité. 18 Octobre 1763. No. 188 du Reg. 10.

Administration pour le Roi de France.—Sa nomination à la place de Pocureur Général au Conseil supérieur de l'Ile de France. 1er. Juillet 1766. Enreg. 17 Juillet 1767. No. 5 du Reg. 12.

Sa réintégration dans ses fonctions de Procureur Général, en vertu d'un ordre de Sa Majesté. 3 Juillet 1768. Enreg. 14 Décembre même année. No. 121 du Reg. 12.

Acte de sa présence au Conseil et de ses dires, réquisitions et réserves par suite de ses démêlés avec le Gouverneur Dumas. 29 Novembre 1768. No. 116 du Reg. 12.

DEROULLÈDE (Père.)—*Gouvernement de Sa Majesté Britannique* (1).

DEROULLÈDE (François Hippolyte Clair.)—*Administration du Général Decaen.*—Sa nomination à l'office d'Avoué. 24 Octobre 1810. Enreg. 2 Novembre suivant. No. 323 du Reg. 27.

---

(1) M. Deroullède père occupait, à l'époque de la prise de l'Ile, la place de Receveur des impositions ; plus tard, il fut nommé Juge à la Cour d'Appel de l'Ile Bourbon ; ces deux nominations n'ont pas été soumises à la formalité de l'enregistrement dans les Tribunaux, elles n'ont pu être rapportées dans cette table, qui n'est que le dépouillement des Registres de la Cour d'Appel.

Gouvernement de Sa Majesté Britannique.—Congé à lui accordé à l'effet de passer en France et d'y séjourner quatre années. 23 Décembre 1818. Enreg. 27 Janvier 1819. No. 275 du Reg. 29.

DEROULLÈDE (Edouard.) — Sa nomination aux fonctions d'Avoué. 21 Janvier 1823. Enreg. 3 Février suivant. No. 353 du Reg. 29.

DEROULLÈDE (Henri.)— Sa nomination à l'office d'Avoué près les Tribunaux. 2 Novembre 1835. Enreg. 19 du même mois. No. 703 du Reg. 32.

Sa nomination à l'effet de connaître de certaines matières concernant les matelots des navires du commerce. 22 Août 1840. No. 860 du Reg. 38.

Remplacera celui des Magistrats de la Cour d'Assises qui sera empêché de siéger. 17 Février 1843. No. 947 du Reg. 41.

Sa nomination de Juge Substitut à l'effet de remplacer celui des Magistrats de la Cour d'Assises qui serait empêché de siéger. 6 Mars 1849. No. 1199 du Reg. 47 (1).

DERVELLE (Antoine.)—Sa nomination aux fonctions d'Huissier. 2 Décembre 1772. Enreg. 8 du même mois. Nos. 290 et 292 du Reg. 14.

DESBOIS (François.)— Enregistrement de ses Lettres d'Avocat, en date du 19 Novembre 1781, à lui délivrées par le Parlement de Rennes. 10 Janvier 1787. No. 841 du Reg. 17.

DESBRULYS (Général.)—*Administration du Général Decaen.*—Sa nomination provisoire, en qualité de Lieutenant du Capitaine Général Decaen et Commandant de l'Ile de la Réunion. 12 Nivôse An 14. Enreg. le même jour. No. 169 du Reg. 27.

DESENNE (Louis Ange Pierre.)—*Administration pour le Roi de France.*— Sa nomination aux fonctions d'Huissier. 27 Juillet 1767. Enreg. le même jour. No. 31 du Reg. 12.

Sa prestation de serment en cette qualité. 14 Novembre 1769. No. 157 du Reg. 12.

DESENNE (Jean Pierre.)— Sa nomination aux fonctions d'Huissier. 4 Novembre 1770. Enreg. 28 du même mois. No. 192 du Reg. 12.

---

(1) M. Henri Deroullède a exercé les fonctions d'Assistant Juge de Paix de la ville du Port Louis; cette nomination n'est pas transcrite sur les Registres de la Cour.

Autre commission à lui délivrée pour les mêmes fonctions. 2 Décembre 1772. Enreg. 3 du même mois. No. 287 du Reg. 14.

DÉSERTEURS ET DÉSERTIONS.—*Administration pour le Roi de France.—Voyez* GENS DE MER.

Administration du Général Decaen.—Promulgation, aux Iles de France et de la Réunion, de l'Article 49 de l'Arrêté du 1er. Floréal An 12, ainsi que du Décret impérial du 9 Messidor An 13, concernant les peines prononcées pour le recel des marins déserteurs. 5 Avril 1806. Enreg. 10 du même mois. No. 177 du Reg. 27.

Promulgation de la Loi du 24 Brumaire An 6 et du 1er. Article du Titre 4 du Code des Délits et Peines du 21 Brumaire An 5, concernant les peines à infliger aux Fonctionnaires publics qui négligeront de faire exécuter les Lois relatives aux déserteurs, aux requisitionnaires et à ceux qui favorisent la désertion. 5 Avril 1806. Enreg. 10 du même mois. No. 177 du Reg. 27.

Gouvernement de Sa Majesté Britannique.— *Voyez* MATELOTS.

DESFORGES BOUCHER (Antoine.)—*Compagnie des Indes.*— Ordre du Roi qui dispense M. Desforges Boucher, Gouverneur de l'Ile Bourbon et Président du Conseil supérieur établi en cette Ile, de prêter serment, en cette dernière qualité, entre les mains du Garde-des-Sceaux, à Paris. Ce serment sera prêté pour M. Boucher, par deux Directeurs de la Compagnie. 15 Décembre 1723. Enreg. à l'Ile de France. 31 Mai 1726. No. 12 du Reg. 1.

Sa Nomination de Gouverneur particulier des Iles de France, Ste.-Marie, Rodrigues et autres petites Iles dépendant de l'Ile de France. 23 Janvier 1759. Enreg. 8 Novembre même année. No. 179 du Reg. 9.

Confirmation, par le Roi, de cette nomination. 1er. Mars 1761. Enreg. 27 Juin même année. No. 183 du Reg. 9.

DESGRANGES DE RICHETEAUX (Jean Guillaume.)— *Administration pour le Roi de France*— Sa nomination à la place d'Inspecteur de Police. 1er. Août 1767. Enreg. 28 Mars 1768. Nos. 90, 91 et 92 du Reg. 12.

Enregistrement de ses Lettres de Docteur en Droit, en date du 29 Janvier 1742, à lui délivrées par la Faculté de Paris. 28 Mars 1768. Nos. 96 et 97 du Reg. 12.

Id. De sa Matricule d'Avocat, en date du 22 Août 1748. 28 Mars 1768. No. 98 du Reg. 12.

DESHAYES (.)—*Administration du Général*

Decaen.—Sa nomination aux fonctions d'Avoué. 20 Nivôse An 12. Enreg. 21 du même mois. No. 64 du Reg. 26.

DESHAYES (Théodore Zacharie.) — *Gouvernement de S. M. Britannique.*—Enregistrement de son diplôme de Licencié en Droit, en date du 19 Juillet 1836, à lui délivré par l'Université de Paris. 4 Août 1840. No. 755 du Reg. 32.

DESJARDINS (Julien.)—Sa nomination à l'effet de remplacer celui des Juges de la Cour d'Assises qui serait empêché de siéger. 19 Mars 1838. No. 791 du Reg. 36.

DESLANDES (Mathieu.)—*Administration pour le Roi de France.*—Sa nomination aux fonctions d'Huissier. 11 Février 1778. Enreg. 9 Mars suivant. No. 430 du Reg. 14.

DESMARAIS (Jean Onézime.)—*Gouvernement de Sa Majesté Britannique.*—Sa nomination aux fonctions d'Avoué. 31 Août 1825. Enreg. 5 Septembre suivant. No. 432 du Reg. 30.

Sa nomination à la place de Substitut du Procureur Général près le Tribunal de 1re. Instance. 25 Mars 1830. Enreg. 1er. Avril suivant. No. 551 du Reg. 31.

Sa nomination à la place de Procureur du Roi. 30 Août 1831. Enreg. 8 Octobre même année. No. 598 du Reg. 31.

DESMARAIS (Evenor.)—Sa nomination aux fonctions d'Avoué. 4 Juin 1830. Enreg. 24 du même mois. No. 557 du Reg. 31.

DESROCHES (François Julien Dudresnay.)—Chevalier.—*Administration pour le Roi de France.*—Sa nomination au gouvernement général des Iles de France et Bourbon. 22 Juillet 1768. Enreg. 7 Juin 1769. Nos. 133 et 134 du Reg. 12.

Son entrée au Conseil supérieur. 8 Juin 1769. No. 135 du Reg. 12.—*Voyez* DÉPUTATION.

DESRUISSEAUX (Jean Marie.)—*Administration du Général Decaen.*—Sa nomination à la place de Juge à la Cour d'Appel de l'Ile Bonaparte. 13 Avril 1809. Enreg. 1er. Mars 1810. No. 305 du Reg. 27.

DESSE (Pierre Antoine Xavier.)—*Administration pour le Roi de France.*—Sa nomination aux fonctions d'Huissier. 1er. Novembre 1787. Enreg. 3 Décembre suivant. No. 888 du Reg. 18.

DESTAING.—*Compagnie des Indes.*—V. ESTAING (Comte d').

DÉTACHEMENTS.—Récompenses accordées à ceux qui saisiront ou tueront des noirs marrons. 2 Juin 1726. No. 20 du Reg. 1.

Précautions à prendre par les détachements pour que les noirs marrons ne soient point avertis de leur présence et pour qu'il leur soit plus facile de surprendre ces derniers dans leur retraite. 3 Juin 1726. No. 25 du Reg. 1.

Autres Réglements relatifs aux récompenses accordées aux détachements. 19 Juillet 1766. No. 203 du Reg. 11.

Administration pour le Roi de France.— *Voyez* au mot *commune*, les Réglements sur cette matière, où se trouvent consignées les dispositions relatives aux détachements.

Assemblée Coloniale. — Il sera créé un détachement, à l'effet d'arrêter les noirs qui viennent à la ville, sans permission de leurs maîtres. 26 Avril 1791. Enreg. 11 Mai suivant. No. 56 du Reg. 19.

Leur création pour l'arrestation des noirs marrons. 5 Fructidor An 7. Enreg. 15 du même mois. No. 706 du Reg. 25.

Les chefs des détachements et autres, qui seront à la poursuite des noirs marrons, sont autorisés à tirer à balle sur ceux qui fuiront. 6 Germinal An 3. Enreg. 7 du même mois. No. 367 du Reg. 23.

Gouvernement de Sa Majesté Britannique.— Il ne leur est plus permis de présenter les mains des noirs marrons, comme preuve de leur mort, et aucune récompense ne sera accordée aux détachements qui tueront un noir dans le bois, ni aucune indemnité au maître du noir. 25 Janvier 1813. Enreg. 28 du même mois. No. 79 du Reg. 28.

Il sera payé aux détachements un cinquième de plus pour chaque capture. Id.— *Voyez* MARRONS.

DÉTENTIONS.—*Assemblée Coloniale.*—Le Tribunal criminel précomptera, sur la durée des peines qu'il prononcera, tout le temps qui excédera deux mois de détention avant le prononcé du jugement. 23 Brumaire An 4. Enreg. 25 du même mois. No. 427 du Reg. 23.

DÉTENTIONS ILLÉGALES.—Mesures propres à les prévenir. 5 Thermidor An 3. Enreg. 2 Fructidor suivant. No. 404 du Reg. 23 (Titre 12, Art. 1er.)

DETENUS.— *Voyez* DÉTENTION.

D'ÉTIENNE. (Laurent.)— *Gouvernement de Sa Majesté Britannique.*— Sa naturalisation de sujet anglais. Ordonnance No.

37 (approuvée) (1). 6 Décembre 1847. No. 1127 du Reg. 45.

DETTES.—*Administration pour le Roi de France.*—Voyez Débiteurs, Créances, Instances et Obligations,

DEVIENNE (Jean Bernard.)—*Administration du Général Decaen.*—Sa nomination à la place de Greffier en Chef de la Cour d'Appel. 8 Germinal An 14. Enreg. 3 Avril 1806. No. 176 du Reg. 27.

Il continuera les opérations de la conservation des hypothèques jusqu'à l'expiration du délai fixé par l'Article 69 de l'Arrêté du 1er. Brumaire An 14. Id.

Confirmation, par l'Empereur et Roi, de sa nomination à la place de Greffier de la Cour d'Appel de l'Ile de France, 13 Avril 1809. Enreg. 1er. Mars 1810. No. 305 du Reg. 27.

Gouvernement de Sa Majesté Britannique.—Sa nomination à la place de Greffier en Chef de la Cour d'Appel. 1er. Janvier 1811. Enreg. 3 du même mois. No 3 du Reg. 27.

Sa réintégration dans cette place. 1er. Janvier 1817. Enreg. 13 du même mois. No. 203 du Reg. 29.

DEVILLE (Claude Charles.)—*Administration du Général Decaen.*—Sa nomination à la place de Commissaire civil du quartier des Pamplemousses. 15 Pluviôse An 13. Enreg. 20 du même mois. No. 131 du Reg. 27.

Gouvernement de Sa Majesté Britannique.—Sa réintégration dans sa place de Commissaire civil du quartier des Pamplemousses. 5 Juillet 1825. Enreg. 6 du même mois. No. 419 du Reg. 30.

DEVILLE (.)—*Administration du Général Decaen.*—Révocation de sa nomination de Substitut du Commissaire du Gouvernement près les Tribunaux de l'Ile de la Réunion. 25 Frimaire An 12. Enreg. 28 du même mois. No. 56 du Reg. 26.

DEVILLE (Charles François.)—Sa nomination aux fonctions d'Avoué. 1er. Août 1808. Enreg. 5 du même mois. No. 259 du Reg. 27.

D'HAUTERIVE (Gast.)—*Compagnie des Indes.*—Sa nomination au grade de Major de Place et des Troupes. 1er. Juin 1726. No. 16 du Reg. 1.

Sommation à lui faite, par le Conseil Provincial, d'interposer

---

(1) Voyez Certificat sous la date du 5 Septembre 1848. No. 113 de la liasse de ces pièces déposées au Greffe de la Cour

son autorité pour faire accepter aux troupes les vivres qui leur sont offerts. 11 Juin 1728. No. 45 du Reg. 1.

D'HONNERAUX (Nicolas François.)—*Administration du Général Decaen.*— Sa nomination à la place d'Adjudant Garde de Fortifications de 1re. classe. 22 Juillet 1809. Enreg. 29 du même mois. No. 297 du Reg. 27.

DHOTMAN (Aîné.)—Sa nomination à la place de Courtier de Commerce. 12 Fructidor An 12. Enreg. 16 du même mois. No. 110 du Reg. 27.

DIANAMBOIS.— *Administration pour le Roi de France.*— Arrêté du Conseil sur la question élevée à l'égard de la liberté de ce noir. 11 Juin 1772. No. 222 du Reg. 12.
Id. 16 Juin 1772. No. 223 du Reg. 12.

DILIGENCES.—*Gouvernement de Sa Majesté Britannique.*— *Voyez* VOITURES.

DIMANCHE.—*Assemblée Coloniale.* — Le repos des Fonctionnaires publics, est fixé à ce jour. 3 Fructidor An 10. Enreg. 5 du même mois. No. 825 du Reg. 26.

DIRECTEURS.— Celui du Jury est autorisé à appeler un ou deux notables dans le cas où il aura à référer au Tribunal Civil. 6me. jour complémentaire An 7. Enreg. 6 Vendémiaire An 8. No. 713 du Reg. 25.
La démission de celui de la Douane, doit être adressée au Directoire. 3 Fructidor An 9. Enreg. 6 du même mois. No. 790 du Reg. 25.

DIRECTOIRE·—Formation de celui de la Colonie, ses fonctions et attributions. 2 Avril 1791. Enreg. 15 du même mois. No. 46 du du Reg. 19 (Article 10 du Titre 7 de la Constitution provisoire de la Colonie).
Les membres de ce corps ne pourront être nommés aux places de Juges. 8 Novembre 1791. Enreg. 5 Mars 1792. No. 122 du Reg. 20.
Sera chargé du dépôt des sommes en papier-monnaie provenant de l'échange des petites monnaies. 14 Thermidor An 5. Enreg. 17 du même mois. No. 599 du Reg. 24.

DISCIPLINE.— *Administration pour le Roi de France.*— Ordonnance du Roi, concernant celle des Conseils supérieurs aux Iles de France et Bourbon. 1er. Octobre 1766. Enreg. 20 Juillet 1767. No. 250 (*bis*) du Reg. 13 (1).

Acte de la lecture faite au Conseil de l'Ordonnance du Roi, relative à la discipline du Conseil supérieur. 24 Avril 1766. No. 164 du Reg. 12.

Id. 6 Novembre 1770. No. 193 du Reg. 12.

DISCOURS. — Ceux prononcés au Conseil supérieur par MM. Anthoine, Procureur Général; de Ternay, Gouverneur, et Maillard Dumesle, Intendant, à l'occasion de la nomination de M. de Ternay au gouvernement des Iles de France et Bourbon. 26 Août 1772. Nos 237, 238 et 239 du Reg. 12.

Discours prononcé par le Procureur Général, à l'occasion de la mort du Roi Louis XV. 6 Février 1775. No. 350 du Reg. 14.

Id. Prononcé par le Procureur Général, à l'occasion de l'arrivée en cette Ile et de l'entrée au Conseil de M. de La Brillane, Gouverneur. 2 Décembre 1776. No. 391 du Reg. 14.

Id. De M. Maillard Dumesle, Intendant. 2 Décembre 1776. No. 392 du Reg. 14.

Id. De M. Guiran de La Brillane. 2 Décembre 1776. No. 393 du Reg. 14.

Id. Prononcé par M. Foucaud, Intendant, à l'occasion de sa nomination. 17 Novembre 1777. No. 422 du Reg. 14.

Id. Prononcé par M. Ailhaud, à l'occasion de sa nomination de Procureur Général au Conseil supérieur. 3 Juin 1778. No. 437 du Reg. 15.

Id. De M. Foucaud, Intendant. 3 Juin 1778. No. 438 du Reg. 15.

Id. Prononcé par M. Ailhaud, Procureur Général, à l'occasion de l'ouverture des Audiences. 12 Novembre 1778. No. 471 du Reg. 15.

Id. Par M. Foucaud, Intendant. 12 Novembre 1778. No. 472 du Reg. 15.

Id. Prononcé par le Procureur Général à la séance tenue à la Juridiction Royale, à l'occasion de l'ouverture des Audiences de ce Tribunal. 16 Novembre 1778. No. 475 du Reg. 15.

Id. Prononcé par M. Delaleu à la même séance. 16 Novembre 1778. No. 476 du Reg. 15.

Id. Prononcé par le Procureur Général, à l'occasion de la nomination de M. le Vicomte de Souillac au gouvernement des Iles de France et Bourbon. 3 Mai 1779. No. 483 du Reg. 15.

Id. De M. Foucaud, Intendant. 3 Mai 1779. No. 484 du Reg. 15.

Id. De M. le Vicomte de Souillac. 3 Mai 1779. No. 485 du Reg. 15.

---

(1) Cette Ordonnance est transcrite en tête du Registre des Mercuriales prononcées par le Conseil supérieur; elle ne se trouve point sur les Registres des Lois et Ordonnances.

Id. Prononcé par M. Ailhaud, Procureur Général, à l'occasion de l'ouverture des Audiences. 12 Novembre 1779. No. 505 du Reg. 15.

Id. De M. Foucaud, Intendant. 12 Novembre 1779. No. 506 du Reg. 15.

Id. Du Procureur Général, à l'occasion de la nomination de M. Chevreau, Intendant. 4 Juillet 1781. No. 550 du Reg. 16.

Id. De M. Foucaud. 4 Juillet 1781. No. 551 du Reg. 16.

Id. De M. Chevreau. 4 Juillet 1781. N. 552 du Reg. 16.

Id. Prononcé par M. de Virieux, à l'occasion de sa nomination à la place de Procureur Général. 26 Septembre 1781. No. 576 du Reg. 16.

Id. Prononcé par ce Magistrat à l'ouverture des Audiences. 12 Novembre 1781. No. 582 du Reg. 16.

Id. De M. Chevreau. 12 Novembre 1781. No. 583 du Reg. 16.

Id. De M. le Marquis de Bussy, à l'occasion de sa nomination de Commandant Général des forces de terre et de mer, au-delà du Cap de Bonne-Espérance. 1er. Juin 1782. No. 610 du Reg. 16.

Id. Du Procureur Général, à ce sujet. 1er. Juin 1782. No. 611 du Reg. 16.

Id. Prononcé par le Procureur Général, à l'ouverture des Audiences. 12 Novembre 1782. No. 626 du Reg. 16.

Id. Prononcé par M. Lemarchand de l'Isle, Procureur Général, à l'ouverture des Audiences. 12 Novembre 1783. No. 667 du Reg. 16.

Id. De M. Chevreau. 12 Novembre 1783. No. 668 du Reg. 16.

Id. De M. de Virieux, Procureur Général, à l'occasion de son retour de France. 6 Septembre 1784. No. 708 du Reg. 16.

Autre discours de ce Magistrat, à l'ouverture des Audiences. 12 Novembre 1784. No. 722 du Reg. 17.

Id. De l'Intendant. 12 Novembre 1784. No. 723 du Reg. 17.

Id. Prononcé par le Procureur Général, à l'occasion de la nouvelle commission de Gouverneur accordée à M. de Souillac. 15 Février 1785. No. 736 du Reg. 17.

Id. De M. de Souillac, en réponse au discours du Procureur Général. 15 Février 1785. No. 737 du Reg. 17.

Id. De M. Alanic de St.-Ongal, à l'occasion de sa nomination à la place d'Assesseur au Conseil supérieur. 14 Juin 1785. No. 762 du Reg. 17.

Id. De M. de Virieux, à la rentrée des Tribunaux. 12 Novembre 1785. No. 779 du Reg. 17.

Id. De l'Intendant. 12 Novembre 1785. No. 780 du Reg. 17.

Id. Prononcé par M. Foisy, à l'occasion de sa nomination à la place d'Assesseur au Conseil supérieur de cette Ile. 22 Septembre 1786. No. 831 du Reg. 17.

Id. De M. de Virieux fils, Substitut du Procureur Général du

Roi, à l'ouverture des Audiences. 13 Novembre 1786. No. 833 du Reg. 17.

Id. De l'Intendant. Même date. No. 834 du Reg. 17.

Id. De M. Pigeot de St.-Vallery, à l'occasion de sa nomination à la place d'Assesseur au Conseil supérieur de cette Ile. 7 Décembre 1786. No. 836 du Reg. 17.

Id. Prononcé par les Administrateurs de la Colonie, concernant la distinction de leurs prérogatives d'avec celles des Tribunaux. 19 Décembre 1786. No. 838 du Reg. 17.

Id. Du Substitut du Procureur Général, à l'occasion de l'arrivée de M. d'Entrecasteaux, Gouverneur. 5 Novembre 1787. No. 882 du Reg. 18.

Id. De M. Motais de Narbonne, Intendant. 5 Novembre 1787. No. 883 du Reg. 18.

Id. De M. d'Entrecasteaux. 5 Novembre 1787. No. 884 du Reg. 18.

Id. Du Substitut du Procureur Général, à l'ouverture des Audiences. 12 Novembre 1787. No. 886 du Reg. 18.

Id. Du Président du Conseil supérieur. 12 Novembre 1787. No. 887 du Reg. 18.

Id. Du Procureur Général, à la rentrée des Tribunaux. 12 Novembre 1788. No. 914 du Reg. 18.

Id. De l'Intendant, Président du Conseil. 12 Novembre 1788. No. 915 du Reg. 18.

Id. Du Substitut du Procureur Général, à l'occasion de la nomination de M. Dupuy à l'Intendance des Iles de France et Bourbon. 17 Août 1789. No. 945 du Reg. 18.

Id. De M. Dupuy. 17 Août 1789. No. 946 du Reg. 18.

Id. De M. Motais de Narbonne. 17 Août 1789. No. 947 du Reg. 18.

Compliment adressé par le Président du Conseil, à M. de Chazal, lors de l'enregistrement de son brevet de Conseiller honoraire. 17 Août 1789. No. 948 du Reg. 18.

Réponse de M. de Chazal. 17 Août 1789. No. 949 du Reg. 18.

Compliment adressé par le Président du Conseil, à M. Delaleu, lors de l'installation de ce Magistrat dans la place de Second Conseiller. 17 Août 1789. No. 950 du Reg. 18.

Réponse de M. Delaleu. 17 Août 1789. No. 951 du Reg. 18.

Discours du Procureur Général, à l'ouverture des Audiences. 12 Novembre 1789. No. 970 du Reg. 18.

Id. De M. Dupuy, Intendant, à cette occasion. 12 Novembre 1789. No. 971 du Reg. 18.

Id. Prononcé par le Procureur Général, au sujet de l'arrivée de M. le Comte de Conway, Gouverneur. 14 Novembre 1789. No. 975 du Reg. 18.

Id. De M. Dupuy, ayant le même objet. 14 Novembre 1789. No. 976 du Reg. 18.

Gouvernement de Sa Majesté Britannique.—Id. Prononcé par M. Rudelle, Procureur Général, à l'ouverture des Audiences de la Cour d'Appel. 1er. Mai 1822. No. 331 (*bis*) du Reg. 29.

Id. De M. Barbé de Marbois, Président de la Cour. 1er. Mai 1822. No. 332 (*bis*) du Reg. 29.

DISPENSES.—*Administration du Général Decaen.*—Manière dont sera exécuté aux Iles de France et de la Réunion l'Arrêté du Gouvernement du 20 Prairial An 11, sur le mode de délivrance des dispenses relatives aux mariages. 6 Mai 1806. Enreg. 12 Juin suivant. No. 178 du Reg. 27.

Gouvernement de Sa Majesté Britannique.—Faculté donnée au Gouverneur d'accorder les dispenses d'âge exigées par l'Article 12, Chapitre 1er., Section 2 de l'Arrêté du 14 Nivôse An 12, à l'effet d'être reçu Avoué. 1er. Août 1825. Enreg. 10 du même mois. No. 425 du Reg. 30.

DISPOSITIONS OLOGRAPHES.—*Assemblée Coloniale.*—Règles relatives à leur homologation. 23 Pluviôse An 5. Enreg. 5 Ventôse suivant. No. 543 du Reg. 24.

DISTILLATEURS.—*Gouvernement de Sa Majesté Britannique.*—Abrogation du 2me. Article de l'Ordonnance No. 7 de 1842, concernant les distillateurs de liqueurs douces. Ordonnance No. 7 (approuvée) (1). 31 Mars 1845. No. 1039 du Reg. 43.— *Voyez* au mot LABOUREURS, L'ORDONNANCE No. 7 DE 1842.

DISTILLERIES.—Révision des Lois relatives à cette matière. Ordonnance No. 21 (sans approbation). 3 Juillet 1845. No. 1053 du Reg. 43.

Id. Ordonnance No. 11 (approuvée) (2). 10 Novembre 1846. No. 1077 du Reg. 44.

DISTINCTIONS.—Abolition de celles auxquelles pourraient être soumises toutes personnes de naissance ou d'origine indienne ou africaine. 22 Juin 1829. Enreg. 22 Décembre même année. No. 543 du Reg. 31.

Proclamation relative à ces dispositions. 2 Décembre 1829. Enreg. 22 du même mois. No. 543 du Reg. 24.

DISTRIBUTIONS DE DENIERS.—*Assemblée Coloniale.*—L'homologation des distributions de deniers, sera prononcée par le

---

(1) Voyez Certificat du 26 Juin 1844. No. 83 de la liasse de ces pièces déposées au Greffe de la Cour.
(2) Id.   Id.   du 9 Août 1847. No. 104 Id.

Président du Tribunal d'Appel. 5 Thermidor An 2. Enreg. 25 Juillet 1794. No. 322 du Reg. 23.

DIVISION (de l'Ile de France et ses Dépendances).—*Administration pour le Roi de France.*—Division de l'Ile de France en huit principaux quartiers. 11 Août 1762. No. 185 du Reg. 10.

Ordonnance du Roi sur les Milices, contenant la même division. 1er. Août 1768. Enreg. 15 Juin 1769. No. 143 du Reg. 12.

Ordre de la Cour, portant qu'il sera fait dépôt au Greffe d'un exemplaire de l'Ordonnance du Roi, du 30 Juillet 1773, concernant la division de l'Ile de France en huit quartiers au lieu de onze fixés par l'Ordonnance du 1er. Août 1768. 11 Octobre 1774. No. 343 du Reg. 14.

Texte de l'Ordonnance du Roi, du 30 Juillet 1773. Enreg. 18 Novembre 1777. No. 426 du Reg. 14.—*Voyez* ILE DE FRANCE.

Administration du Général Decaen.—La division militaire et civile des Iles de France, de la Réunion et Dépendances est rétablie par quartier, telle qu'elle existait en 1789. 9 Vendémiaire An 12. Enreg. 14 du même mois. No. 10 du Reg. 26.

Gouvernement de Sa Majesté Britannique.—Celle de la Colonie en arrondissements, à l'effet d'établir les Juges spéciaux chargés de la police des apprentis. Ordonnance No. 11 (désapprouvée).(1). 5 Novembre 1834. Enreg. 24 du même mois. No. 691 du Reg. 32. —*Voyez* PAMPLEMOUSSES.

DIVORCE. — *Assemblée Coloniale.* — Promulgation du Décret de l'Assemblée Nationale, en date du 20 Septembre 1792, relatif au divorce. 8 Mars 1793. Enreg. 22 du même mois. No. 185 du Reg. 21.

Promulgation d'un autre Décret de la Convention, en date du 22me. jour du 1er. mois de l'An 2, sur la même matière. 3me. jour complémentaire An 2. Enreg. 20 Septembre 1794. No. 335 du Reg. 23.

Cas où l'on est dispensé dans les poursuites en divorce, d'assigner les époux à leur dernier domicile. 27 Thermidor An 3. Enreg. 29 du même mois. No. 403 du Reg. 23.

Celui où le divorce sera prononcé sans aucune citation. Id.

Modifications aux Lois sur le divorce. 5 Pluviôse An 4. Enreg. 15 du même mois. No. 451 du Reg. 23.

Adoption de l'Article 16 du Paragraphe 3 du Décret du 30 Août 1793, relatif au divorce. 16 Ventôse An 4. Enreg. 25 du même mois. No. 465 du Reg. 23.

---

(1) Voyez Certificat du Gouverneur, en date du 7 Juillet 1835. No. 2 de la liasse de ces pièces.

Formalités relatives aux divorces pour cause d'abandon ou d'émigration. 24 Prairial An 5, Enreg. 28 du même mois. No. 577 du Reg. 24.

Les demandes en divorce, pour cause de déréglement de mœurs, seront portées devant les arbitres de famille. 7 Germinal An 7. Enreg. 8 du même mois. No. 678 du Reg. 24.

Conditions imposées aux personnes divorcées pour contracter un second mariage dans la Colonie. 4 Nivôse An 8. Enreg. 6 du même mois. No. 721 du Reg. 25.

Les demandes en divorce, des femmes des déportés, pourront être formées sur la simple cause déterminée de la déportation de leurs maris. 4 Vendémiaire An 8. Enreg. 7 Vendémiaire An 9. No. 755 du Reg. 25.

Administration du Général Decaen.—Promulgation, aux Iles de France et de la Réunion, du Décret du 30 Ventôse An 11, sur le divorce. 18 Vendémiaire An 12. Enreg. 27 du même mois. No. 22 du Reg. 26.

Les divorces prononcés par les Officiers de l'Etat civil ou autorisés par jugement, avant la publication de l'Arrêté du 18 Vendémiaire An 12, auront leur effet conformément aux Lois qui existaient avant cette publication. 1er. Brumaire An 12. Enreg. 4 du même mois. No. 30 du Reg. 26.

Modification de l'Article 30 du Chapitre 2 de l'Arrêté du 18 Vendémiaire An 12 et de l'Article 4 du Chapitre 3 du même Arrêté, en ce qui concerne le pourvoi en Cassation contre les jugements qui admettent le divorce en dernier ressort et en ce qui concerne l'obligation imposée aux époux de se faire autoriser par leur père et mère. 25 Prairial An 13. Enreg. 26 Prairial même année. No. 142 du Reg. 27.

DOCTEURS (en Médecine et en Chirurgie.)—Réglements les concernant. 19 Fructidor An 13. Enreg. 25 du même mois. No. 152 du Reg. 27.

Tarif de leurs droits et honoraires. 19 Fructidor An 13. Enreg. 25 du même mois. No. 153 du Reg. 27.—*Voyez* Officiers de Santé et Médecins.

DOLEANCES.—*Administration pour le Roi de France.*—*Voyez* Remontrances.

DOMAINES MILITAIRES.—*Administration du Général Decaen.*—Publication aux Iles de France et Bonaparte de la Loi du 29 Mars 1806, concernant les délits relatifs aux domaines militaires de l'Etat. 1er. Novembre 1807. Enreg. 5 du même mois. No. 221 du Reg. 27.

DOMAINES NATIONAUX.—*Voyez* Domaines militaires.

DOMERGUE (.)—*Assemblée Coloniale.*—Enregistrement de sa commission de Notaire au quartier de la Savanne. 22 Avril 1793. Enreg. 1er. Mai suivant. No. 195 du Reg. 21.

DOMESTIQUES.—*Gouvernement de Sa Majesté Britannique.*—Réglements concernant leur service et location. Ordonnance No. 17 (désapprouvée) (1). 2 Novembre 1835. Enreg. 22 Décembre suivant. No. 738 du Reg. 33.

DOMMAGES-INTÉRÊTS.—Mode de recouvrement y relatif. Ordonnance No. 19 (approuvée) (2). 16 Novembre 1835. No. 739 du Reg. 33.

DONNATIONS. — *Assemblée Coloniale.* — Celles entrevifs, à cause de mort ou autrement, peuvent être faites à des gens de couleur. 24 Pluviôse An 5. Enreg. 5 Ventôse suivant. No. 544 du Reg. 24.

DORLET DE BRISSON.— *Compagnie des Indes.*— Sa nomination, par le Conseil Provincial, au grade d'Enseigne. 4 Juin 1726. No. 27 du Reg. 1.

DOSSEVILLE (.)—Sa nomination aux fonctions d'Huissier et Priseur de biens meubles. 22 Avril 1748. No. 120 du Reg. 6.

DOTS.—*Assemblée Coloniale.*—Dispositions concernant le paiement des intérêts dûs pour dots. 2 Ventôse An 9. Enreg. 6 du même mois. No. 767 du Reg. 25.

DOUAIRES.—Dispositions concernant le paiement des intérêts dûs pour douaires. 2 Ventôse An 9. Enreg. 6 du même mois. No. 767 du Reg. 25.

DOUANE.— *Administration pour le Roi de France.*— Voyez Déclarations.

Assemblée Coloniale.— Etablissement d'un Bureau de Douane. 1er. Fructidor An 5. Enreg. 8 du même mois. No. 602 du Reg. 24.
Addition à la Loi sur la Douane, en ce qui concerne les droits d'entrée. 3 Brumaire An 6. Enreg. 7 du même mois. No. 610 du Reg. 24.
Autres additions à la Loi du 1er. Fructidor An 5, sur la Douane. 24 Brumaire An 6. Enreg. 5 Frimaire même année. No. 618 du Reg. 24.

---

(1) Voyez Certificat du Gouverneur, en date du 5 Octobre 1836. No. 26 de la de la liasse de ces pièces déposées au Greffe de la Cour.
(7)   Id.   Id.   Id.   en date du 20 Mars 1837. No. 28. Id.

Réglements relatifs aux objets soumis aux droits d'entrée et fixation de ces droits. 7 Ventôse An 6. Enreg. 25 du même mois. No. 643 du Reg. 24.

Autre Loi sur la Douane. 5, 6 et 7 Pluviôse An 7. Enreg. 5 Ventôse suivant. No. 674 du Reg. 24.

Révision du Tarif des droits de la Douane. Composition de ce bureau, traitement des employés et autres dispositions générales sur cette matière. 9 Messidor An 9. Enreg. 6 Vendémiaire An 10. No. 792 du Reg. 25.

Autres dispositions concernant le traitement des employés de la Douane. 6 Nivôse An 10. Enreg. 15 du même mois. No. 797 du Reg. 26.

Fixation de délai pour les estimations et contre-estimations faites en Douane. 5 Messidor An 11. Enreg. 18 du même mois. No. 855 du Reg. 26.

Administration du Général Decaen.—Fixation et mode de paiement des droits de Douane. 30 Fructidor An 12. Enreg. 6 Vendémiaire An 13. No. 116 du Reg. 27.

Le Préposé en Chef de la Douane de l'Ile Bonaparte, prendra le titre de Sous-Directeur. 19 Avril 1807. Enreg. 1er. Mai suivant. No. 211 du Reg. 27.

Il y sera établi un Inspecteur. Id.

Gouvernement de Sa Majesté Britannique.—Le Directeur de ce Département est autorisé à recevoir, au lieu d'argent comptant, les billets des commerçants. 11 Août 1817. Enreg. 1er. Septembre suivant. No. 219 du Reg. 29.

Abrogation de cette disposition. 17 Avril 1818. Enreg. 4 Mai suivant. No. 256 du Reg. 29.

Abrogation de l'Article 87 du Titre 9 de l'Arrêté du 30 Fructidor An 12, relatif aux saisies, pocès-verbaux et jugements en matière de Douane. 7 Février 1824. Enreg. 1er. Mars suivant. No. 380 du Reg. 30.

Abrogation de la 2me. Section de l'Article 18 de la Proclamation du 12 Septembre 1820, relative à l'entrepôt. Id.

Les appels des jugements rendus, en conséquence des dispositions contenues au Titre 9 de l'Arrêté du 30 Fructidor An 12, sur la Douane, seront portés devant la Cour d'Appel. Id.—*Voyez* COMMERCE, ENTREPÔT ET DROITS.

DOUAUD (Pierre François.)—*Administration pour le Roi de France.*—Sa nomination aux fonctions de Notaire. 16 Avril 1770. Enreg. 1er. Mai suivant. No. 166 du Reg. 12.

Sa nomination à la place de Greffier de la Juridiction Royale. 27 Novembre 1771. Enreg. 10 Février 1774. No. 326 du Reg. 14.

DOUBLONS (Monnaie d'or.)—*Gouvernement de Sa Majesté Britannique.*— La valeur de cette monnaie est fixée à 66 shillings. Abrogation de l'Ordonnance No. 3 de 1825, en ce qui concerne la valeur qu'elle établit à l'égard des doublons. Ordonnance No. 1 (approuvée) (1). 14 Janvier 1836. No. 742 du Reg. 34.

DRAPEAUX.— *Assemblée Coloniale.*— Décret de l'Assemblée Nationale, relatif aux drapeaux des troupes de ligne. 9 Juillet 1793. Enreg. 22 Août suivant. No. 227 du Reg. 21.

DRAPER (E. A.) — Colonel. — *Gouvernement de Sa Majesté Britannique.*— Sa nomination à la place d'Agent Général de la Police. 21 Janvier 1823. Enreg. 23 du même mois. No. 352 du Reg. 30 (2).

DRAWBACK.—*Voyez* SPIRITUEUX.

DROGUES. — Tout débit au poids médical, toute distribution des drogues et préparations médicamenteuses, toute annonce ou affiche qui indiquera des remèdes secrets, sous quelque dénomination que ce soit, sont sévèrement prohibés. 26 Août 1824. Enreg. 4 Septembre suivant. No. 391 du Reg. 30.

Modifications de cette Loi. Ordonnance No. 27. 26 Septembre 1827 Enreg. 8 Novembre même année. No. 481 du Reg. 30.

DROITS.—*Compagnie des Indes.*—*Voyez* LOTS ET VENTES.

Administration pour le Roi de France.—Fixation de ceux attribués au Greffier, pour certains Actes du Greffe. 19 Novembre 1779. No. 512 du Reg. 15.

Fixation de ceux établis en matière d'Amirauté, au profit des Officiers de la Juridiction Royale. 9 Décembre 1779. No. 516 du Reg. 15.

Autres Réglements sur cette matière. 14 Avril 1780. No. 535 du Reg. 16.

Assemblée Coloniale.— Réglements concernant ceux de ventes d'immeubles, perçus par les Greffiers. 25 Janvier 1791. Enreg. 7 Février suivant. No. 27 du Reg. 19.

Réglements concernant les droits du Contrôle. 21 Février 1794. Enreg. 1er. Mars suivant. No. 269 du Reg. 23.

---

(1) Voyez Certificat du Gouverneur, en date du 28 Juin 1827. No. 38 de la liasse de ces pièces déposées au Greffe de la Cour d'Appel.

(2) Le Colonel Draper a occupé les places de Député Secrétaire du Gouvernement, de Directeur des Douanes, de Greffier de l'Enregistrement des Esclaves et de Trésorier; mais ces nominations n'ayant pas été soumises à la formalité de l'enregistrement dans les Tribunaux, elles ne se trouvent pas inscrites sur les Registres de la Cour.

Fixation de ceux du Greffier Conservateur des Hypothèques, pour certains Actes. 6 Mars 1794. Enreg. 7 du même mois. No. 270 du Reg. 23.

Défense d'exercer ceux de requisition et de préemption sur les matières premières, venant de l'étranger, pour l'aliment des fabriques. 16 Messidor An 3. Enreg. 24 du même mois No. 384 du Reg. 23.

Droit de 2 o|o, au profit de la Commune générale, sur les adjudications des prises ou marchandises en provenant, sera payé par les adjudicataires. 23 Fructidor An 3. Enreg. 26 du même mois. No. 410 du Reg. 23.

Fixation de ceux à payer par les personnes qui auront déposé leurs contrats au Bureau des Hypothèques, conformément à la Loi du 7 Brumaire An 4. 7 Nivôse An 4. Enreg. 18 du même mois. No. 442 du Reg. 23 (1).

Manière dont seront perçus ceux pour les lettres de ratification sur les ventes dont le prix est stipulé en marchandises. 26 Pluviôse An 4. Enreg. 5 Ventôse suivant. No. 457 du Reg. 23.

Fixation à 2 o|o de ceux à prélever sur les ventes judiciaires mobilières et sur celles des prises. 4 Floréal An 4. Enreg. 7 du même mois. No. 476 du Reg. 23.

Changement aux droits de Contrôle, pour certains Actes. 4 Floréal An 4. Enreg. 7 du même mois. No. 476 du Reg. 23.

Manière dont sera perçu le droit d'Enregistrement des mandats, bons, obligations et autres engagements, sous signatures privées, faits pour denrées ou marchandises dont le prix ne sera pas stipulé. 17 Floréal An 4. Enreg. 27 du même mois. No. 479 du Reg. 23.

Dispositions additionnelles à ce sujet. 5 Brumaire An 5. Enreg. 8 du même mois. No. 517 du Reg. 24.

Mise à l'adjudication et au rabais du droit de boucherie. 8 Fructidor An 4. Enreg. 15 du même mois, No. 505 du Reg. 24.

Fixation à 1 o|o, de celui d'Enregistrement, à percevoir sur les effets négociables. 5 Brumaire An 5. Enreg. 8 du même mois. No. 517 du Reg. 24.

Fixation à 4 o|o de ceux à prélever, au profit de la Commune générale, sur les ventes mobilières et immobilières à l'encan. 13 Brumaire An 5. Enreg. 6 Frimaire même année. No. 523 du Reg. 24.

Réunion des droits du Timbre à ceux de l'Enregistrement des Actes. 7 Nivôse An 5. Enreg. 15 du même mois. No. 530 du Reg. 24.

Manière de percevoir ceux à prélever, au profit de la Commune générale, sur les engagements stipulés en piastres effectives. 17 Ventôse An 5. Enreg. 25 du même mois. No. 553 du Reg. 24.

---

(1) La Loi du 7 Brumaire An 4, n'a point été transcrite sur les Registres de la Cour.

Droit d'Enregistrement, sur les ventes rédigées en titre authentique, sera simple sur ces contrats, s'il est justifié que le droit composé ait été payé sur Acte privé qui aurait précédé. 14 Prairial An 5. Enreg. 16 du même mois. No. 571 du Reg. 24.

Adoption d'un Décret de la Convention, en date du 12 Nivôse An 2, relatif au droit d'Ancrage. 4 Messidor An 5. Enreg. 7 du même mois. No. 584 du Reg. 24.

Création de ce droit à l'égard des bâtiments qui mouillent en cette Ile. 6 Messidor An 5. Enreg. 15 du même mois. No. 585 du Reg. 24.

Création d'un droit d'Entrée sur toutes les marchandises nationales et étrangères, telles que denrées, métaux, matières et monnaies d'or et d'argent. 9 Messidor An 5. Enreg. 15 du même mois. No. 587 du Reg. 24.

Dispositions additionnelles, relatives aux droits d'entrée. 4me. jour complémentaire. An 5. Enreg. 5 Vendémiaire An 6. No. 608 du Reg. 24.

Les vaisseaux français ne paieront que la moitié des droits d'entrée. 4 Brumaire An 6. Enreg. 7 du même mois. No. 611 du Reg. 24.

Ceux dûs par les cargaisons des prises, seront prélevés sur leur produit brut. 5 Brumaire An 6. Enreg. 7 du même mois. No. 612 du Reg. 24.

Nouveau mode de perception de ceux du Contrôle, à prélever sur les procès-verbaux d'adjudication d'immeubles. 7 Frimaire An 6. Enreg. 15 du même mois. No. 621 du Reg. 24.

Les Actes d'attermoiement, les Contrats d'union et autres de cette espèce, seront exempts du droit composé. 16 Ventôse An 6. Enreg. 18 du même mois. No. 642 du Reg. 24.

Les Actes de l'Administration extérieure, sont assujettis aux droits d'Enregistrement. 7 Germinal An 6. Enreg. 16 du même mois. No. 646 du Reg. 24.

Nouveaux Réglements concernant les droits de Douane, d'entrée et d'ancrage. 5, 6 et 7 Pluviôse An 7. Enreg. 5 Ventôse suivant. No. 674 du Reg. 24.

Réglements concernant les droits établis sur les marchandises mises à l'entrepôt. 14 Messidor An 8. Enreg. 16 du même mois. No. 744 du Reg. 25.

Abrogation de ces Réglements. 17 Messidor An 8. Enreg. 25 du même mois. No. 745 du Reg. 25.

Fixation du droit que doivent payer les cafés venant de l'Ile de la Réunion, et les cotons, girofles et autres marchandises. 6 Messidor An 9. Enreg. 15 du même mois. No. 785 du Reg. 25.

Fixation de ceux que doivent payer les adjudicataires d'un bien commun. 7 Thermidor An 9. Enreg. 15 du même mois. No. 787 du Reg. 25.

Id. De ceux à payer sur les marchandises provenant de la prise la *Bellonne*. 12 Thermidor An 9. Enreg. 15 du même mois. No. 788 du Reg. 25.

Les obligations qui ne seront ni souscrites ni payables dans la Colonie, ne paieront qu'un droit de contrôle simple. 6 Messidor An 10. Enreg. 18 du même mois. No. 821 du Reg. 26.

Fixation de ceux de Contrôle, à prélever sur tous Actes émanant des Greffes et des Huissiers. 9 Germinal An 11, Enreg. 18 du même mois. No. 844 du Reg. 26.

Id. De ceux à prélever sur les marchandises chargées en France pour l'Inde et mises à l'entrepôt. 14 Thermidor An 11. Enreg. 16 du même mois. No. 860 du Reg. 26.

Id. De celui que devront payer les introducteurs de noirs nouveaux ou de traites. 22 Thermidor An 11. Enreg. 23 du même mois. No. 862 du Reg. 26.— *Voyez* les mots : DOUANE, TIMBRE, HYPOTHÈQUES ET CONTRÔLE.

Administration du Général Decaen.—Suppression du droit de 3 piastres par chaque noir ou négresse de tout âge, introduit dans les deux Iles, par le commerce français. 4 Prairial An 12. Enreg. 5 du même mois. No. 85 du Reg. 26.

Fixation de celui de Patente que doivent payer les Agents de change et Courtiers de marchandises. 8 Prairial An 12. Enreg. 19 du même mois. No. 89 du Reg. 26.

Création de celui de 8 francs 50 centimes, par 5 myriagrammes, sur les girofles du crû des Iles de France et de la Réunion, chargés sur les bâtiments neutres ou alliés. 22 Prairial An 12. Enreg. 25 du même mois. No. 94 du Reg. 27.

Fixation et mode de perception de ceux de Douane, aux Iles de France et de la Réunion. 30 Fructidor An 12. Enreg. 6 Vendémiaire An 13. No. 116 du Reg. 27.

Id. De ceux établis sur les tabacs existant dans la Colonie. 30 Fructidor An 12. Enreg. 6 Vendémiaire An 13. No. 117 du Reg. 27.

Création de celui de consommation sur l'arak qui se vend au détail au P. N. O. 1er. Vendémiaire An 13. Enreg. 6 du même mois. No. 118 du Reg. 27.

Prorogation du délai pour l'inscription des droits de privilèges et d'hypothèques antérieures à la publication du Code Civil. 25 Juin 1806. Enreg. 26 du même mois. No. 183 du Reg. 27.

Promulgation de la Loi du 5 Septembre 1807, relative aux droits du Trésor public sur les biens des comptables. 23 Mars 1808. Enreg. 31 du même mois. No. 234 du Reg. 27.

Gouvernement de Sa Majesté Britannique.—Fixation des droits établis sur les cantines. 5 Mai 1812. Enreg. 8 du même mois. No. 57 du Reg. 27.

Autres dispositions générales sur cette matière. 23 Mai 1812. Enreg. 26 du même mois. No. 60 du Reg. 28.

Fixation de ceux de consommation et d'exportation sur les guildives, rums et araks. 14 Août 1812. Enreg. 20 du même mois. No. 66 du Reg. 28.

Autres dispositions relatives à ces droits. 22 Septembre 1812. Enreg. 26 du même mois. No. 68 du Reg. 28.

Fixation des droits d'affranchissement. 8 Décembre 1812. Enreg. 26 du même mois. No. 72 du Reg. 28.

Suppression des droits de consommation et d'exportation sur les guildives, araks et rums. 4 Février 1813. Enreg. 12 du même mois. No. 82 du Reg. 28.

Création du droit d'une piastre par velte sur les araks introduits dans la Colonie. 3 Septembre 1813. Enreg. 9 du même mois. No. 93 du Reg. 28.

Dispositions relatives aux droits à percevoir sur les objets mis en entrepôt. 31 Octobre 1814. Enreg. 5 Novembre suivant. No. 114 du Reg. 28.

Fixation du droit de consommation sur le tabac. 27 Septembre 1815. Enreg. 28 du même mois. No. 155 du Reg. 29.

Id. Des droits de Quai. Ordonnance No. 32, 2 Avril 1828. Enreg. 1er. Mai suivant. No. 492 du Reg. 31.

Id. De ceux à percevoir tant par le nouveau Tribunal de Police que par les Huissiers attachés à ce Tribunal. Ordonnance No. 73. 6 Avril 1831. Enreg. 23 du même mois. No. 586 du Reg. 31.

Id. De ceux que doivent payer les navires ou bateaux de dix tonneaux et au-dessous. Ordonnance No. 15 (approuvée) (1). 19 Octobre 1835. Enreg. 22 Décembre suivant. No. 736 du Reg. 33.

Id. De ceux à percevoir par les Greffiers des Tribunaux de 1re. Instance et d'Appel. Ordonnance No. 1 (approuvée) (2). 15 Janvier 1838. No. 788 du Reg. 36.

Création du droit à percevoir sur les billets de Spectacle. Ordonnance No. 13 (approuvée) (3). 28 Décembre 1838. No. 810 du Reg. 36.

Suppression du droit proportionnel d'Enregistrement sur les ventes de navires. Ordonnance No. 5 (approuvée) (4). 25 Mars 1839. No. 824 du Reg. 37.

Ordre, en Conseil, en date du 7 Septembre 1838, relatif aux droits qui pourront être perçus par les Ecclésiastiques pour les mariages célébrés par eux. Publié à l'Ile-Maurice, le 7 Août 1839. No. 835 du Reg. 37.

Modifications relatives aux droits que doivent payer les navires

---

(1) Voyez Certificat du Gouverneur, en date du 5 Octobre 1836. No. 25 de la liasse de ces pièces.
(2) Id. Id. Id. Id. en date du 15 Février 1840. No. 54. Id.
(3) Id. Id. Id. en date du 3 Décembre 1839. No 53. Id.
(4) Id. Id. Id. Id. Id.

employés à la navigation sur les côtes de l'Ile Maurice. Ordonnance No. 4 (approuvée) (1). 30 Mars 1840. No. 851 du Reg. 38.

Dispositions ayant pour objet de changer ou d'amender les Lois coloniales relatives aux droits qui frappent les marchandises et denrées importées à l'Ile Maurice, ou d'exempter ces marchandises de tout droit. Ordonnance No. 8 (sans approbation) 26 Juin 1843. No. 954 du Reg. 41.

Il sera établi temporairement un droit sur les riz qui seront importés dans la Colonie pendant l'année 1843. Ordonnance No. 11 (approuvée) (2). 24 Août 1843. No. 957 du Reg. 41.

Le Collecteur des Douanes est autorisé à percevoir un droit additionnel sur les liqueurs spiritueuses importées dans la Colonie. Ordonnance No. 13 (approuvée) (3). 27 Septembre 1843. No. 959 du Reg. 41.

Modification des Lois coloniales relatives aux droits qui frappent les marchandises et denrées importées à l'Ile Maurice ; exemption de ces droits à l'égard de certains articles. Ordonnance No. 56 (approuvée) (4). 12 Août 1844. No. 1024 du Reg. 42.

Droits temporaires établis sur les riz exportés de la Colonie pendant l'année 1845. Ordonnance No. 8 (approuvée) (5). 4 Avril 1845. No. 1040 du Reg. 43.

Réduction des droits de transcription. Ordonnance No. 29 (approuvée) (6). 4 Octobre 1847. No. 1117 du Reg. 45.

Modification des droits perçus dans certaines branches des revenus intérieurs. Ordonnance No. 4 (approuvée) (7). 7 Février 1848. No. 1143 du Reg. 46.

Modification et abrogation de droits coloniaux prélevés sur l'exportation de certains articles. Ordonnance No. 3 (approuvée) (8). 7 Février 1848. No. 1142 du Reg. 46.

Dispositions qui changent et maintiennent respectivement certains droits de Port prélevés sur les navires qui sont en rade du Port Louis. Ordonnance No. 6 (approuvée) (9). 7 Février 1848. No. 1145 du Reg. 46.

Modification des Lois qui règlent les droits de Douane. Ordonnance No. 9 (approuvée) (10). 14 Février 1848. No. 1148 du Reg. 46.

---

(1) Voyez Certificat du Gouverneur, en date du 25 Mars 1841. No. 59 de la liasse de ces pièces.
(2) Id. Id. Id. en date du 26 Avril 1844. No. 82. Id.
(3) Id. Id. Id. en date du 26 Juin 1844. No. 83. Id.
(4) Id. Id. Id. en date du 17 Juin 1844. No. 90. Id.
(5) Id. Id. Id. en date du 21 Novembre 1845. No. 93. Id.
(6) Id. Id. Id. en date du 6 Avril 1849 No. 118. Id.
(7) Id. Id. Id. en date du 7 Mars 1850. No 123. Id.
(8) Id. Id. Id. en date du 6 Avril 1849. No. 116. Id.
(9) Id. Id. Id. Id. Id.
(10) Id. Id. Id. Id. Id.

Id. Des Lois concernant les droits de Quai. Ordonnance No. 10 (approuvée) (1). 14 Février 1848. No. 1149 du Reg. 46.

Abrogation des droits de Douane sur certains articles de commerce. Ordonnance No. 11 (approuvée) (2). 14 Février 1848. No. 1150 du Reg. 46.

Abrogation de la Loi qui établit les droits de Tonnage et ceux relatifs aux navires de côte, et modifications des droits de Patente sur les chaloupes. Ordonnance No. 12 (approuvée) (3). 14 Février 1848. No. 1151 du Reg. 46.

Réduction de certains droits prélevés par le Collecteur des Revenus Intérieurs. Ordonnance No. 50 (approuvée) (4). 23 Décembre 1848. No. 1194 du Reg. 46.

Réduction des droits coloniaux sur les sucres et suspension temporaire du droit de consommation sur les vins. Ordonnance No. 53. 23 Décembre 1848. No. 1197 du Reg. 46.

L'Ordonnance No. 11 de 1848 aura son effet à compter du 1er. Juin 1849. 28 Mai 1849. No. 1206 du Reg. 47.— *Voyez* TIMBRE, GUILDIVES, LIQUEURS SPIRITUEUSES ET DOUCES.

DROUET (Paul Antoine.)— *Administration pour le Roi de France.*—Sa nomination à l'office d'Assesseur au Conseil supérieur de l'Ile de France. 4 Août 1781. Enreg. 9 du même mois. No. 560 du Reg. 16.

Constatation de sa majorité. 28 Septembre 1782. No. 622 du Reg. 16.

Renouvellement de sa commission d'Assesseur. 12 Août 1784. Enreg. 13 du même mois. No. 704 du Reg. 16.

Id. 2 Août 1787. Enreg. 10 du même mois. No. 870 du Reg. 18.

Congé à lui accordé à l'effet de passer en France. 21 Mai 1788. Enreg. 2 Juin suivant. No. 899 du Reg. 18.

Son dire à la Cour, à l'occasion de son départ. 3 Mars 1789. No. 928 du Reg. 18.

DROUET (Louis Aimé.)—*Assemblée Coloniale.*—Sa nomination de Conseiller au Conseil supérieur de l'Ile de France et son serment devant la Cour. 2 Avril 1789. Enreg. 7 Février 1791. No. 26 du Reg. 19.

Enregistrement de sa matricule d'Avocat, en date du 13 Février 1790, à lui délivrée par le Parlement de Paris. 25 Mai 1792. No. 130 du Reg. 20.

---

(1) Voyez Certificat du Gouverneur, en date du 6 Avril 1849. No. 116 de la liasse de ces pièces déposées au Greffe de la Cour.
(2) Proclamation en date du 28 Mai 1849. No. 1206 du Reg 47.
(3) Voyez Certificat du 6 Avril 1849. No. 116 de la liasse de ces pièces déposées au Greffe de la Cour.
(4) Id. Id. Id. en date du 20 Novembre 1850. No. 123 Id.

DROUHET (Eugène.)—*Gouvernement de Sa Majesté Britannique.*—Sa naturalisation de sujet anglais. Ordonnance No. 36 (approuvée) (1). 6 Décembre 1847. No. 1126 du Reg. 45.

DUBIGNON.—*Administration pour le Roi de France.*—Voyez POULIN.

DUBOIS (François)—Sa nomination aux fonctions d'Huissier. 12 Mai 1788. Enreg. 7 Juin suivant. No. 901 du Reg. 18.

Assemblée Coloniale.—Sa prestation de serment, en qualité d'Huissier près les Tribunaux. 20 Décembre 1793. No. 249 du Reg. 23.

DUBOR (.)—*Gouvernement de Sa Majesté Britannique.*—Sa prestation de serment, à l'effet d'exercer sa profession d'Avocat près les Tribunaux de cette Ile. 8 Juillet 1817 (2).

DUBORD (Joseph Augustin)—Sa nomination aux fonctions d'Huissier. 3 Octobre 1832. Enreg. 18 du même mois. No. 627 du Reg. 31.

DUBREUIL (.)—*Administration du Général Decaen.*—Sa nomination aux fonctions d'Avoué. 23 Nivôse An 12. Enreg. 26 du même mois. No. 65 du Reg. 26.

DUBUQ (.)—*Assemblée Coloniale.*— Arrêté qui porte que les Tribunaux ne connaîtront point de sa réclamation envers l'Administration. 18 Pluviôse An 8. Enreg. 22 du même mois. No. 724 du Reg. 25.

DUCANE (.)—Sa nomination de Prud'homme Assesseur au quartier de la Rivière Noire. 4 Juillet 1791. No. 73 du Reg. 20.

DUCASSE (Jean)—*Gouvernement de Sa Majesté Britannique.*—Sa naturalisation de sujet anglais Ordonnance No. 15 (approuvée) (3). 5 Février 1844. No. 983 du Reg. 42.

---

(1) Voyez Certificat sous la date du 5 Septembre 1848. No 113 de la liasse de ces pièces déposées au Greffe de la Cour

(2) M. Dubor, Avocat, a prêté serment devant la Cour d'Appel, le 8 Juillet 1817 à l'effet d'exercer sa profession près les Tribunaux de cette Ile ; mais son diplôme de Licencié en Droit et l'acte de sa prestation de serment n'ont point été transcrits sur les Registres du Greffe

(3) Voyez Certificat du 27 Novembre 1844. No. 86 de la liasse de ces pièces déposées au Greffe de la Cour.

DUCHATEL (Jean Baptiste.)—*Administration pour le Roi de France.*—Sa nomination aux fonctions d'Huissier. 20 Février 1770. Enreg. 7 Mars suivant. No. 161 du Reg. 12.

Autre commission à lui délivrée pour le même office. 2 Décembre 1772. Enreg. 3 du même mois. No. 286 du Reg. 14.

DUCHESNE (Auguste.)—*Gouvernement de Sa Majesté Britannique.*—Sa naturalisation de sujet anglais. Ordonnance No. 48 (approuvée) (1). 8 Juillet 1844, No. 1016 du Reg. 42.

DUCRAY (Félix.)—*Administration du Général Decaen.*—Sa nomination à la place de Commissaire Civil au quartier de la Savanne. 7 Ventôse An 14. Enreg. 15 du même mois. No. 172 du Reg. 27.

Gouvernement de Sa Majesté Britannique.—Sa nomination à la même place. 29 Avril 1819. Enreg. 3 Mai suivant. No. 283 du Reg. 29.

DUCRAY (Emilien Giblot.)— Sa nomination aux fonctions d'Avoué. 6 Octobre 1848. Enreg. le même jour. No. 1227 du Reg. 48.

DUDRESIT (.)— *Administration du Général Decaen.*—Sa nomination, à l'effet de compléter le Tribunal Terrier. 4 Brumaire An 12. Enreg. 5 du même mois. No. 32 du Reg. 26.

DUELS.— *Gouvernement de Sa Majesté Britannique.*— Voyez PROVOCATIONS.

DUHESOU (Pierre Louis Paterelle.)— Écuyer.—*Administration pour le Roi de France.*—Renouvellement de son serment d'Avocat, à l'effet d'exercer sa profession près les Tribunaux de cette Colonie. 3 Juillet 1782. No. 614 du Reg. 16.

DUHOUX DESAGES.— *Compagnie des Indes.*—Sa nomination de Conseiller au Conseil supérieur de l'Ile de France. 8 Novembre 1734. Enreg. 8 Juin 1735. Nos. 100 et 101 du Reg. 4.

DULYS (François Bernard Ulriot.)—*Administration pour le Roi de France.*—Sa nomination à la place d'Architecte juré. 28 Avril 1781. Enreg. 15 Mai suivant. No. 542 du Reg. 16.

DUMAS (.)—*Compagnie des Indes.*—Sa nomination

---

(1) Voyez Certificat du 13 Mars 1845. No. 89 de la liasse de ces pièces déposées au Greffe de la Cour.

de Directeur Général des Iles Bourbon et de France et Président du Conseil supérieur établi à l'Ile Bourbon. 17 Janvier 1727. Enreg. à l'Ile Bourbon, 23 Août 1727 et à l'Ile de France, 13 Décembre même année. Nos. 38, 39 et 41 du Reg. 1.

Sa prestation de serment à Versailles, entre les mains du Garde-des-Sceaux. 25 Janvier 1727. No. 40 du Reg. 1.

Son arrivée, à l'Ile de France, pour rétablir l'ordre parmi les Officiers de l'Administration. 24 Mars 1729. No. 59 du Reg. 1.

DUMAS (Jean Daniel.)—*Administration pour le Roi de France.*—Sa nomination de Commandant Général des Iles de France et Bourbon. 1er. Août 1766. Enreg. 17 Juillet 1767. No. 2 du Reg. 12.

Arrêt du Conseil supérieur, pris à l'occasion d'une réponse faite à la Cour, par ce Commandant. relative à un libelle commençant par ces mots : "l'Auguste protection." 30 Décembre 1767. No. 64 du Reg. 12.

Sa protestation contre le Réglement concernant les Syndics des quartiers de la Colonie. 8 Janvier 1768. Enreg. le même jour. Nos. 67 et 68 du Reg. 12.

Arrêt du Conseil d'Etat qui annulle les décisions du Conseil supérieur, relatives à la protestation précitée. 1er. Août 1768. Enreg. 14 Juin 1769. No. 72 du Reg. 12.

Sa requisition au sujet d'une délibération des habitants du quartier de Moka. 8 Janvier 1768. Enreg. le même jour. No. 69 du Reg. 12.

Ses dire et demande pour qu'il lui soit rendu compte de la manière dont la police s'exécute. 21 Juin 1768. Nos. 73 et 74 du Reg. 12.

Arrêté relatif à l'affaire de M. Dumas avec le Conseil supérieur, à l'occasion d'Extraits d'Ordonnances publiés par ordre de ce Gouverneur. 12 Février 1768. No. 78 du Reg. 12.

Id. 13 Février 1768. No. 79 du Reg. 12.

Id. 15 Février 1768. No. 80 du Reg. 12.

Id. 15 Février 1768. No. 81 du Reg. 12.

Discours et dires de M. Dumas, dans la même affaire. 23 Février 1768. No. 83 du Reg. 12.

Entrée de ce Gouverneur au Conseil, accompagné de soixante gens de guerre. 24 Février 1768. No. 86 du Reg. 12.

Arrêts du Conseil d'Etat qui casse les Arrêtés du Conseil supérieur de cette Ile, des 12, 13, 15 et 24 Février 1768, et toutes autres dispositions qui auraient été adoptées à l'occasion de l'affaire de M. Dumas avec le Conseil supérieur de l'Ile de France. 1er. Août 1768. Enreg. 14 Juin 1769. Nos. 138 et 139 du Reg. 12 (1).

---

(1) Il existe au Greffe de la Cour un Registre sous le No. 12 (*bis*) contenant les remontrances au Roi et les décisions particulières du Conseil supérieur, à l'occasion

DUM—DUP

DUMAT (Joseph François.)—*Gouvernement de Sa Majesté Britannique.*—Sa naturalisation de sujet anglais. Ordonnance No. 19 (approuvée) (2). 5 Février 1844. No. 987 du Reg. 42.

DUMONCHEAU (F. A. Louis.)—Sa naturalisation de sujet anglais. Ordonnance No. 9 (approuvée) (3). 15 Mars 1847. No. 1104 du Reg. 45.

DUNIENVILLE (Marrier)—Baron.—Sa nomination à la place de Greffier en Chef de la Cour d'Appel de l'Ile Maurice. 1er. Mai 1828. Enreg. 10 du même mois. No. 494 du Reg. 31.

DUPERREL (.)—*Administration du Général Decaen.*—Sa nomination à la place d'Agent de change. 9 Brumaire An 12. Enreg. 30 du même mois. No. 48 du Reg. 26.

DUPLESSIS (.)—*Assemblée Coloniale.*—Arrêté qui ordonne que l'affaire de ce citoyen sera portée devant le Jury Révolutionnaire d'Instruction. 28 Thermidor An 2. Enreg. 16 Août 1794. No. 325 du Reg. 23.

DUPONT (François.)—*Administration pour le Roi de France.*—Sa nomination de Chirurgien du Conseil. 14 Novembre 1767. No. 55 du Reg. 12.

DUPONT (Evenor.)—*Gouvernement de Sa Majesté Britannique.*—Son Acte d'admission à la profession d'Avocat. 31 Janvier 1827. Enreg. 22 Novembre même année. No. 484 du Reg. 30.
Sa nomination aux fonctions intérimaires de Substitut du Procureur et Avocat Général. 6 Octobre 1842. Enreg. 25 du même mois. No. 782 du Reg. 32.

DUPONT (Ivanoff.)—Sa nomination aux fonctions de Commissaire Inspecteur, à l'effet de procéder à la vérification de certains recensements. 2 Juillet 1830. Enreg. 16 du même mois. No. 558 du Reg. 31.
Sa nomination aux fonctions d'Avoué. 2 Novembre 1831. Enreg. 4 du même mois. No. 601 du Reg. 31.

---

de ses démêlés avec le Gouverneur Dumas.
Ce Registre, qui contient en outre un compte-rendu au Conseil supérieur, par M. Codère, Conseiller, de la conduite de M. Dumas, a été supprimé en vertu d'un Arrêt du Conseil d'Etat, en date du 1er. Août 1763.
(2) Voyez Certificat, en date du 27 Novembre 1844. No. 86 de la liasse de ces pièces déposées au Greffe de la Cour.
(3) Id. Id. en date du 19 Janvier 1848. No. 109 Id.

DUPUY (André Julien.) — *Administration pour le Roi de France.* — Sa nomination à la place d'Intendant aux Iles de France et Bourbon. 5 Février 1789. Enreg. 17 Août même année. Nos. 941 et 942 du Reg. 18.

DUPUY (Cyprien Hermodan.) — *Gouvernement de Sa Majesté Britannique.* — Enregistrement de son diplôme de Licencié en Droit, en date du 21 Mars 1845. Enreg. 2 Octobre même année. No. 807 du Reg. 32.

DURAND (Louis Henri.) — *Assemblée Coloniale.* — Son admission à l'exercice de sa profession d'Avocat près les Tribunaux de cette Ile. 15 Mars 1791. No. 40 du Reg. 19.

Sa prestation de serment. 17 Mars 1791. No. 41 du Reg. 19.

Sa nomination aux fonctions de Notaire. 8 Septembre 1791. Enreg. 9 du même mois. No. 83 du Reg. 20.

Arrêté qui déclare qu'il n'a point cessé d'exercer son office de Notaire, attendu qu'il n'existe point de Loi qui fixe l'époque où le Notaire démissionnaire est réellement et de fait dévesti de ses fonctions. 27 Fructidor An 3. Enreg. 4 Vendémiaire An 4. No. 411 du Reg. 23.

DURAND (Louis Marie Henri.) — *Gouvernement de Sa Majesté Britannique.* — Son admission à l'exercice de sa profession d'Avocat près les Tribunaux de cette Colonie. 4 Août 1831. Enreg. 6 du même mois. No. 590 du Reg. 31.

Sa nomination aux fonctions d'Avoué. 22 Novembre 1833. Enreg. 29 du même mois. No. 660 du Reg. 32.

DUREAU (Etienne Guillaume.) — *Administration pour le Roi de France.* — Enregistrement de ses lettres de Licencié en Droit, en date du 21 Juillet 1777, à lui délivrées par la Faculté de Paris, 13 Janvier 1785. No. 732 du Reg. 17.

DUREAU (Etienne Guillot.) — *Administration du Général Decaen.* — Sa nomination à la place de Juge à la Cour d'Appel de l'Ile Bonaparte. 3 Juillet 1809. Enreg. 1er. Février 1810. No. 305 du Reg. 27.

DUROCHER (Gabriel.) — *Administration pour le Roi de France.* — Refus de la part de la Cour d'enregistrer en l'Etat, ses lettres de Vicaire Général à l'Ile de Madagascar, et défense à lui faite d'exercer ces fonctions. 13 Juillet 1778. No. 452 du Reg. 15.

Enregistrement du Bref de Vice-Préfet Apostolique de l'Ile de Madagascar, en date du 3 Décembre 1787, à lui accordé par la Cour de Rome. 6 Août 1788. No. 906 du Reg. 18.

DURRANS (Jacques Joseph Armand.)— Sa réception aux fonctions de Postulant au Conseil supérieur. 22 Mai 1787. No. 854 du Reg. 17.

Sa nomination aux fonctions de Notaire. 13 Février 1789. Enreg. 17 du même mois. No. 926 du Reg. 18.

Assemblée Coloniale.— Sa démission de l'office de Postulant en la Cour. 19 Juillet 1792. No. 140 du Reg. 21.

DUSART DE LA SALLE (François.)— *Compagnie des Indes.*— Sa nomination aux fonctions de Notaire, de Greffier et Secrétaire du Conseil Provincial. 4 Mai 1730. No. 67 du Reg. 1.

Sa démission de ces places. 26 Août 1730. No. 81 du Reg. 1.

DUTILLET (Claude Samout.)— *Administration pour le Roi de France.*— Sa nomination à la place de Greffier du Conseil supérieur de l'Ile de France. 1er. Juillet 1766. Enreg. 17 Juillet 1767. No. 6 du Reg. 12.

Sa nomination aux fonctions de Premier Notaire du Roi au Conseil supérieur de l'Ile de France. 18 Juillet 1767. Enreg. 20 du même mois. Nos. 14 et 17 du Reg. 12.

DUVAL (Fils.)— *Gouvernement de Sa Majesté Britannique.*— Autorisation, à lui accordée, à l'effet de former en cette Ile une Entreprise pour la pêche de la Baleine. 17 Juillet 1822. Enreg. 3 Août suivant. No. 339 du Reg. 29.

DUVERDEREAU (Jean Joseph Martinau.)— *Administration pour le Roi de France.*— Sa nomination, par intérim, à l'office de Procureur du Roi en la Juridiction Royale établie à l'Ile de France. 24 Novembre 1772. Enreg. 25 du même mois. No. 266 du Reg. 14.

Sa nomination à la place de Procureur Général du Roi au Conseil supérieur de l'Ile de France. 27 Novembre 1771. Enreg. 2 Décembre 1772. Nos. 271 et 275 du Reg. 14.

Sa démission de cette place. 17 Novembre 1777. Nos. 417 et 418 du Reg. 18.

DUVERGE (Ajax.)— *Gouvernement de S. M. Britannique.*— Sa naturalisation de sujet anglais. Ordonnance No. 24 (approuvée) (1). 5 Février 1844. No. 992 du Reg. 42.

DUVERGE (Astyanax.)— Sa naturalisation de sujet anglais. Ordonnance 19 (   ). 16 Octobre 1850. No. 1254 du Reg. 48.

---

(1) Voyez Certificat du 27 Novembre 1844. No. 86 de la liasse de ces pièces déposées au Greffe de la Cour.

DUVIVIER (Marc Antoine Emile.)—*Gouvernement de S. M. Britannique.*— Sa nomination aux fonctions d'Avoué. 22 Novembre 1833. Enreg. 29 du même mois. No. 662 du Reg. 32.

E.

EAU-DE-VIE.—*Compagnie des Indes.*—Répression d'un commerce illicite de cette boisson. 16 Septembre 1725. No. 9 du Reg. 1.

Fixation du prix auquel cet article doit être fourni aux militaires et employés de la Compagnie. 3 Juin 1726. No. 24 du Reg. 1.

Arrêté relatif à des ancres d'eau-de-vie venues par le navire l'*Argonante*. 15 Juin 1726. No. 30 du Reg. 1.

Envoi d'eau-de-vie au Port Bourbon. 5 Septembre 1726. No. 32 du Reg. 1.

Défense à toutes personnes d'en vendre au détail ou autrement. 31 Mars 1759. No. 173 du Reg. 9.— *Voyez* BOISSONS.

EAU-DE-VIE-DE SUCRE. — *Administration pour le Roi de France*—Réglements relatifs à la fabrication et à la vente de cette liqueur. 2 Août 1781. Enreg. 20 du même mois. No. 568 du Reg. 16.

EAUX ET FORÊTS.—*Administration du Général Decaen.*— Réglements relatifs à leur conservation. 14 Vendémiaire An 13. Enreg. 19 du même mois. No. 121 du Reg. 27.

Compétence des Autorités qui doivent connaître des distributions d'eaux et de la manière de jouir des eaux légalement distribuées. 23 Messidor An 13. Enreg. 19 du même mois. N. 145 du Reg. 27.

Réglements relatifs à celles provenant de la Rivière du Rempart et de la Rivière des Pamplemousses. 10 Vendémiaire An 14. Enreg. 13 du même mois. No. 157 du Reg. 27.— *Voyez* CANAUX.

ECCLÉSIASTIQUES.— *Assemblée Coloniale.* — Adoption du Décret, en date du 6 Avril 1792, portant abolition du costume des Ecclésiastiques. 22 Janvier 1793. Enreg. 6 Février suivant. No. 166 du Reg. 21.

Administration des biens leur ayant appartenu. 5 et 7 Vendémiaire et 9 Brumaire An 9. Enreg. 5 Frimaire même année. No. 760 du Reg. 25.

Gouvernement de Sa Majesté Britannique.—Dispositions relatives à leurs traitements, logements et autres dépenses les concernant. Ordonnance No. 22 (désapprouvée) (1). 23 Décembre 1839. No. 845 du Reg. 37.—*Voyez* MINISTRES.

---

(1) Voyez Certificat du Gouverneur, en date du 9 Novembre 1840. No. 57 de la de la liasse de ces pièces déposées au Greffe de la Cour.

ECHAFAUD.—*Administration pour le Roi de France.*—Sera transporté au pied de la Petite Montagne. 1er. Mars 1784. No. 680 du Reg. 16.

ECOLES.—*Assemblée Coloniale.*—Création de celle destinée à l'instruction des enfants des citoyens de couleur. 1er. Nivôse An 9. Enreg. 5 du même mois. No. 762 du Reg. 25.

Abrogation de l'Article 10 du Titre 2 de la Loi du 24 Floréal An 8, relatif à l'Ecole Centrale, et autres dispositions concernant l'administration et la comptabilité de cet Etablissement. 16 Messidor An 11. Enreg. 20 du même mois. No. 858 du Reg. 26.

Administration du Général Decaen.—Etablissement d'une Ecole gratuite et publique d'Hydrographie. 22 Nivôse An 13. Enreg. le même jour. No. 128 du Reg. 27.

Gouvernement de Sa Majesté Britannique.—Ordre en Conseil, qui abroge les Lois et Proclamations qui établissent des restrictions concernant les Ecoles en cette Ile. 10 Aout 1836. No. 750 du Reg. 34.

Réglements relatifs à celles qui sont établies par le Gouvernement. Ordonnance No. 6 (approuvée) (1). 10 Juin 1839. No. 828 du Reg. 37.— *Voyez* COLLÉGE ET INSTRUCTION PUBLIQUE.

ECRITS DIFFAMATOIRES.—*Voyez* LIBELLES.

ECRITS PÉRIODIQUES.— *Voyez* JOURNAUX, PRESSES ET IMPRIMERIES.

EDIFICES.—*Administration pour le Roi de France.*—Défense de construire en bois 29 Décembre 1777. Enreg. 13 Janvier 1778. No. 429 du Reg. 14.

Autres dispositions à ce sujet. 12 Mars 1784. Enreg. 31 du même mois. No. 685 du Reg. 16.

EDIFICES PUBLICS.—*Administration du Général Decaen.*—Réglement concernant leur conservation. 1er. Novembre 1807. Enreg. 5 du même mois. No. 221 du Reg. 27.

EFFETS ET MARCHANDISES.—*Gouvernement de S. M. Britannique.*—*Voyez* TRANSPORT.

EFFETS (Négociables ou de Commerce.)—*Administration pour*

---

(1) Voyez Certificat du Gouverneur, en date du 6 Juin 1840. No. 56 de la liasse de ces pièces.

le Roi de France.— Voyez PAPIER-MONNAIE, BILLETS ET OBLI-
GATIONS.

Assemblée Coloniale —Ceux de 1000 livres et au-dessus doivent être enregistrés au Contrôle des Actes. 17, 18 et 19 Germinal An 4. Enrég. 25 du même mois. No. 472 du Reg. 23.

Fixation du droit de Contrôle pour les effets de commerce. 5 Brumaire An 5. Enreg. 8 du même mois. No. 517 du Reg. 24.

Comment ceux stipulés payables en valeurs nominales, doivent être remboursés en papier-monnaie. 26 Nivôse An 5. Enreg. 28 du même mois. No. 535 du Reg. 24.

Peuvent être protestés avant l'enregistrement. 13 Prairial An 6. Enreg. 18 du même mois. No. 654 du Reg. 24.

Ils paieront un droit composé lors de leur enregistrement qui devra se faire en même temps que celui du protêt. Id.

Gouvernement de Sa Majesté Britannique.—Du 1er. Octobre au 31 Décembre 1816, il ne sera fait aucune demande, exercé aucune poursuite, ni prononcé aucune condamnation pour le paiement d'aucun effet négociable. 28 Septembre 1816. Enreg. 30 du même mois. No. 186 du Reg. 29.

Il est suppléé à leur égard, à la formalité des protêts, depuis l'incendie du 25 Septembre 1816 jusqu'au 31 Décembre suivant, par la seule force et les conséquences de la Proclamation du 28 Septembre 1816. 12 Décembre 1816. Enreg. 7 Janvier 1817. No. 199 du Reg. 29.

Il ne sera fait aucune poursuite ni demande y relatives à compter du 1er. Décembre 1819 jusqu'au 1er. Juin 1820. 8 Décembre 1819. Enreg. 13 du mois. No. 296 du Reg. 29.—*Voyez* POURSUITES ET ACTES.

EGLISES.— *Compagnie des Indes.*— Choix d'un emplacement pour l'édification d'une Eglise, d'une maison presbytériale et d'un cimetière au quartier des Pamplemousses. 5 Décembre 1734. Pièce 5me. de la liasse et boîte 1re. des Minutes du Conseil supérieur.

Acquisition, par la Compagnie des Indes, d'un terrain, avec maison et dépendances, situé au quartier des Pamplemousses, appartenant au sieur Bouchet, pour y établir une Eglise, une maison presbytériale et un cimetière. 25 Avril 1742. Pièce 5me. de la liasse et boîte 1re. des Minutes du Conseil supérieur.

Administration pour le Roi de France.— Police relative aux Eglises. 11 Janvier 1769. No. 123 du Reg. 12.

Placement de bancs et rangs à observer dans les Eglises, en ce qui concerne les Autorités et Corps constitués de la Colonie. 4 Juillet 1770. No. 175 du Reg. 12.

Gouvernement de Sa Majesté Britannique.— Reconstruction de l'Eglise du Port Louis. 20 Août 1813. Enreg. 26 du même mois. No. 92 du Reg. 28.

Ordre d'en construire une au Grand Port, sur la demande des habitants de ce quartier. 17 Mai 1817. Enreg. 2 Juin suivant. No. 208 du Reg. 29.

Réparations à faire à celle du quartier de Moka. 7 Septembre 1824. Enreg. 20 du même mois. No. 395 du Reg. 30.

Id. A celle du Quartier de Flacq. Ordonnance No. 4 (approuvée) (1). 13 Mars 1837. No. 766 du Reg. 35.

Construction d'une nouvelle Eglise à Mahébourg. Ordonnance No. 17 (approuvée) (2). 11 Décembre 1837. No 785 du Reg. 35.

Nouvelles Eglises dans la Colonie. Ordonnance No. 22 (désapprouvée) (3). 23 Décembre 1839. No. 845 du Reg. 37.

Id. Ordonnance No. 11 (sans approbation). 31 Mai 1841. No. 889 du Reg. 39.

Dispositions qui protègent la construction des Eglises. Ordonnance No. 54 (approuvée) (4). 22 Juillet 1844. No. 1022 du Reg. 42.

Réparation de celle de Moka. Ordonnance No. 15 (approuvée) (5). 12 Décembre 1849. No. 1223 du Reg. 47.

Mode de remboursement d'une somme due au Trésor public, pour l'achèvement de l'Eglise catholique de Mahébourg. Ordonnance No 15 (approuvée) (6). 31 Juillet 1850. No. 1247 du Reg. 48.—*Voyez* CHAPELLES ET PAROISSES.

ELECTEURS.—*Voyez* CORPS CONSTITUÉS.

ELEVES.—*Assemblée Coloniale.*—Abrogation des Arrêtés relatifs à la formation des Compagnies d'Elèves. 7 Messidor An 6. Enreg. 15 du même mois. No. 658 du Reg. 24.

ELLIOTT.— *Gouvernement de Sa Majesté Britannique.*—Sa nomination aux fonctions de Commissaire Inspecteur, à l'effet de procéder à la vérification de certains recensements. 2 Juillet 1830. Enreg. 16 du même mois. No. 558 du Reg. 31.

EMANCIPATION.— *Assemblée Coloniale.*— *Voyez* LETTRES.

Gouvernement de Sa Majesté Britannique.—Proclamation de

---

(1) Voyez Certificat du Gouverneur, en date du 1er. Décembre 1837. No. 40 de la liasse de ces pièces déposées du Greffe de la Cour.
(2) Id. Id. Id. en date du 13 Décembre 1838. No. 45. Id.
(3) Id. Id. Id. en date du 9 Novembre 1840. No 57. Id.
(4) Id. Id. Id. en date du 13 Mars 1845. No. 89. Id.
(5) Id. Id. Id. en date du 16 Janvier 1851. No. 128. Id.
    Id. Id. Id. en date du 2 Avril 1851. No. 130. Id.

Sa Majesté, portant émancipation des Esclaves noirs à l'Ile Maurice et Dépendances, à compter du 1er. Février 1835, moyennant une indemnité accordée aux maîtres. 4 Février 1833 Enreg. 11 Janvier 1834. No. 672 du Reg. 32.—*Voyez* ABOLITION ET ESCLAVAGE.

EMBALLAGES.—Obligation imposée aux habitants de marquer de leurs noms ceux contenant les sucres de leurs établissements. Ordonnance No. 1 (approuvée) (1). 6 Février 1837. No. 761 du Reg. 35.

EMBARCATIONS.— *Compagnie des Indes.*—Réglements y relatifs. 14 Septembre 1765. No. 201 du Reg. 10.

EMBARGO.—*Assemblée Coloniale.*—Est mis sur tous navires français allant à l'Etranger. 14 Vendémiaire An 4. Enreg. 18 du même mois. No. 413 du Reg. 23.

EMBAUCHEURS.—*Administration pour le Roi de France.*—Ordonnance Royale les concernant. 2 Octobre 1777. Enreg. 1er. Juin 1778. No. 434 du Reg. 15.

Lettre du Ministre, portant envoi de l'Ordonnance précitée. 9 Novembre 1777. Enreg. 1er. Juin 1778. No. 435 du Reg 15.

Assemblée Coloniale.— Peines contre eux prononcées. 17 Thermidor An 4. Enreg. 25 du même mois. No. 498 du Reg. 24.

EMBLÊMES.—Ceux de la Royauté sont supprimés. 25 Février 1793. Enreg. 4 Mars suivant. No. 174 du Reg. 21.

Adoption du Décret de la Convention Nationale, en date du 18 Novembre 1792, portant que chaque régiment de la ligne de toute arme, fera effacer ou couvrira par des étoffes aux trois couleurs, tous les emblêmes de la ci-devant Royauté. 29 Juin 1793. Enreg. 11 Juillet suivant. No. 207 du Reg. 21.

Ceux de la Liberté, porteront les couleurs nationales. 13 Pluviôse An 4. Enreg. 25 du même mois. No. 452 du Reg. 23.

EMEUTES.— Adoption du Décret de la Convention, en date du 19 Mars 1793, concernant ceux qui auront pris part aux émeutes. 16 Prairial An 2. Enreg. 19 Juin 1794. No. 308 du Reg. 23.

Autre Décret de la Convention, en date du 5 Juillet 1793, relatif à ceux qui seraient réputés chefs d'émeutes. 16 Prairial An 2. Enreg. 19 Juin 1794. No. 310 du Reg. 23.

---

(1) Voyez Certificat du Gouverneur, en date du 1er. Décembre 1837. No. 40 de la liasse de ces pièces déposées au Greffe de la Cour.

ÉMIGRATION.—*Gouvernement de Sa Majesté Britannique.*—Promulgation de l'Ordre en Conseil et des Réglements de Sa Majesté, sous la date du 15 Janvier 1842, concernant l'émigration des natifs de l'Inde à l'Ile Maurice. 28 Janvier 1843. No. 946 du Reg. 41.—*Voyez* LABOUREURS INDIENS.

ÉMIGRÉS. — Adoption de la Loi de l'Assemblé Nationale, en date du 25 Août 1792, relative aux biens que les émigrés possèdent dans les colonies.
22 Janvier 1793. Enreg. 8 Février suivant. No. 168 du Reg. 21.
Adoption de deux Décrets de la Convention Nationale, le premier, en date du 2 Septembre 1792, concernant la vente des biens des émigrés, et le second, en date du 8 Novembre même année, portant peine de mort contre les émigrés qui rentreraient en France. 21 Juin 1793. Enreg. 22 Août suivant. No. 226 du Reg. 21.

ÉMILE (Louis.) — *Gouvernement de Sa Majesté Britannique.* — Sa nomination aux fonctions d'Huissier. 11 Novembre 1839. Enreg. 14 du même mois. No. 733 du Reg. 32.

ÉMISSION.—*Assemblée Coloniale.*—Celle de petits billets pour faciliter l'échange des gros billets. 15 Messidor An 5. Enreg. 25 du même mois No. 588 du Reg. 24.
Celle d'un papier-monnaie, au taux de 5000 livres, pour la valeur d'une piastre. 4 Brumaire An 6. Enreg. 6 Frimaire suivant. No. 620 du Reg. 24.

EMPÊCHEMENTS.—*Voyez* JUGES, COMMISSAIRE DU GOUVERNEMENT ET SUBSTITUTS.

EMPLACEMENTS.—*Compagnie des Indes*—Ceux qui en sont propriétaires, ne peuvent y construire de bâtiments, sans qu'au préalable, ils aient justifié de leurs titres de propriété. 12 Avril 1756. No. 155 du Reg. 8.

Administration pour le Roi de France.—*Voyez* ARBRES.

Gouvernement de Sa Majesté Britannique.—La valeur de ceux de la partie incendiée de la ville, sera versée au Trésor du Gouvernement, pour être ensuite remise à ceux qui y auront droit. 7 Août 1823. Enreg. 11 du même mois. No. 369 du Reg. 30.
Autres dispositions concernant les emplacements de la partie de la ville incendiée. 28 Avril 1825. Enreg. 13 Mai suivant. No. 413 du Reg. 30.
Abrogation de la Proclamation du 28 Avril 1825 et obligations imposées aux concessionnaires de ces emplacements. 26 Mai 1825. Enreg. 9 Juin suivant. No. 417 du Reg. 30.

Autres dispositions à ce sujet. Ordonnance No. 11. 25 Mars 1826. Enreg. 31 du même mois. No. 446 du Reg. 30.

Id. Ordonnance No. 37. 6 Août 1828. Enreg. 18 du même mois. No. 502 du Reg. 31.

EMPLOYÉS.—*Compagnie des Indes.*—*Voyez* RATIONS.

Assemblée Coloniale.—Ceux de la Régie des araks prêteront serment, à l'effet de formaliser des procès-verbaux. 7 Pluviôse An 10. Enreg. 15 du même mois. No. 800 du Reg. 26.

EMPOISONNEMENTS. — Question de savoir si les mixtions mises dans les boissons, encore qu'elles ne soient point vénéneuses, peuvent être regardées comme empoisonnement. 1er. Germinal An 11. Enreg. 3 du même mois. No. 841 du Reg. 26.

EMPRISONNEMENT. — Les citoyens condamnés à cette peine, pour la seconde fois, ne pourront être admis au cautionnement, s'ils n'ont exécuté la première condamnation. 5 Brumaire An 4. Enreg. 15 du même mois. No. 422 du Reg. 23.

Abrogation de l'Arrêté du 5 Brumaire An 4, relatif aux peines d'emprisonnement prononcées en matière de Police Correctionnelle. 23 Frimaire An 4. Enreg. 28 du même mois. No. 433 du Reg. 23.—*Voyez* DÉTENTIONS ET PRISONS.

EMPRUNT.—*Administration pour le Roi de France.*—Délibération du Conseil supérieur, relative à un emprunt ouvert par les Administrateurs de la Colonie, au nom du Gouvernement. 12 Mai 1790. No. 992 du Reg. 18.

Assemblée Coloniale.—Il en sera ouvert un, par souscriptions, en denrées d'exportation. 11 Messidor An 4. Enreg. 15 du même mois. No. 483 du Reg. 23.

Administration du Général Decaen.—Il en sera fait un par voie d'un appel de fonds d'une valeur de deux millions de francs, sur tous les habitants de la Colonie et sur les absents y possédant des propriétés quelconques. 1er. Novembre 1810. Enreg. 10 du même mois. No. 324 du Reg. 27.—*Voyez* PRÊT.

ENCANTEURS.—*Assemblée Coloniale.*— *Voyez* OFFICIERS PUBLICS.

Gouvernement de Sa Majesté Britannique.—Formalités qu'ils ont à remplir lorsqu'on leur envoie des esclaves pour être vendus. 16 Juillet 1824. Enreg. 3 Août suivant. No. 389 du Reg. 30.— *Voyez* COMMISSAIRES-PRISEURS.

ENCHÈRES.—*Assemblée Coloniale.*—Elles seront reçues dans les délais de dizaine dans toutes les licitations et ventes judiciaires. 24 Messidor An 3. Enreg. 29 du même mois. No. 386 du Reg. 23.
Celles pour les Décrets forcés, auront lieu dans les délais de vingtaine. Id.

Administration du Général Decaen.—Il sera procédé, sans le ministère des Avoués et sans bougie, à celles qui ont lieu à l'audience des Tribunaux des Iles de France et Bonaparte. 23 Mars 1810. Enreg. 24 du même mois. No. 310 du Reg. 27.

ENCOURAGEMENTS.—*Compagnie des Indes.*—Ceux accordés aux familles de l'Ile Bourbon, qui consentiraient à passer à l'Ile de France pour y former des Etablissements. 29 Janvier 1727. Enreg. 12 Décembre même année. No. 36 du Reg. 1.

ENFANTS.— Ceux nouveaux nés, tant blancs que noirs, doivent être portés à l'Eglise pour y recevoir le Baptême. 27 Septembre 1730. No. 84 du Reg. 1.

ENFANTS NATURELS.—*Assemblée Coloniale.*— Adoption du principe reconnu par la Convention Nationale, relativement à leur droit à la succession de leur père et mère. 18 Vendémiaire An 3. Enreg. 22 du même mois. No. 340 du Reg. 23.

Administration du Général Decaen.—Révocation de toutes dispositions qui, indistinctement, leur confèrent le droit de faire des Actes d'héritiers. 3 Pluviôse An 12. Enreg. 12 du même mois. No. 73 du Reg. 26.

Gouvernement de Sa Majesté Britannique.—Voyez TUTEURS.

ENFANTS TROUVÉS.— Réglements relatifs aux personnes ainsi dénommées. 5 Décembre 1817. Enreg. 8 du même mois. No. 289 du Reg. 29.

ENGAGEMENTS.—*Compagnie des Indes.*—Ne pourront être faits par Actes sous-seing privé, mais par Actes notariés. 25 Mai 1730. No. 71 du Reg. 1.

Assemblée Coloniale. — Droits à payer pour l'enregistrement de ceux faits pour marchandises ou denrées dont le prix n'aurait pas été fixé. 17 Floréal An 4. Enreg. 27 du même mois. No. 479 du Reg. 23.
Dispositions additionnelles à ce sujet. 5 Brumaire An 5. Enreg. 8 du même mois. No. 517 du Reg. 24.
Comment ceux stipulés payables en valeur nominale, seront

remboursés en papier-monnaie. 26 Nivôse An 5. Enreg. 28 du même mois No. 535 du Reg, 24.

Manière de percevoir les droits de contrôle sur les engagements stipulés en piastres effectives. 17 Ventôse An 5. Enreg. 25 du même mois. No. 553 du Reg. 24.

Manière de prélever les droits sur ceux appartenant à la Commune générale. Id.

Défense d'en contracter en piastres effectives ou monnaies d'or et d'argent. 13 Fructidor An 5. Enreg. 16 du même mois. No. 604 du Reg. 24.

Abrogation de cette Loi. 13 Prairial An 6. Enreg. 15 du même mois. No. 653 du Reg. 24.

Ceux stipulés en papier-monnaie pourront être acquittés en billon. 1er. Floréal An 7. Enreg. 5 du même mois. No. 684 du Reg. 25.

Fixation de l'intérêt de ceux soumis à la Loi de suspension du 14 Messidor An 4. 8 Germinal An 7. Enreg. 27 Floréal suivant. No. 688 du Reg. 25.

Autres dispositions concernant les engagements soumis à la Loi de suspension du 14 Messidor An 4. 6 Messidor An 7. Enreg. 8 du même mois. No. 700 du Reg. 25.

Interprétation de l'Arrêté du 13 Prairial An 6, concernant les engagements stipulés en monnaie ou matières d'or et d'argent ou en piastres effectives. 9 Brumaire An 9. Enreg. 15 du même mois. No. 758 du Reg. 25.

Les Tribunaux pourront connaître des engagements relatifs à la traite des noirs. 18 Germinal An 10. Enreg. 25 du même mois. No. 809 du Reg. 26.

Ceux qui ne seront ni souscrits ni payables dans la Colonie, ne paieront qu'un droit de contrôle simple. 6 Messidor An 10. Enreg. 18 du même mois. No. 821 du Reg. 26.

ENIGHED (Prise Anglaise.)—*Administration pour le Roi de France.*—Voyez AMIRAUTÉ.

ENNEMIS.— *Gouvernement de Sa Majesté Britannique.*— Ceux de Sa Majesté ne peuvent ni par eux, ni par leurs procureurs, porter leurs causes devant les Tribunaux de ses Colonies. 25 Janvier 1813. Enreg. 4 Février suivant. No. 80 du Reg. 28.

Ils pourront seulement se défendre devant ces Tribunaux. Id.

Abrogation de ces dispositions. 19 Décembre 1814. Enreg. 28 du même mois. No. 119 du Reg. 28.

ENOUF (Thomas.)—*Administration pour le Roi de France.*— Enregistrement de ses lettres d'Avocat, en date du 28 Août 1777, à lui délivrées par le Parlement de Paris. 8 Août 1786. Nos. 817, 818 et 819 du Reg. 17.

Sa nomination à la place de Lieutenant de Juge au Siége de la Juridiction Royale. 8 Décembre 1789. Enreg. 10 du même mois. No. 982 du Reg. 18.

ENQUÊTES.—*Assemblée Coloniale.* — Dispositions relatives à celles ayant pour objet la vérification de faits ou examens de lieux. 3 Ventôse An 6. Enreg. 8 du même mois. No. 638 du Reg. 24.

A qui doivent être faites les notifications y relatives. Id.

ENREGISTREMENT—*Administration pour le Roi de France.* —Manière de procéder à l'enregistrement des Lois et Nominations. 30 Septembre 1766. Enreg. 27 Juillet 1767. No. 30 du Reg. 12.

Assemblée Coloniale.—Loi relative à l'enregistrement des effets négociables. 17 Germinal An 4. Enreg. 25 du même mois. No. 472 du Reg. 23.

Addition à la Loi du 17 Germinal An 4, relative à l'enregistrement des effets négociables. 5 Brumaire An 4. Enreg. 8 du même mois. No. 517 du Reg. 24.

Réglements concernant celui des Actes et Exploits. 16 Brumaire An 5. Enreg. 28 du même mois. No. 519 du Reg. 24.

L'exécution de la Loi du 16 Brumaire An 5, est prorogée jusqu'au 20 Frimaire même année. 4 Frimaire An 5. Enreg. 5 du même mois. No. 522 du Reg. 24.

Abrogation de la 1re. Partie du 2me. Paragraphe de l'Article 12 de la Loi du 16 Brumaire An 5, sur l'enregistrement des Actes. 26 Frimaire An 5. Enreg. 28 du même mois. No. 526 du Reg. 24.

Administration du Général Decaen.—Promulgation, aux Iles de France et de la Réunion, de la Loi de la République du 22 Frimaire An 7, relative à l'Enregistrement. 14 Frimaire An 12. Enreg. 16 du même mois. No. 54 du Reg. 26.

Promulgation, aux Iles de France et de la Réunion, de la Loi du 27 Ventôse An 9, relative à la perception des droits d'enregistrement 30 Pluviôse An 12. Enreg 15 Ventôse suivant. No. 74 du Reg. 26.— *Voyez* DROITS.

Gouvernement de Sa Majesté Britannique.— L'enregistrement des Lois et des Commissions accordées par Sa Majesté, pour l'exercice des charges de l'Administration, n'est plus une des conditions de la promulgation et de l'authenticité de ces Lois et Commissions. 6 Novembre 1832. Enreg. 21 Mars 1833. No. 643 du Reg. 31.

ENRÔLEMENT.—Promulgation d'un Ordre de Sa Majesté la Reine au Gouverneur Sir W. Nicolay, en date du 8 Mai 1838, portant autorisation d'enrôler toute personne qui aurait le désir d'entrer au service militaire de Sa Majesté. 2 Novembre 1838. No. 804 du Reg. 36.

ENSEIGNEMENT.—Ordre en Conseil qui abroge les Lois et Proclamations qui établissaient des restrictions à l'égard de l'Enseignement à l'Ile Maurice. 10 Août 1836. No. 750 du Reg. 34.

ENSERNET (Jean Louis.)—*Administration pour le Roi de France.*—Sa nomination à la place de Chirurgien-Major des Hôpitaux de l'Ile de France. 25 Septembre 1783. Enreg. 7 Juin 1784. No. 693 du Reg. 16.

ENTOURAGES,—*Gouvernement de S. M. Britannique.*—Rétablissement de ceux des emplacements de la partie incendiée de la ville. Ordonnance No. 37. 6 Août 1828. Enreg. 18 du même mois. No. 502 du Reg. 31.

ENTREPÔTS.—*Assemblée Coloniale.* — Dispositions relatives aux droits à percevoir sur les marchandises entreposées. 14 Messidor An 8. Enreg. 16 du même mois. No. 744 du Reg. 25.

Abrogation de ces dispositions. 17 Messidor An 8. Enreg. 25 du même mois. No. 745 du Reg. 25.

Les marchandises chargées en France pour l'Inde et pour compte des Français qui y résident, seront déposées dans les magasins de la Douane et paieront un droit d'entrepôt de 1 o[o. 14 Messidor An 11: Enreg. 16 du même mois. No. 860 du Reg. 26.

Gouvernement de Sa Majesté Britannique.—Loi sur l'entrepôt des marchandises. 31 Octobre 1814. Enreg. 5 Novembre suivant. No. 114 du Reg. 28.

Tous les articles, denrées, marchandises et objets de commerce quelconques importés en cette Ile, peuvent être mis en entrepôt. 12 Septembre 1820. Enreg. 25 du même mois. No. 314 du Reg. 29.

Abrogation de la 2me. Section de l'Article 18 de la Proclamation du 12 Septembre 1820, sur l'entrepôt. 7 Février 1824. Enreg. 1er. Mars suivant. No. 380 du Reg. 30.—*Voyez* DOUANE, COMMERCE ET PORT.

ENTREPRENEURS (de Travaux Publics.)— *Gouvernement de Sa Majesté Britannique.*—Réglements relatifs à la portion saisissable des sommes qui leur sont dues par le Gouvernement. Ordonnance No. 41 (approuvée) (1). 13 Mai 1844. No. 1009 du Reg. 42.

---

(1). Voyez Certificat, en date du 13 Décembre 1845. No. 94 de la liasse de ces pièces déposées au Greffe de la Cour d'Appel.

EPIDÉMIE.—*Voyez* MALADIES CONTAGIEUSES.

ÉPIZOOTIE.—*Gouvernement de Sa Majesté Britannique.*— Mesures propres à empêcher les progrès de cette épidémie. Ordonnance No. 28 (approuvée) (2). 2 Septembre 1847. No. 1115 du Reg. 45.

Id. 2 Septembre 1847. No. 1116 du Reg. 45.

Suspension des effets de l'Ordonnance No. 28 de 1847 et de la Proclamation du 2 Septembre même année. 12 Octobre 1847. No. 1118 du Reg. 45.

L'Ordonnance No. 28 de 1847, n'aura d'effet pour le quartier de Flacq, qu'à compter du 17 Février 1848. Proclamation du 17 Février 1848. No. 1152 du Reg. 46.

La même Ordonnance n'aura d'effet pour le quartier de la Rivière du Rempart, qu'à compter du 1er. Mars 1848. Proclamation du 1er. Mars 1848. No. 1153 du Reg. 46.

Id. A l'égard des autres quartiers de l'Ile. 4 Mars 1848, No. 1154 du Reg. 46.

Cessation des restrictions établies par les Ordonnances Nos. 28 de 1847 et 14 de 1848. 7 Septembre 1848. No. 1185 du Reg. 46.

ÉQUIPAGES.—*Administration du Général Decaen.*—Surveillance à observer quant à l'état sanitaire de ceux qui arrivent en cette Ile. 27 Pluviôse An 12. Enreg. 1er. Octobre suivant. No. 72 du Reg. 26.—*Voyez* NAVIRES.

ÉQUIPEMENTS.—*Assemblée Coloniale.*—Adoption d'un Décret de la Convention, du 20 Septembre 1793, qui met en requisition tous les objets propres à l'équipement des vaisseaux et frégates. 9 Avril 1794. Enreg. 14 du même mois. No. 286 du Reg. 23.

Défense d'acheter aucun objet pouvant faire partie de l'équipement des militaires. 30 Avril 1811. Enreg. 9 Mai suivant. No. 31 du Reg. 27.

ÈRE DES FRANÇAIS.—*Assemblée Coloniale.*— Adoption du Décret de l'Assemblée Nationale, du 5 Octobre 1793, qui fixe l'ère des Français au 22 Septembre 1792, date de la fondation de la République Française. 10 Avril 1794. Enreg. 14 du même mois. No. 288 du Reg. 23.

Abolition de l'ère vulgaire pour les usages civils. Id.

ESCLAVAGE.—*Gouvernement de Sa Majesté Britannique.*— Abolition de celui des noirs à l'Ile Maurice et Dépendances, à

---

(1) Voyez Certificat du 16 Mai 1848. No. 112 de la liasse de ces pièces déposées au Greffe de la Cour.

compter du 1er. Février 1835, moyennant une indemnité accordée aux maîtres, conformément à l'Acte de l'abolition de l'esclavage dans toutes les possessions britanniques, en date du 28 Août 1833. 4 Septembre 1833. Enreg. 11 Janvier 1834. No. 672 du Reg. 32.

Ordonnance No. 1 qui règle l'exécution de l'Acte du Parlement qui abolit l'esclavage à l'Ile Maurice (désapprouvée) (1). 6 Janvier 1835. No. 718 du Reg. 33.

Abrogation de cette Ordonnance à laquelle est substituée celle du No. 8 du 21 Mars 1835. Enreg. 18 Avril suivant. Approuvée par Sa Majesté, sauf les Articles 13, 16, 19, 21, 22, 23 et 40 (2). No. 728 du Reg. 33.

Dispositions ayant pour objet l'exécution, aux Iles Seychelles, de l'Acte de l'abolition de l'esclavage. Ordonnance No. 8 (désapprouvée) (3). 20 Juin 1836. No. 749 du Reg. 34.—*Voyez* ESCLAVES.

Promulgation, aux Iles Maurice et Dépendances, d'un Acte du Parlement, sous la date du 11 Avril 1838, qui amende l'Acte d'abolition de l'esclavage. 30 Août 1838. No. 799 du Reg. 36.

ESCLAVES.—*Compagnie des Indes.*—Edit concernant l'état et la qualité des esclaves aux Iles de France et Bourbon, particulièrement en ce qui touche la discipline de l'Eglise catholique, apostolique et romaine, à leur égard. Décembre 1723. Enreg. au Conseil supérieur de l'Ile Bourbon, le 18 Septembre 1724 (4).

Doivent être instruits dans la Religion catholique. 27 Septembre 1730. No. 84 du Reg. 1.

Doivent être envoyés à cet effet, les jours de Dimanche et de Fêtes, au catéchisme. Id.

Ne peuvent être employés à aucun travail, les Dimanches et Fêtes. Id.

Ceux qui décéderont avant d'avoir reçu le Baptême, seront déclarés au Greffe. Id.

Défense à eux faite de porter aucune arme à feu et à leurs maîtres de leur en souffrir ou de leur en fournir. 24 Août 1745. No. 111 du Reg. 6.

Réglements relatifs à l'estimation et paiement de ceux qui seront justiciés ou tués par les détachements. 9 Avri 1753. No. 140 du Reg. 8.

Autres Réglements sur cette matière. 12 Avril 1756. No. 154 du Reg. 8.

---

(1) Voyez Certificat du Gouverneur, en date du 23 Décembre 1835. No. 16 de la liasse de ces pièces.
(2) Id. Id. Id. en date du Novembre 1836. No. 27. Id.
(3) Id. Id. Id. en date du 20 Mars 1837. No 36. Id.
(4) Il n'existe au Greffe de la Cour d'Appel qu'une copie collationnée de cette Loi, qui n'a point été transcrite sur les Registres du Conseil Provincial de l'Ile Maurice. Cette copie porte le No. 13 (*bis*) et elle se trouve réunie au Registre No. 1.

Id. 26 Mai 1757. No. 162 du Reg. 9.

Défense à eux faite de s'attrouper le jour ou la nuit sous prétexte de noces ou danses chez leurs maîtres ou ailleurs. 1er. Mars 1759. No. 172 du Reg. 9.

Autres Réglements de Police concernant leur marronnage et les obligations imposées à leurs maîtres à cet égard. 19 Juillet 1766. No. 203 du Reg. 11.

Manière dont ceux qui seront tués en marronnage doivent être payés, et récompenses accordées aux détachements. Id.

Contributions dont ils peuvent être l'objet et auxquelles les habitants doivent être assujettis, pour subvenir aux dépenses de leur commerce.

Administration pour le Roi de France.—Police à eux relative. 27 Septembre 1767. Enreg. 30 du même mois. No. 47 du Reg. 12.
Id. 9 Août 1777. Enreg. 1er. Juin 1778. No. 433 du Reg. 14.
Id. 12 Janvier 1782. No. 591 du Reg. 16.

Défense à eux faite de posséder des biens et de faire le commerce. 17 Décembre 1772. No. 304 du Reg. 14.

Ceux qui mourront pendant le cours d'une procédure, seront payés à leurs maîtres. 13 Septembre 1775. No. 361 du Reg. 14.

Manière dont ceux qui seront justiciés doivent être estimés. 13 Mai 1776. No. 380 du Reg. 14.

Ceux qui viendraient à périr, dans les travaux pour la confection des chemins, seront payés à leurs maîtres sur les fonds de la commune. 7 Août 1777. No. 411 du Reg. 14.

Réglements relatifs à ceux de la commune, détenus dans les prisons. 12 Février 1784. No. 677 du Reg. 16,

Réglements relatifs à ceux condamnés à la chaîne à perpétuité ou à temps. 19 Décembre 1786. No. 837 du Reg. 17.

Autres Réglements à ce sujet. 3 Février 1787. Enreg. 19 Mars suivant. No. 844. du Reg. 17.

Choix et nomination des Conseils à eux nommés dans les procès criminels. 13 Juillet 1790. No. 1032 du Reg. 19.

Liberté accordée aux maîtres des esclaves d'assister à ces procès. Ibid.

Assemblée Coloniale. — Suppression de la peine de mutilation établie à l'égard des esclaves dans les cas de marronnage. 4 Décembre 1790. Enreg. 9 du même mois. No. 19 du Reg. 19.

Réglements relatifs à ceux de la République. 8 Août 1793. Enreg. 16 du même mois. No. 216 du Reg. 21.

Genre de mort que devront subir ceux qui auront encouru la peine capitale. 3 Prairial An 2. Enreg. 19 Juin 1794 No. 309 du Reg. 23.

La poursuite de ceux accusés de délits ou de crimes est renvoyée au Tribunal Civil, à la requête du Commissaire National et en dernier ressort, au Tribunal d'Appel. 3 Nivôse An 4. Enreg. 7 du même mois. No. 436 du Reg. 23.

Ceux qui auront obtenu leur liberté par Acte public ou privé et qui en auront joui publiquement sans fraude ni réclamation, jouiront de tous les droits attachés à la qualité d'homme libre. 6 Fructidor An 4. Enreg. 8 du même mois. No. 503 du Reg. 24.

Peines contre ceux convaincus du crime d'empoisonnement et d'assassinat. 29 Ventôse An 9. Enreg. 5 Germinal même année. No. 769 du Reg. 25.

Administration du Général Decaen.—Leur mise en jugement sera notifiée au maître à la requête du Commissaire du Gouvernement, si le maître ignore l'arrestation de son esclave. 15 Messidor An 12. Enreg. 16 du même mois. No. 97 du Reg. 27.

Manière de constater, avec plus de précision et de certitude, leurs naissances et décès. 29 Messidor An 13. Enreg. 13 Thermidor suivant. No. 148 du Reg. 27.

Réglements relatifs à ceux qui doivent être jugés par contumace. 17 Novembre 1806. Enreg. 4 Décembre suivant. No. 198 du Reg. 27.

Gouvernement de Sa Majesté Britannique.—Les propriétaires de ceux arrêtés en marronnage et fixés aux chaînes publiques, sont tenus de les retirer un mois après l'annonce qui en sera faite dans la *Gazette*. 4 Avril 1816. Enreg. 18 mai suivant. No. 173 du Reg. 29.

Traité entre l'Iman de Mascate et S. E. Sir Robert T. Farquhar, à l'effet d'empêcher la vente d'aucun esclave à Zanzibar et dans toutes les possessions de l'Iman de Mascate. 30 Octobre 1822. Enreg. 20 Novembre suivant. No. 345 du Reg. 29.

Formalités à remplir à l'égard de ceux envoyés à des Notaires ou Encanteurs pour être vendus. 16 Juillet 1824. Enreg. 3 Août suivant. No. 389 du Reg. 30.

Déclarations de leurs naissances et décès. 1er. Août 1825. Enreg. 10 du même mois. No. 424 du Reg. 30.

Ordre en Conseil, relatif à la correction et au renouvellement de leur premier enregistrement. 30 Janvier 1826. Enreg. 30 Septembre même année. No. 455 du Reg. 30.

Leur vérification et inspection devront commencer le 16 Octobre 1826 et continueront jusqu'au 16 Décembre suivant. 11 Octobre 1826. Enreg. 17 du même mois. No. 457 du Reg. 30.

Prorogation du délai ci-dessus fixé pour l'inspection des esclaves. Ordonnance No. 19. 13 Décembre 1826. Enreg. 16 du même mois. No. 465 du Reg. 30.

Obligation imposée aux maîtres des esclaves de nourrir et entretenir ceux devenus infirmes, etc. Ordonnance No. 28. 9 Janvier 1828. Enreg. 17 du même mois. No. 487 du Reg. 30.

Modifications aux dispositions de l'Article 20 des Lettres-Patentes de 1723, de l'Article 15 de l'Ordonnance des Administrateurs-Généraux des Iles de France et Bourbon, en date du 26 Septembre 1767 et des Articles 18 et 19 de l'Arrêté du 28 Avril 1808. Ibid.

L'Article 2279 du Code Civil ne pourra être invoqué toutes les fois qu'il s'agira de l'action d'un esclave, à l'effet de faire valoir un droit quelconque à la liberté. Ordonnance No. 35. 21 Mai 1828. Enreg. 27 du même mois. No. 497 du Reg. 31.

Mesures pour l'amélioration de la condition des esclaves. Ordonnance No. 43. 7 Février 1829. Enreg. 19 du même mois. No. 517 du Reg. 31.

Institution d'un Protecteur et Gardien des esclaves. Id.

Interprétation de l'Article de l'Ordonnance No. 43 du 7 Février 1829, relative à l'amélioration du sort des esclaves. Ordonnance No. 46. 18 Mars 1829. Enreg. 2 Avril suivant. No. 521 du Reg. 31.

Rectification de certaines dispositions insérées dans le texte français de la Clause 21 de l'Ordonnance No. 43 du 7 Février 1829, concernant l'amélioration de la condition des esclaves. Ordonnance No. 49. 29 Juillet 1829. Enreg. 3 Août suivant. No. 530 au Reg. 31.

Nouvelles dispositions relatives à l'exécution de l'Ordonnance No. 43 du 7 Février 1829, concernant la condition des esclaves. Ordonnance No. 53 7 Octobre 1829. Enreg. 15 du même mois. No. 537 du Reg. 31.

Nomination de Commissaires, à l'effet de vérifier les esclaves recensés par les tuteurs, curateurs, etc. Ordonnance No. 58. 9 Janvier 1830. Enreg. 11 Février suivant. No. 545 du Reg. 31.

Proclamation portant promulgation de l'Ordre en Conseil, en date du 2 Février 1830, ayant pour objet l'amélioration de la condition des esclaves. 9 Septembre 1830. Enreg. même jour. No. 566 du Reg. 31.

Ordre en Conseil, relatif à l'amélioration de la condition des esclaves. 2 Février 1830. Enreg. 1er. Octobre même année. No. 567 du Reg. 31.

Modifications et additions à l'Ordre en Conseil précité. 22 Septembre 1830. Enreg. 1er. Octobre suivant. No. 568 du Reg. 31.

Les offenses commises contre l'Ordre en Conseil du 2 Février 1830, relatif à la condition des esclaves, seront poursuivies devant les Cours de Justice ordinaires. 23 Mars 1831. Enreg. même jour. No. 587 du Reg. 31.

Ordre en Conseil qui abolit l'usage des chaînes, fers et entraves pour les esclaves. 23 Février 1831. Enreg. 6 Août même année. No. 591 du Reg. 31.

Mesures relatives aux esclaves qui sortent en bande de l'habitation de leur maître pour porter leurs plaintes au Protecteur. Ordonnance No. 77 (sans approbation). 10 Octobre 1831. Enreg. 15 du même mois. No. 605 du Reg. 31.

Réglements relatifs à la vente et transport des esclaves. Ordonnance No. 7 (approuvée) (1). 4 Octobre 1832. Enreg. 26 du même mois. No. 656 du Reg. 31.

Approbation de ces Réglements par Sa Majesté. 10 Mars 1834. Enreg. 7 Août même année. No. 688 du Reg. 32.—*Voyez* aux mots *communes*, *détachements*, *marronnage*, *noirs*, *esclavage*, *recensements*, *traites et affranchissement* les Réglements sur ces matières où se trouvent consignées des dispositions relatives aux esclaves.

ESCROCS.—Promulgation de l'Ordre en Conseil, en date du 7 Septembre 1838, contenant des dispositions relatives aux escrocs. 11 Mars 1839. No. 819 du Reg. 37.

ESNAUD (Jean.)—Sa naturalisation de sujet anglais. Ordonnance 38 (approuvée) (2). 6 Décembre 1847. No. 1128 du Reg. 45.

ESNOUF (Charles Victor.)—Enregistrement de son diplôme de Licencié en Droit, en date du 9 Octobre 1835, à lui délivré par l'Université de Paris. 30 Juin 1836. No. 708 du Reg. 32.

ESPAGNOLS.—*Administration du Général Decaen.*—*Voyez* Vaisseaux.

ESPÈCES.—*Compagnie des Indes.*—*Voyez* Matières d'Or et d'Argent.

Gouvernement de Sa Majesté Britannique.—Défense expresse d'en charger à bord des bâtiments partant de cette Colonie. 6 Juillet 1811. Enreg. 19 du même mois. No. 39 du Reg. 27.

Cette disposition est étendue à l'Ile Bourbon. 6 Juin 1812. Enreg. même jour. No. 62 du Reg. 28.

Pourront être remises de l'une de ces Colonies à l'autre, avec l'autorisation respective des Gouverneurs des deux Iles. 4 Août 1812. Enreg. 20 du même mois. No. 65 du Reg. 28.

Autres dispositions à ce sujet. 22 Décembre 1812. Enreg. 26 du même mois. No. 73 du Reg. 28.

Abrogation de toutes dispositions quelconques tendant à régler

---

(1) Voyez Certificat du Gouverneur, en date du 6 Août 1834. No. 2 (*ter*) de la liasse de ces pièces.

(2) Voyez Certificat sous la date du 5 Septembre 1848. No. 113 de la liasse de ces pièces déposées au Greffe de la Cour.

ou à restreindre leur libre importation. 11 Juillet 1820. Enreg. 1er. Août suivant. No. 305 du Reg. 29.—*Voyez* PIASTRES.

ESTAING (Comte d'.)—*Compagnie des Indes.*— Déclaration énergique de cet Amiral par laquelle il renonce au produit des fonds dont il n'a fait l'avance à la Compagnie des Indes que dans l'unique but d'être utile à cette Compagnie. 7 Mars 1761. Pièce portant le No. 10 de la liasse et boîte No. 1 des Minutes du Conseil supérieur.

ESTIMATIONS.—*Administration pour le Roi de France.*— Manière dont celles des noirs justiciés seront faites. 13 Mai 1776. No. 380 du Reg. 14.

Assemblée Coloniale.— Celles des marchandises soumises aux droits d'entrée, seront faites par des experts. 6 Brumaire An 6. Enreg. 15 du même mois. No. 613 du Reg. 24.

Ces estimations ne sont point définitives. 13 Nivôse An 6. Enreg. 15 du même mois. No. 627 du Reg. 24.

Autres dispositions relatives aux estimations de marchandises. 24 Pluviôse An 6. Enreg. 28 du même mois. No. 634 du Reg. 24.

Les estimations et contre-estimations de marchandises doivent être faites dans le délai d'un mois. 5 Messidor An 11. Enreg. 25 du même mois. No. 855 du Reg. 26.

Gouvernement de Sa Majesté Britannique.—Dispositions relatives à l'estimation des maisons de la ville pour la confection d'un nouveau cadastre. Ordonnance No. 16. Enreg. 8 Novembre 1826. 1er. Décembre suivant. No. 461 du Reg. 30.

Id. Concernant l'estimation des maisons et emplacements soumis à l'impôt (1). Ordonnance No. 11 (approuvée) (2). 28 Septembre 1840. No 861 du Reg. 38.

ESTOUPEAN DE ST.-JEAN (Blaise.)—*Administration pour le Roi de France.* — Sa nomination à la place de Conseiller au Conseil supérieur de l'Ile de France. 1er. Juillet 1766. Enreg. 17 Juillet 1767. No. 9 du Reg. 12.

Sa nomination à la place de Conseiller honoraire à ce Conseil. 14 Janvier 1769. Enreg. 11 Juillet même année. No. 149 du Reg. 12.

---

(1) Il existe d'autres dispositions concernant l'estimation des immeubles de la ville dans le but d'asseoir l'impôt direct, ces dispositions se trouvent consignées dans les Ordonnances émises chaque année pour la perception des impôts.—*Voyez* les mots *commune, impôts, contributions, taxes et arpenteurs.*

(2) Voyez Certificat du Gouverneur, en date du 6 Mai 1842. No. 68 de la liasse de ces pièces.

ETABLISSEMENTS.— *Compagnie des Indes.* — Encouragements accordés aux familles de l'Ile Bourbon qui consentiraient à passer à l'Ile de France pour y former des établissements. 29 Janvier 1727. Enreg. 12 Décembre même année. No. 36 du Reg. 1.

Gouvernement de Sa Majesté Britannique.—Les établissements ecclésiastiques et judiciaires de la Colonie de l'Ile de France, seront conservés par le Gouvernement anglais, tels qu'ils existaient lors de la reddition de cette Ile. 28 Décembre 1810. Enreg. 3 Janvier 1811. No. 4 du Reg. 27.

Réorganisation des établissements judiciaires à l'Ile Maurice. 13 Avril et 16 Août 1831. Enreg. 24 Août même année. Nos. 592 et 593 du Reg. 31.

ETABLISSEMENT DES FORGES.—*Administration pour le Roi de France.*—Voyez Bois.

ETABLISSEMENTS PUBLICS.—*Administration du Général Decaen.*— Réglements relatifs à leur conservation. 1er. Novembre 1807. Enreg. 5 du même mois. No. 221 du Reg. 27.— *Voyez* Domaine militaire.

ETAGES.—*Administration pour le Roi de France.*—Ceux des maisons de la ville du Port Louis peuvent être contruits en bois. 1er. Mai 1787. Enreg. 8 du même mois. No. 848 du Reg. 17.— *Voyez* Constructions en bois.

ETALONS.—*Comqagnie des Indes.*—*Voyez* Prototypes.

ETAT (Liste.)— Celui des personnes et esclaves au service de la Compagnie des Indes à l'Ile de France, en 1726, avec indication des salaires alloués à chaque individu. 5 Juin 1726. No. 29 du Reg. 1.

ETAT CIVIL.—*V.* Baptêmes, Mariages et Sépultures.

Administration pour le Roi de France.—Réglements concernant les Registres des Actes de baptême, de mariage et de sépulture. 18 Novembre 1778. No. 477 du Reg. 15.

Edit du Roi, concernant l'Etat civil des non catholiques. Novembre 1788. Enreg. 13 Juin 1789. No. 935 du Reg. 18.

Réglements concernant les Actes de l'Etat civil des citoyens. 19 et 20 Mars 1793. Enreg. 18 Avril suivant. No. 187 du Reg. 21.

Assemblée Coloniale.—Les Registres de l'Etat civil, tenus par les prêtres, seront déposés à la Municipalité. 2 Vendémiaire An 3. Enreg. 3 du même mois. No. 337 du Reg. 23.

Abrogation de l'Article dernier de la Loi du 20 Mars 1793, sur l'Etat civil. Ibid.

Administration du Général Decaen.—Promulgation à l'Ile de France et Dépendances de la Loi de la République du 20 Ventôse An 11, relative à l'Etat civil. 16 Vendémiaire An 12. Enreg. 25 du même mois. No. 15 du Reg. 26.

Addition à l'Article 1er. du Chapitre 4 de la Loi du 20 Ventôse An 11, relative à la manière de formaliser les Actes de décès. 2 Nivôse An 12. Enreg. 8 du même mois. No. 60 du Reg. 26.

Cas où la rectification des Actes de l'Etat civil, par les Tribunaux, n'est pas nécessaire. 30 Décembre 1808. Enreg. 20 Janvier 1809. No. 273 du Reg. 27.

Promulgation de l'Avis du Conseil d'Etat du 19 Mars 1808, relatif à cette matière. Id.

Mode de transcription des jugements portant rectification d'Actes de l'Etat civil et délivrance des Actes rectifiés. 30 Décembre 1808. Enreg. 20 Janvier 1809. No. 274 du Reg. 27.

Promulgation de l'Avis du Conseil d'Etat du 23 Février 1808, y relatif. Id.

Gouvernement de Sa Majesté Britannique.—Les Registres destinés à l'Etat civil ne seront tenus, à l'avenir, que sous deux titres, l'un pour la population libre et l'autre pour la population esclave. Ordonnance No. 57 (sans approbation). 16 Décembre 1829. Enreg. 21 du même mois. No. 544 du Reg. 31.

Déclarations des Actes relatifs à l'Etat civil des individus mis en état d'apprentissage. Ordonnance No. 4 (non approuvée) (1). 26 Janvier 1835. Enreg. 4 Juin suivant. No. 724 du Reg. 33.

Suppression du 3me. Registre de l'Etat civil, destiné à l'inscription des Actes relatifs aux esclaves. Id.

Modification des formalités prescrites pour les Actes de l'Etat civil, dans certains cas spécifiés. Ordonnance No. 10 (approuvée) (2). 2 Août 1837. No. 775 du Reg. 35.—*Voyez* DÉCLARATIONS, NAISSANCES, MARIAGES, DÉCÈS ET ESCLAVES.

ÉTENDARDS.—*Assemblée Coloniale.*—Adoption du Décret de l'Assemblée Nationale, en date du 30 Juin 1791, relatif aux étendards des troupes de ligne. 9 Juillet 1793. Enreg. 22 Août suivant. No. 227 du Reg. 21.

ETIENNE (Noir du Gouvernement.)—*Administration pour le*

---

(1) Voyez Certificat du Gouverneur, en date du 23 Décembre 1835. No. 16 de la liasse de ces pièces déposées au Greffe de la Cour.

(2) Voyez Certificat du 23 Août 1845. No. 74 de la liasse de ces pièces déposées au Greffe de la Cour.

Roi de France.—Lettre du Ministre qui le grâcie de la peine de mort contre lui prononcée. 15 Novembre 1778. Enreg. 14 Septembre 1779. No. 503 du Reg. 15.

ETIENNE (Bolgerd) (1).—*Assemblée Coloniale.*—Sa nomination à la place de Juge-de-Paix du quartier de la Savanne. 13 Octobre 1791. No. 98 du Reg. 20.

ETIENNE (Eugène.)—*Gouvernement de S. M. Britannique.*—Sera embarqué sur un navire de la Colonie pour y servir pendant le temps nécessaire pour compléter les deux années de réclusion auxquelles il est condamné. 7 Septembre 1829. Enreg. 6 Octobre suivant. No. 533 du Reg. 31.

ETRANGERS.—*Administration du Général Decaen.*—Question de savoir si ceux qui ne sont pas représentés dans les Colonies et qui y ont cependant des droits à exercer ou à conserver peuvent être rangés dans la classe des absents indéfendus dont s'occupent les Lois. 20 Juin 1808. Enreg. 23 du même mois. No. 251 du Reg. 27.

Gouvernement de Sa Majesté Britannique.—Réglements relatifs à ceux arrivant en cette Colonie. 5 Décembre 1817. Enreg. 8 du même mois. No. 239 du Reg. 29.— *Voyez* ENFANTS TROUVÉS ET ALIENS.

EXCAVATIONS.— Remblai de celles qui se trouvent dans la partie incendiée de la ville. Ordonnance No. 37. 6 Août 1828. Enreg. 18 du même mois. No. 502 du Reg. 31.

EXECUTEUR des Hautes-Œuvres.—*Administration pour le Roi de France.*— Nomination à ces fonctions du nommé Mayta, noir mozambique. 10 Avril 1778. No. 431 du Reg. 14.

EXÉCUTIONS.—*Voyez* PLACE DES EXÉCUTIONS.

EXERCICES.—*Assemblée Coloniale.*—Réglements concernant ceux de la Garde Nationale. 13 Fructidor An 4. Enreg. 15 du même mois. No. 506 du Reg. 24.

Id. 8 Messidor An 5. Enreg. 15 du même mois. No. 586 du Reg. 24.

---

(1) M. Etienne Bolgerd a été nommé Commandant du quartier de la Savanne sous l'administration du Général Decaen ; cette nomination résulte d'un Arrêté du 19 Brumaire An 12, qui institue les Commandants de quartiers, mais qui n'est pas transcrit sur les Registres du Greffe.

Id. 1er. Thermidor An 8. Enreg. 5 du même mois. No. 748 du Reg. 25.

EXPÉDITIONS MARITIMES.— Prohibition de celles destinées à la traite des noirs malgaches. 3me. jour complémentaire de l'An 2. Enreg. 20 Septembre 1794. No. 336 du Reg. 23.

EXPLOITS (Actes.)—*Administration pour le Roi de France.*— Sont assujettis à la formalité du contrôle. 14 Août 1778. No. 461 du Reg. 15.

Assemblée Coloniale.— Réglements concernant leur enregistrement. 16 Brumaire An 5. Enreg. 28 du même mois. No. 519 du Reg. 24.

Prorogation de l'exécution des Réglements précités, jusqu'au 20 Frimaire An 5. 4 Frimaire An 5. Enreg. 5 du même mois. No. 522 du Reg. 24.

Désignation de ceux qui doivent être enregistrés gratis. 13 Nivôse An 5. Enreg. 15 du même mois. No. 531 du Reg. 24.

EXPORTATION.—*Gouvernement de Sa Majesté Britannique.*— Voyez COMMERCE.

EXPROPRIATIONS FORCÉES.—*Voyez* POURSUITES.

F.

FABLET (Joseph.)—Sa naturalisation de sujet anglais. Ordonnance No. 25 (approuvée) (1). 5 Février 1844. No. 993 du Reg. 42.

FABRIQUE.— *Gouvernement de Sa Majesté Britannique.*— Etablissement de celles des Paroisses. 30 Mars 1825. Enreg. 9 Mai même année. No. 411 du Reg. 30.

Tarif des droits que celle du Port Louis est autorisée à percevoir. Ordonnance No. 2. 4 Octobre 1825. Enreg. 1er. Décembre même année. No. 435 du Reg. 30.

Tarif pour celles des campagnes. Ordonnance No. 4. 10 Décembre 1825. Enreg. 12 Janvier 1826. No. 438 du Reg. 30.

FADHUILHE (Félix.)—Enregistrement de son Acte d'admission à la profession d'Avocat, en date du 31 Janvier 1827, à lui délivré par l'Université d'Edimbourg. 6 Décembre 1827. No. 486 du Reg. 30.

---

(1) Voyez Certificat du 27 Novembre 1844. No. 86 de la liasse de ces pièces déposées au Greffe de la Cour.

Sa nomination à la place de Substitut du Procureur Général au Tribunal de 1re. Instance. 5 Septembre 1828. Enreg. 16 Octobre suivant. No. 510 du Reg. 31.

* Sa nomination à la place de Procureur Général près la Cour spéciale d'Amirauté et à celle de "Standing English Council." 5 Septembre 1828. Enreg. 16. Octobre suivant. No. 511 du Reg. 31.

Sa nomination à la place de Procureur du Roi. 30 Novembre 1831. Enreg. 1er. Décembre suivant. No. 606 du Reg. 31.

Sa nomination, à l'effet de remplir les fonctions de Vice-Président de la Cour d'Appel, siégeant en Cour d'Assises. 31 Mars 1842. Enreg. 1er. Avril suivant. No. 925 du Reg. 40.

FADHUILE (Prosper)—Sa nomination aux fonctions d'Avoué. 12 Février 1834. Enreg. 22 du même mois. No. 673 du Reg. 32.

FAILLITES.— *Gouvernement de Sa Majesté Britannique.*— Dispositions y relatives. Ordonnance No. 10 (approuvée) (1). 10 Décembre 1838. No. 807 du Reg. 36.

FALCKH (Charles.)— Sa naturalisation de sujet anglais. Ordonnance No. 12 (approuvée) (2). 5 Février 1844. No. 980 du Reg. 42.

FANONS. — *Assemblée Coloniale.* — Ils auront cours forcé à raison de 8 gros fanons ou 16 petits à la piastre. 2 Ventôse An 9. Enreg. 17 du même mois. No. 768 du Reg. 25.

Gouvernement de Sa Majesté Britannique.—Défense expresse d'en charger à bord des bâtiments partant de cette Colonie. 6 Juillet 1811. Enreg. 19 du même mois. No. 39 du Reg. 27.—*Voyez* ESPÈCES.

FARINE.—*Compagnie des Indes.*—Envoi de cet objet au Port Bourbon. 5 Septembre 1726. No. 32 du Reg. 1.

Assemblée Coloniale.—Défense d'en faire sortir de la ville sans un permis. 16 Pluviôse An 6. Enreg. 18 du même mois. No. 632 du Reg. 24.

Ceux qui en possèdent dans la Colonie, ne peuvent en vendre qu'à un prix déterminé par des experts. 6 Floréal An 8. Enreg. 15 du même mois. No. 731 du Reg. 25.

---

(1) Voyez Certificat du Gouverneur, en date du 3 Décembre 1839. No. 53 de la liasse de ces pièces.
(2) Id. Id. Id. en date du 27 Novembre 1844. No. 86. Id.

FARLA.—Complot de rebellion formé par ce noir. 4 Prairial An 7. Enreg. 6 du même mois. No. 690 du Reg. 25.

FARQUHAR (Sir Robert Townsend)—Baronet.— *Gouvernement de Sa Majesté Britannique.*—Sa nomination au gouvernement de l'Ile Bourbon. 8 Avril 1811. Enreg. 11 du même mois. No. 25 du Reg. 27.

Sa nomination au gouvernement des Iles Maurice, Bourbon et Dépendances. 2 Mars 1811. Enreg. 17 Juillet même année. No. 35 du Reg. 27.

Provisions à lui accordées par Sa Majesté, tant comme Capitaine Général et Commandant en Chef que comme Vice-Amiral Commissaire et Délégué pour exercer les pouvoirs attachés à la charge de Vice-Amirauté. 9 Avril et 6 Mai 1811. Enreg. 31 Janvier 1812. No. 55 du Reg. 27.

FAUCON (Julien.)—*Assemblée Coloniale.*—Son admission au nombre des Postulants en la Cour. 25 Mai 1793. No. 201 du Reg. 21.

FAUGERAS (Jean.)— *Gouvernement de S. M. Britannique.* — Sa naturalisation de sujet anglais. Ordonnanc No. 26 (approuvée) (1). 5 Février 1844. No. 994 du Reg. 42.

FAUTEURS DE DÉSERTION.—*Administration pour le Roi de France.*—Voyez EMBAUCHEURS.

FAUX.—*Assemblée Coloniale.*—Procédures y relatives. 5 Thermidor An 3. Enreg. 2 Fructidor suivant. No. 404 du Reg. 23.

FAYOL.—L'affaire de ce particulier sera portée devant le Jury Révolutionnaire d'Instruction. 28 Thermidor An 2. Enreg. 16 Août même année. No. 325 du Reg. 23 (2).

FÉDÉRATIONS.—Convocation du Conseil supérieur, à l'effet de se rendre en Corps de Cour à la cérémonie de la Fédération Générale de la Colonie. 8 Juillet 1791. No. 74 du Reg. 20.

Procès-verbal de la présence du Conseil à cette cérémonie. 14 Juillet 1791. No. 76 du Reg. 20.

Autre convocation du Tribunal d'Appel pour que cette Cour se rende à la Fédération Générale de la Colonie. 13 Juillet 1793. No. 211 Reg. 21.

---

(1) Voyez Certificat du 27 Novembre 1844. No. 86 de la liasse de ces pièces déposées au Greffe de la Cour.
(2) L'Arrêté, qui contient cette disposition, ne fait pas connaître sous quelle prévention se trouve M. Fayol.

Procès-verbal de la présence du Tribunal à cette cérémonie. 14 Juillet 1793. No. 112 du Reg. 21.

Les fédérations entre sociétés, sont défendues comme contraires à l'unité de la République. 7 Thermidor An 3. Enreg. 12 du même mois. No. 369 du Reg. 23.

FEMMES (Epouses.)— Les femmes des déportés seront libres de former leurs demandes en divorce sur la simple cause déterminée de la déportation de leurs maris. 4 Vendémiaire An 9. Enreg. 7 du même mois. No. 755 du Reg. 25.

FER.— *Gouvernement de S. M. Britannique.* — Voyez COMMERCE.

FERS.—Suppression de l'emploi des fers à l'égard des condamnés autrement que comme moyen disciplinaire. Ordonnance No. 15 (approuvée) (1). 4 Septembre 1839. No. 838 du Reg. 37.

FÊTE-DIEU.—*Compagnie des Indes.*—Solennité y relative. 26 Décembre 1727. No. 44 du Reg. 1.

Administration pour le Roi de France.—Arrêté qui porte que le Conseil s'abstiendra d'assister à la cérémonie de la Fête-Dieu jusqu'à ce qu'il soit à même d'y être avec dignité et sûreté. 17 Juin 1772. No. 224 du Reg. 12.

Convocation du Conseil, à l'effet d'assister à la cérémonie de la Fête-Dieu. 6 Juin 1778. No. 443 du Reg. 15.

Procès-verbaux dressés à cette occasion. 18 Juin 1778. Nos. 446 et 447 du Reg. 15 (2).

FÊTES.— Relevé relatif aux fêtes chaumées annnellement par le Conseil supérieur. 3 Décembre 1785. No. 727 du Reg. 27.

Décret de Sa Sainteté le Pape, qui réduit au nombre de dix les fêtes religieuses qui doivent être observées dans l'année. 31 Juillet 1786. Enreg. 6 Juillet 1787. No. 865 du Reg. 17.

Lettre-Patentes du Roi, relatives à ce Décret. 28 Janvier 1787. Enreg. 6 Juillet même année. No. 866 du Reg. 17.

Mandement du Préfet Apostolique de cette Colonie, publié à l'occasion des Décrets et Lettres-Patentes dont la mention précède. 9 Juin 1787. Enreg. 6 Juillet suivant. No. 867 du Reg. 17.

---

(1) Voyez Certificat du Gouverneur, en date du 9 Novembre 1840. No. 57 de la de la liasse de ces pièces déposées au Greffe de la Cour.

(2) On a jugé inutile d'indiquer ici toute la série des Arrêtés pris, chaque année par la Cour, à l'effet d'assister aux solennités de la Fête-Dieu. Il suffira de recourir à ceux de ces Arrêtés dont les numéros sont rapportés ici pour connaître le cérémonial qui s'observait dans ces circonstances.

FEUILHRADE (Gabriel.)—*Gouvernement de Sa Majesté Britannique.*—Sa naturalisation de sujet anglais. Ordonnance No. 27 (approuvée) (1). 5 Février 1844. No. 995 du Reg. 42.

FEUILLES PUBLIQUES.—*Assemblée Coloniale.*—Celles dont pourraient être porteurs les particuliers qui seront à bord des prises qui mouilleront en ce Port, seront remises à l'Officier municipal chargé de se rendre à bord des navires. 1er. Nivôse An 9. Enreg. 6 du même mois. No. 764 du Reg. 25.

FIÈVRE JAUNE.—Mesures pour empêcher l'introduction de cette maladie dans l'Ile. 24 Germinal An 11. Enreg. 1er. Floréal suivant. No. 845 du Reg. 26.

Id. 7 Prairial An 11. Enreg. 27 du même mois. No. 852 du Reg. 26.

FIL A VOILE ET FILAINS.—Tout possesseur de ces objets est contraint d'en faire la déclaration à la Municipalité du Port de la Montagne. 25 Frimaire An 3. Enreg. 7 Nivôse suivant. No. 353 du Reg. 23.

FILLES.—*Compagnie des Indes.*—Arrêté qui fait mention de filles envoyées en cette Ile, par la Compagnie des Indes, pour être mariées à des soldats en congé, à l'effet de former des familles et de créer des habitations. 1er. Septembre 1728. No. 54 du Reg. 1.

Arrivée, en cette Colonie, d'autres filles envoyées par la Compagnie des Indes, dans le but ci-dessus indiqué. 7 Juillet 1730. No. 78 du Reg. 1.

FILOUTERIE.—*Assemblée Coloniale.*—Abrogation de l'Article 1er., Section 7 du Titre 2 de la Loi municipale et correctionnelle, y relatif et adoption de l'Article de la Loi de France, décrétée le 19 Juillet 1791. 12 Prairial An 7. Enreg. 15 du même mois. No. 697 du Reg. 25.—*Voyez* POLICE MUNICIPALE ET CORRECTIONNELLE.

FILS UNIQUE (le).—Quarantaine ordonnée à l'égard de ce navire ayant une maladie épidémique à bord. 25 Frimaire An 10. Enreg. 26 du même mois. No. 796 du Reg. 26.

FINANCES.—*Administration pour le Roi de France.*—Mémoire du Conseil supérieur, adressé au Ministre des Colonies,

---

(1) Voyez Certificat du Gouverneur, en date du 27 Novembre 1844. No. 86 de la liasse de ces pièces déposées au Greffe de la Cour.

concernant l'état des finances à l'Ile de France. 4 Juillet 1768. Enreg. 4 Août suivant. No. 113 du Reg. 12.

Assemblée Coloniale.— Adoption avec modifications des Décrets de la Convention, en date des 6, 12 Frimaire et 13 Nivôse An 3, relatifs aux finances. 23 Messidor An 3. Enreg. 29 du même mois. No. 389 du Reg. 23.— *Voyez* MONNAIE, PAPIER-MONNAIE ET DÉBITEURS.

FINNIS (John.)—*Gouvernement de Sa Majesté Britannique.*— Sa nomination à la place de Commissaire Général de la Police. 1er. Octobre 1824. Enreg. même jour. No. 398 du Reg. 30.

FINNIS (John.)— Sa nomination aux fonctions d'Avoué. 10 Décembre 1846. Enreg. 11 du même mois. No. 822 du Reg. 32.

FITZPATRICK (Percy.)—Sa nomination, à l'effet de connaître de certaines matières concernant les matelots des navires du commerce. 22 Août 1840. No. 860 du Reg. 38.
Remplacera celui des Juges de la Cour d'Assises qui sera empêché de siéger. 22 Septembre 1841. No. 908 du Reg. 39.
Id. 17 Février 1843. No. 947 du Reg. 41.

FLEURIOT (Cadet.)—*Administration du Général Decaen.*— Sa nomination à la place de Courtier de marchandises. 8 Brumaire An 12. Enreg. 30 du même mois. No. 48 du Reg. 26.

FLEURY TEISSEDRE (Chevalier de.)—*Administration pour le Roi de France.*—Est appelé au gouvernement des Iles de France et Bourbon, en l'absence de M. le Vicomte de Souillac. 28 Juin 1785. No. 764 du Reg. 17 (1).
Enregistrement de son brevet de Colonel du régiment de Pondichéry, en date du 16 Janvier 1784, à lui accordé par le Roi. 28 Juin 1785. Nos. 764 et 765 du Reg. 17.

FLOCH (   )—*Compagnie des Indes.*—Sa nomination à l'office de Second Conseiller au Conseil Provincial de l'Ile de France. 12 Décembre 1727. No. 34 du Reg. 1.
Son refus de se rendre aux séances du Conseil Provincial. 28 Octobre 1728. Nos. 50 et 52 du Reg. 1.
Congé à lui accordé, à l'effet de passer en France pour rendre compte de son administration. 5 Septembre 1730. No. 82 du Reg. 1.

---

(1) M. le Colonel Defresne, en vertu d'ordre supérieur, avait d'abord pris possession du gouvernement intérimaire des Iles de France et Bourbon, au départ de M. le Vicomte de Souillac.—Voyez DEFRESNE.

FLORANCE ( )—*Assemblée Coloniale.*—Défense de l'Assemblée Coloniale à la Municipalité de mettre à exécution la sentence rendue contre ce particulier et de détenir les citoyens plus de 24 heures en prison. 21 Octobre 1791. Enreg. 12 Novembre suivant. No. 101 du Reg. 20.

FOCARD DE FONTEFIGUIÈRES (Laurent Hubert.)— *Administration pour le Roi de France.*— Sa nomination à la place d'Assesseur au Conseil supérieur de l'Ile de France. 20 Mai 1777. No. 410 du Reg. 14.

Renouvellement de sa commission. 1er. Mai 1783. Enreg. 7 du même mois. No. 640 du Reg. 16.

Autre renouvellement de sa commission. 1er. Mai 1786. Enreg. 5 du même mois. No. 799 du Reg. 17.

Sa nomination à l'office de Conseiller au Conseil supérieur de l'Ile de France. 9 Novembre 1785. Enreg. 12 Juin 1786. No. 804 du Reg. 17.

Sa nomination aux fonctions de Commissaire des Prisons. 19 Août 1788. No. 958 du Reg. 18.

FOISY (Jacques Nicolas.)— Sa nomination à l'office d'Assesseur au Conseil supérieur de l'Ile de France. 10 Juillet 1786. Enreg. 11 Août suivant. Nos. 821 et 822 du Reg. 17.

Sa lettre, adressée au Conseil supérieur, sur l'inconvénient de déposer dans la ville des traites de noirs. 13 Juillet 1789. No. 937 du Reg. 18.

Renouvellement de sa commission d'Assesseur. 5 Août 1789. Enreg. 8 du même mois. No. 938 du Reg. 18.

Assemblée Coloniale.—Sa démission de ses fonctions d'Assesseur au Conseil supérieur de l'Ile de France. 5 Décembre 1791. No. 111 du Reg. 20.

Enregistrement des lettres de Licence, en date du 18 Février 1782, à lui délivrées par l'Université de Paris. 5 Décembre 1791. No. 112 du Reg. 20.

Gouvernement de Sa Majesté Britannique.—Sa nomination à la place d'Inspecteur des Revenus publics et de la Comptabilité générale. 12 Avril 1811. Enreg. 16 du même mois. No. 29 du Reg. 27.

Sa nomination à la place de Procureur Général. 16 Juin 1828. Enreg. 18 Août même année. No. 499 du Reg. 31.

FOLIARD (Jean Marie.)— Sa naturalisation de sujet anglais. Ordonnance No. 14. 28 Avril 1845. No. 1046 du Reg. 43.

Id. Ordonnance No. 35 (approuvée) (1). 4 Septembre 1848. No. 1178 du Reg. 46.

FONCTIONNAIRES PUBLICS.—*Assemblée Coloniale.*—Proclamation relative à l'Arrêté de l'Assemblée Coloniale du 14 Septembre 1791, portant adoption du Décret de l'Assemblée Nationale, en date du 28 Février 1791, concernant le respect dû aux Fonctionnaires publics et les peines à infliger à ceux qui les insulteront. 23 Septembre 1791. Enreg. 4 Octobre suivant. No. 92 du Reg. 20.

Adoption de la Loi de l'Assemblée Nationale, en date du 25 Août 1792, relative aux Fonctionnaires publics des Colonies. 22 Janvier 1793. Enreg. 8 du même mois. No. 168 du Reg. 21.

Leur jour de repos est fixé au Dimanche. 3 Fructidor An 10. Enreg. 5 du même mois. No. 825 du Reg. 26.

Administration du Général Decaen.—Peines contre ceux qui négligeront de faire exécuter les Lois relatives aux déserteurs, aux requisitionnaires et à ceux qui favoriseront la désertion. 5 Avril 1806. Enreg. 10 du même mois. No. 177 du Reg. 27.

Promulgation, à cette occasion, de la Loi du 24 Brumaire An 6 et de l'Article 1er. du Titre 4 du Code des délits et des peines du 21 Brumaire An 5. Id.

FONCTIONS PUBLIQUES.—*Assemblée Coloniale.*—Réglements relatifs à certaines fonctions judiciaires, par suite de la création de l'arbitrage. 13 Mars 1794. Enreg. 18 du même mois. No. 271 du Reg. 23.

Adoption de la Loi de la Convention Nationale, en date du 24 Vendémiaire de l'An 3, relative à l'incompatibilité des fonctions administratives et judiciaires. 4 Thermidor An 3. Enreg. 12 du même mois. No. 395 du Reg. 23.—*Voyez* Parents.

FONDS.—Ordre à tous capitaines, subrécargues ou négociants de déclarer ceux qu'ils peuvent avoir entre les mains, appartenant à des citoyens domiciliés en France. 24 Frimaire An 3. Enreg. 25 du même mois. No. 349 du Reg. 23.

Autres dispositions à ce sujet. 25 Frimaire An 3. Enreg. 29 du même mois. No. 350 du Reg. 23.

Administration du Général Decaen.——*Voyez* Emprunt.

FORÇATS. — *Gouvernement de Sa Majesté Britannique.*—

---

(1) Voyez Certificat du Gouverneur, en date du 10 Avril 1849. No. 117 de la liasse de ces pièces déposées au Greffe de la Cour.

Réglements relatifs à ceux venus de l'Inde. 24 Janvier 1816. Enreg. 1er. Février suivant. No. 166 du Reg. 29.

FORCES.—*Assemblée Coloniale.*—*Voyez* TROUPES.

FORÊTS.—Celles qui bordent les chemins seront coupées à une distance de 50 pieds de chaque côté. 21 Frimaire An 10. Enreg. 26 du même mois. No. 828 du Reg. 26.

Administration du Général Decaen.—Réglements relatifs à leur conservation. 14 Vendémiaire An 12. Enreg. 19 du même mois. No. 121 du Reg. 27.

FORESTIER (François.)—*Administration pour le Roi de France.*—*Voyez* LEFORESTIER.

FORMALITES.—*Assemblée Coloniale.*—Celles à remplir à l'égard des vaisseaux de guerre arrivant en cette Colonie. 3 Brumaire An 5. Enreg. 15 du même mois. No. 518 du Reg. 24.
Celles qui doivent être observées par l'officier qui se transportera à bord des vaisseaux venant du large. 13 Frimaire An 5. Enreg. 18 du même mois. No. 527 du Reg. 24.
Celles relatives aux personnes qui partent de la Colonie. 17 Prairial An 5. Enreg. 25 du même mois. No. 573 du Reg. 24.
Celles à observer par les poursuivants en divorce pour cause d'abandon ou d'émigration. 24 Prairial An 5. Enreg. 28 du même mois. No. 577 du Reg. 24.

FORTIER (François Prix.)—*Gouvernement de Sa Majesté Britannique.*—Enregistrement de son diplôme de Barrister, sous la date du 13 Juin 1847. Enreg. 28 Octobre même année. No. 1231 du Reg. 48.

FORTIFICATIONS.—*Compagnie des Indes.*—Les ouvriers et esclaves que possède la Compagnie, seront attachés à ces travaux. 3 Juin 1726. No. 23 du Reg. 1.

Gouvernement de Sa Majesté Britannique.— Défense d'extraire de celles laissées dans un état d'abandon, des pierres, des terres, du sable et autres matières. 5 Août 1829. Enreg. 12 Septembre suivant. No. 531 du Reg. 31.

FOUCAUD (Denis Nicolas.)—*Administration pour le Roi de France.*—Sa Nomination d'Ordonnateur faisant fonction d'Intendant aux Iles de France et Bourbon et Président des Conseils supérieurs y établis. 1er. Octobre 1776. Enreg. 17 Novembre 1777. Nos. 419, 420 et 421 du Reg. 14.

FOU—FRA

FOUILLEUSE (.)—*Compagnie des Indes.*—Abandon fait par cet habitant de ses habitations, cases et esclaves. 3 Juillet 1730. No. 77 du Reg. 1.

FOURNISSEURS DU GOUVERNEMENT. — *Gouvernement de Sa Majesté Britannique.*—Réglements relatifs à la portion saisissable des sommes qui leur sont dûes par le Gouvernement. Ordonnance No. 41 (approuvée) (1). 3 Mai 1844. No. 1009 du Reg. 42.

FRACTURE—*Assemblée Coloniale.*—Constatation de celle faite à l'une des ouvertures du Greffe. 4 Juin 1792. No. 131 du Reg. 20.

FRAIS DE JUSTICE. — Abrogation de la Loi du 2 Thermidor An 8 et de l'Article 9 de la Loi du 14 Germinal An 5, relatifs aux frais de justice. 5 Thermidor An 8. Enreg. 15 du même mois. No. 752 du Reg. 25.

Ces frais seront taxés provisoirement conformément au Réglement de 1778. Id. (2).

Administration du Général Decaen.—Promulgation, aux Iles de France et Bonaparte, de la Loi du 5 Septembre 1807, relative au mode de remboursement des frais de justice, au profit du Trésor public, en matière criminelle, correctionnelle et de police. 21 Avril 1808. Enreg. 5 Mai suivant. No. 244 du Reg. 27.

Gouvernement de Sa Majesté Britannique.—Mesures pour faciliter le recouvrement de ceux ayant rapport aux matières criminelles et de simple police. Ordonnance No. 67. 3 Novembre 1830. Enreg. 9 du même mois. No. 570 du Reg. 31.

Autre mode de recouvrement, relatif aux frais de justice. Ordonnance No. 19 (approuvée) (3). 16 Novembre 1835. No. 739 du Reg. 33.— *Voyez* JUSTICE DE PAIX ET TARIF.

FRANÇAIS.—*Assemblée Coloniale.* — Ceux qui, étant prisonniers ou autres, viendront se ranger sous l'arbre de la liberté en enlevant des propriétés ennemies, jouiront de la totalité de leurs captures. 18 Avril 1794. Enreg. 19 du même mois. No. 291 du Reg. 23.

Abrogation de cette Loi. 26 Fructidor An 2. Enreg. 15 Septembre 1794. No. 332 du Reg. 23.

---

(1) Voyez Certificat, en date du 13 Décembre 1845. No. 94 de la liasse de ces pièces déposées au Greffe de la Cour d'Appel.

(2) La Loi du 2 Thermidor An 8, relative aux frais de justice, n'a pas été transcrite sur les Registres du Greffe.—*Voyez* au mot *Avoué*, la Loi du 14 Germinal An 5.

(3) Voyez Certificat du Gouverneur, en date du 20 Mars 1837. No. 28 de la liasse de ces pièces déposées au Greffe de la Cour.

Administration du Général Decaen.—Publication, aux Iles de France et Bonaparte, du Décret impérial du 23 Avril 1807, concernant les Français prévenus d'avoir été employés sur les vaisseaux ou autres bâtiments ennemis. 23 Avril 1808. Enreg. 5 Mai suivant. No. 242 du Reg. 27.

FRANCHISE.—*Administration pour le Roi de France.*—Voyez PORT.

FRÉGATES.—*Assemblée Coloniale.*—Adoption du Décret de la Convention, en date du 20 Septembre 1793, qui met en requisition tous les objets propres à la construction, armement et équipement des frégates. 9 Avril 1794. Enreg. 14 du même mois. No. 286 du Reg. 23.

FREMICOURT (Joseph Guérin de.)—*Compagnie des Indes.*—Sa nomination au grade de Major-Général Commandant les troupes à l'Ile de France, sous les ordres du Gouverneur-Général des Iles de France et Bourbon. 14 Mars 1756. Enreg. 7 Avril 1757. No. 159 du Reg. 9.

FRESSANGES (François.)—*Administration pour le Roi de France.*—Enregistrement de ses lettres d'Avocat, en date du 19 Août 1782, à lui accordées par le Parlement de Paris. 17 Août 1785. No. 772 du Reg. 17.

FRESSANGES (Guillaume Antoine.)—*Gouvernement de Sa Majesté Britannique.*—Sa nomination à la place de Commis-Greffier du Tribunal de 1re. Instance. 1er. Janvier 1811. Enreg. 3 du même mois. No. 3 du Reg. 27.

Sa nomination à la place de Juge-de-Paix aux Iles Seychelles. 5 Mai 1828. Enreg. 10 du même mois. No. 495 du Reg. 31.

FRICHOT (   )—*Administration pour le Roi de France.*—Sa nomination à la place de Trésorier des Invalides de la Marine des Iles de France et Bourbon. 21 Décembre 1766. Enreg. 5 Janvier 1768. Nos. 65 et 66 du Reg. 12.

Ordre à lui donné, par M. Poivre, pour la recherche des soldes et produits d'inventaires des gens de mer et passagers décédés pendant leurs voyages. 9 Avril 1769. Enreg. même jour. No. 127 du Reg. 12.

FROPIER (Gabriel Hugues.)—*Assemblée Coloniale.*—Enregistrement de sa matricule d'Avocat, sous la date du 23 Novembre 1784, à lui délivrée par le Parlement de Paris. 26 Janvier 1792. No. 117 du Reg. 20.

FROPIER (Gabriel Pierre Jules.)—*Gouvernement de S. M. Britannique.*—Enregistrement de son diplôme de Licencié en Droit, en date du 20 Septembre 1839, à lui délivré par l'Univerversité de Paris. 4 Mars 1841. No. 764 du Reg. 32.

FUSILS.—*Assemblée Coloniale.*—Prohibition à tout armateur, trafiquant à Madagascar, d'en exporter pendant la guerre. 6 Ventôse An 3. Enreg. 28 du même mois. No. 366 du Reg. 23.

Réglements concernant ceux déposés à la Salle d'Armes. 3 Pluviôse An 4. Enreg. 7 du même mois. No. 450 du Reg. 23.

Gouvernement de Sa Majesté Britannique.—Ceux destinés pour la traite de Madagascar, doivent être déclarés au Major de Place et déposés en un lieu indiqué par lui. 26 Juillet 1811. Enreg. même jour. No. 41 du Reg. 27.

Ne pourront être rendus aux propriétaires que sur un permis du Secrétaire en Chef. Id.

Aucun navire destiné au commerce de Madagascar, ne pourra en prendre à son bord. 25 Mai 1818. Enreg. 3 Juin suivant. No. 259 du Reg. 29.

FUTEREAU (Guillaume.)—*Compagnie des Indes.*—Sa nomination à la place de Greffier et Notaire en second du Conseil supérieur. 5 Novembre 1763. No. 190 du Reg. 10.

FUYARDS.—*Assemblée Coloniale.*—Adoption du Décret de la Convention, en date du 3 Septembre 1793, concernant la manière dont les fuyards doivent être Jugés. 16 Prairial An 2. Enreg. 19 Juin 1794. No. 306 du Reg. 23.

G.

GABRIAC ( )—*Administration du Général Decaen.*—Sa nomination à la place de Suppléant Commissaire Civil du quartier de la Rivière du Rempart. 1er. Frimaire An 12. Enreg. 23 du même mois. No. 55 du Reg. 26.

GAGEOT ( )—Sa nomination à la place de Sergent-Major-Garde des Fortifications de 2me. classe. 22 Juillet 1809. Enreg. 29 du même mois. No. 297 du Reg. 27.

GALDEMAR ( )—*Assemblée Coloniale.*—Sa nomination à la place de Juge-de-Paix au quartier de la Rivière du Rempart. 4 Juillet 1791. No. 72 du Reg. 20.

GALE.—*Gouvernement de Sa Majesté Britannique.*—Mesures pour parvenir à la guérison de cette maladie et en arrêter les progrès. Ordonnance No. 13 (approuvée) (1). Enreg. 22 Décembre même année. No. 734 du Reg. 33.

GALLOYS (René François)—Abbé.—*Administration pour le Roi de France.*—Sa nomination de Conseiller Clerc honoraire au Conseil supérieur de l'Ile de France. 1er. Juillet 1766. Enreg. 14 Février 1769. Nos. 125 et 126 du Reg. 12.

Arrêt du Conseil, relatif à la célébration d'un service funèbre à l'occasion de la mort de ce Conseiller. 12 Novembre 1772. No. 262 du Reg. 14.

GAMART DE COURCELLES (Michel.)—*Compagnie des Indes.*—Sa nomination de Conseiller au Conseil supérieur de l'Ile de France. 3 Octobre 1754. No. 144 du Reg. 8.

Provisions à lui accordées, par le Roi, pour cet office. 12 Janvier 1755. Enreg. 23 Août 1755. No. 148 du Reg. 8.

Sa nomination, à l'effet de faire arrêter les recensements généraux, de diriger les affaires de la Commune, des habitants, et en général, être chargé de la régie du Domaine de la Compagnie, à cause de la Seigneurie de l'Ile de France. 12 Février 1759. No. 170 du Reg. 9.

GANDIA.—*Gouvernement de Sa Majesté Britannique.*—L'introduction, le débit et la culture de cette plante dans la Colonie, sont interdits. Ordonnance No. 2 (approuvée) (2). 2 Mars 1840. No. 848 du Reg. 38.

GARDES CHAMPÊTRES.—Leur création, fonctions et attributions. Ordonnance No. 11 (sans approbation). 8 Juillet 1839. No. 833 du Reg. 37.

GARDE NATIONALE.—*Administration pour le Roi de France.*—Remercîments votés par le Conseil supérieur à celle composée des jeunes citoyens de la Colonie, pour le courage avec lequel elle a secondé le zèle des membres du Bureau Municipal dans les émeutes des 17 et 18 Juin 1790. 23 Juin 1790. No. 1019 du Reg. 19.

Députation de la Garde Nationale au Conseil supérieur, chargée de répondre à cette démarche. 25 Juin 1790. No. 1024 du Reg. 19.

Remise, sur le bureau de la Cour, de la délibération de l'Assem-

---

(1) Voyez Certificat du Gouverneur, en date du 5 Octobre 1836, No. 25 de la liasse de ces pièces

(2) Voyez Certificat du Gouverneur, en date du 25 Mars 1841, No. 59 de la liasse de ces pièces.

blée Générale de la Colonie, en date du 21 Mai 1790, portant que MM. les Administrateurs en Chefs seront invités à autoriser les citoyens de cette Ile à se former provisoirement en corps de Garde Nationale. 15 Juillet 1790. No. 1038 (*bis*) du Reg. 19.

Assemblée Coloniale.— Organisation de la Garde Nationale. 22 Mai 1793. Enreg. 22 Août même année. No. 223 du Reg. 21.

Celle du Port de la Fraternité est soumise à la discipline établie pour la garnison. 3 Thermidor An 3. Enreg. 6 du même mois. No. 391 du Reg. 23.

Réglements concernant les exercices de la Garde Nationale. 13 Fructidor An 4. Enreg. 15 du même mois. No. 506 du Reg. 24.

Peines contre ceux qui se feront remplacer ou qui remplaceront d'autres personnes dans le service de la Garde Nationale. 13 Fructidor An 4. Enreg. 15 du même mois. No. 507 du Reg. 24.

Autres Réglements concernant le service de la Garde Nationale. 8 Messidor An 5. Enreg. 15 du même mois. No. 586 du Reg. 24.

Formation d'une compagnie soldée. 17 Prairial An 6. Enreg. 25 du même mois. No. 655 du Reg. 24.

Organisation de la Garde Nationale des campagnes. 15 Prairial An 6. Enreg. 25 du même mois. No. 656 du Reg. 24.

Toutes les dépenses faites et à faire pour le service de la Garde Nationale soldée, seront supportées par la République. 3 Messidor An 6. Enreg. 7 du même mois. No. 659 du Reg. 24.

Les remplacements, pour le service de la Garde Nationale, sont autorisés. 9 Prairial An 7. Enreg. 15 du même mois. No. 694 du Reg. 25.

Les citoyens, âgés de 50 ans, sont dispensés de ce service. 5 Fructidor An 7. Enreg. 7 du même mois. No. 705 du Reg. 25.

Ceux qui manqueront aux exercices, seront punis d'un tour de garde personnelle. 1er. Thermidor An 8. Enreg. 5 du même mois. No. 748 du Reg. 25.

GARDE (Antoine.)—*Administration pour le Roi de France.*— Sa nomination à la place de Receveur de la Commune. 29 Septembre 1772. No. 254 du Reg. 14.

Sa démission de cette place. 10 Décembre 1772. No. 295 du Reg. 14.

Sa nomination à la place d'Assesseur au Conseil supérieur de l'Ile de France. 16 Décembre 1772. Enreg. même jour. Nos. 299 et 300 du Reg. 14.

Renouvellement de sa commission. 2 Décembre 1775. Enreg. 8 Janvier 1776. No. 367 du Reg. 14.

Autre renouvellement de sa commission. 18 Décembre 1778. Enreg. 30 du même mois. No. 479 du Reg. 15.

Id. 4 Décembre 1781. Enreg. 7 Janvier 1782. No. 588 du Reg. 16.

Service solennel célébré à l'occasion de sa mort. 7 Avril 1783. No. 638 du Reg. 16.

GARDIENS.—*Assemblée Coloniale.*—Ceux des découvertes feront les signaux de navires suspects pour les vaisseaux qui chercheront à mouiller à la côte. 23 Thermidor An 5. Enreg. 27 du même mois. No. 600 du Reg. 24.

GAUD (Eugène.)—*Gouvernement de Sa Majesté Britannique.*—Sa nomination aux fonctions de Juge Suppléant de la Cour d'Assises. 22 Mars 1837. No. 768 du Reg. 35.

GAY ( )—*Administration du Général Decaen.*—L'affaire de ce particulier contre la nommée Françoise Teisser, sera portée devant la Cour d'Appel de l'Ile de France. 8 Octobre 1807. Enreg. 5 Novembre suivant. No. 220 du Reg. 27.

GAZETTE.—*Assemblée Coloniale.*—Création de celle de l'Ile de France. 22 Décembre 1791. Enreg. 5 Mars 1792. No. 124 du Reg. 20.—*Voyez* PAPIERS PUBLICS.

GEBERT (Père.)—*Administration du Général Decaen.*—Sa nomination aux fonctions d'Avoué. 23 Germinal An 13. Enreg. 29 du même mois. No. 137 du Reg. 27.

GEFFROY (Vincent.)—*Gouvernement de Sa Majesté Britannique.*—Sa nomination à la place de Commissaire Civil du quartier du Grand Port. 18 Août 1825. Enreg. 1er. Septembre suivant. No. 431 du Reg. 30.

GEFFROY (Numa.)—Sa nomination à la place de Juge Suppléant de la Cour d'Assises. 30 Août 1833. Enreg. 12 Septembre même année. No. 651 du Reg. 31.

GEFFROY (Hermann.)—Sa nomination à la place d'Assistant Interprète. 5 Mars 1829. Enreg. 3 Avril suivant. No. 523 du Reg. 31.

GELLÉ (C.)—Sa nomination aux fonctions d'Huissier au quartier de Flacq. 11 Novembre 1839. Enreg. 14 du même mois. No. 732 du Reg. 32.

GELLÉ (Pierre François.)—*Administration du Général Decaen.*—Sa nomination aux fonctions d'Huissier. 10 Floréal An 13. Enreg. 20 du même mois. No. 141 du Reg. 27.

GENDARMERIE.— Organisation de ce corps aux Iles de

France et Bonaparte. 20 Mars 1808. Enreg. 25 du même mois. No. 233 du Reg. 27.

Gouvernement de Sa Majesté Britannique.—Création d'un corps de Gendarmerie composé d'hommes de couleur, pour le service de la ville et des quartiers. 1er. Juillet 1816. Enreg. 1er. Août suivant. No. 181 du Reg. 29.

Fixation du nombre de celles établies dans les divers quartiers de l'Ile. 26 Juillet 1816. Enreg. 8 Août suivant. No. 183 du Reg. 29.

Suppression de la Gendarmerie des quartiers. 6 Mars 1818. Enreg. 9 du même mois. No. 249 du Reg. 29.

Rétablissement des corps de Gendarmerie tant pour la ville que pour les campagnes. 14 Août 1822. Enreg. 2 Septembre suivant. No. 340 du Reg. 29.

GENDARMERIE NATIONALE. — *Assemblée Coloniale.* — Sa création. 3me. jour complémentaire An 4. Enreg. 5 Vendémiaire An 5. No. 514 du Reg. 24.

GÉNÉRALE (la.)— Tout officier de la Garde Nationale, tout officier civil ou tout citoyen qui fera battre ou battra la générale sans un ordre par écrit de l'Autorité compétente, sera puni de mort. 6me. jour complémentaire An 7. Enreg. 5 Vendémiaire An 8. No. 710 du Reg. 25.

GENÈVE (Jean Frédéric.)—*Administration du Général Decaen.*— Sa nomination à la place de Garde des Fortifications de 4me. classe. 22 Juillet 1809. Enreg. 29 du même mois. No. 297 du Reg. 27.

GENIE.—*Assemblée Coloniale.*—Réglements relatifs à ce corps. 30 Avril 1794. Enreg. 19 Juin même année. No. 311 du Reg. 23.

GÉNISSE.—*Gouvernement de Sa Majesté Britannique.*—Voyez ABATTAGE.

GENOY ( )—*Administration du Général Decaen.*— Sa nomination comme Essayeur juré pour les ouvrages d'or et d'argent. 15 Frimaire An 14. Enreg. 5 Nivôse suivant. No. 167 du Reg. 27.

GENS DE COULEUR.— *Administration pour le Roi de France.*— Arrêt du Conseil d'Etat, concernant le retour dans les colonies de ceux qui auraient été amenés en France. 7 Septembre 1777. Enreg. 3 Juin 1778. No. 439 du Reg. 15.

Lettre du Ministre, y relative. 30 Septembre 1777. Enreg. 3 Juin 1778 No. 440 du Reg. 15.

Assemblée Coloniale.—Ceux nés de père et mère libres, seront admis aux Assemblées paroissiales et coloniales. 8 Septembre 1791. Enreg. 4 Octobre suivant. No. 97 du Reg. 20.

Sont capables de recevoir toutes donations entrevifs, à cause de mort ou autrement. 24 Pluviôse An 5. Enreg. 5 Ventôse suivant. No. 544 du Reg. 24.

Abrogation de la 2me. Partie de l'Article 51 qui les concerne dans l'Edit de 1723. Id.

Ceux venant en cette Colonie, sur les navires étrangers neutres ou alliés, seront mis de suite à la Cayenne de mer pour être rendus aux capitaines, au moment de leur départ. 26 Prairial An 5. Enreg. 27 du même mois. No. 576 du Reg. 24.

Ecole créée pour l'instruction des enfants des gens de couleur. 1er. Nivôse An 9. Enreg. 5 du même mois. No. 762 du Reg. 25.

Tout capitaine arrivant en cette Colonie, qui aurait des gens de couleur à son bord, est tenu d'en faire la déclaration. 22 Prairial An 11. Enreg. 4 Messidor suivant. No. 853 du Reg. 26.

Ceux qui habitent les Camps de l'Est et de l'Ouest de la ville, sont tenus de faire, à leurs Syndics respectifs, les déclarations relatives à leurs recensements. 5 Messidor An 11. Enreg. 18 du même mois. No. 854 du Reg. 26.

Administration du Général Decaen.—Toutes libéralités, toutes donations entrevifs et à cause de mort, en leur faveur, de la part des personnes de la population blanche, sont prohibées. 3 Pluviôse An 12. Enreg. 12 du même mois. No. 73 du Reg. 26.

Lettre missive du Commissaire de Justice, interprétative de cette disposition, 4 Ventôse An 12. Enreg. 12 du même mois. No. 76 du Reg. 26.

Gouvernement de Sa Majesté Britannique.—Voyez POPULATION DE COULEUR.

GENS DE JOURNÉE.— Réglements les concernant. Ordonnance No. 17. 2 Novembre 1835. Enreg. 22 Décembre suivant. No. 738 du Reg. 33.

GENS DE MAIN-MORTE.—*Compagnie des Indes.*— Edit concernant leurs établissements et acquisitions. Août 1794. Enreg. 22 Octobre 1750. No. 125 du Reg. 6.

GENS DE MER.—*Administration pour le Roi de France.*— Réglements qui ordonnent le dépôt, au Bureau des Classes, des effets de ceux décédés en cours de voyage. 20 Octobre 1767. Enreg. même jour. No. 51 du Reg. 12.

Remise, par le Greffier de la Cour, au sieur Frichot, Trésorier des Invalides, du produit des inventaires et ventes des effets des gens de mer décédés. 5 Janvier 1768. No. 65 du Reg. 12.

Ordre, au Greffier de la Cour, de recevoir ces effet à son Greffe et d'en faire l'inventaire. 29 Janvier 1768. Enreg. 30 du même mois. No. 76 du Reg. 12.

Autres Réglements concernant le dépôt et la vente au Greffe des effets des gens de mer. 11 Février 1768. No. 77 du Reg. 12.

Nouvelles dispositions relatives aux effets des gens de mer décédés. 1er. Mai 1768. Enreg. 4 du même mois. No. 99 du Reg. 12.

Réglements concernant leur désertion. 17 Octobre 1789. Enreg. 20 du même mois. No. 967 du Reg. 18.

Assemblée Coloniale.—Peines contre ceux qui les cachent ou les retiennent. 26 Vendémiaire An 3. Enreg. 3me. jour de la 1re. Décade de Brumaire même année. No. 343 du Reg. 23.

Adoption du Décret de la Convention, en date du 21 Septembre 1793, concernant les gens de mer classés ou non classés. 27 Thermidor An 3. Enreg. 29 du même mois. No. 402 du Reg. 23.

Abrogation de l'Article 2 de l'Arrêté du 27 Thermidor An 3, relatif aux gens de mer. 15 Messidor An 4. Enreg. 25 du même mois. No. 488 du Reg. 23.

Dispositions relatives à ceux qui les cachent. 6 Pluviôse An 7. Enreg. 5 Ventôse suivant. No. 673 du Reg. 24.

Gouvernement de Sa Majesté Britannique.—Peines contre ceux qui, appartenant à des navires mouillés en rade de cette Ile, seront trouvés à bord des bateaux ou bâtiments faisant le cabotage sur la côte de cette Ile. 13 Mai 1824. Enreg. 22 du même mois. No. 387 du Reg. 20.—*Voyez* Frichot.

GENS DE SERVICE.—*Voyez* Gens de Journée.

GENS DE TRAVAIL.—Dispositions relatives au louage des gens de travail et fixation des heures de travail auxquelles ils doivent être astreints. Ordonnance No. 11 (devenue nulle par l'Ordre en Conseil du 7 Septembre 1838) (1). 20 Décembre 1838. No. 808 du Reg. 36.

GENS paresseux et de mauvaise vie.—*Compagnie des Indes.*—Ordre à eux donné par le Conseil Provincial de se rendre à leurs

---

(1) Voyez Certificat du Gouverneur, en date du 3 Décembre 1839. No. 49 de la liasse de ces pièces.

habitations et de ne point séjourner dans les ports. 29 Novembre 1728. No. 57 du Reg. 1.

Gouvernement de Sa Majesté Britannique.—Promulgation de l'Ordre en Conseil, en date du 7 Septembre 1838, contenant des dispositions relatives aux gens paresseux et de mauvaise vie. 11 Mars 1839. No. 819 du Reg. 37.

GENS SUSPECTS.—*Assemblée Coloniale.*—Ceux qui se trouveront dans le territoire de la Colonie, seront mis en état d'arrestation. 1er. Messidor An 2. Enreg. 30 Juin 1794. No. 314 du Reg. 23.

GEORGE IV.—*Gouvernement de Sa Majesté Britannique.*— Cérémonies relatives à son avènement au trône d'Angleterre. 31 Octobre 1820. Enreg. 4 Novembre suivant. No. 317 du Reg. 29.

GEORGIN (Charles.)—*Administration pour le Roi de France.*—Sa demande, aux fins d'être admis aux fonctions de Postulant en la Cour. 5 Septembre 1787. No. 873 du Reg. 18.

Sa réception aux fonctions de Postulant. 20 Septembre 1787. No. 875 du Reg. 18.

GERAUD (Guillaume Fulrand.)— Sa nomination à la place d'Assesseur au Conseil supérieur de l'Ile de France. 28 Juillet 1767. Enreg. 29 du même mois. No. 34 du Reg. 12.

Arrêté au sujet d'un écrit signé de lui et déposé au Greffe de la Cour. 15 Mars 1768. No. 87 du Reg. 12.

Id. 16 Juin 1768. No. 108 du Reg. 12.

Sa nomination à la place de Procureur du Roi à la Juridiction Royale. 27 Novembre 1771. Enreg. 7 Février 1774. No. 324 du Reg. 14.

GERAUD (François Jean.)— *Gouvernement de Sa Majesté Britannique.*— Sa nomination aux fonctions d'Huissier. 6 Mars 1826. Enreg. 20 du même mois. No. 443 du Reg. 30.

GESTAS (Pierre.)—Sa naturalisation de sujet anglais. Ordonnance No. 39 (approuvée) (1). 6 Décembre 1847. No. 1129 du Reg. 45.

GEVINT (Jean Baptiste Louis.)—*Administration pour le Roi de France.*—Sa nomination à l'office de Notaire Royal. 14 Août 1781. Enreg. 17 du même mois. No. 566 du Reg. 16.

---

(1) Voyez Certificat sous la date du 5 Septembre 1848. No. 113 de la liasse de ses pièces déposées au Greffe de la Cour.

GIBIER.—*Gouvernement de Sa Majesté Britannique.— Voyez* CHASSE.

GIBLOT (Charles François.)—*Compagnie des Indes.*—Sa nomination de Conseiller au Conseil supérieur de l'Ile de France. 8 Novembre 1734. Enreg. 5 Juin 1735. Nos. 98 et 99 du Reg. 4.

Sa nomination aux fonctions de Premier Conseiller et de Commandant de cette Ile, en l'absence de M. David, Gouverneur Général, 10 Mars 1746. Enreg. 8 Octobre même année. No. 116 du Reg. 6.

GILART (.)—*Administration pour le Roi de France.*—Sa suspension de ses fonctions d'Huissier. 23 Août 1768. No. 114 du Reg. 12.

Sa réintégration. 14 Novembre 1769. No. 157 du Reg. 12.

Sa destitution. 16 Mai 1770. No. 172 du Reg. 12.

GILET (André.)—Sa nomination aux fonctions d'Huissier. 30 Novembre 1782. Enreg. 4 Décembre suivant. No. 634 du Reg. 16.

Sa démission, 6 Mai 1786. No. 801 du Reg. 17.

GILLOT (Nicolas Benoit Antoine.)—Ecuyer.—Acte de notoriété de la Cour, qui atteste qu'il n'a exercé, depuis son arrivée en cette Ile, aucun état incompatible avec la Noblesse. 4 Mars 1789. No. 929 du Reg. 18.

GILLOT L'ÉTANG.— *Administration du Général Decaen.*— Révocation de sa nomination de Juge Suppléant au Tribunal de 1re. Instance de l'Ile de la Réunion. 25 Frimaire An 12. Enreg. 28 du même mois. No. 56 du Reg. 26.

Sa nomination à la place de Procureur Impérial au Tribunal de 1re. Instance de l'Ile Bonaparte. 13 Avril 1809. Enreg. 1er. Mars 1810. No. 305 du Reg. 27.

GIQUEL (A. M.)—*Gouvernement de Sa Majesté Britannique.* Sa nomination aux fonctions d'Assesseur pour l'année 1833. 30 Août 1833. Enreg. 12 Septembre suivant. No. 652 du Reg. 31.

Id. A l'effet de remplacer celui des Juges de la Cour d'Assises qui serait empêché de siéger. 19 Mars 1838. No. 791 du Reg. 36.

GIQUEL (Isidore.)—Privilège à lui accordé de faire fabriquer, en cette Colonie, une nouvelle espèce d'alambic. 11 Août 1821. Enreg. 1er. Septembre suivant. No. 327 du Reg. 29.

Sa nomination à la place de Suppléant Commissaire Civil du quartier des Pamplemousses. 28 Juillet 1826. Enreg. 3 Août suivant. No. 452 du Reg. 30.

Sa nomination à la place de Commissaire Civil du quartier de la

Savanne. 13 Octobre 1826. Enreg. 26 Janvier 1827. No. 469 du Reg. 30.

GIRARD (Guillaume.)—*Administration pour le Roi de France.*— Sa nomination aux fonctions d'Huissier. 12 Septembre 1767. Enreg. 19 du même mois. No. 45 du Reg. 12.

GIROFLES.— Prohibition de l'exportation de cette épice. 17 Juillet 1770. Enreg. même jour. No. 179 du Reg. 12.

Assemblée Coloniale.—Fixation du droit à prélever sur ceux introduits dans l'Ile. 9 Messidor An 9. Enreg. 15 du même mois. No. 785 du Reg. 25.

Administration du Général Decaen.—Droit de 8 francs 50 centimes, par 5 myriagrammes, établi sur ceux du crû des Iles de France et de la Réunion, chargés sur des navires neutres ou alliés. 22 Prairial An 12. Enreg. 25 du même mois. No. 94 du Reg. 26. —*Voyez* GIROFLIERS.

GIROFLIERS.—*Compagnie des Indes.*—Procès-verbal de vérification des fruits mûrs de girofliers introduits en cette Ile, par M. Poivre. 1er. Octobre 1755. Pièce No. 8 de la liasse et boîte 1re. des Minutes du Conseil supérieur.

Administration pour le Roi de France.—Délibération du Conseil supérieur, relative à l'introduction, dans la Colonie, de plants de girofliers par MM. Provost et Detchévery, d'après les ordres et les instructions de M. Poivre. 10 Juillet 1770. No. 175 du Reg. 12.

Hommage rendu à M. Poivre, par le Conseil supérieur, à cette occasion. Id.

Procès-verbaux de vérification et d'analyse des girofliers ci-dessus mentionnés dressés par les Administrateurs de la Colonie et M. Commerçon, médecin-naturaliste du Roi à l'Ile de France. 27 Juin 1770. Enreg. 10 Juillet suivant. No. 176 du Reg. 12.

Dépôt au Greffe des procès-verbaux, en date des 5 et 8 Juin 1772, de vérification et analyse de plants de girofliers introduits de nouveau dans la Colonie, par M. Provost, sur la flûte du Roi l'*Ile de France* et la corvette le *Nécessaire*. 1er. Juillet 1772. No. 225 du Reg. 12.

GLACE.— *Gouvernement de Sa Majesté Britannique.*— Ordre en Conseil qui permet d'introduire à l'Ile Maurice de la glace extraite de l'Ile Bourbon. 3 Juin 1842, publiée le 24 Octobre même année. No. 928 du Reg. 40.

GLACIÈRE.—Privilège exclusif accordé à M. Luciany d'établir

une glacière en cette Colonie. Ordonnance No. 23 (approuvée) (1). 15 Novembre 1841. No. 911 du Reg. 39.

Prorogation de ce privilège pendant une année. Ordonnance No. 15 (approuvée) (2). 16 Novembre 1842. No. 940 du Reg. 40.

GLAUDIER (Elie.)— *Gouvernement de Sa Majesté Britannique.* — Sa naturalisation de sujet anglais. Ordonnance No. 49 (approuvée) (3). 8 Juillet 1844. No. 986 du Reg. 42.

GODEHEU (Frères.)— *Compagnie des Indes.*— Leur nomination (le second en cas de mort du premier) à l'effet de prendre le commandement général de tous les Etablissements de la Compagnie des Indes, tant à la Côte d'Afrique qu'au-delà du Cap de Bonne-Espérance. 29 Octobre 1753. Enreg. 30 Mai 1754. Nos. 141 et 142 du Reg. 8.

GODIN (François Claude.)— *Administration pour le Roi de France.*—Sa nomination aux fonctions d'Huissier. 21 Septembre 1774. Enreg. 5 Décembre même année. No. 345 du Reg. 14.

Sa nomination aux fonctions d'Huissier-Audiencier. 19 Septembre 1776. Enreg. 10 Janvier 1777. No. 396 du Reg. 14.

Sa retraite. 4 Août 1783. No. 647 du Reg. 16.

Sa nouvelle nomination aux mêmes fonctions. 13 Novembre 1784. Enreg. 20 du même mois. No. 725 du Reg. 17.

GODIN (Antoine Jean Claude.)— *Assemblée Coloniale.*— Son admission au nombre des Postulants près la Cour. 27 Avril 1793. No. 493 du Reg. 21.

GODRE (   )—Sa nomination à la place de Prud'homme Assesseur au quartier de Flacq. 4 Juillet 1791. No. 73 du Reg. 20.

GOMBAUD (Antoine Nicolas.)— *Administration pour le Roi de France.*— Sa nomination aux fonctions de Notaire du Roi. 22 Octobre 1773. Enreg. 11 Août 1779. No 497 du Reg. 15.

Sa nomination à l'office de Commis-Greffier de la Juridiction Royale. 12 Août 1783. Enreg. 3 Septembre suivant. No. 663 du Reg. 16.

Sa démission. 9 Décembre 1784. No. 730 du Reg. 17.

Assemblée Coloniale. — Mandé en Chambre, à l'effet de déduire

---

(1) Voyez Certificat du Gouverneur, en date 20 Octobre 1842. No. 69 de la liasse de ces pièces.
(2) Id.   Id.   Id.   en date du 23 Mai 1843. No. 72. Id.
(3) Id.   Id.   Id.   en date du 13 Mars 1845. No. 89. Id.

les motifs qui l'ont empêché d'obtempérer à un Arrêt de la Cour qui lui ordonne de rapporter dans huitaine, au Greffe de la Cour, expédition de l'inventaire fait après décès du sieur Nicolas Templier. 5 Décembre 1791. No. 110 du Reg. 20.

GONIN (Hyacinthe Joachim)—*Gouvernement de S. M. Britannique.*—Enregistrement de sa commission d'Avoué, sous la date du 1er. Octobre 1838, à lui accordée les Magistrats de la Cour Suprême de l'Ile Maurice. 2 Octobre 1838. Nos. 726 et 727 du Reg. 32.

GONNET (Joseph Julien.) — *Gouvernement de Sa Majesté Britannique.*—Sa naturalisation de sujet anglais. Ordonnance No. 17. 28 Avril 1845. No. 1049 du Reg. 43.

Id. Ordonnance No. 36 (approuvée) (1). 4 Septembre 1848. No. 1179 du Reg. 46.

GONNET ( )—*Administration du Général Decaen.*—Opposition par lui formée en qualité de procureur du Sr. Bruce aux deniers dûs à l'Administration de l'Etat par les assureurs du vaisseau l'*Espérance*. 20 Septembre 1810. Enreg. 21 du même mois. No. 315 du Reg. 27.

Défense est faite aux Officiers ministériels de prêter leur ministère à aucun Acte de cette nature et aux Tribunaux d'en connaître. Ibid.

GOSSE (Mathias Claude.)—*Compagnie des Indes.*— Sa nomination de Conseiller au Conseil supérieur de l'Ile de France. 23 Août 1750. Enreg. 12 Mars 1753. No. 137 du Reg. 8.

Administration pour le Roi de France. — Sa nomination de Conseiller honoraire au Conseil supérieur de l'Ile de France, en date du 26 Février 1775. Enreg. 17 Février 1776. No. 369 du Reg. 14.

GOUDRON.—*Assemblée Coloniale.*— Tout possesseur de cet objet est contraint d'en faire la déclaration. 25 Frimaire An 2. Enreg. 7 Nivôse suivant. No. 353 du Reg. 23.

GOUILLARD (.)—*Administration du Général Decaen.*—Sa nomination aux .onctions de Supérieur ecclésiastique des Iles de France et de la Réunion. 26 Janvier 1809. Enreg. 19 Mars 1810. No. 308 du Reg. 27.

GOULY ( )—*Assemblée Coloniale.*—Sa nomina-

---

(1) Voyez Certificat du Gouverneur, en date du 10 Avril 1849. No. 117 de la liasse de ces pièces déposées au Greffe de la Cour.

tion à la place de Juge-de-Paix au quartier de Flacq. 4 Juillet 1791. No. 73 du Reg. 20.

GOUVERNEMENT.—*Compagnie des Indes.*—Réglements généraux relatifs aux Gouvernements civil et militaire des Iles de France et Bourbon. 29 Janvier 1727. Enreg. à l'Ile Bourbon, le 19 Août 1827 et à l'Ile de France, le 12 Décembre même année. No. 36 du Reg. 1.—*Voyez* ADMINISTRATION.

Administration pour le Roi de France.— Organisation de celui des Iles de France et Bourbon. 25 Septembre 1766. Enreg. 27 Juillet 1767. No. 29 du Reg. 12.

Assemblée Coloniale.—Adoption du Décret de la Convention, en date du 19 du 1er. mois de la République, qui déclare le Gouvernement provisoire de la France révolutionnaire jusqu'à la paix. 1er. Mai 1794. Enreg. 5 du même mois. No. 299 du Reg. 23.

Administration du Général Decaen.— Organisation de celui des Iles de France et Bourbon. 3 Vendémiaire An 12. Enreg. 5 du même mois. No. 1 du Reg. 26.—*Voyez* ETABLISSEMENTS ET ILE.

GOUVERNEUR.—*Compagnie des Indes.*—Celui des Iles de France et Bourbon est tenu de séjourner pendant 3 mois, chaque année, dans ces deux Colonies, et de veiller au progrès de la culture. 29 Janvier 1727. Enreg. 12 Décembre même année. No. 36 du Reg. 1.

Administration pour le Roi de France.—Pouvoirs et attributions du Gouverneur des Iles de France et Bourbon. 25 Septembre 1766. Enreg. 27 Juillet 1767. No. 29. du Reg. 12.

Il ne peut entreprendre sur les fonctions attribuées par les Ordonnance aux Officiers de Justice. Art. 2 de l'Ordonnance sur le Gouvernement civil des Iles de France et Bourbon. Id.

Ne pourra faire des arrestations qu'à la charge de remettre dans les vingt-quatre heures les individus à la Justice ordinaire, pour être punis suivant l'exigence des cas. Art. 24 de l'Ordonnance du Gouvernement civil des Iles de France et Bonaparte. Id.

Pourra, conjointement avec l'Intendant, faire des Réglements sur toutes les matières qui concernent la police et l'administration intérieures. Art. 24 et suivants de l'Ordonnance sur le Gouvernement civil. Id.

Aura son entrée, séance et voix délibérative seulement, dans les Conseils supérieurs et y prendra la première place. Art. 36 de l'Ordonnance sur le Gouvernement civil. Id.

En cas de mort ou d'absence du Gouverneur des Iles de France et Bourbon, le Commandant particulier sous ses ordres à l'Ile

Bourbon, commandera en chef dans les deux Iles. 6 Août 1766. Enreg. 29 Août 1767. No. 42 du Reg. 12.

Assemblée Coloniale.—Droit accordé au Gouverneur de nommer le Commandant Général de la Garde Nationale. 8 Fructidor An 4. Enreg. 15 du même mois. No. 504 du Reg. 24.

Administration du Général Decaen.— *Voyez* CAPITAINE GÉNÉRAL.

GRACE.—*Gouvernement de Sa Majesté Britannique.*—Celle accordée à l'occasion de l'anniversaire de Sa Majesté aux noirs convaincus d'être complices du crime d'assassinat commis sur la personne de M. Moyset. 4 Juin 1813. No. 91 du Reg. 28.

Id. Accordée à des condamnés à l'occasion de la pacification de l'Europe opérée par le Traité de 1814. 30 Juillet 1814. Enreg. 5 Août suivant. No. 109. du Reg. 28.

Id. Accordée à des condamnés à l'occasion de l'avènement de George IV au trône d'Angleterre. 18 Juillet 1820. Enreg. 1er. Août suivant. No. 306 du Reg. 29.

Id. Accordée à des condamnées à l'occasion de l'anniversaire de Sa Majesté George IV. 23 Avril 1822. Enreg. 1er. Mai suivant. No. 332 (*bis*) du Reg. 29.

Id. 21 Avril 1823. Enreg. 25 du même mois. No. 360 du Reg. 30.

Id. 8 Août 1823. Enreg. 11 du même mois. No. 370 du Reg. 30.

Id. 12 Août 1825. Enreg. 17 du même mois. No. 429 du Reg. 30.

Id. 12 Août 1828. Enreg. 18 du même mois. No. 503 du Reg. 31.

Id. 12 Août 1829. Enreg. 12 Septembre suivant. No. 532 du Reg. 31.

Id. Accordée à des condamnés à l'occasion de l'avènement au trône de Sa Majesté William IV. 2 Décembre 1830. Enreg. 5 Janvier 1831. No. 573 du Reg. 31.

Id. Accordée à des condamnés à l'occasion de l'anniversaire de S. M. William IV. 27 Août 1832. Enreg. 20 Septembre suivant. No. 619 du Reg. 31.

Id. Accordée à l'occasion de l'avènement au trône de la Reine Victoria, à des individus condamnés aux travaux forcés et aux fers. 16 Novembre 1837. Enreg. 18 du même mois. No. 781 du Reg. 35.

Lettres-Patentes de Sa Majesté qui donnent au Gouverneur le pouvoir de grâcier les individus convaincus de crimes dans l'Inde et transportés à l'Ile Maurice. 25 Juin 1841. Publiées à l'Ile Maurice, le 13 Décembre même année. No. 916 du Reg. 39.

GRAINS.—*Administration pour le Roi de France.*—Taxation du prix de ceux qui seront remis, par les cultivateurs de cette Ile, dans les magasins du Roi. 25 Septembre 1767. Enreg. 30 du même mois. No. 43 du Reg. 12.

GRAINS NOURRICIERS.—*Assemblée Coloniale.*—Défense de les exporter de la Colonie. 7 Août 1793. Enreg. 22 du même mois. No. 281 du Reg. 21.

Défense d'en faire sortir de la ville sans un permis. 16 Pluviôse An 6. Enreg. 13 du même mois. No. 632 du Reg. 14.

Substitution du mot *embarqué* au mot *débarqué* dans la Loi du 16 Pluviôse relative aux grains nourriciers. 6 Ventôse An 6. Enreg. 15 du même mois. No. 640 du Reg. 24.

GRANDS JUGES.—*Administration du Général Decaen.*—Sont investis de la faculté de permettre dans les cas urgents et à la charge d'en rendre compte au Ministre, les mariages de leurs subordonnés. 4 Février 1809. Enreg. 9 du même mois. No. 278 du Reg. 27.

GRAND VOYER.—Suppression de cette place aux Iles de France et de la Réunion. 8 Janvier 1807. Enreg. 15 du même mois. No. 200 du Reg. 27.

Réunion de ces fonctions en une seule et même direction, sous la dénomination de Ponts-et-Chaussées. Id.—*Voyez* CES MOTS.

GRANDEMANGE.—*Gouvernement de S. M. Britannique.*—Sa naturalisation de sujet anglais. Ordonnance No. 16 (approuvée) (1). 15 Mars 1847. No. 1093 du Reg. 45.

GRANGIER (   )—*Assemblée Coloniale.*—Le Jury Révolutionnaire d'Instruction prendra connaissance de l'affaire de ce particulier. 28 Thermidor An 2. Enreg. 16 Août 1794. No. 325 du Reg. 23 (2).

GRAS (Marcel.)—*Gouvernement de Sa Majesté Britannique.*—Sa naturalisation de sujet anglais. Ordonnance No. 13. 28 Avril 1845. No. 1045 du Reg. 43.

Id. Ordonnance No. 37 (approuvée) (3). 4 Septembre 1848. No. 1180 du Reg. 46.

---

(1) Voyez Certificat du Gouverneur, en date du 19 Janvier 1848. No. 109 de la liasse de ces pièces déposées au Greffe de la Cour.
(2) Cette disposition ne fait pas connaître quelle est l'accusation portée contre M. Grangier.
(3) Voyez Certificat du Gouverneur, en date du 10 Avril 1849. No. 117 de la liasse de ces pièces déposées au Greffe de la Cour.

GRATIFICATIONS.—*Compagnie des Indes.*—Défense aux Administrateurs d'en accorder aux officiers tant de terre que de mer et aux employés de la Compagnie, sans instructions précises à cet égard. 8 Octobre 1727. Enreg. 16 Mars 1729. No. 58 du Reg. 1.

GREFFES.—*Administration pour le Roi de France.*—Délibération du Conseil supérieur, relative aux deniers qui y sont en dépôt. 14 Septembre 1782. No. 621 du Reg. 16.

Arrêtés relatifs à cette matière. 28 Septembre 1782. Nos. 623 et 624 du Reg. 16.

Demande d'un local destiné au Greffe de la Juridiction Royale. 14 Avril 1788. No. 897 du Reg. 18.— *Voyez* Dépôts et Inventaires.

Gouvernement de Sa Majesté Britannique.—Celui du Tribunal de 1re. Instance sera placé sur le même pied que les anciens Bureaux de comptabilité. Ordonnance No. 23 (approuvée) (1). 4 Août 1845. No. 1055 du Reg. 43.

GREFFIERS.—*Administration pour le Roi de France.*—Celui du Conseil supérieur est autorisé à remettre au Procureur Général du Roi et à chacun des Juges, sous leurs récépissés, les pièces qui lui seront par eux demandées. 20 Avril 1769. No. 129 du Reg. 12.

Est autorisé à délivrer des grosses et expéditions des Arrêts de l'ancien Conseil, quoiqu'imparfaits. 18 Avril 1769. No. 131 du Reg. 12.

Est autorisé à échanger les billets de caisse de la Compagnie en billets tournois. 11 Juillet 1770. No. 178 du Reg. 12.

Celui de la Juridiction Royale est tenu de remettre au Greffe de la Cour, expéditions des Jugements portant condamnation à peines afflictives. 17 Septembre 1778. No. 466 du Reg. 15.

Droits attribués aux Greffiers pour certains Actes et expéditions du Greffe. 19 Novembre 1779. No. 512 du Reg. 15.

Celui du Conseil supérieur est autorisé à remettre à M. Delaleu les registres d'Administration de la Cour pour en extraire les Lois dont il a entrepris la collection. 4 Mars 1782. No. 592 du Reg. 16.

Est tenu d'avoir un registre des présentations. 9 Juin 1787. No. 863 du Reg. 18.

Assemblée Coloniale.—Conditions pour leur nomination et celle des Commis-Greffiers. Leurs fonctions et attributions, etc. 2 Avril 1791. Enreg. 15 du même mois. No. 46 du Reg. 19, Section 9 du Titre 9 de la Constitution provisoire de la Colonie.

---

(1) Voyez Certificat du 5 Mars 1845, No. 96 de la liasse de ces pièces déposées au Greffe de la Cour.

Autres dispositions concernant leur nomination, fonctions et attributions. 28 Novembre 1793. Enreg. 20 Décembre suivant. No. 251 du Reg. 23.

Id. 27 Messidor An 3. Enreg. 7 Thermidor suivant. No. 392 du Reg. 23.

Droits attribués à celui préposé à la conservation des hypothèques. 6 Mars 1794. Enreg. 7 du même mois. No. 270 du Reg. 23.

Celui du Tribunal d'Appel aura l'exercice du Greffe du Tribunal Criminel. 9 Messidor An 2. Enreg. 3 Juillet 1794. No. 316 du Reg. 23.

Celui actuellement en exercice est nommé à vie. 27 Messidor An 3. Enreg. 12 Thermidor suivant. No. 393 du Reg. 23.

Ceux des Municipalités, dans les campagnes, pourront être à la fois Greffiers des Juges-de-Paix et Receveurs des impositions de leurs quartiers. 16 Vendémiaire An 4. Enreg. 18 du même mois. No. 416 du Reg. 23.

Manière de remplacer celui du Tribunal Criminel, en cas d'empêchement. 4 Frimaire An 4. Enreg. 6 du même mois. No. 428 du Reg. 23.

Celui du Tribunal d'Appel est tenu d'envoyer aux Greffes des autres Tribunaux expéditions des Arrêtés sanctionnés. 3 Ventôse An 5. Enreg. 6 du même mois. No. 550 du Reg. 24.

Les Greffiers ne pourront prêter leur ministère qu'autant que les citoyens qui les requerront présenteront leur quittance d'impositions. 8 Germinal An 7. Enreg. 15 du même mois. No. 679 du Reg. 24.

Autres dispositions à ce sujet. 18 Germinal An 7. Enreg. même jour. No. 682 du Reg. 24.

Administration du Général Decaen.—Fixation du traitement de ceux des Tribunaux de 1re. Instance et d'Appel. 28 Vendémiaire An 12. Enreg. 29 du même mois. No. 34 du Reg. 26.

Conduite qu'ils doivent tenir en cas d'alarme. 22 Juillet 1810. Enreg. 24 du même mois. No. 311 du Reg. 27.

Gouvernement de Sa Majesté Britannique.—Ordre en Conseil qui établit un Greffier à Londres, sous le titre de Greffier des Esclaves des Colonies, chargé de recevoir les copies des Registres, celles des Rapports et tous autres documents relatifs aux Esclaves. 12 Juillet 1819. Enreg. 1er. Décembre 1820. No. 319 du Reg. 29.

Fixation des droits à percevoir par les Greffiers des Tribunaux de 1re. Instance et d'Appel. Ordonnance No. 1 (approuvée) (1). 15 Janvier 1838. No. 788 du Reg. 36.

---

(1) Voyez Certificat du Gouverneur, en date du 15 Février 1840. No. 54 de la liasse de ces pièces.

GRISON DE MARNEVILLE. — *Assemblée Coloniale.* — Sa nomination aux fonctions d'Avoué. 16 Thermidor An 10. Enreg. 26 du même mois. No. 824 du Reg. 26.

Administration du Général Decaen. — Sa nomination aux mêmes fonctions. 20 Nivôse An 12. Enreg. 21 du même mois. No. 64 du Reg. 26.

GROSSESSES. — *Administration pour le Roi de France.* — Adoption dans la Colonie de l'Edit du Roi Henri II, du mois de Février 1566 et la déclaration du 25 Février 1708, concernant les grossesses. 7 Juillet 1778. No 449 du Reg. 15.

GUÈRE (Jean.) — *Compagnie des Indes.* — Sa nomination aux fonctions d'Huissier. 30 Octobre 1745. No. 113 du Reg. 6.

GUÉRIN (Julien François.) — *Administration pour le Roi de France.* — Son admission au stage en la Cour, préalablement à l'enregistrement de ses lettres de Licence. 9 Décembre 1789. No. 981 du Reg. 18.
Enregistrement de sa matricule d'Avocat, en date du 19 Janvier 1789, à lui délivré par le Parlement de Paris. 24 Juin 1790. Nos. 1021 et 1022 du Reg. 19.
Arrêt qui, en conformité de l'usage établi dans toutes les Cours du Royaume, dispense M. Guérin d'un nouveau serment devant la Cour, attendu qu'il a prêté serment au Parlement de Paris pour l'exercice de sa profession d'Avocat. 24 Juin 1790. No. 1022 du Reg. 19.

Assemblée Coloniale. — Son admission aux fonctions de Notaire. 23 Mars 1791. No. 43 du Reg. 19.
Opposition à l'enregistrement de sa commission. 24 Mars 1791. No. 44 du Reg. 19.
Cessation de sa profession d'Avocat près les Tribunaux. 15 Février 1793. No. 172 du Reg. 21.

GUÉRIN (François Esprit Marie.) — *Gouvernement de S. M. Britannique.* — Sa naturalisation de sujet anglais. Ordonnance No. 6 (approuvée) (1). 8 Mars 1841. No. 883 du Reg. 39.

GUERRE. — *Assemblée Coloniale.* — Mesures prises à l'occasion de la déclaration de guerre entre la République Française, la Hollande et l'Angleterre. 3 Juin 1793. Enreg. 22 Août même année. No. 224 du Reg. 21.

---

(1) Voyez Certificat du Gouverneur, en date du 7 Janvier 1842. No. 64 de la liasse de ces pièces.

Administration du Général Decaen.—Déclaration de celle entre la France et le Portugal. 23 Octobre 1807. Enreg. 8 Mars 1808. No. 228 du Reg. 27.

Gouvernement de Sa Majesté Britannique.—Déclaration de celle entre la Grande-Bretagne et les Etats-Unis d'Amérique. 20 Septembre 1812. Enreg. 13 Février 1813. No. 83 du Reg. 28.

GUESNIER (Alexandre Marie René Eléonore.)—*Administration du Général Decaen.*—Dispense à lui accordée du temps de séjour dans la Colonie prescrit par l'Arrêt du 14 Nivôse An 13, à l'effet d'exercer les fonctions d'Avoué. 9 Floréal An 13. Enreg. 14 du même mois. No. 140 du Reg. 27.

Sa nomination aux fonctions d'Avoué. 9 Floréal An 13. Enreg. 14 du même mois. No. 140 (*bis*) du Reg. 27.

GUIBERT (Jean François Hermant.)— *Gouvernement de Sa Majesté Britannique.*— Sa naturalisation de sujet anglais. Ordonnance No. 18 (approuvée) (1). 5 Février 1844. No. 979 du Reg. 42.

GUICHARD (Laurent.)— Sa naturalisation de sujet anglais. Ordonnance No. 4 (approuvée) (2). 5 Février 1844. No. 972 du Reg. 42.

GUIDONS (Pavillons.)—*Assemblée Coloniale.*— Adoption du Décret de l'Assemblée Nationale, en date 30 Juin 1791, relatif aux guidons des troupes ligne. 9 Juillet 1793. Enreg. 22 Août suivant. No. 227 du Reg. 21.

GUILDIVERIES.—Réglements généraux sur cette matière. 6 Frimaire An 10. Enreg. 17 du même mois. No. 795 du Reg. 26.

Le nombre des guildiveries installées isolément est limité à celles actuellement existantes.

Il ne pourra en être établi de nouvelles, à moins qu'elles ne soient accompagnées d'usines de sucrerie avec fourneau et réverbère.

La quantité d'arack qui pourra être distillée annuellement, est fixée à raison de 40 veltes par chaque arpent de cannes plantées. Ibid.

Création d'une Régie relative à ces établissements; fixation de leur nombre et de la quantité de liqueurs qu'ils peuvent fabriquer. 9 Nivôse An 10. Enreg. 18 du même mois. No. 798 du Reg. 26.

---

(1) Voyez Certificat du Gouverneur, en date du 27 Novembre 1844. No. 86 de la liasse de ces pièces déposées au Greffe de la Cour.
(2) Id. Id. Id. Id. Id.

Administration du Général Decaen.—Défense d'établir de nouvelles guildiveries à l'Ile Bonaparte. 23 Juillet 1807. Enreg. même jour. No. 222 du Reg. 27.

GUILDIVES.—*Assemblée Coloniale.*—Réglements généraux sur cette matière. 6 Frimaire An 10. Enreg. 17 du même mois. No. 795 du Reg. 26.

Création d'une Régie des guildives et fixation de la quantité des liqueurs qui peuvent être fabriquées dans la Colonie. 9 Nivôse An 10. Enreg. 18 du même mois. No. 798 du Reg. 26.

Addition à l'Article 9 de cette Loi. 7 Pluviôse An 10. Enreg. 15 du même mois. No. 800 du Reg. 26.

Suspension de l'Article 2 de la Loi du 9 Nivôse An 10 et abrogation du dernier Paragraphe de l'Article 7 de la même Loi. 5 Pluviôse An 10. Enreg. 15 du même mois. No. 802 du Reg. 26.

Addition à l'Article 1er. de l'Arrêté du 5 Pluviôse An 10, qui suspend l'exécution de l'Article 2 de la Loi du 9 Nivôse An 10. 7 Pluviôse An 10. Enreg. 15 du même mois. No. 801 du Reg. 26.

Rectification de l'Article 44 de la Loi du 9 Nivôse An 10 sur les guildives. 1er. Floréal An 10. Enreg. 8 du même mois. No. 810 du Reg. 26.

Suppression de la Régie établie en vertu de la Loi du 9 Nivôse An 10. 3 Prairial An 10. Enreg. 18 Floréal même année. No. 814 du Reg. 26.

Gouvernement de Sa Majesté Britannique.—Droits de consommation y relatifs. 5 Mai 1812. Enreg. 8 du même mois. No. 57 du Reg. 27.

Id. 23 Février 1812. Enreg. 26 du même mois. No. 60 du Reg. 28.

Droits d'exportation y relatifs. 14 Août 1812. Enreg. 20 du même mois. No. 66 du Reg. 28.

Id. 22 Septembre 1812. Enreg. 26 du même mois. No. 68 du Reg. 28.

Suppression des droits de consommation et d'exportation. 4 Février 1813. Enreg. 12 du même mois. No. 82 du Reg. 28.

Défense à toutes personnes qui n'y sont pas autorisées de vendre des liqueurs désignées sous le nom de *guildives*, par verres, par bouteilles et au-dessous d'une velte. 30 Novembre 1815. Enreg. 14 Décembre suivant. No. 162 du Reg. 29.

Poursuite des contraventions y relatives. 24 Décembre 1818. Enreg. 26 du même mois. No. 269 du Reg. 29.

Réglements relatifs à la vente des liqueurs désignées sous le nom de *guildives*. 23 Mars 1819. Enreg. 31 du même mois. No. 279 du Reg. 29.

Abrogation des dispositions contenues aux Paragraphes 1, 4, 6, 7, 9 et 10 de l'Article 5 de la Proclamation du 23 Mars 1819. 8

Septembre 1819. Enreg. 3 Novembre même année. No. 292 du Rég. 29.

Modification de la Proclamation du 23 Mars 1819 et des autres dispositions antérieures relatives au débit des guildives. 24 Octobre 1822. Enreg. 4 Novembre suivant. No. 343 du Reg. 29.

Autres dispositions sur cette matière 25 Août 1824. Enreg. 13 Septembre suivant. No. 394 du Reg. 30.

Modifications de l'Article 2 de la Proclamation du 23 Mars 1819. 7 Janvier 1825. Enreg. 19 du même mois. No. 405 du Reg. 30.— *Voyez* GUILDIVERIES, RUMS, TAFIA, ARACKS, ALAMBICS, LIQUEURS SPIRITUEUSES ET CANTINES.

GUILDIVIERS.— *Assemblée Coloniale.*— Réglements à eux relatifs 9 Nivôse An 10. Enreg. 18 du même mois. No. 798 du Reg. 26.

Gouvernement de Sa Majesté Britannique.—Interprétation de l'Article 22 du Réglement du 4 Février 1813 les concernant. 6 Mai 1813. Enreg. 14 du même mois. No. 88 du Reg. 23 (1).— *Voyez* GUILDIVES, USINES, LIQUEURS SPIRITUEUSES, LIQUEURS FORTES ET BOISSONS.

GUILLAUME IV.— *Voyez* WILLIAM IV.

GUILLEMIN (Jean-Baptiste.)— *Administration pour le Roi de France.*—Sa nomination aux fonctions d'Huissier. 30 Décembre 1781. Enreg. 9 Janvier 1782. No. 590 du Reg. 16.

Assemblée Coloniale.— Son admission aux mêmes fonctions. 8 Février 1792. No. 116 du Reg. 20.

GUIMGANS (Soldat.)— *Compagnie des Indes.*— Arrêté qui s'oppose à l'exécution de l'ordre donné par le Lieutenant de Roi de payer le prêt et de fournir les vivres au nommé Guimgans, soldat. 28 Octobre 1728. No. 55 du Reg. 1.

GUIMONT DE LATOUR.—Capitaine de la garnison de l'Ile de France.—Renvoi de cet officier à l'Ile Bourbon pour le jugement de son procès. 8 Août 1726. No. 31 du Reg. 1 (2).

GUSTAVE (Jean Louis.)— *Gouvernement de Sa Majesté Britannique.*—Sa nomination aux fonctions d'Huissier. 7 Septembre 1847. Enreg. 4 Novembre même année. No. 1232 du Reg. 48.

---

(1) Voyez ce Réglement au mot *Guildives.*
(2) L'Arrêté qui contient cette disposition, ne fait pas connaître l'accusation portée contre M. Guimont de Latour.

GUYOMARHO (Michel.)— Sa naturalisation de sujet anglais. Ordonnance No. 11 (approuvée) (1). 5 Septembre 1844. No. 972 du Reg. 42.

H.

HABITANTS.—*Compagnie des Indes.*—Défense à eux faite de séjourner dans les Ports et de s'absenter de leurs établissements au préjudice de leurs travaux. 15 Juin 1730. No. 74 du Reg. 1.

Demandes faites par les habitants acquéreurs de noirs de traites pour que ces derniers soient traités aux frais de la Compagnie. 1er. Août 1730. No. 80 du Reg. 1.

Il leur est enjoint de faire porter régulièrement les corps morts des chrétiens, tant blancs que noirs, au cimetière béni de leur paroisse pour être inhumés par le Curé avec les cérémonies de l'Eglise. 27 Septembre 1730. No. 84 du Reg. 1.

Sont tenus d'avertir les Curés lorsqu'ils auront des noirs malades en danger, pour, s'ils sont chrétiens, leur faire administrer les secours spirituels. Id.

Défense à eux faite d'aller sur les grands chemins et de s'écarter de leurs maisons à plus de trente pas, sans arme à feu. 24 Août 1745. No. 111 du Reg. 6.— *Voyez* PORT-D'ARMES.

Administration pour le Roi de France.—Ceux de la ville peuvent faire construire des étages, mansardes ou combles en bois sur des rez-de-chaussées en pierres. 1er. Mai 1787. Enreg. 8 du même mois. No. 848 du Reg. 17.—*Voyez* RECENSEMENTS.

Assemblée Coloniale.— Ceux domiciliés en ville sont astreints à envoyer des noirs aux travaux publics. 1er. Fructidor An 5. Enreg. 5 du même mois. No. 601 du Reg. 24.

Ceux qui n'auront pas payé leur trentuple y seront contraints par voie d'assignation. 9 Fructidor An 5. Enreg. 15 du même mois. No. 603 du Reg. 24.

Administration du Général Decaen.— Sont astreints à faire la déclaration au Commissariat civil de leur quartier, de la quantité et de la qualité de denrées nourricières qu'ils possèdent tant pour les besoins de leur famille que pour leurs esclaves. 26 Ventôse An 14. Enreg. 1er. Germinal suivant. No. 175 du Reg. 27.

Gouvernement de Sa Majesté Britannique.— Seront tenus de

---

(1) Voyez Certificat du 27 Novembre 1844. No. 86 de la liasse de ces pièces déposées au Greffe de la Cour.

fournir le nombre d'esclaves qui pourra leur être demandé pour des cas pressants du service public, 2 Juin 1815. Enreg. 19 du même mois. No. 139 du Reg. 29.

Recevront à cet effet, une piastre par voyage ou par jour, suivant le cas. Id.

Fixation, à six livres par jour, pour chaque esclave fourni par les habitants pour le service public. 16 Novembre 1815. Enreg. 20 du même mois. No. 160 du Reg. 29.

Abrogation des dispositions précitées. 11 Janvier 1819. Enreg. même jour. No. 274 du Reg. 29.—*Voyez* RECENSEMENTS.

HABITATIONS.—*Compagnie des Indes.*—*Voyez* ETABLISSEMENTS.

HAIES.—*Assemblée Coloniale.*— Celles servant de limites aux propriétés, seront taillées à la hauteur de 4 pieds et entretenues à cette hauteur. 21 Fructidor An 10. Enreg. 26 du même mois. No. 828 du Reg. 26.

HALL (Gage John.)—Major-Général.— *Gouvernement de Sa Majesté Britannique.*— Sa nomination au gouvernement des Iles Maurice et Dépendances, en l'absence de Sir Robert Townsend Farquhar. 19 Novembre 1817. Enreg. 4 Décembre suivant. No. 242 du Reg. 29.

HARGUENILLIERS (   )—*Compagnie des Indes.*— Sa nomination, par les Syndics et Directeurs de la Compagnie des Indes, à la place de Conseiller Procureur Général au Conseil supérieur de l'Ile de France. 9 Novembre 1735. No. 103 du Reg. 4.

Confirmation par le Roi de cette nomination. 15 Novembre même année. Enreg. 10 Juillet 1736. No. 104 du Reg. 4.

HAUDOYER DU PETITVAL (Vincent Marie.)—Sa nomination à la place de Secrétaire du Conseil. 7 Avril 1757. No. 160 du Reg. 9.

HAUVILLE (de).—*Voyez* LIEUTENANT DE ROI.

HEIN (Victor.)—*Gouvernement de Sa Majesté Britannique.*— Sa naturalisation de sujet anglais. Ordonnance No. 28 (approuvée) (1). 5 Février 1844. No. 996 du Reg. 42.

HELIE (J. B.)—Patente à lui accordée, par Son Excellence le

---

(1). Voyez Certificat du 27 Novembre 1844. No. 86 de la liasse de ces pièces déposées au Greffe de la Cour.

Gouverneur, à l'effet de mettre à exécution le procédé par lui découvert pour la fabrication du sucre et d'exercer ce privilège pendant cinq ans. 14 Novembre 1838. No. 727 du Reg. 32.

HERBAULT (Nicolas Antoine.)—*Compagnie des Indes.*—Sa prestation de serment en qualité de Conseiller au Conseil Provincial de l'Ile de France. 9 Mai 1732. No. 88 du Reg. 2.

Sa nomination à la place de Conseiller au Conseil supérieur de l'Ile de France. 18 Novembre 1737 Enreg. 31 Août 1743. No. 105 du Reg. 4.

Confirmation par le Roi de cette nomination. 24 Novembre 1737. Enreg. 31 Août 1743. No. 105 du Reg. 4.

Sa prestation de serment. 31 Août 1743. No. 108 du Reg. 4.

HERCHENRODER (Thomy Alcide.)— *Gouvernement de Sa Majesté Britannique.*—Sa nomination aux fonctions d'Avoué. 14 Septembre 1849. Enreg. même jour. No. 1234 du Reg. 48.

HERCHENRODER (Etienne Jules.)—Sa nomination à l'office d'Avoué près les Tribunaux. 6 Août 1836. Enreg. 18 du même mois. No. 709 du Reg. 32.

HERCHENRODER (Julien.)— Sa nomination aux fonctions d'Avoué. 14 Décembre 1842. Enreg. même jour. No. 783 du Reg. 32.

HEREDITE.—*Administration du Général Decaen.*—Promulgation du Décret Impérial, en date du 1er. Brumaire An 13, relatif à l'hérédité de la dignité impériale dans la descendance directe, naturelle, légitime et adoptive de Napoléon Bonaparte. 1er. Floréal An 13. Enreg.   du même mois. No. 138 du Reg. 27.—*Voyez* NAPOLÉON BONAPARTE.

HERINGA.—Sa nomination à la place d'Interprète pour les langues batave et allemande. 30 Vendémiaire An 12. Enreg. 4 Brumaire suivant. No. 27 du Reg. 26.

HERITIERS.—Question de savoir si ceux absents, dans les successions vacantes, doivent être assignés dans les délais prescrits, à l'égard des autres absents, par le Code de Procédure civile et par l'Arrêté supplémentaire du 20 Juillet 1808, relatif à cette matière. 18 Juillet 1809. Enreg. 21 du même mois. No. 295 du Reg. 27.

Question de savoir si les héritiers bénéficiaires peuvent transférer, sans autorisation, les inscriptions au-dessus de 50 francs de rente. 30 Décembre 1808. Enreg. 20 Janvier 1809. No. 270 du Reg. 27.

HEWETSON (William.)—*Gouvernement de Sa Majesté Bri-*

tannique.—Sa nomination aux fonctions d'Avoué. 6 Février 1846. Enreg. même jour. No. 809 du Reg. 32.

HIERARCHIE.—*Administration du Général Decaen.*—Celle des Tribunaux est rétablie aux Iles de France et de la Réunion. 19 Vendémiaire An 12. Enreg. 20 du même mois. No. 17 du Reg. 26.

HITIE. (Athanase Volcy.)—*Gouvernement de Sa Majesté Britannique.*—Enregistrement de son Acte d'admission à l'Honorable Société de Grays Inn, au degré de Barrister, en date du 12 Octobre 1841. Enreg. 28 Juillet 1842. No. 778 du Reg. 32.

HITIE (Jules Urbain.)—Sa nomination aux fonctions d'Avoué. 1er. Février 1850. Enreg. même jour. No. 1240 du Reg. 48 *(bis)*.

HOCHON (André Bonaventure.)—*Administration du Général Decaen.*—Sa nomination aux fonctions d'Huissier. 20 Nivôse An 14. Enreg. 3 Pluviôse suivant. No. 171 du Reg. 27.

Sa destitution de ses fonctions. 7 Septembre 1810. Enreg. 8 du même mois. No. 312 du Reg. 27.

HODOUL (Jean François.)—*Gouvernement de Sa Majesté Britannique.*—Sa nomination à la place de Suppléant Juge-de-Paix aux Iles Seychelles. 18 Mars 1812. Enreg. 21 du même mois. No. 54 du Reg. 27.

HOFFMANN (Pierre François.)—*Administration du Général Decaen.*—Publication des Décrets Impériaux des 6 Février et 21 Mars 1806, concernant sa nomination aux fonctions de Supérieur ecclésiastique aux Iles de France et Bonaparte. 26 Juin 1807. Enreg. 2 Juillet suivant. No. 214 du Reg. 27.

Publication du Décret de son institution canonique. Id.

HOMMES DE COULEUR.— *Gouvernement de Sa Majesté Britannique.*—*Voyez* POPULATION DE COULEUR.

HOMMES DE LOI.—*Assemblée Coloniale.*—Il leur est enjoint de suivre assidûment toutes les audiences. 23 Avril 1793. Enreg. 10 Mai suivant. No. 198 du Reg. 21.

HOMOLOGATIONS.—Celles des délibérations de créanciers, jugements d'ordre et distributions de deniers, seront prononcées par le Président du Tribunal d'Appel, sur les conclusions du Ministère public. 5 Thermidor An 2. Enreg. 25 Juillet 1794. No. 322 du Reg. 23.

Celles des testaments, codiciles et autres dispositions olographes ne pourront être demandées que sur la représentation des originaux. 23 Pluviôse An 5. Enreg. 5 Ventôse suivant. No. 543 du Reg. 24.

HONNEURS CIVILS ET MILITAIRES.—*Administration pour le Roi de France.*—Ceux à rendre à l'Intendant, au Second Conseiller et au Procureur Général. 10 Septembre 1789. No. 960 du Reg. 18.

Administration du Général Decaen.— *Voyez* CÉRÉMONIES ET PRÉSÉANCES.

HOPITAUX.—*Administration pour le Roi de France.*—Ordonnance du Roi y relative. 15 Septembre 1766. Enreg. 7 Juin 1768 No. 106 du Reg. 12.

Gouvernement de Sa Majesté Britannique.—Dispositions relatives à ceux destinés à recevoir les laboureurs malades. Ordonnance No. 40 (désapprouvée) (1). 22 Avril 1844. No. 1008 du Reg. 42.

HORION (Louis.)—*Assemblée Coloniale.*—Sa nomination d'Agent de change. 26 Septembre 1793. Enreg. No. 233 du Reg. 21.

HOWSAH (Indien.)—*Gouvernement de Sa Majesté Britannique.*— Pardon à lui accordé par Sa Majesté. 23 Juillet 1847. Enreg. 13 Octobre même année. No. 228 du Reg. 48.

HUGNIN (Alexandre.)—Sa nomination à la place de Commissaire Civil du quartier de Moka. 13 Avril 1825. Enreg. 9 Mai suivant. No. 412 du Reg. 30.

HUGNIN (Armand.)—Sa prestation de serment en qualité de Commissaire Civil du quartier des Plaines Wilhems. 1er. Août 1837. No. 714 du Reg. 32.

HUISSIERS.—*Administration pour le Roi de France.*—Homologation des statuts qui les concernent. 4 Avril 1770. No. 163 du Reg. 12.

Réglements relatifs à leurs Actes, lesquels sont assujettis au contrôle. 14 Août 1778. No. 461 du Reg. 15.

Sont tenus d'avoir un registre pour y insérer les titres, papiers, sentences et arrêts qui leur seront remis par les parties. 5 Mai 1786. No. 800 du Reg. 17.

---

(1) Voyez Certificat du 5 Mars 1845. No, 88 de la liasse de ces pièces déposées au Greffe de la Cour.

Assemblée Coloniale.—Dispositions relatives à ceux des Justices de Paix. 2 Avril 1791. Enreg. 15 du même mois. No. 46 du Reg. 19. (Article 11 de la Section 3 du Titre 9 de la Constitution provisoire de la Colonie.)

Il leur est enjoint de mettre au bas de l'original de leurs Exploits la taxe de leurs salaires. 6 Janvier 1791. No. 24 du Reg. 19.

Défense à eux faite de signifier des lettres ajournatoires et d'anticipation, et des arrêts, en forme exécutoire, sans que ces lettres et arrêts soient revêtus du scel. 22 Mars 1791. No. 42 du Reg. 19.

Sont autorisés à continuer leurs fonctions près les nouvelles Cours. 18 Décembre 1793. No. 245 du Reg. 23.

Règles concernant leur nomination et fixation de leur nombre à douze. 28 Novembre 1793. Enreg. 20 Décembre suivant. No. 251 du Reg. 23.

Autres dispositions concernant leur nomination. 27 Messidor An 3. Enreg. 7 Thermidor suivant. No. 392 du Reg. 23.

Sont obligés, en cas de requisition de la part de l'Accusateur public, de prêter leur ministère sur-le-champ et toutes affaires cessantes. 16 Nivôse An 4. Enreg. 27 du même mois. No. 445 du Reg. 23.

Peines contre ceux qui, de service au Bureau et à l'Audience des Tribunaux, manqueraient à leur service. 23 Nivôse An 4. Enreg. 28 du même mois. No. 449 du Reg. 23.

Sont tenus d'obtempérer aux requisitions des Agents nationaux, en matière d'administration. 7 Germinal An 4. Enreg. 16 du même mois. No. 470 du Reg. 23.

Il leur est enjoint d'obéir aux requisitions des Municipalités pour les assignations concernant le trentuple. 9 Fructidor An 5. Enreg. 15 du même mois. No. 603 du Reg. 24.

Autres dispositions à ce sujet. 5 Nivôse An 6. Enreg. 7 du même mois. No. 626 du Reg. 24.

Ceux nommés par les Tribunaux pourront, pour cause de mécontentement, être révoqués. 1er. Floréal An 7. Enreg. 5 du même mois. No. 683 du Reg. 25.

Abrogation de la Loi qui les astreint à exiger des particuliers la représentation des quittances d'impositions. 5 Ventôse An 10. Enreg. 15 du même mois. No. 806 du Reg. 26.

Administration du Général Decaen.—Fixation de leur nombre à douze près les Tribunaux de l'Ile de France et dix près de ceux de l'Ile de la Réunion. Conditions exigées pour leur réception, indication de leur costume, etc. 15 Nivôse An 13. Enreg. 20 du même mois. No. 124 du Reg. 27.

Liste nominative de ceux autorisés à continuer leurs fonctions près des Tribunaux de l'Ile de France, en vertu de l'Arrêté du 15 Nivôse An 13. 1er. Ventôse An 13. Enreg. 11 du même mois. No. 132 du Reg. 27.

HUI—HYD

Tarif de leurs droits et honoraires. 12 Brumaire An 14. Enreg. 13 du même mois. No. 160 du Reg. 27.

Gouvernement de Sa Majesté Britannique.—Sont tenus d'exiger des particuliers qui réclameront leur ministère, la représentation de leur quittance d'impositions. 30 Octobre 1818. Enreg. 7 Novembre suivant. No. 264 du Reg. 29.

Abrogation de cette disposition. 11 Janvier 1819. Enreg. même jour. No. 274 du Reg. 29.

Mesures à l'effet de faire cesser les inconvénients qui résultent de leur refus de faire certains Actes de leur ministère. Ordonnance No. 70. 19 Janvier 1831. Enreg. 12 Février suivant. No. 578 du Reg. 31.

Nouveaux Réglements à eux relatifs. Ordonnance No. 7 (approuvée) (1). 17 Juin 1839. No. 829 du Reg. 37.

Augmentation de leur nombre. Ordonnance No. 25 (approuvée) (2). 5 Juillet 1847. No. 1110 du Reg. 45.— *Voyez* OFFICIERS MINISTÉRIELS ET TARIFS.

HUSSON (Hyacinthe.)—*Assemblée Coloniale.*—Son admission aux fonctions de Postulant. 6 Mars 1798. Nos. 177 et 179 du Reg. 21.

Gouvernement de Sa Majesté Britannique.—Sa nomination à la place de Greffier du Tribunal de 1re. Instance. 1er. Janvier 1811. Enreg. 3 du même mois. No. 3 du Reg. 27.

HUSSON (C.)—Sa nomination à la place d'Officier de Police. 26 Mars 1827. Enreg. 30 du même mois. No. 472 du Reg. 30.

HUTEAU (Victor.)— Sa naturalisation de sujet anglais. Ordonnance No. 41 (approuvée) (3). 6 Décembre 1847. No. 1131 du Reg. 45.

HYDROGRAPHIE.—*Administration du Général Decaen.*—Etablissement d'une Ecole gratuite et publique pour l'enseignement de cette science. 22 Nivôse An 12. Enreg. même jour. No. 128 du Reg. 27.—*Voyez* CABOTAGE.

HYDROPHOBIE.—*Gouvernement de S. M. Britannique.*—Dispositions ayant pour objet de prévenir les causes de cette maladie. Ordonnance No. 14 (approuvée) (4). 23 Octobre 1843. No. 960 du Reg. 40.

---

(1) Voyez Certificat du Gouverneur, en date du 13 Avril 1840. No. 55 de la liasse de ces pièces.
(2) Id.   Id.   Id.   en date du 18 Mars 1848. No. 110. Id.
(3) Id.   Id.   Id.   en date du 26 Juin 1844. No. 83. Id.
(4) Id.   Id.   Id.   en date du 11 Juin 1846. No. 101. Id.

Révision et modification de l'Ordonnance No. 14 de 1843 précitée. Ordonnance No. 26 (approuvée) (1). 11 Octobre 1845. No. 1060 du Reg. 43.

Id. Ordonnance No. 46 (approuvée) (2). 18 Décembre 1848. No. 1190 du Reg. 46.

HYPOTHÈQUES.—*Assemblée Coloniale.*— Nomination d'un Greffier attaché à cette partie. 18 Décembre 1793. No. 246 du Reg. 23.

Création de ce Bureau. 5 Décembre 1793. Enreg. 18 du même mois. No. 247 du Reg. 23.

La pièce du Greffe, à la suite de celle occupée par le Greffier de la Cour, y sera consacrée. 9 Janvier 1794. No. 256 du Reg. 23.

Le Tribunal est autorisé à disposer d'un local pour ce Bureau. 7 Janvier 1794. Enreg. 9 du même mois. No. 257 du Reg. 23.

Fixation des jours pour les insertions, dans les feuilles hebdomadaires, concernant la conservation des hypothèques. 8 Fructidor An 10. Enreg. 15 du même mois. No. 826 du Reg. 26.

Administration du Général Decaen.—Autorisation donnée au Commis juré du Greffe du Tribunal d'Appel de faire tous Actes relatifs à la conservation des hypothèques. 10 Ventôse An 12. Enreg. 11 du même mois. No. 77 du Reg. 26.

Il est établi, près des Tribunaux des Iles de France et de la Réunion et en leurs Greffes, un Bureau des hypothèques, à l'effet de sceller les lettres de ratification. 24 Thermidor An 12. Enreg. 28 du même mois. No. 106 du Reg. 27.

Dispositions additionnelles à la Loi sur le nouveau régime hypothécaire. 6 Juin 1806. Enreg. 12 du même mois. No. 181 du Reg. 27 (3).

Prorogation de délai pour l'inscription des droits d'hypothèque antérieur à la publication du Code Civil. 25 Juin 1806. Enreg. 26 du même mois. No. 183 du Reg. 27.

Publication aux Iles de France et de la Réunion, du Chapitre 1er. de l'Arrêté du 1er. Brumaire An 14, relatif aux privilèges hypothécaires et mutations du passé. Id.

Nouvelle prorogation relative à l'inscription de ces droits. 5 Janvier 1807. Enreg. 9 du même mois. No. 199 du Reg. 27.

Promulgation aux Iles de France et Bonaparte, de l'Avis du Conseil d'Etat du 1er. Juin 1807, sur les moyens de prévenir les

---

(1) Voyez Certificat du Gouverneur, en date du 5 Octobre 1849. No. 120 de la liasse de ces pièces.

(2) Voyez Certificat sous la date du 5 Septembre 1848. No. 113 de la liasse de ces pièces déposées au Greffe de la Cour.

(3) Le nouveau régime hypothécaire résulte des Lois des 11, 15 Brumaire et 21 Ventôse de l'An 7, qui n'ont pas été transcrites au Greffe de la Cour.

difficultés en matière d'hypothèques légales indépendantes de l'inscription. 26 Mars 1808. Enreg. 31 du même mois. No. 237 du Reg. 27.—*Voyez* INSCRIPTIONS ET CRÉANCES.

I.

ICERY ( )—*Gouvernement de Sa Majesté Britannique.*—Sa nomination à la place de Commissaire civil du quartier des Plaines Wilhems. 29 Octobre 1819. Enreg. 3 Novembre suivant. No. 293 du Reg. 29.

Sa nomination à la place de Commissaire civil du Port Louis. 29 Juillet 1837. No. 714 du Reg. 32.

ICERY (Auguste.)—Sa nomination de Juge Suppléant de la Cour d'Assises. 20 Mars 1840. No. 849 du Reg. 38.

IDÉE (l').—*Assemblée Coloniale.*—Navire ainsi dénommé et réarmé sous le nom de l'*Illusion*. 15 Thermidor An 3. Enreg. 17 du même mois. No. 368 du Reg. 23.

IGOU (Messire Gabriel.)—*Compagnie des Indes.*—Curé de Notre-Dame (1).—Plainte portée par cet ecclésiastique contre le Sr. de St.-Martin et plusieurs habitants pour insulte publique faite à son caractère. 7 Juillet 1730. No. 78 du Reg. 1.

ILE BONAPARTE.—*Administration du Général Decaen.*—Promulgation du Décret Impérial du 2 Février 1809, qui donne cette dénomination à l'Ile de la Réunion (Bourbon). 25 Août 1809. No. 298 du Reg. 27.

ILE DE FRANCE.—*Compagnie des Indes.*—Prise de possession de cette Ile au nom du Roi de France, par Guillaume Dufresne, Commandant le navire le *Chasseur*. 22 Septembre 1715. No. 1 du Reg. 1 (2).

Seconde prise de possession, par le Chevalier de Nyon, au nom de la Compagnie des Indes. 1722. No. 2 du Reg. 1 (3).

---

(1) La Paroisse de Notre-Dame est celle du Grand Port ou Port S. E.

(2) Il n'existe au Registre qu'un fragment de l'Acte de prise de possession de l'Ile de France et la date de sa transcription, sur les Registres du Greffe du Conseil Provincial, est détruite ; mais une copie de cet Acte se trouve en entier dans les Minutes du Greffe de la Cour d'Appel, sous le No. 1 de la liasse et boîte 1re. Cette pièce, que le temps a fort endommagée, a été déchiffrée, presqu'en totalité, par M. Jacques Mallac, Juge à la Cour d'Appel de cette Ile, qui l'a fait imprimer en y joignant une note explicative. Cet imprimé est annexé au manuscrit original.

(3) Quelques passages du procès-verbal de cette prise de possession, à peine lisible, par son état de vétusté, portent que le Chevalier de Nyon a trouvé l'Ile de France sous le commandement d'un Major envoyé de l'Ile Bourbon avec cinq ou six habitants et quelques nègres, et qu'un *Te Deum* a été chanté à l'occasion de la prise de possession de cette Ile par M. de Nyon.

Division de l'Ile de France en huit principaux quartiers, 11 Août 1762. No. 185 du Reg. 10.

Administration pour le Roi de France.—Organisation du gouvernement civil de cette Ile. 25 Septembre 1766. Enreg. 27 Juillet 1767. No. 29. du Reg. 12.

Ordonnance du Roi, sur les Milices, portant division de l'Ile de France en onze quartiers. 1er. Août 1768. Enreg. 15 Juin 1769. No. 143 du Reg. 12.

Dépôt au Greffe d'une lettre du Ministre et d'un exemplaire de l'Ordonnance du Roi du 30 Juillet 1773, portant division de l'Ile de France en huit quartiers au lieu de onze fixés par l'Ordonnance du 1er. Août 1768. 11 Octobre 1774. No. 343 du Reg. 14.

Ordonnance du Roi, relative à cette division. 30 Juillet 1773. Enreg. 18 Novembre 1777. No. 426 du Reg. 14.

Assemblée Coloniale.—Division de l'Ile de France en Municipalités. 2 Avril 1791. Enreg. 15 du même mois. No. 46 du Reg. 19. Titre 1er. de la Constitution provisoire de la Colonie.

Ne sera point considérée comme un département; sera désignée, dans son ensemble, sous le nom de Colonie. Id.

Administration du Général Decaen.—Proclamation qui fait connaître que l'organisation de l'Ile de France a été retardée par les grands intérêts politiques qui ont occupé la sollicitude du Gouvernement français. 3 Vendémiaire An 12. Enreg. 5 du même mois. No. 1 du Reg. 26.

Sera régie par trois Magistrats, savoir : un Capitaine-Général, un Préfet Colonial et un Commissaire de Justice. Loi organique du 13 Pluviôse An 11. Enreg. 7 Vendémiaire An 12. No. 2 du Reg. 26.

Gouvernement de Sa Majesté Britannique.— Organisation de cette Ile après sa conquête par les armes de S. M. britannique. 28 Décembre 1810. Enreg. 3 Janvier 1811. No. 4 du Reg. 27.

Tous les Etablissements ecclésiastiques et les personnes qui remplissent les fonctions religieuses seront conservés sous le Gouvernement britannique. Id.

Tous les Etablissements, tant judiciaires que de police, seront également conservés et continués sur les mêmes bases et d'après les mêmes Réglements qui existaient lors de la reddition de cette Colonie. Id.

ILE DE LA RÉUNION.—*Administration du Général Decaen.*—Proclamation qui annonce que l'organisation de cette Ile a été retardée par les grands intérêts politiques qui ont occupé la sollicitude du Gouvernement français. 3 Vendémiaire An 12. Enreg. 5 du même mois. No. 1 du Reg. 26.

Portera à l'avenir la dénomination de : Ile Bonaparte. 26 Septembre 1806. Enreg. 2 Octobre suivant. No. 193 du Reg. 27.

ILE MAHE.—Etablissement d'une Justice de Paix en cette Ile, pour la Colonie des Seychelles. 23 Septembre 1806. Enreg. 6 Novembre suivant. No. 195 du Reg. 27.

Gouvernement de Sa Majesté Britannique.—Le Port de cette Ile recevra la dénomination de : Port Victoria. Ordonnance No. 12 (approuvée) (1). 31 Mai 1841. No. 890 du Reg. 39.—*Voyez* SEYCHELLES.

ILE SAINTE-MARIE.—*Compagnie des Indes.*—Concession de cette Ile au Roi de France. 30 Juillet 1750 (2).

Dépôt de cet Acte au Greffe. 7 Novembre 1750. No. 128 du Reg. 7.

ILE MAURICE.—*Gouvernement de Sa Majesté Britannique.*—*Voyez* ILE DE FRANCE.

ILES.—*Administration du Général Decaen.*—Les Iles de France, de la Réunion et Dépendances seront administrées par trois Magistrats, savoir : un Capitaine-Général, un Préfet Colonial et un Commissaire de Justice. Loi organique du 13 Pluviôse An 11. Enreg. 7 Vendémiaire An 12. No. 2 du Reg. 26.—*Voyez* SEYCHELLES.

IMMEUBLES.—*Compagnie des Indes.*—Les maisons, magasins et cases en bois équarris seront, à l'avenir, réputés immeubles en cette Ile. 26 Août 1732. Enreg. à l'Ile de France, le 24 Septembre même année. No. 89 du Reg. 3.

IMMIGRANTS.—*Gouvernement de Sa Majesté Britannique.*—Mesures relatives au retour des immigrants Indiens dans leur pays. Ordonnance No. 2 (approuvée) (3). 24 Février 1845. No. 1034 du Reg. 43.

Modifications de l'Ordonnance No. 9 de 1838, relative à l'administration des biens vacants des immigrants dans la Colonie. Or-

---

(1) Voyez Certificat du Gouverneur, en date du 23 Mai 1843. No. 72 de la liasse de ces pièces.

(2) L'Acte de cette concession, qui n'a point été transcrit sur les Registres du Greffe, se trouve sous le No. 7 dans la liasse et boîte 1re. des Archives du Conseil supérieur.

(3) Voyez Certificat du Gouverneur, en date du 21 Novembre 1845. No. 93 de la liasse de ces pièces.

donnance No. 3 (approuvée) (1). 24 Février 1845. No. 1035 du Reg. 43.

Mesures propres à favoriser l'industrie des immigrants à Maurice. Ordonnance No. 23 (sans approbation). 7 Mai 1847. No. 1106 du Reg. 45.

Id. 15 Juin 1847. No. 1109 du Reg. 45.

Id. Ordonnance No. 25 (approuvée) (2). 30 Juin 1848. No. 1168 du Reg. 46.

Nouvelles mesures relatives à leurs contrats de service. Ordonnance No. 3 (approuvée) (3). 2 Juillet 1849. No. 1203 du Reg. 47.

IMMIGRATION.— Dispositions ayant pour objet de favoriser l'immigration à Maurice. Ordonnance No. 23 (sans approbation). 7 Mai 1847. No. 1106 du Reg. 45.

Id. 15 Juin 1847. No. 1109 du Reg. 45.

Id. Ordonnance No. 25 (approuvée) (4). 30 Juin 1848. No. 1168 du Reg. 46.

Id. Ordonnance No. 5 (approuvée) (5). 11 Août 1849. No. 1210 du Reg. 47.

Abrogation de certaines dispositions relatives aux fonds destinés à l'immigration. Ordonnance No. 4 (approuvée) (6). 27 Mars 1850. No. 1233 du Reg. 48.

IMMONDICES.— *Assemblée Coloniale.*— Défense d'en faire jeter dans aucun Port, canal ou bassin en rade de cette Ile. 26 Thermidor An 3. Enreg. 28 du même mois. No. 401 du Reg. 23.

Gouvernement de S. M. Britannique.—Défense d'en jeter dans les emplacements non entourés de la partie incendiée de la ville. Ordonnance No. 11. 25 Mars 1826. Enreg. 31 du même mois. No. 446 du Reg. 30.

IMPORTATIONS.—*Voyez* COMMERCE.

IMPOSITIONS.— *Compagnie des Indes.* — *Voyez* CONTRIBUTIONS ET IMPÔTS.

IMPOTS.— *Administration pour le Roi de France.*— *Voyez* COMMUNE.

---

(1) Voyez Certificat du Gouverneur, en date du 21 Novembre 1845. No. 93 de la liasse de ces pièces.
(2) Id. Id. Id. en date du 1er. Mai 1849. No. 118. Id.
(3) Id. Id. Id. en date du 27 Décembre 1849. No. 122. Id.
(4) Id. Id. Id. en date du 1er. Mai 1849. No. 118. Id.
(5) Id. Id. Id. en date du 7 Mars 1850. No. 123. Id.
(6) Id. Id. Id. en date du 25 Octobre 1850. No. 126. Id.

Assemblée Coloniale.—Dispositions générales y relatives. 3, 4 et 5 Floréal An 4. Enreg. 15 du même mois. No. 478 du Reg. 23.

Personnes qui en sont exemptes. 29 Germinal An 5. Enreg. 5 Floréal suivant. No. 565 du Reg. 24.

Fixation de ceux mis sur les domestiques de personnes ayant domicile à la ville et recensant dans un autre canton. 13 Floréal An 5. Enreg. 25 du même mois. No. 570 du Reg. 24.

Il sera payé d'avance, par tous citoyens voulant quitter la Colonie, une année d'impositions, indépendamment de celles qu'ils pourraient devoir au jour de leur départ. 26 Brumaire An 6. Enreg. 5 Frimaire suivant. No. 619 du Reg. 24.

Suspension de l'Article 25 de la Loi du 14 Pluviôse An 6, qui exige la représentation des quittances d'impositions aux Officiers publics, dont les citoyens reqnerront le ministère. 3 Floréal An 6. Enreg. 5 Fructidor suivant. No. 663 du Reg. 24 (1).

Rétablissement de l'Article 25 de la Loi du 14 Pluviôse An 6, sur l'impôt direct. 8 Germinal An 7. Enreg. 15 du même mois. No. 679 du Reg. 24.

Leur paiement sera accéléré par voie de saisie-exécution. 9 Fructidor An 7. Enreg. 15 du même mois. No. 707 du Reg. 25.

Imposition directe ne devant durer qu'une année. 8 Nivôse An 8. Enreg. 15 du même mois. No. 722 du Reg. 25.

Abrogation de l'Article 25 de la Loi du 14 Pluviôse An 6, sur l'impôt direct. 5 Ventôse An 10. Enreg. No. 806 du Reg. 26.

Mesures pour le recouvrement de celles de l'An 6. 9 Germinal An 11. Enreg. 11 du même mois. No. 842 du Reg. 26.

Création d'un nouvel impôt ne devant durer qu'une année. 16 Fructidor An 11. Enreg. 8 Vendémiaire An 12. No. 865 du Reg. 26.

Nouveau mode de perception pour les impôts. 25 Fructidor An 12. Enreg. 30 du même mois. No. 113 du Reg. 27.

Il est enjoint aux Notaires et aux Huissiers d'exiger des particuliers qui réclameront leur ministère, la quittance de leurs impositions. Id.

Les Tribunaux ne pourront prononcer aucun jugement que les parties intéressées n'aient justifié de leurs quittances d'impositions. Ibid.

Administration du Général Decaen.—Dispositions relatives à leur perception pour l'An 14. 25 Fructidor An 13. Enreg. 4 Vendémiaire An 14. No. 154 du Reg. 27.

Id. Pour l'année 1807. 24 Mars 1807. Enreg. 26 du même mois. No. 209 du Reg. 27.

---

(1) Voyez au mot *Contributions*, la Loi du 14 Pluviôse An 6.

Id. Pour l'année 1808. 31 Décembre 1807. Enreg. 7 Janvier 1808. No. 226 du Rég. 27.

Id. Pour l'année 1809. 20 Février 1809. Enreg. 9 Mars suivant. No. 279 du Reg. 27.

Gouvernement de Sa Majesté Britannique.—Fixation de l'impôt direct pour l'année 1811. 30 Janvier 1811. Enreg. 2 Février suivant. No. 13 du Reg. 27.

Autres dispositions relatives au paiement des impositions. 7 Mai 1811. Enreg. 11 du même mois. No. 32 du Reg. 27.

Abrogation des Articles 11 et 12 de l'Arrêté du 25 Fructidor An 12, relatif à l'obligation imposée aux Tribunaux et aux fonctionnaires publics de se faire représenter les quittances d'impositions par les particuliers qui requerront leur ministère. 16 Mars 1815. Enreg. 20 du même mois. No. 127 du Reg. 28.

Ceux pour l'année 1815, seront perçus sur les recensements de 1814. 25 Avril 1815. Enreg. 1er. Mai suivant. No. 130 du Reg. 28.

Dispositions concernant la perception de ceux de l'année 1816. 19 Juillet 1816. Enreg. 1er. Août suivant. No. 182 du Reg. 29.

Exemption en faveur des personnes recevant des secours de la Caisse de Bienfaisance de payer l'impôt direct. 10 Novembre 1817. Enreg. 4 Décembre suivant. No. 235 du Reg. 29.

Création d'un impôt additionnel de trois livres 10 sous sur les esclaves, en remplacement des corvées. 25 Mars 1818. Enreg. 18 Avril suivant. No. 253 du Reg. 29.

Perception des impôts de l'année 1823. 10 Juin 1823. Enreg. 21 du même mois. No. 364 du Reg. 30.

Id. De ceux de l'année 1824. 29 Janvier 1824. Enreg. 11 Février suivant. No. 379 du Reg. 30.

Id. De ceux de l'année 1825. 1er. Mars 1825. Enreg. 17 du même mois. No. 410 du Reg. 30.

Modifications concernant l'impôt mis sur les esclaves. Ordonnance No. 24. 27 Juin 1827. Enreg. 7 Juillet suivant. No. 478 du Reg. 30.

Perception de ceux de l'année 1828 : la voie des contraintes est autorisée. Ordonnance No. 40. 24 Septembre 1828. Enreg. 6 Novembre suivant. No. 512 du Reg. 31.

Id. De l'année 1829 : autres dispositions concernant les contraintes. Ordonnance No. 48. 27 Mai 1829. Enreg. 6 Juin suivant. No. 524 du Reg. 31.

Modification de cette perception. Id.

Perception des impôts de l'année 1830, sur les immeubles de la ville du Port Louis, sur les esclaves existants et recensés dans la Colonie et ses dépendances, ainsi que des taxes sur les voitures, charrettes et bestiaux, et de la taxe destinée à faire les fonds de la

Caisse de Bienfaisance. Ordonnance No. 64. 9 Juillet 1830. Enreg. 16 du même mois. No. 561 du Reg. 31.

Perception de l'impôt pour l'année 1831. Ordonnance No. 71. 2 Mars 1831. Enreg. 11 du même mois. No. 581 du Reg. 31.

Id. Pour l'année 1832, à l'exception de la taxe du dixième imposée pour l'édification de l'Eglise du Port Louis et affecté depuis à la construction du canal Bathurst. Ordonnance No. 8 (sans approbation). 9 Juillet 1832. Enreg. 11 Octobre même année. No. 624 du Reg. 31.

Perception des impôts de l'année 1833. Ordonnance No. 1 (approuvée) (1). 22 Juillet 1833. Enreg. 22 Août suivant. No. 646 du Reg. 31.

Nouveau mode de perception des impositions. Ordonnance No. 9 (approuvée) (2). 22 Novembre 1833. Enreg. 29 du même mois. No. 658 du Reg. 32.

Les noms des contribuables en retard pour le paiement de leurs impositions, seront annoncés dans la Gazette Officielle. Id.

Perception de celles pour l'année 1834. Ordonnance No. 4. 12 Mai 1834. Enreg. 19 Juin suivant. No. 681 du Reg. 32.

La perception des impôts est autorisée pour l'année 1835, de la même manière que celles des années précédentes, sauf quelques modifications. La voie des contraintes est maintenue. Ordonnance No. 9 (approuvée) (3). 13 Juin 1835. Enreg. 3 Septembre même année. No. 729 du Reg. 33.

Perception des impôts pour l'année 1836. Ordonnance No. 5 (approuvée) (4). 9 Mai 1836. No. 746 du Reg. 34.

Id. Pour l'année 1837. Ordonnance No. 14 (sans approbation). 23 Décembre 1836. No. 758 du Reg. 34.

Id. Pour l'année 1838. Ordonnance No. 18 (sans approbation). 11 Décembre 1837. No. 786 du Reg. 35.

Id. Pour l'année 1839. Ordonnance No. 14 (approuvée) (5). 31 Décembre 1838. No. 811 du Reg. 36.

Modification de l'Ordonnance No. 14 de 1838, relative à la perception de l'impôt direct sur les apprentis prédiaux. Ordonnance No. 12 (approuvée) (6). 29 Juillet 1839. No. 834 du Reg. 30.

Dispositions relatives à la perception de l'impôt direct pour l'année 1840. Ordonnance No. 20 (approuvé) (7). 16 Décembre 1839. No. 843 du Reg. 37.

---

(1) Voyez Certificat du Gouverneur, en date du 10 Août 1835. No. 14 de la liasse de ces pièces.
(2) Id. Id. Id. Id. Id.
(3) Id. Id. Id. en date du 17 Février 1836. No. 19. Id.
(4) Id. Id. Id. en date du 20 Mars 1837. No 34. Id.
(5) Id. Id. Id. en date du 6 Juin 1840. No. 56. Id.
(6) Id. Id. Id. en date du 28 Mai 1841. No. 61. Id.
(7) Id. Id. Id. en date du 9 Novembre 1840. No. 57. Id.

Fixation de l'impôt direct pour l'année 1841. Ordonnance No. 1 (approuvée) (1). 18 Janvier 1841. No. 878 du Reg. 39.

Modifications du système général des impôts. Ordonnance No. 21 (sans approbation). 13 Septembre 1841. No. 906 du Reg. 39.

Id. Pour l'année 1842. Ordonnance No. 27 (approuvée) (2). 23 Décembre 1841. No. 917 du Reg. 39.

Fixation de l'impôt direct pour l'année 1843. Ordonnance No. 1 (approuvée) (3). 9 Janvier 1843. No. 943 du Reg. 41.

Autres modifications du système général des impôts. Ordonnance No. 18 (approuvée) (4). 30 Décembre 1843. No. 964 du Reg. 41.

Etablissement de l'impôt direct pour l'année 1844. Ordonnance No. 19 (approuvée) (5). 30 Décembre 1843. No. 965 du Reg. 41.

Fixation de celles de l'année 1845. Ordonnance No. 62 (approuvée) (6). 12 Décembre 1844. No. 1030 du Reg. 42.

Id. De l'année 1846. Ordonnance No. 29 (approuvée) (7). 22 Décembre 1845. N. 1063 du Reg. 45.

Id. De l'année 1847. Ordonnance No. 1 (approuvée) (8). 14 Janvier 1847. No. 1084 du Reg. 45.

Id. De l'année 1848. Ordonnance No. 2. 31 Janvier 1848. No. 1139 du Reg. 46.

Id. De l'année 1849. Ordonnance No. 48 (approuvée) (9). 23 Décembre 1848. No. 1192 du Reg. 46.

Id. De l'année 1850. Ordonnance No. 18. 27 Décembre 1849. No. 1226 du Reg. 47.—*Voyez* CONTRIBUTIONS, TAXES, TRENTUPLES, RECENSEMENTS ET DÉCLARATIONS (10).

IMPRIMERIES.—*Assemblée Coloniale.*—Permission accordée au sieur Petitain d'en établir une. 3 Messidor An 9. Enreg. 7 du même mois. No. 782 du Reg. 25.

Gouvernement de Sa Majesté Britannique.—Défense d'en établir aucune sans une permission expresse. 28 Avril 1820. Enreg. 1er. Mai suivant. No. 301 du Reg. 29.

---

(1) Voyez Certificat du Gouverneur, en date du 7 Janvier 1842. No. 64 de la liasse de ces pièces.
(2) Id. Id. Id. en date du 27 Février 1843 No. 70. Id
(3) Id. Id. Id. en date du 22 Janvier 1844. No. 79. Id.
(4) Id. Id. Id. en date du 20 Novembre 1844. No. 85. Id.
(5) Id. Id. Id. Id. Id.
(6) Id. Id. Id. en date du 2 Septembre 1845. No. 91. Id.
(7) Id. Id. Id. en date du 10 Septembre 1846. No. 99. Id.
(8) Id. Id. Id. en date du 18 Novembre 1847. No. 108.
(9) Id. Id. Id. en date du 7 Mars 1850. No. 123. Id.
(10) Les lacunes que l'on remarque ici dans les Lois publiées chaque année pour la perception des impôts, proviennent de ce que ces dispositions se trouvent quelquefois comprises dans les Lois sur les recensements personnels et annuels. Il faut, conséquemment, recourir au mot *Recensement* pour avoir la série complète des Lois émises sur les impôts. On trouvera aussi au mot *Taxes* les autres dispositions en matière d'impôts qui ne sont pas portées sous le présent titre.

Restrictions relatives aux choses ou matières que l'on voudrait faire imprimer. Id.

Autres Règlements sur cette matière. Ordonnance No. 11 (approuvée) (1). 8 Novembre 1833. Enreg. 19 Décembre suivant. No. 668 du Reg. 32.—*Voyez* PRESSE ET JOURNAUX.

IMPRIMEURS.—Défense à eux faite d'imprimer les matières qui sont comprises dans le privilège exclusif de la " Gazette du Gouvernement." 28 Avril 1820. Enreg. 1er. Mai suivant. No. 301 du Reg. 29.

Abrogation de l'Article 2 de la Proclamation du 28 Avril 1820, qui leur défend, d'une manière absolue, d'imprimer les matières qui sont comprises dans le privilège exclusif. 11 Mai 1825. Enreg. 25 du même mois. No. 414 du Reg. 30.

Ils pourront imprimer ces matières après qu'elles auront été publiées dans la " Gazette Officielle." Id.

INCAPACITÉS.—Abolition de celles auxquelles pourraient être soumises toutes personnes de naissance ou d'origine indienne ou africaine. 22 Juin 1829. Enreg. 22 Décembre même année. No. 542 du Reg. 31.

Proclamation relative aux dispositions ci-dessus. 2 Décembre 1829. Enreg. 22 du même mois. No. 543 du Reg. 31.

INCENDIES.—*Administration pour le Roi de France.*—Ordonnance y relative. 12 Mars 1784. Enreg. 31 du même mois. No. 685 du Reg. 16.—*Voyez* BOIS.

Gouvernement de Sa Majesté Britannique.— Mesures propres à garantir la ville du Port Louis des tentatives d'incendie. Ordonnance No. 22 (sans approbation). 16 Septembre 1841. No. 907 du Reg. 39.

Adoption de nouvelles mesures à l'effet de protéger les propriétés en cas d'incendie et de maintenir l'ordre dans le lieu où les accidents auront éclaté. 7 Octobre 1841. No. 910 du Reg. 39.

Dispositions qui maintiennent les pouvoirs donnés au Gouverneur par l'Ordonnance No. 22 de 1841 pour les cas d'incendie. Ordonnance No. 1 (approuvée) (2). 31 Janvier 1842. No 921 du Reg. 40.

INCOMPATIBILITÉ.—*Assemblée Coloniale.*— Adoption des Décrets de la Convention, en date des 24 Vendémiaire An 3 et 17

---

(1) Voyez Certificat du Gouverneur, en date du 10 Août 1835. No. 11 de la liasse de ces pièces.
(2) Id. Id. Id. en date du 27 Février 1843. No. 70. Id.

Frimaire même année, relatifs à l'incompatibilité des fonctions administratives avec les fonctions judiciaires et à l'incompatibilité résultant des degrés de parenté. 4 Thermidor An 3. Enreg. 12 du même mois. No. 395 du Reg. 23.

Celle entre les fonctions de Député à l'Assemblée Coloniale et de Membre du Jury. 26 Vendémiaire An 4. Enreg. 28 du même mois. No. 420 du Reg. 23.

Incompatibilité des fonctions des Administrateurs de la Régie des guildives avec d'autres fonctions publiques. 9 Nivôse An 10. Enreg. 18 du même mois. No. 798 du Reg. 26.

Id. 5 Pluviôse An 10. Enreg. 15 du même mois. No. 802 du Reg. 26.

Abrogation du dernier Paragraphe de l'Article 7 de la Loi du 9 Nivôse An 10, qui prononce l'incompatibilité des fonctions d'administrateurs de la Régie des araks avec d'autres fonctions publiques. 5 Pluviôse An 10. Enreg. 15 du même mois. No. 802 du Reg. 26.

INDEMNITES.—*Administration pour le Roi de France.*—Les propriétaires d'esclaves justiciés ou morts dans le cours d'une procédure, seront admis à former leur demande en indemnité sur les fonds de la commune. 13 Septembre 1775. No. 361 du Reg. 14.

Autres dispositions relatives à ces indemnités. 13 Mai 1776. No. 380 du Reg. 14.

Les propriétaires d'esclaves morts sur les travaux publics, seront admis à former leur demande en indemnité. 7 Août 1777. No. 411 du Reg. 14.

Assemblée Coloniale.— Fixation de celle qui doit être accordée aux troupes de terre et de mer faites prisonnières dans les Colonies françaises. 16 Messidor An 3. Enreg. 24 du même mois. No. 384 du Reg. 23.

Administration du Général Decaen.— Dispositions relatives à celles qui peuvent résulter des travaux publics pour les propriétaires. 13 Décembre 1808. Enreg. 16 du même mois. No. 267 du Reg. 27.

Gouvernement de Sa Majesté Britannique.—Il n'en sera accordé aucune au maître d'un noir marron tué dans le bois par des détachements. 25 Janvier 1813. Enreg. 28 du même mois. No. 79 du Reg. 28.

Modifications de l'Article 17 de l'Arrêté du 13 Décembre 1808, concernant les indemnités résultant des travaux publics. Ordonnance No. 6 (approuvée) (1). 13 Avril 1840. No. 853 du Reg. 38.

---

(1) Voyez Certificat du Gouverneur, en date du 25 Mars 1841. No. 59 de la liasse de ces pièces.

Modifications des Articles 13 et 14 de l'Ordonnance No. 20 de 1835, concernant l'indemnité qui doit être allouée aux témoins, en matière criminelle. Ordonnance No. 3 (approuvée) (1). 30 Mars 1840. No. 850 du Reg. 38.—*Voyez* ESCLAVAGE ET ABOLITION.

INDIENS.—*Gouvernement de S. M. Britannique.*—*Voyez* LABOUREURS.

INDIGO.—*Assemblée Coloniale.*—*Voyez* PARÈRE ET PIASTRES.

INDIVIDUS.—Ceux mis en état d'arrestation sont privés de l'exercice des droits de citoyen. 7 Pluviôse An 3. Enreg. 11 du même mois. No. 358 du Reg. 23.

Mesures propres à prévenir leurs départs furtifs. 24 Thermidor An 3. Enreg. 27 du même mois. No. 400 du Reg. 23.

Ceux de la population esclave qui auront obtenu leur liberté par Acte public ou privé et qui en auront joui publiquement sans fraude ni réclamation, jouiront de tous les droits attachés à la qualité d'homme libre. 6 Fructidor An 4. Enreg. 8 du même mois. No. 503 du Reg. 24.

Mesures concernant ceux qui pourraient être amenées en cette Colonie par les vaisseaux nationaux ou étrangers et qui pourraient troubler la tranquillité de la Colonie. 3 Messidor An 5. Enreg. 5 du même mois. No. 580 du Reg. 24.

Ceux arrivant de l'Ile de la Réunion, seront tenus d'être munis d'un certificat de bonnes mœurs. 5 Pluviôse An 7. Enreg. 6 du même mois. No. 672 du Reg. 24.

Autres dispositions à ce sujet. 5 Fructidor An 7. Enreg. 7 du même mois. No. 704 du Reg. 25.

Réglements propres à prévenir l'introduction, en cette Ile, des individus sans aveu, sans industrie, dangereux, suspects ou renvoyés de la Colonie. 8 Fructidor An 7. Enreg. 25 du même mois. No. 709 du Reg. 25.—*Voyez* les mots PERSONNES, CITOYENS ET POLICE MUNICIPALE.

INDUSTRIE.—Les personnes dont l'industrie tend à vivifier le commerce, mériteront bien de la Patrie. 16 Messidor An 3. Enreg. 24 du même mois. No. 384 du Reg. 23.

Gouvernement de Sa Majesté Britannique.—*Voyez* PERSONNES.

INHUMATIONS.—*Compagnie des Indes.*—Réglements y relatifs. 27 Septembre 1730. No. 84 du Reg. 1.

---

(1) Voyez Certificat du Gouverneur. en date du 16 Janvier 1841, No. 58 de la liasse de ces pièces déposées au Greffe de la Cour.

INJONCTIONS.—*Assemblée Coloniale.*—Arrêté par lequel la Cour déclare qu'elle n'aura aucun égard à l'injonction qui lui est faite par l'Assemblée Coloniale à l'occasion de l'affaire des sieurs Pottier Deslandes et Ravelet, attendu que le pouvoir législatif n'a aucune autorité sur le pouvoir judiciaire. 10 Décembre 1792. No. 156 du Reg. 21.

Peuvent être faites par le Tribunal d'Appel soit au Commissaire national, soit aux autres membres du Tribunal pour les rappeler à l'observation de la Loi. 13 Messidor An 4. Enreg. 15 du même mois. No. 430 du Reg. 23.

Abrogation de cette disposition. 7 Nivôse An 4. Enreg. No. 430 (bis) du Reg. 23.

INJURES.— La connaissance des affaires ayant pour objet des injures verbales, manuscrites ou imprimées, est attribuée aux Tribunaux de Paix. 26 Frimaire An 3. Enreg. 29 du même mois. No. 351 du Reg. 23.

En rectification de cette disposition la connaissance de ces affaires est attribuée aux Tribunaux de police correctionnelle. 17 Nivôse An 3. Enreg. 19 du même mois. No. 356 du Reg. 23.

INSCRIPTIONS.—Celles des affaires sommaires pourront avoir lieu sur le Role dressé à cet effet aussitôt que l'instruction sera achevée. 14 Février 1794. Enreg. 15 du même mois. No. 265 du Reg. 23.

INSCRIPTIONS HYPOTHECAIRES.— *Administration du Général Decaen.*—Dispositions relatives à celles prises pour raison des cautionnements fournis par les comptables publics. 6 Juin 1806. Enreg. 12 du même mois. No. 181 du Reg. 27.

Prorogation de délai pour celles à prendre pour raison des droits de privilèges et d'hypothèques antérieures à la publication du Code Civil. 25 Juin 1806. Enreg. 26 du même mois. No. 183 du Reg. 27.

Nouvelle prorogation de délai, relative à ces inscriptions. 5 Janvier 1807. Enreg. 9 du même mois. No. 199 du Reg. 27.

Promulgation, aux Iles de France et Bonaparte, de la Loi du 3 Septembre 1807, relative aux inscriptions hypothécaires résultant des jugements rendus sur des demandes en reconnaissance d'obligations sousseing-privé. 27 Mars 1808. Enreg. 31 du même mois. No. 235 du Reg. 27.

Promulgation, aux Iles de France et Bonaparte, de la Loi du 4 Septembre 1807 qui détermine le sens et les effets de l'Article 2148 du Code Napoléon sur l'inscription des créances hypothécaires. 7 Décembre 1808. Enreg. 15 du même mois. No. 266 du Reg. 27.

Durée de celles prises soit d'office, soit par les femmes, les mineurs et le Trésor public sur les biens des maris, tuteurs et comptables. 30 Décembre 1808. Enreg. 20 Janvier 1809. No. 269 du Reg. 27.

Promulgation de l'Avis du Conseil d'Etat du 15 Décembre 1807, y relatif. Id.

Promulgation, aux Iles de France et Bonaparte, de l'Avis du Conseil d'Etat du 17 Novembre 1807 sur la question de savoir si les héritiers bénéficiaires peuvent transférer, sans autorisation, les inscriptions au-dessus de 50 francs de rente. 30 Décembre 1808. Enreg. 20 Janvier 1809. No. 270 du Reg. 27.

INSCRIPTIONS MARITIMES. — *Assemblée Coloniale.* — Adoption des Articles 24 et 25 de la Loi du 3 Brumaire An 4, relatifs à l'inscription maritime. 15 Messidor An 4. Enreg. 25 du même mois. No. 488 du Reg. 23.

INSINUATIONS. — Les insinuations des Actes de donation, dons mutuels et autres qui seront susceptibles de cette formalité se feront au Greffe du Tribunal d'Appel. 13 Mars 1794. Enreg. 18 du même mois. No. 271 du Reg. 23.

Abrogation de l'Article 3 de l'Arrêté du 13 Mars 1794, relatif aux insinuations. Elles seront faites, à l'avenir, au Greffe civil, à peine de nullité. 25 Ventôse An 4. Enreg. 28 du même mois. No. 466 du Reg. 23.

INSPECTEURS. — *Gouvernement de Sa Majesté Britannique.* — Il en sera nommé deux pour la surveillance des eaux et forêts. 5 Septembre 1811. Enreg. 7 du même mois. No. 43 du Reg. 27.

Ceux de la Ferme des guildives, étant assermentés, pourront constater les contraventions. 24 Septembre 1814. Enreg. même jour. No. 111 du Reg. 28.

Ceux des guildives doivent être considérés comme Officiers de Police. 18 Décembre 1833. Enreg. 21 du même mois. No. 669 du Reg. 32.

INSTRUCTION PUBLIQUE. — *Assemblée Coloniale.* — Réglements y relatifs. 24 Floréal An 8. Enreg. 8 Prairial suivant. No. 732 du Reg. 25.

Autres Réglements concernant l'instruction publique, et abrogation des Articles 12, 13 et 14 du Titre 1er. de l'Article 10 du Titre 2 de la Loi du 24 Floréal An 8. 16 Messidor An 8. Enreg. 25 du même mois. No. 746 du Reg. 25.

Nouveaux Réglements relatifs à l'instruction publique. 14 Pluviôse An 9. Enreg. 18 du même mois. No. 766 du Reg. 25.

Suppression de la place de Directeur-Général de l'instruction publique. Id. — *Voyez* COLLÉGE ET COMMISSION.

INSTRUCTIONS CRIMINELLES.—*Administration pour le Roi de France.*—Voyez Coemissaires et Procès criminels.

Assemblée Coloniale.—Celles formalisées par le Comité de sûreté publique, serviront devant les Tribunaux de police correctionnelle. 2 Fructidor An 2. Enreg. 23 Août 1794. No. 320 du Reg. 23.

Celle des affaires criminelles, se fera fera publiquement. 8 Vendémiaire An 12. Enreg. 11 du même mois. No. 8 du Reg. 26.

Elles ne seront publiques qu'à partir du moment de l'exécution du Décret de prise de corps ou d'ajournement personnel. 23 Brumaire An 12. Enreg. 25 du même mois. No. 46 du Reg. 26.

Promulgation, aux Iles de France et Bonaparte, de l'Avis du Conseil d'Etat du 6 Janvier 1807, concernant l'instruction des procès intentés depuis le 1er. Janvier 1807. 7 Décembre 1808. Enreg. 15 du même mois. No. 263 du Reg. 27.

L'Article 21 du Décret du 19 Octobre 1789, concernant l'instruction des affaires criminelles, est compris parmi les dispositions maintenues par le Réglement du 1er. Mai 1808. 2 Août 1808. Enreg. 11 Octobre suivant. No. 301 du Reg. 27.

Dispositions relatives aux instructions criminelles. 6 Janvier 1815. Enreg. 9 du même mois. No. 123 du Reg. 28.—*V.* Code.

INSTRUCTIONS ROYALES (Dépêches.)—*Gouvernement de Sa Majesté Britannique.*— Celles données par Sa Majesté, à Sir Charles Colville, sous la date du 20 Juillet 1831, contenant entr'autres dispositions l'institution d'un Conseil du Gouvernement et la désignation des membres qui doivent le composer. Déposées au Greffe de la Cour d'Appel le 30 Janvier 1837. No. 760 du Reg. 35.

Instructions additionnelles données à Sir Lionel Smith par S. M. la Reine Victoria, conférant au Gouverneur le pouvoir d'accorder des lettres de naturalisation de sujet anglais. 13 Juin 1840. Attestation du Gouverneur, y relative. 13 Avril 1841. No. 885 du Reg. 39.

INTENDANTS.— *Administration pour le Roi de France.*—
Leurs fonctions et attributions. Articles 8 et suivants de l'Ordonnance sur le Gouvernement civil. 25 Septembre 1766. Enreg. 27 Juillet 1767. No. 29 du Reg. 12.

Auront, en ce qui concerne la marine, les mêmes pouvoirs et autorité que les Ordonnances de la marine de 1689 et 1765 ont attribués aux Intendants des Ports de France. Article 14 de l'Ordonnance sur le Gouvernement civil. Id.

Auront la présidence des Conseils supérieurs et voix délibérative seulement. Article 37 de l'Ordonnance sur le Gouvernement civil. Ibid.

En cas de mort ou d'absence de celui des Iles de France et Bourbon, le plus ancien Commissaire de la Marine y remplira toutes les fonctions de l'Intendant. 6 Août 1766. Enreg. 29 Août 1767. No. 43 du Reg. 12.

Arrêt du Conseil d'Etat qui autorise l'Intendant des Iles de France et Bourbon à juger sommairement sans frais et en dernier ressort, les contestations qui peuvent s'élever relativement aux sommes dûes au Roi.
5 Juillet 1778. Enreg. 4 Mai 1779. No. 486 du Reg. 15.

Honneurs dûs à l'Intendant lorsqu'il se rend au Palais pour présider la Cour. 6 Septembre 1789. No. 960 du Reg. 18.

Refus de cet Administrateur d'ordonner l'enregistrement au Conseil supérieur du Réglement provisoire fait par l'Assemblée Générale des Représentants de la Colonie, ayant pour objet la création d'une Municipalité. 17 Juin 1790. No. 1013 du Reg. 19.

INTERDIT.—*Compagnie des Indes.*—*Voyez* PORT BOURBON.

INTÉRÊTS.—*Administration pour le Roi de France.*—Leur fixation à 12 o₁o au lieu de 18. 14 Septembre 1781. No. 572 du Reg. 16.

Assemblée Coloniale.—Fixation à 12 o₁o de l'intérêt judiciaire. 10 Janvier 1793. Enreg. 6 Février même année. No. 165 du Reg. 21.

Fixation à 9 o₁o de l'intérêt des deniers pupillaires. Id.

Cette fixation est adoptée à l'égard des intérêts judiciaires dûs pour des sommes en vertu de contrats de vente de biens immeubles et de constitution. Id.

Manière dont seront payés ceux sitipulés pour prix de ventes d'immeubles et qui n'excéderont pas le taux de 12 o₁o l'an. 25 Brumaire An 5. Enreg. 28 du même mois. No. 521 du Reg. 24.

Suspension provisoire de l'Arrêté du 25 Brumaire An 5, relatif au mode de remboursement des intérêts. 6 Pluviôse An 5. Enreg. 8 du même mois. No. 537 du Reg. 24.

Les dispositions de l'Arrêté du 25 Brumaire An 5, sont applicables aux intérêts échus ne dépassant pas 12 o₁o. 7 Pluviôse An 5. Enreg. 8 du même mois. No. 538 du Reg. Reg. 24.

Mode provisoire pour le paiement des intérêts. 4 Thermidor An 5. Enreg. 15 du même mois. No. 594 du Reg. 24.

Fixation de ceux à payer par les débiteurs soumis à la Loi de suspension du 14 Messidor An 4. 8 Germinal An 7. Enreg. 27 Floréal suivant, No. 688 du Reg. 25.

Nouveau mode de paiement des intérêts. 1er. Messidor An 7. Enreg. 5 du même mois. No. 698 du Reg. 25.

Dispositions concernant ceux dûs pour dots et douaires. 2 Ventôse An 9. Enreg. 6 du même mois. No. 767 du Reg. 25.

Administration du Général Decaen.—Promulgation, aux Iles de France et Bonaparte, de la Loi du 3 Septembre 1807, concernant le taux de l'intérêt conventionnel et légal en matière civile et de commerce. 26 Mars 1808. Enreg. 31 du même mois. No. 236 du Reg. 27.

INTERPRÈTES.—*Gouvernement de Sa Majesté Britannique.*—Dispositions qui modifient la Loi relative aux honoraires qui leur sont attribués pour leur service près les Cours de Justice. Ordonnance No. 1 (approuvée) (1). 21 Mars 1849. No. 1201 du Reg. 47.—*Voyez* LACOUR ET CANONGE.

INTERROGATOIRES sur faits et articles.—*Administration pour le Roi de France.*—*Voyez* RAPPORTEURS.

INTERVENTIONS.—*Assemblée Coloniale.*—Réglements relatifs à celles qui ont lieu par demandes incidentes dans les Tribunaux. 16 Frimaire An 4. Enreg. 28 du même mois. No. 432 du Reg. 23.

INVALIDES.—Réglements relatifs à ce Corps. 30 Avril 1794. Enreg. 19 Juin suivant. No. 311 du Reg. 23.

INVENTAIRES.—*Administration pour le Roi de France.*—Défense de procéder à aucun inventaire, en cas de vacance de biens, autrement que par autorité de justice. 26 Juin 1770. No. 174 du Reg. 12.

Il sera procédé à celui des papiers du Greffe, sur la demande de M. Loustau, Greffier. 26 Août 1772. No. 241 du Reg. 12.

Rapport fait à la Cour, concernant l'inventaire du Greffe demandé par M. Loustau. 29 Septembre 1772. No. 255 du Reg. 12.

Ceux à l'amiable seront faits par les Notaires. 15 Décembre 1772. No. 297 du Reg. 14.

Interprétation de cette disposition. 17 Décembre 1772. No. 303 du Reg. 14.

Celui des papiers du Greffe, sous la gestion du sieur Touraille, fait à l'occasion de la réintégration de M. Loustau dans ses fonctions de Greffier du Conseil supérieur. 4 Septembre 1781. No. 570 du Reg. 16.

Celui du Greffe de la Cour, sous la gestion de M. Loustau. 13 Mars 1786. No. 795 du Reg. 17.

Assemblée Coloniale.—Manière de procéder à ceux qui doivent être faits après le décès des comptables. 1er. Février 1791. Enreg. 14 Mars suivant. No. 37 du Reg. 19.

---

(1) Voyez Certificat du Gouverneur, en date du 3 Novembre 1849. No. 121 de la de la liasse de ces pièces déposées au Greffe de la Cour.

Arrêté relatif à leurs clôtures. 23 Avril 1794. Enreg. 28 du même mois. No. 294 du Reg. 23.

J.

JACOB (Charles.)—*Compagnie des Indes.*—Sa nomination aux fonctions de Greffier et Notaire en second du Conseil supérieur. 20 Octobre 1764. No. 195 du Reg. 10.

Administration pour le Roi de France.—Sa nomination aux fonctions de Notaire. 5 Août 1767. Enreg. même jour. No. 39 du Reg. 12.

JACQUELIN (François Emile.)—*Gouvernement de Sa Majesté Britannique.*—Enregistrement de sa commission d'Avoué, sous la date du 25 Août 1840, à lui accordée par les Magistrats de la Cour Suprême de l'Ile Maurice. 25 Août 1840. Nos. 756 et 757 du Reg. 32.

JAMET (Olivier.)—Sa naturalisation de sujet anglais. Ordonnance No. 7 (approuvée) (1). 29 Mars 1841. No. 884 du Reg. 39.

JARDIN.—*Assemblée Coloniale.*—Suspension de toute acquisition, vente ou marché relatifs au Jardin de l'ancienne Compagnie. 7 Septembre 1791. Enreg. 4 Octobre suivant. No. 96 du Reg. 20.

JAUFFRET (Théodore.)—*Gouvernement de Sa Majesté Britannique.*—Sa naturalisation de sujet anglais. Ordonnance No. 40 (approuvée) (2). 6 Décembre 1847. No. 1130 du Reg. 45.

JEAN-BAPTISTE (   )—*Administration du Général Decaen.*—Autorisation donnée au Commissaire Civil de publier et célébrer dans les formes prescrites son mariage avec la femme Jeanne Françoise. 26 Ventôse An 12. Enreg. 1er. Germinal suivant. No. 78 du Reg. 26.

JEAN-BAPTISTE (Victoire.)—*Gouvernement de Sa Majesté Britannique.*—Substitution de ce nom à celui de Jean-Baptiste Coquin donné à la personne qui a réclamé contre cette dernière dénomination. Proclamation du 27 Mai 1850. No. 1238 du Reg. 48.

---

(1) Voyez Certificat du Gouverneur, en date du 7 Janvier 1842. No. 64 de la liasse de ces pièces.
(2) Voyez Certificat sous la date du 5 Septembre 1848. No. 113 de la liasse de ces pièces déposées au Greffe de la Cour.

JÉRÉMIE (John).— *Gouvernement de S. M. Britannique.*— Proclamation qui fait connaître sa nomination, en date du 1er. Janvier 1832, à la place de Procureur et Avocat-Général à l'Ile Maurice. 8 Juin 1832. Enreg. 16 Juillet suivant. No. 615 du Reg. 31.

JÉROME.—*Administration pour le Roi de France.*—Confirmation de la liberté de ce noir. 25 Thermidor An 12. Enreg. 28 du même mois. No. 107 du Reg. 27.

JERSEY (Philippe.)—*Gouvernement de Sa Majesté Britannique.*—Sa nomination à l'effet de remplacer celui des Juges de la Cour d'Assises qui serait empêché de siéger. 19 Mars 1838. No. 791 du Reg. 36.

JET de papiers à la mer.—*Assemblée Coloniale.*—Arrêté qui ordonne l'envoi aux Tribunaux de Commerce et d'Appel de deux lettres du Roi Louis XVI, l'une sous la date du 13 Novembre 1779 et l'autre sous celle du 7 Août 1780, concernant le jet des papiers à la mer par les vaisseaux ennemis, neutres ou amis. 3 Messidor An 5. Enreg. 5 du même mois. Nos. 581 et 582 du Reg. 24.

JOCET (Charles Toussaint.)—*Administration pour le Roi de France.*— Sa nomination à la place d'Assesseur au Conseil supérieur de l'Ile de France. 5 Décembre 1772. Enreg. 8 du même mois. Nos. 289 et 291 du Reg. 14.

Renouvellement de sa commission d'Assesseur. 2 Décembre 1775. Enreg. 8 Janvier 1776. No. 366 du Reg. 14.

Congé à lui accordé à l'effet de passer en France. 28 Juin 1776. Enreg. 18 Juillet suivant. No. 382 du Reg. 14.

Sa nomination à l'office de Conseiller au Conseil supérieur de l'Ile de France. 5 Novembre 1775. Enreg. 4 Juin 1778. No. 441 du Reg. 15.

Dispense de parenté au degré de beau-frère entre lui et le sieur de Chazal, à l'effet d'être maintenu dans sa charge de Conseiller. 31 Janvier 1779. Enreg. 24 Novembre même année. No. 513 du Reg. 15.

Sa nomination aux fonctions de Commissaire des successions vacantes. 19 Août 1789. No. 958 du Reg. 18.

Assemblée Coloniale.—Sa démission de Conseiller en la Cour, attendu sa nomination à la Justice de Paix du quartier des Pamplemousses. 5 Septembre 1791. No. 82 du Reg. 20.

Son installation à cette place. 30 Septembre 1791. No. 89 du Reg. 20.

JOLY (Antoine Théodore.)—*Gouvernement de Sa Majesté*

Britannique.—Sa naturalisation de sujet anglais. Ordonnance No. 10 (approuvée) (1). 5 Février 1844. No. 978 du Reg. 42.

JOLLIVET (Yves Isidore.)—Sa nomination à la place de 4me. Juge à la Cour d'Assises. 15 Juin 1835. Enreg. 20 du même mois. No. 733 du Reg. 33.

Sa prestation de serment entre les mains du Gouverneur. Id.

JOURDAN (I. M.)—Sa naturalisation de sujet anglais. Ordonnance No. 11 (approuvée) (2). 15 Mars 1847. No. 1094 du Reg. 45.

JOURNAUX (Ecrits périodiques.)—*Assemblée Coloniale.*—Il sera établi en cette Colonie, à compter de l'année 1792, un papier public sous le titre de *Gazette de l'Ile de France.* 22 Décembre 1791. Enreg. 5 Mars 1792. No. 124 du Reg. 20.

Engagement contracté à ce sujet par M. Bolle. Id.

Autorisation donnée au sieur Mayeur de faire imprimer un Journal sous le titre de *Chronique Coloniale* ou Journal politique et littéraire des Iles de France et de la Réunion. 2 Floréal An 7. Eureg. 5 du même mois. No. 685 du Reg. 25.—*V.* IMPRIMEURS.

Gouvernement de Sa Majesté Britannique.—Formalités et conditions qui doivent être observées pour leur publication. Ordonnance No. 2. 29 Février 1832. Enreg. 5 Avril même année. No. 609 du Reg. 31.

Répression des délits qui seraient commis par la voie de la Presse ou par tout autre moyen de publication. Id.

Autres Réglements relatifs aux Journaux. Ordonnance No. 11 (approuvée) (3). 8 Novembre 1833. Enreg. 19 Décembre suivant. No. 668 du Reg. 32.

Dispense du droit de 25 centièmes de piastre par 100 lettres, en ce qui concerne les versions anglaises. Ordonnance No. 12 (approuvée) (4). 24 Novembre 1834. Enreg. 20 Décembre suivant. No. 693 du Reg. 32.

Abrogation de la Loi du 28 Avril 1820, relative aux Journaux.

Autres Réglements concernant les formalités et conditions préalables à leur publication. (5). Ordonnance No. 6 (approuvée) (6). 13 Mai 1837. No. 770 du Reg. 35.—*Voyez* PRESSE, IMPRIMEURS, IMPRIMERIES ET LIBELLES.

---

(1) Voyez Certificat du Gouverneur, en date du 27 Novembre 1844. No. 86 de la liasse de ces pièces déposées au Greffe de la Cour.
(2) Id.   Id.   Id.   en date du 19 Janvier 1848. No. 109. Id.
(3) Id.   Id.   Id.   en date du 10 Août 1835. No. 11. Id.
(4) Id.   Id.   Id.   en date du 7 Juillet 1835. No. 3. Id.
(5) Voyez au mot *Imprimerie,* la Loi du 28 Avril 1820.
(6) Voyez Certificat du Gouverneur, en date du 24 Mars 1838. No. 41 de la liasse de ces pièces déposées au Greffe de la Cour.

JOURNAUX DE MARINE.—Etablissement d'un dépôt de ces Journaux. 26 Décembre 1815. Enreg. 16 Janvier 1816. No. 165 du Reg. 29.

JOURNÉES.—*Compagnie des Indes.*—*Voyez* SOLDATS.

Gouvernement de Sa Majesté Britannique.—Fixation du taux des journées des esclaves employés au service public. 16 Novembre 1815. Enreg. 20 du même mois. No. 160 du Reg. 29.

Requisition de celles des noirs qui doivent être fournies par les habitants de la ville pour les travaux des rues. 26 Août 1823. Enreg. 5 Septembre suivant. No. 371 du Reg. 30.—*Voyez* REQUISITIONS, CORVÉES ET SERVICE PUBLIC.

JOURS.—*Assemblée Coloniale.*—Seront désignés par les noms qu'ils avaient dans le Calendrier des Solstices. 3 Fructidor An 10. Enreg. 5 du même mois. No. 825 du Reg. 26.

JUGE ROYAL.—*Administration pour le Roi de France.*—Annullation d'une sentence de ce Magistrat et injonction à lui faite par le Conseil supérieur d'observer plus exactement, à l'avenir, les Oordonnances, Edits et Déclarations du Roi. 11 Janvier 1780. No. 517 du Reg. 15.

Autre avertissement à lui donné par la Cour à cette occasion. 12 Janvier 1780. No. 519 du Reg. 15.

JUGEMENTS. *Assemblée Coloniale.*—Manière de compléter le Conseil supérieur pour le jugement des affaires criminelles. 6 Février 1793. Enreg. 8 du même mois. No. 167 du Reg. 21.

Les jugements d'Ordre, seront homologués par le Tribunal d'Appel. 5 Thermidor An 2. Enreg. 25 Juillet 1794. No. 322 du Reg. 23.

Il sera procédé au jugement des personnes détenues, en suivant l'ancienneté de la date de leur emprisonnement. 4 Frimaire An 4. Enreg. 7 du même mois. No. 429 du Reg. 23.

Réglements relatifs aux jugements par défaut et autres. Jugements interlocutoires. 16 Frimaire An 4. Enreg. 25 du même mois, No. 432 du Reg. 23.

Ces jugements seront renvoyés au Tribunal Civil. 3 Nivôse An 4. Enreg. 7 du même mois. No. 435 du Reg. 23.

Ceux du Tribunal Criminel, seront rendus par 5 Juges. 6 Thermidor An 4. Enreg. 15 du même mois. No. 497 (*bis*) du Reg. 23.

Dans tous les cas où il y aura lieu d'annuler un jugement pour vice de forme, le Tribunal d'Appel retiendra l'affaire et jugera sur le fond. 6me. jour complémentaire An 7. Enreg. 6 Vendémiaire An 8. No. 712 du Reg. 25.

Administration du Général Decaen.—Question de savoir si l'exécution de ceux rendus en matière criminelle et correctionnelle est suspendue par la déclaration du pourvoi en cassation. 29 Février 1808. Enreg. 10 mars suivant. No. 229 du Reg. 27.—*Voyez* JUGES ET TRIBUNAUX.

JUGES.—*Administration pour le Roi de France.*—Seront suppléées par les Avocats en cas d'empêchement ou de déport de leur part. 10 Juillet 1788. No. 902 du Reg. 18.

Les Postulants suppléeront les Avocats en cas d'empêchement de ces derniers. Id.

Assemblée Coloniale.—Dispositions générales concernant les Juges, 2 Avril 1791. Enreg. 15 du même mois. No. 46 du Reg. 19. (Sections 2, 4, 5, 6 et 7 du Titre 9 de la Constitution provisoire de la Colonie.)

Défense à eux faite de s'attribuer ou de taxer aucun salaire à raison des jugements émanés d'eux. 4 Octobre 1793. Enreg. 5 Novembre suivant. No. 236 du Reg. 22.

Nomination au nombre de trois de ceux créés conformément à l'Arrêté du 6 Février 1793. 5 Novembre 1793. No. 237 du Reg. 22.

Défense à eux faite de protester contre un jugement auquel ils auront concouru. 12 Février 1794. Enreg. 13 du même mois. No. 261 du Reg. 22.

Faculté à eux laissée de consigner leur opinion motivée partout où ils le jugeront convenable, excepté dans le corps des jugements. Ibid.

Dispositions concernant leurs récusations et remplacements en matière criminelle. 21 Mars 1794. Enreg. 25 du même mois. No. 273 du Reg. 23.

Leurs élections, fonctions et prérogatives. 27 Messidor An 3. Enreg. 7 Thermidor suivant. No. 392 du Reg. 23.

Cas où ceux du Tribunal Civil se trouveront au nombre pair. 14 Vendémiaire An 4. Enreg. 18 du même mois. No. 414 du Reg. 23.

Les citoyens, nommés aux places de Juges, prêteront serment entre les mains de ceux déjà en exercice. 15 Nivôse An 4. Enreg. 18 du même mois. No. 444 du Reg. 23.

Ne pourront prononcer de condamnation sur des billets à ordre, lettres de change ou autres effets de commerce, que ces titres n'aient été enregistrés. 13 Prairial An 6. Enreg. 18 du même mois. No. 654 du Reg. 24.

Fixation de leurs appointements. 9 Prairial An 7. Enreg. 15 du même mois. No. 695 du Reg. 25.

Celui du Tribunal Civil est autorisé à appeler un ou deux notables dans les jugements des délits commis par les noirs esclaves.

6me. jour complémentaire An 7. Enreg. 6 Vendémiaire An 8. No. 714 du Reg. 25.

Le nombre de ceux du Tribual d'Appel, est fixé à neuf. 28 Floréal An 9. Enreg. 5 Prairial suivant. No. 775 du Reg. 25.

Les Juges du Tribunal d'Appel ne pourront juger au-dessous de cinq membres. 6 Prairial An 9. Enreg. 15 du même mois. No. 779 du Reg. 25.

Remplacement des Juges du Tribunal d'Appel. 4 Messidor An 9. Enreg. 6 du même mois. No. 784 du Reg. 25.

Administration du Général Decaen.—Ceux des Tribunaux de 1re. Instance pourront faire, dans leurs maisons, les élections de tutelles, curatelles, avis de parents, assemblées, enquêtes, redditions de comptes, rapports d'experts, comparaisons de seings et écritures, vérifications d'icelles, taxes de dépens, liquidations de fruits, dommages et intérêts. 18 Vendémiaire An 12. Enreg. 22 du même mois. No. 19 du Reg. 26.

Fixation des appointements de ceux composant les Tribunaux de l'Ile de France. 28 Vendémiaire An 12. Enreg. 29 du même mois. No. 34 du Reg. 26.

Manière de pourvoir à leur remplacement en cas d'empêchement. 2 Brumaire An 12. Enreg. 11 du même mois. No. 36 du Reg. 26.

Autres dispositions à ce sujet. 24 Pluviôse An 12. Enreg. No. 75 du Reg. 26.

Si, malgré la maladie ou l'absence d'un ou plusieurs Juges la Cour d'Appel se trouve néanmoins au complet, la délibération à laquelle les Juges absents auraient assisté n'en devra pas moins être continuée et le jugement prononcé. 24 Brumaire An 14. Enreg. 25 du même mois. No. 161 du Reg. 27.

Nouvelles dispositions relatives à la manière de remplacer les Juges en cas d'empêchement légitime. 8 Septembre 1806. Enreg. 12 du même mois. No. 190 du Reg. 27.

Ceux qui, dans le cours de leur service au Tribunal spécial, auront concouru à l'instruction et aux actes préparatoires d'une affaire criminelle qui ne pourra être vidée avant l'expiration du trimestre, ne pourront aucunement cesser d'en connaître sous le prétexte que le temps de leur service est écoulé. 2 Septembre 1806. Enreg. 16 Janvier 1807. No. 201 du Reg. 27.

Les provisions qui instituent les Juges à vie, ne leur seront délivrées qu'après cinq années d'exercice si, à l'expiration de ce délai, ils sont jugés dignes d'être maintenus dans leurs places. 30 Décembre 1808. Enreg. 20 Janvier 1809. No. 268 du Reg. 27.

Promulgation, aux Iles de France et Bonaparte, du Sénatus-Consulte du 12 Octobre 1807, qui contient cette disposition.

Gouvernement de Sa Majesté Britannique.—Prestation de serment des Juges composant les Tribunaux d'Appel et de 1re. Instance. 2 Janvier 1811. Enreg. 3 du même mois. Nos. 1 et 2 du Reg. 27.

Réglement concernant leur costume. 2 Janvier 1811. Enreg. 3 du même mois. No. 27.

Ils ne recevront aucune épice. 2 Janvier 1811. Enreg. 3 du même mois. No. 6 du Reg. 27.

Nomination d'un second Juge Suppléant au Tribunal de 1re. Instance. 6 Janvier 1815. Enreg. 9 du même mois. No. 123 du Reg. 28.

Manière de remplacer les Juges en cas d'empêchement ou de récusation. Ordonnance No. 78 (approuvée à l'exception des Articles 3 et 4) (1). 19 Octobre 1821. Enreg. 3 Novembre suivant. No. 600 du Reg. 31.

Nomination de celui qui doit remplacer, à la Cour d'Assises, le Président du Tribunal de 1re. Instance. Ordonnance No. 3 (sans approbation). 29 Juillet 1833. Enreg. 6 Septembre même année. No. 648 du Reg. 31.

Nomination des Juges Suppléants qui doivent remplacer les membres de la Cour d'Assises en cas d'empêchement de ces derniers. 22 Mars 1837. No. 768 du Reg. 35.

Nomination de ceux qui doivent siéger à la Cour d'Assises, comme Substituts, pendant l'année 1848. Proclamation du 15 Mars 1848. No. 1156 du Reg. 46.— *Voyez* MAGISTRATS, OFFICIERS DE JUSTICE, SUPPLÉANTS ET COSTUMES.

JUGES DE PAIX.— *Assemblée Coloniale.* — Leur création, fonctions et attributions. 2 Avril 1791. Enreg. 15 du même mois. No. 46 du Reg. 19. (Section 3me. du Titre 9 de la Constitution provisoire de la Colonie.)

Procès-verbal d'installation de celui du quartier du Grand Port. 7 Juin 1791. No. 65 du Reg. 20.

Autre procès-verbal ayant le même objet. 16 Juin 1791. No. 69 du Reg. 20.

Procès-verbal d'installation de ceux des quartiers de la Rivière du Rempart et de la Poudre d'Or. 4 Juillet 1791. No. 72 du Reg. 20.

Id. De celui du quartier de la Rivière Noire. 4 Juillet 1791. No. 73 du Reg. 20.

Id. De celui du quartier de Flacq. Id.

Id. De celui des Pamplemousses. 30 Septembre 1791. No. 89 du Reg. 20.

Id. De celui du quartier de la Savanne. 13 Octobre 1791. No. 98 du Reg. 20.

---

(1) Voyez Certificat du Gouverneur, en date du 24 Avril 1838. No. 42 de la liasse de ces pièces déposées au Greffe de la Cour.

Id. De celui du Port Louis. 4 Octobre 1791. Enreg. 12 Novembre suivant. No. 103 du Reg. 20.

Autre procès-verbal ayant le même objet. 17 Décembre 1791. No. 113 du Reg. 20.

Faculté à eux accordée de prononcer l'interdiction des personnes pour cause de démence, d'imbécilité et autres. 30 Vendémiaire An 3. Enreg. 2me. jour de la 1re. décade de Brumaire An 3. No. 342 du Reg. 23.

Ils connaîtront des injures, soit verbales, manuscrites cu imprimées. 26 Frimaire An 3. Enreg. 29 du même mois. No. 351 du Reg. 23.

Abrogation de l'Arrêté du 14 Ventôse An 3, qui admet les Juges-de-Paix à faire, concurremment avec les Notaires, les inventaires et ventes après décès (1).

Adoption du Décret, en date du 1er. Brumaire 1793, relatif à l'incompatibilité de leurs fonctions avec celles des Notaires. 23 Floréal An 3. Enreg. 29 du même mois. No. 371 du Reg. 23.

Ils sont autorisés à tenir les délibérations de parents et amis, à l'effet de pourvoir les interdits de curateurs. 5 Fructidor An 3. Enreg. 9 du même mois. No. 407 du Reg. 23.

Ils peuvent recevoir les comptes de ces curateurs. Id.

Sont tenus de pourvoir à la nomination des Tribunaux de famille. 13 Ventôse An 4. Enreg. 18 du même mois. No. 461 du Reg. 23.

Sont, dans leurs arrondissements respectifs, chargés d'informer sommairement comme Officiers de Police de sûreté, 23 Thermidor An 4. Enreg. 25 du même mois. No. 499 du Reg. 24.

Sont tenus, dans les conseils de famille, de nommer d'office des bienveillants pour suppléer les parents manquant, pour quelque cause que ce soit. 6 Thermidor An 4. Enreg. 15 du même mois. No. 497 du Reg. 23.

L'ouverture des testaments leur est attribuée. 3 Germinal An 5. Enreg. 5 du même mois. No. 560 du Reg. 24.

Réglements relatifs aux vacations de ceux des cantons. 3 Thermidor An 9. Enreg. 6 du même mois. No. 786 du Reg. 25.—*Voyez* JUSTICE DE PAIX, TRIBUNAUX DE PAIX ET OFFICIERS DE PAIX.

Gouvernement de Sa Majesté Britannique.—Institution de ceux des quartiers de l'Ile. Ordonnance No. 15 (sans approbation). 29 Novembre 1837. No. 783 (*ter*) du Reg. 35.

Pouvoir donnée au Gouverneur de nommer des Juges de Paix, à l'effet de connaître de certaines matières concernant les matelots des navires du commerce. Ordonnonce No. 9 (approuvée) (2). 10 Août 1840. No. 858 du Reg. 38.—*Voyez* SUPPLÉANTS.

---

(1) L'Arrêté du 14 Ventôse An 3, n'a point été transcrit sur les Registres du Greffe.

(2) Voyez Certificat du Gouverneur, en date du 19 Juillet 1841. No. 62 de la liasse de ces pièces.

JUGES SPÉCIAUX.— Leur création, en conformité de l'Article 14 de l'Acte d'abolition de l'esclavage, en date du 28 Août 1833. Ordonnance No. 11 (désapprouvée) (1). 5 Novembre 1834. Enreg. 24 du même mois. No. 691 du Reg. 32.

Ils connaîtront des contraventions commises par les apprentis. Ordonnance No. 14 (désapprouvée) (2). 12 Octobre 1835. Enreg. 22 Décembre même année. No. 735 du Reg. 33.

JUGES STIPENDIAIRES. — Promulgation de l'Ordre en Conseil, sous la date du 7 Septembre 1838, établissant les Juges Stipendiaires, à l'effet de régler les obligations respectives des maîtres et des serviteurs. 11 Mars 1839. No. 818 du Reg. 37.

Dispositions relatives à l'appel de leurs décisions. Ordonnance No. 13 (sans approbation). 5 Août 1839. No. 836 du Reg. 37.

Ces Magistrats auront dans les quartiers la même juridiction que celle des Suppléants Juges-de-Paix. Ordonnance No. 7 (approuvée) (3). 8 Juin 1840. No. 856 du Reg. 38.

Fixation des Juridictions respectives des deux Juges Stipendiaires du district du Port Louis. 21 Décembre 1850. No. 1271 du Reg. 48.

JURÉS.—*Assemblée Coloniale.*— Leur création pour le jugement des procès criminels. 2 Avril 1791. Enreg. 15 du même mois. No. 46 du Reg. 19. (Article 20 de la Section 2 du Titre 9 de la Constitution provisoire de la Colonie.)

Ne pourront être nommés par le Commissaire National. 24 Messidor An 3. Enreg. 29 du même mois. No. 387 du Reg. 23.

Ceux qui ne se rendront pas aux convocations qui auront lieu, feront connaître leurs excuses à leurs Municipalités respectives. 26 Frimaire An 4. Enreg. 7 Nivôse suivant. No. 434 du Reg. 23.

Ne peuvent être choisis que parmi les personnes âgées de 25 ans. 3 Ventôse An 4. Enreg. 15 du même mois. No. 459 du Reg. 23.

— *Voyez* TRIBUNAL CRIMINEL, JUSTICE CRIMINELLE, JURY ET RÉCUSATIONS.

Administration du Général Decaen.—Abolition de leur institution. 8 Vendémiaire An 12. Enreg. 11 du même mois. No. 8 du Reg. 26.—*Voyez* JURY.

JURIDICTION ROYALE.—*Administration pour le Roi de France.*—Création de ce Tribunal aux Iles de France et Bourbon. Octobre 1771. Enreg. 12 Novembre 1772. No. 261 du Reg. 12.

---

(1) Voyez Certificat du 25 Mars 1841. No. 59 de la liasse de ces pièces déposées du Greffe de la Cour.
(2) Id.   Id.   Id.   en date du 7 Juillet 1835. No. 2. Id.
(3) Id.   Id.   Id.   en date du 5 Octobre 1836. No. 26. Id.

Les jugements de ce Tribunal portant condamnation de sommes de 600 livres et au-dessous, seront rendus en dernier ressort. 3 Décembre 1772. No. 288 du Reg. 14.

Fixation des séances de la Juridiction Royale. 8 Décembre 1772. No. 293 du Reg. 14.

Il sera donné aux Officiers de ce Siége une liste des Ministres et Officiers publics reçus et reconnus. 16 Décembre 1772. No. 301 du Reg. 14.

Réglements concernant les fonctions et attributions des Officiers de la Juridiction Rroyale. 12 Septembre 1775. Nos. 356 et 357 du Reg. 14.

Arrêt du Conseil d'Etat qui casse la disposition, en date du 3 Décembre 1772, relative à la compétence de ce Tribunal. 28 Octobre 1775. Enreg. 13 Mai 1776. Nos. 377, 378 et 379 du Reg. 14.

Les Juges des Juridictions Royales pourront se faire assister dans les jugements des procès criminels par cinq notables habitants. Lettres-patentes du mois de Juillet 1776. Enreg. 10 Mars 1777. No. 401 du Reg. 14.

Requisitoire et Arrêts relatifs à la compétence de ce Tribunal. 12 Juin 1778. No. 445 du Reg. 15.

Mémoire des Officiers de ce Tribunal déclaré par le Conseil supérieur injurieux à la dignité de la Cour, attentatoire à son autorité et contraire au respect dû à ses Arrêts. 13 Juillet 1778. Nos. 453 et 454 du Reg. 15.

Injonction faite à cette occasion, par le Conseil supérieur, au Procureur du Roi en la Juridiction Royale. 14 Juillet 1778. No. 456 du Reg. 15.

Formes à observer devant ce Tribunal, concernant le recouvrement des dépens. 14 Août 1778. No. 460 du Reg. 15.

Réglement qui établit la manière de procéder dans l'instruction et le jugement des affaires en la Juridiction Royale. 14 Août 1778. No. 462 du Reg. 15.

Etablissement de la Règle qui veut que, conformément à l'usage des Cours Souveraines de France, deux membres du Conseil supérieur se transportent au Siége de la Juridiction Royale pour y tenir la première audience. 12 Novembre 1778. No. 473 du Reg. 15.

Ouverture des audiences de ce Tribunal par deux membres du Conseil supérieur et le Procureur Général, en conséquence du Réglement précité. 16 Novembre 1778. No. 475 du Reg. 15.

Id. 12 Novembre 1779. No. 507 du Reg. 15.

Compétence et règles à observer dans les jugements rendus par la Juridiction Royale. 11 Janvier 1780. No. 517 du Reg. 15.

Attributions des Officiers de ce Siége, relativement aux ventes d'immeubles. 5 Mars 1782. No. 580 du Reg. 16.

Place des Officiers du Siége à l'Eglise à la procession du vœu de Louis XIII. 4 Août 1783. Nos. 646 et 647 du Reg. 16.—*Voyez* AUDIENCES.

Assemblée Coloniale.—Reçoit la dénomination de Tribunal de 1re. Instance. 25 Février 1793. Enreg. 4 Mars suivant. No. 174 du Reg. 21—*Voyez* TRIBUNAL DE 1RE. INSTANCE.

JURY.—Création du Jury Criminel Révolutionnaire. 23 Avril 1794. Enreg. 29 du même mois. No. 295 du Reg. 23.

Abrogation de l'Arrêté qui crée ce Jury. 19 Fructidor An 2. Enreg. 6 Septembre 1794. No. 329 du Reg. 23.

Manière de former les Jurys d'accusation et de jugement. 5 Thermidor An 3. Enreg. 2 Fructidor suivant. No. 404 du Reg. 23.

Le Directeur du Jury est autorisé à appeler un ou deux notables dans les cas où il aura à référer au Tribunal Civil. 6me. jour complémentaire An 7. Enreg. 6 Vendémiaire An 8. No. 713 du Reg. 25.

Gouvernement de Sa Majesté Britannique.—Etablissement d'un Jury pour le jugement des affaires dans les matières de faits. Ordonnance No. 10. 3 Juillet 1850. No. 1242 du Reg. 48.—*Voyez* JURÉS.

JUSTICE.—*Administration pour le Roi de France.*—Mémoire adressé au Ministre, par le Conseil supérieur, concernant les objets qu'exige l'appareil extérieur de la Justice à l'Ile de France. Juillet 1769. Enreg. 19 Juillet 1770.
No. 181 du Reg. 12.

Arrêté de la Cour y relatif. 13 Juillet 1769. No. 150 du Reg. 12.

Lettre du Ministre, relative aux ordres que le Chancelier peut faire passer directement aux Conseils supérieurs des Colonies, concernant la Justice. 27 Juillet 1771. Enreg. 18 Février 1772. No. 218 du Reg. 12.

Assemblée Coloniale.—Peine contre toute rebellion à Justice. 23 Septembre 1791. Enreg. 4 Octobre suivant. No 92 du Reg. 20.

Dispositions relatives aux descentes de Justice. 3 Ventôse An 6. Enreg. 8 du même mois. No. 638 du Reg. 24.—*Voyez* FRAIS ET TARIF.

Administration du Général Decaen.—Remise en vigueur des dispositions anciennes, relatives au respect dû aux membres de la Justice. 19 Fructidor An 13. Enreg. 25 du même mois. No. 151 du Reg. 27.

Manière de pourvoir au remplacement des membres de la Justice, en cas d'empêchement. 8 Septembre 1806. Enreg. 12 du même mois. No. 190 du Reg. 27.

Décret Impérial relatif aux membres de la Justice auxquels les infirmités donneraient droit à une pension de retraite. 21 Avril 1808. Enreg. 5 Mai suivant. No. 245 du Reg. 27.—*Voyez* Ordre Judiciaire.

Gouvernement de Sa Majesté Britannique.— Proclamation portant promulgation de l'Ordre en Conseil, en date du 13 Avril 1831, contenant une Charte de Justice pour l'Ile Maurice. 16 Août 1831. Enreg. 24 du même mois. No. 592 du Reg. 31.

Texte de l'Ordre en Conseil précité. 13 Avril 1831. Enreg. 24 Août même année. No. 593 du Reg. 31.

Dispositions relatives à l'administration de la Justice. Ordonnance No. 78 (approuvée à l'exception des Art. 3 et 4). 19 Octobre 1831. Enreg. 3 Novembre suivant. No. 600 du Reg. 31—*Voyez* Ordre judiciaire, Tribunaux et Conseil privé.

JUSTICE ARBITRALE.—*Assemblée Coloniale.*— Son organisation. 30 Janvier 1794. Enreg. 15 Février suivant. No. 264 du Reg. 23.

Suppression de l'Article 8 de la Section 1re. de son organisation. 9 Messidor An 2. Enreg. 2 Juillet 1794. No. 315 du Reg. 23.— *Voyez* Arbitrage et Arbitres.

JUSTICE CRIMINELLE.— Son organisation et procédure y relative. 5 Thermidor An 3. Enreg. 2 Fructidor suivant. No. 404 du Reg. 23.— *Voyez* Tribunaux, Instructions, Procédures criminelles et Codes.

Gouvernement de Sa Majesté Britannique.—Nouvelles dispositions concernant la Justice criminelle aux Iles Seychelles. Ordonnance No. 13 (approuvée) (1). 12 Octobre 1840. No. 863 du Reg. 38.

JUSTICE DE PAIX.—*Assemblée Coloniale.*— *Voyez* Juges de Paix.

Administration du Général Decaen.—Etablissement de ce Tribunal aux Iles Seychelles. 23 Septembre 1806. Enreg. 6 Novembre même année. No. 195 du Reg. 27.

Gouvernement de Sa Majesté Britannique. — Installation de ce Tribunal pour la ville du Port Louis. 30 Août 1831. Enreg. 8 Octobre même année. No. 598 du Reg. 31.

---

(1) Voyez Certificat du Gouverneur, en date du 11 Mars 1842. No. 66 de la liasse de ces pièces.

Ses attributions. Ordonnance No. 76 (sans approbation). 28 Septembre 1831. Enreg. 8 Octobre suivant. No. 599 du Reg. 31.

Fixation des frais et dépens près de ce Tribunal. Ordonnance No. 12 (sans approbation). 1er. Octobre 1832. Enreg. 30 du même mois. No. 630 du Reg. 31.—*Voyez* Sénéchaux.

Autres Réglements sur cette matière. Ordonnance No. 9 (approuvée) (1). 10 Juillet 1837. No. 774 du Reg. 35.

JUSTICE MILITAIRE.—*Administration du Général Decaen.*—*Voyez* Délits militaires.

K.

K/GUELIN (Louis Marie Michel.)—*Administration pour le Roi de France.*—Sa nomination à la place de Directeur du Domaine du Roi. 1er. Septembre 1772. Enreg. 9 Septembre 1773. No. 323 du Reg. 14.

K/RIVEL (Pierre François de.)—Sa nomination à l'office de Notaire. 11 Août 1785. Enreg. 22 Septembre suivant. No. 773 du Reg. 17.

Sa réception de Postulant en la Cour. 21 Mai 1787. No. 857 du Reg. 18.

Sa nouvelle réception aux mêmes fonctions. 2 Juin 1788. No. 900 du Reg. 18.

KŒNIG (Félix Antoine.)—*Gouvernement de Sa Majesté Britannique.*—Sa nomination aux fonctions d'Avoué près les Tribunaux de cette Ile. 26 Août 1825. Enreg. 1er. Septembre suivant. No. 460 du Reg. 30.

KŒNIG (Henri Alexis.)—Sa nomination aux fonctions d'Avoué près les Tribunaux de cette Ile. 21 Septembre 1820. Enreg. 25 du même mois. No. 312 du Reg. 29.

KRUMPHOLTZ (Edward.)—Enregistrement de sa commission d'Avoué, sous la date du 6 Septembre 1839, à lui accordée par les Magistrats de la Cour Suprême de l'Ile Maurice. 7 Septembre 1839. Nos. 730 et 731 du Reg. 32.

---

(1) Voyez Certificat du Gouverneur, en date du 23 Août 1843, No. 74 de la liasse de ces pièces.

L.

LABAT (Théodore.)—Enregistrement de son diplôme de Licencié en Droit, sous la date du 5 Juin 1840, à lui délivré par l'Université de Paris. 3 Décembre 1840. No. 760 du Reg. 32.

LABLACHE.—Sa nomination à la place de Suppléant du Juge de Paix aux Iles Seychelles. 13 Mars 1812, Enreg. 21 du même mois. No. 54 du Reg. 27.

LABORDE (Emile.)—Sa nomination aux fonctions d'Avoué près les Tribunaux. 8 Novembre 1817. Enreg. 1er. Décembre suivant. No. 232 du Reg. 29.

Sa nomination à la place d'Assesseur à la Cour d'Appel. 8 Avril 1830. Enreg. 22 du même mois. No. 553 du Reg. 31 (1).

LABORDE (Léonard Charles.)—Sa nomination aux fonctions d'Avoué. 14 Décembre 1849. Enreg. même jour. No. 1239 du Reg. 48 (bis).

LABOURDONNAIS (François Mahé de.) — *Compagnie des Indes.*—Sa nomination aux places de Gouverneur Général des Iles Bourbon et de France et Président des Conseils supérieurs établis dans ces Iles. 8 Novembre 1734. Enreg. 5 Juin 1735 Nos. 91 et 92 du Reg. 4.

LABOUREURS.—*Gouvernement de Sa Majesté Britannique.*—Réglements qui les concernent. Ordonnance No. 16 (désapprouvée). 2 Novembre 1835. Enreg. 22 Décembre suivant. No. 737 du Reg. 33.

Dispositions ayant pour objet d'assurer le remboursement de la retenue faite sur les gages des serviteurs et laboureurs indiens, ainsi que du prix de leur passage de retour dans l'Inde et de déterminer le privilège de ces créances. Ordonnance No. 5 du 13 Avril 1840 (approuvée) (2). No. 852 du Reg. 38.

Il sera formé des fonds annuels destinés aux frais d'introduction de laboureurs indiens dans la Colonie. Ordonnance No. 2 (approuvée) (3). 28 Février 1842. No. 922 du Reg. 40.

---

(1) M. E. Laborde a exercé en 1832 les fonctions de Procureur du Roi, mais sa nomination n'a point été transcrite sur les Registres du Greffe.
(2) Voyez Certificat du Gouverneur, en date du 7 Janvier 1841. No. 64 de la liasse de ces pièces.
(3) Id.   Id.   Id.   en date du 27 Février 1843. No. 70. Id

Autres dispositions sur cette matière. Ordonnance No. 7 (approuvée) (1). 23 Juin 1842. No. 931 du Reg. 40.

Mesures ayant pour objet de s'assurer des moyens de satisfaire aux dépenses que pourra occasioner l'introduction dans la Colonie de laboureurs libres venant de tout autre pays que l'Inde Britannique. Ordonnance No. 8 (désapprouvée) (2). 27 Juin 1842. No. 932 du Reg. 40.

Id. A l'effet de garantir aux laboureurs indiens l'exécution des clauses relatives à leur émigration future à l'île Maurice Ordonnance No. 11 (sans approbation). 30 Août 1842. No. 935 du Reg. 40.

Mode d'exécution de l'Ordonnance No. 7 de 1842. concernant les fonds nécessaires à l'immigration des laboureurs indiens. Ordonnance No. 15 (approuvée) (3). 16 Novembre 1842. No. 939 du Reg. 40.

Promulgation de l'Ordre en Conseil de S. M. du 15 Janvier 1842 et des Réglements relatifs à la levée de l'interdit de l'immigration à Maurice des laboureurs indiens. 28 Janvier 1843. No. 946 du Reg. 41.

Augmentation de l'indemnité relative au passage des laboureurs indiens. Ordonnance No. 3 (approuvée) (4). 27 Février 1843. No. 948 du Reg. 41.

Il sera alloué, à l'avenir, £ 7 par chaque laboureur.

Dispositions relatives au passage de retour dans l'Inde des laboureurs indiens après 6 ans de service et au-delà dans la Colonie. Ordonnance No. 5 (approuvée) (5). 10 Avril 1843. No. 950 du Reg. 41.

Réduction à £ 4 de la prime allouée pour le passage à Maurice des laboureurs indiens. Ordonnance No. 15 (approuvée) (6). 13 Novembre 1843. No. 961 du Reg. 41.

Dispositions relatives à leur logement, leur nourriture et les Hôpitaux destinés à recevoir ceux qui exigent des soins médicaux. Ordonnance No. 40 (désapprouvée) (7). 22 Avril 1844. No. 1008 du Reg. 42.

Id. Ordonnance No. 6 (approuvée) (8). 25 Mars 1845. No. 1038 du Reg. 43.

Priorité accordée temporairement aux réclamations qui ont pour objet les fournitures faites pour l'entretien des laboureurs. Ordon-

---

(1) Voyez Certificat du Gouverneur, en date du 26 Juin 1844 No. 83 de la liasse de ces pièces.
(2) Id. Id. Id. en date du 14 Juillet 1843. No. 73 Id.
(3) Id. Id. Id. en date du 20 Septembre 1843. No 75. Id.
(4) Id. Id. Id. en date du 21 Mars 1844. No 81. Id.
(5) Id. Id. Id. Id. Id.
(6) Id. Id. Id. en date du 26 Juin 1844. No. 83. Id.
(7) Id. Id. Id. en date du 5 Mars 1845. No. 88. Id.
(8) Id. Id. Id. en date du 13 Décembre 1845. No. 94. Id.

nance No. 18 (sans approbation). 1er. Mai 1848. No. 1161 du Reg. 46.

Mesures qui étendent les pouvoirs de la Police à l'égard des laboureurs qui abandonnent leurs travaux. Ordonnance No. 7 (approuvée) (1). 27 Septembre 1849. No. 1215 du Reg. 47.— *Voyez* IMMIGRATION, IMMIGRANTS ET PRIVILÈGE.

LABRIANNE (le Chevalier Antoine de Guiran.)—*Administration pour le Roi de France.*— Sa nomination au gouvernement des Iles de France et Bourbon. 23 Décembre 1775. Enreg. 2 Décembre 1776. Nos. 388 et 389 du Reg. 14.

Députation à lui envoyée, par le Conseil supérieur, pour le complimenter sur son arrivée en cette Ile. 8 Juillet 1776. No. 381 du Reg. 14.

LA BUTTE.—*Voyez* LEPÈRE DE LA BUTTE.

LACHAUSSÉE (Déporté.)— *Assemblée Coloniale.*— Tout citoyen est autorisé à le faire arrêter. 2 Messidor An 9. Enreg. 7 du même mois. No. 780 du Reg. 25.

LACHENARDIÈRE.— *Administration du Général Decaen.*— Sa nomination de Courtier de marchandises. 17 Brumaire An 12. Enreg. 30 du même mois. No. 49 du Reg. 26.

Gouvernement de Sa Majesté Britannique.—Sa nomination à la place de Juge à la Cour d'Appel. 1er. Janvier 1811. Enreg. 3 du même mois. No. 3 . du Reg. 27.

LACHENARDIÈRE (Léopold de.)—Dispense de parenté à lui accordée, à l'effet d'être nommé Commis-Greffier de la Cour d'Appel. 17 Juillet 1825. Enreg. 1er. Août suivant. No. 451 du Reg. 30.

LACHES.— *Assemblée Coloniale.*— Manière dont ils doivent être jugés. 16 Prairial An 2. Enreg. 19 Juin 1794. No. 306 du Reg. 23.

Adoption du Décret de la Convention du 3 Septembre 1793. Id.

LACOTTE (Jérôme Jean Delphin.)—*Gouvernement de S. M. Britannique.*—Il subira, dans les prisons du Palais, la peine de six années de fers prononcée contre lui à l'exception de celle du carcan dont l'exécution demeure suspendue jusquà ce que le bon plaisir de

---

(1) Voyez Certificat du Gouverneur, en date du 27 Mars 1850. No. 124 de la liasse de ces pièces.

S. A. R. le Prince Régent soit connu. 8 Février 1817. Enreg. 14 du même mois. No. 206 du Reg. 29.

LACOUDRAYE ( )—*Administration du Général Decaen.*—Sa nomination à la place d'Agent de change. 17 Brumaire An 12. Enreg. 30 du même mois. No. 49 du Reg. 26.

LACOUR ( )—*Assemblée Coloniale.*—Sa nomination d'Interprète pour la langue anglaise. 13 Messidor An 2. Enreg. 15 Juillet 1794. No. 319 du Reg. 23.

LACOUR (Quétier.)—*Administration du Général Decaen.*—Sa nomination à la place d'Inspecteur de Police à l'Ile de France. 12 Frimaire An 12. Enreg. 16 du même mois. No. 53 du Reg. 26.

LAFAYE ( )—*Gouvernement de S. M. Britannique.*—Sa nomination à la place d'Officier de Police. 30 Avril 1823. Enreg. 11 Mai suivant. No. 385 du Reg. 30.

LAFARGUE (Charles.)—Sa nomination aux fonctions d'Huissier. 16 Mars 1840. Enreg. 30 Avril suivant. No. 743 du Reg. 32.

LAFITTE (Lisis.)—Sa nomination aux fonctions d'Huissier. 3 Mars 1840. Enreg. 12 du même mois. No. 742 du Reg. 32.

LAFLÈCHE.—*Administration du Général Decaen.*—Mandement du Commissaire de Justice, relatif à une contestation élevée à l'occasion du navire de ce nom. 22 Vendémiaire An 12. Enreg. 25 du même mois. No. 20 du Reg. 26.

LAFONTAINE (George Ferdinand de.)— *Gouvernement de Sa Majesté Britannique.*—Sa naturalisation de sujet anglais. Ordonnance No. 33 (approuvée) (1). 31 Décembre 1850. No. 1263 du Reg. 48.

LAHAUSSE (Victor.)— Sa nomination aux fonctions de Juge Suppléant de la Cour d'Assises. 22 Mars 1837. No. 768 du Reg. 35.

LAINE.—*Voyez* COMMERCE.

LALANDE (Jean Pierre Désiré.)—Sa nomination aux fonctions d'Huissier. 3 Octobre 1840. Enreg. 12 Août 1841. No. 770 du Reg. 32.

---

(1) Voyez Certificat du Gouverneur, en date du 3 Novembre 1851. No. 133 de la liasse de ces pièces déposées au Greffe de la Cour.

LALANDELLE (Gustave Ross Covee.)—Sa nomination aux fonctions d'Avoué. 28 Juillet 1842. Enreg. même jour. No. 777 du Reg. 32.

LALLY (de).—*Compagnie des Indes.*—Sa nomination de Commissaire du Roi et de Commandant Général de tous les Etablissements français aux Indes Orientales. 31 Décembre 1756. Enreg. 19 Décembre 1757. No. 164 du Reg. 9.

Lettre à lui adressée par le Roi au sujet des instructions particulières qui lui ont été données concernant ses opérations dans l'Inde. 23 Janvier 1757. Enreg. 19 Décembre même année. No. 164 (*bis*) du Reg. 9.

Ordre du Roi qui restreint les pouvoirs à lui donnés. 6 Mars 1761. Enreg. 27 Juin même année. No. 184 du Reg. 9.

LALOUETTE (Jean Pierre.)—*Administration du Général Decaen.*—Sa nomination aux fonctions d'Avoué. 4 Septembre 1806. Enreg. 11 du même mois. No. 189 du Reg. 27.

Gouvernement de Sa Majesté Britannique.—Sa nomination à la place de Juge Suppléant par intérim. 29 Juillet 1830. Enreg. 6 Août suivant. No. 560 du Reg. 31.

Sa nomination à la place de Troisième Juge à la Cour d'Appel. 20 Mars 1833. Enreg. 21 du même mois. No. 636 du Reg. 31.

LALOUETTE (Arthur.)—Son admission à l'exercice de sa profession d'Avocat près les Tribunaux de cette Ile. 4 Janvier 1833. Enreg. 21 Mars même année. No. 639 du Reg. 31 (1).

LALOUETTE (Jules Honorat.)—Sa naturalisation de sujet anglais. Ordonnance No. 36 (approuvée) (2). 5 Février 1844. No. 1004 du Reg. 42.

LAMUSSE (Nicolas Marie.)—Sa naturalisation de sujet anglais. Ordonnance No. 9 (approuvée) (3). 5 Février 1844. No. 977 du Reg. 42.

LANGLET (Louis Joseph.)—*Assemblée Coloniale.*—Sa nomination aux fonctions d'Huissier. 26 Mars 1792. Enreg. 29 du même mois. No. 127 du Reg. 20.

---

(1) Le diplôme de Licencié en Droit de M. Lalouette, n'a pas été transcrit au Greffe.
(2) Voyez Certificat du Gouverneur, en date du 27 Novembre 1844. No. 86 de la liasse de ces pièces déposées au Greffe de la Cour.
(3) Id. Id. Id. en date du 27 Novembre 1844. No. 86. Id.

JJ

LANGLOIS (Jean-Baptiste.)— *Administration pour le Roi de France.*— Sa nomination à la place de Receveur de la Commune. 15 Décembre 1772. No. 296 du Reg. 14.

Allocation à lui faite pour le loyer du Bureau et la Caisse de la Commune. 20 Septembre 1784. No. 718 du Reg. 17.

Autorisation à lui donnée, par la Cour, de changer les billets-monnaie dont il est comptable, de la manière la plus utile à la Commune. 6 Décembre 1785. No. 783 (*bis*) du Reg. 17.

Apposition des scellés à son domicile, par suite de son décès. 10 Décembre 1785. No. 784 du Reg. 17.

LANGLOIS (F.)—*Gouvernement de Sa Majesté Britannique.* — Sa nomination à la place de Substitut du Commissaire Civil du quartier des Pamplemousses. 1er. Mars 1837. No. 764 du Reg. 35.

Sa prestation de serment en cette qualité. 9 Mars 1837. No. 713 du Reg. 32.

LANGUE ANGLAISE. — *Gouvernement de Sa Majesté Britannique.*—Ordre en Conseil, en date du 25 Février 1841, qui déclare que la partie écrite, en langue anglaise, des Lois promulguées dans la Colonie, sera considérée comme texte original. (Déposé au Greffe de la Cour, le 28 Juillet 1841.— *Voyez* No. 901 du Reg. 39).

Ordre en Conseil de Sa Majesté, sous la date du 13 Septembre 1845, qui porte que l'usage de la langue anglaise sera adoptée dans les Tribunaux supérieurs de l'Ile Maurice. (Déposé au Greffe de la Cour, le 23 Janvier 1846. No. 1065 du Reg. 44.

LAPEYRE (Pierre.)— Sa naturalisation de sujet anglais. Ordonnance No. 11. 28 Avril 1845. No. 1043 du Reg. 43.

Id. No. 38 (approuvée) (1). 4 Septembre 1848. No. 1181 du Reg. 46.

LARCINS.—*Assemblée Coloniale.*— Abrogation de l'Art. 1er., Section 7 du Titre 2 de la Loi municipale et correctionnelle, en date du 1er. Août 1793, en ce qui concerne les larcins. 12 Prairial An 7. Enreg. 15 du même mois. No. 697 du Reg. 25 (2).

Promulgation de l'Article de la Loi de France décrétée le 19 Juillet 1791, y relatif. Id.

LAREE (Jean Pierre.)—*Gouvernement de Sa Majesté Britannique.*—Sa Nomination aux fonctions d'Avoué. 22 Novembre 1833. Enreg. 29 du même mois. No. 661 du Reg. 32.

---

(1) Voyez Certificat du Gouverneur, en date du 10 Avril 1849. No. 117 de la liasse de ces pièces déposées au Greffe de la Cour.

(2) Voyez aux mots *Police municipale*, la Loi du 1er. Août 1793.

LARTIGUE (Joseph.)—*Administration pour le Roi de France.*
— Sa nomination à la place d'Arpenteur. 18 Septembre 1766.
Enreg. 13 Mai 1768. No. 103 du Reg. 12.

Sa nomination d'Inspecteur chargé de surveiller l'exécution des Réglements qui défendent de bâtir en bois. 29 Décembre 1777. Enreg. 13 Janvier 1778. No. 429 du Reg. 14.

LAUNAY (Jean-Baptiste Michel de.)— Sa nomination à la place d'Assesseur au Conseil supérieur de l'Île de France. 28 Juillet 1767. Enreg. 29 du même mois. No. 36 du Reg. 12.

Renouvellement de sa commission. 25 Juillet 1770. Enreg. 31 du même mois. No. 183 du Reg. 12.

Sa nomination à la place de Conseiller au nouveau Conseil supérieur établi à l'Île de France. 27 Novembre 1771. Enreg. 2 Décembre 1772. Nos. 272 et 279 du Reg. 14.

Est appelé à composer le Tribunal Terrier. 2 Décembre 1772. No. 284 du Reg. 14.

Sa démission de l'office de Conseiller. 12 Juin 1777. No. 408 du Reg. 14.

Brevet de Conseiller honoraire à lui accordé par le Roi. 13 Octobre 1778. Enreg. 7 Juin 1779. No. 490 du Reg. 15.

LAURANS (Henri.)— *Gouvernement de Sa Majesté Britannique.*— Sa naturalisation de sujet anglais. Ordonnance No. 26. (approuvée) (1). 6 Novembre 1850. No. 1261 du Reg. 48.

LAURENT (Eugène.)—Sa nomination aux fonctions d'Avoué. 13 Mars 1846. Enreg. même jour. No. 810 du Reg. 32.

LAURENT (Joseph.)—Sa naturalisation de sujet anglais. Ordonnance No. 16. 28 Avril 1845. No. 1048 du Reg. 43.

Id. No. 39 (approuvée) (2). 4 Septembre 1848. No. 1182 du Reg. 46.

LAUTIER (Joseph.)—Sa nomination aux fonctions d'Huissier. 6 Mai 1844. Enreg. 29 Août même année. No. 796 du Reg. 32.

LAVERDANT (Gabriel Désiré.)— Enregistrement de son diplôme de Licencié en Droit, sous la date du 9 Octobre 1835, à lui délivré par l'Université de Paris. 16 Décembre 1836. No. 711 du Reg. 32.

LAVERS (W. C.)— Sa nomination à la place de Suppléant

---

(1) Voyez Certificat du Gouverneur, en date du 3 Novembre 1851. No. 133 de la liasse de ces pièces déposées au Greffe de la Cour.
(2) Id.   Id.   Id.   en date du 10 Avril 1849. No. 117. Id.

Commissaire Civil du quartier de la Savanne. 8 Novembre 1827. Enreg. 15 du même mois. No. 483 du Reg. 30.

LAY (G. W.)—Sa nomination à la place de Député Commissaire de la Police Générale. 3 Septembre 1828. Enreg. 5 du même mois. No. 505 du Reg. 31.
Sa nomination à l'effet de connaître de certaines matières concernant les matelots des navires du commerce. 22 Août 1840. No. 860 du Reg. 38.

LEBOUQ SANTUSSAN.—Autorisation à lui accordée de plaider en qualité de défenseur officieux. 1er. Février 1811. Enreg. 14 du même mois. No. 16 du Reg. 27.

LEBRAS DE VILLEVIDERNE (Hervé Malo.)—*Administration pour le Roi de France.*—Sa nomination à la place de Procureur du Roi à la Juridiction Royale. 30 Août 1778. Enreg. 14 Août 1779. No. 499 du Reg. 15.

LEBRASSEUR (   )—*Administration pour le Roi de France.*—Sa nomination de Commissaire chargé par le Roi de prendre connaissance de l'administration des Iles de France et Bourbon. 28 Août 1784. Enreg. 15 Février 1785. No. 738 du Reg. 17.

LEBRUN.—*Administration du Général Decaen.*—*Voyez* BRUN.

LECLERC DUCLAIRACQ (Jean-Baptiste Augustin.)—*Gouvernement de Sa Majesté Britannique.*—Sa naturalisation de sujet anglais. Ordonnance No. 20. 16 Octobre 1850. No. 1255 du Reg. 48.

LECLERC (Jean-Jacques.)—*Administration pour le Roi de France.*—Sa nomination aux fonctions d'Huissier. 12 Juin 1786. Enreg. 16 du même mois. No. 812 du Reg. 17.

LECLÉZIO (Eugène.)—*Gouvernement de Sa Majesté Britannique.*—Sa nomination aux fonctions d'Avoué. 18 Novembre 1828. Enreg. 27 du même mois. No. 513 du Reg. 31.

LECOINTE (Jean Jacques.)—*Compagnie des Indes.*—Sa nomination de Conseiller au Conseil supérieur de l'Ile de France. 23 Mars 1763. Enreg. 18 Octobre même année. No. 188 (*bis*) du Reg. 10.

LECOQ DE MAISONNEUVE. (René François.)—*Administration pour le Roi de France.*—Enregistrement de ses lettres d'Avocat, en date du 24 Avril 1780, à lui délivrées par le Parlement de Rennes. 7 Septembre 1786. No. 830 du Reg. 17.

LECORDIER (E.)—*Gouvernement de S. M. Britannique.*— Sa nomination aux fonctions d'Appariteur attaché au département des Revenus Intérieurs. 27 Septembre 1824. Enreg. 1er. Octobre suivant. No. 397 du Reg. 30.

LECOURT DE BILLOT (Armand.)—Sa naturalisation de sujet anglais. Ordonnance No. 711 (approuvée) (1). 15 Mars 1847. No. 1090 du Reg. 45.

LECOURT DE BILLOT.—Sa nomination à la place de Suppléant Commissaire Civil du quartier des Pamplemousses. 26 Juillet 1825. Enreg. 2 Août suivant, No. 422 du Reg. 30.

LECUDENNEC (Paul Furcy.)—Sa nomination aux fonctions d'Huissier. 23 Juillet 1847. Enreg. 28 Août suivant. No. 827 du Reg. 32.

LEFÉBURE DE MARCY.—*Voyez* Marcy.

LEFÈVRE (J. F.)—*Assemblée Coloniale.*— Son admission au nombre des Postulants en la Cour. 12 Novembre 1792. No. 151 du Reg. 21.
Sa nomination aux fonctions de Notaire. 16 Floréal An 10. Enreg. 17 du même mois. No. 812 du Reg. 26.

Administration du Général Decaen.— Sa nomination à la place de Greffier du Tribunal Terrier. 4 Brumaire An 12. Enreg. 5 du même mois. No. 32 du Reg. 26.

Gouvernement de Sa Majesté Britannique.—Sa nomination à la place de Président du Tribunal de 1re. Instance. 1er. Janvier 1811. Enreg. 3 du même mois. No. 3 du Reg. 27.
Sa destitution pour cause de désobéissance aux ordres du Gouvernement. 28 Janvier 1811. Enreg. 29 du même mois. No. 10 du Reg. 27.

LEFÈVRE (Auguste.)— Enregistrement de son diplôme de Licencié en Droit, en date du 20 Août 1819, à lui délivré par la Commission d'Instruction publique de France. 1er. Septembre 1820. No. 310 du Reg. 29.

---

(1) Voyez Certificat du Gouverneur. en date du 19 Janvier 1848, No. 109 de la liasse de ces pièces déposées au Greffe de la Cour.

LEFÈVRE CHANTRAINES (Jean Jacques Michel.)—*Administration du Général Decaen.*— Sa nomination à la place de Juge à la Cour d'Appel de l'Ile Bonaparte. 3 Juillet 1809. Enreg. 1er. Février 1810. No. 305 du Reg. 27.

LEFORESTIER (François.)—*Administration pour le Roi de France.*—Son admission à l'exercice de sa profession d'Avocat près les Tribunaux de cette Ile. 10 Février 1781. No. 539 du Reg. 16.
Sa nomination à l'office de Notaire Royal. 14 Août 1781. Enreg. 17 du même mois. No. 565 du Reg. 16.
Sa prestation de serment en qualité de Receveur Général de la Commune. 10 Décembre 1785. No. 785 du Reg. 17.
Confirmation de cette nomination. 19 Mars 1787. No. 845 du Reg. 17.

Assemblée Coloniale.— Sa démission de la place de Receveur Général de la Commune. 30 Septembre 1790. No. 16 du Reg. 19.

LÉGALISATIONS.— *Assemblée Coloniale.*— Se feront sans aucuns frais. 1er. Février 1791. Enreg. 8 du même mois. No. 29 du Reg. 19.

LEGENTIL (René François.)—*Administration pour le Roi de France.*—Sa prestation de serment comme Notable destiné à assister le Juge Royal dans le jugement des procès criminels. 14 Juillet 1778. No. 455 du Reg. 15.
Sa démission. 12 Juin 1786. No. 807 du Reg. 17.

LEGENTIL (André.)—*Gouvernement de Sa Majesté Britannique.*—Sa nomination aux fonctions d'Appariteur près du Bureau des Revenus Intérieurs. 23 Juin 1815. Enreg. 24 du même mois. No. 141 du Reg. 29.
Sa nomination aux fonctions d'Huissier. 15 Mai 1826. Enreg. 8 Juin suivant. No. 450 du Reg. 30.

LEGENTIL (Pierre Charles René.)—Sa nomination aux fonctions d'Huissier. 26 Mai 1829. Enreg. 12 Juin suivant. No. 525 du Reg. 31.

LEGENTIL (Charles.)—*Gouvernement de S. M. Britannique.*— Sa nomination aux fonctions d'Huissier. 9 Avril 1844. Enreg. 18 du même mois. No. 793 du Reg. 32.

LEGER (   )—*Assemblée Coloniale.*— Sa nomination à la place de Préfet Colonial à l'Ile de France et son installation. 20 Ventôse An 11. Enreg. 5 Vendémiaire An 12. No. 866 du Reg. 26.

Administration du Général Decaen.—*Voyez* PRÉFET COLONIAL.

LÉGION-D'HONNEUR.— Promulgation, aux Iles de France et de la Réunion, des Décrets et Arrêtés des 29 Floréal, 13, 23 et 27 Messidor An 10, 24 Ventôse et 22 Messidor An 12, portant création et organisation de l'Ordre de la Légion-d'Honneur pour la récompense des services militaires et celle des services et vertus civils. 8 Ventôse An 13. Enreg. 11 du même mois. No. 133 du Reg. 27.

LEGIONS.— *Assemblée Coloniale.*— Organisation de celle du Port N. O. 26 Germinal An 6. Enreg. 5 Floréal suivant. No. 650 du Reg. 24.

LEGISLATION.—*Administration pour le Roi de France.*— *Voyez* LOIS.

LEGRIS (Jean Barnabé Anne.)—*Compagnie des Indes.*— Sa nomination aux fonctions d'Huissier. 17 Septembre 1745. No. 112 du Reg. 6.

LEGS.— *Gouvernement de Sa Majesté Britannique.*—Autorisation donnée à la Fabrique de la paroisse du Port Louis d'accepter le legs fait à cette paroisse par Mme. Doizon Jolifief. 21 Janvier 1820. Enreg. 1er. Avril même année. No. 299 du Reg. 29.

Autorisation donnée à l'administration de la Caisse de Bienfaisance d'accepter le legs fait aux pauvres par le sieur Joseph Brutus Portes. 20 Avril 1838. No. 493 du Reg. 36.

LEHEC (Dame.)—*Administration pour le Roi de France.*— Mesures prises par le Conseil supérieur pour la découverte et la poursuite des auteurs de l'assassinat de cette dame et autres personnes de sa suite. 7 Mars 1774. No. 328 du Reg. 14.

Autre Arrêt de la Cour relatif à cette affaire. 7 Mars 1774. No. 329 du Reg. 14.

Id. 10 Mars 1774. No. 330 du Reg. 14.
Id. 14 Mars 1774. No. 331 du Reg. 14.
Id. 29 Mars 1774. No. 333 du Reg. 14.
Id. 29 Mars 1774. No. 334 du Reg. 14.

LEJUGE (Etienne François.)—*Compagnie des Indes.*—Sa nomination à l'office de Conseiller au Conseil supérieur de l'Ile de France. 8 Octobre 1746. No. 117 du Reg. 6.

Confirmation, par le Roi, de sa nomination. 23 Août 1750. Enreg. 12 Mars 1753. No. 138 du Reg. 8.

Sa nomination de Conseiller honoraire. 10 Avril 1763. Enreg. 19 Mars 1764. No. 193 du Reg. 10.

LEJUGE (Jules Armand.)— *Gouvernement de Sa Majesté Britannique.*—Sa nomination aux fonctions d'Avoué. 27 Août 1840. Nos. 758 et 759 du Reg. 32.

LEMAIRE ( )—*Administration du Général Decaen.* —Sa nomination à la place de Secrétaire de l'Agence Générale de la Police. 25 Brumaire An 12. Enreg. 27 du même mois. No. 47 du Reg. 26.

Continuera d'exercer ces fonctions pour tout ce qui n'est pas changé par les Arrêtés des 28 et 29 Avril 1808. 28 Mai 1808. Enreg. 23 Juin suivant. No. 250 du Reg. 27.

Gouvernement de Sa Majesté Britannique.— Sa nomination à la place d'Archiviste. 30 Juillet 1831. Enreg. 16 Mars 1832. No. 608 du Reg. 31.

LEMAITRE DE MAULU.—*Administration pour le Roi de France.* — Sera appelé pour compléter le nombre des Juges du Conseil 20 Juin 1768. No. 109 du Reg. 12.

LEMARCHAND DE L'ILE (Antoine Michel.)—Sa nomination à l'office de Conseiller au Conseil supérieur de l'Ile de France. 15 Février 1781. Enreg. 9 Juillet même année. No. 556 du Reg. 16.

Congé à lui accordé. 9 Février 1789. No. 924 du Reg. 18.

LEMONNIER ( )—*Compagnie des Indes.*—Sa nomination de Receveur de la Commune. 10 Août 1758. No. 167 (*ter*) du Reg. 9.

LENOIR ( )—Sa nomination aux places de Commandant des Forts et Etablissements français dans les Indes et de Président de tous les Conseils tant supérieurs que provinciaux qui y sont et seront par la suite établis. 8 et 13 Septembre 1725. Enreg. à l'Ile de France, le 31 Mai 1726. Nos. 13 et 14 du Reg. 1.

LENOIR (Bastien.)— *Gouvernement de Sa Majesté Britannique.*—Sa nomination à la place d'Inspecteur du débit et vente au détail des rums, araks et guildives. 24 Octobre 1822. Enreg. 4 Novembre suivant. No. 344 du Reg. 29.

LEPÈRE DE LA BUTTE (Louis Maurice.)—*Administration pour le Roi de France.*— Sa nomination à la place d'Assesseur au Conseil supérieur de l'Ile de France. 6 Septembre 1774. Enreg. 12 du même mois. Nos. 341 et 342 du Reg. 14.

Renouvellement de sa commission. 12 Septembre 1777. Enreg. 13 du même mois. No. 416 du Reg. 14.

Id. 13 Septembre 1780. Enreg. même jour. No. 533 du Reg. 16.

Id. 6 Septembre 1783. Enreg. 10 du même mois. No. 665 du Reg. 16.

Sa nomination de Commissaire de la Commune. 8 Avril 1785. No. 754 du Reg. 17.

Sa nomination de Conseiller au Conseil supérieur de l'Ile de France. 9 Novembre 1785. Enreg. 12 Juin 1786. No. 803 du Reg. 17.

Assemblée Coloniale.—Sa déclaration, qu'il a cessé de prendre et de signer le nom "de La Butte" depuis la publication, en cette Ile, du Décret de l'Assemblée Nationale du 19 Juin 1790, portant abolition de la noblesse héréditaire. 10 Décembre 1790. No. 20 du Reg. 19.

Son exposé à la Cour, au sujet des faits à lui imputés dans le Journal hebdomadaire de cette Ile. 24 Mai 1791. No. 59 du Reg. 19.

Sa résolution de rendre plainte à ce sujet devant le 1er. Juge. 7 Juin 1791. No. 64 du Reg. 20.

Invitation à lui faite par la Cour de reprendre ses fonctions. 20 Septembre 1791. No. 86 du Reg. 20.

Sa nomination de Taxateur des dépens. 11 Juin 1792. No. 135 du Reg. 20.

Suspension de son service à la Cour, attendu son état de maladie. 8 Décembre 1792. No. 153 du Reg. 21.

LÈPRE.—Les Officiers de santé, exerçant et ceux ayant exercé, sont tenus de donner leurs opinions motivées sur cette maladie. 4 Ventôse An 8. Enreg. 7 du même mois. No. 726 du Reg. 25.

Tous les individus attaqués de cette maladie, qui seront rencontrés dans les rues et chemins, seront arrêtés pour être reclus. 8 Messidor An 8. Enreg. 15 du même mois. No. 741 du Reg. 25.

Tout Officier de santé est tenu de faire la déclaration du nom et de la demeure des individus qu'il aura reconnus être atteints de cette maladie. 8 Messidor An 8. Enreg. 15 du même mois. No. 742 du Reg. 25.

LEROI (Jean-Baptiste.)—Sa nomination aux fonctions de Notaire au quartier de la Rivière Noire. 23 Novembre 1791. Enreg. 5 Décembre suivant. No. 109 du Reg. 20.

LEROY (Jean-Baptiste.)— *Gouvernement de Sa Majesté Britannique.*—Sa naturalisation de sujet anglais. Ordonnance No. 21. 16 Octobre 1850. No. 1255 du Reg. 48.

LEROUX (Denis.)—*Compagnie des Indes.*—Sa nomination à la place de Procureur du Roi. 6 Juillet 1728. No. 48 du Reg. 1.

LEROUX DE CINQNOYERS (André Jean-Baptiste.)—*Administration pour le Roi de France.*—Sa nomination aux fonctions de Notaire. 1er. Décembre 1773. Enreg. 14 Septembre 1779. No. 504 du Reg. 15.

Dépôt de ses Minutes au Greffe de la Cour, après son décès. 27 Mars 1784. No. 682 du Reg. 16.

Ordre qu'il importe de mettre dans ses Minutes. 6 Août 1784. No. 703 du Reg. 16.

LESAGE (B.)—*Gouvernement de Sa Majesté Britannique.*—Sa nomination à la place d'Assistant Commissaire Général de la Police. 18 Décembre 1833. Enreg. 21 du même mois. No. 669 du Reg. 32.

LESNARD.—Sa nomination aux fonctions d'Huissier. 27 Octobre 1831. Enreg. 8 Décembre suivant. No. 607 du Reg. 31.

LEST.—*Assemblée Coloniale.*—Défense d'en faire jeter dans aucun port, canal, bassin ou rade de la Colonie. 26 Thermidor An 3. Enreg. 28 du même mois. No. 401 du Reg. 23.

Gouvernement de S. M. Britannique.—Défense à tous patrons et maîtres de navires de jeter et décharger le lest de leurs bâtiments en d'autres endroits que ceux désignés à cet effet. 28 Octobre 1824. Enreg. 10 Novembre suivant. No. 400 du Reg. 30.

LESTAGE des Navires.—Réglements y relatifs. 16 Décembre 1823. Enreg. 5 Janvier. 1824. No. 377 du Reg. 30.

LETELLIER (Pierre Corneille,)—*Administration pour le Roi de France.*—Sa nomination à la place d'Assesseur au Conseil supérieur de l'Ile de France. 28 Juillet 1767. Enreg. 29 du même mois. No. 35 du Reg. 12.

LETORD ( )—*Administration du Général Decaen.*—Sa nomination à la place de Commissaire Civil du quartier du Port S. E. 19 Thermidor An 12. Enreg. 21 du même mois. No. 103 du Reg. 27.

LETOURNEUR (F. Gustave.)—*Gouvernement de Sa Majesté Britannique.*—Sa nomination à la place de Traducteur juré pour la langue anglaise. 17 Juillet 1829. Enreg. 6 Août suivant. No. 529 du Reg. 31.

Sa nomination à la place d'Assistant Interprète. 3 Juin 1831. Enreg. 4 du même mois. No. 588 du Reg. 31.

LETTRES DE CHANGE.— *Assemblée Coloniale.*— Peuvent être protestées avant leur enregistrement. 13 Brumaire An 6. Enreg. 18 Prairial même année. No. 654 du Reg. 24.

Paieront un droit composé lors de leur enregistrement, lequel devra se faire en même temps que celui du protêt. Id.

Administration du Général Decaen.—Voyez Protêts.

LETTRES D'ÉMANCIPATION.— *Assemblée Coloniale.*— L'usage en est abrogé. 29 Avril 1794. Enreg. 3 Mai suivant. No. 297 du Reg. 23.

LETTRES DE RATIFICATION.— Leur création en cette Colonie et dispositions générales y relatives. 5 Décembre 1793. Enreg. 18 du même mois. No. 247 du Reg. 23.

Administration du Général Decaen.—Manière dont elles doivent être délivrées, leurs effets et autres formalités y relatives. 24 Thermidor An 12. Enreg. 28 du même mois. No. 106 du Reg. 27.

LETTRES DE RESCISION. — *Assemblée Coloniale.*— Leur obtention n'est plus nécessaire. 29 Avril 1794. Enreg. 3 Mai suivant. No. 298 du Reg. 23.

LETTRES MISSIVES.—Celles dont pourraient être porteurs les particuliers qui se trouveront à bord des prises mouillant en ce Port, seront remises à l'Officier municipal chargé de se transporter à bord des navires. 1er. Nivôse An 9. Enreg. 6 du même mois. No. 764 du Reg. 25.

Goouvernement de Sa Majesté Britannique.—Dispositions qui en règlent le port et le transport. Ordonnance No. 13 (sans approbation). 17 Décembre 1846. No. 1080 du Reg. 44.

Id. Proclamation du 15 Juin 1847. No. 1108 du Reg. 45.

Prorogation de l'Ordonnance No. 13 de 1848. Ordonnance No. 8. 5 Décembre 1849. No. 1216 du Reg. 47.

Dispositions relatives aux frais de poste et aux transports des lettres. Ordonnance No. 1 (approuvée) (1). 13 Juin 1850. No. 1230 du Reg. 48.—*Voyez* Poste.

LEVASSEUR (Auguste.)—Sa naturalisation de sujet anglais. Ordonnance No. 34 (approuvée) (2). 5 Février 1844. No. 1002 du Reg. 42.

---

(1) Voyez Certificat du Gouverneur, en date du 26 Mai 1851. No. 132 de la liasse de ces pièces.
(2) Id.   Id.   Id.   en date du 27 Novembre 1844. No. 86. Id.

LEVASSEUR (Jean-Baptiste.)—Sa naturalisation de sujet anglais. Ordonnance No. 33 (approuvée) (1). 5 Février 1844. No. 1001 du Reg. 42.

LEVASSEUR (Jean Pierre.)—*Administration pour le Roi de France.*—Sa nomination aux fonctions d'Huissier. 16 Février 1773. No. 318 du Reg. 14.

LEVERGER (Jean-Baptiste.)—Enregistrement de ses lettres d'Avocat, en date du 12 Juillet 1781, à lui délivrées par le Parlement de Bretagne. 16 Septembre 1786. No. 835 du Reg. 17.

Assemblée Coloniale.—Est délégué pour exercer les fonctions de Juge du Tribunal de 1re. Instance. 18 Décembre 1793. Enreg. 19 du même mois. No. 248 du Reg. 23.
Son titre d'élection. 21 Décembre 1793. No. 252 du Reg. 23.
Son refus de faire partie de la Commission créée pour juger les noirs coupables de complots contre la sûreté de la Colonie. 6 Prairial An 7. Enreg. 7 du même mois. No. 692 du Reg. 25.

Administration du Général Decaen.—Sa nomination, à l'effet de compléter le Tribunal Terrier. 4 Brumaire An 12. Enreg. 5 du même mois. No. 32 du Reg. 26.
Remplira les fonctions du Ministère Public près de ce Tribunal. Ibid.

L'HORTAL (Antoine.)—*Assemblée Coloniale.*—Sa nomination de Notable. 17 Frimaire An 8. Enreg. 18 du même mois. No. 719 du Reg. 25.
Administration du Général Decaen.—Sa nomination de Courtier de marchandises. 9 Brumaire An 12. Enreg. 30 du même mois. No. 48 du Reg. 26.

L'HORTAL (Charles.)—*Gouvernement de Sa Majesté Britannique.*—Sa nomination aux fonctions d'Huissier. 22 Janvier 1849. Enreg. le 3 Juillet même année. No. 1230 du Reg. 48.

L'HOTE (Jean-Baptiste.)—*Administration du Général Decaen.*—Sa nomination à la place de Fourrier Garde des Fortifications de 4me. classe. 22 Juillet 1809. Enreg. 29 du même mois. No. 297 du Reg. 27.

LIBELLES.—*Gouvernement de Sa Majesté Britannique.*—

---

(1) Voyez Certificat du 27 Novembre 1844. No. 86 de la liasse de ces pièces déposées au Greffe de la Cour.

Leur répression et peines contre ceux qui en sont les auteurs. Ordonnance No. 5 (sans approbation). 8 Mai 1837. No. 779 du Reg. 35.

LIBÉRATION D'APPRENTISSAGE.— *Voyez* APPRENTISSAGE ET RACHATS.

LIBERTÉ.—*Assemblée Coloniale.*— Les personnes de la population esclave qui auront obtenu leur liberté et en auront joui publiquement et sans fraude, jouiront de tous les droits appartenant à l'état d'homme libre. 6 Fructidor An 4. Enreg. 8 du même mois. No. 503 du Reg. 24.

LICENCES.— *Gouvernement de Sa Majesté Britannique.*— Dispositions concernant celles que les Notaires doivent obtenir pour avoir le droit de faire des ventes à l'encan. 19 Novembre 1811. Enreg. 23 du même mois. No. 45 du Reg. 27.

LICITATIONS.— *Assemblée Coloniale.*— Publications y relatives. 8 Fructidor An 10. Enreg. 15 du même mois. No. 826 du Reg. 26.

Administration du Général Decaen.—Réglements relatifs aux affiches et autres formalités prescrites à l'égard des ventes de cette nature. 26 Germinal An 13. Enreg. 29 du même mois. No. 136 du Reg. 27.

LIÉNARD (Jules.)— *Gouvernement de S. M. Britannique.*— Sa nomination à l'office d'Avoué près les Tribunaux. 24 Octobre 1836. Enreg. 10 Novembre suivant. No. 710 du Reg. 32.

LIEUTENANT DE ROI.— *Compagnie des Indes.*— Insulte faite à ce Commandant. 13 Août 1722. No. 5 du Reg. 1.

LIONNET (Aristide.)—*Gouvernement de Sa Majesté Britannique.*—Enregistrement de son diplôme de Licencié en Droit. 8 Août 1843. Enreg. 8 Février 1844. No. 792 du Reg. 32.

LIQUEURS DOUCES.—*Voyez* DISTILLATEURS.

LIQUEURS FERMENTÉES.— Défense de vendre de ces liqueurs. Ordonnance No. 3 (désapprouvée) (1). 16 Mars 1846. No. 1068 du Reg. 44.

---

(1) Voiez Certificat du 12 Décembre 1846. No. 102 de la liasse de ces pièces déposées au Greffe de la Cour.

Réglements concernant la vente de ces liqueurs. Ordonnance No. 12 (approuvée) (1). 6 Novembre 1846. No. 1078 du Reg. 44.

Id. Ordonnance No. 27 (approuvée) (2). 9 Août 1847. No. 1113 du Reg. 45.

LIQUEURS FORTES. — *Compagnie des Indes.*— Défense à toutes personnes d'en vendre par pots, bouteilles ou autres mesures, soit pour être transportées au dehors ou pour l'usage des maisons. 31 Mars 1759. No. 173 du Reg. 9.— *Voyez* Boissons.

LIQUEURS FORTES.—*Gouvernement de Sa Majesté Britannique.*—*Voyez* Spiritueux.

LIQUEURS MÉLANGÉES.— Prohibition du débit de ces liqueurs. Ordonnance No. 20 (sans approbation). 9 Juin 1845. No. 1052 du Reg. 43.

LIQUEURS SPIRITUEUSES.— *Administration pour le Roi de France.*—Réglements relatifs à leur fabrication et vente. 2 Août 1781. Enreg. 20 du même mois. No. 568 du Reg. 16.

Gouvernement de Sa Majesté Britannique.—Réglements sur la même matière. Ordonnance No. 9 (sans approbation). 3 Juillet 1832. Enreg. 29 du même mois. No. 620 du Reg. 31.

Maintien de l'Ordonnance No. 9 qui précède. Ordonnance No. 6. (sans approbation). 9 Septembre 1833. Enreg. 5 Octobre suivant. No. 655 du Reg. 31.

Dispositions relatives à la cessation de l'Ordonnance No. 9 sur les liqueurs spiritueuses. Ordonnance No. 10 (approuvée) (3). 6 Novembre 1833. Enreg. 19 Décembre suivant. No. 667 du Reg. 32.

Nouveaux Réglements généraux concernant la fabrication et le débit des liqueurs spiritueuses. Ordonnance No 13 (approuvée) (4). 20 Novembre 1837. No. 783 du Reg. 35.

Autres dispositions concernant la vente de ces liqueurs et l'exécution de l'Ordonnance No. 14 de 1837, relative aux patentes exigées pour ce débit. Ordonnance No. 17 (approuvée) (5). 30 Octobre 1839. No. 840 du Reg. 37.

Défense de vendre des liqueurs spiritueuses le dimanche. Ordonnance No. 19 (approuvée) (6). 14 Décembre 1840. No. 869 du Reg. 38.

---

(1) Voyez Certificat du Gouverneur, en date du 9 Août 1847. No. 104 de la liasse de ces pièces.
(2) Id. Id. Id. en date du 5 Avril 1848. No. 111 Id.
(3) Id. Id. Id. en date du 10 Août 1835. No. 12. Id.
(4) Id. Id. Id. en date du 15 Mars 1839. No. 46 Id.
(5) Id. Id. Id. en date du 9 Novembre 1840. No 57. Id.
(6) Id. Id. Id. en date du 11 Mars 1842. No. 66 Id.

Modifications de certaines clauses de l'Ordonnance No. 13 de 1837, concernant la fabrication et le débit des liqueurs spiritueuses. Ordonnance No. 14 (approuvée) (1). 16 Novembre 1842. No. 938 du Reg. 40.

Toutes celles qui seront importées dans la Colonie, supporteront un droit additionnel. Ordonnance No. 13 (approuvée) (2). 27 Septembre 1843. No. 957 du Reg. 41.—*Voyez* SPIRITUEUX.

LIQUIDATION.—*Administration pour le Roi de France.*— Arrêt du Conseil d'Etat concernant celle de la Compagnie des Indes. 10 Février 1776. Enreg. 21 Novembre même année. No. 387 du Reg. 14.

Assemblée Coloniale.—Voyez COMITÉ.

LISTES.—*Gouvernement de Sa Majesté Britannique.— Voyez* ESCLAVES.

LISTES CIVIQUES.—*Assemblée Coloniale.*—Manière de les établir. 26 Avril 1793. Enreg. 22 Août même année. No. 220 du Reg. 21.

LODS ET VENTES. — *Compagnie des Indes.* — Réglement concernant ce droit. 15 Décembre 1748. No. 121 du Reg. 6.

LOCATIONS.— *Assemblée Coloniale.*— Mode de paiement de celles des biens ruraux, des maisons, magasins et boutiques. 26 Thermidor An 4. Enreg. 28 du même mois. No. 501 du Reg. 24.

Autre mode de paiement y relatif. 26 Fructidor An 4. Enreg. 5 Vendémiaire An 5. No. 513 du Reg. 24.

Id. 1er. Messidor An 7. Enreg. 5 du même mois. No. 698 du Reg. 25.

LOIRET (   ).—*Voyez* DUBUQ.

LOIS.—*Administration pour le Roi de France.*—Manière de procéder à leur enregistrement dans les Tribunaux. 30 Septembre 1766. Enreg. 27 Juillet 1767. No. 30 du Reg. 12.

Attributions respectives des administrateurs de la Colonie et du Conseil supérieur, relatives à leur confection. 18 Décembre 1786. Enreg. 11 Janvier 1787. No. 842 du Reg. 17.

Mémoire du Roi, relatif à cette matière. 26 Février 1781. Enreg. 11 Janvier 1787. No. 843 du Reg. 17.

---

(1) Voyez Certificat du Gouverneur, en date du 20 Septembre 1843. No. 75 de la liasse de ces pièces.
(2) Id.   Id.   Id.   en date du 26 Juin 1844. No. 83. Id.

Discours des Administrateurs, ayant le même objet. 19 Décembre 1786. Enreg. même jour. No. 838 du Reg. 17.

Représentations du Conseil sur le défaut d'enregistrement de certaines Lois, notamment de l'Ordonnance Royale de 1784, concernant la Marine. 2 Mars 1789. No. 927 du Reg. 18.

Motif du défaut d'enregistrement, en cette Ile, de certaines Ordonnances Royales. Id.

Arrêt du Conseil, concernant les représentations précitées. 16 Février 1789. No. 925 (*bis*) du Reg. 18.

Assemblée Coloniale.— Adoption du Décret de l'Assemblée, en date du 21 Septembre 1792, qui porte que les Lois non abrogées ou suspendues, seront maintenues. 17 Mai 1793. Enreg. 22 Août même année. No. 222 du Reg. 21.

Seront expédiées par le Greffier du Tribunal d'Appel, à l'effet d'être transmises au Tribunal Civil. 23 Vendémiaire An 4. Enreg. 25 du même mois. No. 418 du Reg. 23.

Leur publication sera certifiée aux divers Tribunaux par l'Agent national auprès du Directoire. 3 Nivôse An 4. Enreg. 15 du même mois. No. 439 du Reg. 23.

Gouvernement de Sa Majesté Britannique.—Celles qui régissent ces Colonies, ayant été maintenues par le Gouvernement anglais, aucun individu, de quelque nation qu'il soit, se trouvant en ce pays, ne peut prétendre n'y être point soumis. 4 Janvier 1813. Enreg. 7 du même mois. No. 74 du Reg. 28.

Celles qui concernent le Gouvernement général de l'Ile de France, au sujet de ses dépendances, spécialement les Arrêtés du Général Decaen, des 23 Mars 1807 et 7 Avril 1808, relatifs à Madagascar, sont maintenues. 27 Avril 1815. Enreg. 1er. Mai suivant. No. 131 du Reg. 28.

Leur enregistrement dans les Tribunaux n'est plus une condition de leur promulgation et de leur authenticité. 6 Novembre 1832. Enreg. 21 Mars 1833. No. 643 du Reg. 31.

Elles seront obligatoires et auront pleine force du jour qu'elles auront été connues des habitants par la voie d'une Proclamation ou autre avis public. Id.

L'Ordre en Conseil du 25 Février 1841 déclare que la partie écrite en langue anglaise des Lois promulguées dans la Colonie, sera considérée comme texte original et la partie en langue française comme traduction. (Déposé au Greffe le 23 Juillet 1841. No. 901 du Reg. 39.

Ordre en Conseil de Sa Majesté, en date du 26 Avril 1845, qui autorise le Gouvernement local à faire des Lois sur toutes matières relatives aux Tribunaux de la Colonie, sauf la sanction royale à laquelle ces Lois doivent être soumises. (Déposé au Greffe de la Cour le 28 Août 1845. No. 1058 du Reg. 43.

LOIS CRIMINELLES. — *Administration pour le Roi de France.*— V. Procédures criminelles et Procès criminels.

Gouvernement de Sa Majesté Britannique.—Réglements relatifs aux instructions criminelles. 6 Janvier 1815. Enreg. 9 du même mois. No. 123 du Reg. 28.

Modification des Lois criminelles en ce qu'elles concernent le Code pénal de 1793. Nouvelles dispositions substituées aux précédentes. Ordonnance No. 6 (approuvée à l'exception des Articles 5, 6, 7 et 9 et du dernier Paragraphe de l'Article 3) (1). 9 Mars 1835. Enreg. 4 Juin même année. No. 726 du Reg. 33.

La liberté provisoire des prévenus pourra être accordée sans cautionnement, hors le cas de trahison. Id.

Faculté accordée à la Cour d'Assises de modérer, à sa discrétion, certaines peines. Ordonnance No 10 (sans approbation). 15 Septembre 1836. No. 751 du Reg. 34.

Prorogation des dispositions contenues en l'Ordonnance No. 10 de 1836 et rectification de l'Article 3 du Titre 3 de la 2me. Partie du Code Pénal du 7 Août 1793. Ordonnance No. 3 (approuvée) (2). 13 Mars 1837. No. 765 du Reg. 35.

Autre prorogation de l'Ordonnance No. 10 de 1836, dont les dispositions sont applicables aux matières de Police correctionnelle. Ordonnance No. 11 (approuvée) (3). 21 Septembre 1837. No. 777 du Reg. 35.— *Voyez* Codes, Instructions criminelles, Crimes, Délits et Peines.

LORSON (Gilles.)—*Administration pour le Roi de France.*— Sa nomination aux fonctions de Concierge des prisons civiles et criminelles. 17 Juillet 1783. Enreg. 11 Août suivant. No. 649 du Reg. 16.

LORTAN (Léonard.)—*Gouvernement de S. M. Britannique.*— Sa naturalisation de sujet anglais. Ordonnance No. 2 (approuvée) (4). 18 Janvier 1841. No. 379 du Reg. 39.

LOTERIES.— *Compagnie des Indes.*— Défense d'en faire et même de se charger de la distribution d'aucun billet sans en avoir, au préalable, obtenu la permission du Procureur Général. 4 Juin 1764. No. 194 du Reg. 10.

---

(1) Voyez Certificat du Gouverneur, en date du 22 Avril 1836. No. 23 de la liasse de ces pièces déposées au Greffe de la Cour.
 (2) Id.   Id.   Id.   en date du 1er. Décembre 1837. No. 40. Id.
 (3) Id.   Id.   Id.   en date du 21 Juin 1838. No. 43. Id.
 (4) Id.   Id.   Id.   en date du 7 Janvier 1842. No. 64. Id.

Administration pour le Roi de France.—Voyez au mot *Police*, les Réglements sur cette matière, où se trouvent consignées des dispositions relatives aux loteries, notamment le Réglement du 24 Décembre 1779.

Assemblée Coloniale.—Réglements relatifs aux loteries. 17 Ventôse An 5. Enreg. 25 du même mois. No. 554 du Reg. 24.

Gouvernement de S. M. Britannique.—Voyez LE CODE PÉNAL DE 1838.

LOUAGE.— Dispositions relatives à celui des gens de travail, ouvriers et autres. Ordonnance No. 11. 20 Décembre 1838, devenue nulle par l'effet de l'Ordre en Conseil du 7 Septembre 1838. No. 808 du Reg. 36 (1).

LOUBEAU (Jean Magloire.)—Sa naturalisation de sujet anglais. Ordonnance No. 12 (approuvée) (2). 15 Mars 1847. No. 1095 du Reg. 45.

LOUIS XIII.—*Administration pour le Roi de France.— Voyez* VŒU.

LOUIS XV.—Convocation du Conseil, à l'effet d'assister au service qui doit être célébré à l'occasion de la mort du Roi Louis XV. 4 Février 1775. No. 349 du Reg. 14.
Délibération des habitants des divers quartiers de la Colonie, ayant pour objet d'élever un monument à la gloire et à la bienfaisance de ce monarque. 14 Novembre 1775. No. 364 du Reg. 14.

LOUIS XVI.—Convocation du Conseil, à l'effet de se rendre à la cérémonie ordonnée à l'occasion du sacre du Roi Louis XVI.

LOUIS (Jean Gustave.)—*Gouvernement de Sa Majesté Britannique.*—Sa nomination aux fonctions d'Huissier. 3 Septembre 1845. Enreg. 5 du même mois. No. 806 du Reg. 32.

LOUSTAU (Jean.)—*Administration pour le Roi de France.*— Sa nomination à la place de Commis-Greffier au Conseil supérieur de l'Ile de France et de Notaire Royal en cette Ile. 18 Septembre 1760. Enreg. 14 Octobre 1767. No. 50 du Reg. 12.
Sa nomination à la place de Greffier du Conseil supérieur. 18

---

(1) Voyez au mot *Maîtres* ou *Serviteurs*, l'Ordre en Conseil du 7 Septembre 1838.
(2) Voyez Certificat du Gouverneur, en date du 19 Janvier 1848. No. 109 de la liasse de ces pièces.

Août 1770. Enreg. 17 Avril 1771. Nos. 198, 199 et 200 du Reg. 12.

Sa nomination de Greffier du nouveau Conseil supérieur établi à l'Ile de France. 2 Décembre 1772. Enreg. même jour. Nos. 270 et 274 du Reg. 14.

Provisions à lui accordées par le Roi pour cet office. 27 Novembre 1771. Enreg. 6 Septembre 1773. No. 322 du Reg. 14.

Requisition du Procureur Général, relative à certains droits perçus au Greffe par M. Loustau. 12 Novembre 1779. No. 508 du Reg. 15.

Lettre du Ministre à ce sujet. 16 Février 1781. Enreg. 9 Juillet même année. No. 557 du Reg. 16.

Doléances de la Cour, relatives à l'Arrêt du Conseil d'Etat dans cette affaire. 11 Août 1781. No. 561 du Reg. 16.

Arrêts du Conseil d'Etat qui cassent ceux du Conseil supérieur, relatifs au démêlé entre MM. Loustau et Delaleu. 5 Juillet 1782. Enreg. 2 Septembre 1783. Nos. 655, 656, 657 et 658 du Reg. 16.

Versement fait par M. Loustau, à la Caisse du Roi, de fonds en dépôt au Greffe. 10 Janvier 1786. No. 791 du Reg. 17.

Congé de deux ans à lui accordé pour passer en France. 11 Janvier 1786. Enreg. 6 Février suivant. No. 794 du Reg. 17.

Reprise par lui de ses fonctions de Greffier. 21 Août 1788. No. 907 du Reg. 18.

Assemblée Coloniale.—Sa démission de ses places de Greffier et de Notaire. 22 Juin 1793. No. 203 du Reg. 21.

LOUSTAU (Joseph.) — *Administration du Général Decaen.* —Sa nomination à la place de Suppléant du Commissaire Civil du quartier de la Savanne. 14 Nivôse An 12. Enreg. 15 du même mois. No. 63 du Reg. 26.

Sa nomination à la place de Commissaire Civil de ce quartier. 12 Prairial An 12. Enreg. 25 du même mois. No. 93 du Reg. 27.

LOUSTAU LALANE (Jacques Justin.) — *Gouvernement de Sa Majesté Britannique.*—Sa naturalisation de sujet anglais. Ordonnance No. 34 (approuvée) (1). 24 Décembre 1850. No. 1269 du Reg. 48.

LOUVET (Etienne.)—Sa naturalisation de sujet anglais. Ordonnance No. 21 (approuvée) (2). 26 Juin 1848. No. 1164 du Reg. 46.

LOWRY-COLE (Sir Galbraith.)— Sa prise de possession du

---

(1) Voyez Certificat du Gouverneur, en date du 3 Novembre 1851. No. 133 de la liasse de ces pièces déposées au Greffe de la Cour.
(2) Id. Id. Id. en date du 13 Mars 1849. No. 115. Id.

Gouvernement de l'Ile Maurice et dépendances. 13 Juin 1823. Enreg. 21 du même mois. No. 366 du Reg. 30.

LOYERS.—*Assemblée Coloniale.*—*Voyez* LOCATIONS.

Gouvernement de Sa Majesté Britannique.—*Voyez* LOUAGE.

LOZIER-BOUVET (Jean-Baptiste Charles de.)—*Compagnie des Indes.*— Sa nomination de Gouverneur particulier de l'Ile Bourbon et Président du Conseil supérieur y établi, agissant aussi sous les ordres de M. David, Gouverneur Général des Iles de France et Bourbon, et devant être appelé, en cas d'absence de M. David, à prendre le gouvernement en chef. 14 Mars 1750. Enreg. 17 Août même année. No. 124 du Reg. 6.

LUCIANY (Amédée.)—*Gouvernement de Sa Majesté Britannique.*— Sa nomination aux fonctions d'Huissier. 22 Septembre 1848. Enreg. 13 Décembre même année. No. 1228 du Reg. 48.

LUTZEMBERGER (Michel.)—Sa naturalisation de sujet anglais. Ordonnance No. 32 (approuvée) (1). 5 Février 1844. No. 1000 du Reg. 42.

M.

MABILLE (Jacques François.)—*Compagnie des Indes* — Sa nomination à l'office de Conseiller au Conseil supérieur de l'Ile de France. 21 Septembre 1751. Enreg. 7 Juin 1752. No. 134 du Reg. 8.

Administration pour le Roi de France.—Sa nomination de Conseiller honoraire au Conseil supérieur de l'Ile de France. 22 Mai 1775. Enreg. 4 Mars 1776. No. 370 du Reg. 14.

Sa prestation de serment. 13 Mai 1776. No. 376 du Reg. 14.

Sa réclamation de son rang de séance au Conseil. 4 Août 1779. No. 492 du Reg. 15.

MADAGASCAR.—*Voyez* COMMERCE.

Administration du Général Decaen.—Il y sera entretenu des Délégués qui auront le titre d'Agents commerciaux. 23 Mars 1807. Enreg. 26 du même mois. No. 208 du Reg. 27.

---

(1) Voyez Certificat du 27 Novembre 1844. No. 86 de la liasse de ces pièces déposées au Greffe de la Cour.

MADOU (Indien.)—*Gouvernement de S. M. Britannique.*—Commutation de la peine de la déportation prononcée contre lui, en celle de deux années d'emprisonnement avec travail. 13 Juillet 1841. No. 900 du Reg. 39.

MAGALLON (   )—*Assemblée Coloniale.*—Continuera à servir sous le Général Decaen, Gouverneur des Iles de France et de la Réunion, en qualité de Lieutenant Général de ce Gouverneur. 3 Vendémiaire An 12. Enreg. 5 du même mois. No. 866 du Reg. 26.

MAGASINS.— *Compagnie des Indes.*— Ceux bâtis en bois équarris, seront réputés immeubles. 26 Août 1732. Enreg. à l'Ile de France le 24 Septembre même année. No. 89 du Reg. 3.

Assemblée Coloniale.—Dispositions relatives au paiement de leurs loyers. 26 Thermidor An 4. Enreg. 28 du même mois. No. 501 du Reg. 24.

• Autres dispositions à ce sujet. 26 Fructidor An 4. Enreg. 5 Vendémiaire An 5. No. 513 du Reg. 24.

MAGISTRATS.— *Administration pour le Roi de France.*— Ceux composant le Conseil supérieur ne pourront se charger, par procuration, de la poursuite d'aucune affaire. 8 Mai 1770. No. 169 du Reg. 12.

Assemblée Coloniale.—Peines contre ceux qui les outrageront. 23 Septembre 1791. Enreg. 4 Octobre suivant. No. 92 du Reg. 20.

Défense à ceux chargés du Ministère Public de s'attribuer ou de taxer aucun salaire à raison des conclusions émanées d'eux. 4 Octobre 1793. Enreg 5 Novembre suivant. No. 236 du Reg. 22.

Administration du Général Decaen.— Remise en vigueur des dispositions anciennes relatives au respect qui leur est dû. 19 Fructidor An 13. Enreg. 25 du même mois. No. 151 du Reg. 27.

Conduite qu'ils doivent tenir en cas d'alarme. 22 Juillet 1810. Enreg. 24 du même mois. No. 311 du Reg. 27.

MAGISTRATS DE DISTRICT.—*Gouvernement de Sa Majesté Britannique.*—Institution des Magistrats de Districts dans la Colonie et Réglements sur la procédure qui doit être suivie devant ces Magistrats dans les matières civiles. Ordonnance No. 8 (approuvée) (1). 22 Mai 1850. No. 1237 du Reg. 48.

---

(1) Voyez Certificat du 28 Novembre 1851. No. 134 de la liasse de ces pièces déposées au Greffe de la Cour.

Leur Juridiction en matière criminelle. Ordonnance No. 9 (approuvée) (1). Juillet 1850. No. 1241 du Reg. 48.

Modification et explication des Articles 1 et 2 de l'Ordonnance No. 8 de 1850 sur les Magistrats de Districts. Ordonnance No. 11 (approuvée (2). Juillet 1850. No. 1243 du Reg. 48.

MAGON (René)—*Compagnie des Indes.*—Sa nomination de Commandant Général des Iles de France et Bourbon et de Président des Conseils supérieurs y établis. 21 Mai 1755. Enreg. 3 Janvier 1756. No. 149 du Reg. 8.

Administration pour le Roi de France.—Sa nomination, à l'effet de compléter le nombre des Juges du Conseil supérieur, attendu sa qualité d'ancien Gouverneur de l'Ile de France et de Président du Conseil supérieur y établi. 16 Mai 1768. No. 104 du Reg. 12.

Arrêt du Conseil pris à ce sujet. 25 Mai 1768. No. 105 du Reg. 12.

Arrêt du Conseil d'Etat qui accorde à la veuve de M. Magon un délai de deux ans pour l'acquittement des dettes de son mari. 1er. Juillet 1780. Enreg. 18 Septembre 1784. Nos. 716 et 717 du Reg. 17.

MAGON (Julien Dominique.)—Sa nomination à la place de Substitut du Procureur Général du Roi. 3 Juillet 1778. Enreg. 7 du même mois. No. 448 du Reg. 15.

Congé à lui accordé à l'effet de passer en France. 4 Août 1781. Enreg. 14 Septembre suivant. No. 573 du Reg. 16.

MAGON DE St.-ELIER.—Invitation à lui faite d'assister à une des séances du Conseil supérieur de cette Ile, attendu sa qualité de Conseiller au Parlement de Paris. 13 Juin 1786. No. 811 du Reg. 17.

MAGON DE St.-ELIER (Antoine Emilien Ferdinand.)—*Gouvernement de Sa Majesté Britannique.*— Sa nomination aux fonctions d'Avoué. 26 Juillet 1839. Nos. 728 et 729 du Reg. 32.

MAGON DE St.-ELIER (Emile.)—Sa nomination à la place de Suppléant Commissaire Civil du quartier des Pamplemousses. 16 Octobre 1826. Enreg. 17 du même mois. No. 459 du Reg. 30 (3).

---

(1) Voyez Certificat du Gouverneur, en date du 28 Novembre 1851. No. 134 de la liasse de ces pièces déposées au Greffe de la Cour.
(2) Id. Id. Id. Id. Id.
(3) M. Emile Magon a été nommé plus tard Commissaire Civil de ce quartier, mais sa nomination n'a point été transcrite sur les Registres du Greffe.

MAGUIRE (Thomas.)— Sa nomination de Juge Assistant de la Cour d'Assises. 25 Janvier 1850. No. 1228 du Reg. 48 (1).

MAHE (Ile.)—Les doubles Minutes, reçues par le Notaire établi en cette Ile, devront être envoyées tous les ans au Procureur Général à l'Ile Maurice. 18 Mars 1812. Enreg. 21 du même mois. No. 54 du Reg. 27.—*Voyez* SEYCHELLES.

MAIGNARD (Louis Charlemagne.)—Sa naturalisation de sujet anglais. Ordonnance No. 4 (approuvée) (2). 18 Janvier 1841. No. 881 du Reg. 39.

MAILLARD DUMESLE (Jacques.)—*Administration pour le Roi de France.*—Sa nomination à la place d'Ordonnateur faisant fonctions d'Intendant aux Iles de France et Bourbon. 16 Août 1771. Enreg. 24 Août 1772. Nos. 235 et 236 du Reg. 12.

MAILLART (Laurent Jean-Baptiste.)—*Compagnie des Indes.*—Sa nomination à l'office d'Huissier du Conseil supérieur. 5 Septembre 1744. No. 110 du Reg. 6.

MAIN-D'ŒUVRE.—*Administration pour le Roi de France.*—Arrêt du Conseil supérieur portant taxation de la main-d'œuvre. 31 Septembre 1767. No. 54 du Reg. 12.

MAINGARD (Hubert.)—*Gouvernement de S. M. Britannique.*—Sa nomination à la place de Suppléant Commissaire Civil de la Savanne. 2 Décembre 1824. Enreg. 9 du même mois. No. 402 du Reg. 30.

MAINGARD (Joseph.)—*Assemblée Coloniale.*— Confirmation de sa nomination de Syndic des citoyens de couleur de la partie de l'Ouest de la ville. Il sera chargé du cadastre de ce district. 10 Thermidor An 11. Enreg. 16 du même mois No. 859 du Reg. 26.

MAIRES.— Leur élection. 2 Avril 1791. Enreg. 15 du même mois. No. 46 du Reg. 19. (Articles 6 et 7 du Titre 8 de la Constitution provisoire de la Colonie).

Incompatibilité de leurs fonctions, non seulement avec celles du Juge de Paix et de leurs Greffiers, mais avec celles des Juges et Greffiers de tous autres Tribunaux. 8 Novembre 1791. Enreg. 5 Mars 1792. Nos. 121 et 122 du Reg. 20.

---

(1) M. Maguire a été nommé Magistrat Stipendiaire, mais sa nomination ne se trouve point transcrite sur les Registres de la Cour
(2) Voyez Certificat du Gouverneur, en date du 7 Janvier 1842. No. 64 de la liasse de ces pièces.

Administration du Général Decaen.—Ceux en exercice dans les cantons de la Colonie y rempliront les fonctions d'Officier public. 6 Vendémiaire An 12. Enreg. 8 du même mois. No. 4 du Reg. 26. —*Voyez* MUNICIPALITÉ.

MAISON CURIALE.—*Gouvernement de Sa Majesté Britannique.*— Ordre d'en construire une au quartier du Grand Port. 17 Mai 1817. Enreg. 2 Juin suivant. No. 208 du Reg. 29.

MAISONS. — *Compagnie des Indes.* — Celles bâties en bois équarris, seront réputées immeubles. 26 Août 1732. Enreg. 24 Septembre même année. No. 89 du Reg. 3.

Administration du Général Decaen.— Défense d'en construire en bois dans la ville du Port Louis. 29 Décembre 1777. Enreg. 13 Janvier 1778. No. 429 du Reg. 14.
Nomination d'un Inspecteur chargé de surveiller l'exécution de ce Réglement. Id.
Autres dispositions concernant les constructions en bois. 12 Mars 1784. Enreg. 31 du même mois. No. 685 du Reg. 16.
Permission de construire des étages, mansardes ou combles en bois sur des rez-de-chaussées en pierres. 1er. Mai 1787. Enreg. 8 du même mois. No. 848 du Reg. 17.

Assemblée Coloniale. — Dispositions relatives au paiement de leurs loyer. 26 Thermidor An 4. Enreg. 28 du même mois. No. 501 du Reg. 24.
Autres dispositions à ce sujet. 26 Fructidor An 4. Enreg. 5 Vendémiaire An 5. No. 513 du Reg. 24.

Gouvernement de Sa Majesté Britannique. — L'estimation de celles de la ville, sera basée sur le revenu annuel de chaque propriété. Ordonnance No. 16. 8 Novembre 1826. Enreg. 1er. Décembre suivant. No. 461 du Reg. 30 (1).
Réédification de celles de la partie incendiée de la ville. Ordonnance No. 37. 6 Août 1828. Enreg. 18 du même mois. No. 502 du Reg. 31.—*Voyez* CONSTRUCTIONS EN BOIS OU BATISSES ET ARPENTEURS.

MAISONS D'ARRÊT ET DE JUSTICE.—*Assemblée Coloniale.*— Leur établissement. 17 Nivôse An 4. Enreg. 28 du même mois. No. 448 du Reg. 23.

---

(1) Il existe d'autres dispositions concernant l'estimation des maisons, dans le but d'asseoir l'impôt direct Ces dispositions se trouvent consignées dans les Ordonnances émises, chaque année, pour la perception des impôts.—Voyez les mots *Impôts, Contributions et Taxes.*

MAISONS D'ÉDUCATION.—*Voyez* INTRUCTION PUBLIQUE, COLLÉGES ET ECOLES.

MAITRES.—*Gouvernement de S. M. Britannique.*—Promulgation de l'Ordre en Conseil, en date du 7 Septembre 1838, qui détermine les obligations respectives des maîtres et des serviteurs. 11 Mars 1839. No. 818 du Reg. 37.—*Voyez* SERVITEURS.

MAITROT (.)—*Administration du Général Decaen.*—Sa nomination à la place de Suppléant Commissaire Civil du quartier de la Savanne. 10 Avril 1809. Enreg. 4 Mai suivant. No. 280 du Reg. 27.

MAJASTRE (Simon.)—*Gouvernement de Sa Majesté Britannique.*—Sa naturalisation de sujet anglais. Ordonnance No. 35 (approuvée) (1). 5 Février 1844. No. 1803 du Reg. 42.

MALADIES CONTAGIEUSES. — *Assemblée Coloniale.* — Précautions à prendre pour en prévenir l'introduction dans la Colonie. 19 Avril 1791. Enreg. 11 Mai suivant. No. 55 du Reg. 19.

Autres dispositions à ce sujet. 20 Février 1793. Enreg. 18 Mars suivant. No. 181 du Reg. 21.

Id. 16 Prairial An 5. Enreg. 5 Messidor même année. No. 180 du Reg. 25.

Id. 8 Fructidor An 7. Enreg. 25 du même mois. No. 709 du Reg. 25.

Id. 5 Thermidor An 8. Enreg. 15 du même mois. No. 751 du Reg. 25.

Id. 25 Frimaire An 10. Enreg. 26 du même mois. No. 796 du Reg. 26.

Administration du Général Decaen.—Id. 27 Pluviôse An 12. Enreg. 1er. Ventôse suivant. No. 72 du Reg. 26.—*Voyez* FIÈVRE JAUNE, VAISSEAUX ET QUARANTAINE.

Gouvernement de Sa Majesté Britannique.—Nouvelles mesures pour prévenir l'introduction, dans la Colonie, des maladies contagieuses. 20 Février 1813. Enreg. 27 du même mois. No. 84 du Reg. 28.

Peines contre tous capitaines et officiers de santé des bâtiments de commerce et autres navires qui ne feront pas la déclaration des maladies contagieuses existant à bord de leurs navires. 18 Mai 1816. Enreg. 29 du même mois. No. 176 du Reg. 29.

---

(1) Voyez Certificat du Gouverneur, en date du 27 Novembre 1844. No. 86 de la liasse de ces pièces déposées au Greffe de la Cour.

Confirmation de l'Arrêté du 27 Pluviôse An 12, concernant les mesures propres à prévenir l'introduction des maladies contagieuses. Id.

Autres dispositions additionnelles à ce sujet. 20 Mars 1820. Enreg. 1er. Avril suivant. No. 297 du Reg. 29.

Id. Ordonnance No. 68. 10 Novembre 1830. Enreg. 13 du même mois. No. 575 du Reg. 31. — *Voyez* QUARANTAINE, NAVIRES ET ÉPIZOOTIE.

MALARTIC (Anne Joseph Hippolyte de.) — *Assemblée Coloniale.* — Enregistrement de son brevet de Gouverneur Général des Iles de France et Bourbon, en date du 30 Décembre 1791, à lui accordé par le Roi. Enreg. 21 Juin 1792. Nos. 136 et 137 du Reg. 20.

MALGACHES (Noirs.) — Défense d'en introduire dans la Colenie. 3me. jour complémentaire de l'An 2. Enreg. 20 Septembre 1794. No. 336 du Reg. 23.

MALHERBE DE MARINBOIS (Pierre Joseph.) — *Administration pour le Roi de France.* — Sa nomination à la place d'Assesseur au Conseil supérieur de l'Ile de France. 20 Février 1774. Enreg. 7 mars suivant. No. 327 du Reg. 14.

Renouvellement de sa commission. 3 Juin 1778. Enreg. 5 du même mois. No. 442 du Reg. 15.

Id. 9 Mai 1781. Enreg. 11 du même mois. No. 541 du Reg. 16.

Sa nomination aux fonctions de Commissaire de la Commune. 6 Mai 1783. No. 639 du Reg. 16.

Id. 11 Mai 1784. Enreg. 13 Mai même année. No. 589 du Reg. 16.

MALLAC (Jacques.) — *Administration du Général Decaen.* — Sa nomination aux fonctions d'Avoué. 10 Juin 1808. Enreg. 11 du même mois. No. 249 du Reg. 27.

Gouvernement de Sa Majesté Britannique. — Sa nomination à la place de Substitut du Procureur Général. 1er. Janvier 1811. Enreg. 3 du même mois. No. 3 du Reg. 27.

Autre nomination de M. Mallac à la même place. 21 Avril 1814. Enreg. 12 Mai suivant. No. 104 du Reg. 28.

Sa nomination à la place de Juge à la Cour d'Appel. 27 Septembre 1815. Enreg. 28 du même mois. No. 153 du Reg. 29 (1).

MALLIARD (.) — *Administration du Général Decaen.* — Autorisation donnée aux Tribunaux de prendre connais-

---

(1) M Mallac a été nommé Procureur Général en 1824, mais sa nomination à cette place ne se trouve point inscrite sur les Registres du Greffe.

sance de sa situation particulière envers M. Leroux-K/morseven. 3me. jour complémentaire de l'An 13. Enreg. 4 Vendémiaire An 14. No. 155 du Reg. 27.

MALVERSATIONS DE DENIERS.—*Assemblée Coloniale.*—Procédures y relatives. 5 Thermidor An 3. Enreg. 2 Fructidor suivant. No. 404 du Reg. 23.

MAMAROT (Laurent.)—*Gouvernement de Sa Majesté Britannique.*—Sa prestation de serment en qualité d'Officier de Police au Port Louis. 29 Juillet 1837. Enreg. 1er. Août suivant. No. 714 du Reg. 32.

MANDANTS.—*Administration du Général Decaen.*—Question de savoir si ceux des personnes décédées dont la succession est vacante, sont à défaut de procurations légales dans le cas des absents indéfendus auxquels le Ministère Public doit, aux termes de la Loi, faire nommer un curateur spécial. 18 Juillet 1809. Enreg. 21 du même mois. No. 295 du Reg. 27.

MANDATS.—*Assemblée Coloniale.*—Ceux de 1,000 livres et au-dessus doivent être enregistrés au Contrôle des Actes. 17, 18 et 19 Germinal An 4. Enreg. 25 du même mois. No. 472 du Reg. 23.

Fixation du droit à payer pour l'enregistrement de ceux faits pour marchandises ou denrées dont le prix n'aurait pas été stipulé. 17 Floréal An 4. Enreg. 27 du même mois. No. 479 du Reg. 23.

MANDATS DE LA MUNICIPALITE.—Les citoyens qui dans les vingt-quatre heures n'obéiront pas aux mandats décernés par les Autorités constituées, seront dénoncés à la diligence de l'Agent national. 8 Pluviôse An 6. Enreg. 15 du même mois. No. 631 du Reg. 24.

Changement fait à l'Article 1er. de cette Loi. 6 Ventôse An 6. Enreg. 15 du même mois. No. 641 du Reg. 24.

Les citoyens qui dans les vingt-quatre heures n'auront point obéi aux mandats de la Municipalité pour le service de la Garde Nationale, seront dénoncés à l'Agent national près les Tribunaux de police correctionnelle. Id.

Autres dispositions relatives aux mandats de la Municipalité: Abrogation de l'Arrêté du 6 Ventôse An 6, y relatif. 11 Messidor An 11. Enreg. 18 du même mois. No. 857 du Reg. 26.

MANGEOT (André.)—*Gouvernement de Sa Majesté Britannique.*—Sa nomination à la place de Commis-Greffier près de la Cour d'Appel. 1er. Janvier 1811. Enreg. 3 du même mois. No. 3 du Reg. 27.

Sa nomination à la place de Commissaire Civil du quartier de la Rivière du Rempart. 2 Juillet 1819., Enreg. 3 du même mois. No. 288 du Reg. 29.

Sa prestation de serment. 3 Juillet 1819. Enreg. même jour. No. 291 du Reg. 29.

MANSARDES.—*Administration pour le Roi de France.*—Celles des maisons de la ville du Port Louis peuvent être construites en bois. 1er. Mai 1787. Enreg. 8 du même mois. No. 848 du Reg. 17.

MARAIS (Pierre Raymond.)—Sa nomination aux fonctions d'Huissier. 6 Avril 1780. Enreg. 7 du même mois. No. 523 du Reg. 16.

MARCENAY (   )—*Assemblée Coloniale.*—Sera traduit devant le Jury Révolutionnaire d'Instruction. 28 Thermidor An 2. Enreg. 16 Août 1794. No. 325 du Reg. 23.

Gouvernement de Sa Majesté Britannique.—Sa nomination à la place de Second Substitut du Procureur Général près la Cour d'Appel. 1er. Février 1811. Enreg. 14 du même mois. No. 15 du Reg. 27.

MARCHAND DE L'ILE.—*Administration pour le Roi de France.*—*Voyez* LEMARCHAND DE L'ILE.

MARCHANDISES.—*Compagnie des Indes.*—Réglements relatifs à la vente de celles de la Compagnie des Indes. 3 Mai 1766. No. 202 du Reg. 11.—*Voyez* PROTESTATIONS.

Administration pour le Roi de France.—Fixation du prix de celles que la Compagnie des Indes doit fournir aux habitants des Iles de France et Bourbon et de celles que la Compagnie des Indes doit recevoir des habitants de ces Iles. 20 Septembre 1766. Enreg. 20 Juillet 1767. No. 22 du Reg. 12.

Réglement relatif au prix de celles d'Europe, vendues au détail. 19 Mars 1768. Enreg. 22 du même mois. No. 88 du Reg. 12.

Assemblée Coloniale.—Celles de propriétés anglaises trouvées sur les vaisseaux neutres, sont saisissables et de bonne prise. 26 Novembre 1793. Enreg. 6 Décembre suivant. No. 240 du Reg. 22.

Celles des puissances ennemies, ainsi trouvées, seront déclarées de bonne prise. 26 Décembre 1793. Enreg. 27 du même mois. No. 254 du Reg. 23.

Les marchandises anglaises, confisquées à bord des vaisseaux américains, seront vendues. 3 Avril 1794. Enreg. 8 du même mois. No. 276 du Reg. 23.

Adoption du Décret de l'Assemblée Nationale, en date du 27 Juillet 1793, relatif aux marchandises ennemies. 12 Avril 1794. Enreg. 17 du même mois. No. 290 du Reg. 23.

Ordre aux capitaines, subrécargues ou négociants de déclarer celles qu'ils peuvent avoir entre les mains, appartenant à des citoyens domiciliés en France. 24 Frimaire An 3. Enreg. 25 du même mois. No. 349 du Reg. 23.

Autres dispositions à ce sujet. 25 Frimaire An 3. Enreg. 29 du même mois. No. 350 du Reg. 23.

Manière de vendre celles introduites par les vaisseaux nationaux ou étrangers ou provenant des prises, en cas de non requisition. 3 Pluviôse An 3. Enreg. 8 Ventôse suivant. No. 363 du Reg. 23.

Autres dispositions sur cette matière. 23 Messidor An 3. Enreg. 29 du même mois. No. 389 du Reg. 23.

Abrogation de tous les Arrêtés concernant la vente des marchandises provenant des bâtiments neutres. 8 Messidor An 3. Enreg. 11 du même mois. No. 378 du Reg. 23.

Droit d'entrée relatif aux marchandises nationales et étrangères. 9 Messidor An 5. Enreg. 15 du même mois. No. 587 du Reg. 24.

Ne pourront être débarquées ni embarquées d'un navire à un autre avant que la déclaration en ait été faite au Directeur de la Douane. 15 Frimaire An 6. Enreg. 17 du même mois. No. 624 du Reg. 24.

Estimation de celles sujettes aux droits d'entrée. 24 Pluviôse An 6. Enreg. 28 du même mois. No. 634 du Reg. 24.

Celles formant le gage du papier-monnaie ne seront livrées que par lots de la valeur de 30 piastres. 23 Germinal An 6. Enreg. 25 du même mois. No. 648 du Reg. 24.

Fixation des droits sur celles introduites dans l'Ile. 6 Messidor An 9. Enreg. 15 du même mois. No. 785 du Reg. 25.

Celles chargées en France pour l'Inde et pour compte des Français qui y résident, seront mises à l'entrepôt et paieront un droit d'un pour cent. 14 Thermidor An 11. Enreg. 16 du même mois. No. 860 du Reg. 26.

Gouvernement de Sa Majesté Britannique.—Toutes celles sujettes à des droits, seront pesées par la Douane avant leur embarquement et à leur débarquement. 22 Février 1816. Enreg. 1er. Mars même année. No. 171 du Reg. 29.

Autres dispositions sur cette matière. 29 Avril 1816. Enreg. 18 Mai suivant. No. 172 du Reg. 29.

Les marchandises provenant des manufactures d'Europe, ne pourront être introduites en cette Colonie, à l'exception de celles qui seront expédiées des ports de la Grande-Bretagne ou d'Irlande sur des bâtiments de construction anglaise. 18 Mai 1816. Enreg. 20 du même mois. No. 174 du Reg. 29.

Celles chargées à l'Ile Bourbon sur des navires anglais et français et expédiées directement de cette Ile, pourront être importées à l'Ile Maurice. 24 Juillet 1818. Enreg. 1er. Août suivant. No. 262 du Reg. 29.

Réglements concernant leur transport des navires au quai et du quai aux navires. 16 Décembre 1823. Enreg. 5 Janvier 1824. No. 377 du Reg. 30.—*Voyez* Droits.

MARCHANDS.—*Assemblée Coloniale.*—Ceux détaillant sont tenus de recevoir le billon au taux fixé par la Loi du 4 Germinal An 7. 1er. Floréal même année. Enreg. 5 du même mois. No. 684 du Reg. 25.

Ils pourront vendre par bouteilles, les boissons dont ils font commerce, en payant la taxe imposée aux aubergistes. 2 Brumaire An 8. Enreg. 8 du même mois. No. 717 du Reg. 25.

Abrogation de l'Article 2 de la Loi du 14 Janvier 1788. Id. (1).

Peines contre ceux tenant une échoppe ou boutique au Bazar et chez lesquels sera trouvé du feu après le coup de canon. 24 Juillet 1817. Enreg. 1er. Août suivant. No. 217 du Reg. 29.

MARCHES.—*Assemblée Coloniale.*—Ceux faits pour denrées, antérieurs à l'abrogation de la Loi du maximum, sont maintenus. 15 Thermidor An 3. Enreg. 19 du même mois. No. 399 du Reg. 23.

MARCHE PUBLIC.— *Gouvernement de Sa Majesté Britannique.*—Réglements y relatifs. Ordonnance No. 14 (approuvée) (2). 30 Décembre 1846. No. 1081 du Reg. 44.

Id. 4 Février 1847. No. 1086 du Reg. 45.

MARCY (Lefébure de.)—Sa nomination à la place de Président du Tribunal de 1re. Instance. 28 Janvier 1811. Enreg. 29 du même mois. No. 11 du Reg. 27.

Sa nomination aux fonctions d'Avoué. 11 Septembre 1812. Enreg. 17 du même mois. No. 67 du Reg. 28.

Son admission à l'exercice de la profession d'Avocat près les Tribunaux de cette Colonie. 5 Février 1816. Enreg. même jour. No. 169 du Reg. 29.

Sa nomination à la place de Juge Suppléant au Tribunal de 1re. Instance. 3 Février 1817. Enreg. 7 du même mois. No. 205 du Reg. 29.

Sa nomination à la place de Substitut du Procureur Général près la Cour d'Appel. 10 Février 1825. Enreg. 12 du même mois. No. 407 du Reg. 30.

---

(1) Voyez cette Loi au mot *Cafetiers*.
(2) Voyez Certificat du Gouverneur, en date du 24 Octobre 1847. No. 107 de la liasse de ces pièces déposées au Greffe de la Cour.

Sa prestation de serment en qualité de Juge de Paix. 12 Novembre 1833. Enreg. 14 du même mois. No. 657 du Reg. 31.

Sa nomination provisoire aux fonctions de Juge d'Instruction. 2 Octobre 1837. Enreg. 5 du même mois. No. 778 du Reg. 35.

MARES —Défense d'y jeter aucunes drogues, herbes, bois, racines, écorces et notamment de ce qui est appelé noix-vomique et bois de Faugam. 27 Octobre 1824. Enreg. 9 Novembre suivant. No. 399 du Reg. 30.

MARGEON (.) — *Administration du Général Decaen.*—Sa nomination à la place d'Inspecteur de Police. 15 Vendémiaire An 14. Enreg. 18 du même mois. No. 158 du Reg. 27.

MARGERET (Jean François Xavier.)—*Assemblée Coloniale.* — Rejet de sa demande tendant à être admis au nombre des Postulants près la Cour. 15 Février 1793. No. 171 du Reg. 21.

MARGUILLERS.—*Gouvernement de Sa Majesté Britannique.* — Convocation des Notables à l'effet de nommer les Marguillers des diverses paroisses. 19 Juin 1819. Enreg. 1er. Juillet suivant. No. 285 du Reg. 29.

MARIAGES.—*Administration pour le Roi de France.*—Pouvoirs du Préfet Apostolique reconnus insuffisants pour connaître de la demande afin de nullité d'un mariage. 4 Août 1773. No. 320 du Reg. 14.—*Voyez* ACTES ET REGISTRES.

Assemblée Coloniale.—Manière de les constater. 19 et 20 Mars 1793. Enreg. 18 Avril suivant. No. 187 du Reg. 21.

Les publications y relatives se feront le dimanche. 2 Vendémiaire An 11. Enreg. 8 du même mois. No. 831 du Reg. 26.

Administration du Général Decaen.—Manière dont sera exécuté, aux Iles de France et de la Réunion, l'Arrêté du Gouvernement du 20 Prairial An 11, sur le mode de délivrance des dispenses relatives aux mariages. 6 Mai 1806. Enreg. 12 Juin suivant. No. 173 du Reg. 27.

Promulgation du Décret Impérial du 16 Juin 1808, relatif à ceux des militaires en service. 30 Décembre 1808. Enreg. 20 Janvier 1809. No. 271 du Reg. 27.

Les dispositions de ce Décret sont applicables à tous les officiers militaires et civils, aux magistrats, administrateurs et employés de la Marine Impériale, en ce qui concerne leurs mariages. 4 Février 1809. Enreg. 9 du même mois. No. 270 du Reg. 27.

Promulgation aux Iles de France et Bonaparte du Décret Impérial du 3 Août 1808 et d'une lettre du Ministre des Colonies, en date du 22 Août 1808, sur la même matière. Id.

Gouvernement de Sa Majesté Britannique.—Dispositions ayant pour objet d'adapter aux institutions locales de la Colonie et aux circonstances actuelles, l'Ordre en Conseil du 7 Septembre 1838, concernant la célébration des mariages. Ordonnance No. 29 (approuvée) (1). 23 Décembre 1841. No. 919 du Reg. 39.—*V.* ETAT CIVIL.

MARIE (Eugène.)—Sa nomination aux fonctions d'Avoué. 17 Juin 1843. Enreg. même jour. No. 785 du Reg. 32.

MARINE.—*Administration pour le Roi de France.*—*Voyez* REMONTRANCES.

Assemblée Coloniale.—Tous possesseurs d'objets relatifs à la marine, sont contraints d'en faire la déclaration. 25 Frimaire An 3. Enreg. 7 Nivôse même année. No. 353 du Reg. 23.

Administration du Général Decaen.—Dispositions relatives aux mariages des officiers de ce corps. 4 Février 1809. Enreg. 9 Mars suivant. No. 278 du Reg. 27.

Administration pour le Roi de France.—*Voyez* GENS DE MER.

Assemblée Coloniale.—Dispositions à eux relatives. 15 Messidor An 4. Enreg. 25 du même mois. No. 488 du Reg. 23.—*V.* OFFICIERS ET GENS DE MER.

Administration du Général Decaen.—*Voyez* DÉSERTEURS ET RECELS.

Gouvernement de Sa Majesté Britannique.—*Voyez* CAPITAINES ET MATELOTS.

MAROUSSEM (Auguste.)—Sa naturalisation de sujet anglais. Ordonnance No. 42 (approuvée) (2). 6 Décembre 1847. No. 1132 du Reg. 45.

MARQUES.—*Voyez* SACS ET PLANTEURS.

---

(1) Voyez Certificat du Gouverneur, en date du 26 Juin 1844. No. 83 de la liasse de ces pièces.
(2) Voyez Certificat sous la date du 5 Septembre 1848. No. 113 de la liasse de la liasse de ces pièces.

MARQUER (Paul.)—Sa nomination aux fonctions d'Huissier. 21 Janvier 1828. Enreg. 1er. Février suivant. No. 488 du Reg. 30.

MARQUET (Claude Jérôme Louis.) — *Administration pour le Roi de France.*—Sa nomination aux fonctions d'Huissier au Conseil supérieur de l'Ile de France. 18 Juillet 1767. Enreg. 20 du même mois. Nos. 16 et 19 du Reg. 12.

Sa nouvelle nomination aux mêmes fonctions. 2 Décembre 1772. Enreg. même jour. No. 285 du Reg. 12.

MARRONNAGE.—*Compagnie des Indes.*—Réglements y relatifs. 9 Avril 1753. No. 140 du Reg. 8.
Id. 12 Avril 1756. No. 154 du Reg. 8.
Id. 19 Juillet 1766. No. 203 du Reg. 11.

Administration pour le Roi de France.— Arrêt qui ordonne que les noirs coupables de crimes, seront jugés conformément aux Art. 26 et 33 de l'Edit de 1724. 3 Février 1773. No. 309 du Reg. 14.

Assemblée Coloniale.— Abolition des peines qui y sont applicables. Le marron sera remis à la police de son maître. Février 1794. Enreg. 1er. Mars suivant. No. 268 du Reg. 23.

Police y relative. 24 Avril 1794. Enreg. 9 Mai suivant. No. 300 du Reg. 23.

Administration du Général Decaen.—Mesures propres à prévenir et à réprimer le marronnage. 1er. Pluviôse An 12. Enreg. 2 du même mois. No. 67 du Reg. 26.

Création d'un bureau et d'une caisse portant cette dénomination. Dispositions additionnelles à ce sujet. 6 Prairial An 12. Enreg. 11 du même mois. No. 88 du Reg. 26.

Abrogation des Articles 15, 16 et 61 de l'Arrêté du 1er. Pluviôse An 12 et de l'Article 6 de l'Arrêté du 6 Prairial même année, en ce qui concerne la distinction des grands marrons et les peines qui leur sont infligées. 7 Floréal An 13. Enreg. même jour. No. 139 du Reg. 27.

Augmentation de la taxe relative au marronnage. 9 Janvier 1807. Enreg. 22 du même mois. No. 202 du Reg. 27.

Nouvelles dispositions additionnelles aux Lois sur le marronnage. 30 Décembre 1807. Enreg. 7 Janvier 1808. No. 225 du Reg. 27.

Gouvernement de Sa Majesté Britannique.— Autres mesures y relatives. Ordonnance No. 75. 17 Août 1831. Enreg. 24 du même mois. No. 596 du Reg. 31.

Id. Ordonnance No. 4 (sans approbation). 19 Août 1833. Enreg. 6 Septembre suivant. No. 649 du Reg. 31.

Modifications aux Lois sur le marronnage, attendu l'abolition de l'esclavage. Ordonnance No. 3 (non approuvée) (1). 26 Janvier 1835. Enreg. 4 Juin suivant. No. 722 du Reg. 33.— *Voyez* les mots MARRONS NOIRS, ESCLAVES, DÉTACHEMENTS, COMMUNES ET TAXES.

MARRONS.— *Compagnie des Indes.*— Récompense accordée aux détachements qui les arrêteront ou les tueront. 2 Juin 1720. No. 20 du Reg. 1.

Créoles venus de l'Ile Bourbon pour aller à leur poursuite. 3 Juin 1728. No. 25 du Reg. 1.

Autres mesures pour parvenir à leur extinction. 29 Janvier 1727. Enreg. 12 du même mois. No. 36 du Reg. 1.

Réglements tendant à réprimer les fréquents assassinats commis par eux, tant sur les blancs que sur les noirs. 6 Février 1736. No. 102 (*bis*) du Reg. 4.

Récompense accordée à ceux qui les détruiront. Id.

Ass. Col. (2)— Ceux qui seront pris les armes à la main en attroupement ou autres, attaquant à main armée, seront jugés par la commission créée en vertu de la Loi du 18 Prairial An 2. 4 Thermidor An 2. Enreg. 24 Juillet 1794. No. 320 du Reg. 23 (3).

Ceux qui seront arrêtés, en bande ou armés, seront mis hors la loi. 6 Germinal An 3. Enreg. 7 du même mois. No. 367 du Reg. 23.

Manière dont ceux déposés à la geôle seront rendus à leurs maîtres. 7 Nivôse An 4. Enreg. 16 du même mois. No. 440 du Reg. 23.

Arrêté relatif aux personnes qui les recèlent. 4 Prairial An 4. Enreg. 6 du même mois. No. 480 du Reg. 23.

Réglements concernant leur capture. 16 Frimaire An 5. Enreg. 27 du même mois. No. 525 du Reg. 24.

Abrogation de l'Article 8 de la Loi du 5 Fructidor An 7, relatif à leur recel. 1er. Vendémiaire An 8. Enreg. 5 du même mois. No. 711 du Reg. 25 (4).— *Voyez* NOIRS ET DÉTACHEMENTS.

Ad. du Gén. D —*Voyez* MARRONNAGE.

Gouv. de S. M. B.—Abolition de l'usage qui permet aux déta-

---

(1) Voyez Certificat du Gouverneur, en date du 23 Décembre 1835. No. 16 de la liasse de ces pièces déposées au Greffe de la Cour.

(2) Les noms des divers Gouvernements seront abrégés, dorénavant, comme suit :
Compagnie des Indes, Comp. des Indes ;—Administration pour le Roi de France, Ad. pour le Roi de Fr.—Assemblée Coloniale, Ass. Col —Administration du Général Decaen, Ad. du Gén. D.— Gouvernement de Sa Majesté Britannique, Gouv. de S M. B.

(3) Voyez au mot *Détachement*, la Loi du 5 Frimaire An 7.

(4) Voyez au mot *Commission*, la Loi du 18 Prairial An 2.

chements de présenter des mains de noirs marrons comme preuve de leur mort. 25 Janvier 1813. Enreg. 28 du même mois. No. 79 du Reg. 28.

Il sera payé aux détachements un cinquième de plus pour leur capture. Id.

Aucune récompense ne sera accordée aux détachements qui tueront des noirs marrons dans le bois. Id.

Ceux arrêtés et fixés aux chaînes publiques seront retirés par leurs maîtres un mois après l'annonce qui en sera faite dans la Gazette. 4 Avril 1816. Enreg. 18 Mai suivant. No. 173 du Reg. 29.

Nouveaux Réglements relatifs aux noirs marrons. Ordonnance No. 75. 17 Août 1831. Enreg. 24 du même mois. No. 596 du Reg. 31.—*Voyez* MARRONNAGE, NOIRS ESCLAVES, DÉTACHEMENTS ET COMMUNE.

MARTIN (.) (1)—*Ad. pour le Roi de Fr.*—Sa nomination à l'effet de remplir les fonctions de Ministère Public à la Juridiction Royale, en l'absence du Procureur du Roi. 4 Mai 1779. No. 487 du Reg. 15.

Renvoi de sa prestation de serment au jour que les Administrateurs seront présents à la Conr. 12 Mai 1779. No. 489 du Reg. 15.

Sa démission de ses fonctions. 28 Juin 1790. No. 1027 du Reg. 19.

MARTIN (Hippolyte.)— *Gouv. de S. M. B.*—Remise à lui faite du temps d'emprisonnement qui lui reste à faire pour satisfaire à la condamnation prononcée contre lui. 13 Novembre 1830. Enreg. même jour. No. 577 du Reg. 31.

MARTIN (Louis Jean-Baptiste.)—*Ass. Col.*—Enregistrement de sa matricule d'Avocat, en date du 9 Décembre 1777, à lui délivrée par le Parlement de Paris. 5 Mai 1791. No. 51 du Reg. 31.

Sa prestation de serment à l'effet d'exercer sa profession près les Tribunaux de cette Ile. 6 Mai 1791. No. 53 du Reg. 19.

Sa nomination d'Assesseur au Conseil supérieur. 30 Septembre 1791. Enreg. même jour. No. 90 du Reg. 20.

Sa nomination à la place de Président du Tribunal d'Appel. 27 Pluviôse An 12. Enreg. 28 Prairial même année. No. 91 du Reg. 26.

MARTIN (Pierre Augustin.)—*Gouv. de S. M. B.*—Sa nomination aux fonctions d'Huissier. 26 Mars 1821. Enreg. 5 Juin même année. No. 324 du Reg. 29.

---

(1) Ancien Juge de la Chauderie à Pondichéry, Avocat au Parlement.

MARTIN DE MAIZEROY.—Sa nomination à la place de Vice-Président de la Cour d'Appel. 1er. Janvier 1811. Enreg. 3 du même mois. No. 3 du Reg. 27.

Sa réintégration dans cette place. 1er. Janvier 1817. Enreg. 13 du même mois. No. 203 du Reg. 29.

MARTIN DE St.-GENIER.—*Ad. du Gén. D.*—Sa nomination à la place de Juge Suppléant du Tribunal de 1re. Instance de l'Ile de France, 3 Mars 1810. Enreg. 10 du même mois. No. 307 du Reg. 27.

Gouv. de S. M. B.—Sa nomination à la place de Juge à la Cour d'Appel 1er. Janvier 1811. Enreg. 3 du même mois. No. 3 du Reg. 27.

Sa nouvelle nomination à la place de Juge à la Cour d'Appel. 27 Septembre 1815. Enreg. 28 du même mois. No. 133 du Reg. 29.

MARTIN MONCAMP.—*Ad. du Gén. D.*— Sa nomination à sa place de Curateur aux biens vacans à l'Ile de France. 13 Brumaire An 12. Enreg. No. 43 du Reg. 26.

MARTIN (Joseph.)— *Gouv. de S. M. B.*—Sa naturalisation de sujet anglais. Ordonnance No. 13 (approuvée) 15 Mars 1847. No. 1096 du Reg. 45.

MARTINEAU ( )—*Ass. Col.*—Le Tribunal de Police correctionnelle est autorisé à appeler un Avoué pour remplir les fonctions de Ministère Public dans l'affaire du sieur Martineau, attendu le départ de tous les notables dans cette affaire. 18 Prairial An 11. Enreg. 27 du même mois. No. 851 du Reg. 26.

MARTINET ( )—*Gouv. de S. M. B.*—Sa nomination à la place d'Officier de Police. 20 Décembre 1833. Enreg. 12 du même mois. No. 666 du Reg. 32.

MARTINON DUVERDEREAU (Jean Joseph.)—*Ad. pour le Roi de Fr.*—Sa nomination à la place de Substitut du Procureur Général au Conseil supérieur de l'Ile France. 1er. Juillet 1766. Enreg. 17 Août 1769. No. 153 du Reg. 12.

MASCLE ( )—*Comp. des Indes.*—Sa nomination au grade de Sous-Lieutenant. 3 Juin 1726. No. 22 du Reg. 1.

---

(1) Voyez Certificat du Gouverneur. en date du 19 Janvier 1848. No. 109 de la liasse de ces pièces déposées au Greffe de la Cour.

MATELOTS.—Défense de leur faire aucun prêt d'argent ou crédit d'aucune somme sur leurs décomptes, gages, etc. 17 Mai 1759. No. 174 du Reg. 9.

Ad. pour le Roi de Fr.—*Voyez* GENS DE MER.

Ass. Col.—Réglements concernant ceux détenus à l'hôpital pour cause de maladie. 31 Juillet 1792. Enreg. 22 du même mois. No. 230 du Reg. 21.

Peines contre ceux qui les cachent ou les retiennent. 16 Frimaire An 3. Enreg. 3 Brumaire suivant. No. 343 du Reg. 23.

Gouv. de S. M. B.—Peines contre ceux qui, appartenant à des navires mouillés en rade de cette Ile, seront trouvés à bord des bateaux ou bâtiments faisant le cabotage sur les côtes de cette Ile. 13 Mai 1824. Enreg. 22 du même mois. No 387 du Reg. 30.

Autres mesures contre leur désertion. Ordonnnance No. 14. 13 Septembre 1826. Enreg. 20 du même mois. No. 454 du Reg 30.

Id. Ordonnance No. 45. 18 Mars 1829, Enreg. 2 Avril suivant. No. 520 du Reg. 31.

Autorisation donnée au Gouverneur de nommer des Juges de Paix à l'effet de connaître de certaines matières concernant les matelots appartenant aux navires du commerce. Ordonnance No. 9 (approuvée) (1). 10 Août 1840. No. 858 du Reg. 38.

Nomination de ces Juges de Paix. 22 Août 1840. No. 860 du Reg. 38.

Pouvoir donné au Gouverneur de nommer des Magistrats à l'effet de connaître de certains cas relatifs aux matelots du commerce. Ordonnance No. 5 (approuvée) (2). 16 Mars 1845. No. 1037 du Reg. 43.

MATIÈRES CONSULAIRES.—*Ad. pour le Roi de Fr.*—Réglements y relatifs. 14 Septembre 1781. No. 572 du Reg. 16.

MATIÈRES D'OR ET D'ARGENT.— *Comp. des Indes*— Réglements relatifs à celles qui dépendent des successions de personnes décédées à bord des vaisseaux qui mouillent en cette Ile. 17 Août 1757. No. 163 du Reg. 9.

Ad. pour le Roi de Fr.—Réglements concernant celles trouvées à bord des prises. 22 Décembre 1780. Enreg. 6 Février 1781. No. 537 du Reg. 16.

---

(1) Voyez Certificat du Gouverneur, en date du 19 Juillet 1841. No. 62 de la liasse de ces pièces.

(2) Voyez Certificat du Gouverneur, en date du 21 Novembre 1845. No. 93 de la liasse de ces pièces.

Ass. Col.—Celles non ouvrées sont exemptes de tous droits. 24 Brumaire An 6. Enreg. 5 Frimaire suivant. No. 617 du Reg. 24.

Ad. du Gén. D.— Manière de garantir le titre et de régler le commerce de ces matières. 24 Messidor An 13. Enreg. 19 du même mois. No. 146 du Reg. 27.

Celles mises à la disposition de l'Administration de la Marine, par l'Arrêté du 28 Février 1810, seront converties en monnaie coloniale. 6 Mars 1810. Enreg. 13 Septembre même année. No. 313 du Reg. 27.

Gouv. de S. M. B.—La sortie de celles non ouvragées ni monnayées et en barres ou lingots, est prohibée. 22 Décembre 1812. Enreg. 26 du même mois. No. 73 du Reg. 28.

Défense de fondre les matières d'or et d'argent ayant cours et admises dans la circulation. Id.

Abrogation de toutes dispositions quelconques tendantes à régler ou à restreindre leur libre importation. 11 Juillet 1820. Enreg. 1er. Août suivant. No. 305 du Reg. 29.— *V.* ESPÈCES ET PIASTRES.

MAUDAVE (Louis Laurent de.)— *Comp. des Indes.*—Délai de vingt mois à lui accordé pendant lequel ses créanciers ne pourront exercer contre lui aucune poursuite, attendu la mission dont il est chargé par la Colonie. 3 Octobre 1766. No. 204 du Reg. 11.

MAUGEARD (   )—*Ad. du Gén. D.*— Sa nomination à la place de Suppléant Commissaire Civil du quartier de la Savanne. 1er. Frimaire An 12. Enreg. 23 du même mois. No. 55 du Reg. 26.

MAUPIN (   )—*Comp. des Indes.*—Sa nomination de Commandant de l'Ile de France. 25 Octobre 1728. Enreg. 31 Août 1729. Nos. 62 et 63 du Reg. 1.

MAURE (André.)—*Ad. du Gén. D.*—Sa nomination à la place d'Agent de change. 9 Brumaire An 12. Enreg. 30 du même mois. No. 48 du Reg. 26.

MAURE (Clodomir.)—*Gouv. de S. M. B.*—Enregistrement de son diplôme de Licencié en Droit, sous la date du 4 Septembre 1838, à lui délivré par l'Université de France. 10 Décembre 1839. No. 734 du Reg. 32.

MAURICE (Fils.)—*Ad. du Gén. D.*—Sa nomination à la place de Commis de la Police Générale. 12 Frimaire An 12. Enreg. 16 du même mois. No. 53 du Reg. 26.

MAXIMUM.— *Ass. Col.*— Abrogation de toutes les Lois portant fixation d'un maximum sur les prix des denrées et marchandises. 14 Thermidor An 3. Enreg. 19 du même mois. No. 398 du Reg. 23.

Les marchés de denrées et marchandises, antérieurs à l'abrogation de cette Loi, sont maintenus. 15 Thermidor An 3. Enreg. 19 du même mois. No. 399 du Reg. 23.

MAYTA (Noir mozambique.)—*Ad. pour le Roi de Fr.*—Remplira les fonctions d'Exécuteur des hautes-œuvres. 10 Avril 1778. No. 431 du Reg. 14.

MAYEUR ( )—*Ass. Col.*— Est autorisé à faire imprimer un journal sous le titre de *Chronique Coloniale* ou Journal politique et littéraire des Iles de France et de la Réunion. 2 Floréal An 7. Enreg. 5 du même mois. No. 685 du Reg. 25.

MAZADE DE PERCEIN (Julien Bernard Dorothée.)— *Ad. pour le Roi de Fr.*— Sa nomination à la place de Greffier de la Juridiction Royale. 7 Juin 1782. Enreg. 13 Juin 1783. No. 643 du Reg. 16.

Congé à lui accordé pour se rendre en France. 1er. Août 1785. Enreg. 5 du même mois, No. 769 du Reg. 17.

MAZÈRE (Grateau.)—*Gouv. de S. M. B.*—Sa naturalisation de sujet anglais. Ordonnance No. 14 (approuvée) (1). 15 Mars 1847. No. 1097 du Reg. 45.

MAZERY (Louis Victor.)—Sa naturalisation de sujet anglais. Ordonnance No. 11 (approuvée) (2). 5 Décembre 1849. No. 1219 du Reg. 47.

MAZOUE (Dominique.)— Sa naturalisation de sujet anglais. Ordonnance No. 50. 8 Juillet 1844. No. 1018 du Reg. 42.

Id. Ordonnance No. 22 (approuvée) (3). 26 Juin 1848. No. 1165 du Reg. 46.

MAZURE (Bertrand.)—*Ad. pour le Roi de Fr.*—Sa prestation de serment en qualité de Chirurgien pour le Roi, au quartier de Flacq. 21 Septembre 1770. No. 191 du Reg. 12.

MEDECINS.—*Ad. du Gén. D.*—Voyez OFFICIERS DE SANTÉ.

---

(1) Voyez Certificat du Gouverneur, en date du 19 Janvier 1848. No. 109 de la liasse de ces pièces.
(2) Id. Id. Id. en date du 7 Mars 1850. No. 123. Id.
(3) Id. Id. Id. en date du 13 Mars 1849. No. 115 Id.

Gouv. de S. M. B.—Réglements qui les concernent. 10 Mai 1817. Enreg. 2 Juin suivant. No. 209 du Reg. 29.

Ceux des quartiers peuvent fournir des médicaments simples ou composés aux personnes près desquelles ils sont appelés sans avoir le droit de tenir une officine ouverte. 26 Août 1824. Enreg. 4 Septembre suivant. No. 391 du Reg. 30.

Ceux traitant dans les hôpitaux établis sur les biens ruraux, conformément à l'Ordonnance No. 6 de 1845, auront un privilège sur les meubles et immeubles des propriétaires de ces biens pour leurs frais et honoraires de la dernière année. Ordonnance No. 6 (approuvée) (1). 25 Mars 1845. No. 1038 du Reg. 43.—*V.* OFFICIERS DE SANTÉ.

MÉDICAMENTS.—Tout débit au poids médical, toute distribution des drogues et préparations médicamenteuses, toute annonce ou affiche qui indiquera des remèdes secrets sous quelque dénomination qu'elles soient présentées, sont sévèrement prohibées. 26 Août 1824. Enreg. 4 Septembre suivant. No. 391 du Reg. 30.

Modification à cette Loi. Ordonnance No 27. 26 Septembre 1827. Enreg. 8 Novembre même année. No. 481 du Reg. 30.

MELLIS ( )—*Ad. pour le Roi de Fr.*—Sa nomination à la place de Commissaire Général des ports et arsenaux de marine des colonies. 22 Janvier 1781. Enreg. 3 Juin 1782. No. 612 du Reg. 16.

MEMBRES DE LA JUSTICE.—*Ad. du Gén. D.*—Remise en vigueur des dispositions anciennes relatives au respect qui leur est dû. 19 Fructidor An 13. Enreg. 25 du même mois. No. 151 du Reg. 27.

Tarif de leurs vacations, droits et honoraires. 12 Brumaire An 14. Enreg. 13 du même mois. No. 160 du Reg. 27.

Lettre ministérielle relative à leurs mariages. 22 Août 1808. Enreg. 9 Février 1809. No. 278 du Reg. 27.

MÉMOIRES (Ecrits.)—*Ad. pour le Roi de Fr.*—*V.* CONSEIL SUPÉRIEUR.

MÉMOIRES (Comptes.)—*Ass. Col.*—Ceux de dépens seront taxés à l'avenir par un Commissaire du Conseil. 19 Mai 1792. No. 129 du Reg. 20.—*Voyez* DÉPENS ET FRAIS DE JUSTICE.

MENACES.—*Gouv. de S. M. B.*—*Voyez* ORDRE PUBLIC, PROVOCATIONS.

---

(1). Voyez Certificat, en date du 13 Décembre 1845. No. 94 de la liasse de ces pièces déposées au Greffe de la Cour d'Appel.

MER.—Défense d'y jeter aucunes drogues, herbes, bois, racines, écorces et notamment de ce qui est appelé noix-vomique et bois de Faugam. 27 Octobre 1824. Enreg. 9 Novembre suivant. No. 399 du Reg. 30.

MERCIER (James.)—Sa nomination aux fonctions d'Avoué. 30 Août 1849. Enreg. même jour. No. 1232 du Reg. 48 (*bis*).

MERLE (   )—*Ad. du Gén. D.*—Sa nomination à la place de Commissaire de Police de la section de la Grande Rivière. 24 Germinal An 12. Enreg. 27 Floréal suivant. No. 84 du Reg. 26.

MERLE (Jean Louis.)—*Ad. pour le Roi de Fr.*—Sa nomination aux fonctions d'Arpenteur juré du Conseil. 15 Décembre 1767. No. 62 du Reg. 12.

MERLO (Jean Louis.)—Sa nomination à la place de Curateur aux biens vacans. 15 Juin 1768. No. 107 du Reg. 12.
Confirmation de sa nomination et Réglements qui déterminent ses fonctions. 30 Août 1768. No. 115 du Reg. 12.
Arrêt qui l'autorise à retirer du Greffe tous les deniers, papiers et autres effets appartenant aux successions vacantes. 15 Décembre 1768. No. 122 du Reg. 12.

MERLO FILS (Jean Louis.)—Sa nomination à la place de Curateur aux biens vacants. 7 Juin 1780. No. 528 du Reg. 16.

MESURES.—*Comp. des Indes.*—Réglements relatifs à celles qui sont en usage pour la vente au détail des marchandises. 14 Février 1756. No. 153 du Reg. 8.

METAUX.—*Ass. Col.*—Droits d'entrée y relatifs. 9 Messidor An 5. Enreg. 15 du même mois. No. 587 du Reg. 24.—*Voyez* MATIÈRES D'OR ET D'ARGENT.

MICHEL.—*Voyez* DARAGON.

MIGNOT (Alexandre.)—*Ad. pour le Roi de Fr.*—Sa nomination aux fonctions d'Huissier. 1er. Mai 1790. No.   du Reg. 18.

MIL (Eugène.)—*Gouv. de S. M. B.*—Sa naturalisation de sujet anglais. Ordonnance No. 15 (approuvée) (1). 15 Mars 1847. No. 1098 du Reg. 45.

---

(1) Voyez Certificat du Gouverneur, en date du 19 Janvier 1848. No. 109 de la liasse de ces pièces.

MIL (Hilaire.)—Sa naturalisation de sujet anglais. Ordonnance No. 27 (approuvée) (1). 6 Octobre 1850. No. 1262 du Reg. 48.

MILICES.— *Ad. pour le Roi de Fr.*— Leur établissement aux Iles de France et Bourbon. 1er. Août 1768. Enreg. 15 Juin 1769. No. 143 du Reg. 12.

Encouragements accordés aux officiers de ces corps, 1er. Août 1768. Enreg. 15 Juin 1769. No. 144 du Reg. 12.

Gouv. de S. M. B.—Création de celle des divers quartiers de la Colonie, appelée Milice de l'intérieur. 1er. Juin 1817. Enreg. 1er. Juillet suivant. No. 211 du Reg. 29.

Création de celle pour la ville du Port Louis. 23 Septembre 1817. Enreg. 3 Novembre même année. No. 225 du Reg. 29.

Les officiers des compagnies de gens de couleur qui en feront partie seront pris parmi les personnes de cette population. 4 Juillet 1817. Enreg. 1er. Août suivant. No. 213 du Reg. 29.

Abrogation de l'Article 14 de la Loi du 1er. Juin 1817. Id.

Suppression de cette institution. 13 Mars 1818. Enreg. 21 du même mois. No. 250 du Reg. 29.

MILIEN (Charles François Madeleine.)—Sa naturalisation de sujet anglais. Ordonnance No. 31 (approuvée) (2). 5 Février 1844. No. 999 du Reg. 42.

MILITAIRES.—*Comp. des Indes.*—Mode de paiement adopté à leur égard. 1er. Juin 1726. No. 19 du Reg. 1.

Défense à eux faite de s'immiscer dans les matières qui concernent le Gouvernement civil. 29 Janvier 1727. Enreg. 12 Décembre même année. No. 36 du Reg. 1.

Seront spécialement employés à l'extinction des noirs marrons. Ibid.—*Voyez* SOLDATS.

Ass. Col.—Arrêté qui ordonne que les objets de première nécessité leur seront distribués d'après le prix de la piastre au taux du dépôt. 28 Pluviôse An 6. Enreg. 5 Ventôse suivant. No. 636 du Reg. 24.

Ad. du Gén. D.—Promulgation aux Iles de France et Bonaparte du Décret Impérial du 16 Juin 1808, relatif à leur mariage. 30 Décembre 1808. Enreg. 20 Janvier 1809. No. 271 du Reg. 27.

Id. Du 30 Août 1808, portant que les dispositions du Décret en date du 16 Juin 1808, sont applicables à tous les officiers et employés de la Marine, militaires et civils, aux administrateurs et

---

(1) Voyez Certificat du 3 Novembre 1851. No. 133 de la liasse de ces pièces déposées au Greffe de la Cour.
(2) Id. Id. Id. en date du 27 Novembre 1844. No. 86. Id

employés de la Marine Impériale. 4 Février 1809. Enreg. 9 Mars suivant. No. 278 du Reg. 27.

Promulgation aux Iles de France et Bonaparte : 1o. de l'Art. 3 du Décret du 3 Pluviôse An 2 sur l'organisation de la Justice militaire ; 2o. des Articles 1, 14 et 15 de la Loi du 2me. jour complémentaire An 3, concernant les délits militaires ; 3o. de la Loi du 22 Messidor An 4, sur la compétence des Conseils militaires ; 4o. des Articles 1er. et 2 de la Loi du 13 Brumaire An 5 ; 5o. de l'Avis du Conseil d'Etat, en date du 7 Fructidor An 12, relatif à la compétence en matière de délits ordinaires commis par les militaires en congé, hors de leurs corps. 22 Octobre 1807. Enreg. 23 du même mois. No. 219 du Reg. 27.— *V.* DÉLITS ET JUSTICE MILITAIRE.

Gouv. de S. M. B.—Défense à toutes personnes d'acheter d'eux aucun objet provenant de leur équipement, provisions, fourrages, etc. 30 Avril 1811. Enreg. 9 Mai suivant. No. 31 du Reg. 27.— *Voyez* ENRÔLEMENT.

MINISTÈRE PUBLIC.—*Voyez* PROCUREUR GÉNÉRAL.

MINISTRES DE LA RELIGION.—Dispositions relatives à leurs traitements, logements et autres dépenses les concernant. Ordonnance No. 22 (désapprouvée) (1). 23 Décembre 1839. No. 845 du Reg. 37.

Id. Ordonnance No. 11 (sans approbation). 31 Mai 1841. No. 889 du Reg. 39.

Dispositions ayant pour objet de pourvoir à leur entretien. Ordonnance No. 54 (approuvée) (2). 22 Juillet 1844. No. 1022 du Reg. 42.

MINUTES. — *Ass. Col.*— Les doubles minutes des Notaires doivent être remises au Directoire. 14 Prairial An 3. Enreg. 17 du même mois. No. 374 du Reg. 23.

Ad. du Gén. D.—Remise sera faite au Greffier du Tribunal de 1re. Instance de celles étant aux Greffes des ci-devant Tribunaux de Paix et de Commerce, et de celles étant au Secrétariat de la cidevant Municipalité du Port N. O., en ce qui concerne le contentieux dont le Tribunal de 1re. Instance doit connaître. 17 Vendémiaire An 12. Enreg. 20 du même mois. No. 16 du Reg. 26.

Gouv. de S. M. B.—Les doubles minutes des Actes des No-

---

(1) Voyez Certificat du Gouverneur, en date du 9 Novembre 1840. No. 57 de la liasse de ces pièces déposées au Greffe de la Cour.
(2) Id. Id. Id. en date du 13 Mars 1845 No. 89 Id.

taires seront déposées au Greffe du Tribunal de 1re. Instance. 5 Mars 1811. Enreg. 9 du même mois. No. 20 du Reg. 27.

Elles seront portées sur des feuilles volantes. 4 Mars 1811. Enreg. 9 du même mois. No. 21 du Reg. 27.

Suppression des Registres sur lesquels elles étaient portées anciennement. 4 Mars 1811. Enreg. 9 du même mois. No. 21 du Reg. 27.

Les doubles minutes des Actes qui seront reçues par le Notaire établi à l'Ile Mahé, seront envoyées tous les ans au Procureur Général à l'Ile Maurice. 18 Mars 1818. Enreg. 21 du même mois.

Toutes personnes porteurs d'expéditions d'Actes de M. Petit, Notaire, sont tenues de les déposer au Greffe de la Cour d'Appel pour y demeurer comme minutes, et il leur en sera délivré expéditions. 2 Octobre 1816. Enreg. 4 du même mois. No. 189 du Reg. 29.

Les mêmes dispositions sont adoptées à l'égard de toutes personnes porteurs d'expéditions d'Actes de MM. Douaud, Auffray, Krivel et Bombard. 3 Octobre 1816. Enreg. 7 du même mois. No. 190 du Reg. 29.

Les doubles minutes des Notaires seront déposées aux Archives Coloniales. Ordonnance No. 27. 16 Mars 1824. Enreg. 24 du même mois. No. 381 du Reg. 30.— *Voyez* ACTES

MIXTIONS.— *Ass. Col.*— Question de savoir si celles mises dans les boissons, encore qu'elles ne soient pas vénéneuses, peuvent être regardées comme empoisonnement. 1er. Germinal An 11. Enreg. No. 841 du Reg. 26.

MOLÈRE (François.)— *Comp. des Indes.*— Sa nomination à l'office de Notaire. 6 Mai 1737. No. 104 du Reg. 5.

Sa nomination à l'office de Greffier en Chef du Conseil supérieur. 7 Janvier 1744. Enreg. 14 du même mois. No. 109 du Reg. 5.

MON DÉSIR.— *Ad. pour le Roi de Fr.*— Etablissement de ce nom.— *Voyez* BOIS.

MONGET (Clovis.)— *Gouv. de S. M. B.*— Sa nomination aux fonctions d'Huissier. 15 Février 1831. Enreg. 10 Mars suivant. No. 583 du Reg. 31.

MONGOUST (Père.)— Sa nomination à la place de Second Lieutenant de Police. 30 Mai 1811. Enreg. 31 du même mois. No. 33 du Reg. 27.

MONNAIES.— *Comp. des Indes.*— Fixation du taux de celle de cuivre fabriquée à Pondichéry, et mise en circulation. 1er. Juin 1726. No. 19, du Reg. 1.

Remise en circulation de la monnaie de cuivre à la marque de Pondichéry. 5 Septembre 1729. No. 64 du Reg. 1.

Arrêt du Conseil d'Etat portant fixation de la valeur des monnaies de l'Inde ayant cours à l'Ile Bourbon. 8 Février 1729. Enreg. à l'Ile Bourbon le 28 Octobre même année, et à l'Ile de France le 11 Février 1730. No. 86 du Reg. 1.

Ad. pour le Roi de Fr.—Fixation de la valeur des monnaies en circulation. 28 Juillet 1790. Enreg. 2 du même mois. No. 1038 du Reg. 19.

Ass. Col.—Adoption du Décret de la Convention Nationale, en date du 16me. jour du 1er. mois de l'An 2, qui porte que le millésime des monnaies sera conforme au nouveau calendrier. 10 Avril 1794. Enreg. 17 du même mois. No. 289 du Reg. 23.

Droits d'entrée relatifs à celles d'or et d'argent. 9 Messidor An 5. Enreg. 15 du même mois. No. 587 du Reg. 24.

Celles de billon, dites pièces de 3 sous, auront à l'avenir cours forcé à raison de soixante-quinze francs chacune en papier-monnaie. 26 Fructidor An 5. Enreg. 28 du même mois. No. 606 du Reg. 24.

Abrogation de cette disposition. 27 Fructidor An 5. Enreg. 5 Vendémiaire An 6. No. 607 du Reg. 24.

Celles d'or et d'argent sont exemptes de tous droits 24 Brumaire An 6. Enreg. 5 Frimaire suivant. No. 617 du Reg. 24.

Gouv. de S. M. B.—Abrogation de toutes dispositions quelconques tendantes à régler ou à restreindre la libre importation des monnaies. 20 Avril 1822. Enreg. 3 Mai suivant. No. 305 du Reg. 29.

Ordre en Conseil qui établit une circulation uniforme de celles du Royaume-Uni dans toutes les possessions coloniales. 23 Mars 1825. Enreg. 13 Décembre même année. No. 435 du Reg. 30.

Lettre des Lords Commissaires de la Trésorerie sur cette matière. 12 Février 1825. Enreg. 13 Décembre même année. No. 436 du Reg. 30.

Ordonnance No. 3 portant promulgation des ordres et lettres précités. 25 Novembre 1825. Enreg. 13 Décembre suivant. No. 436 du Reg. 30.

Mise en circulation de celles dites *tokens*. Ordonnance No. 74. 4 Août 1831. Enreg. 29 du même mois. No. 597 du Reg. 31.

Il est interdit aux bureaux publics de recevoir les monnaies étrangères et de l'Inde n'ayant pas un cours légal. Ordonnance No. 9 (approuvée) (1). 10 Juillet 1843. No. 955 du Reg. 41.— *Voyez* PAPIER-MONNAIE, PIÈCES DE 2 S., DOUBLONS ET TARIFS.

---

(1) Voyez Certificat du Gouverneur, en date du 26 Avril 1844. No. 82 de la liasse de ces pièces déposées au Greffe de la Cour.

MONNAIES COLONIALES.— *Ad. du Gén. D.*— Fixation des titres, poids et valeur de celles dont la fabrication a été ordonnée par l'Arrêté du 6 Mars 1810. 8 Mars 1810. Enreg. 13 Septembre même année. No. 315 du Reg. 27.

MONNERON.— *Ad. pour le Roi de Fr.*— Lettre du Ministre qui l'autorise à cesser ses fonctions d'Intendant des Iles de France et Bourbon, et de repasser en France. 19 Janvier 1785. Enreg. 11 Octobre même année. No. 776 du Reg. 17.

MONNERON (Janvier.)— Sa nomination de Notable pour assister le Juge Royal dans l'instruction des procès criminels. 8 Juillet 1782. No. 616 du Reg. 16.

Sa démission. 3 Juillet 1786. No. 814 du Reg. 17.

MONNERON (Charles.)— *Gouv. de S. M. B.*— Sa prestation de serment devant la Cour en qualité d'Interprète pour la langue portugaise. 18 Mai 1824. Enreg. 22 du même mois. No. 386 du Reg. 30.

MONTGOMERY (Charles Willams Patterson.)— Sa nomination de Magistrat de Police à l'Ile Rodrigues. 13 Mars 1850. Enreg. même jour, No. 1243 du Reg. 48 (*bis*).

MONTOCCHIO (Alfred.)— Sa nomination à la place de Suppléant Commissaire Civil du quartier de Flacq. 30 Octobre 1827. Enreg. 8 Novembre suivant. No. 482 du Reg. 30.

MORCY (Père.)— *Ass. Col.*— Sa nomination de Prud'homme Assesseur au quartier de Flacq. 4 Juillet 1791. No. 73 du Reg. 20.

MORCY (Romély)— *Gouv. de S. M. B.*— Sa nomination aux fonctions d'Huissier. 3 Décembre 1832. Enreg. 13 du même mois. No. 632 du Reg. 31.

MOREAU (J. B.)— *Ass. Col.*— Sa nomination d'Huissier du Tribunal de Paix. 6 Juin 1791. No. 62 du Reg. 19.

Son admission au nombre des Huissiers de la Cour. 8 Juin 1791. No. 66 du Reg. 20.

MOREAU ( )— Sa nomination de Notable. 17 Frimaire An 8. Enreg. 18 du même mois. No. 719 du Reg. 25.

MOREL (François)— *Gouv. de S. M. B*— Sa nomination aux fonctions d'Huissier. 2 Décembre 1817. Enreg. 9 du même mois. No. 241 du Reg. 29.

MOREL DE LOMER.—*Ad. pour le Roi de Fr.*—Il lui sera payé, sur les deniers de la Commune, des appointements à lui dûs comme Secrétaire de cette administration. 3 Mai 1773. No. 315 du Reg. 14.

MORET (Jean Joseph)—*Comp. des Indes.*—Sa nomination aux fonctions de Procureur du Roi à l'Ile de France. 27 Juin 1730. No. 76 du Reg. 1.

MORILLION (Joseph)—*Gouv. de S. M. B.*—Sa naturalisation de sujet anglais. Ordonnance No. 12 (approuvée) (1). 5 Décembre 1849. No. 1220 du Reg. 47.

MORIN (Fortuné)—*Ad. du Gén. D.*—Sa nomination à la place de Juge du Tribunal d'Appel. 25 Frimaire An 12. Enreg. 30 du même mois. No. 57 du Reg. 26.

Gouv. de S. M. B.—Sa nomination à la place de Juge à la Cour d'Appel. 1er. Janvier 1811. Enreg. 3 du même mois. No. 3 du Reg. 27.

MORIN DE LA SABLONIÈRE.—*Ass. Col.*—Motifs allégués par les Avocats pour ne point défendre dans l'affaire qui le concerne. 5 Juillet 1793. No. 204 du Reg. 21.

MOTAIS DE NARBONNE (Augustin François)—*Ad. pour le Roi de Fr.*—Sa nomination à la place d'Ordonnateur intérimaire aux Iles de France et Bourbon jusqu'à l'arrivée du Sr. Monneron nommé titulairement à cette place. 19 Août 1784. Enreg. 11 Octobre 1785. No. 775 du Reg. 17.

Lettre du Ministre portant continuation de cet intérim. 19 Janvier 1785. Enreg. 11 Octobre même année. No. 776 du Reg. 17.

MOUTONS.—*Gouv. de S. M. B.*—*Voyez* Epizootie.

MUGUET DE LIMAS.—*Ad. pour le Roi de Fr.*—Dénonciation par le Procureur Général d'un Mémoire publié à Paris, par ce particulier, contre les membres du Conseil supérieur de l'Ile de France. 11 Juillet 1770. No. 177 du Reg. 12.

Arrêté qui ordonne qu'il sera fait envoi au Ministre du Mémoire précité et des requisitions et Arrêt qui l'accompagnant pour que la Cour obtienne justice auprès de Sa Majesté. 17 Juillet 1770. No. 180 du Reg. 12.

---

(1) Voyez Certificat du Gouverneur, en date du 8 Août 1850. No. 125 de la liasse de ces pièces.

MULATRES.— Arrêt du Conseil d'Etat concernant le retour dans les colonies de ceux qui auraient été amenés en France. 7 Septembre 1777. Enreg. 3 Juin 1778. No. 439 du Reg. 15.
Lettre du Ministre relative aux dispositions de cet Arrêt. 30e Septembre 1777. Enreg. 3 Juin 1778. No. 440 du Reg. 15.
Recommandation aux capitaines qui en auraient à leur bord d'en faire la déclaration. 22 Prairial An 11. Enreg. 4 Messidor même année. No. 853 du Reg. 26.—*V.* GENS DE COULEUR.

MULETS.—*Gouv. de S. M. B.*—Précautions à prendre à l'égard de ceux qui seront morts par toute autre cause qu'un accident ou maladi connue. 27 Mars 1824. Enreg. 7 Avril suivant. No. 382 du Reg. 39.

MULTIN (Jean)—*Ad. pour le Roi de Fr.*—Sa nomination aux fonctions d'Huissier. 20 Avril 1786. Enreg. 3 Mai suivant. No. 798 du Reg. 17.
Sa démission. 12 Juin 1786. No. 810 du Reg. 17.

MUNICIPALITES.—*Ass. Col.*—Leur organisation. 21 Juillet 1790. Enreg. 30 du même mois. No 1 du Reg. 19.
Celles existantes sont confirmées par la Constitution provisoire de la Colonie, Titre 1er., Article 3. 2 Avril 1791. Enreg. 15 du même mois. No. 46 du Reg. 19.
Celles des cantons des Pamplemousses et de la Rivière du Rempart sont renvoyées pour la jouissance du canal de ces arrondissements à l'exécution du Réglement du Tribunal Terrier, du 22 Septembre 1778. 22 Octobre 1791. Enreg. 5 Mars 1792. No. 120 du Reg. 20.
Rétablissement de l'Article 53 du Titre 8 du mode de Constitution provisoire de la Colonie, concernant la Municipalité du Port Louis. 16 Novembre 1791. Enreg. 5 Mars 1792. No. 123 du Reg. 20.
Sont chargés de déterminer le genre de service dont les élèves des Ecoles seront susceptibles en cas d'alarme. 7 Messidor An 6. Enreg. 15 du même mois. No. 658 du Reg. 24.

Gouv. de S. M. B.—Création d'un Corps municipal pour la ville du Port Louis et ses faubourgs. Ordonnance No. 16 (approuvée) (1). 27 Décembre 1849. No. 1224 du Reg. 47.—*Voyez* SAISIES-ARRÊTS.

MUNIER (Jacques Constant)—*Ad. pour le Roi de Fr.*—En-

---

(1) Voyez Proclamation du 16 Janvier 1851. No. 128 de la liasse de ces pièces déposées au Greffe de la Cour.

registrement de ses lettres d'Avocat, en date du 17 Mars 1785, à lui délivrées par le Parlement de Paris. 10 Mai 1787. No. 850 du Reg. 17.

Ad. du Gén. D.—Sa nomination à la place de Suppléant Juge à l'Ile Bonaparte. 3 Juillet 1809. Enreg. 1er. Février 1810. No. 305 du Reg. 27.

MUNITIONS DE GUERRE.—*Gouv. de S. M. B.*—Celles destinées pour la traite de Madagascar doivent être déclarées au Major de Place et déposées en un lieu indiqué par lui. 26 Juillet 1811. Enreg. même jour. No. 41 du Reg. 27.

Ne peuvent être rendues au propriétaire que sur un permis du Secrétaire en Chef. Id.

MUSCADE.—*Ad. pour le Roi de Fr.*—Prohibition de l'exportation de cette épice. 16 Juillet 1770. Enreg. 17 du même mois. No. 179 du Reg. 12.—*Voyez* MUSCADIER.

MUSCADIERS.—*Comp. des Indes.*—Procès-verbal de vérification d'un plant de muscadiers et de noix de cet aromate introduit en cette Ile, par M. Poivre. 1er. Octobre 1755. Pièce No. 8 de la liasse et boîte 1re. des Minutes du Conseil supérieur.

Ad. pour le Roi de Fr.—Délibération du Conseil supérieur, relative à l'introduction dans la Colonie de plants de muscadiers et de noix de cet aromate, par MM. Provost et Detcheverry, d'après les ordres et les instructions de M. Poivre. 10 Juillet 1770. No. 175 (*bis*) du Reg. 12.

Hommage rendu à ce sujet, par le Conseil supérieur, à M. Poivre. Ibid.

Procès-verbaux d'analyse et vérification des muscadiers ci-dessus mentionnés, dressés par les Administrateurs de la Colonie et M. Commerçon, médecin naturaliste du Roi à l'Ile de France. 27 Juin 1770. Enreg. 10 Juillet suivant. No. 176 du Reg. 12.

Dépôt au Greffe de procès-verbaux, en date des 5 et 8 Juin 1772, d'analyse et vérification de plants et grains de muscadiers introduits de nouveau dans la Colonie par M. Provost, Commissaire de la Marine, embarqué sur la flûte du Roi l'*Ile de France* et la corvette le *Nécessaire*. 1er. Juillet 1772. No. 225 du Reg. 12.

MUSEUM NATIONAL.—*Ass. Col.*—Adoption de la Loi de la Convention Nationale, en date du 4 Brumaire An 3, portant que tous les objets propres à enrichir le Museum National et qui seront pris sur les bâtiments ennemis, seront adressés à la Convention

Nationale. 15 Messidor An 3. Enreg. 21 du même mois. No. 389 du Reg. 23.

MUTATIONS (Ventes.)—*Ad. du Gén. D.*—Nouvelle publication aux Iles de France et de la Réunion du Chapitre 1er. de l'Arrêté du 1er. Brumaire An 14, concernant les mutations du passé. 25 Juin 1806. Enreg. 26 du même mois. No. 183 du Reg. 27 (1).

MUTILATION.—*Ass. Col.*—Suppression de cette peine à l'égard des esclaves condamnés pour cause de marronnage. 4 Décembre 1790. Enreg. 9 du même mois. No. 19 du Reg. 19.

MYLIUS (Lambert)—*Gouv. de S. M. B.*—Sa nomination à la place de Commissaire Civil du quartier de la Rivière du Rempart. 6 Janvier 1834. Enreg. 8 du même mois. No. 670 du Reg. 32.

N.

NAIRAC (Edmond)—Sa naturalisation de sujet anglais. Ordonnance No. 43 (approuvée) (2). 27 Décembre 1847. No. 1137 du Reg. 45.

NAIRAC (George)—Sa naturalisation de sujet anglais. Ordonnance No. 13 (approuvée) (3), 5 Décembre 1849. No. 1221 du Reg. 47.

NASSANCES.—*Ass. Col.*—Manière de les constater. 19 et 20 Mars 1793. Enreg. 18 Avril suivant. No. 187 du Reg. 21.

Gouv. de S. M. B.—*Voyez* ETAT CIVIL.

NAPOLÉON BONAPARTE.—*Ad. du Gén. D.*—Promulgation aux Iles de France, de la Réunion et dépendances du Sénatus-Consulte, en date du 28 Floréal An 12, qui proclame Napoléon Bonaparte Empereur des Français. 24 Vendémiaire An 13. Enreg. 19 Brumaire suivant. No. 122 du Reg. 27.
Promulgation aux Iles de France et de la Réunion du Décret Impérial, sous la date du 1er. Brumaire An 13, relatif à l'hérédité

---

(1) L'Arrêté du 1er. Brumaire An 14 est celui qui contient les dispositions supplémentaires au Code Civil.
(2) Voyez Certificat sous la date du 5 Septembre 1848. No. 113 de la liasse de ces pièces.
(3) Id.   Id.   Id.   en date du 8 Août 1850. No. 125. Id.

de la dignité impériale dans sa descendance directe, naturelle, légitime et adoptive. 1er. Floréal An 13. Enreg. No. 138 du Reg. 27.

Promulgation aux Iles de France et Bonaparte du Décret Impérial, en date du 19 Février 1806, relatif à la célébration de la fête de St. Napoléon, de S. M. Impériale et celle de l'anniversaire de son couronnement. 25 Juillet 1807. Enreg. 30 du même mois, No. 217 du Reg. 27.

NATTIER.—Sa nomination aux fonctions d'Avoué. 7 Pluviôse An 12. Enreg. 12 du même mois. No. 68 du Reg. 26.

NATURALISATION.—*Ad. pour le Roi de Fr.*—*V.* BETTY.

Gouv. de S. M. B.—*Voyez* INSTRUCTIONS ROYALES.

NAVIGATION.—*Ass. Col.*— Police y relative. 20 Eévrier 1794. Enreg. 28 du même mois. No. 275 du Reg. 23.

Gouv. de S. M. B.—Publication des Actes du Parlement ci-après, concernant la navigation. 24 Janvier 1827. Enreg. 10 Mai même année. No. 473 du Reg. 30.

Acte passé dans la 6me. année du règne de George IV, Chapitre 109 intitulé : Acte pour encourager les armements et la navigation britannique. Enreg. 10 Mai 1827. No. 474 du Reg. 30.

Id. Chapitre 10 intitulé : Acte concernant les registres des navires anglais. Enreg 10 Mai 1827. No. 475 du Reg. 30.

Id. Chapitre 114 intitulé : Acte pour régler le commerce des possessions britanniques au dehors. Enreg. 10 Mai 1827. No. 476 du Reg. 30.

NAVIRES.—*Ad. pour le Roi de Fr.*— Réglements relatifs aux navires étrangers admis en franchise ou en relâche au Port Louis. 12 Juin 1788. Enreg. 24 Juillet suivant. No. 904 du Reg. 18.

Ass. Col.—Adoption du Décret de la Convention du 20 Septembre 1793 qui met en requisition tous objets propres à la construction, armement et équipement des navires de guerre. 9 Avril 1794. Enreg. 14 du même mois. No. 286 du Reg. 23.

Adoption du Décret de l'Assemblée Nationale du 27 Juillet 1793 qui maintient les dispositions du Décret du 9 Mai même annnée, relatives aux navires réputés neutres chargés de comestibles et de marchandises appartenant aux puissances ennemies. 12 Avril 1794. Enreg. 17 du même mois. No. 290 du Reg. 23.

Défense de communiquer avec ceux naviguant à la vue de l'Ile ou atterrissant dans quelques uns de ses ports avant que la communication ait été permise. 4 Nivôse An 3. Enreg. 7 du même mois. No. 354 du Reg. 23.

Conduite à tenir par ceux qui introduisent dans la Colonie des objets de première nécessité. 17 Ventôse An 3. Enreg. 19 du même mois. No. 365 du Reg. 23.

Embargo sur ceux allant à l'étranger. 14 Vendémiaire An 4. Enreg. 18 du même mois. No. 413 du Reg. 23.

Fixation du moment de leur départ. 13 Ventôse An 4. Enreg. 18 du même mois. No. 460 du Reg. 23.

Formalités à remplir par les navires de guerre à leur arrivée. 3 Brumaire An 5. Enreg. 15 du même mois. No. 518 du Reg. 24.

Autres règles à observer à l'égard de ceux venant du large. 13 Frimaire An 5. Enreg. 18 du même mois. No. 527 du Reg. 24.

Ceux venant du dehors ne pourront mouiller qu'au Port N. O. 24 Germinal An 5. Enreg. 25 du même mois. No. 561 du Reg. 24.

Formalités à remplir pour le départ des navires. 17 Prairial An 5. Enreg. 25 du même mois. No. 573 du Reg. 24.

Mesures concernant ceux qui auraient à leur bord des étrangers qui pourraient troubler la tranquillité de la Colonie. 16 Prairial An 5. Enreg. 5 Messidor même année. No. 580 du Reg. 24.

Les navires français ne paieront que la moitié des droits d'entrée. 4 Brumaire An 6. Enreg. 7 du même mois. No. 611 du Reg. 24.

Précautions à prendre à l'effet de s'assurer si ceux partant de cette Colonie ne sont pas destinés à la traite des nègres. 28 Pluviôse An 6. Enreg. 5 Ventôse suivant. No. 635 du Reg. 24.

Seront réputés neutres ou ennemis d'après la nature de leur cargaison. 29 Nivôse An 6. Enreg. 25 Frimaire An 7. No. 668 du Reg. 24.

Ceux trouvés en mer, chargés en tout ou en partie de marchandises d'Angleterre ou de ses possessions, seront déclarées bonnes prises. Id.

Certains navires danois et américains ne seront point inquiétés par les capitaines des navires français de l'Etat. 19 Frimaire An 7. Enreg. 5 Nivôse suivant. No. 669 du Reg. 24.

Réglements concernant ceux venant de tout autre lieu que des ports ou rades de cette Ile. 2 Pluviôse An 7. Enreg. 6 du même mois. No. 671 du Reg. 24.

Ceux des Etats-Unis d'Amérique peuvent être mis en séquestre ainsi que leur cargaison. 13 Floréal An 7. Enreg. 15 du même mois. No. 686 du Reg. 25.

La confiscation de ces navires peut être prononcée par les Tribunaux. 5 Messidor An 7. Enreg. 8 du même mois. No. 699 du Reg. 25.

Abrogation de cette disposition. 12 Fructidor An 7. Enreg. 17 du même mois. No. 708 du Reg. 25.

Ceux commissionnés en guerre ne pourront inquiéter les neutres. Ibid.

Dispositions relatives au Décret du 29 Nivôse An 6, concernant les navires neutres. 18 Pluviôse An 8. Enreg. 19 du même mois. No. 723 du Reg. 25.

Autres dispositions ayant rapport aux navires neutres. 4 Ventôse An 8. Enreg. 7 du même mois. No. 725 du Reg. 25.

Ouvertures des balles, caisses, etc. appartenant aux navires neutres. 19 Pluviôse An 8. Enreg. 6 Floréal suivant. No. 729 du Reg. 25.

Autres dispositions à ce sujet. 3 Floréal An 8. Enreg. 6 du même mois. No. 730 du Reg. 25.

Remise en vigueur du Réglement du 26 Juillet 1778, concernant la navigation des navires neutres. 29 Frimaire An 8. Enreg. 15 Prairial même année. No. 734 du Reg. 25 (1).

Mesures de sûreté relatives à l'arrivée des navires. 4 Fructidor An 8. Enreg. 8 du même mois. No. 753 du Reg. 25.

Réglements relatifs à ceux réfugiés dans quelques ports de la Colonie à cause de la présence de l'ennemi. 12 Fructidor An 8. Enreg. 15 du même mois. No. 754 du Reg. 25.

Ceux arrivant de l'Ile de la Réunion mettront un guidon bleu. 7 Brumaire An 9. Enreg. 15 du même mois. No. 759 du Reg. 25.

Publication à l'Ile de France et dépendances de la Convention établie entre la République Française et les Etats-Unis, en date du 8 Vendémiaire An 9, relative aux navires neutres. 8 Germinal An 9. Enreg. 15 du même mois. No. 770 du Reg. 25.

Peines contre les personnes qui auront quelque intelligence avec les navires en croisières. 2 Floréal An 9. Enreg. 18 du même mois. No. 773 du Reg. 25.

Les navires étrangers ne pourront rester plus de 24 heures au Pavillon. 14 Messidor An 10. Enreg. 17 du même mois. No. 823 du Reg. 26.

Formalités à remplir par l'Officier municipal à l'arrivée des navires. 8 Fructidor An 11. Enreg. 14 du même mois. No. 864 du Reg. 26.

Ad. du Gén. D.—Surveillance à observer quant à l'état sanitaire des équipages des navires qui arrivent en cette Ile et autres réglements sur la police des navires. 27 Pluviôse An 12. Enreg. 1er. Ventôse suivant. No. 72 du Reg. 26.

Promulgation du Décret Impérial du 21 Octobre 1807 qui ordonne à tous commandants d'escadres, divisions navales, vaisseaux et autres navires de guerre de courir sus aux vaisseaux naviguant sous pavillon portugais. 25 Juillet 1808. Enreg. 28 du même mois. No. 255 du Reg. 27.

---

(1) Le Réglement du 26 Juillet 1778 n'a pas été transcrit au Greffe de la Cour; il est inséré au Code Delaleu.

Promulgation du Décret Impérial du 21 Septembre 1808 qui contient les mêmes ordres à l'égard des navires espagnols. 4 Février 1809. Enreg. 9 du même mois. No. 277 du Reg. 27.

Gouv. de S M. B.—Admission des navires étrangers dans le Port de l'Ile Maurice. 31 Octobre 1814. Enreg. 5 Novembre suivant. No. 114 du Reg. 28.

Maintien de l'Arrêté du 27 Pluviôse An 12 et autres dispositions additionnelles concernant l'arrivée et le départ des navires. 18 Mai 1816. Enreg. 29 du même mois. No. 176 du Reg. 29.

Il est interdit à ceux faisant le commerce de Madagascar de prendre des fusils, mousquetons, pistolets, poudre de guerre, etc. 25 Mai 1818. Enreg. 3 suivant. No. 259 du Reg. 29.

Défense de communiquer avec ceux qui sont en quarantaine. 20 Mars 1820. Enreg. 1er. Avril suivant. No. 297 du Reg. 29.

Réglements relatifs à leur déchargement et délestage. 16 Décembre 1823. Enreg. 5 Janvier 1824. No. 377 du Reg. 30.

Ceux sous pavillon français arrivant de Madagascar et ayant des bœufs à leur bord, pourront les débarquer et les vendre en cette Ile. 18 Août 1824. Enreg. 4 Septembre suivant. No. 392 du Reg. 30.

Ceux destinés à faire la navigation entre l'Ile Maurice et les dépendances des Seychelles, ne pourront, dans le cours de cette navigation, se diriger sur aucun port intermédiaire, sauf les cas de nécessité absolue. 10 Août 1824. Enreg. 4 Septembre suivant. No. 393 du Reg. 30.

Ceux que les circonstances feront relâcher en ce port et qui devront reprendre la mer en conséquence de leur première expédition, sont dispensés de l'accomplissement des formalités prescrites par le Titre 2, Section 1re. de l'Arrêté du 27 Pluviôse An 12 et de celles de la Proclamation du 18 Mai 1826. Ordonnance No. 9. 14 Mars 1826. Enreg. 20 du même mois. No. 444 du Reg. 30.

Réglements relatifs à ceux employés à la navigation sur les côtes de cette Ile. Ordonnance No. 65. 9 Juillet 1830. Enreg. 23 du même mois. No. 562 du Reg. 31.

Mesures pour leur sûreté dans la rade à l'époque des coups de vent. Ordonnance No. 68. 10 Novembre 1830. Enreg. 13 du même mois. No. 575 du Reg. 31.

Précautions à prendre pour le mouillage de ceux soumis à la quarantaine. Id.

Droits à payer pour ceux du port de dix tonneaux et au-dessous. Ordonnance No. 15 (approuvée) (1). 19 Octobre 1835. Enreg. 22 Décembre même année. No. 736 du Reg. 33.

Nouveaux Réglements relatifs à l'arrivée et au départ des na-

---

(1) Voyez Certificat du Gouverneur, en date du 5 Octobre 1836. No. 25 de la liasse de ces pièces.

vires. Ordonnance No. 17 (désapprouvée) (1). 14 Décembre 1840, No. 867 du Reg. 38.

Id. Ordonnance No. 38 (approuvée) (2). 26 Février 1844. No. 1096 du Reg. 42.—*Voyez* Droits, Equipages, Maladies contagieuses et Quarantaine.

NEGOCIANTS.—*Ad. pour le Roi de Fr.*—Réglements les concernant. 13 Août 1784. No. 705 du Reg. 16.

Gouv. de S. M. B.—Ceux qui voudront vendre au détail des objets dans leurs magasins, sont tenus de prendre une patente. 11 Avril 1815. Enreg. 12 du même mois. No. 129 du Reg. 28.

NÈGRES.—*Ass. Col.*—*Voyez* Noirs.

NETTOYAGE.—*Gouv. de S. M. B.*—Réglements concernant celui de la ville du Port Louis. Ordonnance No. 2 (approuvée) (3). 14 Avril 1834. Enreg. 29 du même mois. No. 677 du Reg. 32.

NEUTRE dit VENDOME (Blaize)—*Ad. pour le Roi de Fr.*— Sa nomination aux fonctions d'Huissier. 4 Septembre 1783. Enreg. 9 du même mois. No. 664 du Reg. 16.

NEUTRES.—*Ass. Col.*—*Voyez* Navires.

NEVÉ.— *Ad. pour le Roi de Fr.*— Lettre du Ministre relative à la procédure et aux remontrances du Conseil dans l'affaire de ce particulier accusé du fait de banqueroute frauduleuse. 19 Septembre 1775. No. 372 du Reg. 14.—*Voyez* Remontrances.

NEVIÈRE.—*Ass. Col.*—Son admission à la profession d'Avocat près la Cour. 30 Septembre 1790. No. 14 du Reg. 19.

NICOLAY (Sir William)— *Gouv. de S. M. B.*— Sa prise de possession du Gouvernement de l'Ile Maurice. 4 Février 1833. Enreg. 21 du même mois. No. 640 du Reg. 31.

Lettres-patentes, en date des 8 et 12 Septembre 1832, qui le nomment Gouverneur de l'Ile Maurice et dépendances et Vice-Amiral en cette Ile. No. 802 du Reg. 36.

Autre commission de Gouverneur de l'Ile Maurice et dépendances, à lui adressée par S. M. la Reine Victoria, sous la date du 18 Mai 1838. No. 825 du Reg. 37.

---

(1) Voyez Certificat du Gouverneur, en date du 11 Mars 1842. No. 66 de la liasse de ces pièces.
(2) Id. Id. Id. en date du 16 Décembre 1844. No. 87. Id.
(3) Id. Id. Id. en date du 10 Août 1835. No. 9. Id.

Sa nomination de Vice-Amiral, par S. M. la Reine, en date du 11 Juillet 1838. No. 826 du Reg. 37.—*Voyez* CHEF JUGE.

NOBLESSE.—*Ad. pour le Roi de Fr.*—Preuves de noblesse à faire dans le Royaume par les habitants des Colonies. Août 1782. Enreg. 2 Septembre 1785. No. 659 du Reg. 16.

Ass. Col.—Adoption du Décret de l'Assemblée Nationale, en date du 19 Juin 1790, portant abolition de la noblesse héréditaire. 23 Novembre 1790. Enreg. 17 Décembre suivant. No. 22 du Reg. 19.

NOEL (Martial).—*Gouv. de S. M. B.*—Sa nomination à la place de Suppléant Commissaire Civil du quartier de Moka. 16 Décembre 1826. Enreg. 21 du même mois. No. 468 du Reg. 30.

NOGENT (Paul Jean François)—*Ad. pour le Roi de Fr.*—Sa nomination à la place de Procureur du Roi à la Juridiction Royale. 19 Août 1789. Enreg. 20 Octobre même année. No. 966 du Reg. 18.
Congé à lui accordé pour passer à l'Ile Bourbon. 20 Octobre 1789. No. 968 du Reg. 18.

Ass. Col.—Son refus de faire partie de la Commission créée pour juger les noirs coupables de complots contre la sûreté de la Colonie. 6 Prairial An 7. Enreg. 7 du même mois. No. 692 du Reg. 24.

NOIRS.—*Comp. des Indes.*—*V.* MARRONS, DÉTACHEMENTS, ESCLAVES ET TRAITES.

Ad. pour le Roi de Fr.—Arrêt du Conseil d'Etat et lettre du Ministre concernant le retour dans les Colonies de ceux qui auraient été amenés en France. 7 Septembre 1777. Enreg. 3 Juin 1778. No. 439 du Reg. 15.
Lettre du Ministre relative aux dispositions de cet Arrêt. 30 Septembre 1777. Enreg. 3 Juin 1778. No. 440 du Reg. 15.
Réglements relatifs à ceux de la commune détenus dans les prisons. 12 Février 1784. No. 677 du Reg. 16.
Réglements concernant ceux en location et en journées. 30 Juin 1788. Enreg. 22 Septembre même année. No. 911 du Reg. 18.—*Voyez* ESCLAVES.

Ass. Col.—Création d'un détachement pour arrêter les noirs qui viennent à la ville sans permission de leurs maîtres. 26 Avril 1791. Enreg. 11 Mai suivant. No. 56 du Reg. 19.
La compétence de la commission créée en vertu de la Loi du 18 Prairial An 2, s'étendra au jugement des noirs marrons, chefs de

bandes, noirs marrons pris les armes à la main, en attroupement ou autres noirs attaquant à main armée. 4 Thermidor An 2. Enreg. 24 Juillet 1794. No. 320 du Reg. 23 (1).

Défense d'introduire aucun noir dans la Colonie, par la voie de Madagascar, quelle que soit sa caste. 7me. jour du 2me. mois de l'An 3. Enreg. 9 Brumaire même année. No. 344 du Reg. 23.

Les noirs marrons qui seront arrêtés en bandes ou en armes, seront mis hors la loi. 6 Germinal An 3. Enreg. 7 du même mois. No. 367 du Reg. 23.

Maintien de la suspension générale de la traite. 6 Messidor An 3. Enreg. 11 du même mois. No. 377 du Reg. 23.

Les contraventions à cette Loi seront portées devant le Tribunal de Police correctionnelle du canton où les délits auront été commis. 17 Messidor An 3. Enreg. 21 du même mois. No. 382 du Reg. 23.

Manière dont les noirs marrons déposés à la geôle seront rendus à leurs maîtres. 7 Nivôse An 4. Enreg. 16 du même mois. No. 440 du Reg. 23.

Arrêté relatif à ceux qui les recèlent. 4 Prairial An 4. Enreg. 6 du même mois. No. 480 du Reg. 23.

Réglements concernant la capture des noirs marrons. 16 Frimaire An 5. Enreg. 27 du même mois. No. 525 du Reg. 24.

Réglements concernant les noirs qui seront trouvés cachés à bord des navires. 12 Germinal An 7. Enreg. 15 du même mois. No. 680 du Reg. 24.

Ceux qui étant chefs d'ateliers seront convaincus d'avoir tenté de soulever les ateliers ou d'avoir formé des complots attentatoires à la sûreté publique, d'avoir excité les noirs à quitter leurs travaux et à fuir dans les bois, seront punis de mort. 16 Floréal An 7. Enreg. 25 du même mois. No. 687 du Reg. 25.

Loi qui fixe le degré de culpabilité dans les cas déterminés par l'Arrêté du 16 Floréal An 7. 4 Prairial An 7. Enreg. 5 du même mois. No. 689 du Reg. 25.

Le Juge Civil est autorisé à appeler un ou deux notables pour le jugement des délits commis par les noirs. 6me. jour complémentaire de l'An 7. Enreg. 6 Vendémiaire An 8. No. 714 du Reg. 25.

Abrogation des Articles 1 et 3 de la 2me. Section de la Loi du 5 Fructidor An 7, et nouvelles dispositions concernant les noirs qui seront arrêtés de jour aux environs des habitations. 3 Nivôse An 8. Enreg. 6 du même mois. No. 720 du Reg. 25 (2).

Aucun noir esclave ne pourra être embarqué même comme matelot ou domestique à bord d'aucun corsaire ou vaisseau armé en guerre. 5 Nivôse An 9. Enreg. même jour. No. 763 du Reg. 25.

---

(1) Voyez au mot *Commission*, la Loi du 18 Prairial An 2.
(2) Voyez au mot *Détachement*, la Loi du 5 Fructidor An 7.

Peines contre ceux convaincus d'empoisonnement et d'assassinat. 29 Ventôse An 9. Enreg. 5 Germinal même année. No. 769 du Reg. 25.

Peines contre ceux qui auront des intelligences avec les vaisseaux en croisière. 2 Floréal An 9. Enreg. 18 du même mois. No. 773 du Reg. 25.

Réglements concernant ceux affectés au service des batteries. 27 Floréal An 9. Enreg. 5 Prairial même année. No. 774 du Reg. 25.

Abrogation de tous les Arrêtés ayant pour objet de suspendre ou d'entraver leur introduction dans la Colonie. 1er. Messidor An 10. Enreg. 26 du même mois. No. 822 du Reg. 26.—*V.* ESCLAVES, TRAITES ET MARRONS.

Ad. du Gén. D.— Suppression du droit de 3 piastres établi sur ceux introduits dans les deux Iles. 4 Prairial An 12. Enreg. No. 85 du Reg. 26.

Réglements relatifs à la nourriture et à l'etretien de ceux de la commune. 18 Nivôse An 13. Enreg. 20 du même mois. No. 126 du Reg. 27.

Réglements relatifs à ceux qui doivent être jugés par contumace. 17 Novembre 1806. Enreg. 4 Décembre même année. No. 198 du Reg. 27.

NOIRS DE TRAITE (dits Pièces d'Inde)—*Comp. des Indes.*—Arrêté concernant des demandes d'habitants à l'effet d'en obtenir de la Compagnie. 25 Juin 1730. No. 75 du Reg. 1.

Autre Arrêté concernant des demandes de la part d'habitants acquéreurs de noirs de traite pour que ces derniers reçoivent des soins de médecin aux frais de la Compagnie. 1er. Août 1730. No. 80 du Reg. 1.

NOIRS NOUVEAUX.—*Comp. des Indes.*—*Voyez* NOIRS DE TRAITE.

Ass. Col.— Défense aux capitaines des navires faisant le commerce de la traite cu autres citoyens de les garder dans la ville. 18 Prairial An 11. Enreg. 22 du même mois. No. 850 du Reg. 26.

NOIRS LIBRES OU AFFRANCHIS.—*Gouv. de S. M. B.*— Abrogation de l'Article 51 des Lettres-Patentes de 1723 et des Articles 67 et 68 de l'Arrêté supplémentaire du Code Civil qui défendent aux personnes de la population blanche de disposer en leur faveur par Actes entre-vifs ou par testament. Ordonnance No. 18. 8 Novembre 1826. Enreg. 1er. Décembre suivant. No. 463 du Reg. 30.

NOMINATIONS.— *Ad. pour le Roi de Fr.*— V. Provisions (Diplômes).

Gouv. de S. M. B.—*Voyez* Commissions (Diplômes).

NOMS.—*Ass. Col.*—Défense aux citoyens d'en porter d'autres que ceux exprimés dans leurs Actes de naissance. 17 Messidor An 3. Enreg. 21 du même mois. No. 383 du Reg. 23.

Abrogation de cette Loi. 23 Messidor An 3. Enreg. 25 du même mois. No. 385 du Reg. 23.

Amende contre ceux qui ne porteront pas leurs véritables noms de famille sur les recensements. 5 Messidor An 11. Enreg. 18 du même mois. No. 856 du Reg. 26.

NOTABLES.— *Ad. pour le Roi de Fr.*—Lettres-patentes du Roi qui autorisent les Juges des Juridictions Royales à se faire assister dans le jugement des procès criminels par cinq notables habitants. Juillet 1776. Enreg. 10 Mars 1777. No. 401 du Reg. 14.

Nomination de ces Notables conformément aux lettres-patentes précitées. 9 Juillet 1778. No. 450 du Reg. 15.

Nomination d'un sixième Notable pour suppléer à l'empêchement d'un de ceux ci-dessus nommés. 10 Juillet 1778. No. 451 du Reg. 15.

Pourront suppléer le Juge Royal et les Gradués du Siège, en cas d'empêchement. 5 Juillet 1782. No. 615 du Reg. 16.

Ass. Col.—Fixation de leur nombre. 8 Floréal An 5. Enreg. 15 du même mois. No. 569 du Reg. 24.

Nomination de ceux qui doivent remplacer les Juges dans les Tribunaux Civils, en cas d'empêchement de ces derniers. 6 Messidor An 7. Enreg. 25 du même mois. No. 701 du Reg. 25.

Abrogation de la Loi du 6 Messidor An 7, relative à leur institution. 28 Floréal An 9. Enreg. 5 Prairial même année. No. 775 du Reg. 25.

Leur déport dans les affaires des citoyens Martineau et Guimbeau. 18 Prairial An 11. Enreg. 27 du même mois. No. 851 du Reg. 26.

Gouv. de S. M. B.—Lieu destiné à leur réunion. 1er. Juin 1817. Enreg. 1er. Août même année. No. 212 du Reg. 29.

Leur nomination à l'effet de procéder à la formation des listes de ceux qui seront présentés à S. E. le Gouverneur pour composer les Conseils de commune. 9 Septembre 1817. Enreg. 13 du même mois. No. 221 du Reg. 29.

Nomination de ceux des quartiers des Pamplemousses, de la

Rivière du Rempart et du Grand Port. 6 Août 1822. Enreg. 2 Septembre suivant. No. 341 du Reg. 29.

Id. De ceux du quartier de la Rivière Noire à l'effet de composer le Comité chargé de dresser les roles pour la contribution de la Caisse de Bienfaisance. 12 Juin 1823, Enreg. 21 du même mois. No. 365 du Reg. 30.

Institution de ceux mentionnés en l'Article 243 du Code d'Instruction Criminelle. 29 Décembre 1832. Enreg. 5 Janvier 1833. No. 634 du Reg. 31.

Nomination de ceux parmi lesquels doivent être choisis les Assesseurs pour la Cour d'Assises. 29 Novembre 1833. Enreg. 12 Décembre suivant. No. 665 du Reg. 32.

Leur convocation à l'effet de présenter au Gouvernement des listes de personnes éligibles aux fonctions d'Assesseurs. 3 Janvier 1834. Enreg. 11 du même mois. No. 671 du Reg. 32.

Leur convocation à l'effet de procéder au choix des Assesseurs pour le service de la Cour d'Assises. 20 Février 1837. No. 763 du Reg. 35.

Convocation de ceux qui doivent procéder à la formation de la liste des personnes éligibles aux fonctions d'Assesseurs. 22 Janvier 1839. No. 814 du Reg. 37.

Leur convocation à l'Hôtel du Gouvernement à l'effet de former la liste des Assesseurs éligibles. Proclamation du 13 Janvier 1847. No. 1082 du Reg. 45.

Id. A l'effet de préparer la liste supplémentaire de vingt-cinq Assesseurs. 23 Août 1847. No. 1120 du Reg. 45.

Id. A l'effet de préparer la liste des Assessurs éligibles pour l'année 1848. 7 Février 1848. No. 1141 du Reg. 46.

Id. Pour l'année 1849. 10 Février 1849. No. 1198 du Reg. 47.

Leur convocation à l'effet de préparer la liste des personnes éligibles aux fonctions d'Assesseurs pour l'année 1850. 25 Janvier 1850. No. 1229 du Reg. 48.

NOTAIRES.—*Ad. pour le Roi de Fr.*—Auront le droit de faire des inventaires à l'amiable et des ventes volontaires. 15 Décembre 1772. No. 297 du Reg. 14.

Interprétation de cet Arrêté. 17 Décembre 1772. No. 303 du Reg. 14.

Réglements relatifs à leurs fonctions. 12 Septembre 1775. No. 357 du Reg. 14.

Réglements qui les astreints à inscrire leurs actes sur des registres. 14 Août 1778. No. 461 du Reg. 15 (1).

---

(1) Voyez aux mots *Actes publics*, l'Edit du mois de Juin 1776, portant que les Notaires retiendront leurs Actes en doubles minutes, pour être, les secondes minutes, envoyées en France au dépôt des Actes publics formalisés dans les Colonies.

Seront tenus d'avoir un registre sur lequel ils inscriront leurs actes qui seront assujettis au contrôle. Id.

Leurs attributions relativement aux ventes de meubles. 11 Décembre 1781. No. 585 du Reg. 16.

Autres dispositions les concernant. 5 Mars 1782. No. 593 du Reg. 16.

Ne peuvent faire les ventes d'immeubles à l'encan et par adjudication. Id.

Requête par eux présentée pour obtenir qu'il soit désigné un lieu pour les ventes publiques. 4 Août 1783. No. 646 du Reg. 16.

Réglements relatifs à ceux qui voudront se démetttre de leur office et à ceux qui décéderont. 14 Juillet 1784. No. 700 du Reg. 16.

Dispositions concernant le dépôt de leurs minutes. Id.

Ass. Col.—Représentation au Directoire de leurs registres. 4 Thermidor An 2. Enreg. 24 du même mois. No. 321 du Reg. 23.

Les inventaires, après décès et ventes, leur appartiennent à l'exclusion des Juges de Paix.

Abrogation de l'Arrêté du 14 Ventôse An 3. 23 Floréal An 3. Enreg. 29 du même mois. No. 371 du Reg. 23 (1).

Incompatibilité de leurs fonctions avec celles de Juges de Paix. Ibid.

Sont astreints à remettre au Directoire les secondes minutes de leurs Actes. 14 Prairial An 3. Enreg. 17 du même mois. No. 374 du Reg. 23.

Ceux qui auront commencé un inventaire ou une vente mobilière dans un canton de l'Ile, pourront, par suite de leur commission, procéder à la continuation des mêmes opérations dans les autres cantons. 25 Prairial An 3. Enreg. 27 du même mois. No. 376 du Reg. 23.

Tout Notaire démissionnaire ne sera déchargé de ses fonctions que du jour où le Directoire lui aura donné acte de sa démission sur les conclusions par écrit de l'Agent national. 27 Fructidor An 3. Enreg. 4 Vendémiaire An 4. No. 411 du Reg. 23.

Pourront cumuler les places de Greffiers des Tribunaux Civils. 16 Vendémiaire An 4. Enreg. 18 du même mois. No. 416 du Reg. 23.

Incompatibilité entre leurs fonctions et celles des Avoués. 3 Floréal An 5. Enreg. 7 du même mois. No. 567 du Reg. 24.

Abrogation de cette Loi. 4 Messidor An 9. Enreg. 7 du même mois. No. 783 du Reg. 25.

Abrogation de l'Article 25 de la Loi du 14 Pluviôse An 6, qui

---

(1) L'Arrêté du 14 Ventôse An 3, n'a pas été transcrit sur les registres du Greffe.

astreint les Notaires à exiger des citoyens la représentation de leurs quittances d'impositions. 5 Ventôse An 10. Enreg. 15 du même mois. No. 806 du Reg. 26 (1).

Ad. du Gén. D.—Nomination de ceux résidant tant à la ville que dans les campagnes. 22 Floréal An 12. Enreg. 27 du même mois. No. 83 du Reg. 26.

Abrogation des Articles 5 et 6 de l'Arrêté du 22 Floréal An 12, les concernant. 16 Prairial An 12. Enreg. 19 du même mois. No. 90 du Reg. 26.

Création d'une Chambre de discipline. 16 Prairial An 12. Enreg. 19 du même mois. No. 92 du Reg. 27.

Il leur est enjoint d'exiger des particuliers qui réclament leur ministère, la quittance de leurs impositions. 25 Fructidor An 12. Enreg. 30 du même mois. No. 113 du Reg. 27.

Tarif de leurs droits et honoraires. 12 Brumaire An 14. Enreg. 13 du même mois. No. 160 du Reg. 27.

Conduite qu'ils doivent tenir en cas d'alarme. 22 Juillet 1810. Enreg. 24 du même mois. No. 311 du Reg. 27.

Gouv. de S. M. B.—Sont tenus de déposer leurs doubles minutes au Greffe du Tribunal de 1re. Instance. 5 Mars 1811. Enreg. 9 du même mois. No. 20 du Reg. 27.

Suppression des registres sur lesquels ils doivent inscrire leurs actes. 4 Mars 1811. Enreg. 9 du même mois. No. 21 du Reg. 27.

Leurs minutes seront portées sur des feuilles volantes. Id.

Son astreints à se munir d'une licence pour avoir la faculté de faire des ventes à l'encan. 19 Novembre 1811. Enreg. 23 du même mois. No. 45 du Reg. 27.

Ceux pourvus d'une licence pour faire des ventes à l'encan, sont astreints à déposer au Bureau de l'Enregistrement une déclaration détaillée des objets à vendre. 16 Février 1812. Enreg. 1er. Mai même année. No. 58 du Reg. 28.

Abrogation des Articles 11 et 12 de l'Arrêté du 25 Fructidor An 12, qui leur ordonnent de se faire représenter les quittances d'impositions des particuliers qui réclameront leur ministère. 16 Mars 1815. Enreg. 20 du même mois. No. 127 du Reg. 28.

Remise en vigueur des Articles 11 et 12 précités. 30 Octobre 1818. Enreg. 7 Novembre suivant. No. 264 du Reg. 29.

Abrogation des dispositions contenues aux Articles 11 et 12 de l'Arrêté du 25 Fructidor An 12. 16 Décembre 1818. Enreg. 11 Janvier 1819. No. 274 du Reg. 29.

Formalités auxquelles les Notaires sont assujettis lorsqu'on leur

---

(1) Voyez au mot *Contributions*, la Loi du 14 Pluviôse An 6.

envoie des esclaves pour être vendus. 16 Juillet 1824. Enreg. 3 Août suivant. No. 389 du Reg. 30.

Leur nombre est porté à neuf pour le Port Louis. Ordonnance No. 7 (approuvée) (1). 13 Juin 1836. No. 748 du Reg. 34.—*Voyez* OFFICIERS PUBLICS, NOTARIAT, MINUTES ET TARIFS.

NOTARIAT.—*Ad. du Gén. D.*—Promulgation aux Iles de France et de la Réunion de la Loi de la République du 25 Ventôse An 11, y relative. 14 Pluviôse An 12. Enreg. 19 du même mois. No. 69 du Reg. 26.—*Voyez* NOTAIRES.

NOTARIATS.—*Ass. Col.*—*Voyez* OFFICES DE NOTAIRES.

NULLITÉS.—*Gouv. de S. M. B.*—Modification des règles établies par l'Ordonnance de 1670, concernant les nullités dans les Procédures criminelles. 24 Novembre 1814. Enreg. 25 du même mois. No. 117 du Reg. 28.

NYON (Chevalier de)—*Comp. des Indes.*—Sa nomination au Gouvernement de l'Ile de France. 11 Octobre 1721.

Son arrivée en cette Colonie. Janvier 1722. No. 2 du Reg. 1.

O.

OBJETS.—*Ass. Col.*—Dispositions relatives à ceux de première nécessité. 28 Pluviôse An 6. Enreg. 5 Ventôse suivant. No. 636 du Reg. 24.—*Voyez* DENRÉES.

OBLIGATIONS.—*Ad. pour le Roi de Fr.*—Lettres-patentes portant Réglements pour les obligations contractées aux Iles de France et Bourbon. 21 Septembre 1768. Enreg. 24 Août 1769. No. 154 du Reg. 12.

Déclaration du Roi qui révoque ces lettres-patentes. 15 Mars 1776. Enreg. 16 Avril 1777. No. 407 du Reg. 14.

Ass. Col.—Celles de 1,000 livres et au-dessus doivent être enregistrées au Contrôle des Actes. 17, 18 et 19 Germinal An 4. Enreg. 25 du même mois. No. 472 du Reg. 23.

Droits à payer pour l'enregistrement de celles faites pour marchandises ou denrées dont le prix n'aurait pas été fixé. 17 Floréal An 4. Enreg. 27 du même mois. No. 479 du Reg. 23.

---

(1) Voyez Certificat du Gouverneur, en date du 20 Mars 1837. No. 36 de la liasse de ces pièces déposées au Greffe de la Cour.

Autres dispositions à ce sujet. 5 Brumaire An 5. Enreg. 8 du même mois. No. 517 du Reg. 24.

Comment les obligations stipulées payables en valeur nominale doivent être payées en papier-monnaie. 26 Nivôse An 5. Enreg. 28 du même mois. No. 535 du Reg. 24.

Celles qui ne seront ni souscrites ni payables dans la Colonie, ne paieront qu'un droit de contrôle simple. 6 Messsidor An 10. Enreg. 18 du même mois. No. 821 du Reg. 26.

Ad. du Gén. D.— Celles déguisées sous le nom de reconnaissance de dépôt entre toutes sortes de personnes, sont assujetties au droit proportionnel du timbre. 30 Décembre 1808. Enreg. 20 Janvier 1809. No. 272 du Reg. 27.

Promulgation de l'Avis du Conseil d'Etat du 29 Mars 1808, relatif à cette matière. Id.

OFFICES DE NOTAIRES.—*Ass. Col.*—Mesures propres à les pourvoir de sujets convenables. 5 Fructidor An 3. Enreg. 9 du même mois. No. 406. du Reg. 23.

OFFICIERS DE JUSTICE.—*Ad. du Gén. D.*—Promulgation aux Iles de France et Bonaparte du Décret Impérial du 2 Octobre 1807, concernant ceux auxquels des infirmités donnent droit à une pension de retraite. 21 Avril 1808. Enreg. 5 Mai suivant. No. 245 du Reg. 27.

Lettre ministérielle relative aux mariages des Officiers de Justice. 28 Août 1808. Enreg. 9 Février 1809. No. 278 du Reg. 27.

Autorisation donnée à MM. Barbe-Marbois, Président de la Cour d'Appel et Virieux, Procureur Général, à l'effet de recevoir le serment de tous autres Juges et Officiers de Justice. 2 Janvier 1811. Enreg. 3 du même mois. No. 1 du Reg. 27.

Gouv. de S. M. B.—Nomination de ceux composant les Tribunaux après la conquête de cette Ile par les armes de S. M. britannique. 1er. Janvier 1811. Enreg. 3 du même mois. No. 2 du Reg. 27.

Ils ne recevront aucune épice. 27 Janvier 1811. Enreg. 3 du même mois. No. 6 du Reg. 27.

OFFICIERS DE PAIX.—Leur création dans les divers quartiers de la ville. 3 Octobre 1816. Enreg. 9 du même mois. No. 191 du Reg. 29.

OFFICIERS DE POLICE.—*Ad. du Gén. D*—Leur costume. 27 Messidor An 12. Enreg. 30 du même mois. No. 100 du Reg. 27.

OFFICIERS DE SANTE.— Réglements à eux relatifs. 10 Germinal An 12. Enreg. 15 du même mois. No. 81 du Reg. 26.

Additions à l'Arrêté du 10 Germinal An 12, concernant les Officiers de santé et dispositions relatives à ceux qui se destinent à l'art des accouchements. 24 Fructidor An 12. Enreg. 5 Vendémiaire An 13. No. 114 du Reg. 27.

Autres dispositions qui les concernent. 19 Fructidor An 13. Enreg. 25 du même mois. No. 152 du Reg. 27.

Tarif de leurs droits et honoraires. 19 Fructidor An 13. Enreg. 25 du même mois. No. 153 du Reg. 27.

Gouv. de S. M. B.—Ceux établis dans les quartiers pourront fournir des médicaments simples ou composés aux personnes près desquelles ils seront appelés, mais sans avoir le droit d'avoir une officine ouverte. 26 Août 1824. Enreg. 4 Septembre suivant. No. 391 du Reg. 30.

Fixation de leurs droits et honoraires en matière criminelle. Ordonnance No. 20 (approuvée à l'exception des Art. 78 et 90 du Titre 1er.) (1). 16 Novembre 1835. No. 740 du Reg. 33.

Modification de l'Article 11 de l'Ordonnance No. 20 de 1835, en ce qui concerne l'indemnité allouée aux Officiers de santé appelés comme témoins dans les affaires criminelles. Ordonnance No. 4 (approuvée) (2). 13 Mars 1843. No. 949 du Reg. 41.

OFFICIERS DU CONSEIL.—*Ad. pour le Roi de Fr.*—Exemption en leur faveur de la chasse des sauterelles. 25 Janvier 1769. No. 124 du Reg. 12.

OFFICIERS MILITAIRES.—*Ass. Col.*—Supplément de traitement à eux alloué. 6 Messidor An 4. Enreg. 15 du même mois. No. 482 du Reg. 23.

Adoption de la Loi de la Convention du 3 Brumaire An 4, concernant l'admission et l'avancement des Officiers de la Marine militaire, des bâtiments du commerce, des maîtres du petit cabotage et pilotes côtiers. 3 Thermidor An 4. Enreg. 6 du même mois. No. 495 du Reg. 23.

Les traitements seront conservés à ceux des 107me. et 108me. régiments restant dans la Colonie. 19 Germinal An 6. Enreg. 26 du même mois. No. 647 du Reg. 24.

OFFICIERS MINISTERIELS—*Ad. du Gén. D.*— Ne peuvent prêter leur ministère à aucun Acte qui tendrait à empêcher le paiement des deniers dûs à l'Administration de l'Etat. 20 Septembre 1810. Enreg. 21 du même mois. No. 315 du Reg. 27.

---

(1) Voyez Certificat du Gouverneur, en date du 20 Mars 1837. No. 30 de la liasse de ces pièces.
(2) Id.   Id.   Id.   en date du 13 Novembre 1843 No. 77. Id.

Gouv. de S. M. B.—Il n'y en aura qu'un seul chargé de faire les ventes à l'encan dans la ville du Port Louis. 15 Février 1811. Enreg. 21 du même mois. No. 17 du Reg. 27.

Abrogation de cette disposition. 19 Novembre 1811. Enreg. 23 du même mois. No. 45 du Reg, 27.—*Voyez* HUISSIERS ET OFFICIERS PUBLICS.

OFFICIERS MUNICIPAUX.—*Ass. Col.*—Incompatibilité de leurs fonctions, non seulement avec celles de Juges de Paix et de leurs Greffiers, mais avec celles des Juges et Greffiers de tous autres Tribunaux. 8 Novembre 1791. Enreg. 5 Mars 1792. Nos. 121 et 122 du Reg. 20.

Adoption du décret de l'Assemblée Nationale, en date du 25 Janvier 1791 et de l'Article 7 du Décret de l'Assemblée Nationale du 2 Septembre 1790 sur cette matière. Id.

Leur nombre est fixé à sept au Port N. O. 8 Floréal An 5. Enreg. 15 du même mois. No. 569 du Reg. 24.

OFFICIERS PUBLICS.—Tous ceux faisant des ventes mobilières à l'encan sont tenus d'avoir un registre coté et paraphé, destiné à inscrire leurs procès-verbaux et chaque lot au moment de leur adjudication. 23 Fructidor An 4. Enreg. 25 du même mois. No. 511 du Reg. 24.

Devoirs de ceux qui se transporteront à bord des vaisseaux venant du large. 13 Frimaire An 5. Enreg. 18 du même mois. No. 527 du Reg. 24.

Ne pourront faire aucune vente à l'amiable à peine de destitution. 8 Thermidor An 5. Enreg. 15 du même mois. No. 596 du Reg. 24.

Interprétation de cette disposition. 13 Thermidor An 5. Enreg. 17 du même mois suivant. No. 598 du Reg. 24.

Ad. du Gén. D.—Ces fonctions seront remplies dans chaque canton par le Maire en exercice. 6 Vendémiaire An 12. Enreg. 8 du même mois. No. 4 du Reg. 26.

Gouv. de S. M. B.—Ceux en activité de service au moment du décés de Sa Majesté George III, continueront d'exercer leurs charges. 31 Janvier 1820. Enreg. 1er. Décembre même année. No. 320 du Reg. 29.

Ceux en activité de service au moment du décès de Sa Majesté George IV, continueront d'exercer leur office. 28 Juin 1830. Enreg. 13 Novembre même année. No. 571 du Reg. 31.

Formalités à remplir par ceux qui après la cessation de leurs fonctions voudront se faire relever du cautionnement qu'ils auraient fourni. Ordonnance No. 1 (approuvée) (1); 14 Avril 1834. Enreg. 29 du même mois. No. 676 du Reg. 32.

OISEAUX.— *Comp. des Indes.* — Réglements relatifs à leur destruction. 13 Décembre 1766. No. 205 du Reg. 11.

Ad. pour le Roi de Fr.— Id. 7 Mai 1770. Enreg. 8 du même mois. No. 168. du Reg. 12.

Ad. du Gén. D.— Id. 18 Fructidor An 12. Enreg. 5 Vendémiaire An 13. No. 115 du Reg. 27.

OLERY.—*Ass. Col.*— Soldat déserteur du régiment de Pondichéry. Exécution d'un Arrêt de la Cour le concernant. 4 Juin 1792. No. 133 du Reg. 20.

OLLIVIER (Charles) — *Comp. des Indes.*— Sa nomination de Chirurgien-Major des hôpitaux. 22 Janvier 1756. No. 150 du Reg. 8.

OLLIVIER (Capitaine du Commerce)—*Ass. Col.*—Suspension de tout acte relatif à son procès avec le Sr. Cochon jusqu'à ce qu'il soit fait un rapport à l'Assemblée Coloniale sur cette affaire. 24 Nivôse An 6. Enreg. 25 du même mois. No. 628 du Reg. 24.

Abrogation de cette disposition. 25 Nivôse An 6. Enreg. 27 du même mois. No. 629 du Reg. 24.

ONGE (Abel)—*Gouv. de S. M. B.*—Sa nomination à la place de Commissaire Civil du quartier de la Rivière du Rempart. 28 Novembre 1833. Enreg. 29 du même mois. No. 663 du Reg. 32.

OPPOSITIONS.—*Ad. pour le Roi de Fr.*—Manière de former celles qui concernent les jugements par défaut. 17 Septembre 1788. No. 909 du Reg. 18.

Ass. Col.—Formalités à remplir pour les oppositions à former au départ des bâtiments. 1er. Février 1791. Enreg. 8 du même mois. No. 29 du Reg. 19.

Ad. du Gén. D.— Formalités relatives à celles mises entre les mains des Receveurs ou Administrateurs de caisses ou deniers publics. 7 Décembre 1808. Enreg. 15 du même mois. No. 265 du Reg. 27.

---

(1) Voyez Certificat du Gouverneur, en date du 10 Août 1835. No. 10 de la liasse de ces pièces.

Promulgation aux Iles de France et Bonaparte du Décret Impérial du 18 Août 1807, qui établit ces formalités. Id.

Invalidité de celle mise par le Sr. Gonnet comme procureur du Sr. Brun, aux deniers dûs à l'administration de l'Etat. 20 Septembre 1810. Enreg. 21 du même mois. No. 315 du Reg. 27.

Gouv. de S. M. B.—Les dispositions de l'Ordonnance No. 41 de 1844 sur les oppositions aux salaires des employés, pensions, etc. sont applicables à la Municipalité du Port Louis. Ordonnance No. 25 (approuvée) (1). 23 Octobre 1850. No. 1260 du Reg. 48.— *Voyez* SAISIES-ARRÊTS.

OR.—*Ass. Col.*—Défense de vendre de cette matière aux étrangers. 18me. jour du 1er. du mois de l'An 3. Enreg. 22 Vendémiaire même année. No. 339 du Reg. 23.

Ad. du Gén. D.—*Voyez* OUVRAGES OU MATIÈRE D'OR.

ORDONNANCES.—*Ad. pour le Roi de Fr.*—*Voyez* BILLETS DE CAISSE.

Gouv. de S. M. B.—*Voyez* CORRECTIONS ET LOIS.

ORDONNATEURS.—*Ad. pour le Roi de Fr.*—Lettre du Ministre qui place celui de Pondichéry et ses dépendances sous les ordres des Administrateurs de l'Ile de France. 21 Mai 1789. Enreg. 4 Mai 1790. No. 989 du Reg. 18.—*Voyez* INTENDANTS.

ORDRE JUDICIAIRE.—*Ad. du Gén. D.*—Promulgation aux Iles de France et Bonaparte du Sénatus-Consulte du 12 Octobre 1807, y relatif. 30 Décembre 1808. Enreg. 20 Janvier 1809. No. 268 du Reg. 27.

Nomination des Juges à vie. Id.

ORDRE PUBLIC.—*Gouv. de S. M. B.*—Mesures relatives aux menaces, provocations ou entreprises hostiles qui peuvent troubler l'ordre public. Ordonnance No. 10. 22 Mars 1826. Enreg. 31 du même mois. No. 445 du Reg. 30.

ORDRES.—*Ad. du Gén. D.*—Proclamation qui annonce que l'arrivée des Ordres concernant l'organisation des Iles de France et de la Réunion a été retardée par les grands intérêts politiques qui ont occupé la sollicitude du Gouvernement français. 3 Vendémiaire An 12. Enreg. 5 du même mois. No. 1 du Reg. 26.

---

(1) Voyez Certificat du Gouverneur, en date du 3 Novembre 1851. No. 133 de la liasse de ces pièces déposées au Greffe de la Cour.

ORFÈVRES.—Réglements les concernant. 24 Messidor An 13. Enreg. 19 du même mois. No. 146 du Reg. 27.

ORGANISATIONS.—*Ad. pour le Roi de Fr.*—Organisation du Gouvernement civil des Iles de France et Bourbon. 25 Septembre 1766, Enreg. 27 Juillet 1767. No. 29 du Reg. 12.

Ass. Col.—L'Article 15 du Titre 5 de l'Organisation Judiciaire de la nouvelle Constitution de 1791 est adopté, à l'effet d'être provisoirement exécuté. 29 Janvier 1793. Enreg. 6 Février suivant. No. 164 du Reg. 21.

Proclamation qui annonce que l'organisation des Iles de France et Bourbon a été retardée par les grands intérêts politiques qui on occupé la sollicitude du Gouvernement français. 3 Vendémiaire An 12. Enreg. 5 du même mois No. 1 du Reg. 26.

Ad. du Gén. D.—Organisation des Iles de France, Bourbon et dépendances décrétée par le Gouvernement consulaire. 13 Pluviôse An 11. Enreg. 5 Vendémiaire An 12. No. 2 du Reg. 26.

Celle des Tribunaux de l'Ile de France. 3 Germinal An 11. Enreg. 5 Vendémiaire An 12. No. 3 du Reg. 26.

Dispositions relatives à cette organisation. 6 Vendémiaire An 12. Enreg. 8 du même mois. No. 5 du Reg. 26.

Id. 6 Vendémiaire An 12. Enreg. 8 du même mois. No. 7 du Reg. 26.

Organisation des Tribunaux de l'Ile de la Réunion. 6 Vendémiaire An 12. Enreg. 11 du même mois. No. 9 du Reg. 26.

Celle des Tribunaux résultant de la Loi du 27 Ventôse An 8, recevra son exécution au 1er. Vendémiaire An 14, pour le second choix des Présidents des Cours d'Appel des Iles de France et de la Réunion. 11 Thermidor An 13. Enreg. 13 du même mois. No. 149 du Reg. 27.

Gouv. de S. M. B.—Organisation de l'Ile France après sa conquête par les armes de S. M. britannique. 28 Décembre 1810. Enreg. 3 Janvier 1811. No. 4 du Reg. 27.

Tous les établissements ecclésiastiques et les personnes qui remplissent les fonctions religieuses seront conservés sous le Gouvernement britannique.

Tous les établissements, tant judiciaires que de police, seront également conservés et continués *durante bene placito* sur les mêmes bases et d'après les mêmes Réglements qui existaient lors de la reddition de cette Colonie. Id.—*Voyez* Constitution et Assemblée Coloniale.

ORJOON (Indien)—Commutation de la peine de mort prononcée contre lui, en celle de la déportation à vie. 9 Juillet 1841. No. 899 du Reg. 39.

ORPHELINS.—*Voyez* TUTEURS.

OSTERLEY (Prise anglaise)—*Ad. pour le Roi de Fr.*—*Voyez* AMIRAUTÉ.

OUVERTURE.—*Voyez* PORT, SÉANCE OU AUDIENCE.

Gouv. de S. M. B.—*Voyez* PORT.

OUVRAGES D'OR ET D'ARGENT.— *Ad. du Gén. D.*— Manière d'en garantir le titre et d'en régler le commerce. 24 Messidor An 13. Enreg. 19 du même mois. No. 146 du Reg. 27.— *Voyez* MATIÈRES D'OR ET D'ARGENT.

OUVRIERS.—*Comp. des Indes.*—Défense de leur faire aucun prêt d'argent ou crédit sur leurs décomptes, gages, etc. 17 Mai 1759. No. 174 du Reg. 9.

Ass. Col.—Adoption du Décret de la Convention du 21 Novembre 1793, concernant les ouvriers classés ou non classés. 27 Thermidor An 3. Enreg. 29 du même mois. No. 402 du Reg. 23.

Gouv. de S. M. B.— Réglements les concernant. Ordonnance No. 16 (non approuvée) (1). 2 Novembre 1835. Enreg. 22 Décembre suivant. No. 737 du Reg. 33.

Dispositions relatives au louage des ouvriers et fixation des heures de travail auxquelles ils doivent être astreints. Ordonnance No. 11 (devenue nulle par l'effet de l'Ordre en Conseil du 7 Septembre 1838) (2). 20 Décembre 1838. No. 808 du Reg. 36.

P.

PAGODES (Monnaies)—*Gouv. de S. M. B.*—Défense expresse d'en charger à bord des bâtiments partant de cette Colonie. 6 Juillet 1811. Enreg. 19 du même mois. No. 39 du Reg. 27.— *Voyez* ESPÈCES.

---

(1) Voyez Certificat du Gouverneur, en date du 5 Octobre 1836. No. 26 de la liasse de ces pièces

(2) Voyez Certificat du Gouverneur, en date du 3 Décembre 1839. No. 49 de la liasse de ces pièces déposées au Greffe de la Cour.

PAILLÈRE (Etienne)—Sa naturalisation de sujet anglais. Ordonnance No. 52 (approuvée) (1). 8 Juillet 1844. No. 1020 du Reg. 42.

PAILLÈRE (Pierre)—Sa naturalisation de sujet anglais. Ordonnance No. 51 (approuvée) (1). 8 Juillet 1844. No. 1019 du Reg. 42.

PAIN.—*Ad. pour le Roi de Fr.*—Fixation du prix des différentes espèces de pain. 22 Mars 1768. Enreg. même jour. No. 89 du Reg. 12.

Prix auquel les étrangers sont tenus de le payer. 4 Messidor An 5. Enreg. 6 du même mois. No. 583 du Reg. 24.

Il est défendu d'en faire dans les boulangeries particulières. 3 Messidor An 9. Enreg. 7 du même mois. No. 781 du Reg. 25.

Tout particulier autre que les boulangers, qui en fera vendre, paiera une amende de 25 piastres. 28 Thermidor An 11. Enreg. 30 du même mois. No. 863 du Reg. 26.

Ad. du Gén. D—Réglement qui en fixe le prix. 25 Septembre 1806. Enreg. 2 Octobre suivant. No. 194 du Reg. 27.

Gouv. de S. M. B.—Le prix de celui de la meilleure qualité et du poids de 16 onces, est fixé à 9 sous. 16 Janvier 1818. Enreg. 20 du même mois. No. 245 du Reg. 29.

Le prix de celui de première qualité est fixé à 12 sous et le prix de celui de la seconde à 9 sous. Ordonnance No. 5. 15 Décembre 1825. Enreg. 12 Janvier 1826. No. 439 du Reg. 30.

Mesures propres à régler la consommation du pain jusqu'à l'arrivée des blés attendus. Ordonnance No. 38. 22 Août 1828. Enreg. 28 du même mois. No. 504 du Reg. 31.

Abrogation de ces mesures. Ordonnance No. 39. 15 Septembre 1828. Enreg. 18 du même mois. No. 507 du Reg. 31.

PAIN BÉNIT.—*Ad. pour le Roi de Fr.*—Réclamation du Conseil relativement à la distribution de ce pain, à l'église, qui doit être présenté aux Magistrats avant les Chevaliers de Saint-Louis. 26 Août 1788. No. 908 du Reg. 18.

PAIX.—Arrêté du Conseil supérieur concernant la publication de la paix entre la France et l'Angleterre. 15 Mai 1784. No. 690 du Reg 16.

Ordonnance du Roi pour la publication de cette paix. 3 Novembre 1783. Enreg. 19 Mai 1784. No. 691 du Reg. 16.

---

(1) Ces deux Ordonnances sont approuvées par Certificat en date du 13 Mars 1845, No. 89 de la liasse de ces pièces déposées au Greffe de la Cour.

Ass. Col.—Promulgation du traité de paix signé à la Haye le 27 Floréal An 3 (16 Mai 1795) entre la République Française et les Etats-Généraux des Provinces-Unies. 7 Brumaire An 4. Enreg. 15 du même mois. No. 424 du Reg. 23.

Publication des préliminaires de paix signés à Londres le 1er. Octobre 1801 (9 vendémiaire An 10) entre S. M. britannique et la République Française. 3 Pluviôse An 10. Enreg. 8 du même mois. No. 799 du Reg. 26.

Publication du traité de paix signé à Madrid le 7 Vendémiaire An 10 (29 Septembre 1801) entre la République Française et le Royaume de Portugal. 19 Pluviôse An 10. Enreg. 25 du même mois. No. 804 du Reg. 26.

Id. De la ratification, sous la date du 13 Vendémiaire An 10, des préliminaires de paix, signés le 9 du même mois, entre la France et l'Angleterre. 6 Floréal An 10. Enreg.
No. 811 du Reg. 26.

Rectification d'une erreur commise dans la traduction de la lettre officielle d'envoi des préliminaires de paix signés le 1er. Octobre 1801 (9 Vendémiaire An 10) entre la France et l'Angleterre. 10 Floréal An 10. Enreg. No. 818 du Reg. 26.

Promulgation du traité de paix définitif fait à Amiens le 4 Germinal An 10 (25 Mars 1802) entre la République Française, le Roi d'Espagne, la République Batave et le Roi d'Angleterre. 9 Messidor An 10. Enreg. 18 du même mois. No. 819 du Reg. 26.

Arrêté du Directoire de l'Ile de France portant promulgation du traité de paix précité. 9 Messidor An 10. Enreg. 18 du même mois. No. 820 du Reg. 26.

Ad. du Gén. D.—Promulgation aux Iles de France et Bonaparte du traité de paix conclu à Tilsitt, le 7 Juillet 1807, entre l'Empereur des Français et l'Empereur de toutes les Russies, et de celui conclu dans la même ville, le 9 Juillet 1809, entre l'Empereur des Français et S. M. le Roi de Prusse. 14 Mars 1808. Enreg. 19 du même mois. No. 232 du Reg. 27.

Gouv. de S. M. B.—Promulgation du traité de paix définitif fait à Paris, le 30 Mai 1814. entre S. M. britannique et ses Alliés et S. M. Très Chrétienne le Roi de France et de Navarre. 15 Décembre 1814. Enreg. 9 Janvier 1815. No. 122 du Reg. 28.

PAMPLEMOUSSES.—*Ad. du Gén D.*—Fixation définitive des limites du quartier de ce nom. 14 Fructidor An 12. Enreg. 16 du même mois. No. 111 du Reg. 27.

Gouv. de S. M. B.—Division de ce district en deux parties distinctes. Ordonnance No. 21 (désapprouvée) (1). 21 Décembre 1840. No. 871 du Reg. 38.

Fixation des limites des quartiers Nord et Sud des Pamplemousses. 16 Avril 1841. No. 892 du Reg. 39.

Division du district des Pamplemousses en deux quartiers distincts qui seront respectivement appelés Pamplemousses Nord et Pamplemousses Sud. Ordonnance No. 17 (approuvée) (2). 20 Novembre 1843. No. 963 du Reg. 41.

PAOLETTY (César)— Sa naturalisation de sujet anglais. Ordonnance No. 43 (approuvée) (3). 6 Décembre 1847. No. 1133 du Reg. 45.

PAPIER DU GOUVERNEMENT.— *V.* BILLETS DU TRÉSOR ET BANQUE.

PAPIER-MONNAIE.—*Comp. des Indes.*—Arrêté du Conseil supérieur ayant pour objet de pourvoir de la manière la plus prompte à l'acquittement des différentes Ordonnances et bons de caisse qui ont cours dans cette Colonie. 28 Octobre 1763. No. 189 du Reg. 10.

Ces dispositions sont adoptées par suite de dépêches de la Compagnie sous la date du 26 Février 1763.

Ad. pour le Roi de Fr.—Ce papier continuera à avoir cours dans la Colonie jusqu'à l'arrivée de la nouvelle monnaie de cartes qui doit y être substituée. 20 Juillet 1767. No. 20 du Reg. 12.

Suppression du papier-monnaie créé par la Compagnie des Indes aux Iles de France et Bourbon. Emission d'une monnaie de cartes. Décembre 1766. Enreg. 20 Juillet 1767. No. 21 du Reg. 12.

Création d'une nouvelle monnaie de papier aux Iles de France et Bourbon. Juillet 1768. Enreg. 15 Juin 1769. Nos. 145 et 146 du Reg. 12.

Nomination par le Conseil supérieur de trois Commissaires chargés de faire un rapport sur l'Edit du Roi du mois de Septembre 1771, portant suppression du papier-monnaie en circulation, et création d'un autre papier-monnaie. 12 Mai 1772. No. 220 du Reg. 12.

Autre Arrêté du Conseil sur cette matière. 26 Mai 1772. No. 221 du Reg. 12.

Id. 26 Août 1772. No. 240 du Reg. 12.

Surséance à l'enregistrement de l'Edit de Septembre 1771, por-

---

(1) Voyez Certificat du Gouverneur, en date du 11 Mars 1842. No. 66 de la liasse de ces pièces déposées au Greffe de la Cour.
 (2) Id.   Id.   Id.   en date du 31 Juillet 1844. No. 84. Id.
 (3) Id.   Id.   Id.   en date du 5 Septembre 1848. No. 113. Id.

tant création d'un papier-monnaie. 1er. Septembre 1772. No. 242 du Reg. 12.

Procès-verbal contenant les motifs de la surséance à l'enregistrement de l'Edit de Septembre 1771 qui crée un papier-monnaie. 30 Septembre 1772. Nos. 256 et 257 du Reg. 14.

Envoi, au Ministre, des représentations faites par le Conseil supérieur aux Administrateurs de la Colonie, concernant une Ordonnance émanée d'eux, qui établit un nouveau papier-monnaie. 17 Juin 1772. No. 524 du Reg. 16.

Edit du Roi relatif au visa du papier-monnaie en circulation. 8 Août 1784. Enreg. 15 Février 1785. No. 739 du Reg. 17.

Les Commissaires nommés pour cet objet se transporteront au Greffe de la Cour pour procéder au visa du papier-monnaie qui forme les dépôts du Greffe. 8 Mars 1785. No. 743 du Reg. 17.

Prorogation du délai accordé pour le visa du papier-monnaie. 27 Mai 1785. Enreg. même jour. No. 759 du Reg. 17.

Id. 25 Mai 1785. Enreg. 27 du même mois. No. 76 du Reg. 17.

Id. 26 Mai 1785. Enreg. 27 du même mois. No. 761 du Reg. 17.

Conversion du papier-monnaie en récépissés. 12 Décembre 1785. No. 786 du Reg. 17.

Autres dispositions à ce sujet. 19 Décembre 1785. No. 789 du Reg. 17.

Edit du Roi portant création d'un nouveau papier-monnaie aux Iles de France et Bourbon. 10 Juin 1788. Enreg. 19 Août 1789. No. 956 du Reg. 18.

Réglements des Administrateurs de la Colonie, concernant le papier-monnaie en circulation. 28 Juillet 1790. Enreg. 29 du même mois. No. 1038 du Reg. 19.— *V.* REPRÉSENTATIONS ET MONNAIE.

Ad. du Gén. D.—Suspension du cours du papier-monnaie en circulation dans la Colonie. 4 Octobre 1806. Enreg. 6 du même mois. No. 192 du Reg. 27.—*Voyez* BANQUE.

Gouv. de S. M. B.—Il sera établi par le Gouvernement un papier-monnaie pour obvier aux conséquences de la crise financière du moment. Ordonnance No. 7. 7 Février 1848. No. 1146 du Reg. 46.

Modification de l'Article 13 de l'Ordonnance précitées. Ordonnance No. 31. 4 Septembre 1848. No. 1174 du Reg. 46.

Autres dispositions concernant la création d'un papier-monnaie. Ordonnance No. 6. 20 Août 1849. No 1211 du Reg. 47.

Ce papier aura cours à compter du 1er. Septembre 1849. Proclamation du 22 Août 1849. No. 1213 du Reg. 47.

PAPIERS (Expéditions)— *Ass. Col.*— Envoi aux Tribunaux de Commerce et d'Appel de deux lettres du Roi Louis XVI : la première en date du 13 Novembre 1779 et la seconde en date du 7 Août 1780, relatives au jet des papiers à la mer par les vaisseaux ennemis, neutres ou amis. 3 Messidor An 5. Enreg. 5 du même mois. Nos. 581 et 582 du Reg. 24.

Les Tribunaux seront tenus de se conformer au contenu de ces lettres. Id.

Ceux dont pourraient être porteurs les particuliers qui se trouveraient à bord des prises mouillant en ce port, seront remis à l'officier municipal chargé de se rendre à bord des vaisseaux. 1er. Nivôse An 9. Enreg. 6 du même mois, No. 764 du Reg. 25.

PAPIERS PUBLICS.—*Voyez* JOURNAUX:

PARDON.—*Gouv. de S. M. B.*—*Voyez* GRACE.

PARENTÉS.—*Ad. pour le Roi de Fr.*—Dispense de parenté au degré de beau-frère accordée par le Roi à MM. de Chazal et Jocet, à l'effet de maintenir ce dernier dans sa charge de Conseiller à la Cour. 31 Janvier 1779. Enreg. 24 Novembre même année. No. 513 du Reg. 15.

Ass. Col.—Adoption du Décret de la Convention, en date du 17 Frimaire An 3, qui porte que les parents jusqu'au degré de cousin-germain ne peuvent être l'un Receveur d'une commune particulière ou de la commune générale, et l'autre Membre du Directoire ou Agent national. 4 Thermidor An 3. Enreg. 12 du même mois. No. 395 du Reg. 23.—*Voyez* INCOMPATIBILITÉ.

Ad. du Gén. D.—Promulgation aux Iles de France et Bonaparte de l'Avis du Conseil d'Etat du 23 Avril 1807, interprétatif des Lois relatives aux parentés entre les membres de l'Ordre Judiciaire. 21 Avril 1808. Enreg. 5 Mai suivant. No. 240 du Reg. 27.

PARÈRE.—*Ass. Col.*—Celui de l'indigo et du coton se fera les primidi et sextidi de chaque semaine. 26 Ventôse An 5. Enreg. 5 Germinal même année. No. 559 du Reg. 24.

Le Tribunal de Commerce nommera, chaque décade, trois négociants qui seront chargés de la formation des Parères. 8 Floréal An 5. Enreg. 15 du même mois. No. 568 du Reg. 24.

Arrêté qui ordonne qu'il sera fait un Parère des valeurs successives qu'ont eues comparativement au papier-monnaie de cette Colonie, la piastre forte d'Espagne, l'indigo, le coton, d'après le libre cours de ces objets à différentes époques. 24 Vendémiaire An 7. Enreg. 27 du même mois. No. 667 du Reg. 24.

Autre Parère de la piastre, de l'indigo et du coton et nouvelles dispositions sur cette matière. 8 Germinal An 7. Enreg. 27 Floréal suivant. No. 688 du Reg. 25.

PARNY (Evariste Désiré Deforges)—*Ad. pour le Roi de Fr.*—

Enregistrement par lui demandé d'un Arrêt du Conseil d'Etat du Roi, en date du 19 Janvier 1782, portant reconnaissance de noblesse en faveur de la famille Deforges Parny, 7 Mars 1785, Nos. 741 et 742 du Reg. 17.

PAROISSES.—*Ad. pour le Roi de Fr.*—Ordonnance du Roi y relative. 15 Septembre 1766. Enreg. 7 Juin 1768. No. 106 du Reg. 12.

Autorisation donnée au Préfet Apostolique de faire abandon d'un terrain concédé à la paroisse de Moka, et de faire acquisition d'un terrain appartenant à M. Legentil, pour le desservant de cette paroisse. 17 Mai 1782. Enreg. 5 Juin suivant. No. 613 du Reg. 16.

Gouv. de S. M. B.—Etablissement d'une fabrique pour chacune d'elles, composée d'un conseil et d'un bureau de marguilliers. 30 Mars 1825. Enreg. 2 Mai même année. No. 411 du Reg. 30.

Concession faite à la paroisse du Grand Port d'une portion de terrain destinée au cimetière de cette paroisse. Ordonnance No. 8. 6 Février 1826. Enreg. 11 du même mois. No. 442 du Reg. 30.— *Voyez* CHAPELLES ET EGLISES.

PARTRIDGE (Francis)—Sa nomination à la place de Député Commissaire de Police. 14 Septembre 1846 et 13 Janvier 1847. Enreg. 1er. Février 1847. No. 823 du Reg. 32.

PASCAL (Laure)—Sa naturalisation de sujet anglais. Ordonnance No. 8 (approuvée) (1). 5 Février 1844. No. 976 du Reg. 42.

PAS GÉOMÉTRIQUES.— *Ad. du Gén. D.*—V. RÉSERVES.

PASSAGE.—*Gouv. de S. M. B.*—*Voyez* TRANSPORTS ET LABOUREURS INDIENS.

PASSAGERS. — Réglements relatifs à ceux arrivant en cette Colonie. 5 Décembre 1817. Enreg. 8 du même mois. No. 239 du Reg. 29.

Ceux appartenant à des navires que les circonstances feront relâcher en ce port et qui devront reprendre la mer, en conséquence de leur première expédition, seront exempts des formalités prescrites par le Titre 2, Section 1re. de l'Arrêté du 27 Pluviôse An 12, et par la Proclamation du 18 Mai 1826. Ordonnance No. 9, 14 Mars 1826. Enreg. 20 du même mois. No. 444 du Reg. 30.

PASSEPORTS.—*Ass. Col.*— Adoption du Décret de la Con-

---

(1) Voyez Certificat du Gouverneur, en date du 17 Novembre 1844. No. 86 de la liasse de ces pièces déposées au Greffe de la Cour.

vention Nationale du 22 Janvier 1793, relatif aux passeports à délivrer aux bâtiments étrangers. 11 Prairial An 2. Enreg. 5 Juin 1794. No. 304 du Reg. 23.

Gouv. de S. M. B.—Ordre en Conseil relatif aux passeports des navires du commerce. 20 Novembre 1819. Enreg. 1er. Décembre 1820. No. 318 du Reg. 29.

PASSEMORE (Henri)—Sa nomination aux fonctions d'Assesseur pour l'année 1833. 30 Août 1833. Enreg. 12 Septembre suivant. No. 652 du Reg. 31 (1).

PASTOR (Emilien) — Sa nomination aux fonctions d'Avoué. 25 Juin 1840. Enreg. 9 Juillet suivant. Nos. 748 et 749 du Reg. 32.

PASTOR (Jean-Baptiste Henri)—Sa nomination aux fonctions d'Avoué. 14 Novembre 1850. Enreg. même jour. No. 1247 du Reg. 48 (*bis*).

PATENTES.—*Ass. Col.*—Renouvellement de celles des cantiniers. 16 Ventôse An 4. Enreg. 25 du même mois. No. 464 du Reg. 23.

Gouv. de S. M. B.—Etablissement de celles des marchands. 4 Janvier 1813. Enreg. 7 du même mois. No. 75 du Reg. 28.

Les négociants, consignataires, etc. voulant vendre au détail sont tenus d'avoir une patente. 11 Avril 1815. Enreg. 12 du même mois. No. 129 du Reg. 28.

Il ne pourra en être délivré au-delà de 10, portant permission de tenir café. 30 Novembre 1815. Enreg. 8 Décembre suivant. No. 161 du Reg. 29.

Il en sera accordé pour l'encouragement de l'industrie. Ordonnance No. 11 (approuvée) (2). 13 Juin 1835. Enreg. 3 Septembre suivant, No. 731 du Reg. 33.

Dispositions générales concernant les patentes.

Réunion en un seul Acte législatif de toutes les Lois relatives à cette matière. Ordonnance No. 14 (approuvée) (3). 22 Novembre 1837. No. 783 (*bis*) du Reg. 35.

Additions et modifications aux Lois sur les patentes. Ordonnance No. 24 (approuvée) (4). 21 Décembre 1840. No. 874 du Reg. 38.

---

(1) La nomination de M. Passemore, à la place de Juge Stipendiaire, n'a point été transcrite sur les Registres du Greffe.
(2) Voyez Certificat du Gouverneur, en date du 17 Février 1836. No. 20 de la liasse de ces pièces.
(3) Id.   Id.   Id.   en date du 15 Mars 1839. No. 46 Id.
(4) Id.   Id.   Id.   en date du 11 Mars 1842. No. 66 Id.

Explication de l'Article 3 de l'Ordonnance No. 24 de 1840, relative aux patentes. Ordonnance No. 5 (approuvée) (1). 8 Février 1841. No. 802 du Reg. 39.

Prorogation du terme fixé pour le renouvellement des patentes. Ordonnance No. 25 (approuvée) (2). 13 Décembre 1841. No. 914 du Reg. 39.

Id. Jusqu'au 1er. Juillet 1842 du délai fixé pour le 1er. trimestre de l'année 1842. Ordonnance No. 3 (sans approbation). 28 Février 1842. No. 923 du Reg. 40.

Id. Pendant le 3me. trimestre de 1842 des patentes accordées en 1841. Ordonnance No. 6 (approuvée) (3). 13 Juin 1842. No. 929 du Reg. 40.

Les patentes accordées pendant l'année 1841 seront valables pour le 4me. trimestre de 1842. Ordonnance No. 12 (approuvée) (4). 5 Septembre 1842. No. 936 du Reg. 40.

Additions et modifications aux Lois sur les patentes, Ordonnance No. 13 (approuvée) (5). 14 Novembre 1842. No. 937 du Reg. 40.

Id. Ordonnance No. 21 (sans approbation). 30 Décembre 1843. No. 967 du Reg. 41.

Prorogation du terme fixé pour le renouvellement des patentes. Ordonnance No. 63 (approuvée) (6). 2 Décembre 1844. No. 1031 du Reg. 42.

Id. Des patentes accordées en vertu de l'Ordonnance précitée. Ordonnance No. 4 (approuvée) (7). 10 Mars 1845. No. 1036 du Reg. 43.

Id. De celles délivrées en vertu de l'Ordonnance No. 4 de 1845. Ordonnance No. 20 (sans approbation). 9 Juin 1845. No. 1052 du Reg. 43.

Révision des Lois relatives aux patentes. Ordonnance No. 27 (approuvée) (8). 2 Décembre 1845. No. 1061 du Reg. 43.

Prorogation du 1er. au 31 Juillet, des patentes de distillerie, accordée en vertu de l'Ordonnance No. 21 de 1845. Ordonnance No. 5 (approuvée) (9). 22 Juin 1855. No. 1070 du Reg. 44.

Id. Jusqu'au 31 Août 1846. Ordonnance No. 7 (sans approbation). 22 Juillet 1846. No. 1072 du Reg. 44.

Autre prorogation jusqu'à ce qu'il en soit autrement ordonné.

---

(1) Voyez Certificat du Gouverneur, en date du 7 Janvier 1842. No. 64 de la liasse de ces pièces.
(2) Id. Id. Id. en date du 20 Octobre 1842. No. 69. Id.
(3) Id. Id. Id. en date du 28 Mai 1843. No. 72. Id.
(4) Id. Id. Id. Id. Id.
(5) Id. Id. Id. en date du 20 Septembre 1843. No. 75 Id.
(6) Id. Id. Id. en date du 2 Septembre 1845. No. 91 Id.
(7) Id. Id. Id. en date du 21 Novembre 1845. No. 93 Id.
(8) Id. Id. Id. en date du 9 Août 1847. No. 104. Id.
(9) Id. Id. Id. en date du 21 Novembre 1845. No. 93 Id.

Ordonnance No. 8 (approuvée) (1). 24 Août 1846. No. 1073 du Reg. 44.

Id. Ordonnance No. 21 (approuvée) (2). 9 Août 1847. No. 1013 du Reg. 45.

Réduction de certains droits de patente prélevés en vertu des Ordonnances Nos. 27 de 1845 et 27 de 1847. Ordonnance No. 49 (approuvée) (3). 23 Décembre 1848. No. 1195 du Reg. 46.

Révision du taux de certaines patentes, fixé par l'Ordonnance No. 18 de 1841. Oodonnance No. 51 (approuvée) (4). 23 Décembre 1848. No. 1195 du Reg. 46.

Réduction, pendant l'année 1849, du taux du droit de certaines patentes. Ordonnance No. 52 (sans approbation). 23 Décembre 1848. No. 1296 du Reg. 46.

N. B.—Les Ordonnances relatives aux guildiveries et à la vente des spiritueux, liqueurs fortes et douces, boissons, etc., contiennent des dispositions qui concernent les patentes. Il est nécessaire de recourir à ces divers titres pour avoir la série complète des Lois sur les patentes.

PATERTON ( ) — Sa nomination d'Officier de Police à l'Ile Rodrigues. 14 Avril 1846. Enreg. 16 du même mois. No. 811 du Reg. 32.

PATROUILLES.—*Ass. Col.*—Réglements y relatifs. 24 Pluviôse An 5. Enreg. 5 Ventôse suivant. No. 545 du Reg. 24.

Indication de l'heure à laquelle elles doivent se rendre à leur poste. 3 Ventôse An 5. Enreg. 5 du même mois. No. 549 du Reg. 24.

Autres Réglements concernant les patrouilles. 13 Ventôse An 5, Enreg. 15 du même mois. No. 552 du Reg. 24.

Gouv. de S. M. B.—Leur institution après le grand incendie de 1816. 15 Octobre 1816. Enreg. 21 du même mois. No. 193 du Reg. 29.

Toute personne qui n'aura pas obtempéré à la requisition de l'Officier de Paix sera, pour la première fois, condamnée à une amende de 5 piastres et à celle de 15 piastres en cas de récidive.

Remise en vigueur, avec modifications, des Proclamations du 15 Octobre 1816 et 23 Juillet 1817, concernant les patrouilles. 13 Mars 1822. Enreg. 25 du même mois. No. 330 du Reg. 29.

Peines contre ceux qui se refuseront à la faire. 23 Juillet 1817. Enreg. 1er. Août suivant. No. 216 du Reg. 29.

---

(1) Voyez Certificat du Gouverneur, en date du 15 Juillet 1847. No. 106 de la liasse de ces pièces.
(2) Id. Id. Id. en date du 20 Novembre 1850. No. 127 Id.
(3) Id. Id. Id. Id. Id.
(4) Id. Id. Id. en date du 10 Avril 1849. No. 117. Id.

PAUQUY (Jean-Baptiste)—*Ad. du Gén. D.*—Sa nomination aux fonctions d'Huisser. 13 Novembre 1807. Enreg. 19 du même mois. No. 223 du Reg. 27.

PAUQUY (Emile)—*Gouv. de S. M. B.*—Sa nomination aux fonctions d'Huissier. 28 Juin 1848. Enreg. 19 Août même année. No. 1225 du Reg. 48.

PAUVRES.—Révision des anciens Roles et Etats pour la perception de la taxe à eux relative. Ordonnance No. 16 (approuvée) (1). 2 Décembre 1837. No. 784 du Reg. 35.—*Voyez* TAXES ET CAISSE DE BIENFAISANCE.

PAVE.—*Voyez* TROTTOIRS.

PAVILLON NATIONAL.—*Ass. Col.*—Convocation du Conseil à la cérémonie qui doit avoir lieu, à l'effet de le faire arborer sur le port et aux bâtiments de la rade. 26 Mai 1791. Enreg. No. 60 du Reg. 19.

PAIEMENTS.—Dispositions relatives à celui des locations de biens ruraux, des ventes ou pensions à titre onéreux, des loyers de maisons, magasins et boutiques. 26 Thermidor An 4. Enreg. 28 du même mois. No. 501 du Rog. 24.

PEAN (Léon)—*Gouv. de S. M. B.*—Sa naturalisation de sujet anglais. Ordonnance No. 14 (approuvée) (2). 5 Décembre 1849. No. 1222 du Reg. 47.

PÊCHE.—*Comp. des Indes.*—Réglements y relatifs. 1er. Juin 1726. No. 17 du Reg. 1.

Ad. pour le Roi de Fr.—Id. 24 Octobre 1767. Enreg. 31 du même mois. No. 52 du Reg. 12.
Id. 20 Avril 1769. Enreg. même jour. No. 128 du Reg. 12.
Id. 10 Novembre 1780. Enreg. 9 Février 1781. No. 538 du Reg. 16.
Privilège pour la pêche destinée aux hôpitaux. Id.

Ass. Col.—Autres Réglements concernant la pêche. 29 Novembre 1790. Enreg. 17 Décembre suivant. No. 23 du Reg. 19.
Permissions y relatives. 15 Thermidor An 6. Enreg. 17 du même mois. No. 661 du Reg. 24.

---

(1) Voyez Certificat, en date du 13 Décembre 1838. No. 45 de la liasse de ces pièces déposées au Greffe de la Cour d'Appel.
(2) Id. Id. Id. en date du 8 Août 1850. No. 125 Id.

Autres dispositions à ce sujet. 24 Thermidor An 6. Enreg. 26 u même mois. No. 662 du Reg. 24.

Ad. du Gén. D.— Police de la pêche. 14 Vendémiaire An 13. Enreg. 19 du même mois. No. 121 du Reg. 27.

Gouv. de S M. B.—Remise en vigueur des anciens Réglements y relatifs. 19 Juillet 1814. Enreg. 28 du même mois. No. 108 du Reg. 28.

Toute personne voulant faire la pêche en bateaux ou pirogues, est tenue de prendre une licence. 19 Octobre 1815. Enreg. 2 Novembre suivant. No. 156 du Reg. 29.

Les pirogues et bateaux destinés à la pêche seront conduits dans des lieux de sûreté, et les agrès de ces embarcations seront remis aux chefs des postes. 1er. Mai 1818. Enreg. 6 du même mois. No. 257 du Reg. 29.

Remise en vigueur de cette Loi et abrogation de la Proclamation du 25 Février 1819 qui rapporte celle du 1er. Mai 1818 précitée. 16 Juillet 1819. Enreg. 2 Août suivant. No. 289 du Reg. 29 (1).

Il est permis aux habitants de faire pêcher pour les besoins de leurs familles, en remplissant certaines formalités, 11 Juillet 1821. Enreg. 1er. Août suivant. No. 326 du Reg. 29.

Dispositions relatives à la révision et au maintien des Lois sur la pêche. Ordonnance No. 18 (sans approbation). 9 Août 1841. No. 902 du Reg. 39.

Modification et explication des Ordonnances No. 18 de 1841 et No. 51 de 1848 relatives à la pêche. Ordonnance No. 32 (approuvée) (2). 24 Décembre 1850. No. 1167 du Reg. 48.—*Voyez* PATENTES.

PÊCHEURS.—*Ass. Col.*—Cautionnement que doivent fournir ceux qui ont des pirogues et bateaux. 24 Thermidor An 6. Enreg. 26 du même mois. No. 662 du Reg. 24.

PEINES. — Celles contre les personnes qui troubleront les audiences des Tribunaux et les autres assemblées de la nation. 23 Septembre 1791. Enreg. 4 Octobre suivant. No. 92 du Reg. 20.

Celles contre ceux qui outrageront les magistrats et insulteront les fonctionnaires publics et contre toute rebellion à Justice avec ou sans armes. Id.

Abolition de celles contre le marronnage. Février 1794, Enreg. 1er. Mars suivant. No. 268 du Reg. 23.

---

(1) La Proclamation du 25 Février 1819 n'a point été transcrite sur les Registres du Greffe.
(2) Voyez Certificat du Gouverneur, en date du 3 Novembre 1851. No. 133 de la liasse de ces pièces déposées au Greffe de la Cour.

Peines contre ceux qui dans les rues ou marchés publics prendront de force, même en payant, les denrées destinées à l'approvisionnement de la ville. 11 Prairial An 2. Enreg. 5 Juin 1794. No. 303 du Reg. 21.

Id. Contre les chefs et instigateurs de révoltes et d'émeutes. 16 Prairial An 2. Enreg. 19 Juin 1794. No. 307 du Reg. 23.

Adoption du Décret de la Convention, en date du 10 Mai 1794, sur cette matière. Id.

Peines contre les personnes qui seront prévenues d'avoir pris part aux révoltes ou émeutes. 16 Prairial An 2. Enreg. 19 Juin 1794. No. 308 du Reg. 23.

Adoption du Décret de la Convention, en date du 19 Mars 1793, qui prononce ces peines.

Manière dont sera exécutée la peine capitale prononcée contre les esclaves. 3 Prairial An 2. Enreg. 19 Juin 1794. No. 309 du Reg. 23.

Peines contre toute personne convaincue d'avoir caché ou retenu un matelot ou autres gens de mer. 26 Vendémiaire An 3. Enreg. 3me jour de la 1re. décade de Brumaire An 3. No. 343 du Reg. 23.

Id. Contre ceux qui enfreindront la Loi du 4 Thermidor An 3, sur le port-d'armes. 23 Pluviôse An 3. Enreg. 26 du même mois. No. 361 du Reg. 23.

Id. Contre les personnes qui seront convaincues d'avoir acheté en gros des denrées de première nécessité. 23 Fructidor An 3. Enreg. 25 du même mois. No. 409 du Reg. 23.

A l'égard de celles des fers, de la gêne, de la réclusion ou de la détention, tout le temps qui excédera deux mois avant le prononcé du jugement sera précompté. 23 Brumaire An 4. Enreg. 25 du même mois. No. 427 du Reg. 23.

Toute personne condamnée à la peine de la prison pour la seconde fois par le Tribunal de Police correctionnelle, ne pourra être admise au cautionnement si elle n'a exécuté la première condamnation ou si elle n'en est acquittée. 5 Brumaire An 4. Enreg. 15 du même mois. No. 422 du Reg. 23.

Abrogation de l'Arrêté du 5 Brumaire An 4, relatif à la peine d'emprisonnement prononcée par la police correctionnelle. 23 Frimaire An 4. Enreg. 28 du même mois. No. 433 du Reg. 23.

Peines contre les personnes qui s'embarqueront sans permission. 15 Ventôse An 4. Enreg. 25 du même mois. No. 463 du Reg. 23.

Celle portée dans la Loi du 26 Vendémiaire An 3, concernant le recel des matelots, sera appliquée par le Tribunal de Police correctionnelle du canton dans lequel le délit aura été commis. 15 Germinal An 4. Enreg. 18 du même mois. No. 471 du Reg. 23.

Celles à infliger aux embaucheurs et provocateurs à la désertion. 17 Thermidor An 4. Enreg. 25 du même mois. No. 498 du Reg. 24.

Adoption d'une Loi du Corps législatif, en date du 4 Nivôse An 4, relative à cette matière. Id.

Peines contre les personnes qui se font remplacer dans le service de la Garde Nationale et ceux qui font le service pour d'autres. 13 Fructidor An 4. Enreg. 15 du même mois. No. 507 du Reg. 24.

Id. Contre les personnes qui achèteront de la viande de boucherie ailleurs qu'au bazar et à d'autres personnes qu'à celles préposées à l'entreprise. 17 Fructidor An 4. Enreg. 25 du même mois. No. 510 du Reg. 24.

Id. Contre les personnes qui vendant au détail, en boutiques ou magasins, refuseront de recevoir en papier-monnaie le prix des objets en vente. 25 Ventôse An 5. Enreg. 27 du même mois. No. 558 du Reg. 24.

La peine de confiscation des navires et de leurs cargaisons sera prononcée par le Tribunal de Police correctionnelle. 3 Pluviôse An 7. Enreg. 5 du même mois. No. 670 du Reg. 24.

Abrogation de cette Loi. 1er, Ventôse An 7. Enreg. 5 du même mois. No. 675 du Reg. 24.

La peine capitale sera prononcée contre toute personne qui fera battre la générale sans un ordre par écrit. 6me. jour complémentaire An 7. Enreg. 5 Vendémiaire An 8. No. 710 du Reg. 25.

Celles contre les esclaves convaincus d'empoisonnement et d'assassinat. 29 Ventôse An 9. Enreg. 5 Prairial même année. No. 769 du Reg. 25.

Celle prononcée contre tout citoyen qui ne portera pas son véritable nom sur son recensement. 5 Messidor An 11. Enreg. 18 du même mois. No. 856 du Reg. 26.

Ad. du Gén. D.—Peines contre les fonctionnaires publics qui négligeront de faire exécuter les Lois relatives aux déserteurs, aux requisitionnaires et à ceux qui favorisent la désertion. 5 Avril 1806. Enreg. 10 du même mois. No. 177 du Reg. 27.

Gouv. de S. M. B.—Celle du fouet prononcée contre le nommé Pierre, lui est remise. 14 Juillet 1828. Enreg. 18 Août suivant. No. 500 du Reg. 31.

Les peines pourront, dans certains cas, être mitigées par la Cour d'Assises. Ordonnance No. 10 (sans approbation). 15 Septembre 1836. Enreg. 22 du même mois. No. 751 du Reg. 34.

Celles qui pourront être prononcées contre les auteurs de libelles diffamatoires et séditieux. Ordonnance No. 5 (sans approbation). 8 Mai 1837. No. 769 du Reg. 35.

Celles contre les personnes qui auront acheté ou recélé des objets volés. Ordonnance No. 11 (approuvée) (1). 21 Septembre 1837. No. 777 du Reg. 35.

Réduction du minimum de la peine en matière de simple police; extension de celles qui doivent être prononcées contre les gens trouvés ivres dans les rues, sur les routes ou autres lieux publics. Ordonnance No. 19 (approuvée) (2). 14 Décembre 1840. No. 869 du Reg. 38.—*Voyez* CODE, LOIS CRIMINELLES, COMMUTATIONS, AMENDES, TRIBUNAUX, CITOYENS ET PERSONNES.

PELGROM (Chevalier de)—*Ad. du Gén. D.*—Autorisation à lui accordée à l'effet de résider aux Iles de France et de la Réunion en qualité de Commissaire pour les relations de commerce de leurs Majestés le Roi de Bohême et le Roi de Danemark. 11 Brumaire An 12. Enreg. 18 du même mois. No. 39 du Reg. 26.

PELLIER (   )—Sa nomination à la place de Courtier de marchandises. 9 Brumaire An 12. Enreg. 30 du même mois. No. 48 du Reg. 26.

PELTE (François)—*Ad. pour le Roi de Fr.*—Sa nomination aux fonctions de Notaire. 1er. Octobre 1778. Enreg. 14 Novembre suivant. No. 474 du Reg. 15.

Ass. Col.—Recolement de ses minutes, dépouillement des sommes dont il a été chargé, et dépôt de ces sommes au Greffe. 25 Juillet 1791. No. 77 du Reg. 20.

Les sommes dûes par sa succession à la direction Géraul, à la succession Colonia et à la direction Cloupet, seront remises en Dépôt à Me. Guérin, notaire. 7 Mai 1792. No. 128 du Reg. 20.

PELTE (Stanislas)—*Gouv. de S. M. B.*—Sa nomination à la place de Suppléant Commissaire Civil de la Rivière du Rempart. 9 Décembre 1824. Enreg. 11 du même mois. No. 403 du Reg. 30.

PELTIER (   )—*Ad. du Gén. D.*—Sa nomination à la place de Juge du Tribunal d'Appel. 5 Brumaire An 12. Enreg. 6 du même mois. No. 33 du Reg. 26.

PENCHIN (François Germain)—*Comp. des Indes.*—Sa nomination aux fonctions de Greffier du Conseil supérieur. 11 Juin 1749. No. 122 du Reg. 6.

Sa nomination aux fonctions de Notaire. 24 Décembre 1749. No. 123 du Reg. 6.

---

(1) Voyez Certificat du Gouverneur, en date du 21 Juin 1838. No. 43 de la liasse de ces pièces.
(2) Id.   Id.   Id.   en date du 11 Mars 1842. No. 66 Id.

Sa nomination de Greffier en Chef du Conseil supérieur. 12 Mars 1753. No. 136 du Reg. 8.

Sa démission de ses fonctions de Notaire. 31 Décembre 1754. No. 146 du Reg. 8.

PENSIONS.—Défense aux Administrateurs d'en accorder aux employés sans instructions précises à cet égard. 8 Octobre 1727. Enreg. 16 Mars 1729. No. 58 du Reg. 1.

Ass. Col.—Paiement de celles à titre onéreux. 26 Thermidor An 4. Enreg. 28 du même mois. No. 501 du Reg. 24.

Autres dispositions à ce sujet. 26 Fructidor An 4. Enreg. 5 Vendémiaire An 5. No. 513 du Reg. 24.

Nouveau mode de paiement relatif aux pensions. 1er. Messidor An 7. Enreg. 5 du même mois. No. 698 du Reg. 25.

Mesures pour obtenir des parents le paiement de celle de leurs enfants au Collége. 10 Thermidor An 11. Enreg. 18 du même mois. No. 861 du Reg. 26.

Ad. du Gén. D.—Dispositions concernant celles de retraite auxquelles les officiers de justice pourraient avoir droit pour cause d'infirmités. 21 Avril 1808. Enreg. 5 Mai suivant. No. 245 du Reg. 27.

Promulgation du Décret Impérial du 2 Octobre 1807 y relatif. Ibid.

PENSIONNAIRES. — *Ass. Col.* — Rectification des erreurs commises dans l'énonciation de leurs noms, prénoms et actes de naissance. 15 Messidor An 3. Enreg. 21 du même mois. No. 380 du Reg. 23.

Adoption de la Loi de la Convention, en date du 26 Messidor An 2, y relative. Id.

Certificats à fournir par ceux qui prétendront à la conservation ou au rétablissement de leur pension. 16 Messidor An 3. Enreg. 24 du même mois. No. 384 du Reg. 23.

PENTONY (William)—*Gouv. de S. M. B.*—Sa nomination aux fonctions d'Avoué près les Tribunaux de l'Ile Maurice. 10 Septembre 1846. Enreg. même jour. No. 816 du Reg. 32.

PEPIN (   )—Sa nomination à la place de Procureur du Roi. 1er. Janvier 1811. Enreg. 3 du même mois. No. 3 du Reg. 27.

Sa nomination aux fonctions d'Avoué. 15 Février 1811. Enreg. 21 du même mois. No. 18 du Reg. 27.

Sa nomination, par intérim, aux fonctions de Procureur Général. 8 Juin 1818. Enreg. 11 du même mois. No. 260 du Reg. 29.

PERCEPTION.—*Ass. Col.*—Nouveau mode relatif à celle des deniers publics. 5 Vendémiaire An 6. Enreg. 8 du même mois. No. 609 du Reg. 24.

PERINDORGE (de)—*Ad. du Gén. D.*—Sa nomination à la place de Juge de la Cour d'Appel de l'Ile de France. 7 Juillet 1807. Enreg. 16 du même mois. No. 216 du Reg. 27.

Confirmation de sa nomination par l'Empereur et Roi. 13 Avril 1809. Enreg. 1er. Février 1810. No. 305 du Reg. 27.

Gouv. de S. M. B.—Sa nomination à la place de Juge à la Cour d'Appel. 1er. Janvier 1811. Enreg. 3 du même mois. No. 3 du Reg. 27.

PERROT (Henri Thomas)—Sa nomination aux fonctions d'Avoué. 6 Août 1812. Enreg. 13 du même mois. No. 64 du Reg. 27.

PERROT (Henri Evenor)—Sa nomination aux fonctions d'Avoué. 26 Novembre 1846. Enreg. même jour. No. 821 du Reg. 32.

PERSONNES.—*Ass. Col.*—Adoption du Décret de la Convention, en date du 21 Septembre 1792, qui met la sûreté des personnes sous la sauvegarde de la nation. 17 Mai 1793. Enreg. 22 Août même année. No. 222 du Reg. 21.

Réglements relatif à celles classées. 31 Juillet 1793. Enreg. 22 Août suivant. No. 229 du Reg. 21.

Manière de juger celles accusées de délits militaires tant sur terre que sur mer. 16 Prairial An 2. Enreg. 19 Juin 1794. No. 306 du Reg. 23.

Peines contre celles qui recèlent des matelots ou autres gens de mer. 26 Vendémiaire An 3. Enreg. 9me. jour de la 1re. décade de Brumaire même année. No. 343 du Reg. 23.

Celles mises hors la loi seront jugées par le Tribunal Criminel composé provisoirement du Juge délégué et de deux Jurés. 28 Germinal An 3. Enreg. même jour. No. 369 du Reg. 23.

Celles qui, ayant fait faillite ne se seront pas libérées, sont exclues des fonctions publiques. 15 Messidor An 3. Enreg. 21 du même mois. No. 380 du Reg. 23.

Adoption de la Loi de la Convention, en date du 21 Vendémiaire An 3, portant cette disposition. Id.

Ne peuvent porter de nom ni de prénom que ceux exprimés dans les actes de naissance. 17 Messidor An 3. Enreg. 21 du même mois. No. 383 du Reg. 23.

Adoption de la Loi de la Convention, en date du 6 Fructidor An 3, y relative. Id.

Abrogation de ces dispositions. 23 Messidor An 3. Enreg. 25 du même mois. No. 385 du Reg. 23.

Celles détenues seront jugées en suivant l'ancienneté de la date de leur emprisonnement. 4 Frimaire An 4. Enreg. 7 du même mois. No. 429 du Reg. 23.

Formalités à remplir par celles qui partent de la Colonie. 13 Nivôse An 4. Enreg. 16 du même mois. No. 441 du Reg. 23.

Peines contre celles qui s'embarqueront sans permission. 15 Ventôse An 4. Enreg. 25 du même mois. No. 463 du Reg. 23.

Celles qui, en raison de leurs affaires, ne pourront attendre les délais de l'annonce de leur départ de la Colonie, pourront se faire cautionner. 16 Frimaire An 5. Enreg. 15 Pluviôse même année. No. 539. du Reg. 24.

Abrogation de la Loi du 23 Octobre 1793 et de l'Article 17 de la Section 4 du Titre 1er. de la Loi du 1er. Août 1793, contraire à à cette disposition. Id.

Celles qui peuvent être déchargées de la contribution extraordinaire et même directe. 29 Germinal An 5. Enreg. 5 Floréal suivant. No. 565 du Reg. 25.

Les successions de celles décédées en mer seront versées à la Caisse des Invalides. 5 Frimaire An 9. Enreg. 7 du même mois. No. 761 du Reg. 25.

Celles de la population esclave qui auront obtenu leur liberté par acte public ou privé et qui en auront joui publiquement sans fraude, jouiront de tous les droits appartenant à l'état d'homme libre. 6 Fructidor An 4. Enreg. 8 du même mois. No. 503 du Reg. 24.

Peines contre celles qui se feront remplacer dans le service de la Garde Nationale et celles qui font le service pour d'autres. 13 Fructidor An 4. Enreg. 15 du même mois. No. 507 du Reg. 24.

Peines contre celles qui, vendant au détail en boutiques ou magasins, refuseront de recevoir, en papier-monnaie, le prix des objets en vente. 25 Ventôse An 5. Enreg. 27 du même mois. No. 558 du Reg. 24.

Réglements propres à prévenir l'introduction dans l'Ile de celles sans aveu, sans industrie, dangereuses, suspectes ou renvoyées de la Colonie. 8 Fructidor An 7. Enreg. 25 du même mois. No. 709 du Reg. 25.

Obligations imposées à celles qui seront à bord des prises qui mouilleront en cette Ile. 1er. Nivôse An 9. Enreg. 6 du même mois. No. 764 du Reg. 25.

Gouv. de S. M. B.—Remise en vigueur des Réglements de Police concernant les personnes qui s'établissent en ces Colonies. 26 Septembre 1812. Enreg. 5 Novembre même année. No. 69 du Reg. 28.

Peines contre celles qui, arrivant en cette Ile, communiqueront avec la terre avant la visite et les formalités prescrites par les Lois. 10 Août 1825. Enreg. 17 du même mois. No. 428 du Reg. 30.

Les dispositions de l'Article 21 de la Proclamation du 20 Février 1813, sont applicables aux personnes qui communiqueront de terre avec des vaisseaux infectés ou suspects de contagion et mis en quarantaine. 20 Mars 1820. Enreg. 1er. Avril suivant. No. 297 du Reg. 29.

Manière dont seront punies celles qui achèteront des objets volés ou recélés ou qui recèleront des objets volés. Ordonnance No. 11 (approuvée) (1). 21 Septembre 1837. No. 777 du Reg. 35.—*Voyez* CITOYENS, INDIVIDUS ET POLICE MUNICIPALE.

PERSONNES A GAGES.—Réglements relatifs à ces personnes et fixation des heures de travail auxquelles elles doivent être astreintes. Ordonnance No. 11 (devenue nulle par l'effet de l'Ordre en Conseil du 7 Septembre 1838) (2). 20 Décembre 1838. No. 808 du Reg. 36.—*Voyez* ARRIVÉE ET DÉPART.

PESAGE.—Celui des marchandises sujettes aux droits sera fait par la Douane. 22 Février 1816. Enreg. 1er. Mars suivant. No. 171 du Reg. 29.

Autres dispositions y relatives. 29 Avril 1816. Enreg. 18 Mai suivant. No. 172 du Reg. 29.

PESLERBE DESVILLES (Valentin Etienne Marie)—*Ad. pour le Roi de Fr.*— Sa nomination à la place de Lieutenant de Juge à la Juridiction Royale. 30 Août 1778. Enreg. 14 Août 1779. No. 498 du Reg. 15.

PETIT ( )—*Ass. Col.*— Son refus de faire partie de la commission créée pour juger les noirs coupables de complots contre la sûreté de la Colonie. 6 Prairial An 7. Enreg. 7 du même mois. No. 692 du Reg. 25.

PETITAIN ( )—Permission à lui accordée d'établir une imprimerie en ville. 3 Messidor An 9. Enreg. 7 du même mois. No. 782 du Reg. 25.

PETIT BIEN ( )—*Ad. du Gén. D.*—Sa nomination à la place de Suppléant Commissaire Civil du quartier des Pamplemousses. 1er. Frimaire An 12. Enreg. 23 du même mois. No. 55 du Reg. 26.

PETITE VÉROLE.—*Ad. pour le Roi de Fr.*—*V.* VARIOLE.

---

(1) Voyez Certificat du Gouverneur, en date du 21 Juin 1838. No. 43 de la liasse de ces pièces.

(2) Voyez aux mots *Maîtres* ou *Serviteurs*, l'Ordre en Conseil du 7 Septembre 1838.

Gouv. de S. M. B.—*Voyez* VARIOLE.

PÉTITIONS.—*Ass. Col.*—Ne peuvent être adressées à l'Assemblée Coloniale qu'elles ne soient rédigées par des citoyens réunis légalement en assemblée. 25 Juillet 1791. Enreg. 28 du même mois. No. 79 du Reg. 20.

Le droit de pétition appartient à tout individu et ne peut être délégué. 23 Septembre 1791, Enreg. 4 Octobre suivant. No. 94 du Reg. 20.

Ne peut être exercé en nom collectif par les corps électoraux, administratifs, judiciaires ou municipaux. Id.

Les citoyens qui voudraient l'exercer ne peuvent se former en assemblée de commune. Id.—*Voyez* POLICE MUNICIPALE.

PETIT-PAS (René)—*Ad. pour le Roi de Fr.*—Sa nomination aux fonctions d'Huissier. 16 Juin 1768. Enreg. 5 Juillet suivant. No. 110 du Reg. 12.

Suppression de sa commission. 23 Août 1768. No. 114 du Reg. 12.

PEYRAS (Auguste)—*Gouv. de S. M. B.*—Sa naturalisation de sujet anglais. Ordonnance No. 9 (sans approbation). 28 Avril 1845. No. 1041 du Reg. 43.

Id. Ordonnance No. 40 (approuvée) (1). 4 Septembre 1848. No. 1183 du Reg. 46.

PHARMACIENS.—*Ad. du Gén. D.*—Réglements à eux relatifs. 10 Germinal An 12. Enreg. 15 du même mois. No. 81 du Reg. 26.

Id. 19 Fructidor An 13. Enreg. 25 du même mois. No. 152 du Reg. 27.

Gouv. de S. M. B.—Id. 10 Mai 1817. Enreg. 2 Juin suivant. No. 209 du Reg. 29.

Autres dispositions ayant pour objet d'établir une concurrence parmi eux. Ordonnance No. 10 (non approuvé). 8 Septembre 1834. Enreg. 4 Juin 1835. No. 697 du Reg. 32.

Abrogation des Articles 1 et 4 de la Proclamation du 10 Mai 1817. Id.

PIASTRES.—*Ad. pour le Roi de Fr.*—Fixation de la piastre à 6 livres. 1er. Septembre 1772. No. 242 du Reg. 12.

Extrait de l'Edit du Roi du mois de Septembre 1771 portant

---

(1) *Voyez* Certificat du Gouverneur, en date du 10 Avril 1849. No. 117 de la liasse de ces pièces déposées au Greffe de la Cour.

fixation de la piastre à 6 livres. Enreg. 1er. Septembre 1772. No. 243 du Reg. 12.

Edit du Roi concernant la nature et la valeur de cette monnaie. Novembre 1782. Enreg. 12 Août 1783. No. 151 du Reg. 16.

Les piastres seront reçues au cours par le Receveur de la commune et le Greffier de la Cour. 11 Janvier 1786. Nos. 792 et 793 du Reg. 17.

Ass. Col.—Défense d'en vendre aux étrangers. 18me. jour du 1er. mois de l'An 3. Enreg. 22 Vendémiaire même année. No. 339 du Reg. 23.

Partage de celles provenant des prises faites par la frégate la *Preneuse* et le corsaire le *Coureur*. 25 Thermidor An 4. Enreg. 28 du même mois. No. 502 du Reg. 24.

Gouv. de S. M. B.— Permission de les exporter moyennant un droit de 15 o|o. 26 Mai 1812. Enreg. 3 Juin suivant. No. 61 du Reg. 28.

Cette disposition est étendue à l'Ile Bourbon. 6 Juin 1812. Enreg. même jour. No. 62 du Reg. 28.

Abrogation de toutes dispositions quelconques qui tendraient à régler ou à restreindre leur libre exportation et importation. 11 Juillet 1820. Enreg. 1er. Août suivant. No. 305 du Reg. 29,— *Voyez* TABLEAU.

PICHON (Paul Marie François)— *Ass. Col.*—Son admission aux fonctions d'Huissier. 16 Mai 1793. No. 200 du Reg. 21.

PIÈCES.—*Ad. du Gén. D.*—*Voyez* TITRES ET MINUTES.

PIÈCES DE 2 SOUS.—*Ad. pour le Roi de Fr.*—Fixation de leur valeur numéraire à 3 livres. 3 Décembre 1771. Enreg. 1er. Septembre 1772. Nos. 244 et 245 du Reg. 12.

PIGEOT St.-VALLERY (Isidore)— Sa nomination à l'office d'Assesseur au Conseil supérieur de l'Ile de France. 8 Juillet 1786. Enreg. 11 Août suivant. Nos. 823, 824 et 825 du Reg. 17.

Renouvellement de sa commission. 5 Août 1789. Enreg. 8 du même mois. No. 939 du Reg. 18.

Ass. Col.—Sa démission de sa place d'Assesseur. 12 Novembre 1790. No. 18 du Reg. 19.

Ad. du Gén. D.—Sa nomination à la place de Substitut du Commissaire du Gouvernement près le Tribunal d'Appel. 15 Thermidor An 12. Enreg. 21 du même mois. No. 105 du Reg. 27.

Gouv. de S. M. B.—Sa nomination à la place de Juge à la Cour d'Appel. 1er. Janvier 1811. Enreg. 3 du même mois. No. 3 du Reg. 27.

PIGEOT (Jean-Baptiste)—*Ad. du Gén. D.*—Sa nomination à la place d'Agent de change. 12 Fructidor An 12. Enreg. 16 du même mois. No. 110 du Reg. 27.

PIGNEGUY (Jules)—*Gouv. de S. M. B.*—Sa nomination aux fonctions d'Avoué. 7 Février 1850. Enreg. même jour. No. 1242 du Rég. 48 (*bis*).

PIROGUES.—*Ass. Col.*—Leurs dimensions sont fixées. 3 Mars 1791. Enreg. 14 du même mois. No. 38 du Reg. 10.

Défense aux pirogues de communiquer avec aucun bâtiment arrivant en ce port ou naviguant à la côte. 12 Juin 1793. Enreg. 11 Juillet suivant. No. 206 du Reg. 21.

Gouv. de S. M. B.—Celles destinées à la pêche seront conduites dans des lieux de sûreté et les agrès de ces pirogues seront remis aux chefs des postes. 1er. Mai 1818. Enreg. 6 du même mois. No. 257 du Reg. 29.

Remise en vigueur de cette Loi et abrogation de la Proclamation du 25 Février 1819, qui rapporte celle du 1er. Mai 1818. 16 Juillet 1819. Enreg. 2 Août suivant. No. 289 du Reg. 29 (1).—*Voyez* Pêche.

PITCHEN (Denis)—*Ass. Col.*—Sera chargé du cadastre du Camp des Malabars comme Syndic de cette partie. 5 Messidor An 11. Enreg. 18 du même mois. No. 854 du Reg. 26.

Confirmation de sa nomination de Syndic des Camps Malabars, Yoloff et Banlieue. 10 Thermidor An 11. Enreg. 16 du même mois. No. 859 du Reg. 26.

Abrogation de la Loi du 5 Messidor An 11, relative au Syndicat du Camp des Malabars. Id.

PITOIS (Gaspard Antoine)—*Comp. des Indes.*—Délai de 20 mois, à lui accordé, pendant lequel ses créanciers ne pourront exercer contre lui aucune poursuite, attendu la mission dont il est chargé par la Colonie. 3 Octobre 1763. No. 204 du Reg 11.

PITOT (Charles)—*Ad. pour le Roi de Fr.*—Sa nomination de Notable à l'effet d'assister le Juge Royal dans l'instruction des procès criminels. 14 Février 1785. No. 734 du Reg. 17.

---

(1) La Proclamation du 25 Février 1819 n'a point été transcrite sur les Registres du Greffe.

PITTINBER (Indien)—*Gouv. de S. M. B.*—Pardon à lui accordé par Sa Majesté. No. 1229 du Reg. 48.

PLACARDS,—*Ad. pour le Roi de Fr.*—Dénonciation au Conseil supérieur de ceux ayant pour but de porter les noirs esclaves à la révolte. 26 Mai 1790 No. 997 du Reg. 19.

Compte-rendu au Conseil, par le Substitut du Procureur Général, concernant les poursuites dirigées contre les auteurs de ces placards. 2 Juin 1790. No. 1003 du Reg. 19.

PLANTATIONS.—*Voyez* BOIS NOIRS.

PLANTEURS.— *Gouv. de S. M. B.*—Obligation à eux imposée de marquer de leurs noms les sacs, boucauts ou emballages de sucre provenant de leurs établissements. Ordonnance No. 1 (approuvée) (1). 6 Février 1837. No. 761 du Reg. 35.

PLANTIN (Robert)—Sa naturalisation de sujet anglais. Ordonnance No. 29 (approuvée) (2). 6 Novembre 1850. No. 1265 du Reg. 48.

PLACE DES EXECUTIONS.— *Ad. pour le Roi de Fr.*— Ordonnance y relative. 1er. Septembre 1784. Enreg. 7 du même mois. No. 712 du Reg. 16.

PLACES.—Désignation de celles des Autorités de la Colonie aux églises et cérémonies publiques. 16 Décembre 1772. Enreg. même jour. No. 293 du Reg. 14.

PLASSAN (   )—*Ad. du Gén D.*—Sa nomination à la place d'Agent de change. 30 Brumaire An 14. Enreg. 21 Frimaire suivant. No. 166 du Reg. 27.

PLUS VALUE.—*Ass. Col.*—Toutes sommes dûes pour salaires ou autres conventions verbales postérieures à la Loi du 26 Nivôse An 5, sont sujettes à la plus value. 15 Brumaire An 6. Enreg. 18 du même mois. No. 616 du Reg. 24 (3).

POIDS.—*Comp. des Indes.*—Réglements relatifs à ceux qui servent à la vente au détail des denrées et marchandises. 14 Février 1756. No. 153 du Reg. 8.

Gouv. de S. M. B.—Fixation de celui des chaînes que les habitants sont autorisés à mettre à leurs esclaves. Ordonnance No. 20.

---

(1) Voyez Certificat du Gouverneur, en date du 1er. Décembre 1837. No. 40 de la liasse de ces pièces.
(2) Id.   Id.   Id.   en date du 3 Novembre 1851. No. 133. Id.
(3) La Loi du 26 Nivôse An 5 n'a point été transcrite sur les Registres du Greffe.

13 Décembre 1826. Enreg. 21 du même mois. No. 466 du Reg. 30.

Fixation du poids que peut porter un noir ou une négresse pour le transport des denrées. Ordonnance No. 33. 9 Avril 1828. Enreg. 1er. Mai suivant. No. 493 du Reg. 31.

Abrogation de la Loi du 13 Décembre 1826 et remise en vigueur, avec changements et modifications, des dispositions qu'elle contient. Ordonnance No. 51. 26 Septembre 1829. Enreg. 10 Octobre suivant. No. 535 du Reg. 31.

Abrogation de l'Ordonnance No. 51 précitée. 23 Février 1831. Enreg. 6 Août même année. No. 591 du Reg. 31.

POIRIER (   )— Sa nomination aux fonctions d'Huissier. 28 Octobre 1823. Enreg. 10 Novembre suivant. No. 372 du Reg. 30.

POISON.— Dispositions ayant pour objet de prévenir l'usage criminel du stramonium et autres poisons. Ordonnance No. 30 (approuvée) (1). 28 Août 1848. No. 1173 du Reg. 46.

POISSON.—Fixation du prix de cet objet. Ordonnance No. 41. 31 Décembre 1828. Enreg. 19 Février 1829. No. 518 du Reg. 31.

POIVRE.—*Comp. des Indes.*— Fixation du prix de cet objet à 20 s. la livre. 4 Juin 1726. No. 26 du Reg. 1.

POIVRE (Pierre)—*Ad. pour le Roi de Fr.*—Sa nomination de Commissaire pour le Roi et Ordonnateur aux Iles de France et Bourbon. 1er. Juillet 1766. Enreg. 17 Juillet 1767. No. 3 du Reg. 12.

Ses dires et discours relatifs à la publication de l'extrait des Ordonnances par ordre de M. Dumas, Gouverneur. 23 Février 1768. No. 83 du Reg. 12.

Provisions à lui accordées par le Roi pour la charge d'Intendant de justice, police, finances de la guerre et de la marine aux Iles de France et Bourbon. 14 Décembre 1770. Enreg. 25 Juin 1771. No. 204 du Reg. 12.

POLICE.—*Comp. des Indes.*—Réglements de police concernant les esclaves. 1er. Mars 1759. No. 172 du Reg. 9.

Réglements généraux relatifs à celle intérieure de la Colonie. 11 Août 1762. No. 185 du Reg. 10.

Id. 19 Juillet 1766. No. 203 du Reg. 11.

Ad. pour le Roi de Fr.— Réglements relatifs à la police des

---

(1) Voyez Certificat du Gouverneur, en date du 10 Avril 1849. No. 117 de la liasse de ces pièces déposées au Greffe de la Cour.

esclaves. 29 Septembre 1767. Enreg. 30 du même mois. No. 48 du du Reg. 12.

Id. 9 Août 1777. Enreg. 1er. Juin 1778. No. 433 du Reg. 14.

Id. 12 Novembre 1781. No. 582 du Reg. 16.

Autres dispositions concernant la police en général. 24 Décembre 1779. Enreg. 14 Février 1780. No. 521 du Reg. 15.

Ass. Col.—Dispositions concernant les jugements de police et l'appel de ces jugements. 21 Octobre 1790, Enreg. 17 Décembre même année. No. 21 du Reg. 19.

Réglements concernant la police de sûreté. 12 Thermidor An 2. Enreg. 2 Août 1794. No. 324 du Reg. 23.

Autres Réglements concernant celle de l'intérieur de la ville. 8 Fructidor An 4. Enreg. 25 du même mois. No. 508 du Reg. 24.

Réglements généraux embrassant toutes les parties de la police municipale et correctionelle. 1er. Août 1793. Enreg. 28 Septembre suivant. No. 234 du Reg. 21.

Abrogation de la Loi du 23 Octobre 1793 (1) et de l'Article 17 de la Section 4 du Titre 1er. de la Loi du 1er. Août 1793 sur la police intérieure. 16 Frimaire An 5. Enreg. 15 Pluviôse même année. No. 539 du Reg. 24.

Autres Réglements relatifs à la police du P. N. O. 1er. Thermidor An 8. Enreg. 15 du même mois. No. 750 du Reg. 25.

Ad. du Gén. D.—Etablissement d'un Bureau central de police au Port N. O.; composition de ce bureau ; attributions de l'Agent Général de police et de ses subordonnés ; leur costume ; comptabilité de la police, etc. 4 Brumaire An 12. Enreg. 11 du même mois. No. 35 du Reg. 26.

Nomination d'un Sous-Agent pour la police de la Grande-Rivière, section du Port N. O. 27 Messidor An 12. Enreg. 30 du même mois. No. 100 du Reg. 27.

Abrogation de l'Article 30 de l'Arrêté du 4 Brumaire An 12, relatif au costume des officiers de police. Id.

Nouveau costume de ces officiers, substitué à l'ancien.

Autres Réglements relatifs à la police de cette Ile. 28 Avril 1808. Enreg. 5 Mai suivant. No. 247 du Reg. 27.

Suppression du titre de Sous-Agent de police. 23 Octobre 1809. Enreg. 2 Novembre suivant. N. 303 du Reg 27.

Tous les officiers de police, autres que l'Agent Général, auront le titre d'Inspecteurs. Id.

Gouv. de S. M. B.— Police concernant les personnes qui s'établissent dans ces Colonies. 26 Septembre 1812. Enreg. 5 Novembre même année. No. 69 du Reg. 28.

---

(1) La Loi du 23 Octobre 1793 ne se trouve point transcrite sur les Registres du Greffe.

Organisation d'un système général de police. Ordonnance No. 15 (sans approbation). 29 Novembre 1837. No. 783 (*ter*) du Reg. 35.

Nouveau système de police générale. Ordonnance No. 18 (approuvée) (1). 14 Décembre 1840. No. 868 du Reg. 38.

Dispositions relatives à celle de la rade. 22 Septembre 1841, No. 909 du Reg. 39.

Nouvelles dispositions relatives à celle du port. Ordonnance No. 38 (approuvée) (2). 26 Février 1844. No. 1006 du Reg. 42.

Modification de l'Ordonnance No. 18 de 1840 relative à un nouveau système de police. Ordonnance No. 3 (approuvée) (3). 20 Mars 1850. No. 1232 du Reg. 48.—*Voyez* ESCLAVES, PORT-D'ARMES, INCENDIES ET NAVIRES.

POLICE MUNICIPALE ET CORRECTIONNELLE. — *Ass. Col.* — Réglements généraux y relatifs embrassant toutes les parties que présente cette matière. 1er. Aout 1793. Enreg. 28 Septembre suivant. No. 234 du Reg. 21.

Abrogation de l'Article 17 de la Section 4 du Titre 1er. de cette Loi. 16 Frimaire An 5. Enreg. 15 Pluviôse même année. No. 539 du Reg. 24.

Rectification de l'Article 14 de la Section 7 et de l'Article 10 de la Section 10 du Titre 2 de la Loi du 1er. Août 1793 en ce qui concerne l'appel des jugements de police municipale et correctionnelle. 3 Nivôse An 4. Enreg. 15 du même mois. No. 438 du Reg. 23.

Autres dispositions concernant l'appel de ces jugements. 28 Fructidor An 6. Enreg. 5 Vendémiaire An 7. No. 664 du Reg. 24.

Abrogation de l'Article 1er. Section 7 du Titre 2 de la Loi du 1er. Août 1793 en ce qui concerne les larcins et filouteries, et promulgation de l'Article de la Loi de France décrétée le 19 Juillet 1791, y relatif. 12 Prairial An 7. Enreg. 15 du même mois. No. 697 du Reg. 25.—*Voyez* TRIBUNAUX ET PEINES.

POLICE SIMPLE ET CORRECTIONNELLE.—*Gouv. de S. M. B.*— Réglements y relatifs. 6 Janvier 1815. Enreg. 9 du même mois. No. 123 du Reg. 28.—*Voyez* DÉLITS.

POMPIERS. — Formation de ce corps. 14 Décembre 1816. Enreg. 3 Janvier 1817. No. 198 du Reg. 29.

PONDICHERY.—*Ad. pour le Roi de Fr.*—*V.* ORDONNATEUR.

PONS (Honoré)—Sa nomination à la place de second Commis-

---

(1) Voyez Certificat du Gouverneur, en date du 13 Novembre 1843. No. 76 de la liasse de ces pièces.
(2) Id. Id. Id. en date du 16 Décembre 1844. No. 87. Id.
(3) Id. Id. Id. en date du 25 Octobre 1850. No. 126. Id.

Greffier de la Juridiction Royale. 10 Janvier 1785. Enreg. 10 Mars même année. No. 745 du Reg. 17.

PONTS ET CHAUSSÉES.—*Ad. du Gén. D.*—Les attributions conférées à chacun des Grands-Voyers des Iles de France et Bonaparte, sont réunies pour ces deux Colonies, en une seule et même direction sous la présente dénomination. 8 Janvier 1807. Enreg. 15 du même mois. No. 200 du Reg. 27.

Gouv. de S. M. B.—Suppression de cette direction. 1er. Septembre 1811. Enreg. 5 du même mois. No. 42 du Reg. 27.

POPULATION DE COULEUR.—Abrogation de l'Article 51 des Lettres-Patentes du mois de Décembre 1723 et des Articles 67 et 68 de l'Arrêté supplémentaire au Code civil qui défendent aux personnes de la population blanche de disposer de leurs biens en leurs faveur par actes entrevifs ou par testament. Ordonnance No. 18. 8 Novembre 1826. Enreg. 1er. Décembre suivant. No. 463 du Reg. 30.

Abolition des distinctions, incapacités et restrictions civiles ou militaires auxquelles pourraient être soumises toutes personnes de naissance ou d'origine indienne et africaine. 22 Juin 1829. Enreg. 22 Décembre même année. Fo. 542 du Reg. 31.

Proclamation relative à ces dispositions adressée aux personnes de la population de couleur. 2 Décembre 1829. Enreg. 22 du même mois. No. 543 du Reg. 31.

PORCS.—Fixation du prix de cette viande. Ordonnance No. 41. 31 Décembre 1828. Enreg. 19 Février 1829. No. 518 du Reg. 31.

PORTS.—*Comp. des Indes.*—Interdit mis sur le Port Bourbon (1) par M. Borton, vicaire apostolique, pour raison d'insultes graves faites aux ecclésiastiques qu'on a envoyés de France en cette Ile ; insultes portées au point d'avoir fait fustiger un noir chrétien à leur occasion. 31 Mars 1726. Pièce No. 3 de la liasse et boîte 1re. des minutes du Conseil provincial.

Mesures adoptées pour envoyer au Port N. O. des provisions dont ce lieu manque totalement. 18 Mai 1730. No. 68 du Reg. 1. Id. 16 Juillet 1730. No. 70 du Reg. 1.

Ad. pour le Roi de Fr.—Franchise du port principal de l'Ile de France accordée par Sa Majesté attendu que, par l'établissement d'une nouvelle Compagnie des Indes, les Iles de France et Bourbon

---

(1) Le Port Bourbon a reçu les dénominations successives de Port Sud-Est, Port de la Fraternité, Port Impérial et de Grand Port.

se trouvent privées du commerce considérable qu'elles faisaient. 27 Mai 1787. Enreg. 18 Février 1788. No. 895 du Reg. 18.

Ass. Col. — Décret de la Convention, en date du 23me. jour du premier mois de l'An 2, qui donne aux port et ville du N. O. la dénomination de port et ville de La Montagne, et aux canton et port du S.-E. celle de port et canton de La Fraternité. Enreg. à l'Ile de France, le 10 Mai 1794.

Les port et ville du N. O. reprennent cette première dénomination. 13 Brumaire An 4. Enreg. 15 du même mois. No. 423 du Reg. 23.

Autre Arrêté qui ordonne que le Port N. O. et le Port S. E. reprendront ces anciennes dénominations. 16 Fructidor An 10. Eereg. 26 du même mois. No. 830 du Reg. 26.

Ad. du Gén. D. — Division et fixation des limites du quartier du Port N. O. 4 Brumaire An 12. Enreg. 11 du même mois. No. 35 du Reg. 26.

Arrêté qui donne au Port N. O. la dénomination de Port Napoléon. 17 Août 1806. Enreg. 19 du même mois. No. 185 du Reg. 27.

Autre Arrêté qui donne au Port S. E. la dénomination de Port Impérial. 1er. Octobre 1806. Enreg. 2 du même mois. No. 191 du Reg. 27.

Promulgation du Décret Impérial du 2 Février 1809 qui sanctionne les deux Arrêtés précités. No. 298 du Reg. 27.

Gouv. de S. M. B. — Ouverture du Port de la Colonie aux navires de tous Etats étrangers en paix avec la Grande-Bretagne. 1er. Mars 1817. Enreg. 26 Janvier 1818. No. 246 du Reg. 29.

Autres dispositions relatives à la franchise du Port de cette Ile. 17 Juillet 1820. Enreg. 1er. Août même année. No. 307 du Reg. 29.

Réglements relatifs au service du Port. 16 Décembre 1823. Enreg. 5 Janvier 1824. No. 377 du Reg. 30.

Ce service est mis sous la surveillance et sous l'inspection du Collecteur de la Douane et du Capitaine du Port. Id.

Dispositions ayant pour objet d'étendre les limites du quartier du Port Louis. Ordonnance No. 26 (approuvée) (1). 13 Décembre 1841. No. 915 du Reg. 39.

Réglements relatifs à la Police du Port. 10 Septembre 1849. No. 1214 du Reg. 47.

Id. 28 Novembre 1850. No. 1270 du Reg. 48.

---

(1) Voyez Certificat du Gouverneur, en date 20 Octobre 1842. No. 69 de la liasse de ces pièces.

PORT-D'ARMES.—*Comp. des Indes.*—Défense aux habitants d'aller sur les grands chemins et de s'écarter de leurs maisons à plus de trente pas sans armes à feu, à peine de 100 liv. d'amende. 24 Août 1745. No. 111 du Reg. 6.

A eux permis de faire porter leurs fusils par leurs noirs, de façon que ces derniers ne s'écartent d'eux qu'à la portée du pistolet. Id.

Pourront faire porter par un ou plusieurs de leurs noirs des fusils sur leurs habitations en cas d'alarme ou autre événement, mais en leur présence seulement, de façon que les noirs soient toujours devant eux à la portée du fusil dont ils seront armés eux-mêmes. Ibid.

Défense aux habitants de laisser aucune arme à feu dans leurs maisons sans en ôter le chien qu'ils emporteront avec eux ou renfermeront sous clé, à peine de 100 livres d'amende et d'être garants des dommages qui pourraient en résulter. Id.

Promulgation aux Iles de France et Bourbon de la déclaration du Roi du 23 Mars 1728, concernant le port-d'armes. 11 Mai 1756. No. 157 du Reg. 8.

Défense à toute personne, de quelque qualité ou condition qu'elle soit, de porter l'épée si elle n'est gentilhomme, employée ou militaire de terre ou de mer. Id.

Défense à toute personne de quelque qualité ou condition qu'elle soit de porter aucune arme à feu, bâton ferré ou creux dans lesquels seraient cachés des lames ou autres instruments de fer offensifs sans une permission spéciale et par écrit. Id.

Autres Réglements relatifs au port-d'armes. 14 Juin 1758. No. 167 du Reg. 9.

Ass. Col.—Peines contre ceux qui enfreindront la Loi du 4 Thermidor An 2 y relative. 23 Pluviôse An 3. Enreg. 26 du même mois. No. 361 du Reg. 23 (1).

Gouv. de S. M. B.—Réglements relatifs au port-d'armes de chasse, Ordonnance No. 4 (approuvée) (2). 9 Mai 1836. No. 745 du Reg. 34.—*Voyez* ARMES.

PORT LOUIS.—*Voyez* VILLE DU PORT LOUIS, PORTS ET QUARTIERS.

PORTALIS.—*Ad. du Gén. D.*—Sa nomination aux fonctions d'Avoué. 23 Nivôse An 12. Enreg. 26 du même mois. No. 65 du Reg. 26.

Sa nomination à la place de Juge à la Cour d'Appel de l'Ile de

---

(1) La Loi du 4 Thermidor An 2 ne se trouve pas transcrite sur les Registres du Greffe.

(2) Voyez Certificat du Gouverneur, en date du 28 Juin 1837. No. 37 de la liasse de ces pièces.

France. 6 Ventôse An 14. Enreg. 1er. Germinal suivant. No. 174. du Reg. 27.

Confirmation de cette nomination par S. M. l'Empereur et Roi. 13 Avril 1809. Enreg. 1er. Février 1810. No. 305 du Reg. 27.

Gouv. de S. M. B.—Sa nomination à la place de Procureur du Roi. 28 Janvier 1811, Enreg. 29 du même mois. No. 11 du Reg. 27.

Sa nomination à la place de Substitut du Procureur Général. 23 Août 1820. Enreg. 26 du même mois. No. 308 du Reg. 29.

Sa nomination à la place de Juge à la Cour d'Appel. 25 Mars 1830. Enreg. 1er. Avril suivant. No. 550 du Reg. 31.

Sa nomination à la place de Juge de Paix de la ville du Port-Louis. 30 Août 1831. Enreg. 8 Octobre même année. No. 598 du Reg. 31.

PORTUGAIS.—*Ass. Col.*—Seront mis en état d'arrestation. 22 Messidor An 2. Enreg. 12 Juillet 1794. No. 318 du Reg. 23.

Séquestre de leur navires, cargaisons et espèces monnayées. Id.

Ad. du Gén. D.—*Voyez* VAISSEAUX.

POSSESSION.—*Comp. des Indes.*—*Voyez* ILE DE FRANCE.

POSTE AUX LETTRES.—*Gouv. de S. M. B.*—Réglements y relatifs. Ordonnance No. 14 (approuvée) (1). 31 Décembre 1834. Enreg. 4 Janvier 1835. No. 698 du Reg. 32.

Mise en vigueur, à compter du 1er. Janvier 1847, de l'Ordonnance No. 13 de 1846 relative aux postes. 28 Décembre 1846. No. 1079 du Reg. 44.

Id. Des Articles 5, 31 et 32 de l'Ordonnance No. 13 de 1846. Proclamation du 15 Juin 1847. No. 1108 du Reg. 45.

Autres dispositions relatives au port des lettres et leur remise à domicile. Ordonnance No. 4 (approuvée) (2). 16 Octobre 1848. No. 1186 du Reg. 46.—*Voyez* LETTRES ET LETTRES MISSIVES.

POSTULANTS.—*Ad. pour le Roi de Fr.*—Réglements concernant ceux qui exercent en cette qualité près les Tribunaux de l'Ile de France. 12 Juin 1778. No. 444 du Reg. 15.

Suppléeront les Avocats dans les fonctions de Juges auxquelles ces derniers pourront être appelés lorsqu'il il y aura empêchement de leur part. 10 Juillet 1788. No. 902 du Reg. 18.

---

(1) Voyez Certificat du Gouverneur, en date du 20 Mars 1837. No. 29 de la liasse de ces pièces.
(2) Id. Id. Id. en date du 26 Juin 1849, No. 119. Id.

POTENCE.— Sera transportée au pied de la Petite Montagne. 1er. Mars 1784. No. 680 du Reg. 16.

POTTIER DESLANDES.—*Ass. Col.*—*Voyez* INJONCTION.

POUDRE DE GUERRE.—*Ad. pour le Roi de Fr.*—Réglements y relatifs. 2 Juin 1787. Enreg. 6 du même mois. No. 860 du Reg. 18.

Le scel de la police sera apposé sur le dépôt des poudres confiées aux distributeurs privilégiés. 26 Mai 1790. No. 997 du Reg. 19.

Ass. Col.—Défense aux marchands d'en vendre. 19 Fructidor An 2. Enreg. 6 Septembre 1794. No. 328 du Reg. 23.

L'usage en est interdit dans les fêtes publiques pendant la durée de la guerre. 15 Messidor An 3. Enreg. 21 du même mois. No. 380 du Reg. 23.

Adoption d'une Loi de la Convention, en date du 9 Fructidor An 2, relative à cet objet.

Gouv. de S. M. B.—Tout capitaine ou armateur de navire du commerce qui aura obtenu la permission d'en embarquer et qui la rapportera à l'Ile Maurice, sans motif légitime, sera soumis à une amende de 200 piastres. 9 Novembre 1815. Enreg. 14 du même mois. No. 159 du Reg. 29.

Celle arrivant dans la Colonie sera déclarée au Secrétariat Général. 11 Septembre 1817. Enreg. 3 Novembre même année. No. 223 du Reg. 29.

Aucun navire faisant le commerce de Madagascar ne pourra en en prendre à son bord. 25 Mai 1818. Enreg. 3 Juin suivant. No. 259 du Reg. 29.

POUDRE D'OR.—(District de la)—*V.* PRESBYTÈRE ET CIMETIÈRE.

POUEY (Pierre)—*Ad. pour le Roi de Fr.*—Sa nomination à la place de Greffier du Conseil supérieur. 11 Juillet 1783. Enreg. 4 Août suivant. No. 645 du Reg. 16.

Ass. Col.— Sa nomination de Greffier en Chef de la Cour. 1er. Juillet 1793. Enreg. 10 du même mois. No. 214 du Reg. 21.

Arrêté de la Cour concernant son titre d'élection pour être admis aux fonctions de Juge du Tribunal d'Appel. 21 Décembre 1793. No. 252 du Reg. 23.

POUGNET (Pierre Desbarrières)—*Gouv. de S. M. B.*— Sa nomination aux fonctions d'Huissier. 16 Août 1832. Enreg. 23 du même mois. No. 617 du Reg. 31.

POULIN DUBIGNON.— *Ad. pour le Roi de Fr.*—Sa nomination de Notable à l'effet d'asssister le Juge Royal dans l'instruction et le jugement des pièces criminelles. 12 Juin 1786. No. 808 du Reg. 17.

Sa prestation de serment. 12 Juin 1786. No. 809 du Reg. 17.

BOUCHER DE LA SEREE (Jacques Philippe)—Sa nomination de Juge de la Juridiction Royale établie à l'Ile de France. 27 Novembre 1771. Enreg. 25 Novembre 1772. No. 264 du Reg. 14.

Sa nomination à l'office de Conseiller honoraire du Conseil supérieur de l'Ile de France. 6 Février 1774. Enreg. 9 Janvier 1775. No. 346 du Reg. 14.

POURSUITES JUDICIAIRES.—*Gouv. de S. M. B.*—Il ne pourra en être fait aucune à compter du 1er. Octobre au 31 Décembre 1816 pour le paiement des billet, effet négociable ou de tout autre engagement. 28 Septembre 1816. Enreg. 30 du même mois. No. 186 du Reg. 29.

Exeption à cette Loi. 25 Octobre 1816. Enreg. 29 du même mois. No. 195 du Reg. 29.

Autres dispositions concernant les suspensions des poursuites judiciaires. 12 Décembre 1816. Enreg. 7 Janvier 1817. No. 199 du Reg. 29.

Il ne pourra en être fait aucune à compter du 1er. Décembre 1819 jusqu'au 1er. Juin 1820, relative aux billets ou effets négociables, etc. 8 Décembre 1819. Enreg. 13 du même mois. No. 296 du Reg. 29.

Celles en expropriations forcées des immeubles pourront être suspendues par les Tribunaux dans certains cas et à certaines conditions. Ordonnance No. 4 (non approuvée) (1). 4 Avril 1832. Enreg. 6 du même mois. No. 611 du Reg. 31.—*Voyez* ACTES ET SUSPENSIONS.

POURVOIS.—*Ad. du Gén. D.*— Modification de l'Article 30 du Chapitre 2 de l'Arrêté du 18 Vendémiaire An 12 et de l'Art. 4 du Chapitre 3 du même Arrêté en ce qui concerne le pourvoi en Cassation contre les jugements qui admettent le divorce en dernier ressort. 25 Prairial An 13. Enreg. 26 du même mois. No. 142 du Reg. 27 (2).

Question de savoir si la déclaration du pourvoi en Cassation contre les jugements en matière criminelle ou correctionnelle est

---

(1) Voyez Certificat du Gouverneur, en date du 24 Juin 1833. No. 1 de la liasse de ces pièces.
(2) Voyez au mot *divorce*, la Loi du 18 Vendémiaire An 12.

suspensif de l'exécution de ces jugements. 29 Février 1808. Enreg. 10 Mars suivant. No. 229 du Reg. 27.

Gouv. de S. M. B.—Réglement du Commissaire de Justice relatif aux pourvois devant Sa Majesté en Conseil. 11 Mai 1815. Enreg. 15 du même mois. No. 137 du Reg. 29.

Interprétation de ce Réglement. 13 Septembre 1815. Enreg. No. 149 du Reg. 29.

Les pourvois devant Sa Majesté ne seront suspensifs de l'exécution des jugements qu'autant que par l'appelant, il sera fourni dans les deux mois de l'appel bonne et valable caution. 9 Avril 1818. Enreg. 18 du même mois. No. 255 du Reg. 29.—*V.* APPELS, CAUTIONNEMENTS ET CHARTE DE JUSTICE.

POUVOIRS (Autorités)—*Ass. Col.*—Dispositions générales relatives au pouvoir législatif, exécutif et judiciaire de la Colonie. (Titres 2 et 10 de la Constitution provisoire de la Colonie). 2 Avril 1791. Enreg. 15 du même mois. No. 46 du Reg. 19.

POUVOIRS (Mandats)—Ceux non révoqués ou suspendus seront conservés. 17 Mai 1793. Enreg. 22 Août même année. No. 222 du Reg. 21.

Adoption du Décret de la Convention, en date du 21 Septembre 1792, qui contient cette disposition. Id.

POWER (James)—Colonel.—*Voyez* ADMINISTRATION.

PRATICIENS.—*Ad. pour le Roi de Fr.*—Ceux exerçant près les Tribunaux de l'Ile de France seront admis à exercer les mêmes fonctions et seront soumis aux mêmes règles que les Avocats. 9 Mai 1787. No. 849 du Reg. 17.

Ne pourront suppléer les Avocats en la Cour sans, qu'au préalable, ils aient exercé et suivi les audiences du Siége pendant l'espace de deux ans. 10 Avril 1787. No. 851 du Reg. 17.

PREEMPTION.—*Ass. Col.*—Défense d'exercer ce droit sur les matières premières venant de l'Etranger pour l'alimentation des fabriques. 16 Messidor An 3. Enreg. 24 du même mois. No. 381 du Reg. 23.

Adoption de la Loi de la Convention, du 26 Vendémiaire An 3, contenant cette disposition. Id.

PRÉFET COLONIAL.—*Ad. du Gén. D.*—Attributions de cet Administrateur. Loi organique du 13 Pluviôse An 11. Enreg. 7 Vendémiaire An 12. No. 2 du Reg. 26.

A seul le droit de faire des Réglements provisoires sur les matières de son administration après en avoir délibéré avec le Gouverneur. Id.

Ne peut, sous aucun prétexte, entreprendre sur les fonctions de l'Ordre Judiciaire. Id.

PRÉFETS APOSTOLIQUES.—*Ass. Col.*—Leur suppression dans les Colonies. 9 Avril 1794. Enreg. 14 du même mois. No. 284 du Reg. 23.

Adoption de la Loi de la Convention, en date du 10 Septembre 1791, qui contient cette disposition. Id.

PRÉLIMINAIRES.—*Voyez* PAIX.

Gouv. de S. M. B.—PREMIER PRÉSIDENT.—*V.* CHEF JUGE.

PRÉNOMS.—*Voyez* NOMS.

PRÉPOSÉS.—*Ass. Col.*—Il n'y en aura qu'un seul pour la perception des droits du timbre et ceux de l'enregistrement. 7 Nivôse An 5. Enreg. 15 du même mois. No. 580 du Reg. 24.

PRESBYTÈRE.—*Gouv. de S. M. B.*—Dispositions relatives aux réparations à faire à celui de la paroisse de Flacq. Ordonnance No. 4 (approuvée) (1). 13 Mars 1837. No. 766 du Reg. 35.

Etablissement d'une paroisse au quartier de la Poudre d'Or. Ordonnance No. 45 (approuvée) (2). 27 Décembre 1847. No. 1135 du Reg. 45.

Réparations du presbytère de Moka. Ordonnance No. 15 (approuvée) (3). 12 Décembre 1849. No. 1223 du Reg. 47.

PRÉSÉANCES.—*Ad. du Gén. D.*—Lettre du Ministre y relative. 5 Nivôse An 13. Enreg. 7 Frimaire An 14. No. 163 du Reg. 27.

Promulgation aux Iles de France et de la Réunion des Décrets Impériaux, en date des 24 Messidor An 12 et 6 Frimaire An 13, concernant les préséances. 3 Frimaire An 14. Enreg. 7 du même mois. Nos. 164 et 165 du Reg. 27.

PRÉSENTATIONS.—*Ad. pour le Roi de Fr.*—Le Greffier est tenu d'avoir un registre destiné à leur inscription afin que les défauts et congés puissent être levés au Greffe conformément au

---

(1) Voyez Certificat, en date du 1er. Décembre 1837. No. 40 de la liasse de ces pièces déposées au Greffe de la Cour d'Appel.
(2) Id. Id. Id. en date du 5 Septembre 1848. No. 113. Id.
(3) Id. Id. Id. en date du 16 Janvier 1851. No. 128. Id.

Titre 4 de l'Ordonnance de 1667 et aux Edits et Déclarations du Roi des mois d'Avril et Juillet 1695. 9 Juin 1787. No. 863 du Reg. 18.

PRÉSIDENCE.—*Ad. du Gén. D.*— Celle de la Cour d'Appel de l'Ile de France sera, pendant la durée du congé de M. Allanie, exercée de deux mois en deux mois par chaque Juge de la Cour alternativement suivant l'ordre des nominations. 23 Février 1810. Enreg. 1er. Mars suivant. No. 306 du Reg. 27.

PRÉSIDENTS.—*Ass. Col.*— Nomination de celui du Tribunal d'Appel. 16 Décembre 1793. No. 243 du Reg. 22.

Fonctions particulières de celui du Tribunal Criminel. 5 Thermidor An 3. Enreg. 2 Fructidor suivant. No. 404 du Reg. 23.

Manière de remplacer celui du Tribunal Civil en cas d'absence ou d'empêchement. 14 Vendémiaire An 4. Enreg. 18 du même mois. No. 414 du Reg. 23.

Remplacement de celui du Tribunal Criminel en cas de maladie, déprot ou absence. 17 Nivôse An 4. Enreg. 27 du même mois. No. 447 du Reg. 23.

Abrogation de l'Article 4 de la Loi du 3 Thermidor An 3 en ce que cet Article excepte le Président du Tribunal d'Appel des Juges destinés à compléter le Tribunal Criminel. 6 Messidor An 7. Enreg. 25 du même mois. No. 701 du Reg. 25 (1).

Abrogation de cette disposition et maintien de cette exemption. 2 Thermidor An 7. Enreg. 5 du même mois. No. 702 du Reg. 25.

Celui du Tribunal Criminel exercera sans aucun salaire. 29 Floréal An 9. Enreg. 5 Prairial même année. No. 776 du Reg. 25.

Ad. du Gén. D.— Celui du Tribunal d'Appel aura la police de la chambre des délibérations. 13 Brumaire An 12. Enreg. 18 du même mois. No. 40 du Reg. 26.

Le second choix de ceux des Cours d'Appel des Iles de France et de la Réunion aura lieu le 1er. Vendémiaire de l'An 14. 11 Thermidor An 13. Enreg. 13 du même mois. No. 149 du Reg. 27.

Adoption de l'Article 25 de la Loi du 27 Ventôse An 8 sur l'organisation des Tribunaux. Id.

PRESSE.—*Gouv. de S. M. B.*—Restrictions y relatives et obligation imposée aux imprimeurs particuliers d'avoir une patente. 28 Avril 1820. Enreg. 1er. Mai suivant. No. 301 du Reg. 29.

Répression des délits qui seraient commis par cette voie. Ordon-

---

(1) La Loi du 3 Thermidor An 3 ne se trouve pas transcrite sur les Registres du Greffe. Il est à supposer qu'il y a erreur dans la date et l'Article cités dans le présent Arrêté. C'est l'Article 1er. du Titre 2 de la Loi du 5 Thermidor An 3 qui contient l'exception mentionnée ici.

nance No. 2 (sans approbation). 29 Février 1832. Enreg. 5 Avril même année. No. 609 du Reg. 31.

Dispositions supplémentaires à l'Ordonnance No. 2, sur cette matière. Ordonnance No. 5 (sans approbation). 9 Septembre 1833. Enreg. 5 Octobre suivant. No. 654 du Reg. 31.

Autres Réglements concernant la presse. Ordonnance No. 3 (désapprouvée) (1). 4 Avril 1836. No. 744 du Reg. 34.—*Voyez* JOURNAUX ET LIBELLES.

PRÊTRES.—*Ass. Col.*—Les biens appartenant en cette Ile aux prêtres de la Congrégation de St. Lazare sont à la disposition de la Colonie. 17 Février 1791. Enreg. 3 Mars suivant. No. 35 du Reg. 19.

PRÊTS.—Dispositions concernant le prêt à intérêts. 20 Décembre 1792. Enreg. 8 Janvier 1793. No. 160 du Reg. 21 (2).

Il en sera fait un de 150,000 piastres par les citoyens à l'Administration de la République. 14 Pluviôse An 6. Enreg. 25 du même mois. No. 633 du Reg. 24.

Gouv. de S. M. B.—*Voyez* CONTRIBUTIONS.

PRÉVENUS.—*Ass. Col.*—Ceux traduits devant le Comité de sûreté publique sont renvoyés à la Police correctionnelle. 2 Fructidor An 2. Enreg. 23 Août 1794. No. 326 du Reg. 23.

Gouv. de S. M. B.—Leur mise en liberté provisoire pourra être accordée sans cautionnement, hors le cas de trahison. Ordonnance No. 6 (approuvée à l'exception des Art. 5, 6, 7 et 9, et du dernier Paragraphe de l'Art. 3) (3). 9 Mars 1835. Enreg. 4 Juin même année. No. 726 du Reg. 33.

PRIEUR.—Sa nomination à la place de Commis-Greffier près le Tribunal de 1re. Instance. 1er. Janvier 1811. Enreg. 3 du même mois. No. 3 du Reg. 27.

Sa nomination à la place de Greffier en Chef de la Cour d'Appel. 27 Septembre 1815. Enreg. 28 du même mois. No. 153 du Reg. 29.

Sa nouvelle nomination à la même place. 17 Janvier 1817. Enreg. 21 du même mois. No. 204 du Reg. 29.

---

(1) Voyez Certificat du Gouverneur, en date du 20 Mars 1837. No. 33 de la liasse de ces pièces déposées au Greffe de la Cour.

(2) Cette Loi n'a point été transcrite sur les Registres du Greffe. Il n'existe au Registre No. 21 et sous le No. 160 qu'une note du Greffier qui atteste l'enregistrement de la Loi du 20 Décembre 1792.

(3) Voyez Certificat du Gouverneur, en date du 22 Avril 1836. No. 23 de la liasse de ces pièces.

Sa nomination à la place de Greffier en Chef du Tribunal de Ire. Instance.—*Voyez* ARRÊT DU 16 MARS 1824 (1).

PRIEUR (Cadet)—Sa nomination à la place de Suppléant du Commissaire Civil du quartier des Pamplemousses. 11 Janvier 1826. Enreg. 12 du même mois. No. 437 du Reg. 30.

PRIGENT (   )—*Comp. des Indes.*—Sa nomination aux offices de Greffier et Secrétaire du Conseil provincial. 12 Décembre 1727. No. 35 du Reg. 1.
Sa démission de ces places. 10 Mars 1730. No. 66 du Reg. 1.

PRIME.—*Gouv. de S. M. B.*—Suppression de celle allouée sur les araks exportés. 27 Septembre 1815. Enreg. 28 du même mois. No. 154 du Reg. 29.

PRINCE (   )—*Comp. des Indes.*—Sa prestation de serment en qualité de Chirurgien-Major. 21 Septembre 1731. No. 87 du Reg. 2.

PRINCESSE DE FRANCE.—*Ad. pour le Roi de Fr.*—*Voyez* TE DEUM.

PRISES.—*Comp. des Indes.*—Réglements relatifs à la répartition des produits de celles faites en mer. 29 Avril 1758. No. 166 du Reg. 9.
Arrêt du Conseil d'Etat qui casse les Réglements ci-dessus. 13 Octobre 1759. Enreg. 15 Juin 1760. No. 180 du Reg. 9.—*Voyez* TARIFS.

Ad. pour le Roi de Fr.—Envoi au Ministre d'un mémoire du Conseil supérieur sur cette matière. 15 Novembre 1781. No. 584 du Reg. 16.

Ass. Col.—Réglements relatifs aux prises. 21 Juin 1793. Enreg. 11 Juillet suivant. No. 208 du Reg. 21.
Id. 20 Novembre 1793. Enreg. 22 du même mois. No. 238 du Reg. 21.
Compétence des Tribunaux en ce qui concerne les prises. 25 Décembre 1793. Enreg. 27 du même mois. No. 253 du Reg. 23.
Id. 5 Février 1794. Enreg. 13 du même mois. No. 260 du Reg. 23.
Interprétation de l'Arrêté du 21 Juin 1793 concernant les prises. 14 Février 1794. Enreg. 15 du même mois. No. 262 du Reg. 23.

---

(1) Cette nomination n'a point été transcrite sur les Registres du Greffe ; Elle résulte d'un avis officiel du Gouvernement en date du 10 Mars 1824.

Adoption du Décret de la Convention, en date du 1er. Octobre 1793, qui règle les répartitions relatives aux prises.   Avril 1794. Enreg. 1er. Mai suivant. No. 296 du Reg. 23.

Formalités relatives aux ventes de leurs marchandises. 16 Messidor An 2. Enreg. 7 Juillet 1794. No. 317 du Reg. 23.

Adoption du Décret de la Convention, en date du 23 Messidor An 2, concernant les prises faites par les vaisseaux de la République. 4 Thermidor An 3. Enreg. 12 du même mois. No. 395 du Reg. 23.

Mode de paiement des parts de prises. 28 Germinal An 4. Enreg. 5 Floréal suivant. No. 474 du Reg. 23.

Droits à prélever sur les ventes des prises. 4 Floréal An 4. Enreg. 7 du même mois. No. 475 du Reg. 23.

Mode du paiement qui doit être fait aux états-majors et équipages des navires, du tiers du montant des prises faites et à faire par les bâtiments de la République à l'Est du Cap de Bonne-Epérance. 15 Messidor An 4. Enreg. 25 du même mois. No. 490 du Reg. 23.

Autres dispositions sur la matière. 23 Messidor An 4. Enreg. 25 du même mois. No. 492 du Reg. 23.

Réglements concernant la vente des prises. 28 Germinal An 5. Enreg. 6 Floréal suivant. No. 566 du Reg. 24.

Réglement relatif à celles qui mouillent en cette Ile. 28 Messidor An 5. Enreg. 5 Thermidor suivant. No. 592 du Reg. 24.

Réglements concernant celles qui se seront réfugiées dans quelque port de l'Ile à cause de la présence de l'ennemi. 12 Fructidor An 8. Enreg. 15 du même mois. No. 754 du Reg. 25.

Adoption de la Loi de la Métropole, en date du 26 Ventôse An 8, relative aux contestations qui peuvent s'élever sur la validité des prises. 8 Floréal An 11. Enreg. 10 du même mois. Nos. 847 et 848 du Reg. 26.

Adoption d'un Arrêté des Consuls, en date du 6 Germinal An 8, portant création d'un Conseil des prises. 6 Germinal An 8. Enreg. 10 Floréal An 11. No. 848 du Reg. 26.

Gouv. de S. M. B.—Création d'une commission chargée de procéder à toute espèce de contestations et d'instructions relatives aux prises conduites en ce port. 22 Mars 1811. Enreg. 26 du même mois. No. 22 du Reg. 27.

PRISES A PARTIE.—Cour instituée pour juger celles dirigées contre les Magistrats de la Cour d'Appel. Ordonnance No. 60. 17 Février 1830. Enreg. 1er. Avril même année. No. 548 du Reg. 31.

Autres dispositions relatives aux prises à partie. Ordonnance No. 78 (approuvée à l'exception des Articles 3 et 4) (1). 19 Octobre 1831. Enreg. 3 Novembre suivant. No. 600 du Reg. 31.

---

(1) Voyez Certificat du Gouverneur, en date du 24 Avril 1838. No. 42 de la liasse de ces pièces déposées au Greffe de la Cour.

PRISONS.—*Ad. pour le Roi de Fr.*—Représentations du Conseil à MM. les Administrateurs du Roi, concernant les prisons. 21 Septembre 1783. No. 675 du Reg. 16.

Ass. Col.—Réglements y relatifs. 17 Nivôse An 4. Enreg. 28 du même mois. No. 448 du Reg. 23.

Gouv. de S. M. B.—Réglements relatifs à leur intérieur et discipline. Ordonnance No. 5 (approuvée à l'exception de l'Article 5) (1). 24 Février 1835. Enreg. 4 Juin suivant. No. 725 du Reg. 33. —*Voyez* au mot CITOYEN, No. 422.

PRISONNIERS.—*Ass. Col.*—Demande du Conseil supérieur au Procureur Général et au Commissaire des prisons, d'un rapport sur l'état et le nombre des prisonniers détenus pour raison de crimes ou délits. 29 Septembre 1791. No. 88 du Reg. 20.

PRIVILÈGES.—*Ad. du Gén. D.*—Prorogation de délai pour l'inscription de droits de cette nature, antérieurs à la publication du Code Civil. 25 Juin 1806. Enreg. 26 du même mois. No. 183 du Reg. 27.

Publication aux Iles de France et de la Réunion du Chapitre 1er, de l'Arrêté du 1er. Brumaire An 14 sur les privilèges. Id.

Gouv. de S M. B. — Privilège accordé au Sr. Henley pour l'établissement d'une brasserie en cette Colonie. 28 Juin 1841. Enreg. 9 Juillet suivant. No. 769 du Reg. 32.

Id. Accordé au Sr. Hollier Griffitz pour une scierie de pierres au moyen d'une mécanique à vapeur ou à eau. 15 Novembre 1843. Enreg. 8 Décembre suivant. No. 790 du Reg. 32.

Id. Accordé à M. Luciany pour l'établissement d'une glacière en cette Colonie. Ordonnance No. 23 (approuvée) (2). 15 Novembre 1841. No. 911 du Reg. 39.

Prorogation de ce privilège pendant une année. Ordonnance No. 15 (approuvée) (3). 16 Novembre 1842. No. 940 du Reg. 40.

Il est accordé aux avances de fonds qui seront faites pour le travail de l'agriculture, le même privilège dont jouissent les salaires des laboureurs. Ordonnance No. 6 (approuvée) (4). 17 Avril 1843. No. 951 du Reg. 41.—*Voyez* BREVETS D'INVENTION.

PROCÉDURES.—*Ass. Col.*—Adoption du Décret de l'Assem-

---

(1) Voyez Certificat du Gouverneur, en date du 22 Avril 1836. No. 22 de la liasse de ces pièces déposées au Greffe de la Cour.
(2) Id. Id. Id. en date du 20 Octobre 1842. No. 69. Id.
(3) Id. Id. Id. en date du 20 Septembre 1843. No. 75 Id.
(4) Id. Id. Id. en date du 8 Février 1844. No. 80. Id.

blée Nationale, en date des 14 et 18 Octobre 1790, contenant Réglement sur la procédure en Justice de Paix. 11 Juillet 1793. Enreg. 18 du même mois, No. 213 du Reg. 21.

Réglements relatifs à celles devant le Tribunal d'Appel. 24 Décembre 1793. Enreg. 30 du même mois. No. 255 du Reg. 23.

Adoption, avec modification, du Décret du 3me. jour du 2me. mois de l'An 2, relatif à la procédure devant les Tribunaux. 4 Thermidor An 3. Enreg. 12 même mois. No. 394 du Reg. 23.

Invitation aux Tribunaux de présenter un projet sur la procédure aux Commissaires chargés d'un travail sur cet objet. 17 Vendémiaire An 4. Enreg. 25 du même mois. No. 417 du Reg. 23.

Suspension de celles commencées à raison du refus de remboursement de capitaux. 12 Messidor An 4. Enreg. 15 du même mois. No. 484 du Reg. 23.

Autres dispositions à ce sujet. 14 Messidor An 4. Enreg. 16 du même mois. No. 487 du Reg. 23.

Suspension de celles concernant le paiement des arrérages. 16 Messidor An 4. Enreg. 25 du même mois. No. 489 du Reg. 23.

Ad. du Gén. D.—Réglements relatifs à celles en matière civile et correctionnelle. 4 Vendémiaire An 13. Enreg. 12 du même mois. No. 120 du Reg. 27.

Adoption aux Iles de France et de la Réunion des Titres 6, 7 et 8 du Livre 2 de la 1re. Partie du Code de Procédure Civile, relatifs aux délibérés et instructions par écrit, aux jugements définitifs et aux jugements par défaut et oppositions, et du Livre 3 de la même Partie, concernant l'appel et l'instruction sur l'appel. 1er. Mai 1807. Enreg. 9 du même mois. No. 212 du Reg. 27.—*Voyez* PROCÉDURE CRIMINELLE.

PROCÉDURES CRIMINELLES.—*Ad. pour le Roi de Fr.*—Lettre du Ministre des Colonies y relative (1). 15 Mai 1772. Enreg. 25 Novembre même année. No. 263 du Reg. 14.

Envoi au Ministre de celle concernant le vol fait au Greffe de la Juridiction Royale. 10 Avril 1777. No. 404 du Reg. 14.

Mémoire dressé à cette occasion par le Conseil supérieur et envoi de cette pièce au Ministre avec la procédure. 12 Avril 1777. No. 406 du Reg. 14.

Arrêts du Conseil supérieur et Arrêtés des Administrateurs de la Colonie, relatifs à l'adoption de l'enregistrement dans les Tribunaux des Décrets de l'Assemblée Nationale concernant la procédure criminelle. 23 Juin 1790. Enreg. même jour. Nos. 1016, 1017 et 1018 du Reg. 19.

---

(1) Cette lettre a principalement trait à l'affaire du sieur Nevé poursuivi pour fait de banqueroute frauduleuse.

Arrêt d'enregistrement des lettres-patentes du Roi, en date du mois d'Octobre 1789, portant sanction du Décret de l'Assemblée Nationale du 13 du même mois, relatif à la procédure criminelle. 13 Juillet 1790. No. 1029 du Reg. 19.

Texte du Décret de l'Assemblée Nationale en date du 13 Octobre 1789. Enreg. 13 Juillet 1790. No. 1030 du Reg. 19.

Texte des lettres-patentes du Roi du mois d'Octobre 1789. Enreg. 13 Juillet 1790. No. 1031 du Reg. 19.

Délibération du Conseil supérieur relative à l'enregistrement de quatre nouveaux Articles concernant la procédure criminelle décrétés par l'Assemblée Nationale, le 21 Janvier 1790, avec sanction du Roi. 15 Juillet 1790. No. 1034 du Reg. 19.

Texte de ces Articles. 21 Janvier 1790. Enreg. 15 Juillet même année. No. 1035 du Reg. 19.

Sanction du Roi pour les dispositions précitées. 29 Janvier 1790. Enreg. 15 Juillet même année. No. 1036 du Reg. 19.

Ass. Col.—Demande de la Cour au Procureur Général, relative à l'accélération des procédures criminelles. 29 Septembre 1791. No. 88 du Reg. 20.

L'Article 8 du Réglement sur la procédure, en date du 24 Décembre 1793, est applicable aux affaires criminelles. 24 Décembre 1793. Enreg. 30 du même mois. No. 255 du Reg. 23.

Nouveaux Réglements sur les procédures criminelles et notamment celles concernant le faux, la banqueroute, la concussion et malversation de deniers. 5 Thermidor An 3. Enreg. 2 Fructidor suivant. No. 404 du Reg. 23.—*Voyez* PROCÈS CRIMINELS.

PROCÈS.—*Ad. du Gén. D.*—*Voyez* INSTRUCTIONS.

PROCÈS CRIMINELS.— *Comp. des Indes.*— Lettre missive du Garde-des-Sceaux y relative. 23 Avril 1751.

Id. 6 Novembre 1751.

Id. 27 Octobre 1754. Enreg. 29 Décembre 1755. No. 130 du Reg. 7.

Ad. pour le Roi de Fr.—Lettres-patentes du Roi ayant pour objet d'accélérer le jugement de ces procès. Juillet 1776. Enreg. 10 Mars 1777. No. 401 du Reg. 14.

Nomination de cinq Notables destinés à assister le Juge Royal dans le jugement des procès criminels. Id.

Les Conseillers nommés pour l'instruction de ces procès, en seront rapporteurs lors des jugements définitifs. 6 Août 1779. No. 493 du Reg. 15.—*Voyez* COMMISSAIRES.

PROCÈS-VERBAUX. — *Ass. Col.* — Droits à percevoir sur

ceux d'adjudication d'immeubles. 7 Frimaire An 6. Enreg. 15 du même mois. No. 621 du Reg. 24.

Ad. du Gén. D.—*Voyez* Titres ou Minutes.

PROCLAMATIONS.—*Ass. Col.*—Celle par laquelle le Général Decaen et le Préfet Colonial, M. Léger, sont appelés au gouvernement de cette Ile. 3 Vendémiaire An 12. Enreg. 5 du même mois. No. 866 du Reg. 26.

PROCUREUR GÉNÉRAL SYNDIC.— Est rétabli dans les pouvoirs à lui attribués précédemment. 21 Ooctobre 1791. Enreg. 12 Novembre suivant. No. 102 du Reg. 20.

Abrogation de l'Article 20 du Titre 9 de la Section 2 du mode provisoire de Constitution de la Colonie qui établit le Procureur Général Syndic, Accusateur public. Id. (1).

Ne pourra être nommé aux places de Juges. 8 Novembre 1791. Enreg. 5 Mars 1792. No. 122 du Reg. 20.

PROCUREURS DES COMMUNES.— Incompatibilité de leurs fonctions, non seulement avec celles de Juges de Paix et de leurs Greffiers, mais avec celles de Juges et Greffiers de tous autres Tribunaux. 8 Novembre 1791. Enreg. 5 Mars 1792. Nos. 121 et 122 du Reg. 20.

PROCUREURS GÉNÉRAUX.— Ne pourront être nommés aux places de Juges. 8 Novembre 1791. Enreg. 5 Mars 1792. No. 122 du Reg. 20.

PROCUREUR GÉNÉRAL DU ROI.—*Ad. pour le Roi de Fr.*—Honneurs dûs à ce magistrat. 10 Septembre 1789. No. 960 du Reg. 18.

Gouv. de S. M. B.—Est dispensé de donner des conclusions dans les affaires portées devant les Tribunaux. Ordre en Conseil du 13 Avril 1831, publié à l'Ile Maurice le 16 Août 1831. No. 592 du Reg. 31.

Autres dispositions relatives à cette exemption; manière dont se concilient les titres d'Avocat Général et de Procureur Général. 6 Novembre 1832. Enreg. 21 Mars 1833. No. 643 du Reg. 31.

PROCUREURS Généraux et Impériaux.—*Ad. du Gén. D.*—Dispositions additionnelles concernant leurs fonctions. 19 Fructidor An 13. Enreg. 25 du même mois. No. 151 du Reg. 27.

---

(1) *Voyez* Constitution.

PRODUCTIONS.—*Ad. pour le Roi de Fr.*— Toutes celles du crû de l'Ile seront taxées. 31 Octobre 1767. No. 54 du Reg. 12.— *Voyez* DOUANE.

PROFESSEURS. — *Gouv. de S. M. B.* — *Voyez* COLLÉGE ROYAL.

PROMULGATION.—*Ad. pour le Roi de Fr.*—*Voyez* LOIS.

Ad. du Gén. D.—*Voyez* CODE.

Gouv. de S. M. B.—*Voyez* LOIS.

PROPRIETAIRES. — *Comp. des Indes.* — *Voyez* EMPLACEMENTS.

Ad. pour le Roi de Fr.—Ceux des esclaves morts dans le cours d'une procédure pourront former leur demande en indemnité. 13 Septembre 1775. No. 361 du Reg. 14.

Ass. Col.—Ceux des navires venant de l'Ile de la Réunion, de Madagascar, des Seychelles, etc. sont tenus de se présenter à la Municipalité du Port N. O. immédiatement après leur arrivée. 13 Frimaire An 6. Enreg. 15 du même mois. No. 623 du Reg. 24.

Ceux de riz, blés et farines seront tenus de vendre ces denrées à un prix déterminé par experts. 6 Floréal An 8. Enreg. 15 du même mois. No. 731 du Reg. 25.

Gouv. de S. M. B.—Ceux possédant des noirs sont tenus de fournir le nombre d'esclaves qui pourra leur être demandé pour le service public, et les journées de ces esclaves seront payées sur le pied d'une piastre. 2 Juin 1815. Enreg. 19 du même mois. No. 138 du Reg. 29.

Autres dispositions qui fixent à six livres la journée de chaque esclave ainsi fourni. 16 Novembre 1815. Enreg. 20 du même mois. No. 160 du Reg. 29.

Ceux des navires du commerce sont tenus de rembourser au Gouvernemant tous les frais encourus pour la nourriture, l'habillement, frais d'hôpital, etc. pour tout marin ou matelot appartenant à leur navire. 25 Mai 1819. Enreg. 2 Juin suivant. No. 284 du Reg. 29.

Sont tenus de donner caution avant le départ des navires pour le remboursement des sommes qui seraient dûes au Gouvernement, à raison des dépenses occasionnées par les hommes de leurs équipages. 21 Juillet 1825. Enreg. 1er. Août suivant. No. 421 du Reg. 30.

PROPRIETES.—*Ass. Col.*—Leur sûreté est mise sous la sauvegarde de la Nation. 17 Mai 1793. Enreg. 22 Août même année. No. 222 du Reg. 21.

Adoption du Décret de la Convention, en date 21 Septembre 1792, contenant cette disposition. Id.

Celles des ennemis, enlevées par des Français prisonniers ou autres, appartiendront en totalité à ces derniers. 18 Avril 1794. Enreg. 19 du même mois. No. 291 du Reg. 23.

PROROGATION.—*Comp. des Indes.*—*Voyez* DÉLAI.

Ad. pour le Roi de Fr.—*Voyez* PAPIER-MONNAIE.

Ad. du Gén. D.—Celle des délais accordés pour l'inscription des droits de privilèges et d'hypothèques antérieures à la publication du Code Civil. 5 Janvier 1807. Enreg. 9 du même mois. No. 199 du Reg. 27.

Gouv. de S. M. B.—*Voyez* LISTES ET RECENSEMENTS.

PROTECTEUR ET GARDIEN DES ESCLAVES.—Institution de ce fonctionnaire, ses devoirs et attributions. Ordonnance No. 43. 7 Février 1829. Enreg. 19 du même mois. No. 517 du Reg. 31.

PROTESTANTS.—*Ad. pour le Roi de Fr.*—Edit du Roi concernant leur Etat Civil. Novembre 1788. Enreg. 13 Juin 1789. No. 935 du Reg. 18.—*Voyez* ETAT CIVIL.

PROTESTATIONS,—*Comp. des Indes.*—Celle des Syndics et députés des différents quartiers de l'Ile contre la vente à l'encan de marchandises et effets appartenant à la Compagnie des Indes, attendu le besoin urgent où se trouve la Colonie d'objets de première nécessité. 3 Mai 1766. No. 202 du Reg. 11.

Réclamation des Directeurs de la Compagnie des Indes contre cette protestation. 2 Juillet 1766. No. 202 (*bis*) du Reg. 11.

Ad. pour le Roi de Fr.—La Cour passe outre à celle de l'Assemblée Générale de la Colonie, relative au Receveur de la Commune. 25 Mai 1790. No. 995 du Reg. 19.

Celle des Administrateurs de la Colonie contre toutes les innovations qui porteraient atteinte aux Lois existantes, et qui ne peuvent être révoquées que par d'autres Lois décrétées par l'Assemblée Nationale, sanctionnées par le Roi et adressées régulièrement à la Colonie pour y être exécutées. 26 Mai 1790. No. 996 du Reg. 19.

Autre protestation du Conseil supérieur contre les Arrêtés de l'Assemblée Générale de la Colonie par lesquels elle déclare se saisir des pouvoirs municipaux. 28 Mai 1790. No. 999 du Reg. 19.

Persistance du Conseil dans ses protestations. 1er. Juin 1790. No. 1001 du Reg. 19.

Celle contre les Arrêtés de l'Assemblée Générale, relative au Receveur de la Commune. 2 Juin 1790. No. 1002 du Reg. 19.

Celle des habitants du quartier de la Rivière Noire contre tout ce qui a été fait et sera fait à l'avenir par leurs mandataires en exceptant les objets qu'ils auront droit de traiter d'après leurs pouvoirs. 15 Juin 1790. No. 1009 du Reg. 19.

Celle des habitants du quartier des Plaines Wilhems ayant le même objet. 17 Juin 1790. No. 1011 du Reg. 19.—*Voyez* CONSEIL SUPÉRIEUR, DUMAS ET DUTILLET.

PROTÊTS.— *Ass. Col.*— Ceux des billets à ordre, lettres de change ou autres effets de commerce devront être enregistrés en même temps que le titre. 13 Brumaire An 6. Enreg. 18 Prairial même année. No. 654 du Reg. 24.

Ad. du Gén. D.— Formes à observer à cet égard. 7 Décembre 1808. Enreg. 15 du même mois. No. 264 du Reg. 27.

Promulgation aux Iles de France et Bonaparte de l'Avis du Conseil d'Etat du 3 Janvier 1807, relatif à cette matière. Id.

Lettre du Commissaire de Justice relative aux questions qui pourraient s'élever à l'égard des protêts pendant que le signal d'alarme sera arboré. 29 Novembre 1810. Enreg. même jour. No. 325 du Reg. 27.

Gouv. de S. M. B.— Il est suppléé à la formalité du protêt à l'égard de tous billets ou effets négociables depuis l'incendie du 25 Septembre 1816 jusqu'au 31 Décembre suivant, par la seule force et les conséquences de la Proclamation du 28 Septembre 1816. 12 Décembre 1816. Enreg. 7 Janvier 1817. No. 199 du Reg. 19.

PROTOTYPES.—*Camp. des Indes.*—Réglements concernant ceux qui doivent servir aux essais et étalonnages de toutes les mesures, poids et balances devant être employés au débit des marchandises et denrées. 14 Février 1756. No. 153 du Reg. 8.

PROULEAU (Louis)—*Gouv. de S. M. B.*—Sa naturalisation de sujet anglais. Ordonnance No. 16 (approuvée) (1). 15 Mars 1847. No. 1099 du Reg. 45.

---

(1) Voyez Certificat du Gouverneur, en date du 19 Janvier 1848. No. 109 de la liasse de ces pièces.

POR—QUA

PROVISIONS.—*Comp. des Indes.*—Mesures adoptées à l'effet d'en envoyer du Port Bourbon au Port N. O. 18 Mai 1740. No. 68 du Reg. 1.

Id. 16 Juillet 1730. No. 79 du Reg. 1.

Marché contracté pour en procurer à la Colonie. 14 Juin 1730. No. 73 du Reg. 1.

Défense d'acheter celles provenant des fournitures faites aux militaires. 30 Avril 1811. Enreg. 9 Mai suivant. No. 31 du Reg. 27.

PROVISIONS (Diplômes)— *Ad. pour le Roi de Fr.*— Seront adressées aux Conseils supérieurs et présentées à ces Compagnies, par les Procureurs Généraux, pour être procédé à leur enregistrement. Article 3 de l'Ordonnance sur les enregistrements. 30 Septembre 1766. Enreg. 27 Juillet 1766. No. 30 du Reg. 12.

PROVOCATEURS A LA DÉSERTION. — *Ass. Col.* — Peines contre eux prononcées. 17 Thermidor An 4. Enreg. 25 du même mois. No. 498 du Reg. 24.

PROVOCATIONS.—*Gouv. de S. M. B.*— *Voyez* ORDRE PUBLIC OU TRANQUILLITÉ PUBLIQUE.

PRUD'HOMMES.—*Ass. Col.*—*Voyez* ASSESSEURS.

PRUDHOMME DU HAUCOURT (Louis Aristide)—*Gouv. de S. M. B.*—Enregistrement de son diplôme de Licencié en Droit, en date du 27 Septembre 1839, à lui délivré par l'Université de France. 12 Mars 1841. No. 763 du Reg. 32.

PUBLICATIONS.—*Ass. Col.*—Celles des criées, leurs délais, jours et lieux. 3me. jour complémentaire An 2. Enreg. 20 Septembre 1794. No. 334 du Reg. 23.

Celle des Lois sera certifiée officiellement et sans retard aux divers Tribunaux par l'Agent national auprès du Directoire. 3 Nivôse An 4. Enreg. 15 du même mois. No. 439 du Reg. 23.—*Voyez* LOIS ET CODE.

PURSUND SEING (Indien)—*Gouv. de S. M. B.*—Pardon à lui accordé par Sa Majesté. 29 Juillet 1847. Enreg. 13 Octobre même année. No. 1230 du Reg. 48.

Q.

QUAIS.—*Gouv. de S. M. B.*—*Voyez* TARIF OU DROITS.

Il sera créé de nouveaux quais pour le débarquement des marchandises de l'établissement appelé *Mauritius Dock*. 25 Août 1847. No. 1114 du Reg. 45.

QUARANTAINE.—*Ass. Col.*—*V.* MALADIES CONTAGIEUSES.

Gouv. de S. M. B.—*V.* NAVIRES ET VAISSEAUX ET MALADIES CONTAGIEUSES.
Nouvelles dipositions y relatives. Ordonnance No. 38 (approuvée) (1). 26 Février 1844. No. 1006 du Reg. 42.

QUARTIERS.—*Ad. pour le Roi de Fr.*—*Voyez* DIVISION DE L'ILE DE FRANCE.

Ad. du Gén. D.—Division et fixation des limites de celui du Port N. O. 4 Brumaire An 9. Enreg. 11 du même mois. No. 35 du Reg. 26.
Fixation définitive des limites des quartiers des Pamplemousses et de la Rivière du Rempart. 14 Fructidor An 12. Enreg. 16 du même mois, No. 111 du Reg. 27.

Gouv. de S. M. B.—Dispositions ayant pour objet d'étendre les limites du quartier du Port Louis. Ordonnance No. 26 (approuvée) (2). 13 Décembre 1841. No. 915 du Reg. 39.—*Voyez* PAMPLEMOUSSES, TROIS ILOTS ET PORT.

QUESTION PRÉPARATOIRE.—*Ad. pour le Roi de Fr.*—Abolition de cet usage dans l'instruction des procès criminels. 11 Août 1781. No. 562 du Reg. 16.
Autres dispositions relatives à cette abolition. 13 Octobre 1789. Enreg. 13 Juillet 1790. No. 130 du Reg. 19.

QUINCY (QUÉAU de)—*Gouv. de S. M. B.*—Sa nomination à la place de Juge de Paix aux Iles Seychelles. 18 Mars 1812. Enreg. 21 du même mois. No. 54 du Reg. 27.

QUITTANCES.—*Ass. Col.*—Il est enjoint aux Notaires et aux Huissiers d'exiger des citoyens qui requerront leur ministère, la présentation de la quittance de leurs contributions directes. 14 Pluviôse An 6. Enreg. 25 du même mois. No. 633 du Reg. 24.
Suspension de l'Article 25 de la Loi du 14 Pluviôse An 6, qui contient la disposition ci-dessus. 3 Fructidor An 6. Enreg. 5 du même mois. No. 663 du Reg. 24.
Autres dispositions qui remettent en vigueur l'Article 25 de la

---

(1) Voyez Certificat du Gouverneur, en date du 16 Décembre 1844. No. 87 de la liasse de ces pièces.
(2) Id.   Id.   Id,   en date du 20 Octobre 1842. No. 69. Id.

Loi du 14 Pluviôse An 6, en y assujétissant les Greffiers et les Contrôleurs. 8 Germinal An 7. Enreg. 15 du même mois. No. 679 du Reg. 24.

Abrogation de cette Loi. 5 Ventôse An 10. Enreg. 15 du même mois. No. 806 du Reg. 26.

Ad. du Gén. D.—Les fonctionnaires publics sont astreints à exiger des particuliers qui requerront leur ministère, la représentation de leur quittance d'impositions. 25 Fructidor An 12. Enreg. 30 du même mois. No. 113 du Reg. 27.

La même obligation est imposée aux Tribunaux. Id.

Gouv. de S. M. B.—Abrogation des Art. 11 et 12 de l'Arrêté du 25 Fructidor An 12, relatif à l'exhibition de la part des particuliers des quittances d'impositions à tous officiers publics dont ils requerront le ministère. 16 Mars 1815. Enreg. 20 du même mois. No. 127 du Reg. 28.

Remise en vigueur de ces Articles. 30 Octobre 1818. Enreg. 7 Novembre suivant. No. 264 du Reg. du Reg. 29.

Nouvelle abrogation de ces Articles. 16 Décembre 1818. Enreg. 11 Janvier 1819. No. 274 du Reg. 29.

R.

RACHAT. — Ordre en Conseil concernant le rachat forcé de l'apprentissage des noirs. 17 Septembre 1834. Enreg. 18 Janvier 1835. No. 696 du Reg. 32.

Réglements y relatifs. Ordonnance No. 8 (approuvée sauf les Articles 13, 16, 19, 21, 22, 23 et 40) (1). 21 Mars 1835, No. 728 du Reg. 33.

Réglements concernant celui de l'apprentissage des noirs aux Iles Seychelles. Ordonnance No. 8 (désapprouvée) (2). 20 Juin 1836. No. 749 du Reg. 34.

Ordre en Conseil qui règle le rachat de l'apprentissage pour les Iles Seychelles principalement, et l'application des sommes qui en proviennent. 30 Novembre 1836. No. 755 du Reg. 34.

Réglement du Chef Juge qui établit certaines règles relatives au rachat forcé des apprentis. 5 Septembre 1837.

Ce Réglement se trouve sous le No. 19 dans la liasse des Actes déposés au Greffe de la Cour d'Appel pour l'année 1837.

---

(1) Voyez Certificat du Gouverneur, en date du   Novembre 1836. No. 27 de la liasse de ces pièces.

(2) Id.   Id.   Id.   en date du 20 Mars 1837. No. 36 Id.

Modifications de certaines clauses de l'Ordonnance No. 8 de 1835, en ce qui concerne le rachat forcé. Ordonnance No. 5 (approuvée) (1). 14 Août 1838. No. 797 du Reg. 36.

RADE.— *Ad. du Gén. D.*— Police et mesures de sûreté relatives à la rade du Port Napoléon. 10 Novembre 1807. Enreg. 3 Décembre suivant. No. 224 du Reg. 27.

Gouv. de S. M. B.— Réglements concernant la police et les mouvements de la rade. 22 Septembre 1841. No. 909 du Reg. 39.
Réglements y relatifs. 10 Septembre 1849. No. 1214 du Reg. 47.
—*Voyez* PORT ET POLICE.

RAFLES.—*Gouv. de S. M. B.*—Les dispositions de l'Arrêté de l'Assemblée Coloniale du 17 Ventôse An 5, relatif aux loteries, seront applicables aux rafles. 6 Septembre 1816. Enreg. 2 Octobre suivant. No. 187 du Reg. 29.

RAGAULT (André Jacques)— *Ad. pour le Roi de Fr.*— Sa nomination aux fonctions d'Huissier. 20 Février 1790. Enreg. 7 Mars suivant. No. 160 du Reg. 12.

RAMPAL (François)— *Gouv. de S. M. B.*—Sa naturalisation de sujet anglais. Ordonnance No. 53 (approuvée) (2). 8 Juillet 1844. No. 1021 du Reg. 42.

RANDALL (F. M.)—Sa nomination de Juge Substitut à l'effet de remplacer à la Cour d'Assises celui des Magistrats de cette Cour qui sera empêché de siéger. 6 Mars 1849. No. 1199 du Reg. 47.
Id. 25 Janvier 1850. No. 1228 du Reg. 48.

RANGS.— *Ad. pour le Roi de Fr.*—*Voyez* les mots : PLACES ET MABILLE.

RAPPORTEURS.—Ceux nommés dans les affaires appointées, sont autorisés à se commettre eux-mêmes pour les interrogatoires sur faits et articles. 9 Mai 1786. No. 802 du Reg. 17.—*Voyez* COMMISSIONS ET PROCÈS CRIMINELS.

RAPPORTS.—*Ass. Col.*—Manière de distribuer ceux ordonnés dans les procès. 2 Messidor An 2. Enreg. 21 Juin 1794. No. 312 du Reg. 23.

---

(1) Voyez Certificat du Gouverneur, en date du 13 Juin 1839. No. 47 de la liasse de ces pièces.
(2) Id. Id. Id. en date du 13 Mars 1845. No. 89 Id.

RASSEMBLEMENTS.—*Voyez* COMMUNES ET POLICE MUNICIPALE.

Gouv. de S. M. B.—Prohibition de ceux qui auraient pour objet d'armer les habitants. 6 Novembre 1832. Enreg. 21 Mars 1833. No. 641 du Reg. 31.

RATIFICATION.—*Ass. Col.*—*Voyez* LETTRES.

RATIONNAIRES.—Réduction de leurs rations. 27 Juin 1793. Enreg. 11 Juillet suivant. No. 209 du Reg. 21.

RATIONS.—*Comp. des Indes.*—Manière de pourvoir aux rations de viande fraîche destinées aux employées de la Compagnie. 1er. Juin 1726. No. 18 du Reg. 1.

RATS.—Réglements relatifs à leur destruction. 13 Décembre 1766. No. 205 du Reg. 11.

Ad. pour le Roi de Fr.—Autres Réglements concernant leur destruction. 7 Mai 1770. Enreg. 8 du même mois. No. 168 du Reg. 12.

RAVEL (E.)—*Gouv. de S. M. B.*—Sa nomination à la place de Commissaire Civil du quartier de la Rivière du Rempart. 4 Avril 1838. No. 792 du Reg. 36.

RAVELET (   )—*Ass. Col.*—*Voyez* INJONCTION.

RAYBAULT (Pierre)—*Ad. pour le Roi de Fr.*—Sa nomination à la place de Geôlier et Concierge des prisons. 5 Septembre 1787. Enreg. 6 du même mois. No. 874 du Reg. 18.

RAYNAUD (Paul Bernard)—*Gouv. de S. M. B.*—Sa naturalisation de sujet anglais. Ordonnance No. 18 (approuvée) (1). 15 Mars 1847. No. 1101 du Reg. 45.

READER (J. S.) (2)—Sa nomination à la place de Second Assistant du Commissaire Général de la police. 19 Novembre 1827. Enreg. 1er. Décembre suivant. No. 485 du Reg. 30.

RECELS.—*Ass. Col.*—Peines relatives à ceux des noirs. 4 Prairial An 4. Enreg. 6 du même mois. No. 480 du Reg. 23.

---

(1) Voyez Certificat du Gouverneur, en date du 19 Janvier 1848. No. 109 de la liasse de ces pièces déposées au Greffe de la Cour.

(2) M. Reader, qui exerce dans ce moment les fonctions de Secrétaire de Son Honneur le Chef Juge, a occupé d'autres places dont les titres ne sont point enregistrés au Greffe.

Autres dispositions concernant le recel des noirs. 5 Fructidor An 7. Enreg. 15 du même mois. No. 106 du Reg. 25.

Id. 1er. Vendémiaire An 8. Enreg. 5 du même mois. No. 711 du Reg. 25.—*Voyez* MARRONS ET DÉTACHEMENTS.

Ad. du Gén. D.— Promulgation aux Iles de France et de la Réunion de l'Article 49 de l'Arrêté du 1er. Floréal An 12, ainsi que du Décret Impérial du 9 Messidor An 13, concernant la peine prononcée contre le recel des marins déserteurs. 5 Avril 1806. Enreg. 10 du même mois. No. 177 du Reg. 27.

RECENSEMENTS. — *Comp. des Indes* — Tout habitant est tenu de fournir annuellement au Secrétaire du Conseil supérieur un recensement contenant le nom de chaque noir, négresse, négrillon et négrillonne lui appartenant. 19 Avril 1753. No. 140 du Reg. 8.

Autres dispositions à ce sujet. 12 Avril 1756. No. 154 du Reg. 8.

Réglements généraux sur cette matière. 19 Juillet 1766. No. 203 du Reg. 11 (1).

Ad. pour le Roi de Fr.—Id. 16 Septembre 1772. No. 250 du Reg. 12.

Id. 23 Novembre 1784. No. 726 du Reg. 17.

Ceux qui refuseront de fournir leur recensement, seront contraints au paiement de l'amende fixée à cet effet. 3 Mai 1785. No. 755 du Reg. 17.

Autre Arrêté sur cette matière. 7 Août 1786. No. 816 du Reg. 17.

Réglements généraux relatifs aux recensements. 12 Décembre 1786. Enreg. 23 du même mois. No. 840 du Reg. 17.

Les habitants qui n'ont pas fourni leurs recensements, seront condamnés à l'amende déterminée à cet effet par les Réglements. 28 Septembre 1787. No. 877 du Reg. 18.

Autre Arrêté contenant les mêmes dispositions. 1er. Décembre 1788. No. 917 du Reg. 18.

Id. 14 Janvier 1790. No. 984 du Reg. 18.

Ass. Col.—Réglements concernant ceux à fournir par les citoyens. 5 Floréal An 4. Enreg. 8 du même mois. No. 477 du Reg. 23 (2).

Les personnes qui ayant un domicile en ville, recenseront dans un autre canton, paieront pour les noirs domestiques les mêmes

---

(1) D'autres dispositions sur les recensements se trouvent consignées dans les Réglements concernant la commune, les esclaves et les syndics des quartiers de la Colonie. Il faut recourir à ces divers titres.

(2) Ce Réglement fait mention d'un Arrêté du 26 Avril 1793 qui n'a point été transcrit sur les Registres du Greffe.

impositions que si les noirs étaient recensés à la ville. 13 Floréal An 5. Enreg. 25 du même mois. No. 570 du Reg. 24.

Autres dispositions à ce sujet. 1er. Pluviôse An 6. Enreg. 5 du même mois. No. 630 du Reg. 24.

Ceux qui ne porteront pas leurs véritables noms dans leurs recensements, seront punis d'une amende de 300 piastres. 5 Messidor An 11. Enreg. 18 du même mois. No. 856 du Reg. 26.

Gouv. de S. M. B.—Les habitants sont astreints à fournir un nouveau recensement de tous les esclaves qui sont en leur possession. 11 Avril 1814. Enreg. 12 Mai suivant. No. 101 du Reg. 28.

Délai pour la remise de ce recensement. 5 Juillet 1814. Enreg. 14 du même mois. No. 106 du Reg. 28.

Nouveau recensement général à fournir par les habitants. 27 Décembre 1814. Enreg. 28 du même mois. No. 120 du Reg. 28.

Autres dispositions y relatives. 10 Mars 1815. Enreg. 13 du même mois. No. 125 du Reg. 28.

Ordre de Sa Majesté en Conseil portant qu'il sera établi un recensement de tous les individus qui sont actuellement ou qui pourront être par la suite dans un état d'esclavage à l'Ile Maurice. 24 Septembre 1814. Enreg. 1er. Mai 1815. No. 133 du Reg. 28.

Délai accordé pour la remise de ce recensement. 22 Juillet 1815. Enreg. 24 du même mois. No. 142 du Reg. 29.

Autres dispositions relatives à ce délai. 18 Août 1815. Enreg. 22 du même mois. No. 145 du Reg. 29.

Prorogation de ce délai. 7 Décembre 1815. Enreg. 15 du même mois. No. 163 du Reg. 29.

Remise du recensement triennal. 24 Décembre 1818. Enreg, 4 Janvier 1819. No. 273 du Reg. 29.

Remise des recensements personnels annuels. 18 Juin 1819. Enreg. 2 Juillet suivant. No. 287 du Reg. 29.

Id. 30 Mars 1820. Enreg. 1er. Avril suivant. No. 300 du Reg. 29.

Prorogation de délai y relatif. 8 Mai 1820. Enreg. 17 du même mois. No. 302 du Reg. 29.

Id. 24 Juillet 1822. Enreg. 3 Août suivant. No. 338 du Reg. 29.

Prorogation de délai pour la remise du recensement annuel de 1822. 16 Août 1822. Enreg. 2 Septembre suivant. No. 342 du Reg. 29.

Remise des recensements annuels pour l'année 1823. 10 Juin 1823. Enreg. 21 du même mois. No. 364 du Reg. 30.

Prorogation pour la remise des recensements personnels de l'année 1823. 16 Juillet 1823. Enreg. 1er. Août suivant. No. 367 du Reg. 30.

L'extrait des recensements des esclaves, exigé par la Loi additionnelle au Code de Procédure, ne doit désormais s'entendre que de la déclaration annuelle et numérique des esclaves. 25 Novembre 1823. Enreg. 5 Décembre suivant. No. 375 du Reg. 30.

Dispositions relatives à la remise des recensements pour l'année 1824. 29 Janvier 1824. Enreg. 11 Février suivant. No. 379 du Reg. 30.

Id. Pour l'année 1825. 1er. Mars 1825. Enreg. 17 du même mois. No. 410 du Reg. 30.

Remise de ceux pour l'année 1826. Ordonnance No. 13. 17 Avril 1826. Enreg. 1er. Mai suivant. No. 449 du Reg. 30.

Ordre en Conseil qui ordonne la correction et le renouvellement du recensement des esclaves fait en vertu de l'Ordre en Conseil du 24 Septembre 1814. 30 Janvier 1826. Enreg. 30 Septembre même année. No. 455 du Reg. 30.

Cette opération aura lieu à compter du 16 Octobre 1826 et devra finir à pareil jour du mois de Décembre. 11 Octobre 1826. Enreg. 17 du même mois. No. 457 du Reg. 30.

Prorogation de délai. Ordonnance No. 19. 13 Décembre 1826. Enreg. 16 du même mois. No. 465 du Reg. 30.

Règles concernant les recensements annuels et personnels que doivent fournir les habitants propriétaires et chefs de famille, à compter de l'année 1829. Ordonnance No. 50. 23 Septembre 1829. Enreg. 1er. Octobre suivant. No. 534 du Reg. 31.

Dispositions relatives à la régularité qu'il convient d'apporter dans la confection du recensement appelé biennal. Ordonnance No. 52. 30 Septembre 1829. Enreg. 15 Octobre suivant. No. 536 du Reg. 31.

Autres dispositions à ce sujet. 9 Décembre 1829. Enreg. 15 du même mois. No. 541 du Reg. 31.

Commissaires nommés pour la vérification des recensements fournis par les tuteurs, curateurs, etc. Ordonnance No. 58. 9 Janvier 1830. Enreg. 14 Février suivant. No. 545 du Reg. 31.

Prorogation de délai pour la remise du recensement biennal. Ordonnance No. 59. 27 Janvier 1830. Enreg. 6 Février suivant. No. 546 du Reg. 31.

Autre prorogation de délai. Ordonnance No. 61. 27 Février 1830. Enreg. 1er. Avril même année. No. 549 du Reg. 31.

Nouvelle prorogation de délai pour les quartiers. Ordonnance No. 62. 31 Mars 1830. Enreg. 15 Avril suivant. No. 553 du Reg. 31.

Mesures à l'effet de réparer les omissions involontaires qui ont été faites dans les recensements biennaux. Ordonnance No. 63. 11 Mai 1830. Enreg. 23 du même mois. No. 556 du Reg. 31.

Règles concernant les recensements personnels à fournir par les habitants propriétaires et chefs de famille, à compter de l'année 1830. Ordonnance No. 66. 12 Août 1830. Enreg. 24 du même mois. No. 563 du Reg. 31.

Fixation du délai dans lequel le second recensement biennal doit être fourni et autres dispositions concernant la confection de ce recensement. 28 Mars 1832. Enreg. 12 Avril suivant. No. 612 du Reg. 31.

Prorogation de délai y relatif. Ordonnance No. 5 (sans approbation). 30 Mai 1832. Enreg. 11 Octobre même année. No. 621 du Reg. 31.

Id. Ordonnance No. 6 (sans approbation). 3 Juillet 1832. Enreg. 11 Octobre même année. No. 622 du Reg. 31.

Id. Ordonnance No. 10 (approuvée) (1). 13 Août 1832. Enreg. 11 Octobre même année. No. 625 du Reg. 31.

Fixation d'un délai pour parfaire certains recensements biennaux. Ordonnance No. 8 (approuvée) (2). 18 Juin 1834. Enreg. 5 Juillet suivant. No. 684 du Reg. 22.

Prorogation de délai pour l'accomplissement de ces formalités. Ordonnance No. 9 (approuvée) (3). 14 Juillet 1834. Enreg. 31 du même mois. No. 685 du Reg. 32.

Dispositions ayant pour objet d'établir un recensement général de la population de l'Ile Maurice. Ordonnance No. 18 (approuvée) (4). 30 Octobre 1839. No. 841 du Reg. Reg. 37.

Id. Pour l'année 1846. Ordonnance No. 4 (approuvée) (5). 18 Mai 1844. No. 1069 du Reg. 44.

Changement du jour auquel doit être remis le recensement prescrit par l'Ordonnance précitée. 29 Juin 1846. No. 1071 du Reg. 44.

Recensement des Indiens immigrants. Ordonnance No. 4 (sans approbation). 10 Février 1847. No. 1087 du Reg. 45.

Nouveau délai pour la remise des recensements des districts ruraux. Ordonnance No. 26 (approuvée) (6). 5 Juillet 1847. No. 1111 du Reg. 45.

Voyez aux mots *Déclarations*, *Commune* et *Esclaves*, les Réglements où se trouvent consignées des dispositions relatives aux recensements (7).

RÉCÉPISSES.—*Ad. pour le Roi de Fr.*—Voyez BILLETS DE CAISSE ET PAPIER-MONNAIE.

Ass. Col.—Emission de 200 millions de récépissés pour servir

---

(1) Voyez Certificat du Gouverneur, en date du 20 Juillet 1833. No. 2 (bis) de la liasse de ces pièces.
(2) Id. Id. Id. en date du 10 Août 1835. No. 5 Id.
(3) Id. Id. Id. en date du 20 Mars 1837 No. 29 Id.
(4) Id. Id. Id. en date du 9 Novembre 1840. No. 57. Id.
(5) Id. Id. Id. en date du 27 Novembre 1844. No. 86 Id.
(6) Id. Id. Id. en date du 17 Octobre 1848. No. 110. Id.
(7) Les lacunes que l'on remarque dans les Lois qui ont dû être publiées chaque année pour la remise des recensements personnels, proviennent de que ces dispositions ont été souvent comprises dans les Lois relatives à la perception des impôts et taxes. Il faut donc recourir à ces divers titres pour suppléer à ce qui manque dans la présente énumération.

au paiement de l'emprunt volontaire des marchandises d'exportation. 19 Messidor An 4. Enreg. 25 du même mois. No. 491 du Reg. 23.

Modèle de ces récépissés. 23 Messidor An 4. Enreg. 25 du même mois. No. 493 du Reg. 23.

RECEVEUR DE LA COMMUNE.—*Ad. pour le Roi de Fr.*—Arrêté relatif aux Réglements de ses comptes. 13 Septembre 1775. No. 358 du Reg. 14.

Gratification à lui accordée. 13 Septembre 1775. No. 359 du Reg. 14.

Réglement de ses comptes. 3 Décembre 1777. No. 427 du Reg. 14.

Gratification à lui accordée. 3 Décembre 1777. No. 428 du Reg. 14.

Somme à lui allouée pour subvenir aux frais d'un second commis. 4 Mai 1785. No. 756 du Reg. 17.

Arrêt de la Cour qui ordonne que les comptes du revenu de la commune seront rendus dans la forme ordinaire, nonobstant la protestation de l'Assemblée Générale de la Colonie. 25 Mai 1790. No. 995 du Reg. 19.

Protestation de la Cour contre les Arrêtés de l'Assemblée Générale concernant l'examen des comptes du Rereveur de la commune. 2 Juin 1790. No. 1002 du Reg. 19.

Rectification d'un Arrêt de la Cour relatif à la reddition de ces mêmes comptes. 20 Juillet 1790. No. 1037 du Reg. 19.

RÉCOLTES.—*Ass. Col.*—Prix auquel celles de blé seront vendues au Gouvernement et autres dispositions relatives à la consommation de cette denrée. 18 Fructidor An 9. Enreg. 27 du même mois. No. 791 du Reg. 25.

RECOURS EN ANNULATION.— *Gouv. de S. M. B.*—*Voyez* APPEL.

RECOUVREMENTS.— *Ad. pour le Roi de Fr.*— Arrêt du Conseil d'Etat du Roi relatif au recouvrement de sommes dûes au Roi. 5 Juillet 1778. Enreg. 4 Mai 1779. No. 486 du Reg. 15.

Ad. du Gén. D.—Promulgation de la Loi du 5 Septembre 1807, relative au recouvrement des frais de justice au profit du trésor public, en matière criminelle, correctionnelle et de police. 21 Avril 1808. Enreg. 5 Mai suivant. No. 244 du Reg. 27.—*Voyez* INTENDANT.

RECUEILS.—*Ad. pour le Roi de Fr.*—V. LOIS ET DELALEU.

RÉCUSATIONS.— Seront portées à l'avenir sur un registre autre que celui sur lequel sont inscrits les Arrêts. 24 Novembre 1767. No. 56 du Reg. 12.

Elles ne seront point admises à l'avenir par la Cour, à moins que le récusant ne se trouve en Instance. 23 Août 1770. No. 187 du Reg. 12.

Ass. Col.—Dispositions relatives aux récusations. 24 Décembre 1793. Enreg. 30 du même mois. No. 255 du Reg. 23.

Autres dispositions relatives à celles qui concernent le Commissaire délégué au Tribunal de 1re. Instance. 19 Février 1794. Enreg. 21 du même mois. No. 267 du Reg. 23.

Réglements concernant celles des Juges et des Jurés en matière criminelle. 21 Mars 1794. Enreg. 25 du même mois. No. 274 du Reg. 23.

Dispositions concernant les récusations avec ou sans motif. 15 Brumaire An 4. Enreg. 18 du même mois. No. 426 du Reg. 23.

Autre Arrêté à ce sujet. 27 Messidor An 3. Enreg. 7 Thermidor suivant. No. 392 du Reg. 25.

Abrogation de l'Article 5, Titre 5 de la Loi du 27 Messidor An 3, qui autorise celles sans motif. 6 Messidor An 7. Enreg. 25 du même mois. No. 701 du Reg. 25.

Gouv. de S. M. B.— Cour instituée pour juger celles dirigées contre les Magistrats de la Cour d'Appel. Ordonnance No. 60. 17 Février 1830. Enreg. 1er. Avril même année. No. 548 du Reg. 31.

Autres dispositions y relatives. Ordonnance No. 78 (approuvée à l'exception des Articles 3 et 4 (1). 19 Octobre 1831. Enreg. 3 Novembre suivant. No. 600 du Reg. 31.— *V.* DÉPORTS ET JUGES.

RÉDUCTIONS.—*Ass. Col.*—Moyens d'en opérer dans les dépenses de la Colonie. 13 Vendémiaire An 5. Enreg. 17 du même mois. No. 515 du Reg. 24.

REGIE.—Rétablissement de celle des araks, rums et tafia. 9 Nivôse An 10. Enreg. 18 du même mois. No. 798 du Reg. 26.

Abrogation de la Loi qui établit la Régie des araks, rums et tafia. 3 Prairial An 10. Enreg. 18 Floréal suivant. No. 814 du Reg. 26. —*Voyez* ARAKS, GUILDIVES ET ADMINISTRATEURS.

RÉGIME RÉPUBLICAIN.—Son adoption dans la Colonie à compter de l'An 2 de la République. 25 Février 1793. Enreg. 4 Mars suivant. No. 174 du Reg. 21.

---

(1) Voyez Certificat du Gouverneur, en date du 24 Avril 1838. No. 42 de la liasse de ces pièces déposées au Greffe de la Cour.

REGISTRES.—*Comp. des Indes.*— Arrêté qui ordonne que le Registre No. 1 du Greffe du Conseil provincial ne servira plus à l'avenir qu'à l'inscription des sentences civiles et criminelles et à celle des Réglements de police. 9 Septembre 1730. No. 83 du Reg. 1.

Ad. pour le Roi de Fr.— Réglements relatifs aux Registres des Actes de baptême, mariage et sépulture. 18 Novembre 1778. No. 477 du Reg. 15.

Il en sera établi un par le Greffier de la Cour à l'effet d'inscrire les présentations. 9 Juin 1787. No. 863 du Reg. 18.

Ass. Col.—Dépôt à la Municipalité de ceux de l'Etat Civil tenus par les prêtres. 2 Vendémiaire An 3. Enreg. 3 du même mois. No. 337 du Reg. 23.

Ad. du Gén. D— Remise sera faite au Greffier du Tribunal de 1re. Instance de ceux des Greffes des ci-devant Tribunaux de Paix et de Commerce ou de ceux étant au Secrétariat de la ci-devant Municipalité du Port N. O. en ce qui concerne le contentieux dont le Tribunal doit connaître. 17 Vendémiaire An 12. Enreg. 20 du même mois. No. 16 du Reg. 26.

Cas où la rectification de ceux de l'Etat Civil par les Tribunaux n'est point nécessaire. Promulgation de l'Avis du Conseil d'Etat du 19 Mars 1808 y relatif. 30 Décembre 1808. Enreg. 20 Janvier 1809. No. 273 du Reg. 27.

Gouv. de S. M. B.— Suppression de ceux sur lesquels les Notaires sont astreints à inscrire les doubles minutes de leurs Actes, conformément à l'Arrêt de Réglement du Conseil supérieur, en date du 14 Août 1778. 4 Mars 1811. Enreg. 9 du même mois. No. 21 du Reg. 27.

Il en sera établi un aux Iles Maurice et dépendances pour l'inscription des noms et description de tous les noirs esclaves. 27 Décembre 1814. Enreg. 28 du même mois. No. 120 du Reg. 28.

Ordre de Sa Majesté en Conseil concernant cette disposition. 24 Septembre 1814. Enreg. 1er. Mai 1815. No. 133 du Reg. 28.

Ceux de l'Etat Civil ne seront tenus à l'avenir que sous deux titres : l'un pour la population libre et l'autre pour la population esclave. Ordonnance No. 57. 16 Décembre 1829. Enreg. 21 du même mois. No. 544 du Reg. 31.

Suppression du 3me. Registre de l'Etat Civil destiné à l'inscription des Actes relatifs aux esclaves. Ordonnance No. 4 (désapprouvée) (1). 26 Janvier 1835. Enreg. 4 Juin suivant. No. 724 du Reg. 33.

---

(1) Voyez Certificat du Gouverneur, en date du 23 Décembre 1835. No. 16 de la liasse de ces pièces.

Les Actes de l'Etat Civil, pour toute la population, seront inscrits sur le même Registre qui sera tenu double. Ordonnance No. 10 (approuvée) (1). 2 Août 1837. No. 775 du Reg. 35.—*Voyez* ETAT CIVIL.

REGLEMENTS.—*Comp. des Indes.*—Ceux de la Compagnie des Indes concernant le Gouvernement civil et militaire des Iles Bourbon et de France. 29 Janvier 1727. Enreg. à l'Ile Bourbon le 19 Août 1727 et à l'Ile de France le 12 Décembre même année. No. 36 du Reg. 1.

Ass. Col.—*Voyez* POLICE.

Gouv. de S. M. B.—Ceux établis par la Cour d'Appel concernant cette même Cour et le Tribunal de 1re. Instance, l'administration de la Justice, l'admission des Avocats et Avoués ; les charges, règles et conditions à eux imposées et autres matières du fait de la Justice en général. 12 Août 1837. No. 776 du Reg. 35.

Autres Réglements de la Cour d'Appel. 6 Juillet 1847. No. 1112 du Reg. 45.

Id. 13 Octobre 1847. No. 1118 (*bis*) du Reg. 45.

Id. 17 Mars 1849. No. 1200 du Reg. 47.

Id. 12 Juin 1849. No. 1207 du Reg. 47.

Publication de ceux établis par le Conseil municipal. 27 Juin 1850. No. 1239 du Reg. 48.

Id. 22 Novembre 1850. No. 1250 du Reg. 48.

REGLEY ( )—*Ad. du Gén. D.*—Sa nomination à la place d'Inspecteur de police. 12 Mars 1807. Enreg. 14 du même mois. No. 207 du Reg. 27.

Continuera d'exercer ses fonctions pour tout ce qui n'est pas changé par les Arrêtés des 28 et 29 Avril 1808. 28 Mai 1808. Enreg. 23 Juin suivant. No. 250 du Reg. 27.

Il fera son service du bureau de police en qualité d'employé du marronnage. 23 Octobre 1809. Enreg. 2 Novembre suivant. No. 303 du Reg. 27.

REGNARD (P.)— *Gouv. de S. M. B.*— Sa nomination à la place de Commissaire Civil du quartier de Flacq. 25 Novembre 1826. Enreg. 21 Décembre suivant. No. 467 du Reg. 30.

REGNARD (François Jules)— Sa nomination à la place de Substitut du Commissaire Civil du quartier de Flacq. 1er. Mars 1837. No. 764 du Reg. 35.

---

(1) Voyez Certificat du Gouverneur, en date du 23 Août 1843. No. 74 de la liasse de ces pièces.

REGNAULD ( )— Sa nomination aux fonctions d'Huissier près les Tribunaux. 1er. Mai 1822. Enreg. 3 du même mois. No. 333 du Reg. 29.

Sa nomination à la place de Suppléant Commissaire Civil au quartier du Grand Port. 31 Juillet 1829. Enreg. 3 Août suivant. No. 528 du Reg. 31.

RELIGION.—*Ad. pour le Roi de Fr.*—Edit du Roi concernant ceux qui ne professent pas la religion catholique. Novembre 1788. Enreg. 13 Juin 1789. No. 935 du Reg. 13.

Ad. du Gén. D.—Promulgation aux Iles de France et Bonaparte du Décret Impérial, en date du 19 Février 1806, relatif à la célébration de la fête du rétablissement de la religion catholique en France. 25 Juillet 1807. Enreg. 30 du même mois. No. 217 du Reg. 27.

REMBOURSEMENTS.—*Ass. Col.*—Cas où il est loisible aux créanciers de refuser ceux qui leur seront offerts. 14 Messidor An 4. Enreg. 16 du même mois. No. 497 du Reg. 23.

Adoption de la Loi du Corps législatif, en date du 3 Nivôse An 4, y relative. 24 Frimaire An 5. Enreg. 6 Nivôse suivant. No. 528 du Reg. 24.

Ad. du Gén. D.—Lettre du Commissaire de Justice qui porte qu'il sera fait une nouvelle publication de la Loi du 15 Floréal An 12 sur les remboursements, afin de rectifier une erreur commise dans cette Loi. 6 Prairial An 12. Enreg. même jour. No. 86 du Reg. 26.

Loi sur le mode de remboursement contenant des dispositions générales sur l'état des finances et portant annulation de la suspension des remboursements prononcés par l'Arrêté du 14 Messidor An 4. 15 Floréal An 12. Enreg. 6 Prairial suivant. No. 87 du Reg. 26.

Prorogation des délais fixés par l'Arrêté du 15 Floréal An 12, pour les notifications et options relatives au mode de remboursement. 8 Thermidor An 12. Enreg. 9 du même mois. No. 101 du Reg. 27 (1).

REMÈDES.—*Gouv. de S. M. B.*—*Voyez* MÉDICAMENTS.

REMONO (Jean Edouard)—Sa nomination aux fonctions d'Avoué. 8 Novembre 1823. Enreg. 15 du même mois. No. 373 du Reg. 30.

---

(1) L'Arrêté du 15 Floréal An 12, n'a point été transcrit sur les Registres du Greffe.

Sa nomination à la place d'Assesseur à la Cour d'Appel. 8 Avril 1830. Enreg. 22 du même mois. No. 553 du Reg. 31.

Sa nomination à la place de Procureur Général par intérim. 17 Juillet 1832. Enreg. 26 du même mois. No. 616 du Reg. 31.

Sa nomination, par le Gouverneur Sir W. Nicoley, à la place de 3me. Juge de la Cour d'Appel de l'Ile Maurice, en vertu d'une dépêche du Secrétaire d'Etat, en date du 6 Juin 1835. 6 Janvier 1836. Enreg. 4 Février 1836. No. 705 du Reg. 32.

Sa nomination aux fonctions intérimaires de Vice-Président de la Cour d'Appel. 15 Juin 1841. Enreg. 17 du même mois. No. 894 du Reg. 39.

REMONTRANCES.— *Ad. pour le Roi de Fr.*—Celles faites au Roi par le Conseil supérieur concernant les attributions accordées à l'Intendant par l'Article 48 de l'Ordonnance du Roi du 25 Septembre 1766, portant organisation du Gouvernement civil des Iles de France et Bourbon. 27 Juillet 1767. No. 26 du Reg. 12.

Ordonnance du Roi autorisant les représentations qui pourront lui être adressées par les Conseils supérieurs des Iles de France et Bourbon. 30 Septembre 1766. Enreg. 27 Juillet 1767. No. 30 du Reg. 12.

Celles faites au Roi relativement au droit d'un sou par livre sur le café, établi par Edit du mois de Mars 1771. 4 Septembre 1771. No. 211 du Reg. 12.

Celles faites au Roi au sujet de l'Arrêt du Conseil d'Etat qui casse la procédure relative à l'affaire du sieur Nevé et complices, accusés du fait de banqueroute frauduleuse. 26 Novembre 1772. No. 267 du Reg. 14.

Envoi de ces remontrances au Ministre. 4 Mars 1773. No. 317 du Reg. 14.

Celles faites au Roi relativement au droit de deux sous par livre de café, établi par Edit du mois de Novembre 1771. 6 Décembre 1775. Nos. 363 et 365 du Reg. 14.

Celles adressées au Roi à l'occasion de l'Edit du mois de Juin 1776, qui établit à Versailles un dépôt des Actes et papiers publics des Colonies. 10 Avril 1777. No. 402 du Reg. 14.

Ces remontrances ont pour objet les Articles 11, 12, 13 et 14 de cet Edit concernant les Actes des Notaires et Greffiers.

Envoi des remontrances précitées au Ministre des Colonies. 11 Avril 1777. No. 405 du Reg. 14.

Procès-verbal contenant les motifs de surséance à l'enregistrement de la déclaration du Roi, en date du 24 Juin 1778, concernant la course sur les ennemis de l'Etat. 15 Juin 1779. Enreg. 19 Novembre même année. No. 510 du Reg. 15.

Remontrances adressées au Roi à ce sujet par le Conseil supérieur. 15 Juin 1779. Enreg. 19 Novembre même année. No. 511 du Reg. 15.

Lettre du Ministre qui approuve ces remontrances. 28 Septembre 1782. No. 629 du Reg. 16.

Celles faites par le Conseil supérieur à l'occasion de l'Édit du mois d'Août 1779, qui crée deux millions de pièces de billon. 19 Août 1780. No. 532 du Reg. 16.

Celles au sujet des Arrêts du Conseil d'Etat de Sa Majesté, en date du 25 Septembre 1779 et 6 Janvier 1781, concernant M. Loustau, Arrêts qui auraient été obtenus au moyen d'imputations fausses et calomnieuses contre le Conseil supérieur de l'Ile de France, et en surprenant la religion du Prince. 11 Août 1781. No. 561 du Reg. 16.

Celles faites par la Cour aux Administrateurs à l'occasion de leur Ordonnance, en date du 30 Juin 1788, relative aux noirs de louage et de journées. 16 Juillet 1788. No. 903 du Reg. 18.

Celles faites aux Administrateurs relativement au mode d'exécution de l'Ordonnance Royale du 31 Octobre 1784, concernant la Marine et les classes. 4 Mars 1789. Nos. 931 et 932 (*bis*) du Reg. 18.

Celles faites aux Administrateurs de la Colonie, concernant diverses questions de législation coloniale. 23 Décembre 1786. No. 839 du Reg. 17.

Envoi au Ministre de ces représentations. Id.

Celles faites au Roi, concernant deux Arrêts du Conseil d'Etat, en date des 14 Avril 1785 et 21 Septembre 1786, qui créent une nouvelle Compagnie des Indes portant à 40,000,000 les fonds de cette Compagnie. 19 Août 1789. No. 955 du Reg. 18.

Envoi au Ministre des remontrances précitées. 14 Novembre 1789. No. 978 du Reg. 18.

Arrêté de la Cour concernant celles qu'il est à propos d'adresser au Roi, concernant l'Edit du mois de Juin 1788 portant création d'un nouveau papier-monnaie aux Iles de France et Bourbon. 19 Août 1788. No. 957 du Reg. 18.

Surséance à la rédaction de ces remontrances jusqu'à ce que l'usage de ce papier-monnaie, mis en circulation, en ait démontré les inconvénients. 14 Novembre 1789. No. 977 du Reg. 18.

REMY (Esclave)— *Gouv. de S. M. B.*—Commutation en 16 années de fers de la peine de mort prononcée contre cet esclave. Ordonnance No. 1. 8 Septembre 1825. Enreg. 3 Novembre même année. No. 433 du Reg. 30.

RENAUD (Bernard)— Sa naturalisation de sujet anglais. Ordonnance No. 22. 16 Octobre 1850. No. 1257 du Reg. 48.

RENNARDS (Thomas Middleton)— Sa nomination à la place

de Chef Constable. 25 Octobre 1830. Enreg. 12 Février 1831. No. 579 du Reg. 31.

Sa nomination à la place de Député Commissaire de Police par intérim, 18 Juin 1847. Enreg. 19 du même mois. No. 824 du Reg. 32.

RENOUF (François)—Sa nomination aux fonctions d'Huissier. 2 Janvier 1813. Enreg. 7 du même mois. No. 76 du Reg. 28.

Sa suspension de ses fonctions pour 3 mois. 21 Mars 1815. Enreg. 30 du même mois. No. 128 du Reg. 28.

RENTES.—*Ass. Col.*—Suspension de leur paiement. 13 Pluviôse An 4. Enreg. 25 du même mois. No. 452 du Reg. 23,

Adoption du Décret de la Convention y relatif. Id.

Mode de paiement de celles à titre onéreux. 26 Thermidor An 4. Enreg. 28 du même mois. No. 501 du Reg. 24.

Autres dispositions à ce sujet. 26 Fructidor An 4. Enreg. 5 Vendémiaire An 5. No. 513 du Reg. 24.

Nouveau mode de paiement y relatif. 1er. Messidor An 7. Enreg. 5 du même mois. No. 698 du Reg. 25.

RÉPARATIONS.—*Comp. des Indes.*—*Voyez* CHEMINS.

Ass. Col.—Dispositions relatives à celles qu'exige le chemin allant du Port N. O. au canton de la Fraternité (Grand Port). 26 Thermidor An 4. Enreg. 28 du même mois. No. 500 du Reg. 24.

Gouv. de S. M. B.—*Voyez* EGLISE ET PRESBYTÈRE.

REPRÉSENTATIONS.—*Ad. pour le Roi de Fr.*—*Voyez* RE-MONTRANCES.

RÉPUBLIQUE FRANÇAISE.—*Ass. Col.*—Est reconnue en guerre avec les 22 Peuples dénommés dans le rapport de Barrère à la Convention. 23 Fructidor An 2. Enreg. 11 Septembre 1794. No. 331 du Reg. 23.

REQUÊTES CIVILES. — Formalités à remplir par ceux qui veulent se pourvoir par cette voie. 4 Avril 1794. Enreg. 8 du même mois. No. 278 du Reg. 23.

Manière dont ces demandes doivent être formées. 3 Nivôse An 4. Enreg. 7 du même mois. No. 437 du Reg. 23.

Ad. du Gén. D.—Il sera sursis, pendant la durée de la guerre, à l'exécution de l'Article 24 de l'Arrêté du 20 Juillet 1808, supplémentaire au Code de Procédure civile, relatif à la consultation exigée pour les requêtes civiles. 27 Septembre 1810. Enreg. 28 du même mois. No. 317 du Reg. 27 (1).

Cette consultation pourra être donnée par les Avocats et par les Avoués ayant le droit de plaider par-devant la Cour d'Appel, quelque soit le temps de leur exercice. Id.

REQUIEM ( )—*Ass. Col.*—Sa réintégration dans sa place de Professeur d'hydrographie. 28 Mars 1793. Enreg. 26 Avril suivant. No. 192 du Reg. 21.

REQUISITIONS.—*Ad. pour le Roi de Fr.*—*Voyez* DUMAS.

Ass. Col.—Adoption du Décret de la Convention, en date du 20 Septembre 1793, concernant les requisitions d'objets propres à la construction, armement et équipement des navires. 9 Avril 1794. Enreg. 14 du même mois. No. 286 du Reg. 23.

Sont défendues à l'égard des matières premières venant de l'étranger pour l'alimentation des fabriques. 16 Messidor An 3. Enreg. 24 du même mois. No. 384 du Reg. 23.

Disposition qui établit celle d'un noir corvéable par 25 esclaves pour le service des batteries en cas d'alarme. 25 Prairial An 6. Enreg. 7 Messidor même année. No. 657 du Reg. 24.

Gouv. de S. M. B.—Dispositions relatives à celles des noirs nécessaires pour le service public et le transport des effets et bagages des troupes. 2 Juin 1815. Enreg. 19 du même mois. No. 138 du Reg. 29.

Autres dispositions à ce sujet. 16 Novembre 1815. Enreg. 20 du même mois. No. 160 du Reg. 29.

Nouveaux Réglements concernant les requisitions qui ont pour objet de pourvoir au transport des troupes et de leurs bagages dans l'intérieur de l'Ile. Ordonnance No. 9 (approuvée) (2). 17 Juin 1839. No. 830 du Reg. 37.—*Voyez* CORVÉES ET SERVICE PUBLIC.

RESCISION.—*Ass. Col.*—*Voyez* LETTRES.

RESCRIPTIONS.—*Comp. des Indes.*—V. BONS DE CAISSE ET DÉLAIS.

RESERVES.—*Ass. Col.*—Réglements concernant celles de 12 perches ½ sur les bords de la mer. 13 Messidor An 4. Enreg. 16 du même mois. No. 485 du Reg. 23.

---

(1) Voyez au mot CODE, l'Arrêté du 20 Juillet 1808.

(2) Voyez Certificat du Gouverneur, en date du 13 Avril 1840. No. 55 de la liasse de ces pièces déposées au Greffe de la Cour.

Autres dispositions relatives aux réserves de la République. 25 Fructidor An 5. Enreg. 28 du même mois. No. 605 du Reg. 24.

Maintien des dispositions contre les usurpations de ce genre. Id.

Ad. du Gén. D.—Celles du bord de la mer, dites *pas géométriques*, sont inaliénables et maintenues sur toute l'étendue des côtes des Iles de France et Bourbon. 5 Mai 1807. Enreg. 9 du même mois. No. 213 du Reg. 27.

Gouv. de S. M. B.—Division de celles du quartier du Bois-Rouge à l'effet d'être concédées. 1er. Novembre 1812. Enreg. 5 du même mois. No. 70 du Reg. 28.

Défense d'extraire de celles de l'Etat des pierres, des terres et du sable. 5 Août 1829. Enreg. 12 Septembre suivant. No. 531 du Reg. 31.

Remise en vigueur de l'Arrêté du Général Decaen, en date du 1er. Novembre 1807. Id. (1).

RESTITUTIONS.—Mode de recouvrement y relatif. Ordonnance No. 19 (approuvée) (2). 16 Novembre 1835. No. 739 du Reg. 33.

RESTRICTIONS.—Abolition de celles auxquelles pourraient être soumises toutes personnes d'origine indienne ou africaine. 22 Juin 1829. Enreg. 22 Décembre même année. No. 542 du Reg. 31.

Proclamation relative à ces dispositions. 2 Décembre 1829. Enreg. 22 du même mois. No. 543 du Reg. 31.

RETENUES.—*Ass. Col.*— Adoption du Décret de la Convention, en date du 22me. jour du 1er. mois de l'An 2, qui supprime la retenue des 4 deniers par livre sur les dépenses de la Marine et des Colonies. 9 Avril 1794. Enreg. 14 du même mois. No. 285 du Reg. 23.

Gouv. de S. M. B.—*Voyez* INDIENS.

RÉUNIONS.—*Ass. Col.*—*Voyez* POLICE MUNICIPALE.

RÉVOLTES.—Manière d'en punir les chefs et les instigateurs et ceux qui peuvent y avoir pris part. 16 Prairial An 2. Enreg. 19 Juin 1794. Nos. 307, 308 et 309 du Reg. 23.

---

(1) Voyez au mot *délits*, l'Arrêté du 1er Novembre 1807.
(2) Voyez Certificat du Gouverneur, en date du 20 Mars 1837. No. 28 de la liasse de ces pièces déposées au Greffe de la Cour.

Adoption des Décrets de la Convention, en date des 19 Mars 1793, 2 Mai 1794 et 5 Juillet 1794, y relatifs. Id.

Gouv. de S. M. B.—Proclamation relative à celle des esclaves du quartier de St-Leu à l'Ile Bourbon. 22 Novembre 1811. Enreg. 30 du même mois. No. 47 du Reg. 27.

RICARD DE BEGNICOURT (Louis Joseph Chrysostôme) —*Ad. pour le Roi de Fr.*—Sa nomination à la place de Directeur et Receveur du Domaine. 6 Août 1778. Enreg. 21 Septembre suivant. No. 467 du Reg. 15.

Ass. Col.—Son admission au nombre des Postulants en la Cour. 6 Août 1790. No. 2 du Reg. 19.

RINGUET (Aristide)— *Gouv. de S. M. B.*—Sa nomination aux fonctions d'Huissier. 3 Mars 1848. Enreg. 4 du même mois. No. 1233 du Reg. 48 (*bis*).

RIVALZ DE St. ANTOINE.— *Ad. pour le Roi de Fr.*— Sa nomination à la place de Conseiller au Conseil supérieur de l'Ile de France. 1er. Juillet 1766. Enreg. 17 Juillet 1767. No. 12 du Reg. 12.

Ses dénonciation, dire et protestation concernant l'extrait des Ordonnances publié par ordre de M. Dumas, Gouverneur. 23 Février 1768. Nos. 84 et 85 du Reg. 12.

Sa présence au Conseil en vertu des ordres de Sa Majesté à lui notifiés. 29 Juillet 1768. No. 116 du Reg. 12.

Ordre du Roi qui le rappelle à ses fonctions de Conseiller. 3 Juillet 1768. Enreg. 14 Décembre même année. No. 121 du Reg. 12.

Sa rentrée au Conseil après son retour de France. 6 Août 1771. No. 207 du Reg. 12.

RIVIÈRE (Eudoxe)—*Gouv. de S. M. B.*—Sa nomination de Commissaire Civil par intérim du quartier des Plaines Wilhems. 5 Décembre 1849. Enreg. même jour. No. 1248 du Reg. 48 (*bis*).

RIVIÈRE (Jacques Baro)—*Ad. pour le Roi de Fr.*—Sa réception aux fonctions de Postulant au Conseil suqérieur. 22 Avril 1787. No. 853 du Reg. 17.

Ass. Col.— Sa nomination aux fonctions de Notaire. 23 Août 1793. Enreg. 12 Septembre suivant. No. 232 du Reg. 21.

Ad. du Gén. D.—Sa nomination à la place de 1er. Inspecteur de Police à l'Ile de France. 25 Brumaire An 12. Enreg. 27 du même mois. No. 47 du Reg. 26.

Sa réintégration dans ses fonctions de Notaire. 10 Juin 1808. Enreg. 11 du même mois. No. 248 du Reg. 27.

RIVIÈRE DU REMPART.— Fixation définitive des limites du quartier de ce nom. 14 Fructidor An 12. Enreg. 16 du même mois. No. 111 du Reg. 27.

Gouv. de S. M. B.—*Voyez* CHAPELLES.

RIVIÈRES.— Défense d'y jeter aucunes drogues, herbes, bois, racines, écorces, et notamment ce qui est appelé noix vomique et de Fangam. 27 Octobre 1824. Enreg. 10 Novembre suivant. No. 399 du Reg. 30.

RIZ.—*Ass. Col.*— Ceux qui possèdent de cette denrée dans la Colonie sont tenus d'en vendre à un prix déterminé par experts. 6 Floréal An 8. Enreg. 15 du même mois. No. 731 du Reg. 25.

Gouv. de S. M. B.— Il en sera délivré des magasins du Gouvernement au terme moyen du cours tant aux habitants de la ville qu'à ceux des campagnes pour leur nourriture et celle de leurs esclaves. 12 Décembre 1816. Enreg. 3 Janvier 1817. No. 200 du Reg. 29.

Il en sera vendu au détail dans les magasins du Gouvernement, attendu que les besoins et la détresse des victimes de l'incendie du 25 Septembre 1816 ont cessé. 18 Avril 1817. Enreg. 2 Juin même année. No. 210 du Reg. 29.

Permission d'exporter de la Colonie une certaine quantité de riz à l'Ile Bourbon, sans que ces riz paient aucun droit. Ordonnance No. 19 (approuvée) (1). 28 Avril 1845. No. 1051 du Reg. 43.— *Voyez* DROITS.

ROBELET (François Jean Baptiste)—*Ad. pour le Roi de Fr.*—Sa nomination aux fonctions d'Huissier. 17 Mai 1781. Enreg. 5 Juillet même année. No. 554 du Reg. 16.

ROBERT (Laurent)—*Ass. Col.*—Son admission au serment à l'effet d'exercer les fonctions d'Huissier au Tribunal de Paix des Pamplemousses. 9 Février 1792. No. 118 du Reg. 20.

ROBERTSON (John Anderson)—*Gouv. de S. M. B.*—Sa no-

---

(1) *Voyez* Certificat du Gouverneur, en date du 23 Janvier 1846. No. 95 de la liasse de ces pièces.

mination aux fonctions d'Avoué. 21 Novembre 1846. Enreg. même jour. No. 820 du Reg. 32.

ROBINSON (George)—Sa nomination aux fonctions de Juge Suppléant de la Cour d'Assises. 22 Mars 1837. No. 768 du Reg. 35.

ROCHECOUSTE (Jérôme)—*Ass. Col.*—Sa nomination de Juge de Paix au quartier du Grand Port. 7 Juin 1791. No. 65 du Reg. 20.

RODRIGUES.—*Gouv. de S. M. B.*—Création d'un établissement judiciaire et de police à l'Ile Rodrigues. Ordonnance No. 7 (approuvée) (1). 19 Juin 1843. No. 953 du Reg. 41.

ROGER (Charles)—Sera mis sous la surveillance de la police, attendu le plus amplement informé prononcé contre lui par la Cour d'Appel. 10 Août 1817. Enreg. 6 Septembre suivant. No. 220 du Reg. 29.

ROMEFORT (Jean-Baptiste)—Sa nomination à la place de 1er. Assistant du Commissaire Général de la Police. 3 Juin 1825. Enreg. même jour. No. 416 du Reg. 30.

ROLE.—*Ad. pour le Roi de Fr.*—*Voyez* CAUSES.

ROQUEFEUILLE LABISTOUR (Alcide de)—*Gouv. de S. M. B.*—Enregistrement de son diplôme de Barister, en date du 8 Juin 1843. Enreg. 20 Février 1845. No. 800 du Reg. 32.

ROSNAY (Alexis Fromet de)—Sa naturalisation de sujet anglais. Ordonnance No. 30 (approuvée) (2). 5 Février 1844. No. 998 du Reg. 42.

ROUES. *Gouv. de S. M. B.*—*V.* CHARRETTES ET VOITURES.

ROUMIER (François)—*Comp. des Indes.*—Sa nomination aux fonctions d'Huissier. 22 Janvier 1756. No. 151 du Reg. 8.

ROUPIES.—*Gouv. de S. M. B.*—Défense expresse d'en exporter. 6 Juillet 1811. Enreg. 19 du même mois. No. 39 du Reg. 27.—*Voyez* ESPÈCES.

ROUTES.—*Ad. du Gén. D.*—Manière dont sera divisée celle

---

(1) Voyez Certificat du Gouverneur, en date du 26 Avril 1844. No. 82 de la liasse de ces pièces.
(2) Id.   Id.   Id.   en date du 27 Novembre 1844. No. 86 Id.

qui conduit du Port Impérial au Port Napoléon. 5 Mai 1809. Enreg. 25 du même mois. No, 283 du Reg. 27.

Direction de celle de la Savanne au Port Napoléon. 5 Mai 1809. Enreg. 25 du même mois. No. 284 du Reg. 27.

Gouv. de S. M. B.— Mesures pour leur conservation. Ordonnance No. 47. 22 Avril 1829. Enreg. 30 du même mois. No. 522 du Reg. 31.

Id. Ordonnance No. 14 (approuvée) (1). 4 Septembre 1839. No. 837 du Reg. 37.

ROUX (Sylvain)—*Ad. du Gén. D*— Sa nomination à la place d'Agent Général de Police. 20 Vendémiaire An 12. Enreg. 22 du même mois. No. 18 du Reg. 26.

Est admis à reprendre ses fonctions de Notaire. 9 Fructidor An 13. Enreg. 21 du même mois. No. 150 du Reg. 27.

ROYER (Charles)—*Gouv. de S. M. B.*—Sa nomination à l'effet de connaître de certaines matières concernant les matelots des navires du commerce. 22 Août 1840. No. 860 du Reg. 38.

RUDELLE (Pierre)—*Ad. pour le Roi de Fr.*—Enregistrement de ses lettres de Licence, en date du mois de Décembre 1786, à l'effet d'être admis à exercer sa profession d'Avocat près les Tribunaux de cette Ile. 28 Septembre 1787. No. 876 du Reg. 18.

Gouv. de S. M. B.— Sa nomination à la place de Procureur Général. 15 Avril 1822. Enreg. 16 du même mois. No. 331 du Reg. 29.

RUDELLE (Emile)— Sa nomination aux fonctions d'Avoué près les Tribunaux de cette Ile. 7 Janvier 1817. Enreg. 10 du même mois. No. 202 du Reg. 29.

RUDELLE (Thomas) —Enregistrement de son diplôme d'Avocat, en date du 10 Septembre 1833, à lui délivré par l'Université de Paris. 2 Décembre 1834. No. 692 du Reg. 32.

RUES.—*Ad. pour le Roi de Fr.*—Réglements concernant la propreté de celles de la ville. 16 Juillet 1784. Enreg. même jour. No. 701 du Reg. 16.

Interprétation de l'Article 1er. de ces Réglements. 3 Septembre 1784. Enreg. 7 du même mois. No. 710 du Reg. 16.

---

(1) Voyez Certificat du Gouverneur, en date du 6 Juin 1840, No. 56 de la liasse de ces pièces.

Ass. Col.—Réglements concernant la propreté de celles de la ville. 8 Fructidor An 4. Enreg. 25 du même mois. No. 508 du Reg. 24.

Ad. du Gén. D.—Réparations de celles de la ville. 10 Mai 1809. Enreg. 18 du même mois. No. 285 du Reg. 27.

Gouv. de S. M. B.—Nouvelles nomenclature de celles de la ville du Port Louis et de ses faubourgs. Ordonnance No. 30. 27 Février 1828. Enreg. 20 Mars suivant. No. 490 du Reg. 30.— *V.* ARBRES.

RUISSEAUX.—Défense d'y jeter aucunes drogues, herbes, bois, racines, écorces, et notamment ce qui est appelé noix vomique et bois de Fangam. 27 Octobre 1824. Enreg. 10 Novembre suivant. No. 399 du Reg. 30.

RUMS.—*Ass. Col.*—Dispositions qui fixent la quantité de cette liqueur qui pourra être fabriquée dans la Colonie. 9 Nivôse An 10. Enreg. 18 du même mois. No. 798 du Reg. 26.

Suspension de l'exécution de l'Article 2 de la Loi du 9 Nivôse An 10, et abrogation du dernier Paragraphe de l'Article 7 de cette Loi. 5 Pluviôse An 10. Enreg. 15 du même mois. No. 802 du Reg. 26.

Réglements concernant la vente de cette liqueur. 7 Ventôse An 10. Enreg. No. 807 du Reg. 26.

Abrogation de la Loi du 9 Nivôse An 10 précitée. 3 Prairial An 10. Enreg. 18 Floréal même année. No. 814 du Reg. 26.

Gouv. de S. M. B.—Droits de consommation y relatifs. 5 Mai 1812. Enreg. 8 du même mois. No. 57 du Reg. 27.

Id. 23 Mai 1812. Enreg. 26 du même mois. No. 60 du Reg. 28.

Droits d'exportation y relatifs. 14 Août 1812. Enreg. 20 du même mois. No. 66 du Reg. 28.

Id. 22 Septembre 1812. Enreg. 26 du même mois. No. 68 du Reg. 28.

Suppression de ces droits de consommation et d'exportation. 4 Février 1813. Enreg. 12 du même mois. No. 82 du Reg. 28.

Les rums qui seront du produit des Colonies qui ne sont point sous l'administration du Gouverneur de l'Ile Maurice, paieront lors de leur importation un droit égal au prix de ces rums porté dans les factures. 1er. Mars. 1813. Enreg. No. 85 du Reg. 28.

Défense à toutes personnes qui n'y sont pas autorisées d'en vendre par verres, bouteilles et au-dessous d'une velte. 30 Novembre 1815. Enreg. 14 Décembre suivant. No. 162 du Reg. 29.

Poursuites des contraventions y relatives. 24 Décembre 1818. Enreg. 26 du même mois. No. 269 du Reg. 29.

Réglements relatifs à la vente de cette liqueur. 33 Mars 1819. Enreg. 31 du même mois. No. 279 du Reg. 29.

Abrogation des dispositions contenues au Paragraphes 1, 4, 6, 7, 9 et 10 de l'Article 5 de la Proclamation du 23 Mars 1819. 8 Septembre 1819. Enreg. 3 Novembre même année. No. 292 du Reg. 29.

Modification de la Proclamation du 23 Mars 1819 et des autres dispositions antérieures relatives au débit des rums. 24 Octobre 1822. Enreg. 4 Novembre suivant. No. 343 du Reg. 29.

Autres dispositions sur cette matière. 25 Août 1824. Enreg. 13 Septembre suivant. No. 394 du Reg. 30.

Modification de l'Article 2 de la Proclamation du 23 Mars 1819. 7 Janvier 1825. Enreg. 19 du même mois. No. 405 du Reg. 30.

Modifications aux Lois concernant la vente du rum. Ordonnance No. 22 (approuvée) (1). 30 Décembre 1843. No. 968 du Reg. 41. —*Voyez* GUILDIVES, LIQUEURS SPIRITUEUSES ET BOISSONS.

S.

SACS.— *Gouv. de S. M. B.*— Ceux contenant le sucre des planteurs-sucriers seront marqués de leurs noms ou de celui de la manufacture. Ordonnance No. 3 (sans approbation). 14 Mars 1832. Enreg. 5 Avril suivant. No. 610 du Reg. 31.—*V.* EMBALLAGES.

SAINT-ALME (Auguste Dubois)—Sa naturalisation de sujet anglais. Ordonnance No. 10 (sans approbation). 28 Avril 1845. No. 1042 du Reg. 43.

Id. No. 41 (approuvée) (2). 4 Septembre 1848. No. 1184 du Reg. 46.

SAINT-FÉLIX (de)—*Ass. Col.*— Arrêté qui ordonne que cet officier sera traduit devant le Jury Révolutionnaire d'Instruction. 28 Thermidor An 2. Enreg. 16 Août 1794. No. 325 du Reg. 23.

SAINT-FÉLIX (Charles Philippe de)— *Gouv. de S. M. B.*— Enregistrement de son diplôme de Licencié en Droit, sous la date du 27 Septembre 1839, à lui délivré par l'Université de Paris. 19 Juin 1840. No. 744 du Reg. 32.

---

(1) Voyez Certificat du Gouverneur, en date du 20 Novembre 1844. No. 85 de la liasse de ces pièces.
(2) Id.   Id.   Id.   en date du 10 Avril 1849. No. 117 Id.

Sa nomination de Juge Assistant de la Cour d'Assises. 25 Janvier 1850. No. 1228 du Reg. 48 (1).

SAINT-FÉLIX (Ernest de)— Sa nomination aux fonctions d'Avoué. 14 Septembre 1849. Enreg. même jour. No. 1245 du Reg. 48 (*bis*).

SAINT-GÉRAN.—*Comp. des Indes.*—Pocès-verbaux du naufrage de ce navire. 22 Août 1744. Pièce No. 6 de la liasse et boîte 1re. des Minutes du Conseil supérieur.

SAINT-MARTIN (Didier de)— Plainte par lui portée contre un soldat qui l'aurait frappé dans une émeute. 5 Janvier 1727. No. 33 du Reg. 1.
Sa nomination de Commissaire au Port Bourbon à l'effet de faire exécuter les ordres de la Compagnie en ce qui concerne le régime des militaires. 13 Décembre 1727. No. 37 du Reg. 1.
Son refus de se rendre aux séances du Conseil provincial. 28 Octobre 1728. Nos. 50 et 52 du Reg. 1.
Sa nomination aux places de Commandant en second de l'Ile de France et de 1er. Conseiller au Conseil provincial de cette Ile. 17 et 20 Septembre 1729. Enreg. à l'Ile de France, le 25 Mai 1730. No. 72 du Reg. 1.
Congé à lui accordé à l'effet de passer en France pour rendre compte de son administration. 5 Septembre 1730. No. 82 du Reg. 1.
Sa nomination à la place de 1er. Conseiller au Conseil supérieur de l'Ile France pour, en cette qualité, être chargé du Gouvernement civil et militaire et présider le Conseil supérieur en l'absence de M. de Labourdonnais. 8 et 10 Novembre 1734. Enreg. 5 Juin 1735. Nos. 93 et 94 du Reg. 4.
Sa nomination, par la Compagnie des Indes, à la place de Directeur Général du commerce à l'Ile de France pour, en cette qualité et en l'absence de M. de Labourdonnais (Mahé), Gouverneur Général des Iles Bourbon et de France, régir et administrer les affaires de la Compagnie. 20 Octobre 1734. Enreg. 5 Juin 1735. No. 95 du Reg. 4.

SAINT-MIHEL (Charles) — *Ass. Col.*—Enregistrement de sa matricule d'Avocat, en date du 3 Janvier 1746, à lui délivrée par le Parlement de Lorraine. 10 Août 1792. No. 142 du Reg. 21.

SAINT-MIHIEL (René Mathurin de)—*Ad. pour le Roi de Fr.*

---

(1) M. Charles de Saint-Félix a été nommé aux fonctions d'Assistant Juge de Paix au Port Louis; mais cette nomination n'a pas été transcrite sur les Registres du Greffe.

—Enregistrement de son brevet de Médecin avec commission du Roi pour exercer cette profession à l'Ile de France, en date du 1er. Août 1768. 24 Avril 1769. No. 165 du Reg. 12.

Sa nomination à l'office de Conseiller au Conseil supérieur de l'Ile de France. 27 Novembre 1771. Enreg. 3 Mai 1773. No. 314 du Reg. 14.

Congé à lui accordé à l'effet de passer en France. 4 Août 1779. Enreg. 6 du même mois. No. 494 du Reg. 15.

Reprise par lui de ses fonctions et de son rang au Tribunal Terrier. 2 Septembre 1783. No. 660 du Reg. 16.

Croisement des scellés à son domicile après son décès. 21 Avril 1787. No. 846 du Reg. 17.

Service célébré pour sa mémoire. 12 Mai 1787. No. 852 du Reg. 17.

SAINT-PERNE (Gourel Louis Prosper)—*Ad. du Gén. D.*— Sa nomination à la place de Sergent-Major Garde des fortifications de 2me. classe. 22 Juillet 1809. Enreg. 29 du même mois. No. 297 du Reg. 27.

SAISIES-ARRÊTS.—Formalités relatives à celles faites entre les mains des Receveurs ou Administrateurs de caisses ou deniers publics. 7 Décembre 1808. Enreg. 15 du même mois. No. 265 du Reg. 27.

Promulgation aux Iles de France et Bonaparte du Décret Impérial du 18 Août 1807 qui établit ces formalités. Id.

Gouv. de S. M. B.—Dispositions qui déterminent la portion saisissable des salaires et pensions alloués par le Gouvernement ainsi que des sommes dûes aux entrepreneurs et fournisseurs pour le service public et pour régler la forme des saisies en pareil cas. Ordonnance No 41 (approuvée) (1). 13 Mai 1844. No. 1009 du Reg. 42.

Ces dispositions sont applicables à la Municipalité du Port Louis. Ordonnance No. 25 (approuvée) (2). 23 Octobre 1850. No. 1260 du Reg. 48.

SAISIES REELLES.—*Ad. du Gén. D.*— Formalités y relatives. 26 Germinal An 13. Enreg. 29 du même mois. No. 136 du Reg. 27.

SALAIRES.—*Ass. Col.*—Fixation de ceux des Juges et autres

---

(1) Voyez Certificat du Gouverneur, en date du 13 Décembre 1845. No. 94 de la liasse de ces pièces déposées au Greffe de la Cour.
(2) Id.   Id.   Id.   en date du 3 Novembre 1851. No. 133. Id.

officiers de l'Ordre Judiciaire. 9 Prairial An 7. Enreg. 29 du même mois. No. 695 du Reg. 25.

Gouv. de S. M. B.—Réglements relatifs à la portion saisissable des salaires alloués aux fonctionnaires publics par le Gouvernement. Ordonnance No. 41 (approuvée) (1). 13 Mai 1844. No. 1009 du Reg. 42.

SALAISONS.—Celles venant du Cap de Bonne-Espérance, qui y ont été préparées, seront exemptes de droit Ordonnance No. 26. 26 Septembre 1827. Enreg. 8 Novembre même année. No. 480 du Reg. 30.

Cette exemption est également accordée à celles provenant de la Nouvelle Galle du Sud, de la terre de Vandiemen et de la Rivière des Cignes. Ordonnance No. 7 (sans approbation). 3 Juillet 1832. Enreg. 11 Octobre même année. No. 623 du Reg. 31.

SALANCHES (   )—*Ad. du Gén. D.*—La saisine et l'administration de sa succession ne peuvent être réclamés par le Consul américain en cette Ile. 23 Mai 1809. Enreg. 25 du même mois. No. 281 du Reg. 27.

Autres dispositions relatives à la succession du sieur Salanches. 27 Juillet 1809. Enreg. 28 du même mois. No. 296 du Reg. 27.

Id. 8 Septembre 1809. Enreg. 10 du même mois. No. 300 du Reg. 27.

Révocation des Arrêtés des 27 Juillet et 8 Septembre 1809, relatifs à cette succession. 12 Octobre 1809. Enreg. 2 Novembre suivant. No. 302 du Reg. 27.

SALARIES.—*Ass. Col.*—Ceux de la République et de la commune qui sont exempts de faire le service de la Garde Nationale, paieront 100 liv. par chaque tour de garde et de patrouille. 24 Fructidor An 4. Enreg. 26 du même mois. No. 512 du Reg. 24.

Ceux de la République et de la commune générale seront payés à raison d'une livre d'indigo ou de coton pour la valeur de la piastre. 29 Prairial An 5. Enreg. 5 Messidor même anné. No. 578 du Reg. 24.

SALVAT (Jean François)—*Gouv. de S. M. B.*—Son admission à l'exercice de sa profession d'Avocat près les Tribunaux de l'Ile Maurice. 27 Mai 1816. Enreg. même jour. No. 177 du Reg. 29.

Sa nomination aux fonctions d'Avoué chargé de défendre les indigents. 20 Avril 1819. Enreg. 1er. Mai suivant. No. 282 du Reg. 29.

---

(1) Voyez Certificat du Gouverneur, en date du 13 Décembre 1845. No. 94 de la liasse de ces pièces.

SAMBAT (Jean)—Sa naturalisation de sujet anglais. Ordonnance No. 29 (approuvée) (1). 5 Février 1844. No. 997 du Reg. 42.

SANDAPA (David Eloi)—Sa nomination aux fonctions d'Huissier. 19 Juin 1840. Enreg. 23 du même mois. No. 746 du Reg. 32.

SANDROCK ( )—*Ad. du Gén. D.*—Sa nomination à la place de Courtier de marchandises. 9 Brumaire An 12. Enreg. 30 du même mois No. 48 du Reg. 26.

SANS-CULOTTE.—*Ass. Col.*—Navire de ce nom réarmé sous celui d'*Adolphe.* 15 Germinal An 3. Enreg. 17 du même mois. No. 368 du Reg. 23.

SANS-CULOTTIDES.— Adoption du Décret de la Convention, en date du 19 Fructidor An 2, relatif aux sans-culottides. 23 Fructidor An 3. Enreg. 24 du même mois. No. 408 du Reg 23.

SAUCET (Pierre Henry)—*Ad. pour le Roi de Fr.*—Gratification annuelle à lui accordée sur les fonds de la commune comme Inspecteur des travaux des esclaves attachés à cette administration. 4 Mars 1784. No. 681 du Reg. 16.

Augmentation de cette gratification. 15 Janvier 1785. No. 733 du Reg. 17.

Sa nomination d'Arpenteur Royal. 26 Juin 1788. Enreg. 13 Juin 1789. No. 934 du Reg. 18.

Ad. du Gén. D.—Sa nomination de Sous-Agent de Police. 6 Janvier 1808. Enreg. 9 du même mois. No. 227 du Reg. 27.

Continuera d'exercer ses fonctions pour tout ce qui n'est pas changé par les Arrêtés des 28 et 29 Avril 1808. 28 Mai 1808. Enreg. 23 Juin suivant. No. 250 du Reg. 27.

SAUNDERS (James)—*Gouv. de S. M. B.*—Sa nomination de membre du Conseil de commune. 2 Octobre 1817. Enreg. 3 Novembre suivant. No. 228 du Reg. 29.

SAUTERELLES.— *Comp. des Indes.*—Réglements relatifs à leur destruction. 13 Décembre 1766. No. 205 du Reg. 11.

Ad. pour le Roi de Fr.—Id. 18 Janvier 1768. Enreg. 21 du même mois. No. 75 du Reg. 12.

---

(1) Voyez Certificat du 27 Novembre 1844. No. 86 de la liasse de ces pièces déposées au Greffe de la Cour.

Exemption en faveur des officiers des Conseils supérieurs de la chasse des sauterelles. 25 Janvier 1769. No. 124 du Reg 12.

SAVERIMOUTOU (Abraham Michel)—*Gouv. de S. M. B.*—Sa nomination aux fonctions d'Huissier. 13 Janvier 1843. Enreg. 14 Septembre même année. No. 787 du Reg. 32.

SAVON.—*Comp. des Indes.*—Fixation du prix de cet objet à 30 s. la livre. 31 Janvier 1757. No. 158 du Reg. 9.

SAVY (Napoléon Charles Joseph)—*Gouv. de S. M. B.*—Son admission à l'exercice de sa profession d'Avocat près les Tribunaux de cette Ile. 23 Février 1833. Enreg. 21 Mars suivant. No. 637 du Reg. 31.

Sa nomination à l'effet de remplir les fonctions de 3me. Juge de la Cour d'Appel siégeant en Cour d'Assises. 31 Mars 1842. Enreg. 1er. Août suivant. No. 925 du Reg. 40.

SCEAU ROYAL.—Autorisation donnée par Sa Majesté à Sir William Nicolay, Gouverneur, de se servir, jusqu'à nouvel ordre, du sceau frappé à l'effigie du feu Roi William IV. 22 Juin 1837. No. 771 du Reg. 35.

SCEAUX DE L'ETAT.—*Ad. du Gén. D.*—Promulgation aux Iles de France et Bonaparte de la Loi du 6 Pluviôse An 13, y relative. 24 Octobre 1806. Enreg. 20 Février 1808. No. 204 du Reg. 27.

SCELLÉS.—*Ass. Col.*—Bris de scellés, mandats à décerner en pareil cas, à quelle autorité il appartient de les décerner, peines à infliger aux auteurs et complices de bris de scellés et aux gardiens de ces scellés. 2 Vendémiaire An 3. Enreg. 4 du même mois. No. 338 du Reg. 23.

SCHUNLING (   )—*Ad. du Gén. D.*—Autorisation à lui accordée d'exercer les fonctions qui lui ont été déléguées par le Chevalier de Pelgram, dans la qualité de Consul ou Agent des relations commerciales de S. M. l'Empereur d'Allemagne et de S. M. le Roi de Dannemark. 28 Ventôse An 13. Enreg. 9 Germinal même année. No. 135 du Reg. 27.

SCIENCES.—*Ass. Col.*—Les objets propres à faciliter leurs progrès et pris sur les bâtiments ennemis, seront adressés par les capteurs à la Convention Nationale. 15 Messidor An 3. Enreg. 21 du même mois. No. 380 du Reg. 23.

SÉANCES. — *Ad. pour le Roi de Fr.* — *Voyez* AUDIENCES; CONSEILS SUPÉRIEURS ET JURIDICTION ROYALE.

SÉCHELLES. — *Comp. des Indes.* — Prise de possession de ces Îles au nom du Roi de France et de la Compagnie des Indes. 1er. Novembre 1756. Pièce 9me. de la liasse et boîte No. 1 des Minutes du Conseil supérieur.

Ad. du Gén. D. — Établissement d'une Justice de Paix aux Îles Séchelles. 23 Septembre 1806. Enreg. 6 Novembre même année. No. 195 du Reg. 27.

Gouv. de S. M. B. — Les fonctions de Juge de Paix, aux Séchelles, seront distinctes de celles qui sont attribuées au Commandant. Toutes les autres dispositions de l'Arrêté du 23 Septembre 1806 continueront d'être observées dans ces Îles jusqu'à nouvelle détermination. Les doubles minutes reçues par le Notaire établi aux Séchelles, seront envoyées à l'Ile Maurice tous les ans et seront adressées au Procureur Général. 18 Mars 1812. Enreg. 21 du même mois. No. 54 du Reg. 27.

Nouveaux Réglements concernant l'administration des Îles Séchelles. 3 Novembre 1817. Enreg. 4 Décembre suivant. No. 233 du Reg. 29.

Taxes imposées dans les différentes branches de cette administration. 4 Novembre 1817. Enreg. 4 Décembre suivant. No. 234 du Reg. 29.

Réglements concernant l'administration de la Justice criminelle aux Îles Séchelles. Ordonnance No. 13 (approuvée) (1). 12 Octobre 1840. No. 863 du Reg. 38.

Ces Réglements auront force de Loi à compter du 1er. Août 1843. Proclamation du 22 Mai 1843. No. 952 du Reg. 41.

Abrogation des Articles 15 et 16 de la Proclamation du 4 Novembre 1817, relative au commerce direct entre les Îles Séchelles et la Grande-Bretagne et autres lieux. Ordonnance No. 22 (approuvée) (2). 21 Juillet 1845. No. 1054 du Reg. 43.

Les Ordonnances Nos. 10 de 1840 et 14 de 1841 contenant les mesures propres à prévenir l'introduction de la variole, sont applicables aux Îles Séchelles. Proclamation du 9 Novembre 1846. No. 1076 du Reg. 44. — *Voyez* DÉPORTÉS.

SECOND CONSEILLER. — *Ad. pour le Roi de Fr.* — Honneurs dûs à ce Magistrat. 6 Septembre 1789. No. 960 du Reg. 18.

---

(1) Voyez Certificat du Gouverneur, en date du 11 Mars 1842. No. 66 de la liasse de ces pièces.
(2) Id.   Id.   Id.   en date du 18 Mai 1846. No. 98. Id.

SÉDITION.—*Comp. des Indes.*—*Voyez* SOLDATS.

SEIGNETTE (Séverin)—*Gouv. de S. M. B.*—Sa nomination à la place de Suppléant Commissaire Civil du quartier des Plaines Wilhems. 20 Novembre 1826. Enreg. 7 Décembre suivant. No. 464 du Reg. 30.

Sa nomination à l'effet de connaître de certaines matières concernant les matelots des navires du commerce. 22 Août 1840. No. 860 du Reg. 38.

SEL.—*Comp. des Indes.*—Fixation du prix de cet objet à 3 s. la livre. 4 Juin 1726. No. 26 du Reg. 1.

SELLETTE.—*Ad. pour le Roi de Fr.*—Suppression de ce banc à la Cour. 13 Juillet 1790. No. 1033 du Reg. 19.—*Voyez* QUESTION PRÉPARATOIRE.

SÉNÈQUE (   )—*Gouv. de S. M. B.*— Sa nomination aux fonctions d'Huissier spécialement attaché au Tribunal de Justice de Paix et au Receveur des amendes. 27 Septembre 1841. Enreg. 24 Décembre même année. No. 773 du Reg. 32.

SENTENCES.—*Ass. Col.*—Celles du Tribunal de Commerce, exécutoires par provision, etc , ne peuvent être suspendues par aucun jugement du Tribunal d'Appel. 16 Pluviôse An 4. Enreg. 27 du même mois. No. 456 du Reg. 23.

SÉPULTURES.—*Comp. des Indes.*—*Voyez* INHUMATIONS.

Ad. pour le Roi de Fr.—*Voyez* ACTES OU REGISTRES.

SÉQUART (   )—*Ad. du Gén. D.*—Sa nomination à la place d'Inspecteur de Police. 30 Brumaire An 12. Enreg. même jour. No. 50 du Reg. 26.

SÉQUESTRE.—*Ass. Col.*—Arrêté qui ordonne celui des navires portugais, de leur cargaison et des pièces monnayées qui peuvent se trouver à bord de ces navires. 22 Messidor An 2. Enreg. 12 Juillet 1794. No. 318 du Reg. 23.

Abrogation de la Loi du 22 Messidor An 2, qui ordonne le séquestre des navires, cargaisons et espèces monnayées de propriété portugaise. 19me. jour du 1er. mois de l'An 3. Enreg. 22 Vendémiaire même année. No. 341 du Reg. 23.

Celui des bâtiments américains et de leurs cargaisons pourra être prononcé par les Tribunaux. 13 Floréal An 7. Enreg. 15 du même mois. No. 686 du Reg. 25.

SERMENT.—*Comp. des Indes.*—Celui prêté entre les mains de M. de Labourdonnais par les membres composant le Conseil supérieur de l'Ile de France, chacun en sa qualité respective. 8 Juin 1735. No. 102 du Reg. 4.

Ad. pour le Roi de Fr.—Prestation de celui de MM. les Officiers composant le Conseil supérieur de l'Ile de France. 17 Juillet 1767. No. 4 du Reg. 12.

Prestation de serment par MM. de Courcy, de Chazal, Thébault, Launay, Voysin et Delaleu dans leurs qualités respectives. 2 Décembre 1772. No. 273 du Reg. 14.

Prestation de celui des Assesseurs du Conseil supérieur de l'Ile de France. 29 Juillet 1767. No. 32 du Reg. 12.

Délibération du Conseil supérieur relative au serment prescrit par le Décret de l'Assemblée Nationale du 10 Août 1789. 30 Avril 1790. No. 987 du Reg. 18.

Suspension de la prestation de ce serment par les fonctionnaires publics jusqu'à la réception d'ordres officiels à cet égard. 1er. Mai 1790. No. 988 du Reg. 18.

Procès-verbal de la présence du Conseil supérieur à la cérémonie de la prestation de serment par les troupes et le Général, à la Nation, au Roi et à la Loi. 10 Mai 1790. No. 991 du Reg. 18.

Ass. Col.—Arrêté du Conseil supérieur par lequel cette Cour manifeste le désir de prêter le serment patriotique en présence des Représentants de la Colonie. 26 Août 1790. No. 6 du Reg. 19.

Délibération relative à la prestation de ce serment par le Conseil supérieur. 26 Août 1790. No. 7 du Reg. 19.

Délibération relative à la prestation du serment d'égalité et de liberté par le Conseil supérieur. 25 Janvier 1793. No. 162 du Reg. 21.

Prestation de ce serment par le Conseil supérieur. 28 Janvier 1793. No. 163 du Reg. 21.

Arrêté qui ordonne la prestation du serment de fidélité à la République Française par l'Assemblée Coloniale, les Tribunaux d'Appel et de 1re. Instance, la garnison, la garde nationale, tous autres corps constitués et les citoyens de la Colonie. 25 Février 1793. Enreg. 4 Mars suivant. No. 174 du Reg. 21.

Procès-verbal de la prestation de ce serment par le Tribunal d'Appel. 6 Mars 1793. Nos. 175 et 176 du Reg. 21.

Procès-verbal de la prestation, par le Tribunal d'Appel, d'un nouveau serment à la République Française ordonné par l'Assemblée Coloniale. 29 Novembre 1793. No. 239 du Reg. 22.

Gouv. de S. M. B.—Celui des magistrats et officiers auprès de a Cour d'Appel et du Tribunal de 1re. Instance, sera prêté entre les mains du Président et du Procureur Général. 2 Janvier 1811. Enreg. 3 du même mois. No. 1 du Reg. 27.

Tous Juges ou autres officiers nommés par Sa Majesté, à l'effet de remplir des fonctions dans les Cours de Justice, prêteront serment entre les mains du Gouverneur ou de l'officier administrant en son absence et non autre part. 6 Novembre 1832. Enreg. 21 Mars 1833. No. 643 du Reg. 31.

SERMENT D'ALLEGEANCE.—Les personnes qui n'auraient pas prêté ce serment, sont tenues de le faire dans le délai de 15 jours, à partir du 16 Septembre 1815, faute de quoi elles seront contraintes de fournir caution. 14 Septembre 1815. Enreg. 18 du même mois. No. 150 du Reg. 29.

SERVICE FUNÈBRE.—*Ad. pour le Roi de Fr.*—*Voyez* LOUIS XV.

SERVICE PUBLIC.—*Gouv. de S. M. B.*—Requisitions de noirs y relatives.

Fixation à une piastre des journées des esclaves mis en requisition. 2 Juin 1815. Enreg. 19 du même mois. No. 138 du Reg. 29.

Autre fixation à 6 livres du taux des journées des esclaves qui seront employés au service public. 16 Novembre 1815. Enreg. 20 du même mois. No. 160 du Reg. 29.—*Voyez* CORVÉES ET REQUISITIONS.

SERVITEURS.—Promulgation de l'Ordre en Conseil, en date du 7 Septembre 1838, qui détermine les obligations respectives des maîtres et des serviteurs. 11 Mars 1839. No. 818 du Reg. 37.

Tout engagement avec des serviteurs qui ne seraient pas munis d'un certificat du Magistrat Stipendié, est interdit. Ordonnance No. 16 désapprouvée) (1). 30 Juin 1841. No. 897 du Reg. 39.

Règles relatives à la durée et à la nature du travail du dimanche par les serviteurs. Ordonnance No. 17 (approuvée) (2). 5 Juillet 1841. No. 898 du Reg. 39.

Modifications de certaines dispositions de l'Ordre en Conseil du 7 Septembre 1838, réglant les devoirs respectifs des maîtres et des serviteurs. Ordonnance No. 1 (désapprouvée) (3). 16 Février 1846. No. 1066 du Reg. 44.

Autres dispositions sur cette matière. Ordonnance No. 24 (sans approbation). 14 Juin 1847. No. 1107 du Reg. 45.

Abrogation de l'Ordonnance No. 24 de 1847 et modifications des

---

(1) Voyez Certificat du Gouverneur, en date du 11 Mars 1842. No. 66 de la liasse de ces pièces déposées au Greffe de la Cour.
(2) Id. Id. Id. en date du 7 Janvier 1842. No. 64. Id.
(3) Id. Id. Id. en date du 14 Janvier 1847. No. 103 Id.

Lois concernant les droits et les devoirs respectifs des maîtres et des serviteurs. Ordonnance No. 26 (approuvée) (1). 30 Juin 1848. No. 1169 du Reg. 46.—*Voyez* Contrats de Service.

SEUTTER (Baldoin de)—Sa naturalisation de sujet anglais. Ordonnance No. 46 (approuvée) (2). 8 Juillet 1844. No. 1013 du Reg. 42.

SÉVÈNE (Amédée)—*Ad. du Gén. D.*—Sa nomination à la place d'Agent de change. 9 Brumaire An 12. Enreg. 30 du même mois. No. 48 du Reg. 26.

SHAW (John)—*Gouv. de S. M. B.*—Sa nomination aux fonctions d'Assesseur judiciaire et de Magistrat à l'Ile de France. 28 Décembre 1810. Enreg. 3 Janvier 1811. No. 4 du Reg. 27.

Sa nomination d'Administrateur et de Comptable Général de la Curatelle. 4 Janvier 1811. Enreg. 24 du même mois. No. 8 du Reg. 27.

Est commis et délégué par Sa Majesté pour exercer les fonctions de Juge d'Amirauté sous les ordres et l'autorisation du Gouverneur. 31 Janvier 1812. No. 55 du Reg. 27.

SIÈGE.—*Ad. pour le Roi de Fr.*—*Voyez* Juridiction royale.

SIGNAUX.—*Ass. Col.*— Les gardiens des découvertes signaleront comme suspects les vaisseaux qui chercheront à mouiller sur la côte. 23 Thermidor An 5. Enreg. 27 Thermidor suivant. No. 600 du Reg. 24.

SIGNES.—Suppression de ceux de la Royauté. 25 Février 1793. Enreg. 4 Mars suivant. No. 174 du Reg. 21.

SIGNIFICATIONS.— Désignation de celles qui doivent être enregistrées gratis. 13 Nivôse An 5. Enreg. 15 du même mois. No. 531 du Reg. 24.

Celles faites par les personnes remplissant les fonctions d'Huissier, seront valables. 26 Germinal An 5. Enreg. 28 du même mois. No. 564 du Reg. 24.

SIMON (Denis François)—*Ad. pour le Roi de Fr.*—Sa nomination aux fonctions d'Huissier. 13 Juin 1786. Enreg. 16 du même mois. No. 813 du Reg. 17.

---

(1) Voyez Certificat du 1er Mai 1849. No. 118 de la liasse de ces pièces déposées du Greffe de la Cour.
(2) Id. Id. Id. en date du 13 Mars 1845. No. 89 Id.

SINGES.—*Comp. des Indes.*—Réglements relatifs à leur destruction. 30 Décembre 1766. No. 205 du Reg. 11.

SLATER (Evêque de Ruspa)—*Gouv. de S. M. B.*—Publication du Bref de la Cour de Rome qui lui confère les pouvoirs de Vicaire Apostolique à l'Ile Maurice. 6 Décembre 1822. Enreg. 7 Janvier 1823. No. 347 du Reg. 29.

SMITH (George)—*Gouv. de S. M. B.*—Publication de sa commission de Grand Juge et Commissaire de Justice, en date du 24 Décembre, à lui accordée par Sa Majesté. 26 Octobre 1814. Enreg. même jour. No. 112 du Reg. 28.

Proclamation qui ordonne l'enregistrement, dans les Tribunaux, de sa commission, en date du 12 Septembre 1814, qui le constitue Commissaire de Sa Majesté et Juge en la Cour de Vice-Amirauté à l'Ile Maurice. 27 Avril 1815. Enreg. 1er. Mai suivant. No. 132 du Reg. 28.

Lettres-patentes contenant cette nomination. 12 Septembre 1814. Enreg. 6 Mai 1815. No. 135 du Reg. 29.

Sa lettre aux Tribunaux, relative aux cas réservés à la Cour de Vice-Amirauté. 6 Mai 1815. No. 136 du Reg. 29.

Sa suspension de ses fonctions. 11 Février 1818. Enreg. 14 du même mois. No. 247 du Reg. 29.

Sa réintégration. 10 Novembre 1818. Enreg. 12 du même mois. No. 266 du Reg. 29.

Sa nouvelle suspension par ordre du Ministre. 30 Décembre 1822. Enreg. 8 Janvier 1823. No. 348 du Reg. 29.

SOCIÉTÉS COMMERCIALES.—Celles qui auront pour objet d'émettre dans la circulation des bons au porteur ou tout autre papier, ne peuvent être légalement constituées sans l'autorisation préalable de Sa Majesté. Ordonnance No. 10 (approuvée) (1). 24 Août 1843. No. 954 du Reg. 41,

SOCIÉTÉ D'ENCOURAGEMENT.—Le produit de la vente des matériaux, bois et ustensiles existant au lieu dit l'*Arsenal*, ne sera plus affecté à l'existence de l'établissement connu sous la dénomination de *Société d'Encouragement pour les Sciences et les Arts*. 3 Décembre 1817. Enreg. 8 du même mois. No. 238 du Reg. 29.

. Abrogation de l'Article 6 de la Proclamation du 13 Novembre 1817, relative à la Société d'Encouragement pour les Sciences et les Arts. Id. (2).

---

(1) Voyez Certificat du Gourverneur, en date du 26 Juin 1844. No. 83 de la liasse de ces pièces.
(2) La Proclamation du 13 Novembre 1817 n'est point transcrite sur les Registres du Greffe.

SOCIÉTÉS POPULAIRES.— *Ass. Col.* — Police municipale y relative. 1er. Août 1793. Enreg. 28 Septembre suivant. No. 234 du Reg. 21.

Adoption du Décret de la Convention, en date du 25 Juillet 1793, relatif aux sociétés populaires. 7 Brumaire An 3. Enreg. 9 du même mois. No. 345 du Reg. 23.

SOLDATS.—*Comp. des Indes.*—Menace de leur part de se retirer dans les bois si on continue à les affecter à d'autres travaux qu'à ceux qu'exige leur service militaire. Mai 1722. No. 3 du Reg. 1.

Mode de paiement adopté à leur égard. 1er. Juin 1726. No. 19 du Reg. 1.

Protestation de la part de soldats devant être mis en congé et mariés à des filles envoyées en cette Ile par la Compagnie à l'effet de former des habitations et de cultiver des terres, cette protestation ayant pour motif l'inexécution des engagements contractés à leur égard. 1er. Septembre 1728. No. 54 du Reg. 1.

Fixation du prix des journées de ceux employés aux travaux de la Compagnie et de ceux demandés par les habitants. 5 Septembre 1729. No. 65 du Reg. 1.

Défense de leur faire aucun prêt d'argent ou crédit d'aucune somme sur leurs décomptes ou gages. 17 Mai 1759. No. 174 du Reg. 9.

Ad. pour le Roi de Fr.—Lettre du Ministre relative à la détention de soldats appartenant au régiment Royal-Comtois. 30 Juillet 1775. Enreg. 7 Mai 1776. No. 373 du Reg. 14.

Ass. Col. — Ceux malades et détenus à l'Hôpital ne pourront sortir soit le jour, soit la nuit. 31 Juillet 1793. Enreg. 22 Août suivant. No. 230 du Reg. 21.

Supplément de traitement à eux alloué. 6 Messidor An 4. Enreg. 15 du même mois. No. 482 du Reg. 23.

Gouv. de S. M. B.—Défense à toutes personnes d'acheter aucun objet provenant de leurs équipement, provisions, fourrages, etc. 30 Avril 1811. Enreg. 9 Mai suivant. No. 31 du Reg. 27.—*Voyez* ENRÔLEMENT, TROUPES ET MILITAIRES.

SOLENNITÉS.—Proclamation relative à celle prescrite à l'occasion de l'avènement de Sa Majesté George IV au trône d'Angleterre. 31 Octobre 1820. Enreg. 4 Novembre suivant. No. 317 du Reg. 29.

Id. Concernant celle prescrite à l'occasion de l'avènement au trône de Sa Majesté Guillaume IV. 13 Novembre 1830. Enreg. même jour. No. 572 du Reg. 31.

SOMMATIONS.—*Comp. des Indes.*—V. Troupes ou Vivres.

SOMMES (Celles dûes à Sa Majesté)—*Ad. pour le Roi de Fr.*—*Voyez* les mots : Recouvrement et Intendant.

SOPHIE.—*Gouv. de S. M. B.*—Commutation en la déportation à vie de la peine de mort prononcée contre cette femme. 30 Septembre 1824. Enreg. 14 Mars 1825. No. 408 du Reg. 30.—*Voyez* Commutations.

SORET (Louis Joseph)—*Ad. pour le Roi de Fr.*—Sa nomination aux fonctions d'Huissier. 30 Décembre 1781. Enreg. 9 Janvier 1782. No. 589 du Reg. 16.

SOUILLAC (François Vicomte de)—Ordre du Roi portant que M. le Vicomte de Souillac prendra le gouvernement des Iles de France et Bourbon au cas où M. de Guiran la Brillane viendrait à décéder ou à passer en France. 21 Janvier 1776. Enreg. 3 Mai 1779. No. 482 du Reg. 15.

Sa nomination définitive au gouvernement des Iles de France et Bourbon. 30 Janvier 1780. Enreg. 4 Juillet 1781. No. 547 du Reg. 16.

Commission de Gouverneur Général de tous les établissements français au-delà du Cap de Bonne-Espérance, à lui accordée par le Roi. 15 Août 1784. Enreg. 15 Février 1785. No. 735 du Reg. 17.

SOUS.—*Ass. Col.*—Les gros sous auront cours forcé à raison de 25 liv. chaque en papier-monnaie. 26 Fructidor An 5. Enreg. 28 du même mois. No. 606 du Reg. 24.

Abrogation de cette disposition. 27 Fructidor An 5. Enreg. 15 Vendémiaire An 6. No. 607 du Reg. 24.

SOUVERAINETÉ. — Caractère et prérogatives exclusives de celles de la Nation. 23 Septembre 1791. Enreg. 4 Octobre suivant. No. 92 du Reg. 20.

Adoption du Décret de l'Assemblée Nationale, en date du 28 Février 1799, sur cette matière. Id.

SPINELLY (Joseph)— Sa naturalisation de sujet anglais. Ordonnance No. 20 (approuvée) (1). 15 Mars 1847. No. 1103 du Reg. 45.

Id. Ordonnance No. 27 (approuvée) (2). 9 Août 1847. No. 1113 du Reg. 45.

---

(1) Voyez Certificat du Gouverneur, en date du 19 Janvier 1848. No. 109 del liasse de ces pièces déposées au Greffe de la Cour.
(2) Id. Id. Id. en date du 5 Avril 1848. No. 111. Id.

SPIRITUEUX.—*Gouv. de S. M. B.*—Réglements sur la vente au détail des spiritueux. Ordonnance No. 28 (désapprouvée) (1). 17 Décembre 1845. No. 1062 du Reg. 43.

Défense de la vente au détail dans les quartiers ruraux des spiritueux fabriqués dans la Colonie. Ordonnance No. 2 (désapprouvée) (2). 5 Mars 1846. No. 1067 du Reg. 44.

Réglements concernant la vente des spiritueux. Ordonnance No. 12 (approuvée) (3). 6 Novembre 1846. No. 1073 du Reg. 44.

Modification de la Loi d'immigration sur les spiritueux. Ordonnance No. 8 (approuvée) (4). 14 Février 1848. No. 1147 du Reg. 46.

Modification de l'Article 23 de l'Ordonnance No. 11 de 1846 et prélèvement du drawback sur les spiritueux exportés de la Colonie. Ordonnance No. 13 (approuvée) (5). 13 Mars 1848. No. 1155 du Reg. 46.

Mesures propres à prévenir les abus qui peuvent être commis dans la fabrication des spiritueux. Ordonnance No. 45 (approuvée) (6). 27 Novembre 1848. No. 1189 du Reg. 46.

STAGE.—*Ad. du Gén. D.*—Réglements concernant celui des Clercs d'Avoués. 25 Juin 1806. Enreg. 26 du même mois. No. 182 du Reg. 27.—*Voyez* AVOUÉS.

STAUB (Jean)—*Gouv. de S. M. B.*—Sa naturalisation de sujet anglais. Ordonnance No. 24 (approuvée) (7). 20 Juin 1848. No. 1168 du Reg. 46.

STEINAUER (Jean Guillaume)—*Ad. pour le Roi de Fr.*—Sa nomination provisoire au gouvernement général des Iles de France et Bourbon jusqu'à l'arrivée d'un Gouverneur Lieutenant-Général. 3 Juillet 1768. Enreg. 29 Novembre même année. Nos. 118, 119 et 120 du Reg. 12.

Invitation à lui faite de venir prendre sa place au Conseil, attendu le départ du Gouverneur. 26 Juillet 1770. No. 186 du Reg. 12.

STEWART (John Davy)—*Gouv. de S. M. B.*—Sa nomination aux fonctions d'Huissier. 23 Juillet 1847. Enreg. 31 du même mois. No. 825 du Reg. 32.

---

(1) Voyez Certificat du Gouverneur, en date du 12 Décembre 1846. No. 102 de la liasse de ces pièces déposées au Greffe de la Cour.
(2) Id.   Id.   Id.   Id.   Id.
(3) Id.   Id.   Id.   en date du 9 Août 1847. No. 104. Id.
(4) Id.   Id.   Id.   en date du 6 Avril 1849. No. 116. Id.
(5) Id.   Id.   Id.   en date du 28 Décembre 1848. No. 114. Id.
(6) Id.   Id.   Id.   en date du 26 Juin 1849. No. 119. Id.
(7) Id.   Id.   Id.   en date du 13 Mars 1849. No. 115 Id.

STRAMONIUM.— *Voyez* POISON.

SUBRÉCARGUES.—*Ass. Col.*— Ceux des navires venant de l'Ile de la Réunion, Madagascar, Séchelles, etc., sont tenus de se présenter à la Municipalité du Port N. O. immédiatement après leur arrivée. 13 Frimaire An 6. Enreg. 15 du même mois. No. 623 du Reg. 24.

Gouv. de S. M. B.—Ceux des navires du commerce sont tenus de fournir caution pour le remboursement des sommes qui seront dûes au Gouvernement à raison des dépenses occasionnées par les hommes de l'équipage de leurs navires. 21 Juillet 1825. Enreg. 2 Août suivant. No. 421 du Reg. 30.—*Voyez* CAPITAINES OU PROPRIÉTAIRES.

SUBSISTANCES.—*Ass. Col.*—Requisitions d'objets y relatifs. 23 Messidor An 3. Enreg. 29 du même mois. No. 389 du Reg. 23.

Adoption du Décret de la Convention, en date des 19 Brumaire, 6 et 12 Frimaire et 13 Nivôse An 3, sur les requisitions des denrées. Id.

Peines contre ceux qui auraient détourné l'arrivage de celles destinées pour la Colonie. 14 Ventôse An 4. Enreg. 25 du même mois. No. 462 du Reg. 23.

SUBSTITUTS.— *Ad. pour le Roi de Fr.*—Inconvénients qui résultent de leur présence au Conseil et de ce qu'ils peuvent prendre rang à la suite des Conseillers. 4 Septembre 1771. No. 213 du Reg. 12.

Ass. Col.—Celui du Commissaire National remplacera le citoyen chargé du Ministère public près le Tribunal de 1re. Instance. 11 Avril 1794. Enreg. 12 du même mois. No. 282 du Reg. 23.

Règles concernant leur élection. 27 Messidor An 3. Enreg. 7 Thermidor suivant. No. 392 du Reg. 23.

Marques distinctives de celui du Commissaire National. 13 Frimaire An 4. Enreg. 25 du même mois. No. 431 du Reg. 23.

Manière de remplacer ce Magistrat en cas d'empêchement de sa part. 15 Brumaire An 6. Enreg. 18 du même mois. No 615 du Reg. 24.

Id. 13 Messidor An 6. Enreg. 17 du même mois. No. 660 du Reg. 24.

Id. 25 Prairial An 8. Enreg. 28 du même mois. No. 739 du Reg. 25.

Manière de remplacer le Substitut exerçant près le Tribunal de Commerce. 2 Thermidor An 8. Enreg. 5 du même mois. No. 749 du Reg. 25.

Gouv. de S. M. B.—Le Substitut du Procureur Général près le Tribunal de 1re. Instance, reprendra l'entier exercice des fonctions du Ministère public attribué par l'Arrêté du 28 Avril 1808, à l'Agent Général et à tout Agent de la police. Ordonnance No. 42. 14 Janvier 1829. Enreg. 19 Février suivant. No. 516 du Reg. 31.

Abrogation des Articles 27 et 31 de l'Arrêté du 28 Avril 1808. Id.—*Voyez* Procureur Général.

SUCCESSIONS.—*Ad. pour le Roi de Fr.*—Réglements pour la vente des effets qui en dépendent. 29 Août 1767. No. 41 du Reg. 12.

Lettre du Ministre relative à celles qui sont vacantes. 26 Juillet 1782. Enreg. 15 Mars 1783. No. 637 du Reg. 16.—*Voyez* Merlo.

Ass. Col.—Le produit de celles des gens décédés en mer sera versé à la caisse des Invalides. 5 Frimaire An 9. Enreg. 7 du même mois. No. 761 du Reg. 25.

Ad. du Gén. D.—Promulgation aux Iles de France et de la Réunion de la Loi du 29 Germinal An 11, y relative. 3 Pluviôse An 12. Enreg. 12 du même mois. No. 73 du Reg. 26.

Gouv. de S. M. B.—Celles des Anglais ou étrangers qui décèdent *ab intestat* en ces Colonies, seront soumises aux mêmes formalités que celles des Français qui décèdent de la même manière. 16 Janvier 1812. Enreg. 23 du même mois. No. 50 du Reg. 27.—*Voyez* Curateur.

SUCRERIES.—*Ass. Col.*—Réglements relatifs à la fixation de leur nombre. 6 Frimaire An 10. Enreg. 17 du même mois. No. 795 du Reg. 26.

Autres dispositions à ce sujet. 9 Nivôse An 10. Enreg. 18 du même mois. No. 798 du Reg. 26.

Rectification de l'Article 44 de la Loi du 9 Nivôse An 10, relative aux sucreries. 1er. Floréal An 10. Enreg. 8 du même mois. No. 810 du Reg. 26.

SUCRES.—*Comp. des Indes.*—Répression d'un commerce illicite de cette denrée. 16 Septembre 1725. No. 9 du Reg. 1.

Gouv. de S. M. B.—*Voyez* Sacs et Droits.

SUFFREN (Le Bailli de)—*Ad. pour le Roi de Fr.*—Députation du Conseil supérieur à l'effet de le complimenter sur son arrivée à l'Ile de France. 12 Septembre 1783. No. 669 du Reg. 16.

Compliment à lui adressé au nom du Conseil supérieur. 13 Novembre 1783. No. 670 du Reg. 16.

Autre députation de la Cour à l'occasion de son départ. 1er. Décembre 1783. No. 676 du Reg. 16.

SUJETS ANGLAIS.—*Ass. Col.*—Adoption du Décret de la Convention, en date du 19me. jour du 1er. mois de l'An 2, relatif à l'arrestation des sujets anglais dans l'étendue de la République. 9 Avril 1794. Enreg. 12 du même mois. No. 280 du Reg. 23.

SUPPLEANTS.—Nomination de ceux des Commissaires civils dans les différents quartiers des Iles de France et de la Réunion. 29 Brumaire An 12. Enreg. 9 Frimaire suivant. No. 51 du Reg. 26.

Nomination d'un second Juge Suppléant au Tribunal de 1re. Instance. 29 Avril 1808. Enreg. 5 Mai suivant. No. 246 du Reg. 27.

Gouv. de S. M. B.—Dispositions ayant pour objet d'étendre la juridiction des Juges de Paix. Ordonnance No. 10 (1). 17 Juin 1839. No. 832 du Reg. 37.

Faculté accordée au Gouverneur de nommer un Suppléant Juge de Paix pour la ville du Port Louis. Ordonnance No. 1 (approuvée) (2). 10 Février 1840. No. 847 du Reg. 38.—*Voyez* JUGES.

SUPT (Michel)—*Ad. pour le Roi de Fr.*—Sa nomination à la place de Greffier de la Juridiction Royale. 19 Janvier 1787. Enreg. 26 Août 1789. No. 959 du Reg. 18.

SURETE.—*Ass. Col.*—Adoption des Décrets de la Convention Nationale, en date du 21 Septembre 1792, qui déclarent que la sûreté des propriétés et celle des personnes sont sous la sauvegarde de la Nation. 17 Mai 1793. Enreg. 22 Août même année. No. 222 du Reg. 21.

Mesures relatives à la sûreté intérieure de la Colonie. 16 Prairial An 5. Enreg. 5 Messidor même année. No. 580 du Reg. 24.

Mesures relatives à la sûreté de la Colonie. 8 Fructidor An 7. Enreg. 25 du même mois. No. 709 du Reg. 25.

Réglements concernant celle extérieure et intérieure. 2 Floréal An 9. Enreg. 18 du même mois. No. 773 du Reg. 25.

---

(1) Voyez le Certificat du Gouverneur, en date du 13 Avril 1840, No. 55, qui porte que l'Ordonnance No. 10 de 1839, sera mise provisoirement à exécution jusqu'à ce que le bon plaisir de Sa Majesté soit connu concernant le nouveau Code Pénal.

(2) Voyez Certificat du Gouverneur, en date du 3 Décembre 1841, No. 63 de la liasse de ces pièces.

SÛRETÉ PUBLIQUE.—*Ad. pour le Roi de Fr.*—Arrêt du Conseil qui rappelle l'exécution rigoureuse de tous les Réglements qui peuvent y être relatifs. 8 Février 1790. No. 985 du Reg. 18.

Recommandations du Conseil au Substitut du Procureur Général au Siège, concernant la sûreté publique. 2 Juin 1790. No. 1004 du Reg. 19.

Nomination de deux Commissaires chargés de s'enquérir de tout ce qui peut concerner la sûreté publique. 17 Juin 1790. No. 1012 du Reg. 19.

SURNOMS.— *Gouv. de S. M. B.*—Dispositions ayant pour objet de régulariser les surnoms des individus de la population ci-devant esclave. Ordonnance No. 5 (approuvée) (1). 11 Avril 1842. No. 926 du Reg. 39.

SURSÉANCES.—*Ad. pour le Roi de Fr.*—Celle prononcée par la Cour à l'égard de l'enregistrement de l'Edit du mois de Septembre 1771, concernant le papier-monnaie. 1er. Septembre 1772. No. 242 du Reg. 12.

Id. Concernant l'enregistrement des lettres de Vicaire Général des Iles de France et Bourbon du Sr. Davelu. 27 Juillet 1778. No. 457 du Reg. 15.

Id. A l'enregistrement de l'Ordonnance du Roi sur la course contre les ennemis de l'Etat. 7 Mai 1779. No. 488 du Reg. 15.

Envoi au Ministre des pièces contenant les motifs qui ont porté le Conseil supérieur à surseoir à l'enregistrement de l'Ordonnance des Administrateurs de la Colonie, en date du 6 Avril 1780, qui établit un papier-monnaie. 19 Mai 1780. No. 524 du Reg. 16.

Surséance à l'enregistrement de l'Ordonnance concernant les bois de l'établissement des forges, dit Mon Désir. 6 Février 1782. No. 594 du Reg. 16.

SURTEES (Stephenson Villiers)— *Gouv. de S. M. B.*— Sa nomination à la place de Vice-Président de la Cour d'Appel. 23 Juillet 1835. Enreg. 4 Février 1836. No, 704 du Reg. 32.

Sa nomination à l'effet de remplir les fonctions de Chef Juge et Premier Président de la Cour d'Appel pendant l'absence de Son Honneur le Chef Juge. 15 Juin 1841. Enreg. 17 du même mois. No. 766 du Reg. 32.

SUSPECTS.—*Ass. Col.*—V. Citoyens et Gens suspects.

SUSPENSION. — Celle prononcée par le Décret du 3 Nivôse

---

(1) Voyez Certificat du Gouverneur, en date du 27 Février 1843. No. 70 de la liasse de ces pièces.

An 4, concernant le remboursement des capitaux dûs entre particuliers, est applicable aux sommes dûes à la commune générale de la Colonie. 14 Nivôse An 5. Enreg. 25 du même mois. No. 534 du Reg. 24.

Gour. de S. M. B.—Celle de tous Actes judiciaires et extra-judiciaires est ordonnée à compter du 26 Septembre jusqu'au 1er. Octobre 1816. 26 Septembre 1816. Enreg. même jour. No. 185 du Reg. 29.

Celle de toutes demandes, poursuites et prononciations de condamnations est ordonnée à compter du 1er. Octobre au 31 Décembre 1816. 28 Septembre 1816. Enreg. 30 du même mois. No. 186 du Reg. 29.

SUTHERLAND (Major Général)—Sa prise de possession du Gouvernement de Maurice après le départ de Sir George Anderson. 19 Octobre 1850. No. 1249 du Reg. 48.

SWEETING (Lieutenant-Colonel)—Proclamation qui annonce qu'il a pris les rennes du Gouvernement de Maurice par suite de la cessation des fonctions du Colonel Blanchard, en qualité de Commandant du Génie Royal.

SWETNAM (   )—Sa prestation de serment en qualité d'Officier de Police du Port Louis. 3 Novembre 1837. No. 717 du Reg. 32.

SYNDICATS.—*Ass. Col.*—Réglements relatifs à ceux des Camps de l'Est et de l'Ouest. 10 Thermidor An 11. Enreg. 16 du même mois. No. 859 du Reg. 26.

SYNDICS.—*Comp. des Indes.*—Création de ceux des divers quartiers de la Colonie pour régir les affaires communes des habitants de chaque quartier. 11 Août 1762. No. 185 du Reg. 10.

Règles pour leur élection et l'exercice de leurs fonctions. Id. (1).

Autres Réglements relatifs à leurs fonctions et attributions. 19 Juillet 1766. No. 203 du Reg. 11.

Ad. pour le Roi de Fr.—Réglements concernant ceux des quar-

---

(1) Par suite de cette institution, une assemblée générale des Syndics et Députés de la Colonie fut formée, et des Députés furent nommés à l'effet de passer en France et de faire connaître au Ministre la situation fâcheuse où se trouvait l'Ile de France en 1766, sous le rapport de son administration.

Les Délibérations, Arrêtés et Mémoires de cette Assemblée sont consignés en un Registre, déposé au Greffe et désigné sous le No. 12 (ter).

L'institution des Chambres syndicales fut supprimée en 1768 par ordre du Roi.

tiers de la Colonie. 22 Décembre 1767. Enreg. 23 du même mois. No. 62 (bis) du Reg. 12.

Arrêt du Conseil d'Etat de Sa Majesté qui casse les Arrêts du Conseil supérieur de l'Ile de France, en date des 22 et 23 Décembre 1767 et 9 Janvier 1768, concernant le Syndicat des quartiers de la Colonie. 1er. Août 1768. Enreg. 14 Juin 1769. No. 63 du Reg. 12,

Forme à donner au Réglement concernant les Syndics des quartiers. 9 Janvier 1768. No. 70 du Reg. 12.

Arrêt du Conseil d'Etat qui casse la disposition ci-dessus. 1er, Août 1768. Enreg. 14 Juin 1769. No. 72 du Reg. 12.—*Voyez* CHAMBRES SYNDICALES.

T.

TABAC.— *Ad. du Gén. D.*—Droits y relatifs. 30 Fructidor An 12. Enreg. 6 Vendémiaire An 13. No. 117 du Reg. 27.

Gouv. de S. M. B.—Ceux provenant des pays considérés comme dépendances de l'Ile Maurice, sont exempts de droits d'entrée. 27 Septembre 1815. Enreg. 28 du même mois. No. 155 du Reg. 29.

Sont soumis aux droits de consommation. Id.

Modification de l'Ordonnance No. 9 de 1848, relative au droit d'importation sur le tabac et au droit de patente pour manufacturer et vendre cet article dans la Colonie. Ordonnance No. 5 (approuvée) (1). 27 Mars 1850. No. 1234 du Reg. 48.

Dispositions ayant pour objet de détruire les doutes qui peuvent s'élever quant à la patente spéciale à laquelle est soumise la vente au détail du tabac en feuilles ou manufacturé. Ordonnance No. 7 (approuvée) (2). 24 Avril 1850. No. 1236 du Reg. 48.—*Voyez* DOUANE, DROITS ET PATENTES.

TABLEAUX.— *Ad. pour le Roi de Fr.*—Nomination, par le Conseil supérieur, de trois Commissaires à l'effet de dresser un tableau, par ordre alphabétique, des prix courants des denrées et autres marchandises et des différents cours de la piatre en cette Ile. 14 Novembre 1769. No. 158 du Reg. 12.

Examen de ce tableau et sa transcription sur les Registres du Greffe. 8 Mai 1770. Enreg. 17 du même mois. Nos. 167 et 171 du Reg. 12.—*Voyez* AVOCATS.

Ass. Col.—Formation de celui devant servir à la réception des contributions personnelles et industrielles, 3, 4 et 5 Floréal An 4. Enreg. 15 du même mois. No. 478 du Reg. 23.

---

(1) Voyez Certificat du Gouverneur, en date du 2 Avril 1851. No, 130 de la liasse de ces pièces,
(2) Id, Id, Id, Id. Id.

Il sera fait un tableau d'appréciation du papier-monnaie à différentes époques. 24 Vendémiaire An 7. Enreg. 29 du même mois. No. 667 du Reg. 24.

Formation de celui du prix de la piastre, de l'indigo et du coton suivant le cours successif du commerce. 8 Germinal An 7. Enreg. 27 Floréal même année. No. 688 du Reg. 25.

TAFIA.—*Ass. Col.*—Liqueur spiritueuse. Il ne pourra en être fabriqué qu'une certaine quantité dans la Colonie. 9 Nivôse An 10. Enreg. 18 du même mois. No. 78 du Reg. 26.

Réglements concernant la vente de cette liqueur. 7 Ventôse An 10. Enreg. No. 807 du Reg. 26.

Abrogation de la Loi du 9 Nivôse An 10 sur cette matière. 3 Prairial An 10. Enreg. 21 Floréal même année. No. 814 du Reg. 26.

TARIFS.—*Comp. des Indes.*—Celui des droits du Greffier en Chef, des Notaires, des Huissiers et des gardiens établis par Justice. 7 Avril 1757. No. 161 du Reg. 9.

Celui des vacations, frais de Justice, de garde et de gens de journées, concernant les prises qui seront amenées à l'Ile de France. 10 Novembre 1760. No. 181 du Reg. 9.

Ad. pour le Roi de Fr.—Celui des droits des Greffiers, Notaires, Huissiers et Gardiens de Justice. 30 Septembre 1767. Enreg. 2 Octobre suivant. No. 49 du Reg. 12.

Autre tarif concernant les droits du Greffier et des Notaires. 12 Septembre 1771. Enreg. même jour. No. 214 du Reg. 12.

Tarif des droits des Officiers de la Juridiction Royale. 4 Décembre 1772. Enreg. 9 du même mois. No. 294 du Reg. 14.

Id. Des droits des Arpenteurs. 17 Juillet 1777. Enreg. 16 Août suivant. No. 415 du Reg. 14.

Id. Concernant les procédures des prises. 1er. Mars 1781. Enreg. 30 Octobre même année. No. 581 du Reg. 16.

Ass. Col.—Id. Des expéditions délivrées par le Bureau des Classes. 15 Messidor An 5. Enreg. 26 du même mois. No. 590 du Reg. 24.

Rectification de l'Article 1er. de cette Loi. 26 Messidor An 5. Enreg. 28 du même mois. No. 591 du Reg. 24.

Tarif établi pour la perception des droits de Douane. 7 Ventôse An 6. Enreg. 25 du même mois. No. 643 du Reg. 24.

Révision du tarif de la Douane. 9 Messidor An 9. Enreg. 6 Vendémiaire An 10. No. 792 du Reg. 25.

Changement de ce tarif en ce qui concerne les droits d'entrée. 3 Fructidor An 9. Enreg. 6 Vendémiaire An 10. No. 793 du Reg. 25.

Ad. du Gén. D—Tarif des droits du Juge, du Commissaire du Gouvernement et du Greffier du Tribunal de 1re. Instance pour tous Actes émanant de ce Tribunal. 18 Vendémiaire An 12. Enreg. 22 du même mois. No. 19 du Reg. 26.

Id. Des droits à percevoir par les Commissaires Civils. 3 Brumaire An 12. Enreg. 4 du même mois. No. 29 du Reg. 26.

Id. Des droits et honoraires des Docteurs en médecine et en chirurgie et des Officiers de santé. 19 Fructidor An 13. Enreg. 25 du même mois. No. 153 du Reg. 27.

Id. Des vacations, honoraires et droits des Membres des Tribunaux; des Avoués, des Notaires et des Huissiers. 12 Brumaire An 14. Enreg. 13 du même mois. No. 160 du Reg. 27.

Gouv. de S. M. B.—Id. De celui des Avoué. 28 Août 1815. Enreg. 29 du même mois. No. 148 du Reg. 29.

Id. De celui des droits du timbre pour les Actes de Vice-Amirauté. 18 Avril 1818. Enreg. même jour. No. 252 du Reg. 29.

Id. Des droits qui pourront être perçus par la fabrique et le curé de la paroisse du Port Louis. Ordonnance No. 2. 4 Octobre 1825. Enreg. 1er. Décembre même année. No. 435 du Reg. 30.

Id. Des monnaies ayant cours à l'Ile Maurice et dépendances. Ordonnance No. 3. 25 Novembre 1825. Enreg. 13 Décembre suivant. No. 437 du Reg. 30.

Id. Des droits à percevoir par les fabriques des paroisses des campagnes. Ordonnance No. 4. 10 Décembre 1825. Enreg. 12 Janvier 1826. No. 438 du Reg. 30.

Id. Des droits à percevoir par le Greffier de l'Enregistrement des esclaves. 11 Octobre 1826. Enreg. 17 du même mois. No. 458 du Reg. 30.

Id. Des droits de Quai. Ordonnance No. 32. 2 Avril 1828. Enreg. 1er. Mai suivant. No. 492 du Reg. 31.

Id. Des droits à percevoir tant par le nouveau Tribunal de Police que par les Huissiers attachés à ce Tribunal. Ordonnance No. 73. 6 Avril 1831. Enreg. 23 du même mois. No. 586 du Reg. 31.

Id. Des frais et dépens de la Justice de Paix. Ordonnance No. 12 (sans approbation). 1er. Octobre 1832. Enreg. 30 du du même mois. No. 630 du Reg. 31.

Id. Des Avoués. Ordonnance No. 7 (approuvée) (1). 9 Juin 1834. Non enregistrée, ni transcrite sur les Registres du Greffe. Se trouve dans la liasse des Ordonnances de 1834 sous le No. 683 (*bis*).

Id. Des frais en matière criminelle, de police correctionnelle et

---

(1) Voyez Certificat, en date du 1er. Décembre 1837. No. 40 de la liasse de ces pièces déposées au Greffe de la Cour d'Appel.

de simple police. Ordonnance No. 20 (approuvée sauf les Articles 78 et 90) (1). 16 Novembre 1835. No. 740 du Reg. 33.

Id. Des Huissier. Ordonnance No. 2 (approuvée) (2). 29 Février 1836. No. 743 du Reg. 34.

Maintien de l'Ordonnance No. 7 de 1834 sur le tarif des Avoués. Ordonnance No. 7 (approuvée) (3). 26 Juin 1837. No. 772 du Reg. 35.

Autre tarif des frais et dépens relatifs à la Justice de Paix. Ordonnance No. 9 (approuvée) (4). 10 Juillet 1837. No. 774 du Reg. 35.

Abrogation de l'Ordonnance No. 73 du 6 Avril 1831. Id.

Promulgation d'un nouveau tarif des Actes de Notaires. Ordonnance No. 12 (approuvée) (5). 12 Octobre 1840. No. 862 du Reg. 38.

Publication de cinq tarifs de droits et émoluments que le Conseil municipal est autorisé à prélever. 8 Août 1850. No. 1248 du Reg. 48.—*Voyez* DROITS, INDEMNITÉS ET TÉMOINS.

TAXATIONS.—*Ad. pour le Roi de Fr.*—Celles de toutes les denrées et productions de la Colonie ; de tous objets de consommation quelconques ; de toutes main-d'œuvre et façons ; de tous métiers ; de tous salaires, gages et journées ; de tous ouvriers quelconques, blancs ou noirs, des vivres auxquels ils peuvent prétendre ; des honoraires des médecins, etc. 31 Octobre 1767. No. 54 du Reg. 12.

TAXES.—*Ass. Col.*—Fixation de celles des cantines, auberges, cafés, etc. 13 Brumaire An 11. Enreg. 15 du même mois. No. 883 du Reg. 26.

Ad. du Gén. D.—Celles établies aux Iles de France et de la Réunion par les Arrêtés des 1er. Pluviôse, 25 Fructidor An 12 et 13 Nivôse An 13, y seront perçus pour l'An 14. 25 Fructidor An 13. Enreg. 4 Vendémiaire An 14. No. 154 du Reg. 27.

Augmentation de celle du marronnage. 9 Janvier 1807. Enreg. 22 du même mois. No. 202 du Reg. 27.

Nouveau mode de perception des taxes pour l'année 1808. 31 Décembre 1807. Enreg. 7 Janvier 1808. No. 226 du Reg. 26.

Perception de celles pour l'année 1809. 20 Février 1809. Enreg. 9 Mars suivant. No. 279 du Reg. 27.

---

(1) Voyez Certificat du Gouverneur, en date du 20 Mars 1837. No. 30 de la liasse de ces pièces.
(2) Id. Id. Id. Id. No. 32 Id.
(3) Id. Id. Id. en date du 14 Mars 1838 No. 41 Id.
(4) Id. Id. Id. en date du 23 Août 1843. No. 74 Id.
(5) Id. Id. Id. en date du 11 Mars 1842. No. 66 Id.

Gouv. de S. M. B.—Fixation de celle relative à la capitation des noirs marrons. 30 Janvier 1811. Enreg. 2 Février suivant. No. 13 du Reg. 27.

Création de celles sur les alambics en service. 4 Février 1813. Enreg. 12 du même mois, No. 82 du Reg. 28.

Etablissement de celles à percevoir dans les différentes branches de l'Administration aux Iles Séchelles. 4 Novembre 1817. Enreg. 4 Décembre suivant. No. 234 du Reg. 29.

Création de la taxe annuelle en faveur des pauvres. 1er. Avril 1818. Enreg. 18 du même mois. No. 254 du Reg. 29.

Délai dans lequel cette taxe doit être acquittée. 2 Avril 1823. Enreg. 14 du même mois. No. 355 du Reg. 30.

Autres dispositions relatives à cette taxe. 3 Mai 1823. Enreg. 23 du même mois. No. 359 du Reg. 30.

Id. Ordonnance No. 29 du 27 Février 1828. Enreg. 13 Mars suivant. No. 489 du Reg. 30.

Mesures pour la perception des taxes additionnelles aux contributions directes. 10 Juin 1823. Enreg. 21 du même mois. No. 364 du Reg. 30.

Modification aux lois concernant la taxe par tête d'esclave. Ordonnance No. 24 du 27 Juin 1827. Enreg. 7 Juillet suivant. No. 478 du Reg. 30.

Création d'une taxe additionnelle aux diverses perceptions qui se font au Bureau du Port de cette Ile pour le remboursement de la machine et du navire destinés à curer le Port. Ordonnance No. 44 du 18 Mars 1829. Enreg. 2 Avril suivant. No. 519 du Reg. 31.

Mesures pour la perception de celle établie en faveur des pauvres pour l'année 1829. Ordonnance No. 54 du 28 Octobre 1829. Enreg. 6 Novembre suivant. No. 538 du Reg. 31.

Etablissement de la taxe particulière sur les carrosses, chevaux, mulets, etc. Ordonnance No. 56 du 25 Novembre 1829. Enreg. 8 Décembre suivant. No. 540 du Reg. 31.— *Voyez* IMPÔTS, DROITS, MARRONNAGE, CONTRIBUTIONS ET TIMBRE.

TE DEUM.— *Comp. des Indes.*— Procès-verbal relatif au *Te Deum* chanté à l'occasion de la prise de possession du Gouvernement de l'Ile de France par M. le Chevalier de Nyon, au nom de la Compagnie des Indes. Janvier 1722. No. 2 du Reg. 1.

Ad. pour le Roi de Fr.—Procès-verbal de la présence du Conseil au *Te Deum* chanté à l'occasion de la naissance d'une Princesse de France. 29 Août 1779. No. 501 du Reg. 15.

Te Deum chanté à l'occasion de la naissance du Dauphin. 24 Novembre 1782. No. 631 du Reg. 16.

Id. En actions de grâces de la paix entre la France et l'Angleterre. 20 Mai 1784. No. 692 du Reg. 16.

Id. A l'occasion de la naissance du second fils du Roi. 25 Novembre 1785. No. 782 du Reg. 17.

Lettre du Gouverneur, relative à cette cérémonie. 24 Novembre 1785. Enreg. 25 du même mois. No. 783 du Reg. 17.

Celui chanté à l'occasion de l'arrivée de M. de Bruny, Chevalier d'Entrecasteaux, Gouverneur des Iles de France et Bourbon. 5 Novembre 1787. No. 880 du Reg. 13.

Ass. Col.—Procès-verbal de la présence du Conseil supérieur au *Te Deum* chanté en action de grâces de l'acceptation faite par le Roi de la Constitution de l'Etat. 27 Janvier 1792. No. 115 du Reg. 20.

TELFAIR.—*Gouv. de S. M. B.*—Sa destitution de sa place de Curateur aux biens vacants. 2 Avril 1818. Enreg. 10 du même mois. No. 251 du Reg. 29.

Sa réintégration. 29 Mars 1819. Enreg. 31 du même mois. No. 280 du Reg. 29.

TELFAIR (Charles)—Enregistrement de son diplôme de Barrister, en date du 23 Novembre 1849. Enreg. 4 Avril 1850. No. 1254 du Reg. 48 (*bis*).

TÉMOINS.—Modifications des Articles 13 et 14 de l'Ordonnance No. 20 de 1835, concernant l'indemnité qui doit être allouée aux témoins, en matière criminelle. Ordonnance No. 3 (approuvée) (1) 30 Mars 1840. No. 850 du Reg. 38.—*Voyez* OFFICIERS DE SANTÉ.

TERNAY (Charles Louis Chevalier Darsac de)—*Ad. pour le Roi de Fr.*—Sa nomination au commandement général des Iles de France et Bourbon. 16 Août 1771. Enreg. 24 Août 1772. Nos. 231 et 232 du Reg. 12.

Ordre du Roi qui lui accorde les honneurs, prérogatives et prééminences attachés à la charge de Gouverneur et Lieutenant-Général de ces Iles. 12 Décembre 1771. Enreg. 24 Août 1772. Nos. 233 et 234 du Reg. 12.

TERRAINS.—*Comp. des Indes.*—Défense de bâtir sur celui destiné à l'enceinte du Camp et des travaux de la Compagnie. 7 Octobre 1730. No. 85 du Reg. 1.

Réunion au domaine de la Compagnie de 133 terrains abandonnés par des particuliers qui en avaient obtenu la concession. 8 Février 1752. No. 132 du Reg. 8.

---

(1) Voyez Certificat du Gouverneur, en date du 16 Janvier 1841 No. 58 de la liasse de ces pièces.

Autre réunion au domaine de la Compagnie de 71 terrains pareillement abandonnés. 8 Février 1752. No. 133 du Reg. 8.

Gouv. de S. M. B.— Ceux faisant partie des grandes réserves du quartier du Bois-Rouge, seront divisés pour être concédés. 1er. Novembre 1812. Enreg. 5 du même mois. No. 70 du Reg. 28.— *Voyez* EMPLACEMENTS.

TERRES.— Promulgation de l'Ordre en Conseil, en date du 6 Octobre 1838, concernant ceux qui seraient possesseurs de terres d'une manière illégale. 11 Mars 1839. No. 820 du Reg. 37.

TERRET (Jean Louis)— Sa naturalisation de sujet anglais. Ordonnance No. 44 (approuvée) (1). 6 Décembre 1847. No. 1134 du Reg. 45.

TERRY (Henry Handcok)—Sa nomination aux fonctions d'Avoué. 18 Juin 1846. Enreg. même jour. No. 813. du Reg. 32.

TESSAN (   )—*Ass. Col.*—L'affaire de ce particulier sera portée devant le Jury Révolutionnaire d'Instruction. 28 Thermidor An 2. Enreg. 16 Août 1794. No. 325 du Reg. 23.

TESTAMENTS.—*Ad. pour le Roi de Fr.*— Arrêt du Conseil d'Etat qui casse la décision du Conseil supérieur de l'Ile de France, sous la date du 3 Mars 1774, concernant les testaments de personnes condamnées à mort. 30 Juin 1775. Enreg. 7 Mai 1776. No. 374 du Reg. 14 (2).

Ass. Col.— Dispositions relatives à leur homologation. 23 Pluviôse An 5. Enreg. 5 Ventôse suivant. No. 544 du Reg. 24.

Leur ouverture est attribuée aux Juges de Paix. 3 Germinal An 5. Enreg. 5 du même mois. No. 560 du Reg. 24.

THÉBAULT (Pierre Victor)— *Ad. pour le Roi de Fr.*— Sa nomination à la place d'Assesseur au Conseil supérieur de l'Ile de France. 28 Juillet 1767. Enreg. 29 du même mois. No. 33 du Reg. 12.

Renouvellement de sa commission. 25 Juillet 1770. Enreg. 31 du même mois. No. 182 du Reg. 12.

Sa nomination à l'office de Conseiller au nouveau Conseil supérieur établi à l'Ile de France. 27 Novembre 1771. Enreg. 2 Décembre 1772. Nos. 272 et 278 du Reg. 14.

---

(1) Voyez Certificat sous la date du 5 Septembre 1848. No. 113 de la liasse de ces pièces.

(2) La décision du Conseil supérieur relative aux testaments des personnes condamnées à mort, se trouve inscrite au Registre 2, page 79me. des Arrêts criminels du Conseil comprenant les années 1767 à 1781. Cette décision n'est point portée sur les Registres des Lois et Ordonnances.

Est appelé à composer le Tribunal Terrier. 2 Décembre 1772. No. 284 du Reg. 14.

Service célébré à l'occasion de son décès. 13 Novembre 1783. No. 672 du Reg. 16.

Procès-verbal de la présence du Conseil à cette cérémonie. 18 Novembre 1783. No. 673 du Reg. 16.

Croisement des scellés sur ses effets. 20 Novembre 1783. No. 674 du Reg. 16.

Sa nomination de Conseiller honoraire. 14 Février 1783. Enreg. 4 Avril 1785. No. 747 du Reg. 17 (1).

THIERRY (Jean)—*Gouv. de S. M. B.*—Sa nomination aux fonctions d'Huissier. 26 Août 1829. Enreg. 3 Décembre même année. No. 547 du Reg. 31.

TIMBRE.—*Ass. Col.*—Les droits y relatifs seront réunis à ceux de l'enregistrement des Actes. 7 Nivôse An 5. Enreg. 15 du même mois. No. 530 du Reg. 24.

Etablissement du timbre. 7 Nivôse An 5. Enreg. 18 du même mois. No. 532 du Reg. 24.

Suspension de la Loi y relative. 13 Pluviôse An 5. Enreg. 27 du même mois. No. 541 du Reg. 24.

Ad. du Gén. D.—Promulgation de la Loi de la République sur le timbre, en date du 13 Brumaire An 7. 18 Vendémiaire An 12. Enreg. 29 du même mois. No. 23 du Reg. 26.

Les pièces qui doivent être produites en justice, sont assujetties à cette formalité. 15 Brumaire An 12. Enreg. 21 du même mois. No. 41 du Reg. 26.

Gouv. de S. M. B.—Nouvelles empreintes substituées à celles qui existaient. Tarif et dimensions du papier adopté pour les différents timbres. 29 Mars 1813. Enreg. 31 du même mois. No. 87 du Reg. 28.

Les Actes de la Cour de Vice-Amirauté seront soumis à ce droit. 1er. Mars 1818. Enreg. 18 Avril suivant. No. 252 du Reg. 29.

Abrogation de cette Loi. 19 Février 1825. Enreg. 18 Mars suivant. No. 409 du Reg. 30.

Suppression du droit de timbre sur les engagements des immigrants indiens. Ordonnance No. 4 (approuvée) (2). 7 Février 1848. No. 1143 du Reg. 46.

---

(1) Le brevet de Conseiller honoraire de M. Thébault, expédié de son vivant, n'est arrivé à l'Ile de France qu'après son décès. Sa veuve en a requis l'enregistrement dans les Tribunaux.

(2) Voyez Certificat du Gouverneur, en date du 7 Mars 1850, No. 123 de la liasse de ces pièces.

TIR—TOU

TIROL ( )—*Ass. Col.*—L'affaire de ce particulier sera portée devant le Jury Révolutionnaire d'Instruction. 28 Thermidor An 2. Enreg. 16 Août 1794. No. 325 du Reg. 23.

TIRSELVON (Rapaël)—*Gouv. de S. M. B.*—Enregistrement de sa commission d'Avoué, sous la date du 13 Juillet 1840, à lui accordée par les Magistrats de la Cour d'Appel. 30 Juillet 1840. Nos. 752 et 753 du Reg. 32.

TITRES.—*Ass. Col.*—Manière dont les Tribunaux doivent prendre connaissance de ceux portant stipulation en monnaies ou matières d'or et d'agent, ou en piastres effectives. 9 Brumaire An 9. Enreg. 15 du même mois. No. 758 du Reg. 25.

Ad. du Gén. D.—Remise sera faite au Greffier du Tribunal de 1re. Instance de ceux étant aux Greffes des ci-devant Tribunaux de Paix et de Commerce ou de ceux étant au Secrétariat de la ci-Municipalité du Port N. O., en ce qui concerne le contentieux dont le Tribunal de 1re. Instance doit connaître. 17 Vendémiaire An 12. Enreg. 20 du même mois. No. 16 du Reg. 26.

TOILE A VOILE.—*Ass. Col.*—Tout possesseur de cet objet, est contraint d'en faire la déclaration. 25 Frimaire An 3. Enreg. 7 Nivôse même année. No. 353 du Reg. 23.

TOITS.—*Ad. pour le Roi de Fr.*—*Voyez* COMBLES.

TOKENS.—*Gouv. de S. M. B.*—*Voyez* MONNAIES.

TONNAGE.—*Voyez* DROITS.

TOURAILLE (Daniel Vital)—*Ad. pour le Roi de Fr.*—Sa nomination à la place de Contrôleur des Actes. 6 Septembre 1778. No. 465 du Reg. 15.
Sa nomination provisoire aux exercices du Greffe de la Cour. 30 Décembre 1778. No. 480 du Reg. 15.
Sa nomination aux fonctions de Notaire. 29 Novembre 1779. Enreg. 7 Décembre suivant. No. 514 du Reg. 15.

Ass. Col.—Sa démission de ses fonctions de Notaire du Roi et de Contrôleur des Actes et Exploits. 8 Février 1791. No. 30 du Reg. 19.
Congé à lui accordé à l'effet de passer en France. 30 Décembre 1790. Enreg. 8 Février 1791. No. 31 du Reg. 19.
Vérification et recollement de ses Minutes par M. Drouet, Conseiller. 16 Février 1791. No. 32 du Reg. 19.

Remise de ces Minutes à M. Durans, Notaire. 11 Mai 1791. No. 57 du Reg. 19.

TOURAILLE (Charles Médard)—Est autorisé à suppléer son frère dans ses fonctions de Contrôleur des Actes. 4 Octobre 1790. No. 15 du Reg. 19.

TOURRIS (Ferdinand)—*Gouv. de S. M. B.*—Sa naturalisation de sujet anglais. Ordonnance No. 19 (approuvée) (1). 5 Mars 1847. No. 1102 du Reg. 45.

TOUSSAINT (   )—*Ad. pour le Roi de Fr.*—Sa nomination à la place de Geôlier des prisons civiles et criminelles. 1er. Août 1783. Enreg. 11 du même mois. No. 648 du Reg. 16.

TOUSSAINT (Jean Baptiste)—*Ass. Col.*—Sa nomination de Notaire au quartier du Grand Port et sa prestation de serment. 26 Août 1791. No. 81 du Reg. 20.

TRAITE.—*Comp. des Indes.*—Celle des noirs, aux Iles Bourbon et de France, est autorisée par la Compagnie des Indes. 29 Janvier 1727. Enreg. 12 Décembre même année. No. 36 du Reg. 1.

Ass. Col.— Prohibition de celle des nègres. 3me. jour complémentaire de l'An 2. Enreg. 20 Septembre 1794. No. 336 du Reg. 23.

Autres dispositions à ce sujet. 7me. jour du 2me. mois de l'An 3. Enreg. 9 Brumaire même année. No. 344 du Reg. 23.

Maintien de la suspension générale de la traite. 6 Messidor An 3. Enreg. 11 du même mois. No. 377 du Reg. 23.

Précautions à prendre pour s'assurer si les bâtiments sortant du Port n'y sont pas destinés. 28 Pluviôse An 6. Enreg. 5 Ventôse suivant. No. 635 du Reg. 24.

Nouvelles prohibitions relatives à la traite. 4 Ventôse An 6. Enreg. 8 du même mois. No. 639 du Reg. 24.

Abrogation de tous les Arrêtés qui ont pour objet de suspendre ou d'entraver l'introduction des nègres dans la Colonie. 1er. Messidor An 10. Enreg. 26 du même mois. No. 822 du Reg. 26.

Défense aux capitaines des navires et à tous ceux faisant le commerce de la traite de garder les noirs de traite en ville. 18 Prairial An 11. Enreg. 22 du même mois. No. 850 du Reg. 26.

Les traites qui seront introduites ou qui sont encore invendues dans l'Ile, paieront un droit de 3 piastres par tête de noirs, si elles

---

(1) Voyez Certificat du Gouverneur, en date du 19 Janvier 1848, No. 109 de la liasse de ces pièces déposées au Greffe de la Cour.

appartiennent à des navires français, et de 6 piastres si les navires sont étrangers. 22 Thermidor An 11, Enreg. 23 du même mois. No. 862 du Reg. 26.

Gouv. de S. M. B.—Acte du Parlement portant abolition de la traite des esclaves. 14 Mai 1811. Enreg. 14 Janvier 1813. No. 78 du Reg. 28.—*Voyez* ESCLAVES ET NOIRS.

TRAITEMENTS.—*Ad. du Gén. D.*—*Voyez* APPOINTEMENTS.

TRAITES (Lettres de Change)—*Ass. Col.*—Adoption du Décret de l'Assemblée Nationale, en date du 2 Novembre 1792, relatif à celles tirées par l'Ordonnateur de Saint-Domingue, pour le Trésor public. 21 Juin 1793. Enreg. 22 Août même année. No. 226 du Reg. 21.

TRAITEURS (Aubergistes)—Fixation de leur nombre. 1er. Brumaire An 11, Enreg. 8 du même mois. No. 835 du du Reg. 26.

Ad. du Gén. D.—Droits imposés à ceux tenant table d'hôtes ou servant en ville. 6 Vendémiaire An 13. Enreg. même jour. No. 119 du Reg. 27.

Gouv. de S. M. B.— Ne peuvent vendre du rum au détail de quelque qualité que ce soit. 18 Septembre 1813. Enreg. 23 du même mois. No. 94 du Reg. 28.

TRAITRES.—*Ass. Col.*—Manière dont ils doivent être jugés. 16 Prairial An 2. Enreg. 19 Juin 1794. No. 306 du Reg. 23.

Adoption du Décret de la Convention, en date du 3 Septembre 1793, contenant les dispositions sur cette matière.

TRANQUILLITÉ PUBLIQUE —*Ad. pour le Roi de Fr.*— *Voyez* SURETÉ PUBLIQUE.

Ass. Col. — Mesures relatives à celle intérieure de la Colonie. 16 Prairial An 5. Enreg. 5 Messidor suivant. No. 580 du Reg. 24.

Manifestation des principes qui dirigent l'Assemblée Coloniale à cet égard. Id.

Gouv. de S. M. B.—Mesures relatives aux menaces, provocations ou entreprises hostiles qui peuvent la troubler. Ordonnance No. 10. 22 Mars 1826. Enreg. 31 du même mois. No. 445 du Reg. 30.

TRANSACTIONS.— *Ass. Col.*— Celles faites à l'occasion des

créances comprises dans la Loi du 14 Messidor An 5, ne seront assujetties qu'à un droit simple d'enregistrement. 15 Nivôse An 5. Enreg. 18 du même mois. No. 533 du Reg. 24.

Comment celles stipulées payables en valeur nominale, doivent être remboursées en papier-monnaie. 26 Nivôse An 5. Enreg. 28 du même mois. No. 535 du 24.

TRANSCRIPTIONS.—*Voyez* DROITS

TRANSPORT.—*Gouv. de S. M. B.*—Celui de tous effets et marchandises des navires au quai et du quai aux navires, et celui des personnes se rendant de terre aux navires et des navires à terre, se feront sous la surveillance du Collecteur de la Douane et du Capitaine de Port. 16 Décembre 1823. Enreg. 5 Janvier 1824. No. 377 du Reg. 30.

TRAVAIL DU DIMANCHE.—*Voyez* SERVITEURS.

TRAVAILLEURS LIBRES.—Dispositions ayant pour objet d'encourager l'immigration de travailleurs libres d'Afrique. Ordonnance No. 59 (désapprouvée). (1). 1er. Novembre 1844. No. 1027 du Reg. 42.—*Voyez* LABOUREURS.

TRAVAUX PUBLICS.—*Comp. des Indes.*—Corvées que les habitants sont astreints à fournir pour les travaux publics. 29 Janvier 1727. Enreg. 12 Décembre même année. No. 36 du Reg. 1.

Ass. Col.—Réglements concernant les noirs qui doivent être envoyés par les habitants aux travaux publics. 1er. Fructidor An 5. Enreg. 5 du même mois. No. 601 du Reg. 24.

Ad. du Gén. D—Réglements y relatifs. Corvées à fournir par les habitants pour l'exécution des travaux publics. 1er. Août 1808. Enreg. 4 du même mois. No. 257 du Reg. 27.

Autres requisitions de corvées pour les travaux publics. 4 Août 1808. Enre. 5 du même mois. No. 258 du Reg. 27.

Id. 10 Novembre 1808. Enreg. 17 du même mois. No. 361 du Reg. 27.

Indemnités qui peuvent en résulter pour les propriétaires. 13 Décembre 1808. Enreg. 16 du même mois. No. 267 du Reg. 27.

Journées de noirs à fournir par les habitants de Moka pour les travaux du pont de ce quartier. 21 Janvier 1809. Enreg. 26 du même mois. No. 275 du Reg. 27.

---

(1) Voyez Certificat du Gouverneur, en date du 21 Novembre 1845. No. 93 de la Masse de ces pièces.

Id. Ceux à fournir pour les réparations des chemins du quartier de la Savanne. 10 Mai 1809. Enreg. 18 du même mois. No. 282 du Reg. 27.

Id. A fournir par les habitats de la ville, faubourgs et banlieue du Port Napoléon pour la réparation des rues et avenues de la ville. 10 Mai 1809. Enreg. 18 du même mois. No. 285 du Reg. 27.

Requisition de corvées pour les réparations de la grande route de Moka. 10 Mai 1809. Enreg. 18 du même mois. No. 286 du Reg. 2.

Id. Pour les réparations de la grande route du quartier des Plaines Wilhems. 10 Mai 1809. Enreg. 18 du même mois. No. 287 du Reg. 27.

Id. Pour les réparations de la grande route du quartier de la Rivière Noire. 10 Mai 1809. Enreg. 18 du même mois. No. 288 du Reg. 27.

Id. Pour la continuation de la grande route du Port Impérial. 10 Mai 1809. Enreg. 18 du même mois. No. 289 du Reg. 27.

Id. Pour les réparations de la grande route du quartier de Flacq. 10 Mai 1809. Enreg. 18 du même mois. No. 290 du Reg. 27.

Id. Pour la réparation des routes du quartier de la Rivière du Rempart. 10 Mai 1809. Enreg. 18 du même mois. No. 291 du Reg. 27.

Id. Pour les réparations de la route qui conduit du Port Napoléon aux Pamplemousses et des routes qui conduisent de ce quartier à la Ville-Bague, à la Rivière du Rempart et au Mapou. 10 Mai 1809. Enreg. 18 du même mois. No. 292 du Reg. 27.

Gouv. de S. M. B.—Requisition de corvées destinées aux réparations des rues de la ville. 5 Mai 1812. Enreg.
No. 56 du Reg. 27.

Id. Pour les chemins. 3 Juin 1812. Enreg. 10 du même mois. No. 63 du Reg. 28.

Id. Pour continuer les travaux des chemins. 24 Mai 1813. Enreg. 29 du même mois. No. 90 du Reg. 28.

Id. Pour l'amélioration des routes. 23 Avril 1814. Enreg. 12 Mai suivant. No. 102 du Reg. 28.

Id. 5 Juillet 1814. Enreg. 14 du même mois. No. 107 du Reg. 28.

Id. 2 Novembre 1815. Enreg. 10 du même mois. No. 158 du Reg. 29.

Id. Pour la continuation des routes principales. 22 Juin 1816. Enreg. 10 Juillet suivant. No. 178 du Reg. 29.

Id. 7 Juillet 1817. Enreg. 1er. Août suivant. No. 241 du Reg. 29.

Suppression de celles destinées aux chemins. 25 Mars 1818. Enreg. 18 Avril suivant. No. 253 du Reg. 29.

Nouvelles requisitions relatives aux corvées pour les réparations des rues. 30 Octobre 1818. Enreg. 7 Novembre suivant. No. 265 du Reg. 29.

Id. 8 Mai 1820. Enreg. 17 du même mois. No. 303 du Reg. 29.

Id. 26 Août 1823. Enreg. 5 Septembre suivant. No. 371 du Reg. 30.

Id. Ordonnance No. 6. 28 Janvier 1826. Enreg. 9 Février suivant. No. 440 du Reg. 30.

Id. Ordonnance No. 22. 1er. Mars 1827. Enreg. 9 du même mois. No. 471 du Reg. 30.

Modification de l'Article 17 de l'Arrêté du 13 Décembre 1808, concernant les travaux publics. Ordonnance No. 6 (approuvée) (1). 13 Avril 1840. No. 853 du Reg. 38.

TRENTUPLE.—*Ass. Col.*—Création de cet impôt. 26 Germinal An 5. Enreg. 28 du même mois. No. 563 du Reg. 24.

Prorogation de délai pour le paiement des quotes-contributives du trentuple. 23 Messidor An 5. Enreg. 25 du même mois. No. 589 du Reg. 24.

Abrogation de l'Article 7 de la Loi du 26 Germinal An 5, y relative. 8 Thermidor An 5. Enreg. 15 du même mois. No. 595 du Reg. 24.

Moyens de contraindre les citoyens à s'acquitter de cet impôt. 5 Nivôse An 6. Enreg. 7 du même mois No. 626 du Reg. 24.

TRIBUNAL CRIMINEL.—Procédure y relative. 5 Thermidor An 3. Enreg. 2 Fructidor suivant. No. 404 du Reg. 23.

Les jugements seront rendus à cinq Juges. 17 Thermidor An 4. Enreg. 15 du même mois. No. 497 (*bis*) du Reg. 24.

Le Tribunal Criminel jugera préalablement, si les formes prescrites par la Loi ont été observées. Id.

Manière de le composer pour la réception et prestation de serment de son Président. 3 Thermidor An 5. Enreg. 5 du même mois. No. 593 du Reg. 24.

Les appels des jugements des Tribunaux Correctionnels y seront portés. 7 Vendémiaire An 7. Enreg. 15 du même mois. No. 665 du Reg. 24.

Autres dispositions à ce sujet. 2 Ventôse An 7. Enreg. 5 du même mois. No. 676 du Reg. 24.

Manière de compléter le Tribunal Criminel en cas de déports ou récusations des Juges. 19 Pluviôse An 11. Enreg. No. 840 du Reg. 26.—*V.* Détentions, Procédures et Justice Criminelle.

---

(1) Voyez Certificat du Gouverneur, en date des 25 Mars et 20 Avril 1841, No. 59 de la liasse de ces pièces.

TRIBUNAL D'APPEL.— Les retards, qu'éprouve la Justice, ne doivent point être imputés à ce Tribunal. 20 Avril 1793. No. 190 du Reg. 21.

Peut continuer de se composer en appelant les Gradués. 10 Décembre 1793. Enreg. 12 du même mois. No. 241 du Reg. 22.

Se formera sous la présidence du plus ancien d'âge. Nouvelle installation de ce Tribunal. 10 Décembre 1793. Enreg. 12 du même mois. No. 242 du Reg. 22.

Nomination du Président du Tribunal d'Appel, du Commissaire National et de son Substitut. 16 Décembre 1793. No. 243 du Reg. 22.

Députation de ce Tribunal à l'Assemblée Coloniale, à l'effet de faire enjoindre au Directoire de se renfermer dans ses attributions. 17 Décembre 1793. No. 244 du Reg. 23.

Est placé par la Constitution, hors de la surveillance du Directoire. Id.

Demande de ce Tribunal aux fins d'obtenir un local pour la tenue de ses audiences. 20 Décembre 1793. No. 250 du Reg. 23.

Organisation de ce Tribunal. 28 Novembre 1793. Enreg. 20 Décembre suivant. No. 251 du Reg. 23.

Manière dont il doit être complété. 2 Messidor An 2. Enreg. 21 Juin 1794. No. 312 du Reg. 23.

Manière de remplacer ceux qui étant élus aux places de Juges au Tribunal d'Appel, refuseront ces places ou donneront leur démission. 14 Mars 1794. Enreg. 19 du même mois. No. 272 du Reg. 23.

Autre organisation de ce Tribunal. Dispositions générales. 27 Messidor An 3. Enreg. 7 Thermidor suivant. No. 392 du Reg. 23.

A le droit de faire des injonctions soit au Commissaire National, soit à ses autres membres. 13 Frimaire An 4. Enreg. 15 du même mois. No. 430 du Reg. 23.

Fixation du nombre de ses Juges à 7. Abrogation de l'Art. 1er. du Titre 5 de l'Arrêté du 27 Messidor An 3, qui fixe à 9 le nombre des Juges du Tribunal d'Appel. 15 Pluviôse An 5. Enreg. 25 du même mois. No. 540 du Reg. 24.

Dans les cas d'annulation des jugements du Tribunal de 1re. Instance, le Tribunal d'Appel retiendra l'affaire et jugera sur le fond. 6me. jour complémentaire An 7. Enreg. 6 Vendémiaire An 8. No. 712 du Reg. 25.

Nomination d'un Juge de plus à ce Tribunal. 16 Prairial An 8. Enreg. 28 du même mois. No. 736 du Reg. 25.

Manière de le compléter en cas de déports ou récusations des Juges. 19 Pluviôse An 11. No. 840 du Reg. 26.

Ad. du Gén. D.—Est autorisé à ne plus se conformer, quant à la signature des Arrêts, à l'Article 7 du Titre 3 du Réglement du

24 Décembre 1793. 26 Vendémiaire An 12. Enreg. 27 du même mois. No. 24 du Reg. 26.

Se conformera à cet égard, aux dispositions de l'Article 26 de l'Ordonnance de 1667. Id.

Règles concernant la police de la chambre des délibérations du Tribunal d'Appel. 13 Brumaire An 12. Enreg. 18 du même mois. No. 30 du Reg. 26.

Sera composé de huit Juges et de deux Suppléants. 14 Thermidor An 12. Enreg. 21 du même mois. No. 104 du Reg. 27.— *Voyez* Cour d'Appel, Justice et Tribunaux.

TRIBUNAL DE COMMERCE.—*Ass. Col.*— Sa création et ses attributions. 2 Avril 1791. Enreg. 15 du même mois. No. 46 du Reg. 19. (Section 11 du Titre 9 de la Constitution provisoire de la Colonie).

Son installation. 7 Février 1794. Enreg. 15 du même mois. No. 263 du Reg. 23.

Règles relatives à sa compétence. 20 Février 1794. Enreg. 28 Mars suivant. No. 275 du Reg. 23.

Elle s'étend à toutes contestations relatives aux billets à ordre. 14 Thermidor An 3. Enreg. 19 du même mois. No. 397 du Reg. 23.

Fixation de ses jours d'audiences aux mardi et samedi. 26 Fructidor An 10. Enreg. 27 du même mois. No. 829 du Reg. 26.

TRIBUNAL DE 1re. INSTANCE.—*Ad. du Gén. D.*— Nomination d'un second Suppléant près de ce Tribunal. 29 Avril 1808. Enreg. 5 Mai suivant. No. 246 du Reg. 27.

Tiendra ses audiences de Police le lundi de chaque semaine à 3 heures de l'après-midi. 20 Juin 1808. Enreg. 23 du même mois. No. 252 du Reg. 27.

Gouv. de S. M. B.—Sa juridiction en matière de simple police. 6 Janvier 1815. Enreg. 9 du même mois. No. 124 du Reg. 28.

Nomination d'un second Juge Suppléant près de ce Tribunal. Ibid.

Son organisation conformément à l'Ordre en Conseil du 13 Avril 1831. 30 Août 1831. Enreg. 8 Octobre même année. No. 598 du Reg. 31.— *Voyez* Juridiction royale, Tribunaux, Justice et Réglements.

TRIBUNAL DE PAIX ET DE POLICE.—Ses attributions. Ordonnance No. 76. 28 Septembre 1831. Enreg. 8 Octobre suivant. No. 599 du Reg. 31.

TRIBUNAL DE RÉVISION.—*Ass. Col.*—Sa création provisoire. 8 Germinal An 8. Enreg. 17 du même mois. No. 728 du Reg. 23.

Ce Tribunal révisera les procès criminels sur les demandes en cassation. Id.

TRIBUNAL SPÉCIAL.—*Ad. du Gén. D.*—Création de ce Tribunal à l'effet de juger les crimes et délits commis par les esclaves. 11 Frimaire An 12. Enreg. 14 du même mois. No. 52 du Reg. 26.

Les Juges qui, dans le cours de leur service à ce Tribunal, auront concouru à l'instruction d'une affaire criminelle qui ne pourrait être vidée avant l'expiration du trimestre, ne pourront aucunement cesser d'en connaître sous le prétexte que le temps de leur service est écoulé. 2 Septembre 1807. Enreg. 16 Janvier 1808. No. 201 du Reg. 27.

Gouv. de S. M. B.— Sera composé de trois Juges de la Cour d'Appel au lieu de trois militaires. 2 Janvier 1811. Enre. 3 du même mois. No. 5 du Reg. 27.

Nomination de trois habitants qui doivent le compléter. 2 Janvier 1811. Enreg. 5 du même mois. No. 7 du Reg. 27.

Il sera, à l'avenir, composé de tous les Magistrats de la Cour d'Appel et sera présidé par le plus ancien d'entre eux. 13 Novembre 1816. Enreg. 21 du même mois. No. 197 du Reg. 29.

Usera du droit dévolu aux Tribunaux Criminels ordinaires d'ordonner la vente des esclaves dont la remise ne pourra être faite aux propriétaires, eu égard à l'ordre public. 18 Juillet 1825. Enreg. 1er. Août suivant. No. 420 du Reg. 30.

Abrogation de l'Arrêté du 11 Frimaire An 12, portant création du Tribunal Spécial. Ordonnance No. 17. 8 Novembre 1826. Enreg. 1er. Décembre suivant. No. 462 du Reg. 30.

Abrogation de l'Arrêté du 12 Mars 1810, portant création d'un semblable Tribunal aux Iles Séchelles. Ordonnance No. 23. 16 Mai 1827. Enreg. 18 du même mois. No. 477 du Reg. 30 (1).

TRIBUNAL TERRIER.—*Ad. pour le Roi de Fr.*— Ordonnance du Roi portant création de ce Tribunal. 25 Septembre 1766. Enreg. 27 Juillet 1767. No. 28 du Reg. 12.

Installation de ce Tribunal et fixation des jours et heures de ses séances. 28 Juillet 1767. No. 37 du Reg. 12.

Nouvelle nomination des membres qui doivent le composer. 2 Décembre 1772. No. 284 du Reg. 14.

Gouv. de S. M. B.—Maintien de l'Ordonnance du 25 Septembre 1766, y relative. 27 Mars 1811. Enreg. 28 du même mois. No. 23 du Reg. 27.

---

(1) L'Arrêté du 12 Mars 1810 n'est point transcrit sur les Registres du Greffe.

Les appels des sentences du Tribunal Terrier seront portés au Conseil privé de Sa Majesté britannique. Id.

N'aura d'autres fonctions que celles qui lui sont attribuées par l'Ordonnance du 25 Septembre 1766. 1er. Février 1813. Enreg. 4 du même mois. No. 81 du Reg. 28.

Suppression du Tribunal Terrier. Ordonnance No. 13 (approuvée) (1). 22 Octobre 1832. Enreg. 30 du même mois, No. 631 du Reg. 31.

Toutes les demandes et contestations qui étaient de la compétence de ce Tribunal ainsi que les matières purement administratives, seront portées devant le Conseil exécutif du Gouvernement qui pourra renvoyer devant les Tribunaux ordinaires toutes contestations de compétence qu'il ne lui conviendra pas de retenir. Id.

Manière de pourvoir aux fonctions du Ministère public près du Conseil exécutif siégeant comme Tribunal Terrier, Ordonnance No. 12 (approuvée) (2). 13 Juin 1835. Enreg. 3 Septembre suivant. No. 732 du Reg. 33.

TRIBUNAUX.—*Ad. pour le Roi de Fr.*—Distinction de leurs prérogatives d'avec celles des Administrateurs. 19 Décembre 1786. No. 838 du Reg. 17.

Ass. Col.—Création de deux Tribunaux de Justice dans la Colonie. 2 Avril 1791. Enreg. 15 du même mois. No. 46 du Reg. 19. (Article 3 du Titre 1er. de la Constitution provisoire de la Colonie).

Suppression de ceux existant sous les dénominations de Conseil supérieur et de Juridiction Royale. 2 Avril 1791. Enreg. 15 du même mois. No. 46 du Reg. 19. (Section 13 du Titre 9 de la Constitution provisoire de la Colonie).

Suppression de leurs anciennes dénominations de Conseil supérieur et de Juridiction Royale. 25 Février 1793. Enreg. 4 Mars suivant. No. 174 du Reg. 21.

Reçoivent les dénominations de Tribunal d'Appel et de Tribunal de 1re. Instance. Id.

Organisation des Tribunaux Civil et d'Appel. Dispositions générales. 27 Messidor An 3. Enreg. 7 Thermidor suivant, No. 392 du Reg. 23.

Sont chargés par l'Assemblée Coloniale de présenter un Projet sur la procédure. 17 Vendémiaire An 4. Enreg. 25 du même mois. No. 417 du Reg. 23.

Autorisation à eux accordée d'avoir un garde en commun pour le service de leurs audiences et de faire des demandes d'objets de

---

(1) Voyez Certificat du Gouverneur, en date du 10 Août 1835. No. 10 de la liasse de ces pièces.

(2) Id. Id. Id. en date du 17 Février 1836. No. 21. Id.

bureau. 25 Vendémiaire An 5. Enreg. 28 du même mois. No. 516 du Reg. 24.

Abrogation de la Loi qui les astreint à exiger des particuliers la représentation de leurs quittances d'impositions avant le prononcé d'aucun jugement. 5 Ventôse An 10. Enreg. 15 du même mois. No. 806 du Reg. 26.

Ils pourront connaître des jugements relatifs à la traite des noirs. 18 Germinal An 10. Enreg. 25 du même mois. No. 809 du Reg. 26.

Fixation des jours d'audiences et des vacances des Tribunaux. 8 Fructidor An 10. Enreg. 15 du même mois. No. 826 du Reg. 26.

Manière de les compléter en cas de déports ou récusations des Juges. 19 Pluviôse An 11. Enreg, No. 840 du Reg. 26.

Ad. du Gén. D. — Ceux des Iles de France et de la Réunion (Bourbon) sont rétablis sur le même pied qu'en 1789. 3 Geminal An 11. Enreg. 5 Vendémiaire An 12. No. 3 du Reg. 26.

Nomination des membres devant composer les Tribunaux d'Appel et de 1re. Instance de l'Ile de France. 6 Vendémiaire An 12. Enreg. 8 du même mois, No. 5 du Reg. 26.

Leurs organisation, composition et attributions. 6 Vendémiaire An 12. Enreg. 8 du même mois. No. 7 du Reg. 26.

Organisation des Tribunaux de l'Ile de la Réunion. 6 Vendémiaire An 12. Enreg. 11 du même mois. No. 9 du Reg. 26.

Réglements concernant la discipline et hiérarchie des Tribunaux. 19 Vendémiaire An 12. Enreg. 20 du même mois. No. 17 du Reg. 26.

Costume des membres des Tribunaux de 1re. Instance et d'Appel: 3 Brumaire An 12. Enreg. 4 du même mois. No. 28 du Reg. 26.

Pourront commettre les Commissaires Civils pour la réception des serments tant en fait d'expertise qu'en toute autre matière. 5 Fructidor An 12. Enreg. 6 du même mois. No. 108 du Reg. 27.

Manière de les compléter en cas d'empêchement des membres qui les composent. 8 Septembre 1806. Enreg. 12 du même mois. No. 190 du Reg. 27.

Ils ne peuvent prendre connaissance d'aucun Acte qui serait de nature à empêcher le paiement des deniers dûs à l'Administration de l'Etat. 20 Septembre 1810. Enreg. 21 du même mois. No. 315 du Reg. 27.

Gouv. de S. M. B.—Ceux de la Colonie ayant été maintenus par le Gouvernement anglais, aucun individu de quelque nation qu'il soit, se trouvant en ce pays, ne peut prétendre n'y être point soumis. 4 Janvier 1813. Enreg. 7 du même mois. No. 74 du Reg. 28.

Ils se réuniront tous les jours de la semaine, à l'exception du dimanche, pour l'expédition des affaires arriérées. 7 Novembre 1814. Enreg. 11 du même mois. No. 115 du Reg. 28.

Ne pourront prononcer de jugements que les parties intéressées n'aient produit leurs quittances d'impositions. 30 Octobre 1818. Enreg. 7 Novembre suivant. No. 264 du Reg. 29.

Abrogation de cette Loi. 16 Décembre 1818. Enreg. 11 Janvier 1819. No. 274 du Reg. 29.

Proclamation portant promulgation de l'Ordre de Sa Majesté en Conseil, en date du 13 Avril 1831, relatif à une nouvelle organisation des Tribunaux de l'Ile Maurice. 16 Août 1831. Enreg. 24 du même mois. No. 592 du Reg. 31.

Texte de l'Ordre de Sa Majesté en Conseil, contenant une nouvelle organisation des Tribunaux de l'Ile Maurice. 13 Avril 1831. Enreg. 24 Août même année. No. 593 du Reg. 31.

Ordre en Conseil de Sa Majesté, en date du 26 Avril 1845, qui autorise le Gouvernement local à faire des Lois sur les matières relatives aux Tribunaux de la Colonie, sauf la sanction royale à laquelle ces Lois doivent être soumises. Déposé au Greffe de la Cour le 28 Août 1845. No. 1058 du Reg. 43.

Changements à introduire dans l'organisation des divers Tribunaux de cette Colonie. Ordonnance No. 2. 20 Mars 1850. No. 1231 du Reg. 48 (1).—*Voyez* LANGUE ANGLAISE.

TRIBUNAUX CORRECTIONNELS.—*Ass. Col.*— Ils connaîtront des injures soit verbales, soit manuscrites ou imprimées. 17 Nivôse An 3. Enreg. 19 du même mois. No. 356 du Reg. 23.

Disposition adoptée en rectification de l'Arrêté du 26 Frimaire An 3, qui renvoie ces matières aux Tribunaux de Paix.

Ils seront chargés d'appliquer la peine portée dans la Loi du 16 Vendémiaire An 3, concernant le recel des matelots. 15 Germinal An 4. Enreg. 18 du même mois. No. 741 du Reg. 23.

Par qui les appels des jugements de ces Tribunaux peuvent être interprétés ; interprétation de l'Article 10 de la 1re. Section du Titre 2 de la Loi du 1er. Août 1793, sur la police municipale. 28 Fructidor An 6. Enreg. 5 Vendémiaire An 7. No. 664 du Reg. 24.

Autres dispositions sur cette matière. 7 Vendémiaire An 7. Enreg. 15 du même mois. No. 665 du Reg. 24.

La peine de confiscation des navires et cargaisons sera prononcée par ces Tribunaux. 3 Pluviôse An 7. Enreg. 5 du même mois. No. 670 du Reg. 24.

Abrogation de cette Loi. 1er. Ventôse An 7. Enreg. 5 du même mois. No. 675 du Reg. 24.

Pourront appeler un Avoué pour remplir les fonctions de Ministère public. 18 Prairial An 11. Enreg. 27 du même mois. No. 851 du Reg. 26.

---

(1) Voyez les Réglements et les divers Titres qui concernent les Tribunaux de la Colonie. On peut recourir, quant aux changements survenus dans les Tribunaux, à l'aperçu qui se trouve en tête de cette Table.

Ad. du Gén. D.—La connaissance des délits préjudiciables aux domaines militaires et nationaux de l'Etat, est attribuée aux Tribunaux Correctionnels. 1er. Novembre 1807. Enreg. 5 du même mois. No. 221 du Reg. 27.

TRIBUNAUX DE FAMILLE.—*Ass. Col.*—Leur création et attributions. 2 Avril 1791. Enreg. 15 du même mois. No. 46 du Reg. 19. (Section 10 du Titre 9 de la Constitution provisoire de la Colonie).

Leurs installations. 16 Nivôse An 4. Enreg. 27 du même mois. No. 446 du Reg. 23.

Suppression de ces Tribunaux ; les matières qui les concernent sont renvoyées devant les Tribunaux de Paix ou les Bureaux de conciliation. 28 Ventôse An 5. Enreg. 27 du même mois. No. 556 du Reg. 24.

Les jugements de ces Tribunaux seront soumis aux requêtes civiles. 8 Ventôse An 10. Enreg. 15 du même mois. No. 805 du Reg. 26.

TRIBUNAUX DE PAIX.—Leur création, fonctions et attributions. 2 Avril 1791. Enreg. 15 du même mois. No. 46 du Reg. 19. (Section 3 du Titre 9 de la Constitution provisoire de la Colonie).

Composition du Tribunal de Paix de la ville du Port N. O. 14 Février 1794. Enreg. 17 du même mois. No. 266 du Reg. 23.

Leur organisation. 27 Messidor An 3. Enrég. 7 Thermidor même année. No. 392 du Reg. 23.

La connaissance des injures soit verbales, manuscrites ou imprimées leur est dévolue. 26 Frimaire An 3. Enreg. 29 du même mois. No. 351 du Reg. 23.

La connaissance de ces matières est renvoyée aux Tribunaux Correctionnels. 17 Nivôse An 3. Enreg. 19 du même mois. No. 356 du Reg. 23.

TROIS ILOTS.—*Ad. du Gén. D.*—Réunion, en totalité, du canton qui porte ce nom, à celui de Flacq. 14 Fructidor An 12. Enreg. 16 du même mois. No. 112 du Reg. 27.

Sera séparé du quartier du Port Sud-Est par la crête des montagnes, dites en général, du Grand Port. Id.

TRONCHE.—*Gouv. de S. M. B.*—*Voyez* CHARRETTES.

TROTTOIRS.—Dispositions relatives au pavage des trottoirs de la ville du Port Louis. Ordonnance No. 15. 26 Avri. 1848. No. 1158 du Reg. 46.

TROUBLES.—*Ad. pour le Roi de Fr.*—Rapport fait à la Cour

concernant ceux excités dans la Colonie le 22 Mai 1790. 26 Mai 1790. No. 997 du Reg. 19.

Compte-rendu au Conseil par le Substitut du Procureur Général au Siège, des poursuites dirigées contre les auteurs de ces troubles. 2 Juin 1790. No. 1003 du Reg 19.

Autres troubles causés par des voies de fait exercés contre un officier de la Milice. 17 Juin 1790. No. 1013 du Reg. 19.

Troubles résultant d'un poteau érigé en signe d'insurrection, dans la rue de l'Eglise. 8 Juin 1790. No. 1014 du Reg. 19.

TROUCHET (Gustave)— *Gouv. de S. M. B.*— Sa naturalisation de sujet anglais. Ordonnance No. 20 (approuvée) (1). 5 Février 1844. No. 988 du Reg. 42.

TROUILLON.—*Ass. Col.*—Son admission au nombre des Postulants en la Cour. 17 Janvier 1793. No. 161 du Reg. 21.

TROUPEAUX.—*Ad. pour le Roi de Fr.*—Mesures pour leur conservation. 8 Mai 1771. Enreg. même jour. Nos. 201 et 202 du Reg. 12.

Gouv. de S. M. B.—Défense de les faire paître au Champ de Mars et au Champ Delort avant 8 heures du matin et après 4 heures de l'après-midi. 26 Mars 1819. Enreg. 8 Avril suivant. No. 281 du Reg. 29.

Autres Réglements y relatifs. 29 Mars 1824. Enreg. 7 Avril suivant. No. 383 du Reg. 30.

Réglements qui en défend le parcours pendant la durée de l'épizootie. Ordonnance No. 57 (approuvée) (2). 23 Septembre 1844. No. 1025 du Reg. 42.

TROUPES.—*Comp. des Indes*—Embarquement de celles destinées pour Pondichéry. 21 Avril 1725. No. 8 du Reg. 1.

Manière de nourrir les troupes et de pourvoir à leur approvisionnement. 1er. Juin 1726. No. 18 du Reg. 1.

Mode de paiement adopté à leur égard. 1er. Juin 1726. No. 19 du Reg. 1.

Sommation à elles faite d'accepter les vivres qui leur sont offerts. 11 Juin 1728. No. 45 du Reg. 1.

Refus de leur part d'accepter ces vivres. Même date. No. 46 du Reg. 1.

Arrêté pris à cette occasion. 6 Juillet 1728. No. 47 du Reg. 1.

---

(1) Voyez Certificat du 27 Novembre 1844. No. 86 de la liasse de ces pièces déposées au Greffe de la Cour.
(2) Id.   Id.   Id.   en date du 13 Avril 1845. No. 89 (bis) Id.

Ass. Col.—Dispositions relatives à celles qui doivent être considérées comme en garnison. 6 Nivôse An 3. Enreg. 14 du même mois. No. 355 du Reg. 23.

Abrogation des Arrêtés des 6 Nivôse et 28 Pluviôse An 3, concernant les troupes, 13 Messidor An 3. Enreg. 15 du même mois. No. 379 du Reg. 23 (1).

Celles faites prisonnières dans les Colonies françaises, auront droit à une indemnité. 16 Messidor An 3. Enreg. 24 du même mois. No. 348 du Reg. 23.

TRUQUEZ (Nanton)—*Gouv. de S. M. B.*—Sa naturalisation de sujet anglais. Ordonnance No. 19 (approuvée) (2). 9 Août 1841. No. 903 du Reg. 39.

Gouv. de S. M. B.—Requisitions publiques pour leur transport et celui de leurs bagages dans l'intérieur de l'Ile. Ordonnance No. 9 (approuvée) (3). 19 Juin 1839. No. 830 du Reg. 37.

TUTEURS.—*Ass. Col.*—Abrogation du dernier Paragraphe de l'Article 7 du Titre 2 de la Loi du 27 Messidor An 3, en ce qui concerne les autorisations des tuteurs. 23 Ventôse An 5. Enreg. 27 du même mois. No. 557 du Reg. 23 (4).

Gouv. de S. M. B.—Manière de pourvoir à la nomination de ceux des enfants naturels orphelins. Ordonnance No. 8 (approuvée) (5). 17 Juin 1839. No. 831 du Reg. 37.

U.

ULCOQ (Clément Jean)—Sa naturalisation de sujet anglais. Ordonnance No. 7 (approuvée) (6). 5 Février 1844. No. 975 du Reg. 42.

ULCOQ (Clément John Andrew)—Enregistrement de son diplôme d'Avocat, en date du 8 Mars 1845. Enreg. 9 Octobre 1846.

UNION (L')—*Ass. Col.*—Navire ainsi dénommé, réarmé sous

---

(1) L'Arrêté du 28 Pluviôse An 3, n'a point été transcrit sur les Registres du Greffe.
(2) Voyez Certificat du Gouverneur, en date du 25 Avril 1842. No. 67 de la liasse de ces pièces déposées au Greffe de la Cour.
(3) Voyez Certificat du Gouverneur, en date du 13 Avril 1840. No. 55 de la liasse de ces pièces déposées au Greffe de la Cour.
(4) Voyez au mot TRIBUNAUX, la Loi du 27 Messidor An 3, No. 392.
(5) Voyez Certificat du Gouverneur, en date du 13 Avril 1840. No. 55 de la
(6) Id. Id. Id. en date du 27 Novembre 1844. No. 86 Id.

le nom de *Mon Espoir*. 15 Germinal An 3. Enreg. 17 du même mois. No. 368 du Reg. 23.

USINES.—*Gouv. de S. M. B.*—Réglement concernant celles qui seront établies près des rivières. Ordonnance No. 31, 12 Mars 1828. Enreg. 21 du même mois. No. 491 du Reg. 30.

USURE.—*Ad. du Gén. D.*—Peines contre ce délit. 26 Mars 1808. Enreg. 31 du même mois. No. 236 du Reg. 27.

V.

VACANCES.—*Ass. Col.*—Fixation de celles des Tribunaux et des Administrateurs. 10 Avril 1794. Enreg. 17 du même mois. No. 289 du Reg. 23.

Ad. du Gén. D.—Fixation de celles des Tribunaux aux Iles de France et de la Réunion. 4 Septembre 1806. Enreg. 6 du même mois. No. 188 du Reg. 27.

VACANCES DE BIENS.—*Ad. pour le Roi de Fr.*—*Voyez* INVENTAIRES.

VACATIONS.—Fixation de celles des Officiers de la Cour, en cas de déplacement extraordinaire. 14 Juillet 1784. No. 699 du Reg. 16.

Ass. Col.—Réglements relatifs aux vacations des Juges de Paix des cantons. 3 Thermidor An 9. Enreg. 6 du même mois. No. 786 du Reg. 25.

VACCIN.—*Ad. du Gén. D.*—Mesures propres à en assurer la conservation. 6 Juin 1806. Enreg. 12 du même mois. No. 179 du Reg. 27.

Gouv. de S. M. B.—Id. Février 1812. Enreg. 6 du même mois. No. 53 du Reg. 27.

Autres dispositions à ce sujet. 30 Juillet 1814. Enreg. 11 Août suivant. No. 110 du Reg. 28.

Id. 20 Octobre 1814. Enreg. 26 du même mois. No. 113 du Reg. 28.

Id. 8 Septembre 1814. Enreg. 17 du même mois. No. 116 du Reg. 28.

Id. Ordonnance No. 19 (approuvée) (1). 30 Octobre 1839. No. 842. du Reg. 37.

Modifications de l'Ordonnance No. 19 de 1839, concernant le vaccin. Nouvelles mesures pour en assurer la conservation. Ordonnance No. 8 (approuvée) (2). 14 Avril 1841. No. 886 du Reg. 39.

Autres dispositions relatives à la conservation du vaccin. Ordonnance No. 9 (approuvée) (3). 1er. Août 1842. No. 933 du Reg. 40.

VAGABONDAGE.—Dispositions y relatives. Ordonnance No. 6 (sans approbation). 9 Mars 1835. Enreg. 4 Juin même année. No. 726 du Reg. 23.

Promulgation de l'Ordre en Conseil, en date du 7 Septembre 1838, contenant des dispositions relatives au vagabondage. 11 Mars 1839. No. 819 du Reg. 37.

Autres dispositions y relatives. Ordonnance No. 10 (approuvée) (4). 26 Avril 1841. No. 888 du Reg. 39.

Dispositions préventives et pénales. Ordonnance No. 42 (approuvée à l'exception de la peine portée dans la Section 12, Clause 3, qui doit être réduite de 60 jours à 28 jours, conformément à la Loi de la Jamaïque sur le vagabondage) (5). 10 Juin 1844. No. 1010 du Reg. 42.

VAISSEAUX.—*Voyez* NAVIRES ET DROITS.

VALLEE (Jean Louis Auguste)—*Ad. pour le Roi de Fr.*—Enregistrement de ses lettres d'Avocat, en date du 3 Août 1786, à lui délivrées par le Parlement de Paris. 4 Mars 1789. No. 930 du Reg. 18.

VALLY (François) — *Gouv. de S. M. B.*—Sa nomination à la place de Suppléant Commissaire Civil du quartier de la Rivière Noire. 9 Septembre 1830. Enreg. 10 du même mois. No. 564 du Reg. 31.

VALORY.—*Comp. des Indes.*—Renvoi de cet habitant à l'Ile Bourbon pour raison de plaintes réitérées portées contre lui. 17 Novembre 1728. No. 53 du Reg. 1.

VARIOLE.—*Ad. pour le Roi de Fr.*—Requisition du Procureur Général et Arrêté du Conseil relatifs à l'introduction de cette épi-

---

(1) Voyez Certificat du Gouverneur, en date du 9 Novembre 1840. No. 57 de la liasse de ces pièces déposées au Greffe de la Cour.
(2) Id.   Id.   Id.   en date du 26 Janvier 1842. No. 65 Id.
(3) Id.   Id.   Id.   en date du 1er. Mai 1843. No. 71. Id.
(4) Id.   Id.   Id.   en date du 11 Mars 1842. No. 66 Id.
(5) Id.   Id.   Id.   en date du 5 Mars 1845. No. 88. Id.

démie dans la Colonie. 18 Décembre 1771. No. 216 du Reg. 12.

Autre requisition et Arrêté du Conseil à ce sujet. 14 Janvier 1772. No. 217 du Reg. 12.

Ass. Col.— Mesures pour empêcher l'introduction de cette maladie dans la Colonie et parvenir à l'extinction de celle qui y règne. 20 Février 1793. Enreg. 18 Mars suivant. No. 181 du Reg. 21.

Autres mesures ayant le même objet. 21 Février 1793. No. 182 du Reg. 21 (1).

Gouv. de S. M. B.—Id. Ordonnance No. 10 (approuvée) (2). 19 Août 1840. No. 859 du Reg. 38.

Prorogation de l'Ordonnance No. 10 de 1840, concernant la variole. Ordonnance No. 22 (approuvée) (3). 21 Décembre 1840. No. 872 du Reg. 38.

Id. Ordonnance No. 14 (approuvée) (4). 30 Juin 1841. No. 895 du Reg. 39.—*Voyez* SÉCHELLES.

VARENNES (de)—*Comp. des Indes.*—Lettre de rémission à lui accordée par le Roi. 19 Août 1725. Enreg. 29 Mai 1754. No. 129 du Reg. 7.

VASSEUR (Edouard Justin)—*Gouv. de S. M. B.*—Sa nomination aux fonctions d'Avoué. 13 Décembre 1845. Enreg. même jour. No. 808 du Reg. 32.

VAUGANDY (François)—Sa naturalisation de sujet anglais. Ordonnance No. 30 (approuvée) (5). 6 Décembre 1850. No. 1265 du Reg. 48.

VEAUX.—*Voyez* ABATTAGE.

VENTES.—*Comp. des Indes.*—Défense aux habitants d'en faire par Actes sousseing-privé. 25 Mai 1730. No. 71 du Reg. 1.

Ne pourront être faites que par Actes notariés. Id.

Déclarations auxquelles sont astreintes les personnes qui vendraient des esclaves qui auraient été marrons. 9 Avril 1753. No. 140 du Reg. 8.

Id. 12 Avril 1756. No. 154 du Reg. 8.

Réglements relatifs aux ventes à l'encan des marchandises et

---

(1) L'Arrêté du 21 Février 1793, n'a point été transcrit sur les Registres du Greffe. Il se trouve au Dépôt des Archives Coloniales. Il a pour objet l'établissement d'un Lazaret à la Rivière Noire.

(2) Voyez Certificat du Gouverneur, en date du 28 Mai 1841. No. 61 de la liasse de ces pièces.

(3) Id. Id. Id. en date du 11 Mars 1842. No 66 Id.

(4) Id. Id. Id. Id. Id. et du 7 Janvier 1842. No. 64 de la liasse de ces pièces.

(5) Id. Id. Id. en date du 3 Novembre 1851. No. 133. Id.

effets de la Compagnie des Indes. 3 Mai 1766. No. 202 du Reg. 11.

Autres dispositions à ce sujet. 2 Juillet 1766. No. 202 du Reg. 11.

Ad. pour le Roi de Fr.—Les ventes volontaires seront faites par les Notaires. 15 Décembre 1772. No. 297 du Reg. 14.

Interprétation de cette disposition. 17 Décembre 1772. No. 303 du Reg. 14.

Autres Réglements relatifs aux ventes faites par les Notaires. 4 Décembre 1781. No. 585 du Reg. 16.

Les ventes d'immeubles à l'encan et par adjudication, ne peuvent être faites que par les Officiers du Siège. 5 Mars 1782. No. 593 du Reg. 16.

Les permissions seront délivrées par le Président du Conseil à l'effet de procéder aux ventes volontaires. 11 Avril 1782. No. 595 du Reg. 16.

Désignation d'un lieu pour les ventes publiques. 4 Août 1783. No. 646 du Reg 16.

Autres Réglements relatifs aux ventes faites par les Notaires. 30 Septembre 1784. No. 719 du Reg. 17.

Ass. Col.—Réglements relatifs aux ventes mobilières à l'encan. 9 Février 1791. Enreg. 3 Mars suivant. No. 33 du Reg. 19.

Droits à prélever sur ces ventes et sur celles faites judiciairement. 4 Floréal An 4. Enreg. 7 du même mois. No. 475 du Reg. 23.

Elles doivent être inscrites sur un Registre coté et paraphé et cette inscription sera faite publiquement dans la salle des ventes au moment de l'adjudication de chaque lot. 23 Fructidor An 4. Enreg. 25 du même mois. No. 511 du Reg. 24.

Modification de l'Article 2 de la Loi du 9 Février 1791 et abrogation de l'Article 3 de la même Loi. 13 Brumaire An 5. Enreg. 28 du même mois. No. 520 du Reg. 24.

Droits de 4 o[o à prélever sur les ventes mobilières et immobilières faites au profit de la commune. 13 Brumaire An 5. Enreg. 6 Frimaire suivant. No. 523 du Reg. 24.

Réglements relatifs à celles des prises faites par les corsaires particuliers. 28 Germinal An 5. Enreg. 6 Floréal même année. No. 566 du Reg. 24.

Celles sous signatures privées, qui seront converties en contrats authentiques, ne seront assujetties qu'au droit simple d'enregistrement s'il est justifié que le droit composé a été payé. 27 Floréal An 5. Enreg. 5 Prairial suivant. No. 571 du Reg. 24.

Il ne pourra en être fait aucune à l'amiable à peine de destitution de l'officier public qui l'aurait faite. 8 Messidor An 5. Enreg. 15 Thermidor même année. No. 596 du Reg. 24.

Gouv. de S. M. B.—Les ventes publiques à l'encan dans la ville du Port Louis, ne pourront être faites que par Me. Arnaud, Notaire. 15 Février 1811. Enreg. 21 du même mois. No. 17 du Reg. 27.

Les ventes d'esclaves doivent être assujetties au droit d'enregistrement de 2 o|o et faites sur papier timbré. 18 Septembre 1818. Enreg. 24 du même mois. No. 263 du Reg. 29.

Réglements relatifs aux ventes publiques mobilières et réunion en un seul Acte législatif de toutes les Lois concernant cette matière. Ordonnance No. 3 (approuvée) (1). 28 Avril 1838. No. 794 du Reg. 30.— *Voyez* SUCCESSIONS, OFFICIERS PUBLICS ET DROITS.

VERCHIN (Louis Antoine)— Sa naturalisation de sujet anglais. Ordonnance No. 23. 16 Septembre 1850. No. 1258 du Reg. 48.

VÊTEMENTS.—Défense à toute personne d'acheter ceux provenant de l'équipement des soldats. 30 Avril 1811. Enreg. 9 Mai suivant. No. 31 du Reg. 27.

VIANDE DE BOUCHERIE.—*Ass. Col.*—Défense d'en acheter ailleurs qu'au Bazar et à d'autres personnes qu'à celles préposées à l'entreprise. 17 Fructidor An 4. Enreg. 25 du même mois. No, 510 du Reg. 24.—*Voyez* BOUCHERIES ET BOUCHERS.

VICE-PRÉSIDENT.— *Ad. du Gén. D.*— Celui du Tribunal d'Appel aura, en l'absence du Président, la police de la chambre des délibérations. 13 Brumaire An 12. Enreg. 18 du même mois. No. 40 du Reg. 26.

VIGOUREUX FILS (T. T.)—*Gouv. de S. M. B.*—Sa nomination à la place de Commissaire Civil du quartier de la Rivière du Rempart. 3 Novembre 1812. Enreg. 19 du même mois. No. 71 du Reg. 28.

VILBRO (Jean)— Sa nomination aux fonctions d'Avoué. 23 Juin 1843. Enreg. même jour. No. 86 du Reg. 32.

VILLE.—*Ad. du Gén. D*—Division et limites de celle du Port Nord-Ouest. 4 Brumaire An 12. Enreg. 11 du même mois. No. 35 du Reg. 26.

---

(1) Voyez Certificat du Gouverneur, en date du 15 Mars 1839. No. 46 de la liasse de ces pièces.

Gouv. de S. M. B.— Il sera ajouté une superficie de 11,000 toises à la partie de la ville du Port Louis incendiée dans la nuit du 25 au 26 Septembre 1816. 26 Février 1817. Enreg. 4 Mars suivant. No. 207 du Reg. 29.

Division sur un nouveau plan de cette partie de la ville ; réédification des maisons et édifices ; rétablissement des entourages et du remblai des caves et excavations restées à découvert et en ruine dans la partie de la ville incendiée. Ordonnance No. 37. 6 Août 1828. Enreg. 18 du même mois. No. 502 du Reg. 31.

Réglements concernant le nettoyage de la ville du Port Louis. Ordonnance No. 2 (approuvée) (1). 14 Avril 1834. Enreg. 29 du même mois. No. 677 du Reg. 32.

Fixation des limites de la ville du Port Louis pour la remise à domicile des lettres venant des Postes. Proclamation du 15 Juin 1847. No. 1108 du Reg. 45.

Autres dispositions concernant la ville du Port Louis. Proclamation du 2 Septembre 1847. No. 1116 du Reg. 45.

Voyez aux mots : *Port, Police* et *Rues,* les autres Réglements concernant la ville du Port Louis ou Port N. O.

VILLE DE LA MONTAGNE.—*Ass. Col.*—*Voyez* Ports.

VILLEBLANCHEGLAIS (René François Marie de)— *Ad. pour le Roi de Fr.*—Sa prestation de serment à l'effet d'exercer sa profession d'Avocat près les Tribunaux de l'Ile de France. 6 Février 1783. No. 636 du Reg. 16.

VILLEMONT FILS,— *Gouv. de S. M. B.*—Sa nomination aux fonctions d'Huissier. 3 Octobre 1832. Enreg. 20 du même mois. No. 629 du Reg. 31.

VILLEMONT (Eugène)—Sa nomination aux fonctions d'Huissier. 16 Août 1834. Enreg. 11 Septembre suivant. No. 869 du Reg. 32.

VINAY (David)— Sa nomination à la place d'Inspecteur des guildives. 24 Décembre 1818. Enreg. 26 du même mois. No. 269 du Reg. 29.

Sa nomination à la place d'Officier de Police. 31 Juillet 1819. Enreg. 2 Août suivant. No. 290 du Reg. 29.

Sa nomination à la place de 3me. Assistant du Commissaire Général. 19 Novembre 1827. Enreg. 1er. Décembre suivant. No. 485 du Reg. 30.

---

(1) Voyez Certificat du Gouverneur, en date du 10 Août 1835. No. 9 de la liasse de ces pièces.

VINAY (Edouard)—Exercera les fonctions d'Officier de Police en l'absence du sieur Delafaye en congé. 17 Décembre 1821. Enreg. 10 Janvier 1822. No. 328 du Reg. 29.

Sa nomination à la place de Suppléant Commissaire Civil du quartier du Grand Port. 13 Juin 1829. Enreg. même jour. No. 526 du Reg. 31.

Sa nomination à la place de Suppléant Commissaire Civil du quartier de la Rivière du Rempart, 2 Décembre 1833. Enreg. 3 du même mois. No. 664 du Reg. 32.

VINCENT (   )—*Ad. du Gén. D.*— Sa nomination aux fonctions d'Avoué. 4 Septembre 1806. Enreg. 11 du même mois. No. 189 du Reg. 27.

VINCENT (Henri Félix)—*Gouv. de S. M. B.*—Sa nomination aux fonctions d'Huissier. 10 Octobre 1832. Enreg. 19 du même mois. No. 628 du Reg. 31.

VINS.— *Comp. des Indes.*— Fixation du prix auquel cet objet doit être fourni aux militaires et employés de la Compagnie. 3 Juin 1726. No. 24 du Reg. 1.

Défense à toute personne d'en vendre au détail. 31 Mars 1759. No. 173 du Reg. 9.

Gouv. de S. M. B.—Défense de débiter du vin le dimanche. Ordonnance No. 19 (approuvée) (1). 14 Décembre 1840. No. 869 du Reg. 38.—*Voyez* BOISSONS.

VIRIEUX (Jean Marie de)—*Ad. pour le Roi de Fr.*—Sa nomination à la place de Procureur Général au Conseil supérieur de l'Ile de France. 15 Février 1781. Enreg. 26 Septembre même année. No. 575 du Reg. 16.

Congé à lui accordé à l'effet de passer en France. 24 Août 1782. Enreg. 2 Décembre même année. No. 632 du Reg. 16.

VIRIEUX (Jean Marie Martin)—Sa nomination à la place de Substitut du Procureur Général du Roi. 16 Septembre 1784. Enreg. 18 du même mois. No. 715 du Reg. 17.

Confirmation, par le Roi, de cette nomination. 10 Octobre 1785. Enreg. 12 Juin 1786. No. 805 du Reg. 17.

Enregistrement de son brevet de dispense d'âge, en date du 10 Octobre 1785, à lui accordé par le Roi. 12 Juin 1786. No. 806 du Reg. 17.

---

(1) Voyez Certificat du Gouverneur, en date du 11 Mars 1842. No. 66 de la liasse de ces pièces.

Ass. Col.—Est admis à jouir du bénéfice du brevet de dispense d'âge à lui accordé par le Roi, qui lui permet de donner des conclusions dans les affaires criminelles, attendu qu'il a atteint l'âge de 25 ans accomplis. 18 Juin 1791. No. 70 du Reg. 20.

Sa démission de la place de Substitut du Procureur Général. 24 Septembre 1792. No. 148 du Reg. 21.

Enregistrement de sa matricule d'Avocat, en date du 29 Janvier 1784, à lui délivrée par le Parlement de Paris. 24 Septembre 1792. No. 149 du Reg. 21.

Ad. du Gén. D.—Sa nomination à la place de Juge à la Cour d'Appel de l'Ile de France. 31 Mai 1809. Enreg. 1er. Juin suivant. No. 293 du Reg. 27.

Gouv. de S. M. B.—Sa nomination à la place de Procureur Général. 1er. Janvier 1811. Enreg. 3 du même mois. No. 3 du Reg. 27.

Sa nomination aux fonctions d'Inspecteur de l'Etat Civil et de la Police Générale. 12 Avril 1811. Enreg. 13 du même mois. No. 28 du Reg. 27.

Sa suspension de la place de Procureur Général. 8 Juin 1818. Enreg. 11 du même mois. No. 260 du Reg. 29.

Sa réintégration. 14 Décembre 1818. Enreg. même jour. No. 263 du Reg. 29.

Sa nouvelle nomination à la place de Procureur Général. 17 Juin 1825. Enreg. 20 du même mois. No. 418 du Reg. 30.

Sa nomination à la place de Vice-Président de la Cour d'Appel. 16 Juin 1838. Enreg. 18 Août même année. No. 499 du Reg. 31.

VIRIEUX (Denis)—Sa nomination à la place de Commissaire français de la Police. 21 Avril 1814. Enreg. 12 Mai suivant. No. 103 du Reg. 28.

Sa nomination à la place de Commissaire Civil du quartier des Pamplemousses. 1er. Juin 1825. Enreg. 8 du même mois. No. 415 du Reg. 30.

VIRIEUX (Jules)—Sa nomination à la place de Suppléant Commissaire Civil du quartier du Grand Port. 17 Juin 1828. Enreg. 26 du même mois. No. 498 du Reg. 31.

Sa nomination à la place de Greffier de la Justice de Paix de la ville du Port Louis. 30 Août 1831. Enreg. 8 Octobre même année. No. 598 du Reg. 31.

Sa nomination à la place de Juge de Paix du Port Louis. 19 Février 1838. No. 789 du Reg. 36.

Sa seconde nomination à la même place. 1er. Août 1838. No. 796 du Reg. 36.

Sa nomination à l'effet de connaître de certaines matières concernant les matelots des navires du commerce. 22 Août 1840. No. 860 du Reg. 38.

Sa nomination à l'effet de remplacer celui des Juges de la Cour d'Assises qui serait empêché de siéger. 22 Septembre 1841, No. 908 du Reg. 39.

Id. 17 Février 1843. No· 947 du Reg. 41.

Sa nomination de Juge Substitut à l'effet de remplacer à la Cour d'Assises celui des Magistrats de cette Cour qui se trouvera empêché de siéger. 6 Mars 1849. No. 1199 du Reg. 47.

Id, 25 Janvier 1850. No. 1228 du Reg. 48.

VISA.—*Ad. pour le Roi de Fr.*—*Voyez* PAPIER-MONNAIE.

VIVRES. — *Comp. des Indes.* — Convocation des habitants à l'effet de délibérer sur les mesures à prendre pour en faire venir de Madagascar. 10 Février 1824. No. 6 du Reg. 1.

Délibération du Conseil d'Administration sur la· nécessité de procurer des vivres à la Colonie. 17 Juin 1724. No. 7 du Reg. 1.

Adoption de nouvelles mesures à l'effet de procurer des vivres à la Colonie. 25 Mars 1729. No. 61 du Reg. 1.

Sommation faite à MM. les Officiers de la garnison d'interposer leur autorité pour faire accepter aux troupes les vivres qui leur sont offerts. 11 Juin 1728. No. 45 du Reg. 1.

Ass. Col.— Les habitants sont astreints à planter 2 tiers d'arpents de vivres de quelque espèce que ce soit, par chaque tête d'esclave qu'ils possèdent, à peine de 3,000 livres d'amende par chaque arpent de terre que les habitants auront planté en moins. 26 Vendémiaire An 4. Enreg. 5 Brumaire suivant. No. 421 du Reg. 23.

VŒU DE LOUIS XIII.—*Ad. pour le Roi de Fr.*—Convocation du Conseil à l'effet d'assister à la cérémonie instituée à cette occasion. 13 Août 1772. No. 227 du Reg. 12 (1).

Observations du Conseil relatives à la place que ses membres doivent occuper à l'Eglise dans cette cérémonie. 13 Août 1772. No. 229 du Reg. 12.

Procès-verbal de la présence du Conseil à la cérémonie du vœu de Louis XIII. 15 Avril 1772. No. 230 du Reg. 12 et 15 Août 1783. No. 653 du Reg. 16.

Réclamation de rang et de place à l'Eglise dans cette cérémonie par les Officiers de la Juridiction Royale. 15 Août 1783. No. 654 du Reg. 16.

---

(1) Cette convocation avait lieu au mois d'Août de chaque année. On a jugé inutile d'indiquer ici toute la série des procès-verbaux dressés au sujet de la présence du Conseil à cette solennité.

Ass. Col.—Convocation du Conseil à l'effet d'assister à la procession instituée à cette occasion. 14 Août 1790. No. 3 du Reg. 19.

Procès-verbal de la présence du Conseil à la procession du vœu de Louis XIII. 15 Août 1790. No. 4 du Reg. 19.

Id. 6 et 15 Août 1791. No. 80 du Reg. 20.

VOITURES.—*Gouv. de S. M. B.*—Celles destinées aux transports doivent être déclarées et enregistrées au Bureau de la Police et en outre marquées d'un numéro et du nom du propriétaire. 6 Décembre 1817. Enreg. 9 Janvier 1818. No. 243 du Reg. 29.

Autres dispositions à ce sujet. 30 Mars 1824. Enreg. 7 Avril suivant. No. 384 du Reg. 30.

Peines contre ceux qui les conduisent et qui se rendent coupables de négligence. Ordonnance No. 7. 6 Février 1826. Enreg. 11 du même mois. No. 441 du Reg. 30.

Autres Réglements concernant les voitures. Ordonnance No. 47. 22 Avril 1829. Enreg. 30 du même mois. No. 522 du Reg. 31.

Fixation de la largeur des roues des voitures. Ordonnance No. 14 (approuvée) (1). 4 Septembre 1839. No. 837 du Reg. 37.

Dispositions relatives à la sûreté et commodité des voyageurs dans les voitures publiques. Ordonnance No. 14 (approuvée) (2). 12 Octobre 1840. No. 864 du Reg. 38.

Prorogation du délai fixé pour l'exécution de l'Ordonnance No. 14 de 1839. Ordonnance No. 25 (approuvée) (3). 29 Décembre 1840. No. 875 du Reg. 38.—*Voyez* DÉCLARATIONS, CHARRETTES ET ROUTES PUBLIQUES.

VOLANT (Jean)— Soldat.— *Comp. des Indes.* — Congé à lui accordé à l'effet de passer en France. 13 Décembre 1727. No. 42 du Reg. 1.

VOLNY (Augustin)— *Gouv. de S. M. B.*— Sa Nomination aux fonctions d'Huissier. 10 Octobre 1845. Enreg. 16 du même mois. No. 807 du Reg. 32.

VOLPELIÈRE (Augustin Henry Antoine)— Sa nomination aux fonctions d'Avoué. 6 Août 1817. Enreg. 13 du même mois. No. 218 du Reg. 29.

VOLS.—*Ad. pour le Roi de Fr.*—Arrêté qui ordonne l'envoi au Ministre de la procédure criminelle relative au vol fait au Greffe de la Juridiction Royale. 10 Avril 1777. No. 404 du Reg. 14.

---

(1) Voyez Certificat du Gouverneur, en date du 9 Novembre 1840. No. 57 de la liasse de ces pièces.
(2) Id.   Id.   Id.   en date du 11 Mars 1842 No 66 Id.
(3) Id.   Id.   Id.   Id.   Id.

Autre Arrêté à ce sujet. 12 Avril 1777. No. 406 du Reg. 14.

Ass. Col.— Cas où le vol de deniers ou effets appartenant à des particuliers sera poursuivi et puni par voie de Police Correctionnelle. 13 Pluviôse An 3. Enreg. 14 du même mois. No. 360 du Reg. 23.

Celui de deniers ou effets appartenant à la République sera poursuivi et puni par le Tribunal Criminel. Id.

Abrogation de l'Article 1er., Section 7 du Titre 2 de la Loi municipale et correctionnelle du 1er. Août 1793, et promulgation de l'Article de la Loi de France décrétée le 19 Juillet 1791, relatif aux simples vols. 12 Prairial An 7. Enreg. 15 du même mois. No. 697 du Reg. 25 (1).

VOYAGEURS.—*Gouv. de S. M. B.*—*Voyez* VOITURES.

VOYSIN DE CLÉMENSIÈRE (Pierre Charles)—Abbé.— *Ad. pour le Roi de Fr.*— Sa nomination à la place d'Assesseur au Conseil supérieur de l'Ile de France. 16 Février 1770. Enreg. 31 Juillet même année. No. 184 du Reg. 12.

WARDE (Henry)— *Gouv. de S. M. B.*— Sa nomination au gouvernement de l'Ile de France. 8 Avril 1811. Enreg. 11 du même mois. No. 25 du Reg. 27.

Proclamation qui enjoint à tous les habitants de lui obéir en cette qualité. 9 Avril 1811. Enreg. 11 du même mois. No. 25 du Reg. 27.

WARREN (   )—Sa nomination à la place de Commissaire de Police. 30 Mai 1818. Enreg. 1er. Juin suivant. No. 258 du Reg. 29.

WEBSTER (F. W.)—Sa nomination à la place de Payeur des Comptes civils et extraordinaires. 15 Juillet 1811. Enreg. 17 du même mois. No. 36 du Reg. 27.

WILLIAM IV.— Solennité prescrite à l'occasion de son avènement au trône d'Angleterre. 13 Novembre 1830. Enreg. même jour. No. 572 du Reg. 31.

WILLIAMS (Edward Allen)— Sa nomination à la place de Substitut du Procureur et Avocat Général. 21 Juillet 1836. Enreg. 4 Février 1837. No. 712 du Reg. 32.

---

(1) Voyez au mot *Police municipale*, la Loi du 1er. Août 1793.

WILSON (Arthur)— Sa nomination de Juge Suppléant de la Cour d'Assises. 20 Mars 1840. No. 849 du Reg. 38 (1).

WILSON (James)—Sa nomination à la place de Chef Juge et Premier Président de la Cour d'Appel de l'Ile Maurice. 13 Mars 1835. Enreg. 1er. Octobre même année. No. 699 du Reg. 32.

Sa prestation de serment en cette qualité entre les mains du Gouverneur. 1er. Octobre 1835. Enreg. même jour. No. 700 du Reg. 32.

Lettre de Sir William Nicolay, Gouverneur, à M. Wilson, relative à la nomination de ce dernier et la cessation des fonctions du Chef Juge Blackburn. 22 Septembre 1835. Enreg. 1er. Octobre. suivant. No. 701 du Reg. 32.—*Voyez* BLACKBURN.

WAUGH (W. G.)— Sa nomination à la place de Sous-Trésorier et de Contrôleur Général. 15 Juillet 1811. Enreg. 17 du même mois. No. 36 du Reg. 27.

Cessera de remplir, par intérim, les fonctions de Curateur aux biens vacants. 2 Avril 1818. Enreg. 10 du même mois. No. 251 du Reg. 29.

WIRTZ.—*Comp. des Indes.*— Sa suspension de ses fonctions le Capitaine jusqu'à son renvoi en France pour avoir insulté le Lieutenant de Roi. 13 Août 1722. No. 5 du Reg. 1.

Z.

ZAMUDIO (Michel Jean de)—*Ass. Col.*—Sa nomination par l'Assemblée Générale de la Colonie, aux fonctions de Receveur-Général de la commune. 8 et 21 Septembre 1790. Enreg. 30 du même mois. No. 13 du Reg. 19.

Confirmation de cette nomination par l'Assemblée Administrative de la Colonie. 16 et 26 Juillet 1791. Enreg. 26 du même mois. No. 87 du Reg. 20.

---

(1) M. Arthur Wilson a été nommé aux places de Collecteur des Revenus Intérieurs et Commissaire en Chef de la Police ; mais ces nominations ne sont pas transcrites sur les Registres du Greffes.

FIN.

Imprimerie du "Commercial Gazette."

www.ingramcontent.com/pod-product-compliance
Lightning Source LLC
Chambersburg PA
CBHW072106220426
43664CB00013B/2011